हिन्दी आलोचना का पुनः पाठ

हिन्दी आलोचना का पुनः पाठ

कैलाश नाथ पाण्डेय

लोकभारती प्रकाशन

लोकभारती प्रकाशन
पहली मंजिल, दरबारी बिल्डिंग, महात्मा गाँधी मार्ग
इलाहाबाद-211 001
वेबसाइट : www.lokbhartiprakashan.com
ईमेल : info@lokbhartiprakashan.com
शाखाएँ : 1-बी, नेता जी सुभाष मार्ग, दरियागंज
नयी दिल्ली-110 002
अशोक राजपथ, साइन्स कॉलेज के सामने
पटना-800 006
36-ए, शेक्सपियर सरणी
कोलकाता-700 017

प्रथम संस्करण : 2019

मूल्य : ₹ 595

लेजर टाइप सेटिंग **प्रखर कम्प्यूटर**
झलवा, प्रयागराज

आस्था पेपर कन्वर्टर
प्रयागराज द्वारा मुद्रित

Hindi Alochana ka Punah Path
By Kailash Nath Pandey

ISBN : 978-93-88211-75-8

भूमिका

हिन्दी आलोचना का पुनः पाठ दरअसल हिन्दी आलोचना पर एक मुकम्मल किताब है। मुकम्मल इसलिये कि इसके लेखक-सम्पादक कैलाश नाथ पाण्डेय हैं। कैलाश नाथ पाण्डेय गाजीपुर जिले के ग्रामीण क्षेत्र के एक कॉलेज में हिन्दी पढ़ाते रहे हैं, जिसको लेकर उनके मन में मलाल रहता है जिसे वे कभी-कभी निजी बातचीत में जाहिर करते रहते हैं लेकिन कई बार जो बातें प्रकट रूप से नागवार लगती हैं, उनमें एक छुपा हुआ वरदान भी होता है। अपने अध्यापन कार्य के दौरान पाण्डेय जी का साबका ग्रामीण क्षेत्र के भोले-भाले, सरल किन्तु जिज्ञासु छात्रों से पड़ता रहा होगा। ऐसे छात्रों के भोले भ्रम का निराकरण और सहज जिज्ञासाओं का समाधान करते हुए पाण्डेय जी के ध्यान में आलोचना को लेकर उठनेवाले ऐसे सवाल आते रहे होंगे जो हिन्दी आलोचना के सीमान्त पाठक के मन में उठते हैं। आम तौर पर हिन्दी के 'विद्वान्' प्राध्यापक ऐसे सवालों की हँसी उड़ाकर पूछनेवाले की जिज्ञासा शान्त करने की बजाय जिज्ञासा और प्रश्नाकुलता का ही शमन कर देते हैं और इस तरह ज्ञान के लिये अँखुआए मन को मसलकर जड़ता की अन्धी गली की ओर धकेल देते हैं, लेकिन अध्यापक अगर पाण्डेय जी जैसा सहृदय, भावुक और कर्मशील व्यक्ति हो तो वह छोटी-छोटी जिज्ञासाओं को शान्त करता हुआ अपने छात्र की ज्ञान-पिपासा को उद्दीप्त करता है। हिन्दी आलोचना के इस पुनः पाठ में आलोचना को लेकर उठनेवाली भोली जिज्ञासाओं का अत्यन्त संवेदनशीलता से दिया गया उत्तर मौजूद है। हिन्दी में आलोचना के लिये समालोचना और समीक्षा शब्द चलते हैं। इसको लेकर कभी-कभी भ्रम की स्थिति होती है। किताब की शुरुआत ही इस भ्रम के निराकरण से हुई है। आलोचना, समालोचना और समीक्षा की व्युत्पत्ति और उनके बीच के बारीक अन्तर पर पाण्डेय जी ने विचार किया है। इस तरह के असंख्य प्रश्न और जिज्ञासाएँ जो प्रायः नवप्रवेशी छात्रों-पाठकों के मन में उठती रहती हैं और कक्षाओं या कक्षाओं के बाहर गलियारों में उठती रहती हैं का उत्तर यह पुस्तक देती है। आलोचना और रचना का सम्बन्ध, आलोचक के दायित्व, आलोचक के कार्य, आलोचना की जरूरत या उपयोगिता, आलोचना के मान ही नहीं बल्कि आलोचक बनने के लिये आवश्यक योग्यता क्या होनी चाहिए यह सब इस किताब में मिल जायेगा।

इस किताब को पाण्डेय जी ने तीन पर्वों में प्रस्तुत किया है। पहले पर्व में आलोचना की अवधारणा, आधुनिक हिन्दी आलोचना की आरम्भिक स्थिति, आलोचना के विविध प्रकार

से लेकर हिन्दी आलोचना की वर्तमान स्थिति का लेखा-जोखा मौजूद है। इस पुस्तक को पढ़ते हुए एक बात जो लगातार ध्यान में आती है, वह यह कि लेखक का जोर मौलिक होने की चेष्टा (या कुचेष्टा) करने की बजाय स्पष्ट होने पर है। अपनी बात को साफ-साफ और प्रामाणिक रूप से कहने के लिये लेखक ने यथा आवश्यक उद्धरण भी दिये हैं। हिन्दी आलोचना ने अपने विकास के लिये आवश्यक संस्कृत और अंग्रेजी की समृद्ध विचारधारा से लिये हैं। कैलाश नाथ पाण्डेय अपने पाठक को पुरखों के कोठार तक की यात्रा बहुत सहजता से करा ले जाते हैं लेकिन यह बताना नहीं भूलते कि हिन्दी आलोचना का विकास दरअसल हिन्दी रचना के विकास से जुड़ा है। इस पूरी प्रक्रिया में कैलाश नाथ पाण्डेय जी आलोचना को समय सापेक्ष देखना और बनाना चाहते हैं। उन्हीं के शब्दों में– "आलोचना को वृत्त मानकर कुछ सवाल दरपेश हैं यथा-समकालीन आलोचना की कसौटियाँ, मानदण्ड या मेयार क्या हैं? आलोचना का आज के समय और साहित्य के रिश्तों की सीधी संहिता कितनी है? रचना में यथार्थ की माँग करनेवाले आलोचक का अपनी आलोचना प्रक्रिया में समकालीन समय से कितना जुड़ाव होता है? प्रश्न तो यह भी बनता है कि समय-निरपेक्ष आलोचना क्या यथार्थ से पलायन नहीं है? ज्यादातर हिन्दी आलोचना क्या अपने साहित्यिक समय से निरपेक्ष नहीं रही है? प्रबुद्धजन जानते हैं आज साहित्य पर प्रतिगामी कलावाद का खतरा मँडरा रहा है, अतः प्रश्न का एक नया कल्ला फूटता है कि आज का आलोचक अपनी आलोचना में जिन मूल्यों की वकालत और पैरवी करता है, उन मूल्यों को वह स्वतः अपने जीवन में कितना जीता-उतारता है?"

इस तरह हम यह भी पाते हैं कि यह पुस्तक केवल आलोचक और आलोचना का महिमा-मण्डन ही नहीं करती बल्कि उस महिमा को बनाये और बचाये रखने के गुण-सूत्रों की खोज भी करती है। हिन्दी आलोचना को लेकर प्रश्नों के जितने कल्ले फूटते हैं और फूट सकते हैं पाण्डेय जी उनकी उत्प्रेक्षा ही नहीं करते बल्कि उनका सम्यक् उत्तर देकर अपने पाठक की समझ और सोच के दायरे का विस्तार करते हैं।

पुस्तक के द्वितीय पर्व में हिन्दी आलोचना के शिखरों यथा रामचन्द्र शुक्ल, हजारीप्रसाद द्विवेदी, डॉ. नगेन्द्र, नन्ददुलारे बाजपेयी, रामविलास शर्मा और नामवर सिंह आदि के अवदान का आकलन किया गया है। इस आकलन प्रक्रिया में पहले पर्व में आलोचना की जिस सैद्धान्तिकी की चर्चा की गयी है, उसे व्यावहारिक रूप से हिन्दी के आलोचकों के आलोचना कर्म में घटित होते दिखाया गया है। इस क्रम में पी. एन. सिंह और कृष्णदत्त पालीवाल जैसे आलोचकों के अवदान की चर्चा करके पाण्डेय जी अनेक वजहों से हाशिये पर रह गयी आवाजों को सुनने सराहने का प्रशंसनीय उद्यम किया है। तृतीय पर्व हिन्दी आलोचना के विविध सन्दर्भ में आलोचना के सरोकार भारतीय और पश्चिमी आलोचना दृष्टि का हिन्दी आलोचना से संश्लेष आलोचना प्रक्रिया के सोपान, आलोचक और आलोचना तथा नयी सदी में हिन्दी आलोचना जैसे विषयों पर विचार किया गया है।

पूरी किताब पढ़ते हुए पाण्डेय जी की भाषा और शब्दावली ध्यान आकृष्ट करती रही है। पाण्डेय जी की भाषा में संस्कृत, अंग्रेजी और अरबी-फारसी से उर्दू में आये शब्द ही नहीं

बल्कि भोजपुरी के शब्द भी पूरी गरिमा से मौजूद हैं। कहीं पाण्डेय जी ने अपनी सुविधा से शब्द गढ़ भी लिये हैं। ऐसे ही गढ़े शब्दों में शमशेरियत के तर्ज पर नामवरियत भी है। नामवरियत शब्द नामवर सिंह के 'पन' (Flavour) को पूरी तरह व्यक्त करता है। अभिप्राय यह कि अपने सुदीर्घ अध्ययन-अध्यापन से पाण्डेय जी ने भाषा का ऐसा रसायन तैयार किया जिससे भाव या विचार सहजता से पाठक तक सम्प्रेषित हो जाते हैं।

मेरा ध्यान इस ओर भी गया कि आखिर इक्कीसवीं सदी में लिखी गयी किताब को महाभारत की तरह पर्वों में क्यों बाँटा गया है? आखिर तक आते-आते बात समझ में आ गयी। महाभारत के बारे में कहा गया है कि 'यन्न भारते तन्न भारते' यानी जो महाभारत में नहीं है वह भारत में नहीं है। कैलाश नाथ पाण्डेय के पाठक जानते हैं कि वे जिस विषय पर किताब लिखते हैं कोशिश रहती है कि उस विषय से सम्बन्धित सभी पहलू सामने आ जायें। हाल ही में पाण्डेय जी ने हिन्दी पत्रकारिता पर मुकम्मल किताब दी है। इसी तरह यह किताब भी है जिसमें हिन्दी आलोचना के सम्बन्ध में जानने योग्य सभी बातों का विनियोग किया गया है। हिन्दी आलोचना के सौ वर्ष की विकासयात्रा का लेखा-जोखा कहीं एक जगह देखना-जानना हो तो यह किताब काफी है।

मैं खुद को ऐसी पाण्डित्यपूर्ण किताब की भूमिका लिखने के लिये कतई योग्य नहीं पाता इसलिये यथासम्भव टाल-मटोल करता रहा लेकिन पाण्डेय जी मुझे यह मान देना ही चाहते थे सो लिख दिया। मेरे मन में यह अपराध बोध बना हुआ था कि मेरी वजह से यह किताब पाठकों तक नहीं पहुँच पा रही है। लिहाजा कुछ पंक्तियाँ लिख दी हैं। इस प्रक्रिया में मैं स्वयं लाभान्वित हुआ हूँ। मैं चाहता हूँ कि हिन्दी आलोचना के पाठक इस किताब के लाभ से अब और वंचित न रहें। मुझे विश्वास है कि यह किताब भी पाण्डेय जी की अन्य किताबों की तरह पाठकों का स्नेह और सम्मान प्राप्त करेगी।

मैं कामना करता हूँ कि पाण्डेय जी स्वस्थ और सक्रिय हैं और हिन्दी का खजाना ऐसे ही भरते रहें और हमारी प्रशंसा के आलम्बन बने रहें।

सदानन्द शाही
बनारस
3 नवम्बर, 2018

रचना, आलोचना और यह पुस्तक : एक अनुदर्शन

इस पुस्तक की पेंनी छानते (Outline) अर्थात् रूपरेखा बनाते समय मेरा विचार था कि इसकी अन्तर्वस्तु (Content) और प्रकृति के हिसाब से इसका नामकरण 'हिन्दी आलोचना का पुनर्पाठ' करूँगा, किन्तु मुझे सूचना मिली कि तमाम गुणसूत्रों में निर्विकल्प कुशल समीक्षक-आलोचक डॉ. नामवर सिंह 'पुनर्पाठ' शब्द को अशुद्ध और इसकी जगह 'पुनः पाठ, शब्द को सही-सटीक तथा उपयुक्त मानते हैं। चूँकि हिन्दी आलोचना में **नामवर सिंह** का दबदबा आज भी कायम है, उनकी आलोचना का प्रभामण्डल आज भी पहले की तरह बना हुआ है। उनकी आलोचना के औजार (Equipment) आज भी उतने ही बारीक, पैने और नफीस बने हुए हैं, जितने कल थे तथा उनकी एक पुस्तक 'हिन्दी के विकास में अपभ्रंश का योग' उन्हें बहुत गम्भीर भाषावैज्ञानिक भी सिद्ध करती है, सो मैं ठिठका और इस पुस्तक का नाम फिर से 'हिन्दी आलोचना का पुनः पाठ' रखा। वस्तुतः मेरी इस पुस्तक से पहले कई चर्चित पुस्तकों और लेखों का प्रकाशन 'पाठ' एवं 'पुनर्पाठ' शब्दों को साटकर प्रतिष्ठित प्रतिष्ठानों से हो चुका है, यथा— 'अर्द्धकथा का पाठ' **(माताप्रसाद गुप्त),** 'कान्हड़ दे प्रबन्ध और उसका पाठ' (आलोचना-1955, **माताप्रसाद गुप्त),** हिन्दी परिषद्, प्रयाग विश्वविद्यालय से प्रकाशित, 'कबीर-वाणी पाठ : समस्या और पाठ' **(डॉ. पारसनाथ तिवारी),** 'आलोचना का नया पाठ' **(डॉ. गोपेश्वर सिंह,** किताबघर प्रकाशन, दिल्ली), 'सृजन का अन्तर्पाठ : उत्तर आधुनिक विमर्श' **(डॉ. कृष्णदत्त पालीवाल,** सामयिक प्रकाशन, दिल्ली), 'समालोचना : पाठ पुनर्पाठ' **(श्री भगवान सिंह,** यश पब्लिकेशन, दिल्ली-1913) आदि। इसी तरह अप्रैल सन् 2012 में **श्री मधुकर उपाध्याय** का एक लेख जनसत्ता में 'असभ्यता का पुनर्पाठ' शीर्षक से प्रकाशित हुआ था। इतना ही नहीं, **मुक्तिबोध** की भी एक सुप्रसिद्ध पुस्तक का नाम 'कामायनी : एक पुनर्विचार' है, 'पुनः विचार' नहीं है। आज भी 'पुनर्रचना' शब्द ही अधिकांशतः चलन में है, 'पुनः रचना' बहुत कम।

दरअसल, हिन्दी के ख्यात नाम (renowned-reputed) आलोचक-चिन्तक और कवि, काशी हिन्दू विश्वविद्यालय वाराणसी के हिन्दी-विभाग में प्रोफेसर **डॉ. सदानन्द शाही** ने सन् 2005 ई. में बनारस में 'प्रेमचन्द : पुनर्पाठ' शीर्षक से एक सेमिनार-संगोष्ठी सम्पन्न कराया था। इस संगोष्ठी में बोलते हुए डॉ. नामवर सिंह ने 'पुनर्पाठ' शब्द के प्रयोग पर अपनी आपत्ति दर्ज कराते इसका शीर्षक 'प्रेमचन्द : पुनः पुनः' रखने का सुझाव दिया। बहरहाल, उनके उक्त सुझाव के अनुसार सेमिनार का शीर्षक बदला गया एवं इस बदले शीर्षक से ही संगोष्ठी सम्पन्न

भी हुई। सम्भवतः इसीलिये, मैं समझता हूँ, **डॉ. भारत यायावर** ने कालान्तर में डॉ. नामवर सिंह पर लिखी अपनी एक पुस्तक का नाम 'नामवर सिंह का आलोचना कर्म : एक पुनः पाठ' रखा। इसी तरह अभी हाल में डॉ. सदानन्द शाही ने जाने-माने आलोचक-चिन्तक **डॉ. पी. एन. सिंह** पर सन् 2018 ई. में बनारस के लोकायत प्रकाशन से प्रकाशित एक पुस्तक 'एक जनबुद्धिधर्मी की विचार यात्रा' शीर्षक से सम्पादित किया है। डॉ. नामवर सिंह, बताते हैं, इस पुस्तक के शीर्षक को पढ़कर चौंके और बताया कि यह शीर्षक अशुद्ध है। यहाँ 'बुद्धिधर्मी' की जगह इसका शुद्ध रूप भाषा और व्याकरण के हिसाब से 'बुद्धिधर्मा' होना चाहिए। कुछ दिनों पहले डॉ. पी. एन. सिंह ने सन् 2006 ई. में प्रवीण प्रकाशन दिल्ली से छपी अपनी एक पुस्तक 'नॉयपाल का भारत' को डॉ. नामवर सिंह को समर्पित करते हुए लिखा था कि—"श्रद्धेय डॉ. नामवर सिंह को समर्पित, जो बौद्धिक खुलापन के हमेशा पक्षकार रहे।" यहाँ भी डॉ. नामवर सिंह को 'खुलापन' शब्द अशुद्ध-अटपटा (incongruous) लगा और इसकी जगह उन्होंने 'खुलेपन' शब्द के प्रयोग पर बल दिया। मैंने उक्त तीनों शब्दों—'पुनर्पाठ' की जगह 'पुनः पाठ', 'बुद्धिधर्मी' की जगह बुद्धिधर्मा और 'खुलापन' की जगह 'खुलेपन' के शुद्ध-अशुद्ध प्रयोग पर अपनी जिज्ञासाओं के उपशमन (pacification) के लिये स्नातकोत्तर महाविद्यालय गाजीपुर के संस्कृत भाषा और व्याकरण के प्रकाण्ड विद्वान् **प्रो. धर्मनारायण मिश्र** से आग्रह किया तो उन्होंने डॉ. नामवर सिंह द्वारा सुझाये गये उक्त तीनों शब्दों को व्याकरण के फ्रेम में कसकर उन्हें सौ टंच सही बताते कहा कि, 'बुद्धिधर्मा' तत्सम शब्द है। संस्कृत में 'बुद्धिधर्मी' शब्द नहीं चलता। अष्टाध्यायी के सूत्र 'धर्मदनिच् केवलात्' से 'बुद्धिधर्म' शब्द में 'अनिच्' प्रत्यय लगाने पर 'बुद्धिधर्मन्' प्रातिपदिक बनता है। इससे पद बनाने पर प्रथमा एक वचन का रूप 'बुद्धिधर्मी' बनता है। वस्तुतः 'धर्म' शब्द से संस्कृत में 'धर्मी' पद तो बनता है परन्तु बुद्धिधर्म से 'बुद्धिधर्मी' नहीं बनता। हिन्दी में 'बुद्धिधर्मी' प्रयोग मनमानेपन का शिकार है। यह संस्कृत शब्द की भ्रान्ति तो देता है, किन्तु संस्कृत शब्द नहीं है। हिन्दी में यह अज्ञान-प्रसूत है। वस्तुतः हिन्दी में कुछ अग्रणी लेखकों ने यह प्रयोग चला दिया है, यह चल भी रहा है और भाषाविज्ञान के अनुसार उस शब्द को देर-सबेर मान्यता मिल ही जाती है। अब 'खुलेपन' शब्द को लें। वस्तुतः जब कर्त्ता-कारक वाच्य पद होगा तो 'खुलापन' होगा और जब अवाच्य होगा अर्थात् विभक्तियों जैसे— 'ने', 'को', 'से', 'के लिये', तथा 'में', 'पर', आने पर 'खुलेपन' शब्द का प्रयोग होगा। उदाहरणार्थ— 'वातावरण' में 'खुलापन' है। 'खुलेपन' में रहना वांछनीय है। अब देखिये, 'पुनर्पाठ' की जगह 'पुनः पाठ' प्रयोग शुद्ध क्यों है? 'पुनर्' के 'र्' को विशेष परिस्थिति में विसर्ग होता है। यह परिस्थिति तब आती है, जब 'र्' के बाद अघोष वर्ण आये। अघोष वर्ण, स्पर्श वर्णों में क, ख, च, छ, ट, ठ, त, थ एवं प, फ तथा ऊष्म वर्णों में तालव्य 'श', मूर्द्धन्य 'ष' तथा दन्त्य 'स' अघोष वर्ण कहलाते हैं। इनमें से कोई 'र्' के बाद आये तो 'र्' को विसर्ग हो जाता है। 'पुनर्' 'र्' के बाद चूँकि 'प' अघोष आया है, अतः 'र्' को विसर्ग ही होगा। इस प्रकार 'पुनः पाठ' ही साधु-प्रयोग है, 'पुनर्पाठ' नहीं। 'पुनः पाठ' तत्सम है तथा व्याकरणसम्मत है, इसके ठीक उलट 'पुनर्पाठ' अज्ञानप्रसूत एवं अशुद्ध प्रयोग है। यह तत्सम नहीं है। इसे तो यथा किंचित् चलाया जा रहा है।

बहरहाल, अब आगे सवाल बनता है कि 'पाठ' का अर्थ-आशय क्या है? कृति के सन्दर्भ में 'पाठ' का महत्त्व क्या है? क्या यह सामान्य पाठ से भिन्न होता है? क्या– **अत्र गन्ध वद् गन्ध मादनः इति आगन्तुकः पाठः**–इससे कृति की दीर्घजीविता उत्तरोत्तर बढ़ती है? वस्तुतः संस्कृत की 'पठ्' धातु का अर्थ होता है–'व्यक्त वाणी'। 'पठ्' से भाव अर्थ में 'घञ्' (अ) प्रत्यय लगने से 'पाठ' शब्द निष्पन्न होता है। इस प्रकार 'पाठ' शब्द का अर्थ हुआ–'व्यक्त वाणी में कथन।' हिन्दी में तत्सम 'पठ्' का तद्भव है– 'पढ़'। इससे भाव अर्थ में 'अन' तथा पुं विभक्ति आ लगने पर 'पढ़ना' बनता है। पाश्चात्य समीक्षा दर्शन की परम्परा में हिन्दी में आया 'पाठ' शब्द अंग्रेजी के 'Text' का हिन्दी अनुवाद है। 'व्यक्त वाणी' का यहाँ सन्दर्भ नहीं है। दार्शनिक दृष्टि से किसी 'कथन' या 'रचना' का देशकाल की सापेक्षता में अर्थान्तर हो जाना यहाँ अभिप्रेत है। अतः 'Text' को Capital अक्षर में न लिखकर small अक्षर में लिखकर अर्थान्तरों के विमर्श आते रहते हैं। प्राचीन कृतियों का युगानुरूप अर्थबोध एवं मूल्यांकन का आग्रह होता है। हर युग अपनी परम्परा के Classics का अपना अर्थ समझता है। अतः 'पाठ' या 'Text' बहुवचनात्मक होता है, एकवचनात्मक नहीं। संक्षेप में 'पाठ' का आशय-अभिप्राय यही है। इधर, सम्प्रति 'पुनर्पाठ' शब्द को लेकर एक नया बहस-मुबाहसा शुरू हुआ है कि 'पुनर्पाठ' शब्द उपयुक्त है या 'पुनर्विचार'। आदरणीय **संजीव कुमार** कहते हैं कि हिन्दी में इन दिनों पुनर्पाठ की बहार है। कहीं इस नाम के स्तम्भ छप रहे हैं, कहीं संगोष्ठियों और परिसंवादों का आयोजन हो रहा है, कहीं प्राध्यापकों के लिये पुनर्पाठ के संकल्प के साथ पुनश्चर्या कार्यक्रम हो रहे हैं। कुल मिलाकर जिधर देखो उधर कोई-न-कोई किसी-न-किसी का पुनर्पाठ करने में व्यस्त है। ऐसे में यह चिन्ता स्वाभाविक है कि, 'पुनर्पाठ' में 'पुनर्विचार' ही किया जाता है या कुछ और" तो क्या उत्तर देना चाहिए। मुक्तिबोध ने कामायनी पर पुनर्विचार किया था। क्या उसे पुनर्पाठ भी कह सकते हैं? क्या पुनर्विचार और पुनर्पाठ का फर्क यही है कि एक के पहले 'पर' कारक चिह्न लगता है और दूसरे के पहले 'का'? आगे **संजीव कुमार जी** कहते हैं कि पुनर्पाठ अपने ही साथ एक बहस है। इसकी तुलना में पुनर्विचार, किसी कृति पर व्यक्त किये गये पूर्व विचारों के साथ एक बहस है। वह मान्यताप्राप्त मानदण्डों को बीच में रखकर, उन्हें लागू करने के पिछले प्रयासों के दोष गिनाता है और सही तरीके से उन्हें लागू करने का दावा करता है। पुनर्पाठ, परिवर्तित 'आत्म' के साथ कृति के पास दुबारा जाना है।

कुछ पंक्तियाँ पहले मैंने बताया है कि अंग्रेजी शब्द 'Text' का हिन्दी रूपान्तर 'पाठ' किया गया है। यहाँ 'पाठ' का अर्थ सामान्य पाठ से थोड़ा भिन्न और इतर है। वस्तुतः हर पुस्तक का अपना-अपना पाठ होता है। साहित्य का प्रयोजन अन्ततः संवाद होता है। वही साहित्य टिकाऊ माना जाता है, जिसमें विभिन्न पाठों की सम्भावना हो, तभी कोई कृति विभिन्न पीढ़ियों के लिये किसी-न-किसी पाठ का अवसर देती है। जो साहित्यिक कृतियाँ ऐसा अवसर नहीं देतीं–वह महज युगीन बनकर रह जाती हैं। साफ शब्दों में वह काल-विशेष के एक निश्चित खूँटे (stake) में आबद्ध हो जाती हैं। अतः पाठ की नयी-नयी सम्भावनाएँ कृति में बनी रहनी चाहिए। कभी-कभी अनेक कृतियाँ अपने समय में बहुत ही लोकप्रिय होती हैं, किन्तु समय बीतते ही उनका आस्वाद (flavour) बदल जाता है। यदि वे कृतियाँ उसमें खप नहीं पातीं, तो तुरन्त भुला

दी जाती हैं। शेक्सपियर, तुलसीदास या महाभारत ऐसे रचनाकार या रचनाएँ हैं, जिन पर समय का दबाव नहीं पड़ता। प्रत्येक काल में युग की अपेक्षाओं के अनुसार इनका अध्ययन होता रहता है। जाहिर है, ऐसी सुखद स्थिति में रचनाकार और कृतियाँ जिन्दा-जीवन्त और ताजा-टटका बने रहते हैं। देखा जाये तो केशव नहीं चल पाये, तुलसी चले, वह इसलिये कि केशव का पुनः पाठ सम्भव नहीं था, तुलसी का सम्भव था। जबकि केशव भी अपने समय में अपेक्षाकृत लोकप्रिय कवि थे। हाशा व कल्ला मैं इनकी परस्पर तुलना नहीं कर रहा हूँ। यही स्थिति नाटककार शेक्सपियर की भी है। उत्तर शेक्सपीरियन नाटक अपने दौर में इतने लोकप्रिय हुए कि शेक्सपियर को जैसे भुला दिया गया, किन्तु अठारहवीं सदी के अन्त में शेक्सपियर की रचनाओं का पुनः पाठ शुरू हुआ और धीरे-धीरे वह अंग्रेजी साहित्य के एकमात्र ऐसे साहित्यकार बने कि कार्लाइल (Carllyle) – ने घोषित किया कि शेक्सपियर और ब्रिटिश अम्पायर में उन्हें चुनना होगा तो वह शेक्सपियर को चुनेंगे, क्योंकि सत्ताएँ आती जाती रहती हैं, लेकिन शेक्सपियर अंग्रेजी संस्कृति के प्रतीक के रूप में हमेशा खड़ा दिखेगा। यही उनकी कृतियों के पाठ का चमत्कार (miracle) है।

ध्यान देने पर यहाँ एक बात आईने की तरह साफ होती है कि पाठ-केन्द्रित और मूल्य-प्रेरित सर्जनात्मक आलोचना की परम्परा हिन्दी में इधर तेजी से उभरकर सामने आयी है। पुरानी आलोचना में आलोचक रचनाकार का गायक (vocalist) माना जाता था। आलोचक रचनाकार का हम आवाज-हमयार बनकर उसके – justification में लिखता था, किन्तु आज की आलोचना का स्वर, स्वरूप और चरित्र बदला है। आज का आलोचक कृति को Text के रूप में पढ़ता है और बदली पद्धति में उस पर अपना अर्थापन भी करता है। हम यह भी कह सकते हैं कि आज की आलोचना सिर्फ text-rooted ही नहीं है, बल्कि उसके सरोकार (concern) और दायरे (circle) पहले के सापेक्ष बड़े हुए हैं। आज का आलोचक किसी कृति पर अपनी व्यक्तिगत प्रतिक्रियाएँ (personal reaction) भी देता है और वह बेहतर सांस्कृतिक सरोकारों (cultural context) से भी जुड़ा होता है। बेलाग बात करें तो कह सकते हैं कि श्रेष्ठ और सुलझी आलोचना वही होती है, जो नयी दृष्टि दे, हस्तक्षेप (interference) करे, पाठ में प्रवेश करे तथा सुव्यवस्थित तर्कों से लैश और विचारोत्तेजक (stimulating) हो। वह संयम और सन्तुलन को साधे। उसमें विनम्रता और तरलता हो। उसकी आलोचना रचना में खतरनाक तोड़फोड़ करनेवाली न हो। उसमें विचारों की घनगरज होनी चाहिए। आलोचक-चिन्तक **हेमन्त कुकरेती** का मानना है कि आसान वाक्यों में रचना के मर्म को उद्घाटित करनेवाली आलोचना-प्रणाली रचना के पाठ से निर्मित होती है। वह रचना का अर्थ-पाठ होती है। रचनात्मक आलोचना रचना को बड़ा करती है। जिस तरह अच्छी रचना अपने समय से मुठभेड़ करती हुई अर्थ-अर्जित करती है, उसी तरह आलोचना भी रचना से टकराती है। इसके लिये आलोचक से प्रतिभा और मेहनत जैसे गुणों की अपेक्षा की जाती है। गम्भीर आलोचना महत्त्वपूर्ण रचनाकारों की हत्या करने का दुष्टतापूर्ण उद्यम तो नहीं ही करती, बल्कि साधारण-सी लगनेवाली रचना की असाधारणता को बेहिचक रेखांकित करती है। बहरहाल, आलोचक से यह अपेक्षा की जाती है कि वह अपनी आलोचना पद्धति में विचारधारा (ideology) और पूर्वग्रह का आतंक पैदा न करे, बल्कि कृति के मूल्यांकन में सजगता-सतर्कता

से कृति से सतर्क पाठ और उस सतर्क पाठ की प्रक्रिया से गुजरते हुए कृतिकार की मूल्यदृष्टि को उसके भाषिक अनुभव की अन्तःसूत्रता में देखे और परखे।

मैंने हालिया कुछ आलोचनाओं को पढ़ा है। इन्हें पढ़ते वक्त मुझे कुछ आहट और भनक लगी कि आलोचक और रचनाकार के बीच बहुत कुछ-'ठीक' नहीं चल रहा है। दोनों में अनबन (estrangement) है। रिश्तों की संहिता बेपटरी है। दोनों में एक-दूसरे से असन्तोष है। इतना ही क्यों, थोड़ा आगे बढ़ें तो पायेंगे कि आज की हिन्दी आलोचना के प्रति रचनाकार के साथ-साथ पाठक के भी मन में व्यापक असन्तोष, उसमें गतिरोध, जड़ता और अक्षमता की शिकायत निरन्तर बनी रहती है। अतः ऐसी स्थिति में कुछ सवाल यहाँ दरपेश हैं। इन प्रश्नों को 'सबाल्टर्न' या उपेक्षित मान खारिज या चलता नहीं किया जा सकता। ये प्रश्न हैं,—क्या आज की आलोचना के मानदण्ड बासी, रूढ (stereotyped) और कुन्द (obtuse) हो गये हैं यदि नहीं तो आज की श्रेष्ठ रचना रिवाजी (traditional), आम्नाय और पुरानी चलन की आलोचना को झेल क्यों नहीं पाती? उसे तत्काल वह खारिज क्यों कर देती है? अगला सवाल है—आज की आलोचना मन और बुद्धि के अनेक स्तरों पर रचनाकार और पाठक को उद्विग्न-उद्वेलित (agitated) क्यों करती है? कभी अज्ञेय ने कहा था कि—"हिन्दी में आलोचक तो हैं, पर आलोचना कहाँ?" क्या हिन्दी आलोचक के पास आलोचना का कोई स्थिर, तयशुदा मानक और पैमाना (scale) नहीं रह गया है? आखिर आज की हिन्दी आलोचना इतनी बड़ी अराजकता और क्लास्ट्रोफोबिया (claustrophobia) की शिकार क्यों है? क्या **अशोक वाजपेयी** का यह कहा सच है कि—"साहित्य में कई तरह की परेशानियाँ आये दिन सामने आती हैं, उनमें एक परेशानी आलोचना भी है।" यह तथ्य कितना कयास करने (conjecture) लायक है कि आज की आलोचना विषय से जुड़े तथ्यों का आकलन साहित्यिक रिश्तेदारियों के आधार पर कर रही है? क्या आज की आलोचना, रचना की पर्याप्त 'नोटिस' (intimation) नहीं लेती है? यह कथन कितना सच है कि आलोचना, एक ओर रचना में व्याप्त भ्रान्तियों का निराकरण करती है तो वहीं कभी-कभी कुछ भ्रान्तियों को भी जन्म दे देती है। आज की आलोचना, रचना के समक्ष कहीं हीन ग्रन्थि ग्रस्तता की गिरफ्त में तो नहीं है? श्रेष्ठता का मिथ्या दम्भ पाले आज का आलोचक, रचनाकार के सामने खुद को बौना तो महसूस नहीं करता? क्या आज के आलोचक में साहित्य-सिद्धान्त और आलोचना की समुचित समझ का अभाव है? अंग्रेजी के ख्यातिलब्ध विद्वान् और आलोचक **डॉ. राजनाथ** जी पूछते हैं कि क्या आलोचनात्मक प्रतिभा रचनात्मक प्रतिभा की तुलना में अधिक दुर्लभ होती है? इस सवाल का उत्तर देते वे खुद मानते हैं कि जिसे हम आलोचनात्मक मेधा कहते हैं, वह रचनात्मक प्रतिभा की तुलना में दुर्लभ होती है। यही कारण है कि लेखकों की विशाल संख्या में आलोचनात्मक मेधा-सम्पृक्त लोग कम ही होते हैं। एक सवाल रह-रहकर बहुत जोर-शोर से उठ जाया करता है कि क्या साहित्य और आलोचक—दोनों की मृत्यु हो चुकी है? इसका उत्तर देते वे कहते हैं कि यदि लेखक और साहित्य की मृत्यु नहीं हुई है तो आलोचना की मृत्यु कैसे हो सकती है? सवालों को समाप्त करके अन्त में यह कि क्या आलोचक नाम की संस्था मिटती जा रही है? क्या आलोचना की जरूरत और दरकार (necessary) अब पाठक और रचनाकार को नहीं रह गयी है? 'आलोचना' को लेकर आखिर इस तरह के सवाल पूछने की आवश्यकता

ही क्यों पड़ी? पूछ सकते हैं कि आलोचना के धधकते कुण्ड में रचना निरन्तर जलने को अभिशप्त क्यों है? मशहूर चिन्तक-आलोचक **डॉ. वीरेन्द्र यादव** उक्त प्रश्नों का सटीक और उपयुक्त उत्तर देते कहते हैं कि सच यह है कि आलोचकों से लेखकों की नींद हराम होने की हिन्दी साहित्य में लम्बी परम्परा रही है। प्रेमचन्द को तो आचार्य रामचन्द्र शुक्ल ने 'प्रोपेगैण्डिस्ट' और समाज-सुधारक करार देकर कमतर आँका ही था। रांगेय राघव तो रामविलास शर्मा की परशुरामी आलोचना से इतने क्षुब्ध हुए थे कि 'कुत्ते की दुम और शैतान' सरीखी कहानी ही लिख डाली थी लेकिन किसी ने आलोचकों को किसी षड्यन्त्र में शामिल नहीं घोषित किया था। अफसोस कि आत्ममुग्धता और कीर्त्ति की तुरन्त चाहत के इस टुच्चे समय में आलोचना के बेबाकपन पर कुछ लोगों की भौंहें वक्र हैं। ढीठ चौधराहट की इस असहिष्णुता के विरुद्ध आलोचना के विवेक को जोखिम उठाकर भी बचाये रखने की जरूरत है।

विद्वानों ने किसी कृति की मुश्तमिल-मुश्तरका, स्वस्थ और पारदर्शी-मूल्यांकन के लिये आलोचना को आलोचक की **'तीसरी आँख'** कहा है। आलोचक अपनी इसी तीसरी और खुफिया आँख से रचना के भीतर हेल कर (entry) उसमें अन्तर्निहित मौजूदा सत्य का अन्वेषण-अवलोकन (observation) करता है, तभी उसकी आलोचना अर्थवान् बनती है। **आलोचना, रचना को 'खोलनेवाली कुंजी'** कही जाती है। वह रचना का कलेवर और वितान करती है, पाठक के मन में कृति के प्रति नयी उत्फुल्लता और ललक (delightfulness) पैदा करती है। आलोचना, रचना में अन्तर्निहित जटिल और विविध यथार्थ का सूक्ष्म उद्घाटन करती है। श्रेष्ठ और उत्तम आलोचना, रचना के प्रति पाठकीय चाव और कशिशे इश्क पैदा करती है। रचना में सन्निहित कटु सत्य की तलाश ही आलोचना का प्रधान लक्ष्य होता है। आलोचना की खराद पर चढ़कर ही एकांगी, अधूरी और खण्डित रचना मुकम्मल और पुख्ता अर्थात् सम्पूर्णता को प्राप्त करती है। आलोचना समय के सन्दर्भों के सभी स्वरूपों और अन्तर्विरोधों पर निगाह रखती है। वह 'विजन' (vision) को शब्दबद्ध करती है। आलोचना, रचना में अन्तर्निहित विचारधारा और रचनात्मकता के युग्म के मर्म को उद्घाटित करती है। वह रचना का नया मुहावरा गढ़ती है, सोच के आयाम का विस्तार करती है। यही नहीं, आलोचना, रचना के जटिल यथार्थ और उसके मूलगामी सरोकारों को पकड़ती है। कुल मिलाकर, आलोचना, रचना का नया अर्थ-सन्दर्भ खोलती है।

इधर, रचना, रचनाकार की विकलता को शब्द देती है। संस्कृत के उद्भट विद्वान् **प्रो. राधावल्लभ त्रिपाठी** कहते हैं कि रचना, अपने को निरन्तर माँजने, विस्तारित करने, रचने, समझने और विराट् से जुड़ने का माध्यम बनती है। रचना, चराचर से एकात्म्य (identical) का अनुभव है, रचना सत्य का अनुभव है, रचना अपने आप में लक्ष्य है, रचना से कोई अन्य लक्ष्य हासिल होगा, रचना का उपयोग बतौर हथियार किया जायेगा—यह सोचना गलत है। बहरकैफ, महत्त्वपूर्ण रचना में लेखक और पाठक-दोनों की तरफ अनुभव के छोर खुलते हैं। रचना, रचनाकार के संघर्ष की अभिव्यक्ति होती है। अद्वितीयता ही रचना का गुण होती है। अच्छी रचना, अच्छे सहृदय आलोचक के पास पहुँचकर नया अर्थ पाती है अर्थात् पुनः नयी रचना

बन जाती है। बताते हैं, वाङ्मय (literature) परम्परा में अच्छी रचना को पहचानने की शास्त्रीय कसौटियाँ तय की गयी हैं,— इसी से रचना का महत्त्व जाना जा सकता है।

कई लोग सवाल करते हैं कि रचना और आलोचना में श्रेष्ठ कौन है? अपनी मन्द, कुन्द (in-active) तथा अपंग (disabled) बुद्धि के कारण इस प्रश्न की पंचायत मैं नहीं कर सकता, क्योंकि 'को बड़ छोट कहत अपराधू', फिर भी हम आलोचक और रचनाकार को परस्परजीवी तो स्वीकार कर ही सकते हैं। एक के सहयोग के बिना दूसरे का आगे बढ़ना सम्भव नहीं है,—"Criticism is often condemned as being secondary, parasitic and inferior to creation which includes all literature that is not about other literature. Criticism is, no doubt, a form of literature, yet it is natural to regard books about books as being in some sense inferior to books about life. When we come to books about books we can hardly help feeling that they are less worthwhile than even the most modest creative work. It is common belief that criticism is inferior to creation." अगरचे, मेरे जेहन में इस प्रश्न को लेकर एक बात जरूर उभरती है कि आखिर इस आलोचना का अस्तित्व तो रचना से ही है। अतः यहाँ, आलोचकों से मेरे कुछ आग्रह हैं। आप जानते हैं, सृजन और कुछ नहीं—बल्कि संसार की भीड़ में अपने विलुप्त चेहरे की पहचान है। सृजन यानी रचने के सुख तो अनन्त हैं, किन्तु यह बेहद पीड़ादायी भी होता है। मन और शरीर का रक्त इम्तिसास कर लेता है। अतः ऐसी स्थिति में आलोचक के मन में रचना और रचनाकार के प्रति किसी तरह का कोई शत्रु भाव, पूर्वग्रह, राग-द्वेष, मनोमालिन्य (ill-will), स्त्री-पुरुष, जात-पाँत, ऊँच-नीच, धर्म-सम्प्रदाय आदि का वैर-भाव नहीं होना चाहिए, बल्कि तमाम दुर्बलताओं के बावजूद आलोचक को चाहिए कि वह रचनाकार को पुरस्कार-उपहार के रूप में incentive तो दे ही, sublimation with the great fault अर्थात् कमजोरियों के बावजूद उसके औदात्य और उदात्तता पर भी ध्यान दे। आलोचक को रचनाकार का मुश्तरका दर्द, रचने का दर्द और तड़प को भी ध्यान में रखना चाहिए। उसे चाहिए कि वह रचना के रंग रेशे-रेशे को खोले। आलोचक को रचना का इत्मीनान से मुतालिया अध्ययन करना चाहिए। सच तो यह है कि हर रचनाकार अपनी रचना के लिये जीता-मरता है। वह अपनी रचना का दुराग्रहपूर्ण आलोचकीय क्षरण-छिजाव और छीछालेदर (humiliation) कतई नहीं चाहता। दरअसल, सुलझा आलोचक रचना को खोलता है। दही के थक्केवाली रचना को मथकर 'लैनू' निचोड़ निकालता है।

कभी-कभी आलोचक की आलोचना ही रचना की शक्ति और सीमा बन जाती है। यदि कोई आलोचना ऐसा नहीं करती तो पूछा जा सकता है कि निरन्तर पराजय की आत्मस्वीकृति बन जाना ही क्या रचनाकार की नियति है? रचनाकार की केन्द्रीय संवेदना का टूटता तार क्या उसे हताश नहीं करेगा? अतः आलोचक को चाहिए कि वह कृति में अन्तर्निहित (inherent) 'डिटेल' को पूरी तरह निष्पक्षता से पकड़े। अपनी ठूँठ और एकांगी कसौटी से रचना की परख-पहचान कतई न करे। पाक़ीज ख़याल आलोचक रचना पर अपने विवेक और सौन्दर्य दृष्टि से फोकस करता है। दरअसल, आलोचक, रचना का शिल्पी और दस्तकार (handicraft man)

होता है। अपने फन, इल्म और आलोचकीय प्रज्ञा की छेनी-रेती से वह रचना को अपने आलोचकीय विवेक की कसौटी या खराद (lathe) पर चढ़कर उसे खरादता-तराशता है। वह किसी गुट, संस्थान, शिविर, गढ़, मठ, खेमा या गोल-गांग का शिकार हुए बिना रचना के हर पक्ष को मुकम्मल तौर पर पकड़ता है, रचना की आन्तरिक लय और ऊपरी शक्ति को रेखांकित करता है।

कहा जाता है कि **आलोचना बिना ताले का खुला हुआ घर होती है।** वह अपने इस खुले घर से ही सर्जना के हर आशय और छवि को पकड़ती है। श्रेष्ठ आलोचना चेतना के निर्माण में सहायक होती है। पश्चिम के **टेरी ईगलटन** का मानना था कि समकालीन अंग्रेजी आलोचना एक तरह की Public Relation Exercise बनकर रह गयी है। आलोचक, चिन्तक **पुरुषोत्तम अग्रवाल** का इस पर मानना था कि अपने यहाँ तो इसका और भी फूहड़ रूप देखने में आता है। दो टूक यह कि आज की आलोचना जैसे स्वेच्छा से Public Relation Officer की अपनी नियति बना ली है। कभी **मुक्तिबोध** ने माना था कि रचनाकार के लिये चरित्र और आलोचक के लिये ईमानदारी आवश्यक है। वस्तुतः चरित्र और ईमानदारी ही वह चीज है, जो रचना और आलोचना दोनों को विश्वसनीय बनाती है, किन्तु आज की आलोचना तो चालू मुहावरेबाजी और विचारहीन आलसीपन की शिकार है। जिस जरूरी अध्ययन और धैर्य की जरूरत आज की आलोचना में होना चाहिए, वह यहाँ विरल दिखायी देता है। उपयुक्त मूल्यबोध यहाँ नदारद है। कहते हैं, आलोचक अपनी हार्दिकता और रसज्ञता से अपनी आलोचना को संवेद्य (sensitive) बनाता है। अपनी मर्मस्पर्शिता से रचना को नव-नवल अर्थ छटा देता है। स्वतः की सुलझी और स्पष्ट आलोचना से वह कृति की शख्सियत मुकर्रर करता और यकीनी बनाता है। वह आलोचक के साथ-साथ भावक की सूक्ष्म निरीक्षण सम्पृक्त दृष्टि से भी रचना के जलकुण्ड में पैठता है। अनुभवी आलोचक अपनी पैनी एवं धारदार आलोचना के जरिये बहुत विस्तार में न जाकर अपनी लघु और सूत्रात्मक टिप्पणियों में भी ऐसे तथ्यों का उद्घाटन करते हैं, जो बहुधा बड़ी आलोचनाओं पर भारी पड़ती है। वह रचना की अन्दरूनी जटिलताओं को खोलते हुए रचनाकार के स्फुट-अस्फुट रचाव पर फोकस करता है। वह रचना में निहित सच्चाई को छानता-निथारता है। श्रेष्ठ आलोचक रचनाकार के सामने खुद को बौद्धिक होने का नाहक हठ नहीं दिखाता, बल्कि अनुभव की तपिश-ताप में पका आलोचक अपने आलोचकीय 'विट' और खुफिया निगाह से, संयत-सन्तुलित ढंग से रचना की सन्तुलित आलोचना करता है। उसकी आलोचना एकतरफापन (one-side) और पक्षधरता (favouritism) का शिकार नहीं होती।

चलते-चलते आदरास्पद आलोचकों से कुछ निवेदन और। **राजेन्द्र यादव** ने कभी आलोचकों को इस बात के लिये कोसा था कि उनके पास कृति को जाँचने-परखने के लिये उपयुक्त आलोचनात्मक प्रतिमान नहीं हैं, अतः मैं समझता हूँ कि वैचारिक दिवालियेपन और सांस्कृतिक थकान के इस सर्वग्रासी वातावरण में चिन्तकों को उक्त कथन को अपने जेहन में निरन्तर बनाये रखना चाहिए। कुछ लोग यह भी कहते हैं कि आज की आलोचना, अकादमी और बाजार-इन तीनों के पास वे औजार ही नहीं हैं, जिनसे किसी कृति की मुकम्मल परख और संवाद स्थापित किया जा सके। यदि यह आरोप सही है तो आलोचक को इस पर 'इन्स्टेण्ट'

ध्यान देना चाहिए। आलोचक को निहायत सार्वजनिक और spectacular होना चाहिए। दुरूहता और अर्थ संशय (ऑब्सक्युरिटी और ऐम्बिग्युइटी) भी आलोचना में नहीं होना चाहिए। आलोचक का यह कर्त्तव्य बनता है कि रचना में जो pin point है, 'विट' का जो अन्दाज है, भाषा की जो पकड़ है—इन सभी की भी अनदेखी वह न करे। वह रचना में व्याप्त व्यापक अर्थ को इस सलीके से खोले कि पाठक को नये गद्य के गढ़न का सुख मिले। डॉ. नामवर सिंह जब यह कहते हैं कि, "आलोचक के लिये पैनी बुद्धि के साथ नैतिक साहस की भी आवश्यकता होती है", तो मैं समझता हूँ कि आज के आलोचक को उनके इस कथन पर भी गौर करना चाहिए। सच तो यह है कि आलोचना का अपना एक 'सांस्कृतिक एजेण्डा' होता है। पुरुषोत्तम अग्रवाल का मानना है कि आज की आलोचना में आलोचक/कृतिकार की निजी जिन्दगी में कीचड़ उछालकर 'साहित्यिक कालमिस्ट' तो कहे जा सकते हैं, किन्तु प्रश्न है कि वे रचना का कितना भला कर रहे हैं? एक ध्यानाकर्षक बात और। अधकचरी समझवाले आलोचक के भीतर से आलोचनात्मक चेतना सिरे से गायब होती है। वह बौद्धिक दरिद्रता और दयनीयता का पात्र होता है, अतः मेरा अनुरोध है कि आलोचना की पुख्ता समझ से दूर, आलोचक बनने के नाम पर नकली और मिथ्या मूँछ टेने-ऐंठनेवाले तथाकथित नीम हकीम खतरा-ए-आलोचना (mountebank) अर्थात् मन्द मति आलोचक बिना मन्त्र जाने बिच्छू की बिल की जगह साँप के बिल में हाथ न डालें, तो उचित है। वह इसलिये कि उनके सामने 'घर का न घाट का' अर्थात् कहीं की भी न रहने का संकट पैदा हो सकता है, फिर आलोचकीय-धर्म निभाना बड़ा सरल-सहज नहीं है। कहते हैं, हर बड़ा लेखक चाहे वह कथाकार हो, कवि हो—अपने भीतर कुछ खाली जगहें अवश्य छोड़ जाता है, जिसे आगे आनेवाली पीढ़ी भरती है। पश्चिम के **लोंग जाइनस** इसे ही 'सप्लिमेशन विद द ग्रेट फाल्ट' (suplimation with the great fault—सदोष उदात्तता) बताता है। आगे आनेवाली पीढ़ी सम्भवतः यह आलोचक ही है।

नक्कादों यानी आलोचकों को इस बात का भी इल्म होना चाहिए कि हिन्दी की जिस विधा की कृति का वे मूल्यांकन, निरीक्षण-परीक्षण कर रहे हैं, उसे खण्ड-खण्ड करके देखने में अपनी फननबाजी और अदबशनासीन न समझें। रचनाकार की दृष्टि में वह उसकी एक मुकम्मल और साबुत रचना है। साहित्य से जिन्हें थोड़ी भी उन्सियत है, उन्हें मालूम है कि कितनी पीड़ा और संघर्ष, कितनी तपिश-ताप, मनस्ताप तथा दिलीग़म के बाद कोई सर्जना जन्मती है, अतः उनकी परख-पड़ताल, के लिये समीक्षा-समालोचना में बहुत धैर्य और संयम की जरूरत और गरज होती है। बक़ौल, असरार-उल-हक़ मजाज़—

"मेरे हर लफ़्ज़ में बेताब मेरा सोज़े-दुरूँ।
मेरी हर साँस मुहब्बत का धुआँ है साक़ी ॥"

खुलासा यह कि रचना के प्रति आलोचक की दृष्टि तंगदामन और तंगनजरिया की गिरफ्त में न हो। आलोचना के नाम पर आलोचक रचना की 'पालिमिक्स' न करे।

सच तो यह है कि आलोचक यदि किसी रचना पर पूर्वग्रह ग्रस्त दृष्टि डालेगा तो वह ठूँठ वृक्ष की तरह एकरस, जड़ और नीरस हो जायेगी। उसके सामने भरोसे का संकट पैदा होगा और उसके भीतर की संवाद और सम्प्रेषण की धार कुन्द होगी। श्रेष्ठ-सुलझा आलोचक किसी

कोण पर कमजोर रचना को भी नये परिधान-पैरहन और नये लिबास में सजा-धजा कर उसमें अर्थ की नयी रवानगी के लेप से विश्वसनीय बना पाठक के मन में दिलचस्पी-दिलपसन्दगी पैदा करता है। ऐसा आलोचक यश का भागी बनता है अन्यथा आलोचकीय कुकीर्त्ति और रुसवाई झेलता है। आलोचक के पास खुद की सृजनकर्म और अनुभव की विशिष्ट सम्पदा होनी चाहिए। इसके अभाव में उसकी आलोचना कुन्दजहनी का शिकार हो जायेगी। वह खुद विराट्-व्यञ्जना, विस्तृत अर्थ-फलक और बहुविध दृष्टि-विधान पर चिन्तन-मनन करनेवाला हो। उसकी भाषा में गलीछाप और अबूझ भाषा का इस्तेमाल नहीं होना चाहिए। आलोचक सहजता, सरसता और पारदर्शिता के साथ अपनी बात कहें, साथ ही शब्द सुघरता का और शब्दों की लय-ध्वनि का संवेदन-सिक्त उपयोग करे। आलोचक की भाषा में नवीनता और नवजातक की-सी सहजता एवं ताजगी होनी चाहिए। वस्तुओं के चित्रणों में पहले-पहल देखे जाने का अपरिचित टटकापन होना चाहिए। इतना ही नहीं, उसके पास शब्दों के बरतने का ढब, ढंग और शऊर तो होना ही चाहिए, साथ ही उसे यह भी करना चाहिए कि वह शब्दों को फुसलाकर (to reduce) महज अपने मतलब की बात न निकाले। उसकी शब्दावली में सरलता और आडम्बरहीनता तो हो ही, सम्प्रेषणीयता (grinding) और प्रभाव-प्रभविष्णुता भी होनी चाहिए।

आलोचकों से लगे हाथ एक अर्ज और वह यह कि आलोचक यह भी ध्यान रखें कि उनकी आलोचना कम-से-कम संवेदन-विपन्न न हो, बल्कि उदात्त तथा सुरुचि-सम्पृक्त साथ ही संवेदन-सम्पन्न हो तो श्रेयस्कर (creditable) होगा। आलोचक से यह भी अपेक्षा की जाती है कि वह सर्जक को उसकी सर्जना के साथ उसकी चेतना को भी जाने। वह सर्जना के सभी आयामों का स्पर्श करे। आलोचक के पास एक ओर वर्तमान की परख हो तो भविष्य की सुलझी दृष्टि भी होनी चाहिए। एक ध्यातव्य तथ्य यह भी कि आलोचना में बाजारवादी सोच नहीं होनी चाहिए। आलोचना में लय, लोच, सार्थकता और रवानी होनी चाहिए बल्कि व्यापकता और विराट् अनुभव संसार का दर्शन हो तो सर्वोत्तम है। उसे अपनी आलोचना को इतना माँजना चाहिए कि वह, भरसक बेहतर, ज्यादा जदीद, पुख्ता, जिसमें किसी तरह के दोषों की उँगली न धँसे-बाशऊर हो। आलोचना में रूमानीपन, लिजलिजापन, भावुकता, विचारहीनता और कण्टेण्ट विहीनता नहीं होनी चाहिए। इससे रचनाकार की रचनात्मकता तो आहत होती ही है, हिन्दी आलोचना का भी नुकसान हो रहा है। आलोचना या मूल्यांकन विमर्शपरक (considerate) हो। अच्छी और निष्पक्ष आलोचना ही दाद पाती है। आलोचना में इतनी गुंजाइश हो कि रचना उसके सामने शाना-ब-शाना खड़ी हो सके। आज हिन्दी आलोचना घोर निराशा के दौर से गुजर रही है, अतः आलोचक को चाहिए कि उसकी आलोचना ज्ञान की ऐसी विपुल और विलुप्त राशि का अवगाहन कराये, जिससे पाठक का मन निश्चय ही श्रद्धा और विस्मय से भर जाये।

आलोचना, स्वप्निल और मनमानी-अनमनी (unattentive) कतई नहीं होनी चाहिए। आलोचना में कुछ सीमा तक बौद्धिक तल्खी तो चल सकती है, किन्तु चतुराई भरी फतवेबाजी और नारा नहीं होना चाहिए। आलोचना कृति के विशाल परिसर में फैली उर्वरता को रेखांकित करती है। अतः आलोचना में नकली सराहना भाव या जुगुप्सा पैदा करनेवाला निन्दारस भी नहीं होना चाहिए। आलोचना में सरलता, सहजता, धैर्य, तमीज, उच्च संस्कार और सन्तुलन साधने

का कौशल होना चाहिए। उसमें विचार तो हो, किन्तु विचारधारा का आतंक नहीं होना चाहिए। वस्तुतः श्रेष्ठ आलोचनात्मक निष्पत्ति गहरे विमर्श और वैचारिक प्रौढ़ता से निकलती है। हिलोरपिछोरकर यह कि आलोचना में श्रेष्ठतम शाब्दिक निवेश (investment) हो। वह धर्मगत, जातिगत, अपने पराये, निजी खुन्नस, राग-द्वेष सम्बन्धी जड़ता (immovable) और अन्य तरह के पूर्वग्रह से रहित तो हो ही, वह नकली किस्म की बौद्धिकता के उन्माद से मुक्त-संवेदना-संकुलन मानवीय अन्तःकरण से लबरेज होनी चाहिए। वह कृति में किसी-तरह की लबड़-धोधों (confusion) न पैदा करे। आलोचना का एक जनपक्ष यह भी होना चाहिए कि वह अपनी मन्त्र भाषा से पाठक को रस-समृद्ध करे। वह शास्त्रीय जटिलता से दूर रहते अपनी संवेदनशील भाव-ऊर्जा के साथ अध्ययन, मननशील शोधपरक बुद्धि-ऊर्जा के मेल-संयोग से पाठक को प्रफुल्लित भी कर सके।

आज के प्रचलित लटकों-झटकों से भरे सांस्कृतिक क्षरण और नैतिक मूल्य-मूढ़ता (सिनिसिज़्म) तथा आत्मधिक्कारी प्रवृत्तियों के इस बिगड़ैल युग में आलोचक और रचनाकार के बीच आपसदारी का होना बहुत लाज़िमी और आवश्यक है। इसके लिये रचना और आलोचना के बीच संवाद का सिलसिला निरन्तर बना रहना चाहिए। एक ओर आलोचक में अपने प्रतिमानों (paradigms) को खरा साबित और सिद्ध करने का दुराग्रह नहीं होना चाहिए, वही तमाम तिक्त-कटु आलोचना के बावजूद रचनाकार को धूल झाड़कर खड़े हो जाना चाहिए, उसे आस-उम्मीद नहीं छोड़नी चाहिए–

"मेरे बाल गिर रहे हैं और ख़्वाहिशें भी,
फिर भी कार के साँवले शीशे में देखकर,
उन्हें सँवार लेता हूँ।"

दरअसल, आलोचना तो रचना को चुनौती देती है अतः कर्मठ, चिन्तनशील और खुशकलम रचनाकार को उस चैलेंज-चुनौती को अपना सर्जनात्मक शगल तथा मशगला स्वीकार कर लेना चाहिए–

"कीजिये हाय-हाय क्या,
रोइये जार-जार क्यों?"

सच तो यह है कि प्रायः हर रचनाकार के रचना-लक्ष्य अलग-अलग होते हैं, विचारधाराएँ अलग-अलग होती हैं, युग-सत्य को रचना-कर्म में गहनेवाली मनोभूमिकाएँ अलग-अलग होती हैं। रचनाकार को भी जानना होगा कि उसकी रचना में सहज अनुभव की अदम्य ऊर्जा होनी चाहिए। **डॉ. कृष्णदत्त पालीवाल** मानते हैं रचना में कृत्रिम चमत्कारवाद कोरा दम्यवादिता का प्रदर्शनवाद है–**मक्कार कलावाद।** इससे मुक्त होकर जो रचा जाता है, उसी में रचना का भाव है। यह रचने का भाव ही रचनाकार और पाठक को जोड़ता है। शुभ-कामना के साथ इतिश्री (completion)। बस!

आभार-प्रदर्शन (expression of gratitude)

पिटी-पिटायी और बासी लीक (Wheel-track) से हटकर लिखी गयी इस पुस्तक को पाठक-प्रिय और गम्भीर-विमर्श का रूप देने के लिये इसके तीसरे खण्ड को मैंने सम्पादन का रूप दे दिया है। जिन हिन्दी विद्वानों के लेख इस पुस्तक में दिये गये हैं, वे हिन्दी के बहुचर्चित

चेहरे और wide तथा deep experience हैं। मुझे भरोसा है कि प्रत्येक लेख पाठक के मन में गहरे तक उतरेंगे। इनसे वे जिरह और बहस कर सकेंगे। हिन्दी आलोचना के विविध पक्षों पर लिखे गये उक्त लेखों से कृति के अध्येताओं को प्रभूत-प्रचुर (plentiful) और प्रामाणिक सामग्री मिलेगी। इतना ही नहीं, इस पुस्तक की प्रस्तुति का अन्दाज व भाषा का सुगठित स्वरूप पाठक के लिये किसी उपहार और पाहुर से कम नहीं होगा। इस प्रकार यह पुस्तक हिन्दी पाठकों के लिये एक नया अनुभव होगी। मैं उक्त सभी विद्वानों के प्रति अपने घर से ही अपनी हार्दिक कृतज्ञता पालगी-प्रणाम और आभार व्यक्त करता हूँ। इसके साथ ही, जिन अन्य दूसरी कृतियों से उद्धरण के रूप में मैंने जो प्रसाद ग्रहण किया है, उन्हें मैं सम्मानपूर्वक स्मरण कर रहा हूँ। पुस्तक में आयी छापे की अशुद्धियों के लिये मैं मशहूर गीतकार गुलजार के शब्दों में पाठकों से क्षमा चाहता हूँ–

**"कहते हैं, कीचड़ में पत्थर मारो तो अपने ही मुँह पर आता है।
मैंने तो सोच कर मारा था,
मगर कुछ छींटें दूसरों के मुँह पर भी जा पड़ीं!
कान पकड़ के माफी माँग ली।"**

न जाने कितने लोगों को प्रसिद्ध लेखक, कवि, उपन्यासकार और आलोचक बनानेवाले राजकमल प्रकाशन समूह के संरक्षक आदरणीय श्री रमेश जी ग्रोवर का इस पुस्तक प्रकाशन के लिये मैं आभार व्यक्त करता हूँ। मेरी इच्छा है कि वे सौ साल तक जीयें, जिससे राजकमल प्रकाशन समूह और हिन्दी साहित्य दोनों का भला हो सके। राजकमल प्रकाशन समूह में कृतियाँ बहुत कठिन परीक्षा के बाद छपती हैं। मेरी भी कई पुस्तकें यहाँ कई इम्तिहान से गुजरी हैं, किन्तु अब मैं यहाँ का tested लेखक बन गया हूँ। बहरहाल, श्रीहनुमान जी का मैं निरन्तर स्मरण करता हूँ। अपनी हर सर्जना की प्रेरणा मैं उन्हीं से प्राप्त करता हूँ। वे हमारे आराध्य (worthy of worship) देवता हैं। वे सिद्धियों के भण्डार हैं, भक्तों के मंगलकारी सर्वाधिक लोकप्रिय देवमूर्ति हैं। महान् सीता-राम भक्त, अजर-अमर, जन-जन के संकटहारी श्रीहनुमान जी की ब्रह्मचर्य निष्ठा अद्वितीय है। हनुमान जी की आराध्या और अपनी आदर्श देवी माँ सीता जी को अनाविल रूप में स्मरण करते, इस कृति को उनके श्री चरणों में समर्पित करते, इस कृति में आयी किसी तरह की भूल के लिये मैं आपसे क्षमा के लिये अनुरोध करते इसे आपके हाथों सौंप रहा हूँ–

**या सीतावनिसंभवाथ मिथिलापालेन संवर्द्धिता।
पद्माक्षनृपतेः सुतानलगता या मातुलुङ्गोद्भदवा ॥
या रत्नेलयमागता जलनिधी या देववारंगता।
लंका सा मृग लोचना शशिमुखी माँपातु रामप्रिया: ॥**

**डॉ. कैलाश नाथ पाण्डेय
नवकापुरा, लंका
जनपद– गाजीपुर-233001
उत्तर प्रदेश**

दशहरा- 2018

विषय-सूची

प्रथम पर्व

द्वितीय पर्व

तृतीय पर्व

प्रथम पर्व

प्रथम पर्व

(क) हिन्दी आलोचना का इतिहास-विकास

(1) आलोचना, समालोचना और समीक्षा : व्युत्पत्ति तथा अर्थ-आशय

आलोचना समर्थ-सम्पन्न और सशक्त गद्य-विधा (form) है। उसकी अपनी एक स्वतन्त्र हैसियत और सत्ता होती है। वह रचना (रच् + युच्, स्त्रियाँ टाप् अर्थात् किसी कृति को लिखना-अश्वघाटी जगन्नाथो विश्व हृद्यामरीरचत् – अश्व 026, 3/15 = creation) की अनुवर्त्ती (subsequent) नहीं होती, बल्कि रचना की तरह एक स्वतन्त्र सृजन होती है, जिसने हौले-हौले तमाम तरह के घात-प्रतिघात (counter-attack) झेलते रचना के समानान्तर अपने को स्थापित-प्रतिष्ठित कर लिया है। वस्तुतः आलोचक अपनी अदम्य और अटूट वैचारिक ऊर्जा से एक बहुविज्ञ-बहुफलकीय बुद्धिधर्मी की तरह रचना को नयी सुरुचि और नया संस्कार देता है, नव-नवल और नभः स्पर्शी आकार देता है तथा यशस्वी झण्डाबरदार बनाता है। आलोचना, रचना में व्याप्त मूल्य और सौन्दर्य को उद्घाटित करती है। वह पाठक की समझ का विस्तार करती है। रचना में अन्तर्निहित और व्यक्त जीवन के छोटे-छोटे अनुभवों को करीने और तमीज से चित्रित करती है, तसल्ली और इत्मीनान से उसमें अन्तर्विष्ट (included) ब्योरों को चुनती है।

प्राचीन संस्कृत-वाङ्मय में आलोचक के लिये 'भावक' (भू + णिच् + ण्वुल्) अर्थात् प्रकाशक और कल्याणकारक शब्दों का प्रयोग हुआ है और उसी के आधार पर प्रतिभा दो प्रकार की मानी गयी है– कारयित्री और भावयित्री। माना जाता है कि कारयित्री का सम्बन्ध कवि से तथा भावयित्री का भावक या आलोचक से होता है। आचार्य राजशेखर ने अपनी सुप्रसिद्ध कृति 'काव्यमीमांसा' में भावयित्री प्रतिभा की जो व्याख्या उपस्थित की है, उससे **आलोचना** के स्वरूप का ज्ञान पर्याप्त-प्रभूत मात्रा में हो जाता है–

"साचेकवेः श्रमभिप्रायं च भावयति ततः खलु।
फलितः कवेर्व्यापारतरुः अन्यथातोऽवकेशी स्यात् ॥"

अर्थात् आलोचना, कवि के श्रम और अभिप्राय को प्रकाश में लाती है, उसके द्वारा कवि-व्यापार का वृक्ष फलता है, अन्यथा निष्फल रहता। आलोचना के विषय में राजशेखर के उक्त मत को अधिकांश भारतीय विद्वानों ने अपनी सहमति-स्वीकृति की मुहर लगायी है। वस्तुतः 'आलोचना' शब्द का अर्थ है–चारों ओर से देखना–**आ समन्तात् लोचनम् अवलोकनम् इति**

आलोचनम् स्त्रियाँ आलोचना। वस्तुतः 'आलोचना' शब्द संस्कृत की 'लुच्' धातु से व्युत्पन्न है।[1] 'लुच्' का अर्थ है– 'देखना'। इस धातु के आगे 'ल्यु' प्रत्यय होता है। इस 'ल्यु' में से आदि के 'ल्' का लोप होकर केवल 'यु' शेष रहता है, जिसके स्थान पर 'अन्' आदेश होता है। इस आदेश के प्रभाव से धातु की उपधा (प्रथम स्वर) का गुण होकर 'लोच' बनता है, जो 'अन्' से मिलकर 'लोचन' शब्द के रूप में आ जाता है, जिसका अर्थ है–'देखनेवाला' अर्थात् 'नेत्र'। अब इसी के पूर्व 'आङ्' उपसर्ग आता है, जिसका आशय अभिविधि या मर्यादासूचक होता है। इसके 'ङ्' का लोप होकर अवशिष्ट 'आ' का 'लोचन' के साथ संयोग होता है और इस तरह 'आलोचना' शब्द बनता है।

इधर, अभिनव हिन्दी-अंग्रेजी हिन्दी कोश के अनुसार 'आलोचना' की व्युत्पत्ति इस प्रकार बनती है,– loc na, n, criticism; review (सं. आ + ✓ लोच + ल्युट् युच् वा) गुण-दोष निरूपण; समीक्षा; समालोचना। वामन शिवराम आप्टे[2]· संस्कृत-हिन्दी कोश के अनुसार- (आ + लोच् + ल्युट्, युच् वा), दर्शन करना, देखना, सर्वेक्षण, समीक्षा तथा विचार-विमर्श करना। वहीं आलोचक को आलोचना करनेवाला बताया गया है– आ + लोच् + ल्युट्, युच् वा। सुप्रसिद्ध हिन्दी साहित्य कोश[3] के अनुसार–आलोचना शब्द 'लोच्' (जिसे पाणिनि ने अपनी पारिभाषिक शब्दावली में ✓ लोचृ लिखा है) से बना है–आ + लोच् + अन + आ = आलोचना, अथवा आ + ✓ लोचृ + ल्युट (अन) = आलोचन। 'लोच्' या 'लोचृ' का अर्थ है– 'देखना'। इसलिये किसी कृति या वस्तु की सम्यक् व्याख्या, उसका मूल्यांकन आदि करना ही आलोचना है। डॉ. भोलानाथ तिवारी[4] का मानना है कि अंग्रेजी शब्द 'criticism' के पर्याय के रूप में हिन्दी में समीक्षा, आलोचना, समालोचना तथा विवेचन आदि अनेक शब्दों का प्रयोग होता है। अंग्रेजी शब्द 'Criticism' मूल धातु 'Krites' से बना है, जिसका अर्थ होता है–गुण-दोष का निर्णय करना या मूल्यांकन करना। हिन्दी शब्द 'आलोचना' की व्युत्पत्ति 'लुच्' धातु से हुई है, जिसका अर्थ है–देखना। 'लुच' धातु में 'ल्युट्' प्रत्यय जोड़ने पर 'लोचन' शब्द बनता है, इसमें 'आङ्' उपसर्ग जोड़ने पर 'आलोचना' शब्द बनता है। हिन्दी पर्यायकोश के अनुसार, 'समीक्षा', 'आलोचना', 'छिद्रान्वेषण', 'मीमांसा', 'रिव्यू' समानार्थी शब्द हैं। इस तरह कुल मिलाकर आलोचना कवि या लेखक और पाठक के बीच की शृंखला, सिकड़ी और चेन (chain) है। अंग्रेजी शब्द 'क्रिटिक' (critique) का अर्थ भी होता है–'अलग करना' (to separate), जिससे निर्णय की बात का पता चलता है।

डॉ. छैल बिहारी मिश्र[5] ने अपने शब्दकोश में **समालोचना** की व्युत्पत्ति तथा अर्थ इस प्रकार बताया है,–'sa ma loc na, n, criticism, critical appreciation, critique; (सं. सम्

1. हिन्दी भाषा और साहित्य–डॉ. किरण बाला, पृष्ठ-268, वी. के. पब्लिशिंग हाउस, बरेली, 1994।
2. वामन शिवराम आप्टे संस्कृत–हिन्दी कोश, पृष्ठ-161, नाग प्रकाशक, 11 ए/यू.ए. जवाहर नगर, दिल्ली-7, मूल्य-120 रुपये, सन् 1991 ई.
3. हिन्दी साहित्य कोश– सं. डॉ. धीरेन्द्र वर्मा, भाग-1, पारिभाषिक शब्दावली, पृष्ठ-97, ज्ञानमण्डल लिमिटेड वाराणसी, मू. 100 रुपये, तृतीय संस्करण–1985.
4. हिन्दी पर्याय कोश– सं. डॉ. भोलानाथ तिवारी, पृष्ठ-641, प्रभात प्रकाशन दिल्ली, 1990 ई.।
5. अभिनव हिन्दी अँगरेजी हिन्दी कोश–सं. डॉ. छैल बिहारी मिश्र, पृष्ठ-465, आलोक भारती, बेंगलुरू, 1991, मू. 130 रु.।

+ आ + ✓ लोचृ + ल्युट, युचृ वा), समीक्षा, गुण दोष-विवेचन, आलोचना, critique (समालोचक)। वस्तुतः समालोचना शब्द सम् + आङ् + लोचन + आ...ये विग्रहांश हैं। इनमें दो सम् + आङ् उपवर्ग हैं। सम का अर्थ है–सम्यक् रूप से अर्थात् भली-भाँति और आङ् का अर्थ है–'मर्यादा'–**आङ् मर्यादाभिविधौ (पाणिनि 2/1/13)**। यहाँ 'आ' से अभिप्राय समन्तात अर्थात् चारों ओर से (देखना)। 'लोचन', 'लोचना', या 'ईक्षा' शब्द देखने का बोध कराते हैं। 'समालोचना' पर विचार करते हुए आलोचक प्रेमघन जी का मानना था कि–'समालोचना' का अर्थ है–पक्षपातरहित होकर न्यायपूर्वक ईमानदारी के साथ किसी पुस्तक के यथार्थ गुण-दोष का विवेचन करना।[1] दरअसल, हिन्दी में 'समालोचना' शब्द का जो प्रयोग होता है–वह अंग्रेजी के 'लिटरेरी क्रिटिसिज्म (literary criticism) का समानार्थक है। 'Criticism' शब्द की व्युत्पत्ति ग्रीक शब्द 'क्रिटिकोस' से मानी गयी है, जिसका अभिप्राय है–विवेचन करना अथवा निर्णय देना। समालोचना शब्द[2] सम् + आ + लोचन् + आ से निर्मित हुआ है, जिसका अर्थ है–"भलीभाँति चारों ओर से देखना। इस प्रकार समालोचना साहित्य उस समूचे साहित्य का नाम है, जो साहित्य के विषय में लिखा जाता है और जिसका लक्ष्य या तो विश्लेषण अथवा व्याख्या या मूल्यांकन किंवा तीनों इकट्ठा करना है– "In its strict sense, criticism means judgement. The critic examines merits and demerits and pronounces verdict upon it." "Literary criticism is this whole mass of literature which is written about literature, whether the object be analysis, interpretation or valuation or all these combined."[3] इधर, एक अन्य विद्वान् डॉ. शान्ति स्वरूप गुप्त[4] का मानना है कि 'समालोचना' शब्द दो शब्दों 'सम + आलोचना' से मिलकर बना है। 'सम' का अर्थ है–सम्यक् तथा सांगोपांग और 'आलोचना' जिसकी व्युत्पत्ति 'लुच्' धातु से हुई है–का अर्थ है–देखना। अतः समालोचना का अर्थ हुआ–सम्यक्, सन्तुलित और सांगोपांग दृष्टि से देखना या परखना। साहित्य के सन्दर्भ में उसका अर्थ होगा–सन्तुलित दृष्टि से साहित्यिक कृति के गुण-दोषों को परखना। समालोचना के लिये अंग्रेजी भाषा में जो शब्द 'Criticism' प्रयुक्त होता है, उसका भी लगभग यही अर्थ है। उसकी मूल धातु Krites है, जिसका अर्थ है–अलग करना, निर्णय करना, छिद्रान्वेषण करना या मूल्यांकन करना। अतः हम चाहे हिन्दी शब्द 'समालोचना' को लें और चाहे अंग्रेजी शब्द criticism को,–दोनों का अर्थ होता है– साहित्यिक कृति के गुण-दोषों का निर्णय कर उसका मूल्यांकन करना। हिन्दी साहित्य कोश[5] के अनुसार 'समालोचना' का शब्दार्थ है–सम्यक् रूप से देखना, सम + लोच् (लोचृ) + टाप्। साहित्यिक रचना का भली-भाँति परीक्षण, विश्लेषण आदि कर तत्सम्बन्धी स्वसम्मति या निर्णय देना ही 'समालोचना' है। परन्तु आलोचना और समालोचना का एक ही अर्थ में प्रयोग होता है।

---

1. हिन्दी आलोचना का विकास–डॉ. नन्द किशोर नवल, पृष्ठ-26, राजकमल प्रकाशन, दिल्ली, सन् 2007 ई.।
2. भाषा और साहित्य का विवेचन–डॉ. जियालाल हण्डू पृष्ठ-227, एस. चन्द ऐण्ड कम्पनी, दिल्ली, 1970, मू. 3 रु.
3. An Introduction to the Study of Literature-Hundson, P.205.
4. पाश्चात्य काव्य शास्त्र के सिद्धान्त–डॉ. शान्ति स्वरूप गुप्त, पृष्ठ 372, अशोक प्रकाशन दिल्ली, मू. 10 रु. 1967।
5. हिन्दी साहित्य कोश– सं. डॉ. धीरेन्द्र वर्मा, मू. 100 रु.।

सुप्रसिद्ध आलोचक-चिन्तक डॉ. रामस्वरूप चतुर्वेदी मानते हैं कि सन्तुलित और नवोन्मेषशालिनी दृष्टि के विकास को आरम्भिक युग में 'समालोचना' नाम ठीक ही दिया गया था, यद्यपि आगे चलकर 'आलोचना' पद अधिक प्रचलित हो गया। मैंने कहीं पढ़ा है कि आचार्य रामचन्द्र शुक्ल 'आलोचना के सापेक्ष' 'समालोचना' शब्द का प्रयोग करने के पक्षधर थे। शुक्ल जी ने हिन्दी में समालोचना के सूत्रपात का श्रेय बालकृष्ण भट्ट और चौधरी बदरीनारायण प्रेमघन' को ही दिया क्योंकि 'समालोच्य पुस्तक' के विषयों का अच्छी तरह विवेचन करके गुण-दोष के विस्तृत निरूपण की चाल उन्हीं ने चलायी। इसी क्रम में आगे चलकर उन्होंने यह भी कहा कि, 'समालोचना' काव्य-सिद्धान्त-निरूपण से स्वतन्त्र एक विषय ही हो गया।[1] इस तरह से 'समालोचना' में समालोचक किसी भी साहित्यिक कृति के गुण-दोषों का नीर-क्षीर विवेकी (discrimination between the genuine and the sham) दृष्टि से विवेचन करता है।

'सम् + ईक्ष + अङ् + टाप से बने **समीक्षा** शब्द के यद्यपि अनेक अर्थ यथा–खोज, अनुसन्धान, विचार, भलीभाँति निरीक्षण तथा दर्शनशास्त्र की मीमांसा पद्धति आदि–तो होते ही हैं, एक अर्थ 'समालोचना' भी होता है। इस तरह हम 'समीक्षा' को 'समालोचना' का पर्यायवाची शब्द कह सकते हैं। साफ शब्दों में, समीक्षा का अर्थ समालोचना ही है। इधर, डॉ. छैल बिहारी मिश्र[2] भी समीक्षा की व्युत्पत्ति बताते हुए लिखते हैं,– sa mik ksa, n. review, criticism (सं. सम् + ✓ ईक्ष + अङ् + टाप्) आलोचना, समालोचना, गुण-दोष विवेचन, reviewer-समीक्षक। ज्ञानमण्डल लिमिटेड, वाराणसी से प्रकाशित हिन्दी साहित्य कोश[3] में समीक्षा शब्द की व्युत्पत्ति तथा अर्थ बताते लिखा है– 'समीक्षा' शब्द 'सम' उपसर्ग पूर्वक 'ईक्षण' धातु के योग से निष्पन्न हुआ है, जिसका मूलार्थ है–सम्यक् प्रकार से देखना। 'समीक्षा' (सम् + ईक्ष + आङ् + टाप्) ईक्ष धातु में सम उपसर्ग पूर्वक तथा बाद में आङ् उपसर्ग तथा टाप स्त्रीवाचक प्रत्यय लगाकर ईक्ष शब्द का निर्माण हुआ है। इस प्रकार किसी वस्तु, रचना या विषय के सम्बन्ध में सम्यक् ज्ञान प्राप्त करना, प्रत्येक तत्त्व का विवेचन करना समीक्षा है। 'समीक्षा' अर्थात् अच्छी तरह देखना, जाँच करना–**सम्यक् ईक्षा या ईक्षणम्**। किसी वस्तु, रचना या विषय के सम्बन्ध में सम्यक् ज्ञान प्राप्त करना, प्रत्येक तत्त्व का विवेचन करना समीक्षा है। जब साहित्य के सम्बन्ध में उसकी उत्पत्ति, उसके स्वरूप, उसके विविध अंगों, गुण-दोष आदि विभिन्न तत्त्वों और पक्षों के सम्बन्ध में सम्यक् विवेचन किया जाता है, तब उसे 'साहित्यिक समीक्षा' कहते हैं। साहित्य के विविध तत्त्वों और रूपों का स्वयं दर्शन कर दूसरों के लिये उसे द्रष्टव्य बनाना ही समीक्षक का कर्म है। भारतवर्ष में राजशेखर ने अपनी 'काव्यमीमांसा' में साहित्य-समीक्षा का सूत्रपात किया था और औचित्यवादियों ने उसे व्यावहारिक रूप प्रदान किया। यूरोप में ईसा पूर्व पाँचवीं शताब्दी से इस प्रणाली का प्रचार माना जाता है। शास्त्र में 'समीक्षा' का अर्थ है–भाष्य के बीच प्रकृत

---

1. हिन्दी साहित्य और संवेदना का विकास–डॉ. रामस्वरूप चतुर्वेदी, पृष्ठ-170, लोकभारती प्रकाशन, इलाहाबाद, सत्रहवाँ संस्करण-2004 ई. मू. 80 रुपये।
2. अभिनव हिन्दी अँगरेजी हिन्दी कोश- सं. डॉ छैल बिहारी मिश्र, पृष्ठ-465।
3. हिन्दी साहित्य कोश–सं. डॉ. धीरेन्द्र वर्मा, पृष्ठ-888, मू. 100 रु. सन् 1985।

विषय को छोड़कर दूसरे विषय पर विचार करना। यद्यपि कुछ विद्वान् 'चारों ओर से देखना'—'आलोघना' और 'सम्यक् दृष्टि से ज्ञान प्राप्त करना' (समीक्षा) में अन्तर उपस्थित करते हैं और 'समीक्षा' को अधिक व्यापक रूप प्रदान करते हैं तो भी व्यावहारिक रूप में 'आलोचना' और 'समीक्षा' का प्रयोग लगभग एक ही अर्थ में होता है। 'आलोचना' के अन्तर्गत उन सब बातों पर विचार किया जाता है, जिन पर 'समीक्षा' के अन्तर्गत किया जाता है।

चिन्तक-विचारक डॉ. रामेश्वर पाण्डेय[1] मानते हैं कि 'समीक्षा' शब्द की व्युत्पत्ति **सम्यक्रूपेण ईक्षणः** यानी पूरी तरह से देखने के अर्थ में ही की गयी है। आगे वे लिखते हैं कि हाँ, इतना अवश्य है कि इसे गुण-दोष विवेचन का आवश्यक आधार माना गया है। यह शब्द संस्कृत के सहृदय का समानार्थी है। इसका क्रम इस प्रकार है—

सहृदय-समीक्षण-समीक्षा-आलोचन-आलोचना समालोचना

'परीक्षा' शब्द का अर्थ भी लगभग यही (चारों ओर से देखना) है—**परितः ईक्षा परीक्षा।** आलोचना और समीक्षा—इन दोनों शब्दों में किसी वस्तु, रचना या विषय के भीतर पैठकर उसके सर्वांगीण परिज्ञान की बात नहीं आती है। इसीलिये, विद्वानों ने 'समालोचना', 'समीक्षा' या 'समीक्षण' शब्द का प्रयोग चलाया जिसका अर्थ है, 'भली प्रकार देखना, जाँच करना तथा पूरा ज्ञान प्राप्त करना'—**सम्यक् ईक्षा या ईक्षणम्।** साहित्य की उत्पत्ति, उसके स्वरूप, उसके अंगोपांग, तत्त्व, गुण, दोष, प्रभाव, भेद आदि का पूर्ण ज्ञान करानेवाली विद्या का नाम इसी आधार पर 'साहित्य-समीक्षा-शास्त्र' रखा गया है।[2] 'सम् + ईक्ष + आ' से बना शब्द 'समीक्षा' 'समालोचना' का पर्यायवाची है। यहाँ चारों ओर से देखने से अभिप्राय है—किसी कृति का सम्यक् रूप से अनुशीलन तथा अध्ययन करके उसके वर्ण्य-विषय का परिचय प्राप्त करना। ऐसा कार्य केवल प्रतिभावान व्यक्ति ही कर सकता है, इसलिये पश्चिमी चिन्तक बेन जान्सन कहते हैं कि कवियों को केवल कवि ही समझ सकते हैं और सब कवि भी नहीं, केवल उत्कृष्ट ही—"To judge of poets is only the faculty of poets, and not of all poets but best."

इस प्रकार 'समीक्षा', 'समालोचना' और 'आलोचना'—इन तीनों शब्दों की हिलोर-पछोरकर पड़ताल करें तो हम निष्कर्ष के इस पड़ाव पर पहुँचते हैं कि इन सभी का अर्थ-आशय केवल एक ही निकलता है अर्थात् किसी रचना की निष्पक्ष और तटस्थ (impartial) दृष्टि से मूल्यांकन (evaluation) कर उसमें निहित-अन्तर्निहित और अन्तर्भूत-अन्तर्निष्ठ (implied) गुण-दोषों को प्रकाशित करना ही **आलोचना, समालोचना** और **समीक्षा** है।

(2) आलोचना : स्वरूप, विश्लेषण और परिभाषाएँ

सृष्टि की प्रतिक्रिया का नाम ही साहित्य है और उसकी प्रतिक्रिया के मूल में जो भावना निहित है, वही आलोचना है। प्रत्येक युग में कोई-न-कोई प्रतिभाशाली लेखक ऐसा अवश्य होता है, जो आलोचना के सघन कुहरे में पाठक को पथभ्रष्ट होने से बचाता है। ऐसी परिस्थिति में आलोचना की निश्चित परिभाषा देना कठिन है। वास्तव में प्रत्येक युग में युग-मन के अनुरूप

1. रचना और आलोचना—डॉ. रामेश्वर पाण्डेय, पृष्ठ-39, साहित्य केन्द्र प्रकाशन, लक्ष्मीनगर, दिल्ली, प्रथम संस्करण—2014 ई. मू. 250 रुपये।

2. हिन्दी भाषा और साहित्य—डॉ. किरण बाला, पृष्ठ—268, बरेली।

उसकी परिभाषा बदलती रहती है। 'आलोचना' का प्रयोग गुण-दोष विवेचन से लेकर सौन्दर्य-विज्ञान तक के अर्थ में हुआ है।[1] कुछ लोगों ने ब्रजभाषा गद्य में लिखी जानेवाली टीका (**टीक्यते गम्यते, ग्रन्थार्थोऽनया**—टीक् + क + टाप्) = व्याख्या, भाष्य—**काव्य प्रकाशस्य कृता गृहे गृहे टीका तथाप्येष तथैव दुर्गमः**) तथा टिप्पणी (नी) – (टिप् + क्विप्, **टिपा पन्यते स्तूयते**—टिप् + पन + अच + ङीष पृषो. पात्वं वा) भाष्य, टीका, उदाहरणस्वरूप महाभाष्य पर कैयट की व्याख्या या टीका या कैयट के भाष्य पर नागो जी भट्ट की टीका) को भी एक प्रकार की 'आलोचना' कहा है। अतः ऐसी विषम परिस्थिति में 'आलोचना' की सटीक, बिलकुल निरापद (to the point befitting), पुख्ता, पायेदार, टिकाऊ और मुकम्मल स्वरूप स्थिर करना कुछ कठिन अवश्य है।

फिर भी, सरल भाषा में तो इतना कहा जा सकता है कि गुण-दोषों के आधार पर किसी रचना का मूल्यांकन, उसकी व्याख्या और प्रतिक्रिया का प्रेषण करना ही आलोचना है। वस्तुतः आलोचना जीवन अनुभूतियों के विवेचन का प्रयास है। कृति का मूल्यांकन करना उसका प्रधान कार्य है। आलोचना, रचनाकार की प्रेरक शक्तियों और उसकी रचना-प्रक्रियाओं के विभिन्न अंगों का विश्लेषण करती है। विवेक के आलोक में जो इसे दिखायी पड़ता है, उसका यह उद्‌घाटन करती है। जहाँ तक आलोचना को परिभाषित करने का सवाल है, यह काम बेहद जटिल और दुष्कर है। साफ शब्दों में, आलोचना की सर्वमान्य और सर्वसहमतिवाली परिभाषा दे सकना कोई सरल गणित हल करना नहीं है। आलोचकों ने समय-समय पर अपनी प्रज्ञा की छेनी-रेती से तराशकर आलोचना की निश्चित परिभाषा की ठोस जमीन सौंपने का अपना महत्तम प्रयास किया है, किन्तु कई लोगों का मानना है कि ये परिभाषाएँ हमारी भूख और जरूरतों को पूरा नहीं कर पातीं। स्वस्थ परिभाषा के किसी-न-किसी कोण पर ये महज औपचारिक होकर खण्डित हो जाती हैं। वस्तुत : आलोचना की परिभाषा की विभिन्नता—अपूर्णता और अधूरापन (incompletion) का मुख्य कारण मानदण्ड, कसौटी, निकष (criterion) की भिन्नता (diversity) और फर्क-फाँक है, इसलिये कोई ठोस, स्थिर और सार्वकालिक टिकाऊ परिभाषा नहीं बन पाती है। वस्तुतः मानदण्ड वह निश्चित और स्थिर किया हुआ सर्वमान्य माप है, जिसके अनुसार किसी प्रकार की योग्यता, श्रेष्ठता तथा गुण आदि का अनुमान या कल्पना की जाये। मानदण्ड के लिये साहित्यशास्त्र में मूल्यांकन, मूल्य तथा प्रतिमान (pattern) आदि शब्दों का भी प्रयोग किया जाता है। कुल मिलाकर यह कि जो विद्वान् जिस आलोचना पद्धति, ढंग (method) या मानदण्डों का समर्थक है, आलोचना सम्बन्धी उसकी परिभाषा उसी पद्धति या मानदण्ड के अनुरूप रूप ग्रहण करती चली गयी है, फिर भी सभी परिभाषाओं को नकारना अपनी विकलांग तथा बौनी बुद्धि का प्रदर्शन ही कहा जायेगा। अस्तु, प्राच्य या प्रतीच्य विद्वानों द्वारा दी गयी 'आलोचना' सम्बन्धी कुछ परिभाषाओं को निम्नवत् क्रमशः इस प्रकार देखा जा सकता है,—

(क) प्राच्य (भारतीय) विद्वानों द्वारा दी गयी आलोचना की परिभाषाएँ

(1) डॉ. नामवर सिंह के अनुसार—"आलोचना अपनी कोख से ही आलोचनात्मक रही है। हिन्दी में आलोचना शब्द की उत्पत्ति भले ही 'लुच्' धातु से बताकर चारों ओर अच्छी

1. हिन्दी साहित्य कोश— सं. डॉ. धीरेन्द्र वर्मा, पृष्ठ-97.

तरह देखने के अर्थ में इसका प्रयोग किया जाये, इसे देखने के तेवर कई तरह के रहे है। आलोचना के देखने का एक तेवर वह भी रहा है कि जो चीजों को आर-पार देखती है। देखने की वह भी एक दृष्टि होती है, जो सारे छद्म को तार-तार कर रख देती है। × × × × × क्योंकि आलोचना कर्मवाद, विवाद और संवाद नहीं तो और क्या है? लेखक आलोचक के बीच, आलोचक-आलोचक के बीच, मौखिक या लिखित।[1]

(2) बक़ौल कवि, आलोचक अशोक वाजपेयी—आलोचना भी मनुष्य की हालत को देखने-समझने का और अपनी अस्मिता और अभिव्यक्ति की खोज का एक उत्कृष्ट माध्यम हो सकती है। × × × × × हिन्दी में आलोचना यानी वह एकान्त नागरिकता, जिसमें समझ, हिस्सेदार साहस और विनय हो, रचना की बुनियादी शर्तें हैं। स्मृतिहीन साहित्य और संस्कृति बहुत दिनों तक जीवित नहीं रह सकते और ऐसा खतरा लगभग एक नयी रूढ़ि बनकर घर करता जा रहा हो तो आलोचना में ही स्मृति का पुनर्वास हो सकता है।"[2]

(3) आलोचक स्व. मलयज का मानना है—"कविता मेरे लिये अपने अनुभव को महसूस करने और रचने का नाम है और आलोचना उस कविता के कवि को खोजने का। कविता अपने से बाहर दूसरों से जुड़ने का माध्यम है, आलोचना उस जुड़ने को सम्भव बनाने का साधन। मैं कविता में जो रचता हूँ, आलोचना में उसे ही पाता हूँ। कविता मेरे लिये एक आत्मसाक्षात्कार है और आलोचना उसी कविता से साक्षात्कार।"[3]

(4) कवि, चिन्तक विष्णु खरे के मुताबिक—"रचना की सही पहचान के लिये उसी के द्रव्य के सहारे दूसरी रचना प्रस्तुत कर देना आलोचना है। ऐसी आलोचना जो रचना के पूरे व्यक्तित्व से हमारा परिचय कराये, हमारे मन में उस रचना के मूल्य, महत्त्व और स्वरूप के विषय में स्पष्ट धारणा निर्मित करा दे, सही और पूर्ण आलोचना है, संश्लिष्ट आलोचना है।"[4]

(5) डॉ. कृष्णदत्त पालीवाल कहते हैं कि—"आलोचना का अर्थ कृति, कृतिकार युग की मनोभूमिका, समग्र प्रभाव का विश्लेषण, मूल्यदृष्टि के निर्धारण एवं प्रतिमानीकरण से है। सृजन की मनोभूमिका, सामाजिक, सांस्कृतिक-साहित्यिक मूल्यों को केन्द्र में रखकर ही आलोचना का अनुशासन विकसित होता है।"[5]

(ख) प्रतीच्य (विदेशी) विद्वानों की आलोचना की परिभाषाएँ

(6) इनसाइक्लोपीडिया ब्रिटेनिका में दी गयी आलोचना की परिभाषा—"Criticism is the art of judging the qualities and values of an aesthetic object whether in literature or the fine arts. It involves the formation and expression of judgement."[6]

---

1. वाद, विवाद और संवाद—डॉ. नामवर सिंह, पृष्ठ-75, राजकमल प्रकाशन, दिल्ली, मूल्य 60 रुपये सन् 1989.
2. 'पूर्वग्रह' में अशोक वाजपेयी का लेख 'आलोचना की जरूरत', पृष्ठ-80, सितम्बर सन् 1974 ई.।
3. कविता से साक्षात्कार—मलयज, पृष्ठ-9.
4. जनान्तिक-नेमिचन्द्र जैन, पृष्ठ-196.
5. हिन्दी भाषा और साहित्य पुस्तक में डॉ. कृष्णदत्त पालीवाल का लेख—हिन्दी आलोचना की प्रमुख पद्धतियाँ—पृष्ठ-92, मयूर पेपर बैक्स, ए-95, सेक्टर-5, नोएडा, द्वितीय संस्करण, मूल्य-60 रुपये, सन् 1990 ई.।
6. Encyclopaedia Britanica.

(1) मैथ्यू आर्नाल्ड लिखते हैं कि,– "The criticism, real criticism is essentially exercise of this very quality (curiosity and disinterested love of free play of mind.) It obeys on instict prompting to try to know the best that is known and thought in the world."[1] अर्थात् आलोचक तटस्थ होकर वस्तु के स्वरूप को जानने की लालसा से आलोचना करता है। अतएव आलोचना संसार के सर्वोत्तम विचारों को व्यक्त करती है।

(2) आई. ए. रिचर्ड्स का कहना है कि– "To set-up a critic is to set-up as a judgement of value." अर्थात् आलोचना साहित्यिक अनुभूति के विचारोपरान्त उनका सम्यक् विवेचन करती है।[2]

(3) सी.टी. विन्चैस्टर की आलोचना के सम्बन्ध में धारणा इस प्रकार है–"Criticism may be broadly and provisionally defined as the intelligent appreciation of any work of art by consequence the just estimate of its value and rank." यहाँ कृति के भावना तथा मूल्यांकन–दोनों की बात कही गयी है।[3]

(4) वर्सफील्ड का विचार है कि–"Criticism is the exercise of judgment in the province of art and literature." अर्थात् आलोचना कला और साहित्य के क्षेत्र में निर्णय की स्थापना करती है।"

(3) 'आलोचना' शब्द के लिये विभिन्न भाषाओं-बोलियों में प्रयुक्त होनेवाले शब्द

भारत की हर भाषाएँ रचना-आलोचना समृद्ध हैं। लगभग सभी भारतीय रचनाकारों में रचना को परखने-जाँचने, रचना में अन्तर्प्रवेश करके रचना-मूल्यों को टटोलने की उत्सुकता बनी रहती है, सो रचना में उत्पन्न जड़ता और स्थिरता से बचाने के लिये 'आलोचना' नामक उपकरण सबसे कारगर और मुफीद सिद्ध हुआ है। प्रत्येक भाषा में आलोचना का पर्याप्त विकास हुआ है। साफ शब्दों में, यह कि आलोचना ने हर भारतीय भाषा में अपनी पैठ बनायी है। उसका रथ रचना-सर्जना के साथ हर भारतीय भाषा में घूम रहा है।

अंग्रेजी में आलोचना के लिये सभी जानते हैं–**Criticism** या कभी-कभी **review** शब्द का भी इस्तेमाल करते हैं, जिसके हिन्दी में कई अर्थ लिये जाते हैं, यथा–गुण-दोष निरूपण, समीक्षा, आलोचना और समालोचना। इधर, उर्दू में आलोचना के लिये **तन्क़ीद** शब्द का प्रयोग होता है, जबकि आलोचक (Critic) के लिये **नाक़िद** शब्द चलन में है। यहाँ आलोचना के लिये **तन्क़ीद** शब्द के साथ-साथ **निगार** शब्द भी चलता है। चूँकि बाँग्ला में अधिकाँश शब्दों का उच्चारण विवृत्ताकार होता है, सो आलोचना के लिये यहाँ **सोमालोचना** शब्द का प्रयोग होता है। कभी-कभी कुछ लोग बाँग्ला में आलोचना की जगह **पर्यालोचना** और **विचार** शब्दों का भी प्रयोग करते हैं। मराठी में आलोचना के लिये **समीक्षा** के साथ-साथ **टीका** शब्द का भी प्रयोग करते हैं, लेकिन एक मराठी विद्वान् ने कहा कि फिलवक्त **टीका** शब्द का प्रयोग बराये-नाम ही होता है। इधर, गुजराती में आलोचना के लिये **टीका** और **विवेचन** शब्द का प्रयोग करते

1. Last words–M. Arnold, p. 171
2. Principles of Literary Criticism– I. A. Richards. P. 80.
3. Some Principles of Literary Criticism – C.T. Winchester, P. 106.

हैं। उड़िया में **आलोचना, समालोचना और विचार** शब्द व्यवहृत होते हैं। असमिया में आलोचना के लिये **समालोचना** शब्द चलाते हैं। सिन्धी और पंजाबी में 'आलोचना' शब्द ही प्रयोग करते हैं। दक्षिण भारतीय भाषाओं मलयालम में विमर्शनम्, तमिल में **द्रिनयुव** या **तिरनाइव,** तेलुगू में **विमर्शा** तो कन्नड़ में **टीके** और **आलोचने** शब्द का प्रयोग होता है।

(4) आलोचना और रचना : समानधर्मी या फर्क-फाँक – कुछ सवाल, कुछ इल्तिजा–

साहित्य को संसार की भीड़ में अपने विलुप्त चेहरे की पहचान माननेवाले, निर्मल वर्मा डॉ. रमेश चन्द्र शाह के शब्दों में, अपने चतुर्दिक परिव्याप्त बौद्धिक अराजकता, नैतिक मूल्य मूढ़ता (सिनिसिज्म) और आत्म-धिक्कारी प्रवृत्तियों को उनके सही नाम से शिनाख्त करनेवाले आलोचक हैं। 'शब्द और स्मृति', 'कला का जोखिम' और 'आदि, अन्त और आरम्भ' जैसी उनकी सुप्रसिद्ध कृतियों में सभ्यताक्रान्त मनुष्य की संवेदनशील छटपटाहट और वेदना व्यक्त हुई है। रचनाकार निर्मल वर्मा आलोचक-समीक्षक के रूप में उस विचारधारा के कट्टर विरोधी हैं, जो रचना और आलोचना को अलग-अलग कटघरों में बाँट कर देखना चाहती है। उनके अनुसार–ऐसा विभाजन एक तरफ आलोचना को निर्जीव और पंगु बनाता है, दूसरी तरफ सृजन को महज 'एस्थेटिक' सौन्दर्य का साधन मात्र।[1] इसी तरह 'काशी का अस्सी' और 'रेहन पर रग्घू' उपन्यासों के सुप्रसिद्ध उपन्यासकार डॉ. काशीनाथ सिंह, किताबघर प्रकाशन दिल्ली से प्रकाशित अपनी एक कृति में एक सन्दर्भ में लिखते हैं कि–'आलोचना भी रचना ही है।'

सच तो यह है कि आलोचना भी रचनात्मक मूल्यों की आश्रयी (axiological) होती है। इन्हें भी स्वतन्त्र सृजन मान सकते हैं। हर रचना अपनी आलोचना में अपना अक्स, प्रतिबिम्ब और साया तलाशती है। आलोचना हमारे बोध को नयी दृष्टि देती है। वह एक ऐसी विधा के रूप में अपने समय को जानने का एक ऐसा समृद्ध स्रोत है, जिसमें अपने समय की तमाम तरह की आवाजें संगुम्फित होती हैं। आलोचना को हम यदि एक रचनात्मक अनुशासन कहें, तो कोई बेजा नहीं होगा। डॉ. निर्मल वर्मा और डॉ. काशीनाथ सिंह की तरह कई अन्य लोग भी हैं, जो मानते हैं कि आलोचना और रचना एक-दूसरे के पूरक (Complimentary) और युग्म-जुड़वाँ (twins) हैं। दोनों में तात्त्विक दृष्टि से अद्वैतता का रिश्ता होता है, दोनों में बुनियादी स्तर पर एकता होती है। कुल मिलाकर यह कि आलोचना, रचना सापेक्ष होती है। सुप्रसिद्ध आलोचक मरहूम डॉ. रामस्वरूप चतुर्वेदी भी सृजन और आलोचना को अलग-अलग कटघरों में बाँटकर देखने के पक्ष में नहीं हैं। वे लिखते हैं–[2] रचना और आलोचना एक-दूसरे से किस तरह जुड़ी हैं, इसका बड़ा अच्छा विकासात्मक अध्ययन आचार्य द्विवेदी से लेकर आधुनिक समीक्षा तक किया जा सकता है। उदाहरण के लिये अलग-अलग युगों के तीन सन्ध्या चित्रों को लिया जाय। हरिऔध का 'प्रियप्रवास' सन्ध्या के वर्णन से खुलता है–

दिवस का अवसान समीप था।
गगन था कुछ लोहित हो चला ॥

1. आठवें दशक की हिन्दी आलोचना–सं. डॉ. विश्वनाथ प्रसाद तिवारी, पृष्ठ-140, नेशनल पब्लिशिंग हाउस, दिल्ली, मूल्य-70 रुपये, प्रथम संस्करण-1991 ई.।
2. हिन्दी साहित्य और संवेदना का विकास–डॉ. रामस्वरूप चतुर्वेदी, पृष्ठ-171, लोकभारती प्रकाशन, इलाहाबाद, मूल्य-80 रुपये, सत्रहवां संस्करण-2004 ई.।

तरु-शिखा पर थी अब राजती।
कमलिनी-कुल-वल्लभ की प्रभा ॥

तत्सम् शब्दावली के बावजूद वर्णन पूरी तरह इतिवृत्तपरक है। छायावादी कवि सुमित्रानन्दन पन्त के यहाँ सन्ध्या के ये ही रंग दूसरी तरह अंकित होते हैं—

तरु-शिखरों से वह स्वर्ण-विहग,
उड़ गया; खोल निज पंख सुलभ,
किस गुहा-नीड़ में रे किस मग! (एक तारा)

हरिऔध ने तरु-शिखा पर जो प्रभा सीधे-सीधे देखी थी, वह अब पन्त के लिये तरु-शिखरों पर 'स्वर्ण-विहग' के लाक्षणिक प्रयोग में सन्क्रात हो गयी है। आगे नयी कविता के युग में शमशेर बहादुर सिंह के सुनहलेपन में पीलेपन की छाया अधिक गहरी देखते हैं—

एक पीली शाम
पतझर का ज़रा अटका हुआ पत्ता
× × ×
अब गिरा अब गिरा वह अँटका हुआ आँसू
सान्ध्य तारक-सा
अतल में (एक पीली शाम)

फिर उससे बड़ा यह कि शमशेर के लिये सन्ध्या का अनुभव और संश्लिष्ट हो गया है। हरिऔध सन्ध्या को सीधे एक घटना के रूप में उतरते देखते हैं, पन्त के लिये अनुभव की परत दुहरी होती है, जब डूबते सूर्य की किरणें वृक्ष की एक चोटी पर एक सुनहरे पक्षी में बदल जाती हैं। शमशेर के यहाँ 'पतझर का जरा अटका हुआ पत्ता', आँख में 'अटका हुआ आँसू' और अतल में डूबता सान्ध्य-तारक मिलकर एक जटिल और संश्लिष्ट बनते हैं।

वस्तुतः रचना और आलोचना को गुटों और खानों में बाँटकर देखनेवाली पूर्वग्रहग्रस्त अन्धदृष्टि एक-दूसरे की उपलब्धियों को नकारकर लोगों को उलझाने, गुमराह करने और स्पष्ट विचारधारा की बजाय घपला पैदा करने की कोशिश करती है, जिससे प्रतिक्रियावादी और संघर्षरत प्रगतिशील शक्तियों, सच और झूठ में फर्क करना मुश्किल हो जाता है।[1] किन्तु प्रभाकर श्रोत्रिय का कहना है कि वैसे रचना और आलोचना में हम दूर तक कोई फाँक नहीं देखते, फिर भी दोनों की मानसिक वृत्तियों में कुछ बुनियादी भेद हैं। यहाँ उनकी चर्चा न भी छेड़ें, तब भी यह कहना जरूरी है कि एक रचनाकार के भीतर छिपा आलोचक, आलोचक के भीतर छिपे रचनाकार की तुलना में कम आत्म-निरपेक्ष होता है। आलोचना के भीतर उसके अनेक हित-अहित होते हैं, वह आलोचना करते हुए अपने आग्रहों और आत्मारोपित प्रशंसा-भाव से मुक्त नहीं हो पाता—'निज कवित्त केहि लाग न नीका' यह कवि ने ही कहा है।[2] जनसत्ता में 'कभी-कभार' कॉलम के सुप्रसिद्ध लेखक और 'पूर्वग्रह' के सम्पादक एवं हिन्दी आलोचना को अभिनव मुहावरा देनेवाले कवि-समीक्षक श्री अशोक वाजपेयी भी आलोचना और रचना में कुछ

1. लहर में डॉ. मूलचन्द गौतम का लेख, वर्ष-24, अंक 1-2
2. आठवें दशक की हिन्दी आलोचना में प्रभाकर श्रोत्रिय का लेख—'सर्जनात्मकता की चिन्ता', पृष्ठ-75.

भेद मानते हैं। रचना और आलोचना के सूक्ष्म परन्तु व्यावहारिक अन्तर को रेखांकित करते हुए अशोक वाजपेयी ने लिखा है—"रचना के लिये यह जरूरी नहीं है कि वह खुद अपनी हालत की, अपने होने के औचित्य की पड़ताल करे जबकि आलोचना के लिये यह लगभग अनिवार्य है कि वह न केवल रचना के औचित्य के बारे में सवाल उठाये, बल्कि स्वयं अपने बारे में भी निर्ममतापूर्वक सवाल उठाये।"[1]

आलोचना, पाठक और रचना के बीच सम्पर्क, संवाद तथा सम्बन्ध स्थापित करती है, जटिल रचाव के अन्तःसूत्र खोलती है। बिना किसी शोर-शराबे और मुनादी किये तथा बिना किसी आवाज-आहट के वह कुशल वकील की तरह अपनी सूक्ष्म दृष्टि और आलोचकीय विवेक से कृति के 'टेक्सचर' (Texture) को छूती है। इस तरह वह रचना की आन्तरिक संवाद की अभिव्यक्ति बन रचनाकार को मौका फ़राहम करती है।

अब यहाँ पर 'आलोचना' को वृत्त मानकर कुछ सवाल दरपेश हैं, यथा—समकालीन आलोचना की कसौटियाँ, मानदण्ड या मयार क्या हैं? आलोचना का आज के समय और साहित्य से रिश्तों की सीधी संहिता कितनी हैं? रचना में यथार्थ की माँग करनेवाले आलोचक का अपनी आलोचना प्रक्रिया में समकालीन समय से कितना जुड़ाव होता है? प्रश्न तो यह भी बनता है कि समय-निरपेक्ष आलोचना क्या यथार्थ से पलायन नहीं है? ज्यादातर हिन्दी आलोचना क्या अपने साहित्यिक समय से निरपेक्ष नहीं रही है? प्रबुद्धजन जानते हैं, आज साहित्य पर प्रतिगामी कलावाद का खतरा मँडरा रहा है, अतः प्रश्न का एक नया कल्ला फूटता है कि आज का आलोचक अपनी आलोचना में जिन मूल्यों की वकालत और पैरवी करता है, उन मूल्यों को वह स्वतः अपने जीवन में कितना जीता-उतारता है? रचना और आलोचना के बीच अलंघ्य दूरी पैदा करनेवाले आलोचक स्वतः कितनी आत्मालोचना करते हैं? अपने वैचारिक आग्रहों को रचना के ऊपर जबरिया थोपने और उसमें खोट निकालनेवाले आलोचक अपने भीतर कितना आत्मालोची 'स्पेस' रखते हैं? वे असहमति को कितना सम्मान देते हैं? प्रश्नों की लय-लर अभी टूटी नहीं है कि अपने वर्तमान से आज की आलोचना का संवाद कैसा है? आज की आलोचना की प्रासंगिकता क्या है? वह हमारे आज के यथार्थ का निषेध तो नहीं करती? क्या वर्तमान का चित्र आज की आलोचना में नहीं उतर रहा है? क्या वह सम्प्रति अपने मूल्यों से छीजती-कटती नहीं जा रही है? रचना के अनुभव पर प्रश्न चिह्न लगानेवाले आलोचक की अनुभव-सम्पन्नता की जाँच क्या जरूरी नहीं है? वस्तुतः आलोचना-सम्बन्धी उक्त सभी सवाल पाठक को बेचैन करनेवाले हैं। यहाँ सच तो यह है कि आलोचना-सम्बन्धी उक्त तमाम सवालों को तात्कालिक सन्दर्भ में रखकर देखने की बजाय हमारे लिये उचित-उपयुक्त होगा तो यही होगा कि हम इन्हें ज्यादा बड़े कैनवास और फ़लक पर रखकर उन्हें न्यायसंगत दृष्टि से देखें।

बहरहाल, बिना ना-नुकर के हम कह सकते हैं कि आज की आलोचना सम्भ्रम की जलकुम्भी (nasturtium) में उलझी हुई है। वह अपसंस्कृति के चौतरफा दबावों के बीच गुम होती जा रही है। सच कहें, तो आलोचना मूल लक्ष्य से स्खलित, फलक़ज़द और दिशाहीनता के

1. तीसरा साक्ष्य—सं. अशोक वाजपेयी, पृष्ठ-52.

गुमनामी और सफ्फाक सन्नाटे के अँधेरे में भटक गये कृतिकार को आस्था और विश्वास की अक्षत् मशाल हाथ में थमा राह दिखाती है, किन्तु जो आलोचना धर्म, सम्प्रदाय, जात-पाँत, ऊँच-नीच और अपने पराये के आधार पर कृति का मूल्यांकन करते हुए कृतिकार का चेहरा देखकर चन्दन लगाये, इसे क्या स्वस्थ, अनाविल और निष्कलुष—निष्कलंक (immaculate) 'आलोचना' कहेंगे या खाँटी निन्दा (censure) और छिनरी-बुजरी या छिछालेदर? इस तरह की आलोचना में कोई मूल्य न होकर 'मूल्य रिफ्लेक्सन' और बदनामी (discredit) अधिक होती है। इस तरह की आलोचना बहुफलकीय-बहुस्वरीय (polyphonic) न होकर एकरेखीय और पक्षपातपूर्ण मानी जायेगी, अतः निष्पक्ष आलोचना को लेकर यहाँ भरोसे का संकट खड़ा होगा। वस्तुतः आलोचना का काम प्रश्न करना भी है, आलोचना भी करना है, सवाल उठाना भी है, किन्तु आलोचना का एक काम रचना का उत्सव मनाना भी है। सच तो यह है कि आज की आलोचना खेमेवादी और शिविरवादिता की शिकार हो गयी है। अतः धड़ेबन्दियों में बँटी आलोचना से यही अपेक्षा की जा सकती है कि वह रचनाकार की प्रतिभा या उपलब्धि को या तो अतिरंजित करेगी या अधिमूल्यित। सो, ऐसी स्थिति में हम यह मान सकते हैं कि आलोचना का उत्ताप-उत्तेजना और रौ का खलास होगा। आलोचना तंग जुगराफिये में सिमटेगी। उसकी लय, लचक और ताजगी अर्थशून्य और बेमानी (futile) होगी। रचना की किश्ती के आलोचना के अथाह सैलाब में डूबने का खतरा बढ़ जायेगा। एतदर्थ, आलोचक के पास नयी दृष्टि देने, स्वस्थ हस्तक्षेप करने और पाठ में प्रवेश करने के लिये सुव्यवस्थित तर्कों से लैश और विचारोत्तेजक दिमाग होना चाहिए। कृति के इतिहास और वैचारिकता को खँगालते हुए वह बहुत संयत, सन्तुलित और वस्तुनिष्ठ ढंग से सर्जना का विश्लेषण करे। न किसी पर आक्रोश, न गुस्सा, न किसी को नीचा दिखाने की कोशिश। आलोचना में व्यंग भी हो तो इतना शालीन ढंग से कि वह धीमा-सा हँसता हुआ व्यंग्य लगे। वह कहीं तुर्शी भी पकड़ ले और कहीं 'लाउड' भी हो जाये तो रचनाकार को ऐसा लगे जैसे आलोचक, उसकी आलोचना पर हमदर्दी का सहलाता हुआ फाहा लगा रहा है। समय के आर-पार देखनेवाली, दाँव-पेंचों से रहित, रचना में गलतियों के मकड़जाल में 'filter' की तरह साफ-शुद्ध (purify) अर्थात् शुद्धिकरण-स्वच्छीकरण करनेवाली आलोचना हमारे तसव्वुर में बार-बार दस्तक देती रहती है।

(5) आलोचक : दायित्व और जिम्मेदारी का विवेचन-विश्लेषण

कहते हैं, रचनाकार की खाल गैण्डे की तरह कठोर-कड़ी होनी चाहिए, ताकि कटु-से-कटु आलोचना भी उसे विचलित न कर सके। स्वस्थ आलोचना की बात हो तो निश्चय ही सहमत होंगे कि—

"निन्दक नियरे राखिये, आँगन कुटी छवाय।
बिना पानी साबुन बिना, निरमल होत सुभाय ॥

पर, अगर निन्दा, आलोचना और कृति की छलपूर्वक उसकी शोभा, कान्ति और रंगरूप-आभा को जानबूझकर निस्तेज और श्रीहीन करते हुए तथ्यों की जान-बूझकर कर उपेक्षा (disregarding the facts) की जाये तो? यदि आलोचक जबरिया किसी रचनाकार की राह में बाधा डालें

तो? साफ शब्दों में, इस प्रकार की आलोचना रचनाकार को खुशबया करने की जगह रंजदेह ही होगी। अतः ऐसी स्थिति में यहाँ रचना और रचनाकार के प्रति आलोचक के अपने कुछ उत्तरदायित्व एवं जवाबदेही बनते हैं। अव्वल तो यह कि आलोचक के पास रचना की समझ-परख के लिये पुख्ता और खोजी दृष्टि होनी चाहिए। सभी जानते हैं,—आज के गद्य-प्रधान युग में आलोचना पाठक के मन-प्रदेश पर गहरे तक असर डालती है, अतः पहले की तुलना में आलोचक-समीक्षक का उत्तरदायित्व बहुत बढ़ गया है। डॉ. प्रताप नारायण टण्डन आलोचक के उत्तरदायित्व की ओर इशारा करते कहते हैं—"प्रधानतः समीक्षा का कार्य साहित्य की सम्पूर्णता से परीक्षा है। इसलिये उसका साहित्य से प्रत्यक्ष सम्बन्ध है और साहित्य को हम मनुष्य की भिन्न-भिन्न अनुभूतियों की भाषाबद्ध अभिव्यक्ति कह सकते हैं। इस दृष्टिकोण से समीक्षा साहित्य का मात्र परीक्षण ही नहीं करती, वरन् पाठक और साहित्यकार के बीच एक माध्यम का काम करती है। यहाँ वह साहित्य को अपेक्षाकृत अधिक बोधगम्य बनाती है और उसकी ऐसी व्याख्या करती है कि—एक अपेक्षाकृत साधारण कोटि का पाठक भी उसकी सहायता से किसी विशिष्ट साहित्यकार, किसी विशिष्ट रचना को पढ़ सकें।"[1]

इस दिशा में आलोचक को चाहिए कि वह रचना को तिलिस्म, इन्द्रजाल और दृष्टिबन्ध (illusive) से निकालकर यथार्थ की कठोर धरती का संस्पर्श कर सकने की प्रेरणा और प्रोत्साहन दे। वह व्यापक विश्वदृष्टि के परिप्रेक्ष्य में किसी कृति का मूल्य-सन्धान करे। आलोचना में रचनाकार और आलोचक-दोनों के बीच अपनी-अपनी श्रेष्ठता प्रतिपादित करने के लिये किसी तरह का संघर्ष नहीं होना चाहिए। यह आलोचक का बड़ा उत्तरदायित्व बनता है। इन सबके साथ एक प्रौढ़ समझवाले आलोचक के पास प्रगाढ़ जीवनानुभूति होनी चाहिए तथा वैविध्यपूर्ण प्रगाढ़ अनुभव सम्पन्नता तथा मार्मिक जीवन विवेक होना चाहिए, जिससे किसी कृति का वह तर्कसम्मत अभिनव मूल्यांकन कर सके। आलोचना में भाषा और 'फॉर्म' का इतना खूबसूरत उत्तरदायी संयोजन मिलना चाहिए कि आलोचना को अनुवाद की तरह दोयम दर्जे का लांछन न लगे। उसे अपनी आलोचना में किसी तरह का भ्रम नहीं रहना चाहिए। उसके पास आलोचना की एक आत्मीय और प्रखर भाषा साथ ही एक समृद्ध पारिभाषिक शब्दावली और नया चमकीला वाक्य-विन्यास भी होना चाहिए। एक तत्त्वान्वेषी आलोचक की तरह उसकी आलोचना में तार्किक तीक्ष्णता होनी चाहिए। श्रेष्ठ आलोचक का परम उत्तरदायित्व बनता है कि वह कृति का मूल्यांकन करते समय किसी भी आन्दोलन या किसी भी विचारधारा में बँधकर न रहे। उसे कृति के भीतर से बाहर आकर एक नया 'बाहर-भीतर' रचना चाहिए।

आलोचक का यह भी उत्तरदायित्व बनता है कि वह रचना पर अपनी आलोचना का अनावश्यक दबाव न बनाये, बल्कि उसकी आलोचना में वस्तुनिष्ठ 'एप्रोच', वैचारिक सन्तुलन, गम्भीर अध्ययन और तथ्यानुसन्धान का समुचित तालमेल होना आवश्यक है। यदि तथ्य की पुनरावृत्ति न हो तो कहना चाहूँगा कि आलोचक को किसी वाद, खेमा, शिविरवादिता, आन्दोलन या पीढ़ी विशेष तक महदूद या महज हद के भीतर नहीं रहना चाहिए। उसके लिये रचना

1. समीक्षा के मान और हिन्दी समीक्षा की विशिष्ट प्रवृत्तियाँ—डॉ. प्रतापनारायण टण्डन, पृष्ठ—57, भाग-दो।

महत्त्वपूर्ण होनी चाहिए, रचनाकार ही नहीं। उसकी आलोचना में इतनी तासीर और उम्दगी होनी चाहिए कि पुआल के राख की तरह बुझी रचना में भी जीवन्तता और स्पन्दनशीलता पैदा की जाये। आगे यह भी आलोचक का एक प्रमुख उत्तरदायित्व बनता है कि उसे रचनाकार के व्यक्तित्व से आक्रान्त नहीं होना चाहिए, बल्कि बेलाग और दो टूक लहजे और अन्दाज में अपनी बात कहनी चाहिए। यदि आलोचक के पास कृति में व्याप्त अन्तर्विरोधों को सफाई से देख पाने की अन्तर्दृष्टि है, तो यह उसका शुभ पक्ष है। सच तो यह है कि यदि आलोचक के पास गहरी और सूक्ष्म (subtle या minute) अन्तर्दृष्टि है तो वह रचना में निहित समय और समाज के अन्तर्विरोधों की सही पहचान और पड़ताल करने में समर्थ होता है।

आलोचक को मुकम्मल कलाबोध की समझ भी अपरिहार्य है। इसी तरह शिल्प-सजगता भी होनी चाहिए तभी उसकी आलोचना प्रामाणिक दस्तावेज-व्यवस्थापत्र और लिखित प्रमाण पत्र (document) बन सकती है, तभी वह कृति की श्रेष्ठता का प्रतिमान बन सकती है। आलोचक का अगला उत्तरदायित्व यह भी बनता है कि उसे यह जानना चाहिए कि अनुभवों के विशाल मंजर भी अनुभूति के अभाव में प्रभावहीन और निरर्थक हो जाते हैं। ठीक इसी तरह रचनाकार को भी समझना चाहिए कि नीरस गद्यात्मक ब्योरे या छद्म-दार्शनिक मुद्रावलीवाली कृतियाँ अनुभव के सँकरेपन और संकुचित (contracted) होने के कारण आलोचक की कटु आलोचना का आलम्बन बनती हैं, अतः इनसे बचना चाहिए। इधर, आलोचक के पास अनुभव की व्यापकता, अनुभूति की तरलता, तथ्यों के उचित संयोजन का मुकम्मल ज्ञान अपरिहार्य होता है। उसकी यह भी जिम्मेदारी बनती है कि उसके द्वारा की गयी कृति की आलोचना व्यक्तिगत राग-द्वेष और उत्तेजक छौंक से दूर होनी चाहिए। आलोचक का यह भी फ़र्ज बनता है कि उसे बहुपठित होना चाहिए। उसकी आलोचना पद्धति में अतिवादी स्वर नहीं होना चाहिए। उसे रचनाधर्मिता से जुड़े प्रश्नों पर गम्भीरतापूर्वक ध्यान देना चाहिए।

वस्तुतः प्रत्येक आलोचक की आलोचना का अपना वैशिष्ट्य होता है। अतः उसे अपनी आलोचना में न तो शाब्दिक चमत्कार का सहारा लेना चाहिए और न गरिष्ठ भाषिक अभिव्यक्ति में ही उलझना चाहिए। उसे अपनी आलोचना को न केवल सहयोगी प्रयास बनाना चाहिए, बल्कि उसे 'पुनर्सृजन' बनाने का प्रयास करना चाहिए। किसी आलोचक की आलोचना तभी सौ टंच सफल-सार्थक मानी जायेगी, जब वह 'रचना' पर 'आक्रमण' या 'अवरोध' न बनाकर एक सर्जनात्मक वैचारिक सहयोग का रूप देने में असन्दिग्ध प्रयास करे। वस्तुतः 'वैर-विरोधजनित पूर्वग्रह' से मुक्त समीक्षा 'अहिंसक समीक्षा' मानी जाती है। आलोचना यदि एक आयामी न होकर सन्तुलित दृष्टि-सम्पृक्त और समझदारी से भरी-पुरी है, तभी उसके 'जजमेण्ट' का मूल्य होगा। अन्त में यह कि आलोचक का प्रमुख उत्तरदायित्व यह भी होता है कि वह अपनी आलोचना में जड़मतान्धवाद का रास्ता न अख़्तियार करे, बल्कि अपनी आलोचना में 'ह्यूमन कन्सर्न' पर विशेष बल दे। आलोचना में किसी प्रकार का इकहरापन, अन्ध आस्थावाद और 'लीक पीटो निजबद्धता', संकीर्णता, रहस्यमता और प्रतिबद्धता नहीं होनी चाहिए, बल्कि विशिष्ट प्रकार की जिज्ञासु सतर्कता होनी चाहिए। आलोचक को सभी तरह के मतवाद से पृथक् रहना चाहिए, उसमें

पक्षधरता की गन्ध और बू नहीं आनी चाहिए, क्योंकि आलोचना मूल्यों की रक्षक और प्रहरी मानी जाती है।

(6) आलोचक के कार्य—कर्म और धर्म

आलोचना अपने वैचारिक प्रकार में एक ज्ञानानुशासन है, एक सशक्त विधा है, जिसमें साहित्य और कला से सम्बन्धित सभी जिज्ञासाओं पर गम्भीर-चिन्तन-मन्थन किया जाता है। अतः ऐसी स्थिति में रचना पर विचार करते समय आलोचक के पास गहरे नैतिक बोध की गरज और जरूरत होती है। कृति के मूल्यांकन (evaluation) में उसे इसी नैतिक बोध का इस्तेमाल करना चाहिए। यह उसका अनिवार्य फर्ज़ और सहज धर्म बनता है। वस्तुतः साहित्य के विभिन्न तत्त्वों और रूपों का स्वयं दर्शन कर दूसरों के लिये इसे द्रष्टव्य बनाना ही समीक्षक का कर्म है।"[1] सच तो यह है कि आलोचना रचना के गुण-दोष विवेचन का ही पर्याय नहीं है, क्योंकि यह गुण-दोष का बोध कैसे हो, किस आधार पर हो, यह चिन्ता या जिज्ञासा भी आलोचक का कर्त्तव्य है।[2]

हिन्दी के सुप्रसिद्ध आलोचक-चिन्तक डॉ. विश्वनाथ त्रिपाठी[3] आलोचकीय कर्म को लेकर कुछ महत्त्वपूर्ण प्रश्न करते हैं कि आलोचक का काम क्या है? यहाँ ज्यादा बहस में पड़ने का अवकाश नहीं है। अब तक मेरी समझ में यही आया है कि आलोचक प्रधानतः साहित्य का नया पाठ प्रस्तुत करता है। उसी पाठ में सभ्यता समीक्षा समाहित होती है। आचार्य रामचन्द्र शुक्ल ने तुलसी, सूर, जायसी, घनानन्द आदि का पाठ प्रस्तुत किया। हमें बताया कि इन कवियों को कैसे पढ़ना चाहिए। उनका आस्वाद कैसे ग्रहण करना चाहिए। केशवदास को भी पढ़ना बताया। यह पाठ जितना अधिक व्यापक और टिकाऊ होता है, आलोचक का स्थान वैसा ही तय होता है। कालजयी कविता, कथा ही नहीं होती, आलोचना भी कालजयी होती है या हो सकती है। इसी तरह आचार्य हजारीप्रसाद द्विवेदी ने कबीर, चन्दबरदायी, अद्दहमाण और कालिदास का नया पाठ प्रस्तुत किया। लोग आचार्य हजारीप्रसाद द्विवेदी के आलोचना साहित्य पर विचार करते समय उनकी पुस्तक 'कालिदास की लालित्य योजना' पर विचार नहीं करते। यह अनुचित है। द्विवेदी जी हिन्दी पाठकों को कालिदास पढ़ना बताते हैं, जिसका प्रभाव हिन्दी पाठकों की रस-ग्रहण क्षमता पर पड़ेगा। इसी तरह डॉ. रामविलास शर्मा का निराला और तुलसी विषयक कार्य मुक्तिबोध का 'कामायनी' पर। इस क्रम में डॉ. नामवर सिंह ने समकालीन साहित्य का सर्वाधिक पाठ प्रस्तुत किया है निर्मल वर्मा, अमरकान्त, कृष्णा सोबती, उषा प्रियम्वदा आदि का। इस कार्य की प्रक्रिया में उन्होंने विष्णु प्रभाकर और निर्गुण साहित्य का तिरस्कार नहीं किया, बल्कि उसका भी नया पाठ ही प्रस्तुत किया। बहरहाल, प्रसंग को आगे खिसकाते-सरकाते कहा जा सकता है कि आलोचक का कर्त्तव्य बनता है कि वह कृति और कृतिकार की परख उसकी समग्रता में करे। सच तो यह है कि आलोचक का एक बहुत बड़ा धर्म और कर्त्तव्य बनता है

1. हिन्दी साहित्य कोश—सं. डॉ. धीरेन्द्र वर्मा, पृष्ठ-732, वाराणसी।
2. आठवें दशक की हिन्दी आलोचना में डॉ. विश्वम्भर नाथ उपाध्याय का लेख— आठवें दशक में आलोचना, पृष्ठ-72.
3. बहुवचन में डॉ. विश्वनाथ त्रिपाठी का लेख—नामवर जी से बहुत कुछ सीखा, पृष्ठ-20, प्रकाशन-विभाग, महात्मा गाँधी अन्तरराष्ट्रीय हिन्दी विश्व विद्यालय-वर्धा, जुलाई-सितम्बर 2016 ई.।

कि वह कृति के मूल्यांकन में विश्वास को पुनर्स्थापित (reinstate) करे। पाठक और रचनाकार को उसकी नीयत पर किसी तरह की शक-साजिश (intrigue), मिलीभगत (complot) न लगे। प्रत्येक रचनाकार अपनी सर्जना की स्वस्थ समीक्षा के लिये समुत्सुक रहता है, अपनी कृति में लभराये-लिपटे दोषों और उसके अन्य कमजोर तन्तुओं को जानने के लिये भी वह बेसब्र रहता है, अतः आलोचक को यहाँ न्याय धर्म का निर्वहन करते हुए रचना पर एकतरफा-एकपक्षीय (prejudicial) 'जजमेण्ट' नहीं सुनाना चाहिए। उसे यहाँ संक्रियात्मक (operational) होना चाहिए। ऐसी स्थिति में आलोचक को सर्जक के creative process (प्रक्रम) में जाने का उद्योग करना चाहिए। उसे पूरी ईमानदारी, नेकनीयता और निस्संगता के साथ रचना को विश्लेषित तथा रेखांकित करना चाहिए। खुलासा यह कि आलोचक को रचना के विश्लेषण (analysis) में संयमी (abstinence) होना चाहिए और रचनाकार का भी मुलाहजा (notice) लेना चाहिए।

आलोचकीय कर्म तो यही कहता है कि आलोचक रचना की आलोचना करते समय अपने आलोचकीय विवेक का दुरुपयोग सिपाही के डण्डे की तरह कहीं न करे। रचना में घुस आयी यान्त्रिकता की सटीक आलोचना के साथ रचना के कलात्मक मूल्यों की भी वह शिनाख्त, हिमायत और पड़ताल करे। आलोचक को चाहिए कि वह रचना पर आलोचना का अनावश्यक दबाव और अंकुश न लगाये, साथ ही जान बूझकर रचनाकार को नीचा दिखाने (humiliate) की कोशिश न करे। कभी-कभी देखा गया है कि कई आलोचक साहित्य के इतिहास, परम्परा और समाज, अर्थ और राजनीति के रिश्ते को समझे बिना जिसतरह हर विधा में कलम आजमाते हैं, उसमें समीक्षा भी उपकृत हुए बिना नहीं रहती।[1] ऐसे पाठकों-समीक्षकों के सन्दर्भ में अमिताभ दास गुप्त[2] की यह बात ध्यान में रखनी चाहिए कि जब एक आदमी शास्त्रीय संगीत सुनता है तो दीर्घकाल तक उस्ताद रखकर संगीत-चर्चा करता है, जब प्रयोगशाला में खोज करता है तो सुदीर्घकाल तक एक विशिष्ट वैज्ञानिक से विज्ञान-चर्चा करता है...तो क्या कविता ही मगरमच्छ के बच्चे की तरह है, जो पेट से निकलते ही तैरना सीख लेगी? उसके लिये कुछ सीखने-जानने की जरूरत नहीं है? अभ्यास करने की जरूरत नहीं? रुचि, शिक्षा एवं मानसिकता की तैयारी आवश्यक नहीं? बहरहाल, मूल-विषय का स्पर्श करते मैं कहना चाहूँगा कि रचनाकार और आलोचक के बीच अहम् टकराव वर्जित होना चाहिए, बल्कि रचनाकार और आलोचक के मध्य पारस्परिक सदाशयता और सद्भाव (good faith) होना चाहिए। आलोचक को चाहिए कि वह अपनी आलोचना में स्वतन्त्र निर्णय, आलोचनात्मक विवेक (description), सूझ-बूझ और तर्क-तर्कणा (prudence) का भरपूर इस्तेमाल करे। अगली बात यह कि आलोचक अपनी आलोचना में विध्वंस और नकार का रवैया न अपनाये। उसे कृति में व्यक्त विचारों और सिद्धान्तों के प्रति गैर जरूरी झुकाव से बचना होगा। सच तो यह है कि एक जागरूक तथा सजग-सचेष्ट आलोचक के नाते अपने समय की नयी रचनाशीलता से निरन्तर जुड़े रहना ही सफल-सुलझे आलोचक की पहचान है। साफ-सुथरी भाषा और बेलाग अभिव्यक्ति इधर की

---

1. आठवें दशक की हिन्दी आलोचना में डॉ. मूलचन्द्र गौतम का लेख—'दृष्टि और दृष्टियों का टकराव', पृष्ठ-78
2. 'पहल' की अंक—13, में अमिताभ दास का लेख, पृष्ठ-129

आलोचना में विरल-सी हो गयी है—उसे इस बात का भी ध्यान रखना होगा। उसके भीतर कृति और कृतिकार के प्रति किसी तरह की प्रतिबद्धता और रूझान नहीं होना चाहिए।

आलोचना, रचना का इक्तिहाल यानी आँख का सूरमा होती है, अतः यहाँ आलोचक का कर्त्तव्य होता है कि वह कृति का इख़्तिसास और ख़ुसूसियत को बहुत बारीकी से उभारे।—आलोचक को यह भी ध्यान रखना चाहिए कि रचना की आलोचना के वक्त कहीं भी कोरी कल्पना या भावुकता अथवा जज़्बातीपन (sentimentality) का सहारा लेकर किसी तरह का मायावी वितान न बनाये। निरर्थक तर्क-वितर्क (perverse argumentation), निराधार छिद्रान्वेषण, व्यर्थ का टण्टा-वितण्डा, अकारण नुक़ताचीनी, मीनमेख और कृति का बाल की खाल निकालने से स्वतः आलोचक और उसकी आलोचना शंका के दायरे में आ जाती है। बल्कि उसे चाहिए कि झूठे आदर्शों की स्थापना न करते हुए सिर्फ यथार्थ को उजागर करे। इतना ही नहीं, आलोचक का यह भी धर्म बनता है कि वह आलोचना के वर्जित क्षेत्र में प्रवेश न करे, बल्कि अपनी आलोचना के माध्यम से साहित्य और समाज में फैली वर्जनाओं को तोड़े। वह पूरी तरह वस्तुस्थिति को सामने रखे। अनुभवों के धरातल से उठाकर उसे अभिव्यक्ति की ऊँचाइयों तक ले जाये। आलोचक का यह भी कर्त्तव्य बनता है कि वह महज नैतिक मूल्यों की ही वकालत न करे, न ही सही या गलत की सिफत व्याख्या प्रस्तुत करे, न ही कोरी कल्पना (sheer fancy) से कोरे आदर्श की ही स्थापना करे, बल्कि एक सीमा तक वह इतना व्यावहारिक हो जाये कि अपनी आलोचना में समाधान भी प्रस्तुत करे।

रचना की फन्नेजर्राही या चीड़फाड़ करते समय आलोचक को यह भी ध्यान रखना होगा उसकी निर्मम आलोचना से रचनाकार कहीं तपिश-ताप और हार्दिक व्यथा (mental agony) का निरर्थक शिकार न हो साथ ही ग़मज़दा, शोकग्रस्त और मातमदार न हो जाये। उसकी स्मृति में यह भी बात बराबर बनी रहनी चाहिए कि वह महज कथावाचक की ही भूमिका में न रहे, बल्कि कृति में व्याप्त समस्या की तस्वीर भी कुशल छायाकार की तरह खींचे। लगे कि यह किसी प्रौढ़ समझ और सुलझे आलिमान की 'आलोचना कृति' है। उसके भीतर किसी तरह का वैचारिक पूर्वग्रह और प्रतिबद्धता नहीं होनी चाहिए अन्यथा रचनाकार और उसकी कृति के साथ यह मजालिम अर्थात् जियादतियाँ और जुल्म ही कहा जायेगा। उसे अपनी आलोचना में वैचारिक उग्रता और कट्टरता का भी निषेध (negation) करना होगा। उसकी आलोचना जटिल और अबूझ न हो। भाषिक विन्यास खूबसूरत हो। इस तरह की अभिव्यक्ति कौशल की यह उत्कृष्टता ही किसी आलोचक को औरों से विशिष्ट और श्रेष्ठ बनाती है। यहाँ, रचनाकार के लिये भी अपने कुछ अनुशासन बनते हैं, यथा— तीखी-से-तीखी आलोचना के प्रति उसे भी सहिष्णु (tolerant) अर्थात् झेलने में समर्थ होना होगा क्योंकि लोकतान्त्रिक चेतना की विकसित स्थिति का कम-से-कम यह सूचक तो है ही।

सच तो यह है कि आलोचकीय नासमझी ने हमारे रचनात्मक विवेक को सीमित और धुँधला बना दिया है। अतः ऐसी स्थिति में अपनी आलोचना में आलोचक को लचीली तथा समावेशी दृष्टि का परिचय देना चाहिए, साथ ही भिन्न प्रवृत्तियों, रुचियों और विचारधाराओं

से लबरेज कृतियों का करमफर्मा बन सहानुभूति के साथ मूल्यांकन करना चाहिए। आलोचना का काम जोखिम भरा साहस या काम या उद्यम (venture) माना जाता है। यहाँ एक ओर पठार होता है, तो दूसरी ओर दलदल। अतः ऐसी स्थिति में यहाँ संयम-सन्तुलन साधना आवश्यक होता है। यदि बात का दुहराव न हो तो कहा जा सकता है कि आलोचक का कर्त्तव्य होता है कि वह रचनाकार की प्रतिभा की समाधि, कब्र और मक़बरा (tomb) न बना दे अन्यथा परिणाम होगा कि आलोचना मात्र कृतिकार के लिये व्याधि हो जायेगी। उसे किसी रचना को उपेक्षित, खारिज या 'रिजेक्ट' नहीं करना चाहिए। मुक्तिबोध के अनुसार[1]—"एक समीक्षक का प्रथम कर्त्तव्य यह है कि वह किसी भी कलाकृति के अन्तर्तत्त्वों को, उसके प्राणतत्त्वों को, भावना कल्पना को हृदयंगम करे और एक विशेष दिशा की ओर प्रवाहित अन्तर्धारा की गति को और उसकी अन्तिम परिणति को सहानुभूतिपूर्वक अच्छी तरह समझे और तदुपरान्त उसका विश्लेषण करे।" इधर, संवेदनशील कवि मशहूर आलोचक अशोक वाजपेयी[2] का भी कहना है कि आलोचना का बुनियादी काम है—महत्त्वपूर्ण रचना चुनकर उसमें जो घटता है, उसका ऐसी उत्कटता के साथ बखान करना कि पाठक के लिये वह रचना अपनी सार्थकता में गहरे अधिक उपलभ्य हो सके, पर इसके लिये यह जरूरी है कि आलोचना रचना की सार्थकता की खोज करे, उसे परिभाषित करे और इस परिभाषा को भरसक मनुष्य की दूसरी खोजों की सार्थकता और उसके द्वारा पायी गयी दूसरी परिभाषाओं से जोड़ सके।

कुल मिलाकर एक आलोचक का सुकृत-सत्कर्म (righteousness) बनता है कि वह कृति या सर्जना की जड़ में पैठकर उसके रेशे-रेशे, पत्ती-पत्ती, शाखा को उघाड़ते-उकेरते अपनी आलोचकीय समझ का पैनापन, तीखी, सूक्ष्म और भेदक दृष्टि का इम्तिहान दे और अपनी आलोचना में रचना को कच्चे माल की तरह इस्तेमाल न करे। अधिकांश पाठक सहमत होंगे कि समकालीन हिन्दी आलोचना का एक बहुत बड़ा अंश गुटबन्दियों द्वारा उखाड़-पछाड़ की दिशाहीनता को प्रश्रय दे रहा है, अतः आलोचक को चाहिए कि वह अपनी आलोचना को प्रासंगिक प्रश्नों से लैस करके जीवन्त सृजन का एहसास कराये—"To feel the virtue of the poet or painter, to disengage it, set it for these are the three stages of the critic's duty."[3] तभी रचना और आलोचना-दोनों के लिये दिलीखुशी और हार्दिक आनन्द की बात होगी।

(7) आलोचक : अर्हताएँ, गुण और विशेषताएँ

पश्चिम के एक चिन्तक आलोचक के गुणों और दक्षता पर प्रकाशपात करते लिखते हैं,—"To be a critic of literature is to possess a wide vision, balanced mind and inexhaustible insight into the deepest secrets of human mind. It needs to be sympathetic and yet alert to watch the wisdom unfaultering."[4] अर्थात् आलोचक में विस्तारपूर्ण दृष्टि, सन्तुलित मस्तिष्क, मानव-मन का सूक्ष्म ज्ञान तथा सहानुभूति और जागरूक

1. समीक्षा की समस्याएँ—मुक्तिबोध, पृष्ठ-19.
2. फिलहाल—अशोक वाजपेयी, पृष्ठ-186
3. Thief faults in writing one Act Plays – Walter Pater, P. 76.
4. The making of Literature – Scott James, P-386.

तटस्थता आवश्यक है। आलोचक कई कार्य करता है, जैसे—कभी वह कृति का भावन-मात्र करता है, कभी उसकी व्याख्या करता है, कभी कलाकार बन वह अपने या अपने वर्ग के सम्बन्ध में नयी बातें बताता है, कभी प्रचारक का लबादा ओढ़कर साहित्य या समाज के लिये जो कल्याणप्रद समझता है, उसका प्रचार करता है, तो कभी रचनात्मक इतिहासकार के रूप में यह बताता है कि समाज ने किस प्रकार कला को प्रभावित किया है और कलाओं ने समाज को किस प्रकार परिष्कृत और परिवर्तित किया है। वह समाज में नयी विचारधारा प्रवाहित करता है और चिरन्तन सत्य की प्रतिष्ठा में सहायक होता है।

कहीं मैंने पढ़ा है कि आलोचक को रचना का 'बिचौलिया' कहा गया है और रचनाकार को अपनी रचना का श्रेष्ठतम व्याख्याकार, किन्तु वहीं यह भी कहा गया था कि अपनी रचना के बारे में स्वयं के वक्तव्य दोयम या परले दर्जे के होते हैं। साफ शब्दों में यह कि किसी रचना की हीनता-श्रेष्ठता के बारे में आलोचक का 'सर्टिफिकेट' जरूरी होता है। अतः ऐसी स्थिति में यह जरूरी होता है कि आलोचक के पास भी रचना की परख-पहचान के लिये कुछ काबिलियत, होशियाराना, कौविद्य और आलिमाना जैसे विशिष्ट गुणों का 'लेन्स' और औजार-उपकरण होने चाहिए, यथा—

(1) आलोचक द्वारा की गयी आलोचना वैचारिक अधैर्य और बौखलाहट से मुक्त हो। आलोचक में 'वस्तु' को पकड़ने की सामर्थ्य हो, भाषा में रवानगी हो, टिप्पणियों में चुस्ती हो। आलोचक विषय के दोहन की सम्पूर्ण क्षमता का इस्तेमाल करनेवाला हो। उसमें अनावश्यक प्रहारात्मक मुद्राएँ न हों, बल्कि उसमें मृदु-हास्य और करुणा व्यंग्य की सन्धि पर टिके हुए ऐसे प्रयोग हों, जिनसे हमारे दैनन्दिन का अनुभव संसार ज्यादा प्रामाणिक बनता हो।

(2) आलोचक निरंकुश, उच्छृंखल (bohemian) न हो। रचना के अनछुये पहलुओं को छुये। यहाँ उसे यह ध्यान देना चाहिए कि कृति का कोई महत्त्वपूर्ण पहलू उसकी आलोचना के दायरे से बाहर न रह जाये। उसकी आलोचना ठोस तथ्यात्मक आधार पर खड़ी हो। 'नावक के तीर' की तरह धारदार, पैनी, बेलाग और लल्लो-चप्पो से रहित हो। यदि आलोचक में अपनी आलोचना को सामाजिक सरोकारों और रंजकता से एक साथ जोड़ने की क्षमता हो तो यह 'सोने में सुहागा' माना जायेगा। एक बार फिर यह कि यदि आलोचक के पास आलोचना-शिल्प की समर्थ-सृजनात्मक भाषा हो तो यह उसका विशेष गुण माना जाना चाहिए।

(3) उत्तम कोटि का आलोचक विवादप्रियता (agnostic) से बचता है। उसकी अगली विशेषता यह होती है कि वह संकुचित दृष्टि और तंग नजरी-तंगख्याली का शिकार नहीं होता। कहते हैं, केवल स्थापनाएँ करनेवाली या परिभाषाएँ देनेवाली आलोचना, आलोचना को दर्शन बना सकती है, सर्जनात्मक साहित्य नहीं। श्रेष्ठ आलोचक अपनी आलोचना में अतिरेक और अतिरंजना-अतिलंघन (infringement) का निषेध करता है। सभी जानते हैं, आलोचना एक गम्भीर सामाजिक कार्य है, अतः ऊपर मैंने आग्रह किया है कि पुख्ता सोचवाला आलोचक विवादधर्मिता से परहेज करता है। यह उसकी एक सुविशिष्ट पहचान और गुण माना जाता है। साफ शब्दों में वह व्याख्या-विश्लेषण के विवादी मुद्‌दों तथा स्थापनाओं से भरसक दूर रहता है। अव्वल दर्जे का आलोचक रचना के प्रति विरोधी-प्रकृति (anatogonist) नहीं रखता।

(4) उस आलोचक से ही उम्दा (excellent)—उत्तम, श्रेष्ठ मनोरम और मातमद आलोचना की उम्मीद की जा सकती है, जो तक्कार-तल्खगो की दृष्टि से आलोचना न करता हो। उसकी आलोचना एकांगी दृष्टि और पक्षधरतारहित असन्दिग्ध होनी चाहिए। उत्तम कोटि के आलोचक में किसी किस्म की कट्टरता, रसहीनता, रूखापन (unpleasantness) तथा संकीर्णता (narrowness) आदि विकृतियों-विकारों की तलछट और गाद नहीं होती, बल्कि उसकी जगह उसकी आलोचना में उत्तमता, बढ़ियापन, खुशनुमाई और खरापन आदि गुण पाये जाते हैं। आलोचक डॉ. शिवकुमार मिश्र कहते भी हैं—"जरूरत है, साहित्य-समीक्षा की एक ऐसी दृष्टि की जो साहित्य को उसके मूल उत्स से जोड़कर भी उसकी सौन्दर्यात्मक मूल्यवत्ता का आख्यान कर सके।"[1]

(5) श्रेष्ठ आलोचक में पाठकीय रुचि और समझ को झकझोरने की क्षमता होती है। अपने आलोचकीय शिल्प में वह निरन्तर धैर्य और संयम (self-restrain) बनाये रखता है। सच तो यह है कि कोई भी प्रथम कतार का आलोचक अपनी आलोचना में बहुत जोखिम उठाकर उत्कृष्टता हासिल करता है। बताते भी हैं, जिस आलोचक में मानव स्वभाव और साहित्य को पहचानने की क्षमता हो और विभिन्न खेमों तथा आन्दोलनों से जुड़ी सोच से परे रहकर नये सामाजिक सन्दर्भों की ईमानदार बयानगी और तकरीर की जिसे सतत चिन्ता हो, उससे ही निष्पक्ष (impartial) गुण-दोष निरूपण या समालोचना की अपेक्षा की जा सकती है। वही आदर्श आलोचक भी कहा जाता है।

(6) उत्तम कोटि की आलोचना में दृष्टि का पैनापन, शब्दों का विलक्षण (peculiar), अनोखा-अनूठा प्रयोग, जीवन के सूक्ष्म ब्योरे और समकालीन विडम्बनाओं (anomaly) की निशानदेही और उसकी आहट स्पष्ट रूप से सुनी जा सकती है। प्रौढ़ समझवाले आलोचक भरसक मद्धिम आवेग के साथ मितभाषी (reticent) होते हैं। वे बड़बोलेपन से दूर रहते हैं, सो उनकी आलोचना में वाचालता (talkativeness) नहीं होती। इनकी आलोचना-भाषा ताजगी भरी ऊष्मा से पाठक को आलोकित करती है और पाठक उससे सुकून पाता है। पाठक उनके आलोचना आलोक से अभिभूत और चकित हुए बिना नहीं रह पाता।

(7) बगैर ऊँची आवाज में नारे लगाये अपने सही सरोकारों को पहचानने का माद्दा रखनेवाला आलोचक उत्तम और यशस्वी माना जाता है। उसके भीतर संवेदेना और मानवीयता का एक नया भूगोल बल्कि एक नया भूमण्डल खोजने-रचने की कुव्वत भी हो। उसके पास साफगोई और दृढ़ता हो। उसकी आलोचना दीर्घजीवी हो। श्रेष्ठ आलोचक की एक अर्हता यह भी होती है कि उसकी आलोचना फतवों से भरी नहीं होती। उसकी आलोचना रचना से किसी कोण पर फासला नहीं रखती। उसकी आलोचना में रचना और रचनाकार के प्रति किसी तरह के एहसान-नेकी, आभार, भलाई या आशीर्वादाना मुद्रा न झलकती हो।

(8) समालोचक सहृदय, सखा और शिक्षक की भूमिका का एक साथ निर्वाह करता है। अतः आचरण की सर्वांग शुचिता-शुद्धता समालोचक का प्रथम अभिलषित गुण है। सत्साहित

1. साहित्य और सामाजिक सन्दर्भ—डॉ. शिवकुमार मिश्र, पृ. 7

को समझने और उसकी रचना करने-कराने के लिये शुद्ध हृदय और निर्मल मन का योग परमावश्यक है और ये दोनों गुण शुद्धाचार पर अवलम्बित हैं। सत्यप्रियता, आलोचना में वास्तविकता और यथातथ्यता लाती है। इसी के बल पर सुन्दर की सराहना और दोष की विगर्हणा सम्भव होती है। गुण-दोष प्रकाशन में विवेकशीलता, सन्तुलन, शिष्टता, मधुरता, निष्कपटता, सद्‌भावना अपेक्षित गुण हैं। तुलनात्मक आलोचना करते समय तो आलोचक को और भी अधिक सतर्क या निष्पक्ष रहना चाहिए। समालोचक को चाहिए कि वह शान्त, गम्भीर, धीर और समदर्शी हो। उस पर राग-द्वेष एवं अन्य ऐसे ही मनोविकारों का अनर्थ प्रभाव न हो और वह विषम परिस्थितियों में भी धैर्यपूर्वक अपना कार्य सम्पन्न कर सके। सहृदयता, सरसता और भावाभिव्यक्ति क्षमता समालोचक की आधारशिलाएँ हैं।[1]

(9) पश्चिम के टी. एस. इलियट कहते हैं कि किसी उत्तम कविता और तत्कालीन उत्तम समीक्षा का परस्पर महत्त्वपूर्ण सम्बन्ध होता है। अतः आलोचक को आलोच्य विषय का प्रकाण्ड पण्डित होना चाहिए। श्रेष्ठ आलोचक हंस की तरह नीर-क्षीर विवेक सम्पृक्त होता है। उसकी आलोचना का केन्द्र मुख्य रूप से रचना होनी चाहिए, रचनाकार नहीं। प्रथम कोटि का आलोचक जानता है कि रचनाकार/रचयिता (creator) की आत्मा उसकी रचना में विद्यमान होती है। अतः वह यह प्रयास करता है कि कृति में छिपी रचनाकार की आत्मा तक पहुँचा जाये। आदरास्पद आलोचक कृति को जातिगत, व्यक्तिगत या वर्गगत वैर-भाव के रंगीन चश्मे या उपनेत्र से नहीं देखता। वस्तुतः आज की आलोचना की हालत यह है कि व्यक्तिगत पसन्द, ग्रूपसम्बद्धता, वैचारिक प्रतिबद्धता की दूसरे-तीसरे स्रोत से मिली स्थूल जानकारी के आधार पर लेखकों की कृतियों या मन्तव्यों की आलोचना की जाती है। एक समीक्षक यदि मुक्तिबोध की दुनिया की कठिनाइयाँ बताता है, वह रियायत देकर प्रगतिशील ठहराया जा सकता है, दूसरा यदि मुक्तिबोध के बीहड़पन को उनके काव्य-संसार में घटित अन्तर्बाह्य स्थितियों के तनाव के साक्ष्य पर रेखांकित करना चाहता है तो उसे 'रूपवादी' कहा जा सकता है।[2] तथा–

(10) सफल-सुलझा आलोचक अपनी गहन-चिन्तन प्रसूत मेधा और मनीषा (intellect) से कृति पर गहरी निगाह डालता है। अपने अनुभव और जीवन सन्दर्भों के सत्य से कृति पर अपनी अन्वेषणमयी और खोजी (investigation) दृष्टि निक्षेप कर ठोस निष्कर्ष (epitome) और निर्णय देता है। इतना ही नहीं, अपने अनुभव की वास्तविकता पर एक बौद्धिक दीप्ति के साथ कृति की नब्ज को पकड़कर स्वतः को नब्जशनास सिद्ध करता है। एक कुशल-दक्ष और प्रवीण आलोचक कृति के सौहार्द्र-संकुल परिवेश की निर्मिति करता है। इस तरह वह अपने आलोचनात्मक-विमर्श से रचना और रचनाकार के साथ संसर्ग (contact) वाद-विवाद और संवाद स्थापित करता है। वह अपनी आलोचना को प्रासंगिक प्रश्नों से लैस करके जीवन्त सृजन का एहसास कराता है। श्रेष्ठ आलोचक किसी तरह की फार्मूलाबद्धता से परहेज करता है। यही सब एक श्रेष्ठ-सुलझे और उत्तम कोटि के आलोचक के गुण और लक्षण कहे जा सकते हैं।

1. हिन्दी भाषा और साहित्य–डॉ. किरणबाला, पृष्ठ-270
2. आठवें दशक की आलोचना में डॉ. परमानन्द श्रीवास्तव का लेख–'आलोचना की भाषा का सवाल', पृष्ठ-105, नेशनल पब्लिशिंग हाउस, नयी दिल्ली सन् 1991 ई.

(8) आलोचना के मानदण्ड/मापदण्ड, प्रतिमान या अनुशासन

'मानदण्ड' के लिये अंग्रेजी में 'Criterion' शब्द का इस्तेमाल होता है किन्तु हिन्दी में इसके लिये झुण्ड-के-झुण्ड समानार्थी शब्द प्रयुक्त होते हैं, यथा—'निकष', 'कसौटी', 'मापदण्ड', 'मानदण्ड', 'मानक', 'माप' और 'प्रतिमान' आदि—**ये ऽमी माधयोजः प्रसादा रसमात्र धर्मतयोक्ता स्तोमाषां रसधर्मत्वे किं मानव।** अब आगे एक संकट-सम्पृक्त सवाल पैदा होता है कि आलोचना के मानदण्ड क्या हों? लगता है, इस प्रश्न का उत्तर बहुत सरल-सहज है—किन्तु है—बहुत जटिल, अत्यन्त कठिन और दुरूह, दुष्कर (intricate) तथा दुर्बोध भी। चूँकि आलोचना के भूगोल में निरन्तर विस्तार होता रहा है, सो हिन्दी आलोचना के प्रत्येक-काल-खण्ड में इसके प्रतिमानों-अनुशासनों में तब्दीली होती रही है। पूर्व की तुलना में आज की हिन्दी आलोचना ने अपना गोत्रान्तरण कर लिया है, अतः इसके मानदण्ड भी बदल गये हैं।

अब यहाँ पर प्रश्न की एक नयी कोंपल-कंछी फूटती है कि आलोचना का प्रतिमान, नमूना (pattern), समरूपता-समानता किसे माना जाय? क्या पुराने मान-मूल्य चुने जायें, यथा—भामह, दण्डी, मम्मट, अभिनव गुप्त के 'काव्यशास्त्रीय मूल्य' या पश्चिम के टी. एस. इलियट (Thomas Steams Eliot-1888-1965 ई.) का 'क्लासिकल' (Classical-श्रेण्य) 'मान' या 'नयी आलोचना' (New Criticism) के 'नये मूल्य' साफ शब्दों में भारतीय काव्यशास्त्र के विभिन्न काव्य-सम्प्रदाय-आम्नाय (tradition)—रस, रीति, अलंकार, वक्रोक्ति, ध्वनि और औचित्य-आलोचना के मानदण्ड रहे हैं—क्या इनके ऊपर अपनी स्वीकृति-सहमति की मुहर लगायी जाये? या यूरोप में अरस्तू (Aristotle) और होरेस (Horace) ने 'स्वच्छन्दतावादी मतों' की प्रतिष्ठा की, जबकि रिचर्ड्स (Ivor Armstrong-Richards-1893-1979) और इलियट ने 'क्लासिक' पर जोर दिया। तेन, ब्रुटेनियर आदि ने 'ऐतिहासिक आधार' पर बल दिया तो फ्रायड ने 'मनोविज्ञान' पर, क्रोचे (बेनिडिटो क्रोचे—Benedetto Croce-1866-1952) ने 'अभिव्यञ्जना' पर और मार्क्स ने 'द्वन्द्वात्मक पद्धति' पर—आखिर इनमें से किसे आलोचना का 'मानदण्ड' और मयार माना जाये, यह प्रश्न बहुत झमेले का है। इधर, नयी आलोचना (New Criticism) में भाषिक संरचना, तनाव, वक्रोक्ति, विडम्बना, टेक्स्चर (Texture = शब्द-विधान) और स्ट्रक्चर (Structure यानी संरचना, बनावट, ढाँचा या कुल मिलाकर अर्थ-विधान) पर अधिक बल दिया गया है। साफ शब्दों में यह कि आलोचना का कोई एक प्रतिमान निर्धारित नहीं है और कई विद्वान् कहते हैं कि हो भी नहीं सकता, क्योंकि यह पूर्णतया आलोचक की अन्तर्दृष्टि पर निर्भर करता है।

डॉ. धीरेन्द्र वर्मा द्वारा सम्पादित 'हिन्दी साहित्य कोश'[1] में आलोचना के मानदण्ड को लेकर कुछ बेहद महत्त्वपूर्ण बातें कही गयी हैं। यहाँ लिखा गया है कि आलोचना के सम्बन्ध में एक यह बात भी हमारे सामने आती है कि उसका मापदण्ड क्या है? उसका कोई-न-कोई मापदण्ड या आधार अवश्य होना चाहिए। लौंजाइनस ने आलोचना को अधिक परिश्रम का परिणाम माना है, किन्तु पोप के कथनानुसार कवियों की भाँति आलोचक भी बनाये नहीं जाते। वे तो जन्म से ही आलोचक होते हैं। तब भी अनुभव द्वारा कुछ सीखा जा सकता है, किन्तु

1 .हिन्दी साहित्य कोश, भाग-1, पृष्ठ-95, पारिभाषिक शब्दावली, ज्ञानमण्डल, वाराणसी।

संसार में किसी कलात्मक या कलात्मक कृति की विभिन्न व्यक्तियों में विभिन्न प्रकार की प्रतिक्रियाएँ होती हैं; इसलिये आलोचना के मापदण्ड के सम्बन्ध में भी कम साम्य मिलेगा। तो भी किसी साहित्यिक या कलात्मक कृति की परीक्षा अस्थिर आधारों पर नहीं की जा सकती। फलतः आलोचना का कोई एक मापदण्ड होता है, रुचिवैभिन्य को स्थान देते हुए भी। यह मापदण्ड प्रत्येक युग के अनुकूल अलग-अलग होता है। इस सम्बन्ध में यह प्रश्न भी उठता है कि सामान्य पाठक, सुशिक्षित व्यक्ति और लेखक या कवि—इन तीनों में से सर्वोत्तम आलोचना करनेवाला कौन है और कौन उसका मापदण्ड निर्धारित करता है? आधुनिक युग में जब किसी विशेष वर्ग को ध्यान में रखकर कोई कृति प्रस्तुति की जाती है, तो उस वर्ग के सामान्य पाठक से हम न्याय की आशा नहीं रख सकते। सामान्य पाठक अधिक समय तक दार्शनिक या निष्पक्ष निर्णायक नहीं रह सकता। वह भावुक अधिक होता है।

दरअसल, मानदण्ड वह निश्चित या स्थिर किया हुआ सर्वमान्य माप है, जिसके अनुसार किसी प्रकार की योग्यता, श्रेष्ठता तथा गुण आदि का अनुमान अथवा कल्पना की जाये। मानदण्ड मानव निर्मित निष्कर्ष और कसौटियाँ हैं, जिनके आधार पर साहित्य की परख और जाँच-पड़ताल की जाती है। बताते हैं, साहित्य के मानदण्ड व्यक्ति की संवेदनाओं में जीवित रहते हैं। समय और काल के अनुसार इसमें परिवर्तन होता रहता है। खुलासा यह कि ये मानदण्ड शाश्वत, चिरन्तन और सर्वमान्य नहीं होते। अभी थोड़ी देर पहले आग्रह किया है कि संस्कृत के आचार्यों में 'रसवादियों' ने 'रस' को, अलंकारवादियों ने 'अलंकार' को और रीतिवादियों ने 'रीति' को साहित्य का मानदण्ड स्वीकारा। लगे हाथ यहाँ एक बात और। संस्कृत समीक्षा में नायक के लिये धैर्य, करुणा और वीरता-बहादुरी आदि को आवश्यक माना गया, किन्तु आज की हिन्दी आलोचना के लिये इनका होना बहुत अपरिहार्य नहीं रह गया है। कई लोग यह मानते हैं कि हिन्दी साहित्य की अपनी कोई परम्परा नहीं रही है, अतः इसका कोई अपना पृथक् आलोचना शास्त्र नहीं बन पाया। अत्यधिक कंगाल होने के कारण हिन्दी साहित्य-संस्कृत-शास्त्र का अनुगामी है या पाश्चात्य आलोचना का उपजीवी, किन्तु डॉ. नगेन्द्र[1] इस आरोप का खण्डन करते हैं। वे कहते हैं...दृष्टिकोण में थोड़ा सा परिवर्तन कर देने से चित्र इतना विकृत नहीं रह जायेगा। वास्तव में हिन्दी रीतिशास्त्र का मूल्यांकन करते हुए आज भी हम संस्कृत काव्यशास्त्र के मानदण्डों का प्रयोग करते हैं—यह भी उसी भूल की पुनरावृत्ति है, जो हमारे प्रायः सभी प्राचीन तथा अनेक नवीन रीतिकारों ने की है अर्थात् लक्ष्य और लक्षण की असंगति। आवश्यक यह था कि वह हिन्दी काव्य के आधार पर संस्कृत-सिद्धान्तों का परीक्षण एवं पुनराख्यान करता, वह लक्षण को सिद्ध करने के लिये लक्ष्य की रचना करने लगा। आज हम इसी दृष्टि से फिर हिन्दी रीति-साहित्य का मूल्यांकन करके उसी भूल की आवृत्ति कर रहे हैं— परिणाम यह होता है कि उसमें थोड़ा-बहुत अपना है, वह भी संस्कृत काव्यशास्त्र की कसौटी पर कसने से उपेक्षित या तिरस्कृत हो जाता है और हमें लगता है कि हमारे पास कुछ नहीं है। एक अन्य विद्वान्[2] भी उक्त तथ्यों का समर्थन करते लिखते हैं कि इसमें कोई सन्देह नहीं कि—

1. आलोचना में डॉ. नागेन्द्र का लेख 'हिन्दी का अपना समीक्षा शास्त्र', जनवरी 1955.
2. आधुनिक हिन्दी साहित्य में आलोचना का विकास—डॉ. वेकण्ट शर्मा, पृष्ठ—53.

आधुनिक-हिन्दी समालोचना विविध-साहित्य के ज्ञान क्षेत्र से अपेक्षित सामग्री ग्रहण करती हुई आगे बढ़ी है, किन्तु उसका अपना स्वतन्त्र व्यक्तित्व भी है, जिसके ज्वलन्त सत्य का कदापि निषेध नहीं किया जा सकता।

सच पूछा जाय तो हिन्दी में बहुत-सी ऐसी रचनाएँ हैं, जिसके लिये हिन्दी आलोचना को स्वतन्त्र मानदण्ड निर्धारित करने होंगे। प्राचीन साहित्य में ही रासो काव्य, आल्हखण्ड, सन्तकाव्य, प्रेमाख्यानक काव्य, भक्तिकाव्य या गीति तथा प्रबन्ध का समन्वित-रूप और सवैया तथा घनाक्षरी में रची गयी रीतिकालीन कविता आदि ऐसी निधि हैं, जिन्हें हम संस्कृत-लक्षणों पर या तो कस नहीं सकते और यदि कसेंगे तो उस निधि के वास्तविक-रूप तक नहीं पहुँच पायेंगे। इसी प्रकार आधुनिक काल के छायावादी कवियों के नवीन-सौन्दर्य-दृष्टि को सियारामशरण, आचार्य शुक्ल तथा महादेवी के निबन्ध को रामवृक्ष बेनीपुरी तथा महादेवी वर्मा के रेखाचित्रों को, प्रसाद के नाट्य-विधान को, अज्ञेय तथा इलाचन्द्र जोशी आदि के उपन्यासों को और अधिकांश प्रयोगवादी-कविता को किस पूर्वी अथवा पश्चिमी कसौटी पर 'पूरी' तरह परखा जा सकता है? इनके लिये हमें स्वतन्त्र मानदण्डों का निर्माण करना होगा।[1] इधर, काव्यशास्त्रज्ञ डॉ. भगीरथ मिश्र[2] इस मौके पर बहुत उपयुक्त बात कहते हैं कि...अतः उन सिद्धान्तों को यथावत् आधार मानकर हम अपना काम नहीं चला सकते। प्रमुख प्राचीन काव्य-सिद्धान्त, अलंकार, रस, रीति, वक्रोक्ति, ध्वनि, अनुमिति और औचित्य हैं। इन सबकी कसौटी पर कसकर भी हम ऐसा अनुभव करते हैं जैसे हमने किसी रचना का पूर्ण महत्त्व और प्रभाव स्पष्ट नहीं कर पाये।[3] इन सिद्धान्तों पर कसने से आचार्य-वाक्य प्रमाण करते हैं, पर कवि की अपनी मौलिकता को हम प्रकट नहीं कर पाते। संस्कृत-साहित्य में प्राप्त काव्य के समक्ष लक्षणों और तत्त्वों को सामने रखकर भी काव्य की व्यापक तथा गम्भीर महत्ता हृदयंगम नहीं कर पाते जो कि केवल उसी साहित्य की ही, कवि और काव्य-प्रशस्तियों में प्रकट है। अतः निश्चित है कि हमें आज की दृष्टि से नये सिद्धान्त स्थिर करने चाहिए, जो काव्य और साहित्य के समग्र महत्त्व को प्रकट कर सकें।

कुल मिलाकर आधुनिक काल में आलोचना के मानदण्डों में अनेक परिवर्तन हुए। नवीन वातावरण और विचारधाराओं ने इस क्षेत्र में अत्यधिक योग दिया। पाश्चात्य शिक्षा अंग्रेजों के सम्पर्क और नवीन बौद्धिक-जागृति ने हिन्दी आलोचकों की आँखें खोल दीं। बौद्धिक जागृति और पाश्चात्य अनुकरण के वातावरण में आधुनिक समीक्षा-पद्धति का जन्म और विकास हुआ है। इसमें नवीन शैली पर काव्य-सिद्धान्तों का निरूपण और समीक्षा की नवीन पाश्चात्य प्रणालियों का ग्रहण हुआ। अन्त में यह कि हिन्दी आलोचना शास्त्र का विकास हिन्दी आलोच्य-साहित्य से निरपेक्ष होकर नहीं होना चाहिए। उसके निर्माण और विकास के लिये परिपुष्ट आधार विद्यमान है; आज उसके सम्यक् उपयोग की आवश्यकता है। समालोचना के स्वतन्त्र प्रतिमान को और अधिक पूर्ण बनाने के लिये विद्वानों को इस बात का ध्यान रखना होगा कि वे हिन्दी

1. हिन्दी के नवीनतम निबन्ध—डॉ. देवीशरण रस्तोगी, पृष्ठ-50 मेरठ, 1975.
2. कला, साहित्य और समीक्षा—डॉ. भगीरथ मिश्र, पृष्ठ-324.
3. हिन्दी साहित्य कोश- भाग-एक, पारिभाषिक शब्दावली, पृष्ठ-96.

साहित्य के विकास और निर्माण की स्वतन्त्र प्रकृति की महत्ता स्वीकार करें और उसी के अनुकूल अपना साहित्यालोकन आगे बढ़ायें, जिससे उनकी स्थिति पराश्रित-सी न हो।

(9) आलोचना : उपयोगिता, महत्त्व, उद्देश्य, प्रयोजन, ध्येय और लक्ष्य

आलोचना के ध्येय के सम्बन्ध में समय-समय पर भिन्न विचारधाराएँ रही हैं। प्राचीन भारतवर्ष में रस, अलंकार, ध्वनि, वक्रोक्ति आदि पर आधारित विचारधाराएँ थीं। पश्चिम में नैतिकता, सौन्दर्य-विज्ञान, यथार्थ अथवा अरस्तू के सुषमावाद या रीतिवाद से सम्बन्धित विचारधाराएँ थीं। अरस्तू के बाद यूरोप में आलोचनावाद के भिन्न-भिन्न दृष्टिकोण रहे हैं। औचित्य सम्बन्धी अनुभूति प्रधान, सैद्धान्तिक, मनोवैज्ञानिक, भौतिकवादी आदि अनेक प्रकार के ध्येय यूरोप में प्रचलित रहे हैं, किन्तु सेण्टव्यूव, आर्नाल्ड, ऑडेन आदि प्रसिद्ध विचारकों की दृष्टि में आलोचना का सर्वोत्तम ध्येय सर्वोत्तम साहित्यिक एवं सांस्कृतिक-परम्पराओं का पालन करना है। मानव जीवन की आधारभूत एकता, कलाकार के अनुभव और उसकी कृतियों का पारस्परिक सम्बन्ध और कलात्मक मूल्यों और जीवन के अन्य मूल्यों में सम्बन्ध स्थापित करना आलोचना का पुनीत ध्येय है। आलोचना प्रधान रूप से व्याख्यात्मक और निर्णयात्मक ही हो सकती है, यद्यपि व्यावहारिक दृष्टिकोण से दोनों में अधिक भेद नहीं है। हीगेल, कार्लाइल, स्पिनगार्न, कोलरिज, जे. एम. मरी., कैजामियाँ, एडमण्ड विल्सन, पी. ई. मोर, आई. ए. रिचर्ड्स, टी. एस. इलियट आदि यूरोपीय विचारकों ने आलोचना के ध्येय पर अपने-अपने दृष्टिकोण से विचार किया है। किसी का दृष्टिकोण व्याख्यात्मक आलोचना की ओर अधिक हुआ है, तो किसी का निर्णयात्मक आलोचना की ओर।

सरल शब्दों में कहें तो श्रेष्ठ-आलोचक का प्रमुख लक्ष्य रचनाकार के प्रति अपने मन में राग-द्वेष आदि विकृति-विकारों की गाँठ से रहित होकर रचना में निहित मर्म को मुक्त मन से खोलना होता है। वह सर्जना में छिपे कथ्य के अनेक अबूझ छोरों और अबूझ स्थितियों को खोलकर पाठक के सामने पेश करता है। वह अपनी सुसंगत तर्कशीलता, दिलचस्प वाग्वैदग्ध्य, ठोस बिचार-दृष्टि और विनोद भाव से कृति के महत्त्व का बोध कराता है। अनुभव सम्पृक्त जौहरी की तईं अपने सिद्ध जुमलों और अल्फाज से जुड़े मुहावरों की चाशनी से नीरस तथा बेजांन गद्य को भी कशिशपूर्ण (affinity) एवं आकर्षक बना उसमें पाठकीयता का चाव पैदा करता है। ऐसी ही आलोचना समय का मुकम्मल दस्तावेज बनती है, आनन्ददायक और भावरंजक बनती है। सच तो यह है कि आधुनिक रचनाकार को आलोचना से शिकायत रही है कि वह बने-बनाये रूढ़, अकादमिक प्रतिमानों पर नयी सृजनशीलता को परखती है। वह साँचे बनाने की कोशिश करती है; रचना को खण्डित करती है और वर्गीकरणों से उसे सरलीकृत करती है। वह रचना को अपनी शर्तों पर स्वीकारती या खारिज करती है और इस बात को नजरअन्दाज करती है कि इस वृत्ति का अपना विशिष्ट स्वरूप और स्वभाव होता है। शायद इसी वजह से यह नारा दिया गया कि कवि अपनी रचना का श्रेष्ठतम व्याख्याकार है। उसे पाठक से सीधे बात करनी चाहिए और आलोचक नाम के बिचौलिये से कविता की रक्षा करनी चाहिए।[1]

---

1. आठवें दशक की हिन्दी आलोचना में प्रभाकर श्रोत्रिय का लेख,—'सर्जनात्मकता की चिन्ता' पृष्ठ-74, नेशनल पब्लिशिंग हाउस, दिल्ली, मू. 70 रुपये, प्रथम संस्करण-1991 ई.

आलोचक का एक उद्देश्य यह भी होना चाहिए कि उसकी आलोचना में अनावश्यक स्तुति, वन्दना और अभिनन्दन के स्वर न हों अन्यथा यह आलोचना का अपनी सीमा का अतिलंघन (infringement) मान लिया जायेगा। इसके साथ ही भावुकता और जज़्बातीपन कृति को आलोचना से नितान्त असम्बद्ध, हास्यास्पद और ठट्ठा-ठिठोली (ridiculous या ludicrous) का विषय बना देती है। यद्यपि, समीक्षाओं में वैचारिक सहमति और टकराव का होना स्वाभाविक है। आलोचना-दृष्टियों के घात-प्रतिघात से कृतियों की आन्तरिक और बाह्य विचार सत्ता का उद्घाटन होता है। आलोचनाएँ कृति के महत्त्व और वैचारिक गरिमा को रेखांकित करती हैं। सच तो यह है कि समालोचना के अनेक प्रयोजन सम्भव हैं। मुख्य प्रयोजन हैं,–(1) पथ-प्रदर्शन, (2) लोक-रुचि का परिष्कार, (3) अभिशंसन, (4) लेखक तथा जनता की सेवा और (5) अच्छे लेखन के सिद्धान्तों का अन्वेषण तथा प्रयोग। समालोचना का मुख्य उद्देश्य सत्य, लोकमांगल्य (जिसके अन्तर्गत देश, समाज का हित, ज्ञानवृद्धि, सत्यपथ प्रदर्शन एवं अध्ययन-शिक्षणादि भी आ जाते हैं) और सौन्दर्यनिन्द की खोज है। इसके साथ ही समालोचना का लक्ष्य यह भी है कि जिन दोषों से किसी रचना में अरुचिकर एवं अवांछनीय कलुषितता आ जाती है, उनसे रचयिता तथा अन्य जनों को सावधान करा देना, जिससे वह लेखक या वैसा ही कोई अन्य लेखक इन दोषों की पुनरावृत्ति से अपने लेखक को सदोष या आरोचक न बनाये। वस्तुतः आलोचना-साहित्य का उपयोग मुख्यतः दो रूपों में किया जाता है–(1) उसके द्वारा हम थोड़े समय, श्रम और स्थान में **अवसि बाँचिये बाँचन जोगू** ग्रन्थों तथा प्रतिष्ठित ग्रन्थकारों के विषय में यथेष्ट रूप से मार्मिक और भावनात्मक ज्ञान प्राप्त करते हुए अपनी जिज्ञासा तथा लालसा को शान्त कर सकते हैं और (2) जब हमारे लिये स्वाध्याय से मूल जानकारी प्राप्त करना असम्भव या असाध्य-सा ठहरता है, तब वहाँ हम उसके स्थान पर आलोचना-साहित्य से प्राप्त ज्ञान से अपनी उक्त असाध्यता को अंशतः पूरा कर लेते हैं। समालोचक कभी तो हमारा पथ-प्रदर्शक, कभी हमारा मित्र या सहचर और कभी शिक्षक बन जाता है और हमें साहित्य-क्षेत्र में पर्यटन कराकर ज्ञानानन्द प्राप्त करने में रुचि उत्पन्न कराता तथा प्रोत्साहित करता है और स्वाध्याय के पथ पर अग्रसर करता है।[1]

एक सुलझा और साफ दृष्टि-सम्पन्न आलोचक अपने मूल्यांकन के व्यापक पैमाने और तटस्थ चश्मे से किसी कृति को श्रेष्ठ-अश्रेष्ठ घोषित करता है। अपने आलोचकीय विवेक के अनुसार किसी सर्जना की मुकम्मल पड़ताल-पैमाइश अपनी अक्ल और इल्मेलदुन्नी की चलनी से चाल-पछोर कर मूल्यपरक निर्णय देता है। इस तरह वह किसी भी रचना की दुर्बलताओं और विशिष्टताओं को उभारकर पाठक के सामने लाता है। श्रेष्ठ आलोचना साहित्य के एक ही वृत्त पर चक्कर काटनेवाले अनुभव की चकरघिन्नी न बनकर विकासोन्मुख होती है। वस्तुतः समीक्षा का उद्देश्य यही खोज निकालना है कि कवि या लेखक की कल्पना में मनुष्य के हृदय के किस विशेष रूप ने घनीभूत होकर अपने अनन्त वैचित्र्य के प्रकाश को सौन्दर्य द्वारा प्रस्फुटित किया है।[2] कृति के आकलन के समय आलोचक यह प्रयास करता है कि उसकी आलोचना की

1. हिन्दी भाषा और साहित्य–डॉ. किरण बाला, पृष्ठ-269.
2. हिन्दी साहित्य कोश–सं. डॉ. धीरेन्द्र वर्मा, पृष्ठ-95.

ग़तिशीलता भंग-भग्न न हो, उदारता लुप्त न हो और उसकी समीक्षा रचना की महज अनुचरी-टहलुआ न बनकर रह जाये। उत्तम आलोचक का तमाम लक्ष्यों के समूह में एक लक्ष्य यह भी होता है कि रचना और समीक्षा के बीच किसी तरह का अन्तर्विरोध और झोल-झाँग पैदा न हो। आलोचना, रचना से पाठक का साक्षात्कार और पुनरान्वीक्षण कराती है। उसका ध्येय होता है कि वह न सिर्फ रचना से हमारी पहचान घनिष्ठ रूप में करा सके, बल्कि उसे एक से अनेक बार पढ़ने की उत्सुकता-उत्कण्ठा, चाह-चाव, जोश-उत्साह (ardency) भी जगा सके।

यह आलोचना की ही काबिलियत, फन और खूबी है कि आलोचक प्रवर रामचन्द्र शुक्ल ने अपनी आलोचना से तुलसीदास, सूरदास, जायसी की ओर हमारा ध्यान खींचा, उनकी रचनाओं में व्याप्त विविध विशेषताओं को उभार दिया। हजारीप्रसाद द्विवेदी ने कबीर पर फोकस डाला, डॉ. रामविलास शर्मा ने निराला और प्रेमचन्द की तरह अन्य अनेक जनकवियों और ग्रामकवियों को, जिनकी एक लम्बी किन्तु उपेक्षित परम्परा रही है—को अपनी आलोचना में महत्त्वपूर्ण स्थान देकर उनकी अबूझ एवं कठिन-क्लिष्ट कविता के धुन्ध-सम्बन्धी आरोपों को खारिज किया। इसी तरह आलोचक श्री नन्दकिशोर नवल ने बिहार के जनप्रिय कवियों-रामजीवन शर्मा एवं ग्राम कवि श्री रामइकबाल सिंह पर लम्बे आलोचनात्मक लेख लिखकर उन्हें हिन्दी का महत्त्वपूर्ण कवि सिद्ध किया। यह आलोचक की उत्तमता और विशिष्टता (eminence) ही है कि तुलसीदास, सूरदास और प्रेमचन्द की शताब्दियाँ मनायी गयीं, उनकी कृतियों और उनमें निहित रचनात्मक मूल्यों पर खुलकर ठोस, सार्थक और व्यवस्थित बहसें हुईं।

इस तरह कुल मिलाकर आलोचना रचना के मार्मिक स्थलों की पहचान और शिनाख्त करती है। वह रचना की सर्जनात्मक बुनावट और विशिष्टता को यथार्थ तथा भाषा सम्बन्धी अनिवार्य सहजता, द्वन्द्वात्मकता को उजागर करती है। वह रचना की अनुभूति-क्षमता, उसके यथार्थ की सघनता और विस्तार की सार्थकता की पहचान करती है। अनुभवी आलोचक की आलोचना रचना और रचनाकार के साथ न्याय करने के लिये सिर्फ चौखटाबद्ध प्रवृत्तियों और सद्यः ताजा-टटकी प्रकाशित कृतियों तक ही सीमित नहीं रहती है, क्योंकि इससे न तो समीक्षा का कोई मुहावरा उभर पाता है और न आलोचना-पद्धति का ही मानकीकरण हो पाता है। उत्तम कोटि की आलोचना में यह प्रयास किया गया होता है कि उसकी समीक्षा महज वकील के तैयार गवाह की तरह न रह जाये, बल्कि कृति के साथ वह तटस्थता भी बरतती है, क्योंकि वह जानती है कि अगर इसका ध्यान न रखा गया तो उसकी समीक्षा सिर्फ कृति को रस्मी सर्टिफिकेट भर देने की रह जायेगी।

कुल मिलाकर कुशल और आला-अव्वल दर्जे की आलोचना कृति की समझ के लिये जिन औजारों, मानकीकरण और मुहावरों की आवश्यकता होती है, उनका इस्तेमाल करती है। वस्तुतः हर विधा का अपना अनुशासन और मुहावरा होता है, श्रेष्ठ आलोचना इसका ध्यान रखती हुई अपनी आलोचना को धार और खराद देती है और आलोचना विधा को समृद्ध करती है। उत्तम कोटि की आलोचना में शिल्प की सैद्धान्तिक समझ से प्रामाणिक, तलस्पर्शी और तर्कसंगत

विवेचन होता है। वह किसी जोश और उन्माद में किसी कृति की भ्रामक, एकांगी-एकपक्षीय (unilateral) और पूर्वग्रह-भरी व्याख्या प्रस्तुत न कर सन्तुलित दृष्टि और विश्लेषण-क्षमता का पुख्ता परिचय देती है। अपनी आलोचना में वह कृति के अनछुये तथ्यों को उद्घाटित करती है। वह रचना का वैज्ञानिक अध्ययन कर आलोचना का सुस्पष्ट, सुगम और सर्वोत्तम मानदण्ड स्थापित करती है। यही सब उसका महत्त्वपूर्ण लक्ष्य, महत्त्व, उद्देश्य, ध्येय और प्रयोजन होता है।

(10) हिन्दी आलोचना का क्रमिक विकास : उदय की स्थितियाँ और स्वरूप

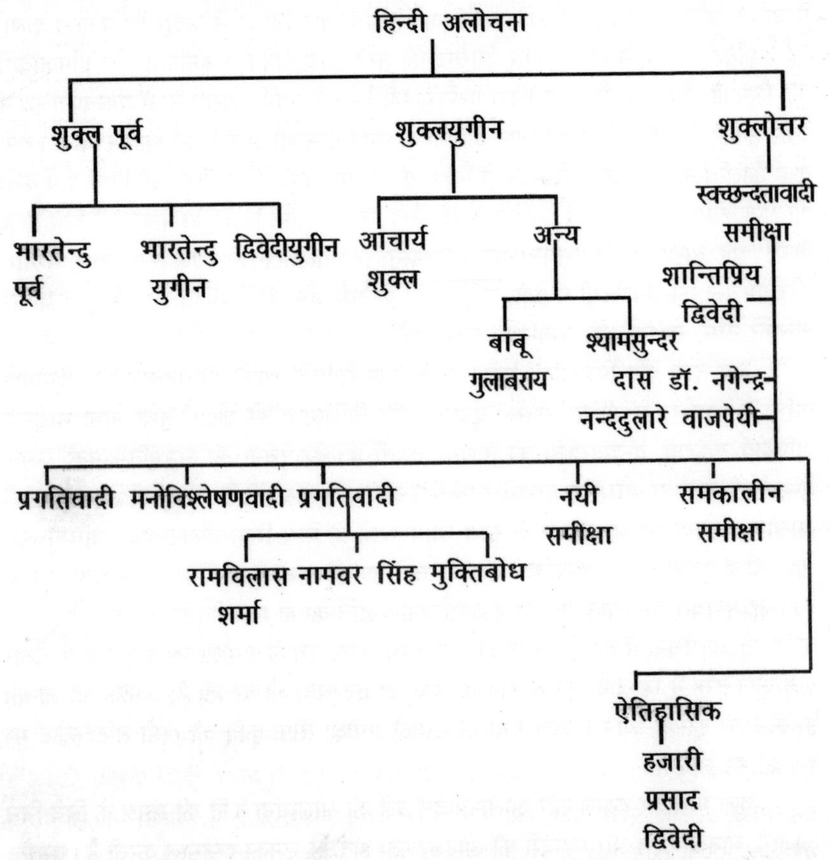

हिन्दी भाषा का उद्‌भव काल, हिन्दी का पहला समाचार-पत्र तथा हिन्दी की पहली कहानी कौन? जैसे सवालों की तरह 'हिन्दी आलोचना के उद्‌भव काल' को लेकर भी विद्वानों में मतैक्य और एका नहीं है। इस सवाल को हल करने की पहलकदमी अनेक विद्वानों ने किया। समय-समय पर सार्थक और विचारोत्तेजक बहसें हुई हैं, लेकिन आज तक यह सवाल मुकम्मल रूप में हल नहीं हो पाया है। अपने स्पष्ट, एक राय तथा सर्वानुमति उत्तर और समाधान की तलाश इसे आज भी उतनी ही है, जितनी कल थी। आज भी यह प्रश्न विवादों और मतान्तरों की खींचतान में उलझा-जकड़ा हुआ है। कुल मिलाकर अब तक कोई कारगार हस्तक्षेप सामने नहीं आ पाया है। सहमति के निश्चित पड़ाव की जगह असहमति की गुंजाइश सदैव बनी रही है। हिन्दी साहित्य का यह प्रश्न 'शिशु सदन' बन तंगनजरी और तंगखयाली का शिकार हो गया है। दरअसल, जो समाधान प्रस्तुत किये गये हैं, वे महज वाचाल नारेबाजी से कुछ अधिक सिद्ध नहीं हुए। उनमें विचार और मत की क्रमछिन्नता निरन्तर बनी रही है। आश्वस्त करनेवाला कोई पुख्ता उत्तर सामने अभी तक नहीं आ पाया है। विद्वानों द्वारा सुझाये गये सभी समाधान दही के थक्के की तरह संशयग्रस्तता में आज भी लभराए-लिपटे हैं, फिर भी इस प्रश्न के समाधान के लिये समय-समय पर तो प्रयास होते ही रहेंगे और सम्प्रति हो भी रहे हैं। बहरहाल, हिन्दी के अधिकांश विद्वान् हिन्दी आलोचना का उद्‌भव काल हिन्दी की अन्य विधाओं की तरह भारतेन्दु युग से मानते हैं, जिसने द्विवेदी युग से होते हुए शुक्ल युग में अपना पुख्ता और कामिल-मुसल्लम आकार ग्रहण किया। इधर, कुछ लोगों ने ब्रजभाषा गद्य में लिखी जानेवाली 'टीका पद्धति की व्याख्या' को भी 'एक प्रकार की आलोचना' माना तो कुछ लोगों ने एक जौ आगे बढ़कर कहा कि संस्कृत साहित्य हिन्दी आलोचना का उपजीव्य और मूल उत्स है, उसमें आलोचना के सैद्धान्तिक और व्यावहारिक पक्ष का तर्कसम्मत निरूपण हुआ है। अतः ऐसी स्थिति में हमारे लिये उत्तम होगा कि सर्वप्रथम संस्कृत साहित्य में हुई कुछ महत्त्वपूर्ण आलोचनाओं-समीक्षाओं को देखें—

आधुनिक हिन्दी आलोचना की आरम्भिक स्थिति

(1) संस्कृत—साहित्य में आलोचना—समीक्षा का स्वरूप

हिन्दी आलोचना शुक्ल-युग की तेज आँच की भट्‌टी और आँवा में पकी ईंट की तरह भले ही ठनकी हो, किन्तु उसको असरदार और स्वस्थ बीज प्राचीन संस्कृत साहित्य में तो पड़ ही गया था। प्राचीन संस्कृत साहित्य में काव्य-सिद्धान्तों के निरूपण का आग्रह मजे में पाया जाता है। ग्रन्थों की टीकाएँ लिखी गयीं, भले ही इनका महत्त्व आज की तुलना में बराये-नाम हो, किन्तु इन समीक्षाओं-टीकाओं में व्यावहारिक समीक्षा का दर्शन आशय होता है। संस्कृत साहित्य में एक बहुत महत्त्वपूर्ण कवि राज आचार्य राजशेखर हुए हैं। 'बालभारत' नाटक के प्रथम अंक में राजशेखर ने स्वयं को महर्षि वाल्मीकि का अवतार माना है। हिन्दी साहित्य कोश के अनुसार भारतवर्ष में राजशेखर ने अपनी 'काव्य-मीमांसा' में समीक्षा या आलोचना का वास्तविक सूत्रपात

किया और औचित्यवादियों ने इसे व्यावहारिक रूप प्रदान किया।[1] राजशेखर ने समीक्षा के महत्त्व को रेखांकित करते हुए उसे **वेद का सातवाँ अंग** माना। इतना ही नहीं, भरत मुनि के पश्चात् जितने महत्त्वपूर्ण आचार्य हुए, उन्हें राजशेखर ने 'तीन कोटियों' में बाँटते हुए लिखा—

त्रिधा शास्त्र कविः। य शास्त्रं विद्यते। पश्यशास्त्रे काव्यं संविद्यते। योऽपिकाव्ये शास्त्रार्थ निधते।[2] उज्जयिनी के सुविख्यात महाकाल महादेव के उपासक जनश्रुति के अनुसार अट्ठारह वर्ष तक निरक्षर भट्टाचार्य, सुप्रसिद्ध ग्रन्थ मेघदूत और अभिज्ञानशाकुन्तलम् के रचयिता कालिदास के सम्बन्ध में एक श्लोक इस प्रकार है—

निर्गतासु न वा कस्य कालिदासस्य सूक्तिषु।
प्रीतिः मधुर सान्द्रासु मञ्जरीष्विजायते॥

इसी प्रकार **कालिदास, भारवि, माघ** और **श्री हर्ष**— इन चारों की तुलनात्मक विशेषताओं का निरूपण करनेवाली निम्न उक्ति भी मिलती है—

उपमा कालिदासस्य भारवैरर्थ गौरवम्।
नैषधे पदलालित्यं माघे सन्तित्रयोगुणः॥

आचार्य शुक्ल ने संस्कृत-समीक्षा-साहित्य के महत्त्व को अपनी पुस्तकों में रेखांकित किया है। डॉ. भगीरथ मिश्र ने भी विभिन्न मतों का अध्ययन-विश्लेषण के बाद यह निचोड़ प्रतिपादित किया है कि नाट्यशास्त्र के प्रणेता नाट्याचार्य 'भरत' ही संस्कृत समीक्षा के प्रथम आचार्य हैं और उनका नाट्यशास्त्र ही प्रथम समीक्षा ग्रन्थ है, क्योंकि आगे के समीक्षाचार्य भी अनेक समीक्षा-सिद्धान्तों की चर्चा अपने ग्रन्थों में करते हैं।[3] मैंने कई सुप्रसिद्ध आलोचकों से पूछा कि संस्कृत साहित्य में संस्कृत ग्रन्थों पर लिखी गयीं—'टीकाएँ' क्या आलोचना और समीक्षा के दायरे में या उसके करीब मानी जा सकती हैं? तब इन विद्वानों ने कहा कि 'समीक्षा' या 'आलोचना' का 'concept' पहले की तुलना में आज बदल गया है। साफ शब्दों में आधुनिक आलोचना, पुरानी आलोचना से अनेक सन्दर्भों में बहुत आगे आ गयी है। अतः ऐसी स्थिति में 'टीकाओं' को पूर्णतः या समग्रता में तो नहीं, किन्तु अंशतः 'समीक्षा' माना जा सकता है।

दरअसल, **टीक्यते गम्यते, ग्रन्थार्थोऽनया**—'टीक् + क + टाप्' = 'टीका' का अर्थ होता है—व्याख्या, भाष्य—**काव्य प्रकाशस्य कृता गृहे-गृहे टीका तथाप्येष तथैव दुर्गमः** तथा **टिप् + क्विप्, टिपा पन्यते स्तूयते — टिप् + पन् + अच + ङीष् पृषो. पात्वं वा** = 'टिप्पणी' का भी अर्थ होता है—'भाष्य' और 'टीका'। कभी-कभी भाष्य पर लिखी गयी 'व्याख्या' के लिये भी इस शब्द का व्यवहार होता है, उदाहरण के लिये महाभाष्य पर कैयट की व्याख्या या टीका अथवा कैयट के भाष्य पर नागोजी भट्ट की टीका या भाष्य। अतः ऐसी स्थिति में कालिदास के 'मेघदूत' पर दक्षिणावर्त और मन्निनाथ द्वारा की गयी टीकाओं और भाष्य को तत्कालीन

1. हिन्दी साहित्य कोश—सं. डॉ. धीरेन्द्र वर्मा, पृष्ठ-732 सन् 2000 ई.
2. काव्य-मीमांसा—सुरेन्द्र देव शास्त्री, पृष्ठ-40, राजशेखर (भाष्य, गंगासागर राय) चौखम्भा, वाराणसी-1954.
3. हिन्दी काव्यशास्त्र का इतिहास—डॉ. भगीरथ मिश्र, पृष्ठ-15, लखनऊ विश्वविद्यालय, लखनऊ सं-2005.

सन्दर्भों में क्या **समीक्षा** माना जा सकता है? यहाँ यह भी ध्यान रखना होगा कि संस्कृत के आचार्यों ने काव्य की समीक्षा के लिये अलंकार, ध्वनि, वक्रोक्ति एवं रीति को सिद्धान्त रूप में स्वीकार किया। कुछ विद्वानों ने आचार्य क्षेमेन्द्र के 'औचित्य' को भी सिद्धान्त माना है। सच तो यह है कि हिन्दी आलोचना के विशाल भवन की आधारशिला संस्कृत साहित्य शास्त्र है। संस्कृत काव्य के रस, अलंकार, रीति, ध्वनि, वक्रोक्ति और औचित्य जैसे काव्यमूल्य प्रकारान्तर से हिन्दी-आलोचना के उपजीव्य बनते गये। हिन्दी के आदिकाल का मूल्यांकन संस्कृत समीक्षा-सिद्धान्तों के आधार पर ही किया जाता रहा। अधिकांश वैष्णव भक्त भी संस्कृत समीक्षा शास्त्र को उपजीव्य बनाकर चले थे, लेकिन वैष्णव आचार्यों ने भक्तिशास्त्र के निरूपण में काव्य शास्त्रीय आधार को तिरस्कृत नहीं किया। जायसी का काव्य संस्कृत समीक्षा सिद्धान्त, सूफी साहित्य की मान्यताओं तथा लोक संस्कृति, साहित्य रूढ़ियों का अद्‌भुत संश्लेष है। सूरदास का मूल्यांकन 'वात्सल्य रस के सम्राट्' और 'शृंगार रस के अपूर्व चितेरे' के रूप में ही होता रहा है। तुलसीदास का 'रामचरितमानस' महाकाव्य के समस्त लक्षणों से युक्त है। दरअसल, ये काव्य-प्रतिमान साहित्य के लिये 'फ्रेम' का काम करते थे, जिसके आधार पर साहित्य को 'फिट' या 'अनफिट' कर दिया जाता था। बहरहाल, यह सच है कि संस्कृत साहित्य के अनेक काव्य-सिद्धान्त सार्वकालिक और सार्वदेशिक महत्त्व के हैं, हम उन्हें नकारकर आगे नहीं बढ़ सकते, लेकिन उनका उपयोग हमें परिवेश के अनुसार नवीन और विकसित रूप में करना होगा। रस, अलंकार, ध्वनि, वक्रोक्ति और रीति आज भी काव्य के एक मानक मूल्य हैं, लेकिन काव्य-विकास के साथ ही इन मूल्यों में भी परिवर्तन हुआ है। यही कारण है कि आज की समीक्षा में कोई भी मूल्य 'स्थायी' तथा आत्मतत्त्वपरक नहीं है।[1] इधर, अध्ययन से पता चलता है कि **प्राकृत** और **अपभ्रंश** में आलोचकीय कार्य शून्य-सिफर रहा। इन दोनों कालों में न तो व्यावहारिक और न तो सैद्धान्तिक समीक्षा प्रणालियों की आहट मिलती है, सो इसका सीधा असर हिन्दी के आदिकाल पर पड़ा। यहाँ भी समीक्षा के उभय पक्षों का पता दूर-दूर तक नहीं लगता है, हाँ, इसकी आंशिक पूर्ति डॉ. त्रिभुवन सिंह के शब्दों में भक्तिकाल और रीतिकाल में हुई है।

(2) भक्तिकालीन समीक्षा-पद्धति का स्वरूप

मध्य युग में हमें कवियों की विशेषताओं का निरूपण करनेवाली, उनका तुलनात्मक प्रदर्शन करनेवाली उक्तियाँ मिलती हैं। चूँकि यह काल पद्य-प्राधान्य काल था, जाहिर है, यहाँ गद्य का महत्त्व लगभग नहीं के बराबर था, सो इस युग में आलोचना पद्य रूप में सूत्रात्मक रूप में ही मिलती है। हम यदि यह कहें कि आधुनिक समीक्षा का वर्तमान स्वरूप मध्ययुगीन आलोचना का विकासात्मक रूप है, तो बहुत अत्युक्ति नहीं होगी। बहरहाल, भक्तिकाल की समीक्षा पद्धति पर टिप्पणी करते हुए बड़े मर्तबे के आलोचक आचार्य नन्ददुलारे वाजपेयी[2] लिखते हैं कि—"वस्तुतः देश और समाज की परिवर्तनशील प्रवृत्तियाँ ही एक ओर साहित्य निर्माण की दिशा का निश्चय करती हैं और दूसरी ओर समीक्षा का स्वरूप निर्धारित करती हैं।"

1. भारतीय तथा पाश्चात्य काव्यशास्त्र—डॉ. अर्चना श्रीवास्तव, पृष्ठ-148, विश्वविद्यालय प्रकाशन चौक, वाराणसी, प्रथम संस्करण—1991 ई. मू. 80 रुपये।
2. हिन्दी साहित्य : बीसवीं शताब्दी-नन्ददुलारे वाजपेयी, पृष्ठ-170.

सच तो यह है कि भक्तिकाल का अधिकांश साहित्य तत्कालीन सामाजिक व्यवस्था और धर्म की जमीन पर खड़ा है। इस काल के कवियों ने युगानुरूप आदर्शों को लेकर चलनेवाली अपनी कविता के विषय में विचार प्रकट किये। तुलसीदास जी ने अपनी रामायण को इसीलिये श्रेष्ठ बताया है–

भनिति भदेस बस्तु भलि बरनी। राम कथा जग मंगल करनी ॥

और भी–

एहि महँ रघुपति नाम उदारा। अति पावन पुरान श्रुति सारा ॥

और भक्ति युग का समीक्षादर्श भी उन्होंने प्रस्तुत किया है–

भनिति बिचित्र सुकबि कृत जोऊ। राम नाम बिनु सोह न सोऊ ॥
बिधुबदनी सब भाँति सँवारी। सोह न बसन बिना बर नारी ॥
सब गुन रहित कुकबि कृत बानी। राम नाम जस अंकित जानी ॥

और इसी समीक्षा दर्श के बल पर ही तो तुलसीदास ने रामचरितमानस लिखने का साहस किया। अन्यथा वे अपनी साहित्यिक अनभिज्ञता का संकेत इन पंक्तियों में पहले ही कर चुके थे–

कबि न होउँ नहिं बचन प्रबीनू। सकल कला सब बिद्या हीनू ॥
आखर अरथ अलंकृति नाना। छंद प्रबंध अनेक बिधाना ॥
भाव भेद रस भेद अपारा। कबित दोष गुन बिबिध प्रकारा ॥
कबित बिबेक एक नहिं मोरें। सत्य कहउँ लिखि कागद कोरें ॥

वस्तुतः गोस्वामी जी ने साहित्य-रचना के जो आदर्श प्रयोजन-लक्ष्य बताया है, वह साहित्य-समीक्षा के ही आदर्श हैं। उन्होंने अपने पवित्र ग्रन्थ रामचरितमानस के शुरू में ही यह कहा था–

नानापुराणनिगमागमसम्मतं यद् रामायणे निगदितं क्वचिदन्यतोऽपि।
स्वान्तःसुखाय तुलसी रघुनाथगाथा-भाषानिबन्धमतिमञ्जुलमातनोति ॥[1]

इतना ही नहीं, उन्होंने काव्य के उचित मानदण्ड का उल्लेख इस प्रकार एक स्थल पर किया है–

तैसेहिं सुकबि कवित बुध कहहीं। उपजहिं अनत अनत छबि लहहीं ॥
जो प्रबंध बुध नहिं आदरहीं। सो श्रम बादि बाल कबि करहीं ॥[2]

कुछ विद्वान् **नाभादास को हिन्दी का प्रथम समालोचक मानते हैं**। ये लोग हिन्दी आलोचना का प्रादुर्भाव नाभादास के 'भक्तमाल' में देखते हैं। आचार्य शुक्ल[3] ने नाभादास और उनके 'भक्तमाल' का परिचय इन शब्दों में कराया है–"ये अग्रदास जी के शिष्य, बड़ेभक्त तथा साधुसेवी थे। ये संवत् 1657 के लगभग वर्तमान थे और गोस्वामी तुलसीदास जी की मृत्यु के पीछे तक जीवित थे। इनका प्रसिद्ध ग्रन्थ 'भक्तमाल सं. 1642 के पीछे बना और सं. 1769

1. रामचरितमानस–गोस्वामी तुलसीदास, पृष्ठ-18, गीता प्रेस, गोरखपुर।
2. रामचरितमानस–गोस्वामी तुलसीदास, पृष्ठ-25, गीता प्रेस, गोरखपुर।
3. हिन्दी साहित्य का इतिहास–आचार्य रामचन्द्र शुक्ल, पृष्ठ-105, नागरी प्रचारिणी सभा, काशी।

में प्रियादास जी ने उसकी टीका लिखी। इस ग्रन्थ में 200 भक्तों के चमत्कारपूर्ण चरित्र 316 छप्पयों में लिखे गये हैं। इन चरित्रों में पूर्ण जीवन वृत्त नहीं है, केवल भक्ति की महिमासूचक बातें दी गयी हैं।" नाभादास जी ने कवियों की काव्य-कला की प्रशंसा तो की ही है, उनके पदों में व्याप्त सर्वजन हिताय और लोक मंगल की भावना को भी रेखांकित किया है। नाभादास जी ने सूरदास के सम्बन्ध में एक छप्पय लिखा। इस छप्पय में उन्होंने उनके पदों में अन्तर्भुक्त भाव और कलापक्ष की खूबसूरती को इस प्रकार उकेरा है–

उक्ति चोज अनुप्रास वरन् – अस्थिति अतिभारी।
वचन प्रीति निर्वाह अर्थ अद्भुत तुकधारी ॥
प्रतिबिंबित दिवि दिष्टि, हृदय हरिलीला भासी।
जनम करम गुनरूप सब रसना परकासी ॥
विमल बुद्धि गुन और की जो यह गुन श्रवननि धरै।
सूर-कवित्त सुनि कौन कवि जो नहिं सिर चालन करै ॥

नाभादास जी ने गोस्वामी जी की रामभक्ति पूर्ण रचनाओं का महत्त्व अधोलिखित छप्पय में व्यक्त किया–

त्रेता काव्य-निबंध करि सत कोट रमायन।
इक अक्षर उच्चरे ब्रह्मरत्यादि-परायन ॥
अबभक्तन सुखदैन बहुरि लीला विस्तारी।
रामचरन रस मत्त रहत अहिनिसि व्रतधारी।
संसार अपार के पार को सुगम रूप नौका लियो।
कलि कुटिल जीव निस्तार-हित बालमीकि तुलसी भयो ॥

नाभा जी ने अष्टछाप के प्रसिद्ध कवि कृष्णदास की कविता के सम्बन्ध में इस प्रकार लिखा है–

बानी बंदित विदुष सुजस गोपाल अलंकृत।
ब्रजरज अति आराध्य वहैधारी सर्वसु चित ॥

इस तरह कुल मिलाकर यह कि **नाभादास जी** हिन्दी के प्रथम समालोचक हैं और सुप्रसिद्ध ग्रन्थ **भक्तमाल** हिन्दी का पहला आलोचनात्मक ग्रन्थ।

(३) रीतिकालीन हिन्दी आलोचना

रीतिकालीन समीक्षा प्रणाली संस्कृत आचार्यों की ऋणी है। उसे पूर्ववर्ती परम्परा से कुछ नहीं मिला, अतः उसे संस्कृत के लक्षण ग्रन्थों की ओर उन्मुख होना पड़ा। संस्कृत की काव्य शास्त्रीय परम्परा पर्याप्त समृद्ध थी। कवियों ने उसके आधार पर मौलिक आलोचना पद्धति का निर्माण तो नहीं किया, फिर भी अपने आचार्यत्व का प्रदर्शन करने का उनको अवसर मिल गया। संस्कृत साहित्य में आचार्य अथवा लक्षणकार और कवि भिन्न थे पर हिन्दी रीतिकारों में अभेद स्थापित हुआ। लक्षण और उदाहरण प्रस्तुत करने का कार्य यहाँ एक ही व्यक्ति को करना पड़ा

अतः वह एक साथ ही कवि और आचार्य बन बैठा। कुछ कवियों ने केवल लक्षण ग्रन्थ ही रचे और कुछ ने उदाहरण भी दिये, फिर भी इस काल की दृष्टि पिष्टपेषण प्रधान रही। इससे केवल एक लाभ हुआ। संस्कृत काव्य शास्त्र की प्रमुख सामग्री हिन्दी के ग्रन्थों में आ गयी और उसे समझाने का सूत्र भी मिला। इस तरह के काल की पुनरावृत्ति प्रायः विश्व के हर साहित्य में हुई है, जहाँ चिन्तक अतीतजीवी बनकर रह गया है। इस तरह के काल से उससे अधिक अपेक्षा भी तो नहीं की जा सकती।[1]

वस्तुतः इस काल में रीति को लक्षण ग्रन्थों का पर्याय स्वीकार किया गया। इन लक्षण ग्रन्थों का मूल स्रोत या उत्स संस्कृत काव्य शास्त्र था। इस काल के कवि अलग-अलग सम्प्रदायों को मानने और पोषण करनेवाले थे। उदाहरण के लिये कुलपति मिश्र, सोमनाथ और भिखारीदास तथा श्रीपति आदि ध्वनि तथा रस सिद्धान्त को माननेवाले थे तो केशव, दूलह तथा जसवन्त सिंह आदि आचार्य, 'अलंकार सम्प्रदाय' में आस्था रखते थे। इसी तरह रसलीन चिन्तामणि, मतिराम, देव तथा प्रवीन आदि रस-सम्प्रदाय को उभार देनेवाले आचार्य थे। खुलासा यह कि रीतिकालीन आलोचना पूर्णतया संस्कृत काव्यशास्त्र पर आधारित है। संवत् 1707 विक्रमी में चिन्तामणि त्रिपाठी ने 'कविकुलकल्पतरु' की रचना की। इसमें संस्कृत के दशरूपक, काव्य प्रकाश तथा साहित्यदर्पण का आधार लिया गया। हिन्दी आचार्यों में चिन्तामणि, देव, मतिराम, वेनी, प्रवीन और रसलीन का झुकाव 'रस सिद्धान्त' की ओर था, केशवदास की ख्याति अलंकारवादी के रूप में हुई। कुलपति मिश्र, सोमनाथ, भिखारीदास तथा श्रीपति ने 'रसध्वनि' को उत्तम काव्य की संज्ञा दी। एक अन्तर जरूर आया कि—वक्रोक्ति-सिद्धान्त का अन्तर्भाव वक्रोक्ति अलंकार में किया गया। यह भी विडम्बना ही रही कि लगभग 200 वर्षों तक चलनेवाली इस परम्परा ने न ही संस्कृत काव्य मूल्यों का विकास किया और न ही किसी मौलिक सिद्धान्त की स्थापना ही की।[2]

आचार्य शुक्ल इस बात की पुष्टि अपने हिन्दी साहित्य के इतिहास में इस प्रकार करते लिखते हैं—आचार्यत्व के लिये जिस सूक्ष्म विवेचन और पर्यावलोचन-शक्ति की अपेक्षा होती है, उसका इस काल में विकास नहीं हुआ। कवि लोग दोहे में अपर्याप्त लक्षण देकर अपने कवि-कर्म में प्रवृत्त हो जाते थे। काव्यांगों का विस्तृत विवेचन तर्क द्वारा खण्डन-मण्डन, नये-नये सिद्धान्तों का प्रतिपादन आदि कुछ भी न हुआ। इसका कारण यह भी था कि उस समय गद्य का विकास नहीं हुआ था, जो कुछ लिखा जाता था, वह पद्य में ही लिखा जाता था। पद्य में किसी बात की मीमांसी या उस पर तर्क-वितर्क नहीं हो सकता। इस अवस्था में चन्द्रालोक की यह पद्धति ही सुगम दिखायी पड़ी कि एक श्लोक या एक चरण में ही लक्षण कहकर छुट्टी ले ली।"[3] इस बात का समर्थन डॉ. विश्वनाथ त्रिपाठी[4] भी करते हैं—"रीतिकालीन काव्यशास्त्रीय विवेचना में सूक्ष्म विवेचन और पर्यावलोचन का अभाव है, उसमें नये सिद्धान्तों का प्रतिपादन नहीं हुआ।"

1. हिन्दी साहित्य : एक परिचय—डॉ. त्रिभुवन सिंह, पृष्ठ—254, हिन्दी प्रचारक संस्थान, वाराणसी, 1974.
2. भारतीय पाश्चात्य काव्यशास्त्र—डॉ. अर्चना श्रीवास्तव, पृष्ठ-18.
3. हिन्दी साहित्य का इतिहास—रामचन्द्र शुक्ल, पृष्ठ-234, नागरी प्रचारिणी सभा, काशी-1984.
4. हिन्दी आलोचना—डॉ. विश्वनाथ त्रिपाठी, पृष्ठ-16, राजकमल प्रकाशन, नयी दिल्ली, 1999 ई.

इधर, डॉ. जयकिशन प्रसाद खण्डेलवाल[1] कहते हैं कि शृंगार काल में युगानुरूप साहित्यिक रचनाएँ हुईं और समीक्षादर्श भी बदला। अब 'रीति'—रस, अलंकार, नायिका भेद आदि को आधार बनाकर काव्य चला और इसीलिये अलंकारवादी आचार्य केशवदास ने अलंकारों को ही काव्य का सर्वोत्तम गुण मानकर इतर काव्य को हीन कोटि का माना, उनके अनुसार काव्य—

जदपि सुजाति सुलच्छनी, सुबरन सरस सुवृत्त।
भूषन बिनु न बिराजई, कविता बनिता मित्त ॥

शृंगार काल में ही एक स्वच्छन्द धारा प्रवाहित हो रही थी और इस धारा में 'रीतिकाल' का आधार लेकर चलनेवाली कविता को अभ्यास की कविता (निकृष्ट कोटि की) माना है। स्वच्छन्द धारा के उन्मुक्त प्रेम के पपीहे कवि हृदयपक्ष की पूर्णता को महत्त्व देते हैं। अतः ठाकुर कवि ने अभ्यासी (रीतिवादी) कवियों की खिल्ली उड़ायी है।

मध्य युग के अन्तिम समय में रीतिमुक्त स्वच्छन्दवादी घनानन्द के कवित्तों का संग्रह करनेवाले ब्रजनाथ जी ने भी घनानन्द के सच्चे आलोचक के गुणों का निरूपण करते हुए उनकी कविता के भाव और कलापक्ष के सौन्दर्य का उद्घाटन इन दो सवैयों में बड़ी मार्मिकता के साथ किया—

नेही महा, ब्रजभाषा प्रबीन और सुन्दरतानि के भेद को जाने।
जोग-वियोग की रीति मैं कोंबिद, भावना-भेद को स्वरूप को ठानै ॥
चाह के रंग में भीज्यौ हियो, बिछुरें-मिलें प्रीतम सांति न मानै।
भाषा-प्रवीन, सुछन्द सदा रहै, सो घन जी के कवित्त बखानै ॥

प्रेम सदा अति ऊँचो लहै सु कहै, इहि भाँति की बात छकी।
सुनि के सब के मन लालच दौरे, पै बौरे लखें सब बुद्धि चकी ॥
जग की कविताई के धोखें रहें, ह्या प्रबीनन की मति जाति जकी।
समुझै कविता घनआनन्द की, हिय-आँखिन नेह की पीर तकी ॥

उपर्युक्त सवैयों में ब्रजनाथ जी ने घनानन्द के भाव और कलापक्ष की विशेषताओं का सूक्ति रूप में, किन्तु मार्मिकता से उद्घाटन किया है। उनकी कविता में स्नेह का अपार भण्डार, भाषा का सौन्दर्य, सौन्दर्य के अनेक भेद, संयोग और वियोग की विविध रूपी सूक्ष्माति-सूक्ष्म भावनाओं का चित्रण, प्रेम के रंग में रंगे हुए हृदय और बिछुड़ना और मिलन—दोनों में अशान्ति (व्याकुलता) का अनुभव सुन्दर छन्दों में वर्णित है। कहने की मंशा यह कि **इस युग में हिन्दी आलोचना सूक्ति एवं पद्य रूप में ही थी।**

यदि तथ्यों का दुहराव न हो तो कह सकते हैं कि रीतिकाल में संस्कृत के काव्यशास्त्रीय ग्रन्थों से प्रेरणा लेकर केशवदास, चिन्तामणि, मतिराम, कुलपति मिश्र, भिखारीदास आदि अनेक आचार्य-कवियों ने रस, छन्द, अलंकार, रीति, शब्दशक्ति और नायक-नायिका भेद से सम्बन्धित अनेक लक्षण-ग्रन्थों की रचना की, किन्तु इनसे सिद्धान्त-निरूपण से आगे बढ़कर व्यावहारिक

1. हिन्दी साहित्य की प्रवृत्तियाँ—डॉ. जयकिशन प्रसाद खण्डेलवाल, पृष्ठ-807, सन् 1981 ई.।

समीक्षा का मार्ग प्रशस्त नहीं हुआ। इसका एक बड़ा कारण यह था कि उस समय तक गद्य का विकास नहीं हुआ था। सारी बातें पद्य में लिखी जाती थीं। पद्य में किसी बात पर तर्क-वितर्क करना, उसका सम्यक् मूल्यांकन और विश्लेषण करना सम्भव नहीं था, इसलिये व्यावहारिक आलोचना का मार्ग प्रशस्त न हो सका।[1]

डॉ. रामचन्द्र तिवारी[2] का यह कथन ध्यान देने योग्य है कि लगभग दो सौ वर्षों तक निरन्तर सिद्धान्त-निरूपण में लीन रहने पर भी हिन्दी के आचार्य न तो किसी मौलिक सिद्धान्त की स्थापना कर सके और न संस्कृत के सिद्धान्तों को ही विकसित कर सके। रीतिकाल में व्यावहारिक आलोचना का रूप संस्कृत की सूत्र शैली के रूप में ही प्रचलित रहा—वह भी पद्य में ही। इस काल में कवियों की विशेषताओं को सूत्र-रूप में व्यक्त करने की पद्धति क्षीण रूप में प्रचलित थी, जैसे बिहारी के दोहों से सम्बन्धित यह उक्ति—

सतसइया के दोहरे ज्यों नावक के तीर।
देखन में छोटे लगे, घाव करें गम्भीर ॥

कभी-कभी कवियों की पारस्परिक तुलना भी की गयी—

सूर-सूर तुलसी-ससी, उड्गन केशवदास।
अब के कवि खद्योत सम, जहँ तहँ करत प्रकास ॥

आलोचना का यह स्फुट रूप, गहन-चिन्तन, मनन और विश्लेषण से शून्य था। इसमें प्रभावात्मक अभिव्यक्ति और प्रशंसात्मक मूल्यांकन की प्रधानता थी। खण्डन-मण्डन की इस शैली में साहित्य का न तो मूल्यांकन सम्भव था, न उसका रसास्वादन।

दरअसल, हिन्दी आलोचना का उदय मूलतः काव्य के गुण-दोषों के विवेचन के लिये हुआ था और रीतिकाल के अन्त तक लक्षण ग्रन्थों के रूप में रस, अलंकार, छन्द आदि के विवेचन तक ही सीमित रहा। उक्तियों में कवियों की व्याख्यात्मक विवेचना का सर्वथा अभाव था। विभिन्न टीकाओं के रूप में प्राप्त तत्कालीन आलोचनाएँ संकीर्ण और सीमित दृष्टिकोण से युक्त थीं। हाँ, अपवादस्वरूप कुछ लोग मानते हैं कि इस काल में महज सरदार कवि की ही एक ऐसी रचना 'मानस रहस्य' पायी जाती है, जिसमें प्रयोगात्मक समीक्षा और सैद्धान्तिक समीक्षा के बीच सन्तुलन सधा मिलता है।

(4) भारतेन्दुयुगीन हिन्दी आलोचना : आधुनिक हिन्दी आलोचना का सूत्रपात

भारतेन्दु हरिश्चन्द्र नवजागरण से जुड़े थे। हिन्दी जाति और भारतीय नवजागरण का यह दुर्भाग्य था कि वे महज 35 वर्ष की अल्पायु में ही चल बसे। आज हमारे सामने हिन्दीसाहित्य का जो विराट् और बहुमुखी रूप मौजूद है, उसे बनाने में भारतेन्दु का योगदान एक युग-प्रवर्त्तक से कम नहीं है। वे मात्र आधुनिक हिन्दी साहित्य के निर्माता ही नहीं थे, बल्कि हिन्दी-साहित्य को राष्ट्रीय भावचेतना के साथ अविभाज्य रूप से जोड़ने में उनकी भूमिका युगान्तकारी रही। सन् 1985 का वर्ष उनके निधनशती का वर्ष था। आचार्य रामचन्द्र शुक्ल ने आधुनिक हिन्दी

---

1. उ.प्र. राजर्षि टण्डन मुक्त विश्वविद्यालय की नोटबुक, षष्ठ खण्ड, इलाहाबाद, मार्च-2003 ई.।
2. हिन्दी आलोचना शिखरों का साक्षात्कार—डॉ. रामचन्द्र तिवारी, पृष्ठ-114।

को **भारतेन्दु की प्रभा का स्मारक** कहा था। भारतेन्दु के योगदान को लक्षित करते हुए शुक्ल जी ने कहा था कि भारतेन्दु ने हिन्दी जाति को उस समय सँभाला, जब उसका नाता चिरपोषित साहित्य से टूटने पर था। किसी जाति का साहित्य जब बराबर चलता है, तभी जीवित रह सकता है। भारतेन्दु ने हमारे साहित्य को उस वियोग से बचाया, जो साहित्य और जीवन के मेल में न होने से पड़ सकता था। वस्तुतः भारतेन्दु अपनी सीमाओं में एक साहित्यिक-प्रतिनिधि हैं, जो वृहत्तर सांस्कृतिक लोकजागरण का सहयोगी अथवा सहजीवी है। भारतेन्दु सांस्कृतिक सुधारवादी पुनरुत्थान के अनुयायी भर नहीं थे, वे एक नये प्रकार के ठेठ देशी लोक-जागरण की नींव भी रख रहे थे। सच तो यह है कि भारतेन्दु हरिश्चन्द्र हिन्दी साहित्य में आधुनिक युग का सूत्रपात करनेवाले अग्रणी साहित्यकार हैं। उनके साहित्य में तत्कालीन भारतीय समाज, भारतीय जीवन का पीड़ा, देशचिन्ता, समाज-सुधार की तत्परता और सर्वतोमुखी प्रगति की बलवती आकांक्षा साहित्य के विविध रूपों में अभिव्यक्त हुई है। उनके साहित्य में आधुनिक हिन्दी की विविध शैलियाँ प्रचुर मात्रा में दिखायी पड़ती हैं।

दरअसल, भारतेन्दु काल हिन्दी साहित्य का पुनर्जागरण काल है। हिन्दी साहित्य में आधुनिक काल का उदय भारतेन्दु के आने से हुआ। कहते हैं,—"जागरण का पहला लक्षण आँखों का खुलना होता है। यथार्थ-बोध जाग्रत व्यक्ति का सर्वाधिक महत्त्वपूर्ण लक्षण है। यही यथार्थ-बोध उस साहित्य की विशेषता है, जिसे हम 'आधुनिक' कहते हैं।" आधुनिक दृष्टिबोध ने साहित्य की सभी विधाओं और अंगों को प्रभावित किया। आधुनिकता से वैचारिकता आती है और वैचारिकता से 'आलोचना' जन्म लेती है। भारतेन्दु युग में गद्य के अन्य अंगों के साथ-साथ, 'आलोचना' भी नया रूप धारण कर आगे बढ़ी। उसके स्वरूप और प्रकार में नये तत्त्वों का समावेश हुआ। साहित्यिक विवेचना में बौद्धिकता की प्रधानता हो गयी। उपन्यास कहानी, निबन्ध, नाटक आदि के प्रचार के साथ-साथ उनकी आलोचनाएँ भी होने लगीं। इस नवीन आलोचना के विकास में तत्कालीन पत्र-पत्रिकाओं का पूर्ण योगदान रहा। इनमें प्रायः कुछ नोट समालोचना के नाम से प्रकाशित होते थे। इस समीक्षा के प्रवर्तकों में भारतेन्दु, प्रेमघन, बालकृष्ण भट्ट, श्री निवासदास, बालमुकुन्द गुप्त, प्रतापनारायण मिश्र, गंगा प्रसाद अग्निहोत्री आदि प्रसिद्ध हैं। 'आनन्द कादम्बिनी' मासिक पत्रिका के द्वारा प्रेमघन ने पुस्तकों की विस्तृत तथा गम्भीर आलोचना प्रारम्भ की। इन्होंने श्री निवासदास के 'संयोगिता स्वयंवर' नाटक की बड़ी विशद और कड़ी आलोचना लिखी। यद्यपि इस काल में आलोचना का आरम्भ तो हो गया, किन्तु उसमें वैज्ञानिकता का सर्वथा अभाव था, जिसकी चर्चा आगे अवकाश मिलने पर की जायेगी। इस काल में प्रायः लेखक के गुण-दोष विवेचन तक ही उसका उद्देश्य पूर्ण हो जाता था। यह स्मरणीय है कि इस काल में आलोचना पत्र-पत्रिकाओं में ही निकलती रही, पुस्तक के रूप में वह न निकल सकी। खुलासा यह कि भारतेन्दु युग में आधुनिक आलोचना बीज रूप में उस काल की पत्र-पत्रिकाओं में प्रकाशित पुस्तक समीक्षाओं में है। आधुनिक आलोचना का प्रारम्भ, साफ शब्दों में—भारतेन्दु युग में पत्र-पत्रिकाओं में ही हुआ। मशहूर समालोचक डॉ. रामस्वरूप चतुर्वेदी भारतेन्दु की आलोचना दृष्टि को बहुत निष्पक्ष मानते हैं—"आलोचना का

उदय भारतेन्दु के निबन्ध, 'नाटक' (1883) के माध्यम से होता है, जहाँ नाटक का शास्त्रीय विवेचन और संक्षिप्त इतिहास प्रायः 60 पृष्ठों में दिया गया है। यहाँ केवल इतिवृत्ति ही नहीं, नयी और साहसिक आलोचना दृष्टि है"।[1] पत्र-पत्रिकाओं में 'हिन्दी-प्रदीप' में गम्भीर आलोचनाएँ प्रकाशित होती थीं। इस युग में लिखित आलोचना मुख्य रूप से तीन प्रकार की थीं—

(1) रीतिकालीन लक्षण-ग्रन्थों की परम्परा में लिखित सैद्धान्तिक आलोचना,

(2) ब्रजभाषा एवं खड़ी बोली गद्य में लिखी गई टीकाओं के रूप में प्रचलित आलोचना तथा

(3) इतिहास ग्रन्थों में कवि परिचय के रूप में लिखी गयी आलोचना।[2]

बहरहाल, 'हिन्दी प्रदीप', के अतिरिक्त 'हरिश्चन्द्र मैगजीन', 'हरिश्चन्द्र चन्द्रिका', 'भारत मित्र', 'सार सुधानिधि', 'ब्राह्मण' आदि पत्रिकाओं में विविध विषयों पर लिखित लेखों और टिप्पणियों में आलोचना-दृष्टि प्रचुर-प्रभूत विकसित हुई। बदरीनारायण चौधरी 'प्रेमघन' ने श्री निवासदास कृत 'संयोगिता स्वयंवर' और गदाधर सिंह कृत 'बंग विजेता' के हिन्दी अनुवाद की आलोचना 'आनन्द कादम्बिनी' में की। उन्होंने 'नील देवी', 'परीक्षा गुरु' और 'एकान्तवासी योगी' आदि ग्रन्थों की आलोचनाएँ लिखीं। वस्तुतः हिन्दी को स्वच्छता, भावात्मकता, सरलता, मधुरता और स्वाभाविकता प्रदान की भारतेन्दु ने, गम्भीरता, अभिव्यञ्जना, विविध रूपता, विचार-सम्पन्नता की भट्ट जी ने और उसमें चंचलता, स्फूर्ति, विनोदप्रियता, सामान्य ग्रामीणता और सुबोधता भरी प्रतापनारायण मिश्र ने। इन तीनों गद्यकारों की भाषा में अलंकार-आडम्बर, विधान-दुरूहता और प्रकाशन-अस्पष्टता न थी। उसका स्वाभाविक स्वरूप स्थिर हो चला। 'प्रेमघन' अपनी पृथक् विलक्षण शैली लेकर हिन्दी में आये। 'भारतेन्दु-युग' के वह प्रमुख लेखक और पत्रकार हैं; पर उनकी भाषा का आदर्श है—अपना अलग विलक्षण रूप।[3] बहरहाल, प्रेमघन जी को आधुनिक हिन्दी आलोचना का प्रवर्तक माना गया है। इन्होंने 'आनन्द कादम्बिनी' और 'नागरी नीरद' के माध्यम से समीक्षात्मक लेख प्रस्तुत किया। नाटक के सम्बन्ध में इनके विचार आनन्द कादम्बिनी के अंक 4-5 सं. 1938 में छपे। आपने पुस्तकों की परिचयात्मक समीक्षाएँ भी लिखी हैं। सच तो यह है कि भारतेन्दु युग में आधुनिक आलोचना का रूप यदि कहीं बीज रूप में सुरक्षित है तो पत्र-पत्रिकाओं में प्रकाशित पुस्तक-समीक्षाओं में ही है। इस क्रम में प्रेमघन जी का नाम पहले आता है। इसके बाद बालकृष्ण भट्ट और बालमुकुन्द गुप्त ने इस परम्परा को आगे बढ़ाया। भट्ट जी की 'नील देवी', 'परीक्षा गुरु', 'संयोगिता स्वयंवर' और 'एकान्तवादी योगी' आदि ग्रन्थों की समीक्षाएँ तत्कालीन समीक्षा साहित्य में महत्त्वपूर्ण स्थान रखती है।"[4] इधर, भारतेन्दु ने नाटकों पर विचार करते इस प्रश्न को जोरदार तरीके से उठाया था कि नाटक का स्वरूप कैसा होना चाहिए। भट्ट जी ने श्रीधर पाठक द्वारा अनूदित गोल्ड स्मिथ की कृति 'हरमिट' की समालोचना 'हिन्दी प्रदीप' में की थी।

---

1. हिन्दी साहित्य और संवेदना का विकास—डॉ. रामस्वरूप चतुर्वेदी, पृष्ठ-169, लोकभारती, इलाहाबाद।
2. हिन्दी आलोचना : शिखरों का साक्षात्कार—डॉ. रामचन्द्र तिवारी, पृष्ठ-19, लोकभारती, इलाहाबाद।
3. हिन्दी निबन्धकार डॉ. जयनाथ नलिन, पृष्ठ- 80, आत्माराम ऐण्ड सन्स, दिल्ली, सन्-1964 ई.।
4. हिन्दी आलोचना—डॉ. विश्वनाथ त्रिपाठी, पृष्ठ-20, राजकमल प्रकाशन, दिल्ली सन्—1999 ई.।

भट्ट जी को हिन्दी का **'मौनतेङ्ग'** कहा जाता है, यद्यपि श्यामसुन्दर दास ने प्रताप नारायण मिश्र को हिन्दी का मानतेङ्ग माना था। वस्तुतः ऐतिहासिक रूप में भी बालकृष्ण भट्ट हिन्दी के प्रथम निबन्धकार हैं और विषय की विविधता की दृष्टि से उनकी रचनाएँ अपने युग की सर्वश्रेष्ठ हैं। बताते हैं, भारतेन्दु जी यदि सोने के पालने में झूलते थे, तो भट्ट जी मुफलिसी और आर्थिक अभावग्रस्तता से जूझते थे। भारतेन्दु के बाद भट्ट जी हिन्दी के सबसे बड़े पैरोकार और साहित्य स्रष्टा हैं। इस काल में पत्रकारिता और आलोचना दोनों मित्रभाव से एक साथ विकास के सोपान-पायदान पर आगे बढ़ते गये। बालमुकुन्द गुप्त ने 'हिन्दी बंगवासी' में 'अश्रुमती' नामक बाँग्ला नाटक के हिन्दी अनुवाद (मुन्शी उदित नारायण कृत) की व्यांख्यात्मक आलोचना की। बक़ौल डॉ. नलिन, गुप्त जी, सजग और निष्कम्प लौ मस्तक पर धरे, दो युगों के दुराहे पर जलते हुए दीपक हैं। आप भारतेन्दु और द्विवेदी युग की कड़ी हैं। इनके निबन्धों में प्राण भारतेन्दु युग के हैं, शरीर द्विवेदी युग का। इस तरह गुप्त जी भारतेन्दु युग के अन्तिम आलोचक कहे जा सकते हैं। भारतेन्दु युग से पहले रीतिकालीन आलोचना पद्यबद्ध, एकांगी और संकीर्ण लक्षण-ग्रन्थीय आलोचना थी। पिंगल, अलंकार, रस, नाटक तथा सम्पूर्ण काव्य शास्त्र पर लक्षण ग्रन्थों की रचना की जा रही थी। भारतेन्दु के आते ही आलोचना के क्षेत्र में युगान्तर परिवर्तन हुआ। भारतेन्दु मण्डल के लेखक एक साथ ही साहित्यकार, सर्जक, पत्रकार, आलोचक, नाटककार, एकांकीकार, निबन्धकार और सामाजिक कार्यकर्त्ता भी थे। आलोचना की पृष्ठभूमि का कार्य भारतेन्दु युग में ही हुआ। अन्त में यह कि भारतेन्दु युग ही हिन्दी आलोचना का उदयकाल है। इस काल में 'रसिक प्रिया', 'कविप्रिया' और 'बिहारी सतसई' की टीकाएँ बहुत अधिक लोकप्रिय हुईं। लल्लूलाल जी की टीका 'लालचन्द्रिका' (1819) और प्रभुदयाल पाण्डेय की बिहारी सतसई पर टीका (1896) बहुत सराही गयी। इसीलिये टीका-पद्धति की व्याख्या को भी **एक प्रकार की आलोचना** कहा जा सकता है।

(5) द्विवेदी युगीन हिन्दी आलोचना

आचार्य महावीरप्रसाद द्विवेदी हिन्दी नवजागरण के महत्त्वपूर्ण स्तम्भ हैं। भाषा और साहित्य के स्वरूप-निर्धारण-परिमार्जन और निर्माण के प्रेरक आचार्यों में आचार्य महावीरप्रसाद द्विवेदी का योग अप्रतिम और लोकोत्तर है। आचार्य-द्विवेदी का अध्ययन मात्र व्यक्ति के साहित्य का अध्ययन न होकर एक युग का अध्ययन है—इसलिये अधिक उपयोगी है। वस्तुतः महावीरप्रसाद द्विवेदी युग हिन्दी गद्य-साहित्य के विकास का द्वितीय चरण तथा कविता के विकास का प्रथम चरण है। भारतीय नवजागरण की उपज के रूप में द्विवेदी युग का खासा महत्त्व है। खड़ी बोली आन्दोलन ने इस दौर में पूर्णत्व को प्राप्त किया तथा ब्रजभाषा काव्य-रचना से पूरी तरह मोहभंग हुआ। हिन्दी आलोचना के साथ पत्रकारिता का भी इस दौर में अभूतपूर्व विकास हुआ। आधुनिक हिन्दी साहित्य के विकास की एक मजबूत नींव द्विवेदी युग में ही पड़ी।

वस्तुतः आचार्य महावीरप्रसाद द्विवेदी ने हिन्दी गद्य को नया संस्कार दिया। उन्होंने हिन्दी की वाक्य की संरचना और शब्द-प्रयोगों को नये साँचों में ढालकर भाषा में एकरूपता पैदा की। अपने दौर की पूरी नयी पीढ़ी को 'सरस्वती' के माध्यम से सामने लाकर उन्होंने साहित्य के

विकास में भी ऐतिहासिक भूमिका निभायी, किन्तु भाषा के इतिहास-पुरुष का निजी जीवन बेहद सामान्य और सरल था। अभावों और विभिन्न तरह की तकलीफों को झेलते और उनसे जूझते इस अक्षर-पुरुष ने इनसे कभी समझौता नहीं किया, कभी अपना स्वाभिमान नहीं छोड़ा। मई, 1989 ई. को उनकी 125वीं जयन्ती मनायी गयी थी। आचार्य द्विवेदी के साहित्य और साधना में जो बात पहले प्रभावित करती है, वह है—हिन्दी के प्रति उनका दुर्लभ समर्पण (dedication)। उन्होंने हिन्दी को अपने पाँवों पर खड़ा करने में अपनी रचनात्मक-प्रतिभा और लेखन तक की परवाह नहीं की तथा खुद को पूरी तरह भाषा के बहुविध विकास में लगा दिया। उनका अपना स्वतः का जीवन मार्मिक दुःखों की डगर से गुजरा था और उनकी व्यथा अनेक स्तरों पर गहरी थी, किन्तु उनके सक्रिय और सार्वजनिक जीवन में यह व्यथा कभी व्यक्त नहीं हुई। इस सन्दर्भ में यह उनका आत्मलीनीकरण का स्वभाव ही माना जायेगा। उनकी पीड़ा का अधिकांश हिस्सा साहित्य, समाज और भाषा की दुर्दशा से जुड़ा है। वे नवजागरण (renaissance) और नवचेतना की जलती मशाल को लेकर आगे-आगे चलनेवाले मशालची-लेखक थे। वे पराधीनता की आँच में तपकर भाषा, साहित्य और संस्कृति की सेवा में समर्पित रहे। गाँवों और ग्रामीण संस्कृति की उन्हें गहरी पहचान थी। उनके सम्पूर्ण लेखन में स्वाभिमानी नैतिक दृष्टिकोण का आग्रह था। कुल मिलाकर भाषा, व्याकरण और साहित्य की वेदी पर अपने जीवन की शहादत (martyrdom) देते उसे खाकसार कर दिया।

द्विवेदी जी हिन्दी के **होल टाइमर** थे। उनके नवजागरण का हिन्दी प्रेम फक़त भाषा प्रेम ही नहीं था, बल्कि राष्ट्रीय अस्मिता का पर्याय था। दरअसल, हिन्दी के प्रौढ़ गद्यकारों में द्विवेदी जी का नाम पहली कतार में आता है। उन्होंने अपने लेखन से ठेठ हिन्दी के ठाट को सामने लाने का अद्भुत प्रयास किया। उनका गद्य कई अर्थों में विलक्षण, अजीब-अनोखा, अनूठा-अजब (peculiar) है। उनके गद्य में जिन स्रोतों के सूत्र मिलते हैं, वे नये लेखकों के लिये बड़े काम आ सकते हैं। अनुभव में पगी और निखरी भाषा तथा गद्य की जीवन्तता निश्चय ही पाठक को अपनी ओर आकर्षित करती है। आचार्य महावीरप्रसाद द्विवेदी के साहित्य क्षेत्र में आगमन ने **हिन्दी आलोचना** को एक नया रूप प्रदान किया। द्विवेदी युग में साहित्यालोचन के क्षेत्र में बहुत महत्त्वपूर्ण और गम्भीर कार्य हुआ। यद्यपि कुछ लोग यह भी कहते हैं कि इस युग में हिन्दी आलोचना का कोई तात्त्विक रूप तो नहीं निखरा, किन्तु हिन्दी आलोचना की महत्त्वपूर्ण विविध पद्धतियाँ अवश्य विकसित हुईं, यथा—तुलनात्मक मूल्यांकन एवं निर्णय-अन्वेषण तथा अनुसन्धानपरक समीक्षा, परिचयात्मक तथा व्याख्यात्मक आलोचना साथ ही शास्त्रीय आलोचना आदि। फिर भी परिमाण एवं गुण की दृष्टि से द्विवेदी युग की हिन्दी आलोचना अपने पूर्ववर्त्ती युगों से अधिक सशक्त, समृद्ध व मौलिक कही जायेगी क्योंकि एक तो इसको युग-निर्माता आचार्य महावीरप्रसाद द्विवेदी, मिश्रबन्धु, पद्म सिंह शर्मा, लाला भगवानदीन, पदुमलाल पुन्नालाल बख्शी, श्यामसुन्दर दास और आचार्य रामचन्द्र शुक्ल जैसे महारथियों का योगदान प्राप्त हुआ और दूसरे हिन्दी में पहली बार आलोचना अपने मूल या वास्तविक स्वरूप, जो भारतीय एवं अन्तरराष्ट्रीय रंगमञ्च

पर क्रीड़ा करनेवाली प्राचीन-नवीन के विराट् संघर्ष से प्रसूत नवयुगीन विचारणा के आलोक में क्रमशः तैयार हो रहा था—के निकट पहुँचने का प्रयास करती दिखायी पड़ी।[1]

फिर भी, तमाम ना-नुकर के बाद द्विवेदी युग में हिन्दी आलोचना का व्यापक विकास हुआ। संस्कृत-समीक्षा पद्धति और पाश्चात्य समीक्षा-सिद्धान्तों दोनों को भारतीय संस्कार में डालकर सिद्धान्तों का उचित उपयोग करते हुए व्यावहारिक समीक्षा-पद्धति का विकास हुआ। इस युग में सामाजिक मूल्यों और नैतिक आदर्शों पर बल दिया गया। सच तो यह है कि आचार्य महावीरप्रसाद द्विवेदी प्रगतिशील चेतना के साथ ही आधुनिक दृष्टिकोण रखते थे। उनके विषय में यह प्रसिद्ध है कि वे 'नायिका भेद' और 'रीतिवाद' के विरोधी थे। द्विवेदी जी वैज्ञानिक दृष्टिकोण के हिमायती थे। वे अति श्रृंगारिकता और विलासी प्रवृत्ति के प्रखर विरोधी थे। इस सिलसिले में उनकी स्पष्ट मुनादी थी। श्रृंगारिकता और विलासिता की प्रवृत्ति से चिढ़ते हुए एक बार उन्होंने लिखा कि इससे न तो देश का, न तो हिन्दी का और न समाज का भला हो सकता है और न स्वयं साहित्य का ही। काव्यभाषा, उद्देश्य, शैली और काव्यवस्तु का विवेचन करते हुए उन्होंने मैथिलीशरण गुप्त की 'भारत भारती' की समीक्षा लिखी। सन् 1897 ई. में नागरी प्रचारिणी सभा में गंगा प्रसाद अग्निहोत्री का 'समालोचना' नामक निबन्ध छपा, जिसमें आलोचना के मूल चरित्र पर प्रकाश डाला गया था। उसी पत्रिका में जगन्नाथदास रत्नाकर ने 'समालोचनादर्श' लिखा जो पोप के Essays on Criticism का अनुवाद था। नागरी प्रचारिणी पत्रिका के अन्तिम पृष्ठ में अम्बिका दत्त व्यास का 'गद्य काव्य मीमांसा' लेख छपा। इनके अलावा अन्य अनेक विद्वानों ने इस युग में काव्यशास्त्रीय ग्रन्थों की सर्जना की। इस तरह उन्होंने सैद्धान्तिक और शास्त्रीय समीक्षा को पुष्ट किया। इस काल के कुछ प्रमुख अन्य आलोचक और उनके सैद्धान्तिक ग्रन्थ इस प्रकार हैं, जिनसे हिन्दी की शास्त्रीय आलोचना विकसित हुई, यथा—अयोध्या सिंह उपाध्याय कृत 'रस कलश', लाला भगवानदीन कृत—'अलंकार मंजूषा', 'राजा मुरारी दान कृत 'जसवन्त भूषण', महाराजा प्रताप नारायण सिंह कृत 'रससुकुमार', सीताराम शास्त्री कृत 'साहित्य-सिद्धान्त' आदि।

कई विद्वान् द्विवेदी जी को **हिन्दी के प्रथम आलोचक** के रूप में देखते हैं। इनसे पहले हिन्दी में अपेक्षित समालोचना साहित्य का अभाव था। इन्होंने अपनी आलोचनाओं द्वारा भारतेन्दु काल में कहानी तथा उपन्यास के क्षेत्र में आयी हुई प्रेम तथा अय्यारी की दूषित मनोवृत्तियों को दूर किया तथा हिन्दी साहित्य को स्वस्थ विकास की ओर उन्मुख किया। द्विवेदी जी ने स्वयं ही कई कवियों की आलोचना करके आलोचना के मार्ग को प्रशस्त किया। इन्होंने संस्कृत के कालिदास जैसे महाकवियों की आलोचना करके प्राचीन कवियों को नवीन दृष्टि से देखा और पाठकों को इसका रसास्वादन कराया। यद्यपि द्विवेदी जी की आलोचनाओं में शुक्ल जी जैसी प्रौढ़ता के दर्शन नहीं होते, फिर भी प्रारम्भिक रचनाएँ होने के कारण वे बहुत महत्त्व की हैं। साहित्यिक निबन्धों के अतिरिक्त द्विवेदी जी ने शिक्षा, समाज, व्यापार, राजनीति, धर्म, अर्थशास्त्र आदि विषयों पर भी निबन्ध लिखे। यह उनकी ही निष्ठा, लगन और सूझ-बूझ

1. हिन्दी आलोचना के आधार स्तम्भ—डॉ. रामेश्वरलाल खण्डेलवाल, पृष्ठ-7, सरस्वती पुस्तक सदन, आगरा—1966 ई.

का परिणाम है कि आज हिन्दी गद्य इतना समुन्नत और समृद्ध है। द्विवेदी जी हिन्दी के आचार्य माने जाते हैं।

सच तो यह है कि द्विवेदी जी के साहित्य के क्षेत्र में आगमन ने हिन्दी आलोचना को एक नया रूप प्रदान किया। उन्होंने 'कवि और कविता' तथा 'कविता तथा कवि कर्त्तव्य', 'विक्रमांकदेव चरित', 'नैषध चरित चर्चा', साथ ही 'कालिदास की निरंकुशता' आदि परिचयात्मक निबन्ध लिखा, जो द्विवेदी जी के काव्य-विषयक दृष्टिकोण को सुस्पष्ट करते हैं। द्विवेदी जी ने आलोचना योग्य भाषा भी स्थिर किया, किन्तु दुर्भाग्य से द्विवेदी जी के साथ एक घटना घट गयी। नागरी प्रचारिणी सभा, काशी से 'द्विवेदी अभिनन्दन ग्रन्थ' का प्रकाशन हुआ। इसके सम्पादकों में एक श्याम सुन्दर दास भी थे। उस ग्रन्थ की प्रस्तावना लिखने में बताते हैं,—श्यामसुन्दर दास की महत्त्वपूर्ण भूमिका थी। इस ग्रन्थ के प्रस्तावना भाग में सम्पादकों ने द्विवेदी जी के लेखन को अमौलिक बताया। यही नहीं, **आचार्य शुक्ल ने द्विवेदी जी के निबन्धों को 'बातों का संग्रह' और उनकी समालोचना को 'एक मुहल्ले में फैली बातों से दूसरे मुहल्लेवालों को परिचित कराने जैसा'** लिखा था। द्विवेदी जी के विषय में ऐसी टिप्पणियों से चिढ़कर एक विद्वान् और 'भारत' अखबार के तत्कालीन सम्पादक श्री वेंकटेश नारायण तिवारी ने श्यामसुन्दर दास और खुद आचार्य रामचन्द्र शुक्ल की मौलिकता का प्रश्न उठाया था। बहरहाल, किसी तरह इस मामले का पटापेक्ष हुआ।

इस युग के अन्य आलोचकों में मिश्रबन्धु, पद्मसिंह शर्मा 'कमलेश', कृष्णबिहारी मिश्र तथा लाला भगवानदीन आदि ने तो रीतिकालीन साहित्य की समीक्षा बहुत चाव, मनोयोगपूर्वक और विस्तार के साथ की, किन्तु इन लोगों ने तुलसी, सूर तथा जायसी जैसे महत्त्वपूर्ण कवियों को नजरअन्दाज करते हुए इनकी ओर कनखियाँ भी नहीं देखा। इस काल के लेखकों में बिहारी और देव के बीच श्रेष्ठता को लेकर विवाद शुरू हुआ। पद्मसिंह शर्मा तथा कृष्णबिहारी मिश्र ने बिहारी और देव की तुलनात्मक आलोचना की। साफ शब्दों में तुलनात्मक आलोचना का इस काल में विशेष विकास हुआ। वस्तुतः तुलनात्मक आलोचना का आरम्भ 1907 ई. में पद्मसिंह शर्मा द्वारा 'बिहारी और सादी' की तुलना से माना जाता है। इनसे पूर्व बाबू शिवनन्दन सहाय ने भारतेन्दु हरिश्चन्द्र की कविता की तुलना शेखर, पद्माकर और तुलसीदास से संयम-संयत रूप में की थी। इसके बाद सन् 1910 ई. में मिश्रबन्धुओं का 'हिन्दी नवरत्न' समालोचनात्मक ग्रन्थ प्रकाशित हुआ, जिसमें 'नौ श्रेष्ठ कवियों' को चुना गया। इन सबकी परस्पर तुलना की गयी। मिश्रबन्धुओं ने 'देव' को 'बिहारी' से श्रेष्ठ कवि माना तो लाला भगवानदीन और पद्मसिंह शर्मा ने 'बिहारी' को 'देव' से बड़ा और महत्त्वपूर्ण कवि माना। इधर, पण्डित कृष्णबिहारी मिश्र ने यथासम्भव निष्पक्षता-तटस्थता से काम लेते हुए देव को बिहारी से बड़ा कवि माना। बाबू जगन्नाथदास 'रत्नाकर' ने आलोचना ग्रन्थ न लिखकर बिहारी की टीका लिखी है।

असल में, द्विवेदी-युग में साहित्यकारों का संस्कृत के साथ-साथ अंग्रेजी, फारसी, उर्दू आदि भाषाओं के साहित्य से घनिष्ठ परिचय होने के कारण तुलनात्मक एवं निर्णयात्मक समीक्षा की प्रवृत्ति का विकास हुआ। इस क्षेत्र में पद्मसिंह शर्मा, मिश्रबन्धु (श्यामबिहारी मिश्र, शुकदेव

बिहारी मिश्र और गणेश बिहारी मिश्र), लाला भगवानदीन और कृष्णबिहारी मिश्र ने विशेष कार्य किया। सबसे पहले पद्म सिंह शर्मा ने 'बिहारी' और 'फारसी के कवि 'सादी' की तुलनात्मक आलोचना की। **ग्रियर्सन ने बिहारी की कविता को 'अक्षर कामधेनु' कहा था।** ग्रियर्सन के बाद मिश्रबन्धुओं ने 'हिन्दी नवरत्न' 1910 ई. में लिखा। इस किताब के बारे में आचार्य रामचन्द्र शुक्ल ने भारी भ्रम फैलाया है। अपने 'हिन्दी साहित्य का इतिहास' में आचार्य शुक्ल ने लिखा है कि, इसमें सबसे बढ़कर नयी बात यह थी कि देव हिन्दी के सबसे बड़े कवि हैं।[1] किन्तु मूल पुस्तक 'हिन्दी नवरत्न' पढ़ने से यह धारणा निर्मूल सिद्ध हो जाती है। मिश्रबन्धु देव को सबसे बड़ा कवि नहीं मानते थे, वे देव को सूर और तुलसी के समकक्ष मानते थे। उन्होंने सबसे बड़ा कवि तुलसीदास को माना है। 'हिन्दी नवरत्न की समीक्षा' आचार्य महावीरप्रसाद द्विवेदी ने लिखी थी। इस समीक्षा में तीखेपन, व्यंग्य और विदग्धता का अद्भुत मिश्रण है।[2] बहरहाल, इस तरह तुलनात्मक समीक्षा का एक ऐसा मार्ग निकला, जिसमें प्राचीन सिद्धान्तों के आलोक में हिन्दी कवियों की व्यावहारिक समीक्षा की गयी। यह शास्त्रीय आलोचना के भीतर जन्म लेनेवाली वह व्यावहारिक समीक्षा थी, जिसमें गुण-दोष विवेचन और बड़ा-छोटा सिद्ध करने की प्रवृत्ति अधिक थी। जीवन और समाज के व्यापक सन्दर्भों में साहित्य को समझने की यदि कोशिश की गयी होती तो इस आलोचना में अधिक व्यापकता आ जाती।[3] फिर भी, इस युग में व्याख्यात्मक तथा परिचयात्मक-सभी पद्धतियों की भी विशेष प्रगति हुई।

इस युग के अन्य आलोचकों में बाबू श्यामसुन्दर दास का अन्यतम स्थान है। इस युग में हुई अनुसन्धानपरक समीक्षा में बाबू जी का अमूल्य दाय है। राधाकृष्ण दास, जगन्नाथदास रत्नाकर तथा सुधाकर द्विवेदी की त्रयी ने द्विवेदीयुगीन अनुसन्धानपरक समीक्षा के विकास में महत्त्वपूर्ण पड़ाव है। अपेक्षाकृत बाबू जी आलोचक ही हैं, यद्यपि आपने निबन्ध, आलोचना ग्रन्थ, भाषाविज्ञान के साथ-साथ ढेरों ग्रन्थों का सम्पादन भी किया है। कुल मिलाकर बाबू श्यामसुन्दर दास हिन्दी गद्य के भाव पक्ष की पुष्टि करनेवाले साहित्यकारों में प्रमुख स्थान रखते हैं। वे द्विवेदी युग की विभूति थे साथ ही एक उत्कृष्ट समालोचक भी थे।

(6) आचार्य रामचन्द्र शुक्ल और हिन्दी आलोचना

आचार्य शुक्ल हिन्दी साहित्य के ही नहीं, आधुनिक भारतीय साहित्य के भी अप्रतिम आलोचक और मूर्द्धन्य साहित्येतिहासकार हैं। उन्होंने हिन्दी आलोचना को आधुनिक ज्ञान-विज्ञान से सम्पन्न किया, नये जीवन बोध और सामाजिक यथार्थ से जोड़ा। साहित्य के इतिहास को जनता की चित्तवृत्तियों का प्रतिफलन कहते हुए उन्होंने साहित्य की साहित्यिकता को कहीं भी दृष्टि से ओझल नहीं होने दिया। शुक्ल जी के इतिहास और आलोचना के निरन्तर चिन्तन-मनन से साहित्य की समझदारी बढ़ी और नयी उद्भावनाओं का मार्ग प्रशस्त हुआ। आचार्य शुक्ल बहुमुखी प्रतिभा लेकर गद्य के क्षेत्र में अवतीर्ण हुए। उन्होंने लेखन, सम्पादक, कहानीकार, आलोचक, अनुवादक, कवि, इतिहासकार और मौलिक निबन्धकार के रूप में साहित्य की सर्जना

1. हिन्दी साहित्य का इतिहास—आचार्य रामचन्द्र शुक्ल, पृष्ठ-362, लोकभारती प्रकाशन, इलाहाबाद सन्, 2012.
2. आलोचना में डॉ. योगेश प्रताप शेखर का लेख, 'रीतिकाव्य के अध्ययन की दृष्टियाँ, पृष्ठ-59, अप्रैल-जून 2016 ई.
3. राजर्षि टण्डन पत्रिका, पृष्ठ-53, इलाहाबाद, मार्च-2003 ई.

की है। वस्तुतः शुक्ल जी हिन्दी के उद्भट विद्वान्, उच्चकोटि के मर्मज्ञ समालोचक, कुशल निबन्धकार तथा सहृदय कवि थे। यद्यपि शुक्ल जी से पहले द्विवेदी युग में साहित्य के भिन्न-भिन्न अंगों का विकास हो चुका था, पर समालोचना और निबन्धकला का कोई ऊँचा आदर्श अभी तक स्थापित नहीं हुआ था। इनसे पहले की समालोचनाओं में गुण-दोष विवेचन की ही प्रधानता थी। शुक्ल जी ने अपनी आलोचना के द्वारा समालोचना का नवीन आदर्श उपस्थित किया। उसमें भारतीय तथा पाश्चात्य समालोचना के आदर्शों का अद्भुत समन्वय है। इन्होंने जायसी, सूर, तुलसी की उत्कृष्ट व्याख्यात्मक आलोचनाएँ लिखीं, जिनमें स्थान-स्थान पर कवि की भावनाओं तथा महत्त्व को समझाने के लिये तत्सम्बन्धित काव्य-सिद्धान्त भी लिखे हैं। वास्तव में हिन्दी में वैज्ञानिक ढंग की व्याख्यात्मक समालोचना का आरम्भ शुक्ल जी से ही होता है। एक वाक्य में यह कि आचार्य रामचन्द्र शुक्ल जी एक ही साथ हिन्दी के उत्कृष्ट कोटि के निबन्धकार, व्याख्यात्मक आलोचना के प्रवर्तक, सफल अनुवादक, अध्यवसायी, साहित्यिक अन्वेषक तथा सहृदय कवि हैं। इतने विविध गुणों का जितना सुन्दर समन्वय शुक्ल जी में मिलता है, उतना अन्यत्र दुर्लभ ही नहीं अलभ्य है। शुक्ल जी वास्तव में हिन्दी साहित्याकाश के देदीप्यमान नक्षत्र हैं और बने भी रहेंगे।

वस्तुतः भारतेन्दु युग में जिस आधुनिक समालोचना प्रणाली का प्रवर्तन हुआ, वह 'द्विवेदी युग' में आकर कुछ पुष्ट हुई और 'शुक्ल युग' में आकर खूब फली-फूली,—"द्विवेदी युग में आचार्य महावीरप्रसाद द्विवेदी तथा उनके समकालीन समीक्षकों ने समालोचना-ग्रन्थों की रचना आरम्भ तो कर दी थी, पर उनके द्वारा आरम्भ किये गये आलोचना-साहित्य को सम्यक् आकार देने का श्रेय विवेच्यकाल के समालोचकों, विशेषकर आचार्य रामचन्द्र शुक्ल को है।"[1] आचार्य रामचन्द्र शुक्ल ने अपनी रचनाओं से हिन्दी समालोचना को एक नये युग में प्रवेश कराया। शुक्ल जी की प्रमुख विशेषता उनका 'युगबोध' था। उन्होंने बहुत-सी कृतियों का अनुवाद किया, यथा—एडिसन की पुस्तक 'एसे ऑन इमेजिनेशन' का अनुवाद 'कल्पना का आनन्द' नाम से, सर टी. माधव राव की पुस्तक 'माइनर हिण्ट्स' का अनुवाद 'राज्य प्रबन्ध शिक्षा' के नाम से, मेगस्थनीज के 'भारत विवरण', राखालदास बन्दोपाध्याय के 'शशांक' बाँग्ला उपन्यास और एडविन आर्नाल्ड की पुस्तक 'लाइट ऑफ एशिया' का अनुवाद 'बुद्धचरित' के नाम से किया। इन अनूदित पुस्तकों की उन्होंने महत्त्वपूर्ण भूमिकाएँ भी लिखीं। उन्होंने वैज्ञानिक दृष्टिकोण और वैज्ञानिक भाषा अपनायी और अध्यात्म शब्द की काव्य और कला के क्षेत्र में कोई जरूरत नहीं समझी है। वे अपने प्रिय कवि 'तुलसी' को लोक धर्म का उद्घोषक कवि कहते हैं। 'हिन्दी साहित्य का इतिहास' वह पुस्तक है जिसने उन्हें आलोचक, इतिहासकार के रूप में ख्याति दिलायी। उसे उन्होंने 'हिन्दी शब्दसागर' की भूमिका के रूप में लिखा था। हम सबको यह ज्ञात है कि यह पुस्तक हिन्दी साहित्येतिहास में 'मील का पत्थर' है। उन्होंने व्यावहारिक समीक्षा को अपनाया। कविता को लोकसामान्य की व्यापक भावभूमि पर पहुँचा दिया और काव्यशास्त्र का आधुनिक दृष्टिकोण से विवेचन करते हुए भाव-विभाव रस की पुनः वैज्ञानिक व्याख्या की। भावों और मनोविकारों का उन्होंने गहरा अध्ययन किया। उस कोटि के लेख उनके बाद अब तक किसी

1. हिन्दी साहित्य का इतिहास—सं. डॉ. नागेन्द्र, पृष्ठ-588, दिल्ली-2004 ई.।

ने नहीं लिखे हैं। अद्भुत मौलिकता, पाण्डित्य और पर्यवेक्षण के साथ ये निबन्ध लिखे गये हैं। 'करुणा' को उन्होंने लोकमंगल की साधनावस्था से जोड़ा है और 'प्रेम' को सिद्धावस्था से और इन दोनों कसौटियों पर कवियों को जाँचा-परखा है। लोकमंगल ही इनका काम्य था। उन्हें अतीत का और प्रकृति का बड़ा मोह था। उन्होंने प्राचीन साहित्य से सूर, तुलसी और जायसी, वाल्मीकि, भवभूति और कालिदास को समीक्षा के लिये चुना। सूरदास के सन्दर्भ में उन्होंने भक्ति की आधुनिक और वैज्ञानिक व्याख्या की। प्रबन्धतत्त्व को वे मुक्तक से श्रेष्ठ इसलिये मानते हैं क्योंकि उसमें करुणा के बीज भाव के पुष्पित-पल्लवित होने की अधिक गुंजाइश रहती है। उन्होंने तुलसी की महानता और लोकप्रियता के कारणों को तलाशा है। रामकथा के मर्मस्पर्शी स्थलों की व्याख्या की है। जायसी का प्रकृति वर्णन, विरह वर्णन की तीव्रता और मर्मस्पर्शिता उन्हें विशेष प्रिय है।

उन्होंने वाल्ट ह्विटमैन, विलियमडिकन्सन, रिचर्ड्स, कमिंग्ज जैसे आधुनिक कवियों की प्रासंगिक समालोचना की। श्रीधर पाठक और रामनरेश त्रिपाठी को सच्चे अर्थों में स्वच्छन्दतावादी कवि माना। उन्होंने छायावाद के आध्यात्मिक रहस्यवादी रूप का विरोध किया। छायावाद को 'काव्य शैली मात्र' माना। छायावाद के 'आभ्यन्तर' प्रभाव साम्य के आधार पर अप्रस्तुत की योजना को छायावाद की प्रमुख विशेषता माना। यद्यपि उन्होंने पन्त की 'ताजमहल', 'दो मित्र' कविताओं, निराला की 'दिल्ली-यमुना' और 'इलाहाबाद के पथ पर' कविता तथा प्रसाद जी के 'आँसू' और 'लहर' के कुछ स्थलों की प्रशंसा की है। उन्होंने 'कामायनी' में प्रसाद की रहस्यभावना और आनन्दवाद का विरोध किया है।

शुक्ल जी की इस मान्यता का परवर्ती आलोचकों ने विरोध किया, खासकर प्रसाद जी ने। उन्होंने 'काव्यकला और अन्य निबन्ध' में शुक्ल जी का प्रतिवाद किया है। 'रहस्यवाद' नामक निबन्ध में प्रसाद जी ने रहस्यवाद को भारतीय परम्पराओं से जोड़ा है। विश्वनाथ प्रसाद मिश्र ने रीतिकाल के कवियों– बिहारी, केशव, घनानन्द भूषण और रसखान पर स्वतन्त्र पुस्तकें लिखीं हैं या उनका सम्पादन किया है। भिखारीदास की रचनाओं का उन्होंने सम्पादन किया। वे आचार्य शुक्ल की परम्परा के लोकवादी चिन्तक हैं। उनका काम रीतिकाल पर ही अधिक है।

डॉ. चन्द्रबली पाण्डेय ने कालिदास, शूद्रक और तुलसीदास पर ग्रन्थ लिखे। श्री लक्ष्मीनारायण सुधांशु जी ने 'काव्य में अभिव्यञ्जनावाद' (1936) नामक पुस्तक लिखी, जिसमें अभिव्यञ्जना पर भारतीय दृष्टि से भारतीय काव्यशास्त्र की पृष्ठभूमि में विचार किया गया। डॉ. जगन्नाथ शर्मा एक गम्भीर आलोचक हैं। उन्होंने 'कहानी का रचना विधान' नामक पुस्तक लिखी। डॉ. इन्द्रनाथ मदान ने 'प्रेमचन्द : एक विवेचन', हिन्दी कहानी : अपनी जबानी, कविता और कविता की भूमिका लिखी।

शुक्लोत्तर प्रमुख समीक्षकों में पं. नन्ददुलारे वाजपेयी, पं. हजारीप्रसाद द्विवेदी और डॉ. नगेन्द्र का नाम आता है। नन्ददुलारे वाजपेयी ने 'हिन्दी साहित्य : बीसवीं शताब्दी' लिखा। उन्होंने प्रसाद जी पर कई निबन्ध लिखे। वे प्रगतिशीलता को उत्कृष्ट साहित्य के लिये अनिवार्य मानते थे। आपने जीवनोन्मुखता और उसकी उद्देश्ययुक्त नियोजना को प्रगतिशीलता का लक्षण माना है। प्रगतिशीलता को समय-सापेक्ष्य माना है। आचार्य वाजपेयी शुक्ल जी की परम्परा के

समीक्षक हैं। उन्होंने छायावाद, प्रगतिवाद, महावीरप्रसाद द्विवेदी, रामचन्द्रशुक्ल, मैथिलीशरण गुप्त, प्रसाद, निराला, दिनकर की गम्भीर और विस्तृत समीक्षा की है। 'नयी कविता' के कवियों पर धर्मयुग में उनकी लेखमाला प्रकाशित हुई थी। प्रेमचन्द, महाकवि सूरदास, जयशंकर प्रसाद, राष्ट्रभाषा की कुछ समस्याएँ, राष्ट्रीय साहित्य तथा अन्य निबन्ध, प्रकीर्णिका, महाकवि निराला, कवि सुमित्रानन्दन पन्त, रस सिद्धान्त साहित्य का आधुनिक युग, 'आधुनिक साहित्य सृजन और समीक्षा' तथा रीति शैली उनकी प्रमुख रचनाएँ हैं। पन्त के आलोचनात्मक विचार 'पल्लव' की 'भूमिका' में प्रकट हुए हैं। उन्होंने आधुनिक काल में खड़ी बोली का औचित्य सिद्ध किया।

निराला ने 'पन्त और पल्लव' में पन्त के इस कथन "कवित्त छन्द मुझे ऐसा जान पड़ता है कि हिन्दी का औरस जात नहीं, पोष्य पुत्र है–" की आलोचना की है। निराला कवित्त को न पोष्य मानने को तैयार हैं न हिन्दी की प्रवृत्ति के प्रतिकूल। उन्होंने कवित्त का समर्थन करने के लिये अपने संगीत ज्ञान का सहारा लिया। पल्लव की पंक्तियों पर दूसरे कवियों का भावानुवाद होने का भी आरोप लगाया लेकिन जहाँ उन्हें पन्त अच्छे लगे उन्होंने उनकी मुक्त कण्ठ से प्रशंसा भी की। उन्होंने आलोचना की स्वतन्त्र पुस्तक न लिखकर कुछ निबन्ध लिखे जिनमें 'साहित्य और भाषा', पन्त और पल्लव, साहित्य का फूल अपने ही वृत्त पर तथा 'हिन्दी कविता साहित्य की प्रगति' नामक निबन्ध लिखे हैं।

महादेवी वर्मा के आलोचनात्मक निबन्ध 'महादेवी का विवेचनात्मक गद्य' में संग्रहीत ही हैं। साहित्य में उन्होंने नारी-स्वातन्त्र्य का स्वर मुखर किया। वे एक तेजस्वी विचारक और आलोचक के रूप में सामने आये और उन्होंने समसामायिक समस्याओं पर विचार किया। डॉ. शान्तिप्रिय द्विवेदी एक प्रभाववादी और छायावादी आलोचक हैं। पं. कृष्णशंकर शुक्ल और पं. विश्वनाथ प्रसाद मिश्र शुक्लानुवर्ती आलोचक हैं। पं. कृष्णशंकर शुक्ल ने 'केशव की काव्यकला' और 'कविवर रत्नाकर' की रचना की।

आचार्य हजारीप्रसाद द्विवेदी का साहित्यिक व्यक्तित्त्व बहुआयामी है। वे शोधकर्त्ता, अन्वेषक, विचारक, आलोचक, ललित निबन्धकार, उपन्यासकार और सम्पादक एक ही साथ हैं। वे एक ऐतिहासिक-सांस्कृतिक चेतनासम्पन्न मानवतावादी समीक्षक हैं। 'सूरसाहित्य' द्विवेदी जी की प्रथम रचना है। 'हिन्दी साहित्य की भूमिका', 'हिन्दी साहित्य का आदिकाल', 'सहज साधना' कबीर और 'नाथ साहित्य' उनके परम प्रसिद्ध ग्रन्थ हैं। उन्होंने मनुष्य को ही साहित्य का लक्ष्य घोषित किया। उन्होंने समूचे भारतीय साहित्य का गम्भीर अध्ययन किया था। कई भाषाओं का उन्हें ज्ञान था। उनका चिन्तन वैज्ञानिक था। द्विवेदी जी ने सजीव प्राणवान् और सार्थक आलोचनाएँ लिखीं। उन्होंने साहित्य को परम्परा से जोड़ा। कबीर को स्थापित किया। भक्ति साहित्य की जड़ों की तलाश की। उनके निबन्ध बड़े सुन्दर बन पड़े हैं। 'साहित्य सहचर' में उन्होंने प्रेमचन्द की विशेषताएँ बतायीं और जमकर उनकी तारीफ की है। निश्चय ही उन्होंने आलोचना के क्षेत्र में क्रान्तिकारी काम किया। उसे नयी दिशाएँ प्रदान कीं।

डॉ. नगेन्द्र अपने उदात्त दृष्टिकोण, व्यापक और गम्भीर अध्ययन, प्रौढ़ विचार और निर्मल दृष्टि के कारण अपनी अलग पहचान रखते हैं। उन्होंने 'सुमित्रानन्दन पन्त' पुस्तक में

पन्त की रचनाओं की उत्कृष्ट भावपरक व्याख्या की है। 'साकेत' पर स्वतन्त्र पुस्तक लिखी। 'आस्था के चरण' और 'कृतिकार और कृति' उनके निबन्ध संग्रह हैं। उन्होंने 'रस सिद्धान्त' लिखकर रस की पुनर्व्याख्या की। 'हिन्दी साहित्य का इतिहास' और 'नयी समीक्षा' ग्रन्थ लिखे। आलोचना को नगेन्द्र ललित साहित्य का ही अंग मानते हैं और उसे भी वे आत्माभिव्यक्ति मानते हैं। उन्हें रस सिद्धान्त में पूरी निष्ठा है। मानव की रागात्मक चेतना से जोड़ते हुए उसे वे कविता के मूल्यांकन का शाश्वत मानदण्ड मानते हैं। शास्त्रीयता के बावजूद उनमें माधुर्य, भावग्राहिता और सौन्दर्य तत्त्वों की पहचान मौजूद है। डॉ. देवराज ने 'छायावाद का पतन' लिखकर छायावाद पर प्रहार किया। उन्होंने प्रगतिवादी समीक्षा पर एक स्वतन्त्र लेख 'प्रगतिवादी समीक्षा : एक दृष्टि नाम' से लिखा। उनकी आलोचना की सूक्ष्मता के उदाहरणस्वरूप 'त्यागपत्र', 'नदी के द्वीप' और 'बाणभट्ट की आत्मकथा' की समीक्षाएँ देखी जा सकती हैं। उन्होंने 'आदिकाव्य' पर एक निबन्ध लिखा जो 'प्रतिक्रियाएँ' में संकलित हुआ तथा डॉ. रामस्वरूप चतुर्वेदी की रचनात्मक भाषा पर 'भाषा और संवेदना' पुस्तक लिखी।

तत्पश्चात् रामविलास शर्मा के आगमन के साथ ही मार्क्सवादी आलोचना की शुरुआत होती है। मार्क्सवादी दृष्टि मूलतः सामाजिक और ऐतिहासिक दृष्टि है। वह किसी वस्तु का अध्ययन देशकाल के परिप्रेक्ष्य में करके कृति के अन्तर्विरोधों का विश्लेषण वैज्ञानिक ढंग से करती है। डॉ. शर्मा प्रखर मार्क्सवादी समीक्षक, विचारक, भाषाविद् और कवि हैं। उनकी दो दर्जन से अधिक कृतियाँ प्रकाशित हैं जिसमें उन्होंने हिन्दी साहित्य की विकास-परम्परा का मूल्यांकन किया है। उन्होंने 'भारतेन्दु युग' में विकसित नवचेतना का प्रभाव देखा। 'प्रेमचन्द और उनका युग' में प्रेमचन्द का सम्यक् मूल्यांकन किया। उनके महाकाव्यात्मक उपन्यास गोदान की मार्क्सवादी आलोचना पद्धति से व्याख्या की। 1948 ई. में उनकी 'निराला' पुस्तक प्रकाशित हुई। इसमें निराला के काव्य-सौन्दर्य को दिखाने का प्रयास किया गया। उनके कथा साहित्य पर भी शर्मा जी ने विचार किया। उन्होंने 'निराला की साहित्य-साधना' लिखी। नयी कविता का अस्तित्ववाद', 'परम्परा का मूल्यांकन', 'भाषा युगबोध और कविता', 'मार्क्सवाद और प्रगतिशील साहित्य', 'मार्क्स और पिछड़े हुए समाज' तथा 'भारतीय साहित्य के इतिहास की समस्याएँ' उनके प्रमुख ग्रन्थ हैं। उन्होंने भाषा वैज्ञानिक चिन्तन को आगे बढ़ाया है।

शर्मा जी ने मुक्तिबोध शमशेर और नागार्जुन का मूल्यांकन किया है। मुक्तिबोध 'जनसाहित्य' के पक्षधर हैं। उन्होंने नयी कविता की आत्मा 'आधुनिक भावबोध' को माना है और आधुनिकता बोध को केवल अस्तित्ववादी चिन्तन तक सीमित नहीं माना है। उसके अन्तर्गत विसंगति, व्यर्थता, विडम्बना आदि तत्त्वों को समाहित किया है। वे मनोवैज्ञानिक यथार्थवाद को महत्त्व देते हैं। 'फैण्टसि' उनकी आलोचना का बीजशब्द है। एक और उनका बहुप्रयुक्त शब्द है संवेदनात्मक ज्ञान और ज्ञानात्मक संवेदन, जिसका प्रयोग उन्होंने नयी कविता के सन्दर्भ में किया है। शर्मा जी ने 'कामायनी' की विस्तृत समीक्षा की। त्रिलोचन, सुभद्रा कुमारी चौहान, हरिशंकर परसाई, प्रेमचन्द, शमशेर, भारत भूषण अग्रवाल, सुमित्रानन्दन पन्त, धर्मवीर भारती, दिनकर और कुँवर नारायण की रचनाओं की व्यावहारिक समीक्षा की।

मार्क्सवादी समीक्षकों में नामवर सिंह का विशिष्ट और बहुत बड़ा स्थान है। उनकी प्रथम कृति 1952 में 'हिन्दी के विकास में अपभ्रंश का योग' प्रकाशित हुई। तब से लेकर आज तक नामवर जी समीक्षा के केन्द्र में हैं। 1955 में 'छायावाद' पुस्तक प्रकाशित हुई जिसकी भाषा की शोभा देखते ही बनती है। 1957 ई. में 'इतिहास और आलोचना' पुस्तक प्रकाशित हुई जिसमें इतिहास के अध्ययन के लिये द्वन्द्वात्मक प्रणाली का प्रयोग किया गया। उन्होंने आचार्य शुक्ल के इतिहास की कुछ कमजोरियाँ पकड़ीं। 1953 में 'कलात्मक सौन्दर्य का आधार' निबन्ध लिखा जिसमें प्रयोगवादी कविता की समीक्षा की। 1962 में उन्होंने 'आधुनिक साहित्य की प्रवृत्तियाँ' लिखीं जिनमें चार प्रमुख प्रवृत्तियों छायावाद, रहस्यवाद, प्रगतिवाद और प्रयोगवाद का विवेचन किया। उनकी पुस्तक 'कहानी : नयी कहानी' में 1958 से 65 ई. के बीच लिखे गये कहानी समीक्षा सम्बन्धी निबन्ध संग्रहीत हैं। 1964 में उन्होंने मुक्तिबोध की महत्त्वपूर्ण कृति 'एक साहित्यिक की डायरी' की समीक्षा की। 1968 में उनकी प्रसिद्ध कृति 'कविता के नये प्रतिमान' प्रकाशित हुई। तत्पश्चात् 'नयी कविता का आत्म संघर्ष' कृति प्रकाशित हुई। उन्होंने मुक्तिबोध को कविता के केन्द्र में रखा और धूमिल, त्रिलोचन को उनका वाजिब स्थान दिलाया। वाद विवाद और संवाद (1989) में उन्होंने समकालीन भाषा साहित्य और आलोचना पर विचार किया है। 'आलोचना' पत्रिका के माध्यम से समय-समय पर जो टिप्पणियाँ कीं वे बेहद महत्त्वपूर्ण हैं। उन्होंने एक सतेज भाषा अर्जित की। भाषा का रूप बदलकर उसे अपने ढंग से ढाला। उन्होंने अपने प्रयास से आलोचना को 'विद्रोह का दर्शन' बना दिया।

आज मार्क्सवादी आलोचना, आलोचना की मुख्य धारा बन गयी है। मैनेजर पाण्डेय, रमेश कुन्तल मेघ, परमानन्द श्रीवास्तव, नन्दकिशोर नवल, खमेन्द्र ठाकुर, शम्भुनाथ, कर्मेन्दु शिशिर, भृगुनन्दन त्रिपाठी, रामकृपाल पाण्डेय, कमला प्रसाद, राधावल्लभ त्रिपाठी, अजय तिवारी और विजय कुमार मार्क्सवादी आलोचक हैं। आज उत्तराधुनिकतावादी विमर्श चल रहा है। सुधीश पचौरी उसके विद्वान् हैं। उन्होंने साहित्य का उत्तरकाण्ड लिखा हैं। नारीवादी चिन्तन और दलित-विमर्श का शोर महानगरों से लेकर छोटे कस्बों तक पहुँच चुका है।

डॉ. बच्चन सिंह ने 'आधुनिक आलोचना के बीज शब्द' पुस्तक लिखी। रीति कवियों की प्रेम व्यञ्जना, क्रान्तिकारी कवि निराला, बिहारी का नया मूल्यांकन, समकालीन साहित्य : आलोचना की चुनौती, साहित्य का समाजशास्त्र और रूपवाद, भारतीय एवं पाश्चात्य काव्यशास्त्र का तुलनात्मक अध्ययन, आचार्य शुक्ल का इतिहास पढ़ते हुए, कथाकार जैनेन्द्र, हिन्दी नाटक उनके प्रमुख ग्रन्थ हैं। 1978 में उन्होंने हिन्दी साहित्य का इतिहास लिखा। बाद में उन्होंने 'हिन्दी साहित्य का दूसरा इतिहास' भी लिखा। उन्होंने आलोचना पद्धति को वैज्ञानिक बनाया। वे एक नाट्य समीक्षक हैं। उन्होंने आधे-अधूरे, पहला राजा, हानूश, यमगाथा, बिना दीवारों का घर, कोणार्क आदि नाटकों की समीक्षा की।

रामस्वरूप चतुर्वेदी बड़े क्षमतावान् आलोचक हैं। उन्होंने 'भाषा और संवेदना', 'हिन्दी साहित्य और संवेदना का विकास', 'कविता यात्रा', 'नयी कविताएँ : एक साक्ष्य और हिन्दी नवलेखन' आदि ग्रन्थ लिखे हैं। अज्ञेय, प्रसाद और निराला का मूल्यांकन भी किया है। उन्होंने काव्यभाषा को केन्द्र में रखकर उसे बड़ी खूबसूरती से निखारा है।

हिन्दी में अस्सी के दशक में खास तौर से ऐसे आलोचक उभरकर आये जो मूलतः रचनाकार हैं, जैसे– निर्मल वर्मा, विजयदेव नारायण साही, रघुवीर सहाय, श्रीकान्त वर्मा, स्व. कुंवर नारायण, स्व. केदारनाथ सिंह, काशीनाथ सिंह, अशोक वाजपेयी, मलयज आदि। अन्त में कुल मिलाकर यह माना जा सकता है कि समकालीन हिन्दी-आलोचना का विकास बहुत क्षिप्र गति से हो रहा है। नये और पुराने आलोचक इस क्षेत्र में बड़े उत्साह से सक्रिय दिखायी दे रहे हैं। कई लोगों का यद्यपि यह भी मानना है कि परम्परा की गहरी और सार्थक पकड़ की कमी ने इधर की समीक्षा को धक्का दिया है, फिर भी स्थिति बहुत निराशाजनक नहीं है। निचोड़ यह कि आज हिन्दी-आलोचना सैद्धान्तिक और व्यावहारिक दृष्टि से काफी समृद्ध है तथा नये चिन्तन को आत्मसात् करते हुए हिन्दी समीक्षा प्रगतिपथ पर निरन्तर अग्रसर हैं।[1]

(11) दृष्टिकोण, उद्देश्य और मानदण्ड की भिन्नता के आधार पर आलोचना के प्रकार, पद्धतियाँ-प्रणालियाँ, कोटियाँ, भेद या वर्गीकरण

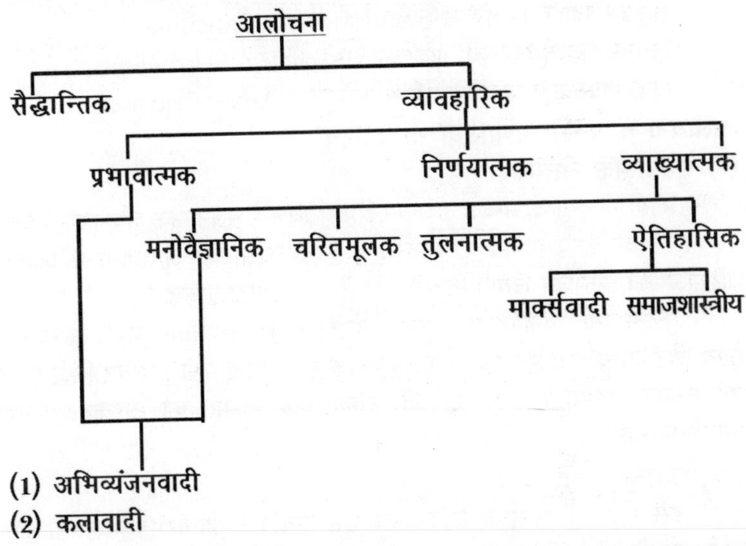

(1) अभिव्यंजनवादी
(2) कलावादी

आधुनिक युग में समालोचना साहित्य का क्षेत्र अत्यन्त विस्तृत हो चुका है। कई लोगों का विचार है कि आलोचना की प्राच्य तथा प्रतीच्य प्रचलित प्रणालियाँ प्रायः एक जैसी हैं। जहाँ तक इसके वर्गीकरण और कोटियों के विभाजन के आधार का प्रश्न है, इस प्रश्न पर गम्भीरतापूर्वक विचार करने पर हम निष्कर्ष के इस बिन्दु पर पहुँचते हैं कि समालोचना के प्रकार या उसके विभिन्न रूप इस तथ्य पर आधारित रहते हैं कि कोई साहित्यिक या कलात्मक कृति किस रूप में किसी व्यक्ति में प्रतिक्रिया उत्पन्न करती है? उस पर उसका क्या प्रभाव पड़ता है? आलोचना के वर्गीकरण की समस्या समालोचक के 'दृष्टिकोण' और नजरिया पर भी निर्भर

1. हिन्दी साहित्य का इतिहास–डॉ. नगेन्द्र, पृष्ठ-787.

करती है। दृष्टिकोण का आधार मनोवैज्ञानिक, दार्शनिक, ऐतिहासिक, काल्पनिक, वैचारिक, निर्णयात्मक, सामाजिक, वैयक्तिक आदि कोई भी हो सकता है,[1] अथवा कभी रीति और विषय को इसका आधार बनाया जा सकता है। आधुनिक साहित्य में अनेक प्रकार की समालोचना-प्रणालियों का प्रयोग हुआ है और अभी हो रहा है, जिसमें कुछ मुख्य इस प्रकार हैं–

(1) तुलनात्मक आलोचना (Comparative Criticism),
(2) सैद्धान्तिक आलोचना (Theoretical Criticism),
(3) शास्त्रीय आलोचना (Classical Criticism),
(4) अन्वेषण एवं अनुसन्धानपरक समालोचना (Researchful Criticism),
(5) निर्णयात्मक आलोचना (Judicial Criticism),
(6) व्याख्यात्मक समालोचना (Inductive Criticism),
(7) ऐतिहासिक एवं सांस्कृतिक समालोचना (Historical and Cultural Criticism),
(8) स्वच्छन्दतावादी समालोचना (Romantic Criticism),
(9) प्रभाववादी समालोचना (Impressionistic Criticism),
(10) मनोविश्लेषणात्मक आलोचना (Psychological Criticism),
(11) मार्क्सवादी या प्रगतिवादी समालोचना (Marxist Criticism),

आलोचना के प्रकार, प्रणालियाँ या कोटियाँ

(1) तुलनात्मक आलोचना

किसी भी वस्तु के सम्यक् अध्ययन और परीक्षण में तुलनात्मक दृष्टिकोण महत्त्वपूर्ण होता है। बिहारी के काव्य-सौष्ठव के सम्बन्ध में मिश्रबन्धुओं की आलोचना ने कतिपय भ्रान्त धारणाओं को प्रोत्साहन दिया। बिहारी और देव का झगड़ा प्रसिद्ध है।

तुलना समालोचना का एक तत्त्व है, पद्धति है, पूरी समालोचना नहीं। तुलना का उद्‌देश्य साम्य और वैषम्य तथा मूल्यांकन है। तुलनात्मक समालोचना तभी श्रेयस्कर सिद्ध हो सकती है, जब उसका आधार वैज्ञानिक हो और समालोचक पक्षपात को छोड़कर सहानुभूतिपूर्वक समालोचना करे।

(2) सैद्धान्तिक आलोचना

इस पद्धति के अन्तर्गत साहित्य-रचना से सम्बन्धित आधारभूत सिद्धान्तों और नियमों का निर्माण होता है। रीति ग्रन्थ, लक्षण ग्रन्थ, काव्यशास्त्र आदि इसके अन्तर्गत आते हैं। भारतीय आचार्यों ने इस पद्धति को विशेष रूप से अपनाया है। अंग्रेजी साहित्य में कॉलरिज (Coleridge) और रिचर्ड्स (Richards) प्रसिद्ध सैद्धान्तिक समालोचक हैं। रिचर्ड्स की Principles of Literary Criticism बहुत ही प्रख्यात रचना है। हिन्दी में आचार्य केशव की 'कविप्रिया' और 'रसिकप्रिया' को समालोचना सिद्धान्त का प्रथम प्रयास माना जाता है। श्यामसुन्दर दास की 'साहित्यालोचन', गुलाबराय का 'सिद्धान्त और अध्ययन' तथा रामचन्द्र शुक्ल की चिन्तामणि इसी कोटि की पुस्तकें हैं।

---

1. हिन्दी भाषा और साहित्य–डॉ. किरण बाला, पृष्ठ-272।

(३) शास्त्रीय आलोचना

इस आलोचना पद्धति के अन्तर्गत आलोचक लक्षण-ग्रन्थों या काव्यशास्त्रीय पुस्तकों में दिये गये शास्त्रीय नियमों के आधार पर किसी रचना की परख और उसका मूल्यांकन करता है। द्विवेदी युग में इस आलोचना का विशेष रूप से विकास हुआ। कुछ आलोचकों ने लक्षण ग्रन्थों की ही रचना की थी और कुछ ने संस्कृत और पाश्चात्य काव्यशास्त्र का समन्वय करके नवीन सिद्धान्तों का प्रणयन किया। छायावाद युग में शास्त्रीय विवेचन कुछ रुक-सा गया। छायावादोत्तर युग में पुनः इस परम्परा का विकास हुआ। शास्त्रीय समालोचना, शास्त्रीय मान्यताओं, परम्पराओं और नियमों को मुख्यतः अपना आधार बनाती है।

(4) अन्वेषण एवं अनुसन्धानपरक आलोचना

द्विवेदी युग में इस आलोचना का आरम्भ हुआ। इस आलोचना का अभूतपूर्व विकास हुआ है क्योंकि पी.एच-डी और डी.लिट् उपाधियाँ प्राप्त करने के लिये लिखे जानेवाले प्रबन्धों में यह पद्धति अपनायी जाती है। भाषा तथा भाषा विज्ञान पर डॉ. सिद्धेश्वर वर्मा, डॉ. धीरेन्द्र वर्मा, काव्यशास्त्र पर डॉ. नगेन्द्र, डॉ. भगीरथ मिश्र आदि, महाकाव्य, नाटक आदि दूसरे काव्य रूपों पर डॉ. प्रतिपाल सिंह, डॉ. दशरथ ओझा, डॉ. देवराज उपाध्याय, विशिष्ट रचना पर डॉ. हजारीप्रसाद द्विवेदी, नन्ददुलारे वाजपेयी, डॉ. माताप्रसाद गुप्त, डॉ. विनय मोहन शर्मा आदि के नाम शोधपरक कार्य के लिये प्रसिद्ध हैं। हिन्दी साहित्य का पहला शोध-प्रबन्ध डॉ. पीताम्बरदत्त बड़थ्वाल का 'हिन्दी काव्य में निर्गुण सम्प्रदाय' सन् 1934 ई. में स्वीकृत हुआ था। तत्पश्चात् लगातार अन्वेषणपरक आलोचनाएँ लिखी जा रही हैं। शोधार्थी को तत्त्वों और मूल्यों का तथ्यपूर्ण अन्वेषण करना चाहिए। उसे गुणात्मक उत्कर्ष का सदैव ध्यान रखना चाहिए। वस्तुतः इस पद्धति में शोधकार्यों में नवीन तथ्यों का अनुसन्धान किया जाता है। यह परम्परा सम्प्रति अपने चरम पर है।

(5) निर्णयात्मक आलोचना

इस प्रणाली में आलोचक न्यायाधीश की तरह कृति के विषय में अपना निर्णय देता है। वह शास्त्रीय सिद्धान्तों और समष्टिगत हित के आधार पर कृति का मूल्यांकन करता है उसे सत् या असत् घोषित करता है। डॉ. ग्रियर्सन ने बिहारी ने लिये लिखा था– "Bihari has been called the Thomson of India , but I do not think that either he or any of his brother poets of Hindustan can be usefully compared with any Western poet. I know nothing, like his verses, in any European language."

(6) व्याख्यात्मक आलोचना

इस प्रणाली में वैज्ञानिक अन्वेषण और व्याख्या को ही आलोचना का आदर्श माना जाता है। शेक्सपियर और डॉ. मोल्टन ने इस पद्धति को अपनाया। व्याख्यात्मक आलोचक कृति की अन्तरात्मा में प्रवेश कर सहृदयतापूर्वक उसके उद्देश्यों और विशेषताओं का उद्घाटन करता है। व्याख्यात्मक आलोचना नियमों के बन्धनों से मुक्ति और साहित्यिक कृतियों की बन्धन रहित व्याख्या का प्रयत्न करती है।

(7) ऐतिहासिक एवं सांस्कृतिक समालोचना

यह आलोचना पद्धति आलोच्यकृति का मूल्यांकन इतिहास और संस्कृति के व्यापक परिप्रेक्ष्य में करती है। कलाकार अपने युग की देन होता है। उस पर अपने युग की राजनीतिक, सामाजिक, धार्मिक, साहित्यिक परिस्थितियों का प्रभाव पड़ना स्वाभाविक है। अतः ऐतिहासिक आलोचना कृति का मूल्यांकन कृति के युग के सन्दर्भ में करती है। कभी-कभी आधुनिक समस्याओं का समाधान अतीत में ढूँढा जा सकता है।

आचार्य शुक्ल की 'जायसी', पं. हजारीप्रसाद द्विवेदी की 'हिन्दी साहित्य की भूमिका' (1940), कबीर (1942), हिन्दी साहित्य का आदिकाल (1952), पं. विश्वनाथ मिश्र की भूषण ग्रन्थावली (1953) की भूमिका इस आलोचना प्रणाली का अच्छा उदाहरण है। साहित्य के इतिहास-दर्शन के लेखन में इस आलोचना प्रणाली का प्रयोग होता है।

(8) स्वच्छन्दतावादी आलोचना

स्वच्छन्दतावादी समालोचना के प्रमुख स्तम्भ नन्ददुलारे वाजपेयी काव्य का महत्त्व काव्य के अन्तर्गत ही मानते हैं, किसी बाहरी वस्तु में नहीं।[1]

साहित्य की 'स्वतन्त्र सत्ता की स्वीकृति' ही स्वच्छन्दतावाद का केन्द्रीय तत्त्व है। 'रामचन्द्र तिवारी' ने अपनी पुस्तक 'हिन्दी आलोचना शिखरों का साक्षात्कार' में स्वच्छन्दतावादी समीक्षा को पाश्चात्य रोमाण्टिक समीक्षा का भारतीय संस्करण कहा है। आलोचकों ने पन्त जी के 'पल्लव' की तुलना वर्ड्सवर्थ और कोलरिज के 'लिरिकल बैलेड्स' से की है और उसे हिन्दी की रोमाण्टिक कविता का 'मैनीफेस्टो' बताया है। हिन्दी के स्वच्छन्दतावादी कवियों पर वर्ड्सवर्थ, शेली, कीट्स आदि का प्रभाव स्वीकार किया जा चुका है। आचार्य नन्ददुलारे वाजपेयी की 'प्रसाद', 'निराला' और 'पन्त' की समीक्षा इसी पद्धति के अन्तर्गत आती है। शान्तिप्रिय द्विवेदी और नगेन्द्र ने भी यही समीक्षा-पद्धति अपनायी है।

(9) प्रभाववादी आलोचना

प्रभाववादी समालोचना काव्य-वस्तु के प्रति सहृदय की मार्मिक प्रतिक्रिया है। इसमें सहृदय आलोचक कृति का प्रभाव ग्रहण करता है और उसे सम्प्रेषित करता है। वह अपने मन पर पड़े प्रभाव को ही अभिव्यक्त करता है। वह कला के इन्द्रियानुभूत प्रभाव को व्यक्त करता है। आलोचक के व्यक्तित्व का आग्रह होता है। शुक्ल जी प्रभाववादी आलोचक हैं। किसी कृति के प्रति निजी प्रतिक्रिया ही प्रभावात्मक समालोचना पद्धति का आधार होती है। इसी को 'आत्मगत' या 'प्रभावात्मक-प्रभावाभिव्यंजक' आलोचना भी कहा जाता है।

(10) मनोविश्लेषणात्मक आलोचना

पाश्चात्य विद्वान् फ्रायड के मतानुसार कला का जन्म कामवासना से होता है और इच्छा, स्वप्न तथा कलाएँ घनिष्ठ रूप में परस्पर सम्बद्ध हैं। हमारी कुण्ठाएँ और अतृप्त वासनाएँ जो उपचेतन में दबी रहती हैं, कला या स्वप्न के माध्यम से व्यक्त होकर तृप्ति पाती हैं। अतः रचना को समझने के लिये हमें कवि के अन्तर्मन के द्वन्द्व का मनोवैज्ञानिक अध्ययन करना चाहिए।

1. डॉ. नगेन्द्र के श्रेष्ठ निबन्ध—पृष्ठ 96.

यह आलोचना-पद्धति साहित्य को सामाजिक कर्म न मानकर वैयक्तिक कर्म मानती है और कर्त्ता के मन के सन्दर्भ में कृति का विश्लेषण करती है।

(11) मार्क्सवादी आलोचना या प्रगतिवादी आलोचना

प्रगतिवादी समालोचना का मुख्य आधार मार्क्स का जीवन-दर्शन 'द्वन्द्वात्मक भौतिकवाद' है। मार्क्सवाद 'ईश्वर' में विश्वास नहीं रखता। मार्क्सवाद यह मानता है कि आर्थिक स्थिति मानसिक और बौद्धिक जीवन को प्रभावित करती है। मार्क्सवाद साहित्य और जीवन को परस्पर अविच्छिन्न मानता है, साहित्य गतिशील समाज का दर्पण होता है। समाज के प्रगतिशील विकास में साहित्य महत्त्वपूर्ण भूमिका निभाता है। साहित्य जनता के लिये है, सोद्देश्य है। यह शोषित को न्याय दिलाता है और शोषक का विरोध करता है। मार्क्स ने साहित्य के लोकमंगल और मानवतावादी पक्ष पर बल दिया और कहा कि व्यक्तिगत सम्पत्ति नष्ट होनी चाहिए। वर्गहीन समाज में ही सच्ची कला का जन्म होता है। मार्क्सवाद साहित्य को सर्वहारा का अस्त्र बताता है। वह यथार्थ सौन्दर्य की अपेक्षा कलात्मक सौन्दर्य को अधिक सुन्दर मानता है। मार्क्सवादी आलोचक विषय और शैली को विशेष महत्त्व देते हैं।

ख—नयी समीक्षा

इसे रूपात्मक आलोचना भी कहते हैं। यह आधुनिक आलोचना की चर्चित प्रवृत्ति है। यह पद्धति कविता की सार्थकता अर्थ में न मानकर रूप में मानती है। नयी समीक्षा (The New Criticism) शब्द का प्रयोग सर्वप्रथम जोएल स्पिगार्न ने सन् 1911 में किया है और उसकी परिभाषा जॉन क्रो रेन्सम ने इस प्रकार की है—

"नयी समीक्षा कविता की आत्मा की खोज के चक्कर में न पड़कर उनके शरीर की जीवन्त प्रक्रिया का अध्ययन करती है।" नयी समीक्षा के उन्नायकों में जॉन क्रो रेन्सम, एलन टेट, रिचर्ड पी. ब्लैकमर, राबर्ट पैन वारेन, क्लीन्थ ब्रुक्स तथा विलियम एम्पसन का नाम लिया जाता है।

यह कविता में तनाव, श्लेष (अनेकार्थता) या जटिलता, अर्थ-विडम्बना, सार्वभौम मूर्त-विधान या उपचार आदि काव्य-भाषा के उपकरणों के आधार पर मीमांसा करता है। नयी समीक्षा की प्रक्रिया के सन्दर्भ में दो शब्द विशेष रूप से महत्त्वपूर्ण हैं—स्ट्रक्चर = अर्थ-विधान और टेक्स्चर = शब्द विधान।

अर्थ विधान से अभिप्राय है भावार्थ या अर्थ संगति का, जिसके आधार पर काव्यकृति का निर्माण होता है और शब्द-विधान का अर्थ है कविता का मूर्त रूप। अर्थ - विधान = भावार्थ सामान्य और तर्कसंगत होता है; शब्द - विधान = मूर्त रूप विशेष होता है और उसमें तार्किक संगति नहीं रहती। भावार्थ से उसका प्रत्यक्ष सम्बन्ध नहीं होता वरन् यह विरोध असंगति आदि के द्वारा भावार्थ को बाधित करता है। अर्थ विधान में भाषा अपने अभीष्ट अर्थ की ओर ऋजु-सरल गति से बढ़ जाती है किन्तु शब्द-विधान में वह शब्द-अर्थ के वक्र अथवा रमणीय प्रयोगों के साथ क्रीड़ा करती हुई मस्त-मन्थर गति से अभीष्ट अर्थ तक पहुँचती है।"[1]

नयी समीक्षा कविता को कृति मानती है—भाव या विचार नहीं। यहाँ शब्द-विधान ही प्रमुख है। नयी समीक्षा काव्य के स्वाद को प्रत्यक्ष स्वीकार करती है। यह कवि-व्यापार और

1. Literary Criticism : A short History-Wimsod, p.627,-1967.

रचना-कर्म को प्रमुखता देती है। नयी समीक्षक स्वच्छन्दतावाद और आदर्शवाद का विरोध करके प्रामाणिकता पर ही बल देता है। इसके प्रवक्ता सार्त्र और कामू भी थे। इनका मत है कि, "जीवन के वास्तविक रूप की अभिव्यक्ति न दर्शन कर सकता है और न विज्ञान, क्योंकि दोनों निर्जीव सामान्य धारणाओं अथवा सिद्धान्त-सूत्रों पर निर्भर करते हैं लेकिन कविता का सम्बन्ध जीवित और प्रत्यक्ष अनुभव के साथ हैं अतः जीवन की सच्ची अभिव्यक्ति काव्य में ही सम्भव है।"[1] नयी सहस्त्राब्दी के समीक्षक को भारतीय काव्यशास्त्र और पश्चिमी काव्यशास्त्र के बीच की दीवार गिराकर दोनों से ही समीक्षा-निधि को ग्रहण करना होगा। दोनों की एक-दूसरे पर श्रेष्ठता या वर्चस्व साबित करने के निरर्थक प्रयास को त्यागकर एक सम्यक् दृष्टि अपनाना आवश्यक है, तभी आलोचक 'समालोचना' कर पायेगा।

(ग) समकालीन समीक्षा

अगर ध्यानपूर्वक विचार करें तो हम यह महसूस करेंगे कि शुक्लोत्तर आलोचना व्यावहारिक और सैद्धान्तिक-दोनों स्तरों पर समृद्ध-सम्पन्न हुई है। प्रतिमानीकरण के स्तर पर भाषिक संरचना-संघटना के स्तर पर अर्थात् लगभग हर स्तर पर हिन्दी आलोचना में विवृद्धि हुई है। इधर, हाल के दिनों में हिन्दी आलोचना में कुछ नये दृष्टिकोण प्रचलित हुए हैं—**समकालीन समीक्षा** उन्हीं में से एक है। कुछ लोगों ने **उत्तर आधुनिक समीक्षा** की भी तलाश की है। इसके पहले **नयी समीक्षा** तो थी ही। हिन्दी में नयी समीक्षा का उदय बताते हैं, प्रगतिवादी, स्वच्छन्दतावादी दृष्टि के बरक्स हुआ। इसमें जीवन की व्याख्या रोमानियत की जगह गैर रोमानियत बौद्धिक मानसिकता से की जाती है।

दरअसल, गद्य साहित्य की अन्य विधाओं की भाँति छठे दशक के अन्त में हिन्दी आलोचना भी नयी सम्भावनाओं की ओर उन्मुख हुई। डॉ. देवीशंकर अवस्थी द्वारा सम्पादित निबन्ध-संग्रहों-विवेक के रंग, नयी कहानी : सन्दर्भ और प्रकृति—में संकलित सामग्री समीक्षा-सम्बन्धी नए संकेतों की सूचना देती है। नेमिचन्द्र जैन की 'अधूरे साक्षात्कार', डॉ. नामवर सिंह कृत 'कहानी और कहानी' तथा 'कविता के नये प्रतिमान', डॉ. रघुवंश की 'आधुनिक साहित्य का परिप्रेक्ष्य', डॉ. बच्चन सिंह की 'समकालीन साहित्य : आलोचना को चुनौती' तथा 'आलोचक और आलोचना', लक्ष्मीकान्त वर्मा की 'नयी कविता का प्रतिमान' तथा 'नये प्रतिमान पुराने निकष; डॉ. रामस्वरूप चतुर्वेदी की 'भाषा और संवेदना' आदि पुस्तकें नयी समीक्षा के संकेत चिह्न हैं। इन सभी समीक्षकों ने संरचना को महत्त्व देने के साथ मूल्यों का भी ध्यान रखा। नयी आलोचना किसी पूर्व-निश्चित आलोचनात्मक मान को आलोच्य पर चस्पा नहीं करती, क्योंकि आलोच्य अपना मान स्वयं है। आलोच्य की निजी प्रतिमानता की ओर छायावाद काल में भी ध्यान दिया गया था, पर उस समय आलोचना के किसी वैज्ञानिक आधार की खोज नहीं की जा सकी थी। अमेरिका की नयी आलोचना (New Criticism) ने समीक्षा को वैज्ञानिक आधार दिया, फलस्वरूप प्रचलित प्रतिमान—रसवादी, मार्क्सवादी, ऐतिहासिक, मनोविश्लेषणात्मक आदि मान्य नहीं रहे, क्योंकि वे साहित्य का आनुषंगिक अध्ययन प्रस्तुत करते हैं। रैनसम, राबर्ट पेन

1. नयी समीक्षा : नये सन्दर्भ—डॉ. नगेन्द्र पृ. 47.

वारेन, क्लीन्थ, ब्रुक्स, ब्लैकमर, ईवोर विण्टर, टेट आदि नये आलोचना-संस्थान के लेखक हैं, जिनसे इधर की हिन्दी-समीक्षा प्रभावित हुई है।[1]

जहाँ तक **समकालीन समीक्षा** का प्रश्न है, इसका जन्म हालिया अर्थात् अभी लगभग पाँच दशक पहले अर्थात् 1970 ई. के आसपास हुआ माना जाता है। कुछ लोग इसे ही **मध्यकालीन समीक्षा** भी नाम देते हैं। इस समीक्षा के अन्तर्गत मुख्य रूप से दो मान्यताएँ या धाराएँ सामने आयीं। एक मान्यता या धारा 'वस्तुवादियों' की है तो दूसरी भाववादियों की किन्तु इसी के साथ समीक्षा की एक तीसरी धारा या मान्यता और भी थी, जो इन्हीं के साथ अपनी यात्रा कर रही थी। यह धारा उक्त दोनों धाराओं अर्थात् भाववादी और वस्तुवादी—के विचारों को समन्वित कर आगे बढ़ती रही, जिसकी चर्चा थोड़ी देर बाद संक्षेप में की जायेगी। बहरहाल, वस्तुवादी धारा यथार्थवादी मानी जाती है। यह एक विचार और दृष्टिकोण है, जो बाह्य स्थितियों को खासा महत्त्व देता है। इस विचारधारा में साहित्य की व्याख्या बजरिये बाह्य परिस्थितियों की जाती है। इस समीक्षा धारा का नेतृत्व ख्यातिलब्ध आलोचक डॉ. नामवर सिंह के हाथ में है। इधर, दूसरी धारा भाववादियों की है, जिसका नेतृत्व कवि, समीक्षक डॉ. अशोक वाजपेयी के हाथ में है। भाववादी विचारधारा या दृष्टिकोण के भीतर रचना की व्याख्या के केन्द्र में रचनाकार की मानसिकता या चेतना को रखा जाता है। मलयज, नन्दकिशोर नवल, विश्वनाथ त्रिपाठी, तेजस पाण्डेय तथा नित्यानन्द तिवारी वस्तुवादी अर्थात् पहली धारा के समर्थक-पोषक कहे जाते हैं।

दूसरी धारा अर्थात् भाववादी धारा की अगुआई जनसत्ता में कभी-कभार के लेखक और 'पूर्वग्रह' के सम्पादक डॉ. अशोक वाजपेयी कर रहे हैं। अशोक वाजपेयी की आलोचना सम्बन्धी पुस्तक 'फिलहाल' सातवें दशक के अन्त में (1970 ई.) प्रकाशित हुई थी। श्री वाजपेयी परम्परा और समकालीन वास्तविकता— दोनों को महत्त्व देते हैं। उनके अनुसार परम्परा को बिल्कुल नजरअन्दाज कर निरे समकालीन लेखन को ही सन्दर्भ नहीं बनाया जा सकता। संघर्ष, अन्याय, भूख और आम आदमी की हमारे इतिहास में परम्परा है और उससे जुड़ने से हमारा अनुभव अधिक तीव्र, अधिक मानवीय तथा समृद्ध होता है। 'पूर्वग्रह' (मार्च-अप्रैल 1977) की एक टिप्पणी 'बुजुर्गों की जगह' में वे स्वीकार करते हैं कि आज हम मानव नियति का अधिक सीधा साक्षात्कार कर पा रहे हैं तो इसलिये भी कि हमारे बुजुर्ग हमसे पहले सच्ची और ईमानदार कोशिशें कर गये हैं। समकालीनता की जकड़बन्दी ने हमारे रचनात्मक विवेक को छोड़ देने के कारण उन्हीं के शब्दों में, "रचनात्मक स्तर पर भाषा के संस्कार के प्रति, उसकी सांस्कृतिक जड़ों के प्रति उदासीनता आयी है और अपनी पारम्परिक अनुगूँजों और आसंगों से, कवियों के अज्ञान और अरुचि के कारण, कट जाने से काव्य-भाषा में ज्यादातर युवा कवियों की भाषा में सपाटता, सतहीपन और मानवीय दरिद्रता आयी है।"[2] बहरहाल, भाववादी-रूपवादी विचारधारा को संरक्षण देनेवालों में प्रभात त्रिपाठी, विष्णु खरे, ध्रुवशुक्ल तथा मदन सोनी आदि मुख्य हैं। आलोचना को अपने रचनाकर्म का महत्त्वपूर्ण हिस्सा प्रचारित करनेवाले प्रभात कुमार त्रिपाठी प्रमुख रूप से कवि और कथाकार हैं। आठवें दशक के महत्त्वपूर्ण रचनाकारों द्वारा लिखी आलोचना के बीच

1. हिन्दी साहित्य का इतिहास—सं. डॉ. नगेन्द्र, पृष्ठ-710.
2. आठवें दशक की हिन्दी आलोचना—डॉ. विश्वनाथ तिवारी, पृष्ठ—146.

उनकी विश्लेषण पटुता का लोहा मानना ही पड़ा है। हिन्दी आलोचना का समकालीन मुहावरा गढ़नेवालों में उनका नाम भी लिया जा सकता है। उनकी आलोचना का सीधा सरोकार कविता से है, यद्यपि गौण रूप से उन्होंने कहानियों और उपन्यासों की भी समीक्षा लिखी है। मूलतः कवि होने के कारण सर्जनात्मक समीक्षा के सुदृढ़ स्तम्भ विष्णु खरे का अधिकांश गद्यात्मक लेखन भी कविता के आसपास ही सम्भव हुआ है। अंग्रेजी साहित्य के अध्येता होने के कारण हिन्दी कविता को भी उसी की आँख से देखने के कारण उनकी समीक्षा में कहीं-कहीं असन्तुलन भी महसूस किया जा सकता है, परन्तु ठेठ आठवें दशक के रचनाकार आलोचक के रूप में अन्य कारणों से भी उनकी उपलब्धियाँ हिन्दी की अद्यतन आलोचना की उपलब्धियाँ हैं।[1]

तीसरी और समन्वयवादी विचारधारा के पुरोधा हैं—आलोचक रामस्वरूप चतुर्वेदी। हिन्दी के नये समीक्षकों में डॉ. रामस्वरूप चतुर्वेदी मुख्यतः काव्य भाषा को केन्द्र में रखकर समीक्षा कर्म में प्रयुक्त हुए हैं। आप की दृष्टि में अनुभूति और भाषा एक हैं। आपके शब्दों में— अनुभव का अनुभव यानी कि अनुभूति या कि भाषा है। उदाहरण देकर अपनी बात समझाते हुए आप कहते हैं—'जाड़ा लगना अनुभव है' और यह कि 'जाड़ा लग रहा है' अनुभव का अनुभव है यानी कि अनुभूति या कि भाषा है फिर इस अनुभव के अनुभव का अनुभव कवि के यहाँ सम्भव है। भाषा और अनुभूति के अद्वैत को केन्द्र में रखकर समीक्षा के क्षेत्र में सक्रिय डॉ. चतुर्वेदी साहित्य में 'संवेदना' को विशेष महत्त्व देते हैं। वे यह मानते हैं कि भाषा और संवेदना की स्थिति संश्लेषणात्मक है। भाषा और संवेदना—दोनों का विकास युगपत् होता है। उनका मानना है कि चित्तवृत्तियों का संश्लेष ही संवेदन है।[2] रामदरश मिश्र, बटरोही आदि इसी विचारधारा को पल्लवित करते हैं।

मैं समझता हूँ कि, **उत्तर आधुनिक समीक्षा** पाश्चात्य उत्तर आधुनिक दर्शन पर आधारित है। पश्चिम के मिशेल फूको, फ्रान्स्वा ल्योतार तथा देरिदा आदि विचारकों की विचारधारा इसके मूल में है। इस दर्शन की व्याख्या साहित्यिक प्रतिमानों के सन्दर्भ में चार्ल्स जैक्शन की और भाषा के सन्दर्भ में नाम चॉम्स्की और देरिदा ने की है। 'जस्टिफिकेशन' 'पेस्टिज' और 'डबल कोडिंग' आदि कुछ नये मुहावरों की जमीन पर यह विचारधारा खड़ी है। हिन्दी में भी कुछ समीक्षकों ने अपनी समीक्षा में इस विचारधारा और दर्शन में विश्वास व्यक्त किया है। देवेन्द्र इस्सर, मनोहर श्याम जोशी तथा सुधीश पचौरी आदि उन्हीं में हैं। देवेन्द्र इस्सर ने इस जीवनधारा का प्रयोग जीवन और साहित्य के सन्दर्भ में अपनी कुछ महत्त्वपूर्ण कृतियों में किया है। मनोहर श्याम जोशी अपने चारों उपन्यासों में इस विचारधारा से प्रभावित दीखते हैं। इतना ही नहीं 'अपनी मृत्यु से कुछ समय पहले वे कुछ सांस्कृतिक-साहित्यिक लेख भी लिखे थे, जिनमें इस विचार और दर्शन की आहट मिलती है। इधर, सुधीश पचौरी पर फ्रेडरिक जेनिसन जैसे पाश्चात्य समीक्षक का असर साफ दिखायी पड़ता है। पचौरी जी ने अपनी महत्त्वपूर्ण पुस्तकों—उत्तर आधुनिकता, उत्तर आधुनिक परिदृश्य और उत्तर संरचनावाद में उत्तर आधुनिक सन्दर्भ का विवेचन मार्क्सवादी-पद्धति से उक्त विचारधारा से प्रभावित होते की है। बहरहाल,

1. आठवें दशक की हिन्दी आलोचना में रेवती रमण का लेख 'आठवें दशक के रचनाकार आलोचक', पृ. 181.
2. हिन्दी आलोचना शिखरों का साक्षात्कार—डॉ. रामचन्द्र तिवारी, पृष्ठ-162.

उत्तर आधुनिक समीक्षा में फिलवक्त रोजाना नये-नये प्रयोग हो रहे हैं, अब तक यह समीक्षा-प्रणाली कितनी सफल हुई है और इसका भविष्य कितना सफल होगा, यह तो आनेवाला वक्त ही बतायेगा। आगे इंशा अल्लाह।

(घ) हिन्दी आलोचना की वर्तमान स्थिति–

अपनी सर्वसमावेशी चित्तवृत्ति, सहज प्रकृति, अनेक सन्दर्भों में पश्चिमी आलोचना से विलक्षण, समकालीन हिन्दी आलोचना सम्प्रति भरपूर और स्वस्थ सम्पन्न है। समकालीन आलोचना ने प्रचलित ढाँचे में न बँधकर अनुभव, वस्तु और भाषा का निर्माण करके विश्व आलोचना साहित्य में अपनी पुख्ता और मुकम्मल पहचान बना ली है। इतनी व्यापक आलोचकीय सजगता और विराट् क्षमता शायद ही किसी अन्य भाषा की आलोचना-विधा में मिले। परिवेश की सोंधी महक और घनीभूत संवेदना, अपने उच्च साहित्यिक संस्कार से लैस तथा शब्द-संकोच की सीमाएँ तोड़ती हुई समकालीन आलोचना ने अपना महत्त्वपूर्ण स्थान बना लिया है। कभी-कभी ठेठ देशज या उसी ठाट पर गढ़े हुए शब्दों के इस्तेमाल ने समकालीन आलोचना की विषय-वस्तु में आकर्षण पैदा किया है। हिन्दी आलोचना की समूची यात्रा में समकालीन आलोचना में अनुभूतियों को झकझोरने की ताकत तो है ही, छोटे-छोटे वाक्यों से भी संवेदनशीलता को पूरी चित्रात्मकता के साथ मूर्त करने की भरपूर क्षमता है।

हिन्दी की वर्तमान आलोचना में अनेक प्रवृत्तियाँ, दृष्टियाँ और पद्धतियाँ सक्रिय हैं। मुख्य रूप से मार्क्सवादी और रूपवादी प्रवृत्तियों की प्रबलता है लेकिन अत्यधिक प्रभावी और प्रसरणशील आलोचना-पद्धति के रूप में मार्क्सवादी आलोचना पद्धति का ही विकास हो रहा है। मार्क्सवादी समीक्षकों में डॉ. रामविलास शर्मा, डॉ. नामवर सिंह के साथ इधर नये समीक्षकों की एक बड़ी पंक्ति तैयार हुई है, जिसमें शिवकुमार मिश्र, धनंजय वर्मा, निर्मला जैन, नन्द किशोर नवल, शम्भुनाथ, कर्ण सिंह चौहान, मधुरेश, खगेन्द्र ठाकुर आदि के नाम उल्लेखनीय हैं। मार्क्सवादियों में भी जनवादियों की एक अलग पीढ़ी तैयार हो रही है, जिसकी अगली पंक्ति में डॉ. शिवकुमार मिश्र और मैनेजर पाण्डेय दिखायी दे रहे हैं। दरअसल, इस समय रचना और आलोचना को लेखक संगठन और लघु-पत्रिकाएँ अपने-अपने ढंग से निर्देशित-प्रेरित कर रही हैं और तदनुसार 'किसिम-किसिम' की आलोचना प्रकाश में आ रही है।[1] शिवकुमार मिश्र के कुछ चर्चित समीक्षा ग्रन्थ इस प्रकार हैं, जिनसे उन्होंने हिन्दी आलोचना कोष को समृद्ध किया है, यथा–'नया हिन्दी काव्य', 'आधुनिक कविता और युग दृष्टि' (1966), 'प्रगतिवाद' (1966), 'मार्क्सवादी साहित्य चिन्तन', 'इतिहास तथा सिद्धान्त' (1973), 'यथार्थवाद' (1975), 'साहित्य और सामाजिक सम्बन्ध' (1977), 'प्रेमचन्द : विरासत का सवाल' (1981), 'दर्शन, साहित्य और समाज' (1981), 'हिन्दी आलोचना की परम्परा और आचार्य रामचन्द्र शुक्ल (1986) और 'आलोचना के प्रगतिशील आयाम' (1987) आदि। इधर, गोपाल राय, परमानन्द श्रीवास्तव, विश्वनाथ त्रिपाठी, विश्वनाथ प्रसाद तिवारी, पुरुषोत्तम अग्रवाल, अजय तिवारी और रेवती रमण ने भी अपनी आलोचना से इस समय की आलोचना को सम्पन्न बनाया है। नयी पीढ़ी के आलोचक नन्दकिशोर नवल ने 'कविता की मुक्ति' (1980), 'हिन्दी आलोचना का विकास'

1. राजर्षि टण्डन मुक्त विश्वविद्यालय की पत्रिका-पृष्ठ-69.

(1981), 'प्रेमचन्द का सौन्दर्यशास्त्र' (1982) और 'शब्द जहाँ सक्रिय हैं' (1984) तो 'नयी कविता के प्रतिमान' (1957) और 'नये प्रतिमान पुराने निकष' (1966) लिखकर पुरानी पीढ़ी के आलोचक डॉ. लक्ष्मीकान्त वर्मा ने हिन्दी आलोचना को समृद्ध किया है।

हिन्दी आलोचना दिन-पर-दिन पुष्टतर होती जा रही है। सन् 2009 ई. के आसपास पुरुषोत्तम अग्रवाल की 'कबीर' पर आयी आलोचना कृति 'अकथ कहानी प्रेम की' उस समय की उल्लेखनीय आलोचना कृति मानी गयी। कबीर पर असंख्य आलोचनात्मक प्रयत्नों के समान्तर यह पुस्तक कबीर के कवि रूप को स्थापित और प्रेम के उनके वैश्विक विचार को गहनता के साथ विश्लेषित करती है। सचमुच यह पुस्तक जागतिक प्रपंचों के समान्तर कबीर के वैशिष्ट्य को रेखांकित करती है और बताती है कि धर्म, दर्शन, अध्यात्म और चिन्तन के बरबस कबीर का कवि व्यक्तित्व वह विराट् मेधा है जो अपने अन्तर्ज्ञान से समूची जड़ता को निर्मूल करती है और समाज को आन्दोलित कर उसे नये मार्ग की ओर ले जाती है। 'उत्प्रेक्षा' में मदन सोनी ने आलोचना का धर्म, कबीर की प्रासंगिकता, 'गोरा' में अस्मिता संघर्ष, शेखर : एक जीवनी आदि निबन्धों के माध्यम से एक सार्थक विमर्श सम्भव किया है। 'आलोचना के हाशिये पर' में विश्वनाथ प्रसाद तिवारी ने जहाँ राज्य धर्म, विचारधारा और साहित्य, रचना का केन्द्र जैसे विषयों पर गम्भीर विवेचना की है, वहीं, 'निराला : कृति से साक्षात्कार' में नन्द किशोर नवल ने निराला के कृतित्व पर मनोयोग से विचार किया है। 'महादेवी' में दूधनाथ सिंह ने महादेवी के व्यक्तित्व और कृतित्व के अनेक अनछुये पहलुओं को दिखाने की कोशिश की है। आलोचना की अन्य उल्लेखनीय पुस्तकों में सुधीर रंजन सिंह की 'हिन्दी समुदाय और राष्ट्रवाद', विनय विश्वास की 'आज की कविता', डॉ. कृष्णदत्त पालीवाल की 'सृजन का अन्तर्पाठ : उत्तर आधुनिक विमर्श', परमानन्द श्रीवास्तव की 'अँधेरे समय में शब्द', वीरेन्द्र यादव की 'उपन्यास और वर्चस्व की सत्ता' : रामदरश मिश्र की 'छायावाद का रचनालोक', योगेन्द्र प्रताप सिंह की 'जन-जन के कवि तुलसीदास', डॉ. हरिमोहन की 'भारतीय और पाश्चात्य काव्य शास्त्र की पहचान', राजेन्द्र मिश्र की 'आज कविता', नन्द किशोर नवल की 'साहित्य का अध्यात्म' और राजी सेठ की कथा सृष्टि और दृष्टि' आदि कृतियों ने आलोचना विधा को सशक्त और यशवान बनाया है। इधर, कुछ भुला दिये गये महत्त्वपूर्ण आलोचकों की कृतियों की पुनर्प्रस्तुति सम्भव हुई है। इस कड़ी में सुरेन्द्र चौधरी की तीन आलोचनात्मक कृतियों का प्रकाशन हुआ है— 'इतिहास : संयोग और सार्थकता'। 'हिन्दी कहानी : रचना और परिस्थिति' और 'साधारण की प्रतिज्ञा : अँधेरे से साक्षात्कार', 'अज्ञेय : कवि कर्म का संकट', कृष्णदत्त पालीवाल और 'महादेवी की कविता का नेपथ्य' विजय बहादुर सिंह की महत्त्वपूर्ण पुस्तकें है, जो क्रमशः अज्ञेय के कवि रूप की मीमांसा और महादेवी की कविता के परोक्ष सन्दर्भों की शिनाख्त करती हैं। सन् 2009 ई. के आसपास ही सुदूर दुर्ग (छत्तीसगढ़) से 'सापेक्ष' के महावीर अग्रवाल धुनी सम्पादक ने अपनी पत्रिका का एक भारी भरकम विशेषांक आलोचक और आलोचना पर केन्द्रित किया, जिसमें हिन्दी के लगभग पचास से ऊपर आलोचक और रचनाकार आलोचक के लम्बे साक्षात्कार हैं।

हिन्दी के चर्चित चिन्तक-विचारक डॉ. दिनेश कुमार कहते हैं कि पिछले कुछ वर्षों से हिन्दी में आलोचना के संकट की बात लगातार हो रही है, पर यह देखना दिलचस्प है कि अन्य विधाओं की तुलना में पिछले कुछ वर्षों से महत्त्वपूर्ण किताबें आलोचना में ही आ रही हैं। इस साल यानी 2013 के आसपास सर्वाधिक हलचल आलोचना में ही रही। मैनेजर पाण्डेय की चार किताबों का एक साथ प्रकाशन उल्लेखनीय था। ये किताबें अलग-अलग विषयों और क्षेत्रों पर केन्द्रित रही हैं। मैनेजर पाण्डेय पर सैद्धान्तिक आलोचक होने का आरोप लगता है। ये किताबें इस आरोप का मुकम्मल जवाब हैं। मैनेजर पाण्डेय ऐसे किसी भी तथाकथित व्यावहारिक आलोचना के प्रतिपक्ष में खड़े हैं, जिसके पीछे कोई ठोस चिन्तन प्रक्रिया न हो। वे अपनी आलोचना पुस्तकों में व्यावहारिक आलोचना का आदर्श रूप सामने रखते हैं, जहाँ सैद्धान्तिक आलोचना व्यावहारिक आलोचना के पूरक रूप में उपस्थित है, अड़चन के रूप में नहीं। पुनः दिनेश जी के अनुसार पुष्प पाल सिंह कथा-आलोचना में अपनी सक्रियता बनाये हुए हैं। 2013 में ही उनकी 'कहानी का उत्तर समय : सृजन सन्दर्भ' पुस्तक आयी। इसमें उन्होंने आधुनिक हिन्दी कहानी के सभी पक्षों पर बात करते हुए पच्चीस रचनाकारों की कहानियों का समीक्षात्मक विवेचन किया है।

नामवर सिंह की जीवनी 'नामवर होने का अर्थ' लिखने के बाद भारत यायावर की उक्त काल में ही दूसरी पुस्तक 'नामवर सिंह का आलोचना कर्म : एक पुनः पाठ' आयी। इस पुस्तक में उनकी आलोचनात्मक मान्यताओं का विवेचन है। इसके बाद कविता की आलोचना में एकान्त श्रीवास्तव की पुस्तक 'बढ़ई, कुम्हार और कवि' आयी। इस पुस्तक में अज्ञेय से लेकर नौवें दशक के कवियों तक पर विचार किया गया है। इस क्षेत्र में दूसरी महत्त्वपूर्ण किताब जितेन्द्र श्रीवास्तव की 'विचारधारा नये विमर्श और समकालीन कविता' आयी। समकालीन कविता के मिजाज और वैचारिक वातावरण को समझने के लिये यह एक जरूरी पुस्तक है। जितेन्द्र की इसी साल आयी दूसरी पुस्तक 'सर्जक का स्वप्न' मुख्य रूप से गद्य की आलोचना है। महत्त्वपूर्ण रचनाकार अगर आलोचनात्मक लेखन करे तो वह अत्यन्त मूल्यवान् होता है। इसी समय आयी डॉ. काशीनाथ सिंह की आलोचना-पुस्तक 'लेखक की छेड़छाड़' एक ऐसी ही मूल्यवान् कृति है। यह उनकी अब तक की लिखी लगभग सभी समीक्षाओं, वक्तव्यों और टिप्पणियों का संकलन है। काशीनाथ सिंह और उनकी रचनाओं के साथ-साथ तब से लेकर अब तक के पूरे दौर को समझने के लिये यह एक जरूरी पुस्तक है। श्री भगवान सिंह की पुस्तक 'समालोचना, पाठ-पुनर्पाठ हिन्दी में वर्चस्वशाली मार्क्सवादी आलोचना का तार्किक प्रतिपक्ष रचते हुए देशज गाँधीवादी आलोचना का मार्ग प्रशस्त करती है। ज्योतिष जोशी की पुस्तक 'आलोचना का समय' पिछले डेढ़-दो साल में लिखे उनके ग्यारह लेखों का संकलन है। इसमें उन्होंने कुछ महत्त्वपूर्ण रचनाकारों और आलोचकों को विवेचन के केन्द्र में रखा है। भरत प्रसाद की पुस्तक 'सृजन की इक्कीसवीं सदी' वर्तमान दौर की साहित्यिक प्रवृत्तियों का जायजा लेती है। इन सबसे इतर कुँवर नारायण की 'शब्द और देशकाल' एक अलहदा पुस्तक है। कुँवर नारायण चिन्तनशील कवि रहे हैं। शब्द, भाषा, देश, समाज, कविता, विज्ञान, साहित्य आदि विषयों पर उनके मननशील लेख उनकी पुस्तक में है। इन लेखों से भी वही विश्व दृष्टि सामने आती है, जो उनकी रचनाओं से निकलती रही है।

सन् 2013 में ही आलोचना विधा को समृद्ध करनेवाली कुछ अन्य उल्लेखनीय पुस्तकें इस प्रकार थीं—'जनता की आलोचना' (ध्रुव शुक्ल), 'आलोचना की संस्कृति' (परमानन्द श्रीवास्तव), 'उपन्यास के रंग' (अरुण प्रकाश), 'शिनाख्त' मधुरेश, 'कहानी : वस्तु-अन्तर्वस्तु' (शम्भुगुप्त), 'केन्द्र में कहानी' (राकेश बिहारी), 'आलोचना का आधुनिक बोध' (रामदरश मिश्र), ललित निबन्ध : स्वरूप और परम्परा' (श्री राम परिहार), 'आस्वाद के विविध रूप' (प्रभात त्रिपाठी), 'शताब्दी का प्रतिपक्ष' (वैभव सिंह), 'हरिशंकर परसाई : व्यंग्य की व्याप्ति और गहराई' (वेदप्रकाश) 'नामवर सिंह की प्रारम्भिक रचनाएँ' (सं. भारत यायावर), 'स्वातन्त्र्योत्तर हिन्दी के विकास में कल्पना के दो दशक' (शशि प्रकाश चौधरी), 'लोकधर्मी साहित्य की दूसरी धारा' (चौथी राम यादव) 'निराशा में भी सामर्थ्य' (पंकज चतुर्वेदी), 'मीराबाई और भक्ति की आध्यात्मिक अर्थनीति' (कुमकुम संगारी), कमलेश्वर : जीवन यथार्थ के शिल्पी' (सुधारानी सिंह), समकालीन हिन्दी कविता की नयी सोच' (पदूमा घोरपड़े) और 'हिन्दी कथा साहित्य : एक दृष्टि' (सत्यकेतु-सांकृत) आदि।[1]

सन् 2016 में तो हिन्दी आलोचना में समृद्धता का 'ग्राफ' काफी ऊपर उठा। डॉ. मैनेजर पाण्डेय ने इस काल को **आलोचना की धमक** तो सुप्रसिद्ध आलोचक **डॉ. गोपेश्वर सिंह** ने **समालोचना का वर्ष** और **डॉ. राजेन्द्र कुमार** ने **रचना और चिन्तन का संगम** की संज्ञा दी। डॉ. मैनेजर पाण्डेय ने कहा कि इस वर्ष मेरे सामने सबसे अधिक उल्लेखनीय पुस्तकें आलोचना की आयीं। आलोचना के क्षेत्र में इस वर्ष सबसे महत्त्वपूर्ण घटना है—नामवर सिंह के सम्पादन में आयी रामचन्द्र शुक्ल की रचनावली। इस प्रसंग में महत्त्व की बात यह है कि नामवर जी ने रचनावली के चार खण्डों की भूमिकाएँ लिखी हैं। उन भूमिकाओं में उन्होंने शुक्ल जी का एकदम नया मूल्यांकन किया है। उन्होंने 'दूसरी परम्परा की खोज में' रामचन्द्र शुक्ल के साथ जो अन्याय किया था, उसका उन्होंने इन भूमिकाओं में परिहार किया है। साथ ही उन्होंने रामविलास शर्मा का भी नया मूल्यांकन किया है। इस तरह ये भूमिकाएँ उनके समर्थकों और विरोधियों को चकित करनेवाली हैं। दूसरी आलोचना-पुस्तक है, गोपेश्वर सिंह द्वारा सम्पादित 'नलिन विलोचन शर्मा रचना संचयन।' इसमें भूमिका के साथ नलिन विलोचन शर्मा की कविताओं और कहानियों के अलावा उनके महत्त्वपूर्ण आलोचनात्मक लेखों का भी संग्रह है। इसके साथ ही पुरानी पीढ़ी के आलोचक विश्म्वभर नाथ उपाध्याय की आलोचनात्मक किताबें आयीं, जो अनेक दृष्टियों से महत्त्वपूर्ण हैं—'विखण्डनवाद और अन्य निबन्ध' और दूसरी किताब है—'हिन्दी साहित्य की दार्शनिक पृष्ठभूमि।' इनके साथ ही मधुरेश की दो महत्त्वपूर्ण पुस्तकें आयीं—'अमृत लाल नागर : व्यक्ति और रचना संसार' और 'होना भीष्म साहनी का।' इन दोनों पुस्तकों में मधुरेश ने हिन्दी के दोनों रचनाकारों का व्यवस्थित मूल्यांकन किया है। आलोचना की एक और किताब इस साल आयी सुधीर रंजन सिंह की—'कविता के प्रस्थान।' इसमें सुधीर ने आधुनिक हिन्दी कविता का नये ढंग से इतिहास लिखा और सैद्धान्तिक बहसों का विवेचन भी किया है। इसी बीच बजरंग बिहारी की महत्त्वपूर्ण किताब 'बाँग्ला दलित साहित्य' आयी। यह हिन्दीवालों को बाँग्ला दलित साहित्य

1. जनसत्ता में भारत भारद्वाज का लेख 'विविधता और वैचारिकता के बीच', 27 दिसम्बर, 2009 ई. लखनऊ संस्करण।

का ज्ञान कराने के लिये अत्यन्त उपयोगी पुस्तक है। सन् 2016 मुक्तिबोध का शताब्दी वर्ष था, सो मुक्तिबोध की रचनाओं का विवेचन करनेवाली एक अच्छी किताब आयी। इसके सम्पादक हैं—छबिल कुमार मेहरे। वीरेन डंगवाल पर केन्द्रित प्रेमशंकर के सम्पादन में आयी किताब 'रहूँगा भीतर नमी की तरह' भी उल्लेखनीय रही है। वीरेन डंगवाल पर ही सर्जनात्मक आलोचना लिखी है—पंकज चतुर्वेदी ने, पहल पुस्तिका के रूप में—'यही तुम थे।'

इधर, सुप्रसिद्ध आलोचक डॉ. गोपेश्वर सिंह कहते हैं कि 'नामवर के नोट्स' (सं. मधुप कुमार, शैलेश कुमार और नीलम सिंह) 2016 की दूसरी महत्त्वपूर्ण पुस्तक है। इसमें कक्षाओं में दिये गये नामवर सिंह के व्याख्यान हैं। भारतीय काव्यशास्त्र को आधुनिक दृष्टि से देखनेवाली यह अत्यन्त जरूरी पुस्तक है। मैनेजर पाण्डेय की पुस्तक 'मुगल बादशाहों की हिन्दी कविता' न सिर्फ हिन्दी साहित्य, बल्कि भारतीय समाज और राजनीति को नयी दृष्टि देनेवाली आलोचनात्मक पहल के रूप में 2016 की उपलब्धि मानी जायेगी। राजेन्द्र कुमार की 'कविता का समय-असमय' तथा 'कथार्थ और यथार्थ' समकालीन हिन्दी आलोचना को समृद्धि और विस्तार देनेवाली किताबें हैं। अवधेश कुमार सिंह की पुस्तक 'समकालीन आलोचना विमर्श' गम्भीर आलोचनात्मक विमर्श का श्रेष्ठ उदाहरण है। विश्वनाथ त्रिपाठी की 'कहानी के साथ-साथ हिन्दी कहानी की आलोचना का विकास करनेवाली पुस्तक है। रोहिणी अग्रवाल की 'हिन्दी उपन्यास : समय से संवाद' कथा-आलोचना की महत्त्वपूर्ण पुस्तक इस वर्ष के खाते में दर्ज है। सन् 2016 ई. में आलोचना के महत्त्वपूर्ण प्रकाशनों में वरिष्ठों की सक्रिय उपस्थिति आश्वस्तिकारक थी। अशोक वाजपेयी की पुस्तक 'कविता के तीन दरवाजे' और नन्द किशोर नवल की 'कवि अज्ञेय' तथा 'नागार्जुन और उनकी कविता' आलोचना के भिन्न मिजाज और आधार का पता देती है। रेवती रमण की परम्परा का पुनरीक्षण' अपने गम्भीर विवेचन-विश्लेषण के कारण हमारा ध्यान विशेष रूप से आकृष्ट करती है। सन् 2016 में दो वरिष्ठ आलोचक विजय बहादुर सिंह और मैनेजर पाण्डेय उम्र का पचहत्तरवाँ पड़ाव पार कर गये। इस अवसर पर विजय बहादुर सिंह के आलोचनात्मक अवदान पर 'आलोचना का देशज विवेक' (सं. आनन्द कुमार सिंह और महेन्द्र गगन) तथा मैनेजर पाण्डेय पर 'दूसरी परम्परा का शुक्ल पक्ष' (कमलेश वमा) तथा 'आलोचना और समाज' (सं. रविकान्त) हिन्दी समाज की सक्रियता के रूप में याद की जानेवाली पुस्तकें हैं।

बहुजन साहित्य की अवधारणा को लेकर पिछले कुछ वर्षों से सक्रियता बढ़ी है। 'बहुजन साहित्य की प्रस्तावना' (सं. प्रमोद रंजन, आयवन कोस्का) और 'हिन्दी साहित्येतिहास का बहुजन पक्ष' (सं. प्रमोद रंजन) पुस्तकों के जरिये बहुजन साहित्य की सैद्धान्तिकी को ठोस रूप देने की कोशिश भी सन् 2016 के आलोचना के खाते में दर्ज है। 'बहुजन वैचारिकी' (सं. धर्मदेव यादव 'गगन') का तुलसीराम विशेषांक दलित साहित्य की सैद्धान्तिकी को मजबूत आधार देनेवाला सार्थक आलोचनात्मक प्रयास कहा जायेगा। सार्थक रचनाशीलता के मूल्यांकन के लिये आलोचना पुस्तकें जहाँ नयी दृष्टि और सोच का आधार बनती है, वहीं रचनाकारों पर केन्द्रित पत्रिकाओं के विशेषांकों और शताब्दी वर्ष में होनेवाली संगोष्ठियों के जरिये भी आलोचना का माहौल और आधार तैयार होता है। इस दृष्टि से 'साखी' (सं. सदानन्द शाही), 'सामयिक सरस्वती' (अतिथि

सम्पादक दिनेश कुमार) और 'आलोचना' (सं. अपूर्वानन्द) के मुक्तिबोध पर केन्द्रित अंक मुक्तिबोध सम्बन्धी आलोचना में बहुत कुछ जोड़ते हैं। 'उत्तर प्रदेश' (सं. कुमकुम शर्मा) पत्रिका का अमृतलाल नागर विशेषांक और भीष्म साहनी पर केन्द्रित अंकों के जरिये भी आलोचना की बदलती भंगिमा का पता चलता है। नामवर सिंह पर केन्द्रित 'बहुवचन' का अंक भी चर्चित रहा। 'बनास' का एक अंक अखिलेश पर एकाग्र रहा। 'अभिनव कदम' पत्रिका का मलयज पर निकला अंक मलयज के सम्यक् मूल्यांकन का पहला गम्भीर प्रयास माना जा सकता है। सन् 2016 की अन्य उल्लेखनीय आलोचना पुस्तकों में 'कविता का संघर्ष' (कुमारेन्द्र पारसनाथ सिंह), 'नयी सदी की कविता' (गणेश पाण्डेय), 'शताब्दी का प्रतिपक्ष' (वैभव सिंह) आदि सहज ही स्मरणीय हैं।

कहा जा सकता है कि हिन्दी आलोचना सक्रिय है और नया आकार ग्रहण कर चुकी है। वह व्यंग्य, विडम्बना, तनाव, यथार्थवाद आदि आलोचनात्मक प्रतिमानों से आगे बढ़ते हुए अपने समय-समाज के यथार्थ को देखने की नयी दृष्टि से अपने को युक्त कर चुकी है। जो लोग हिन्दी में आलोचना के अभाव का रोना रोते हैं, वे आलोचना को समकालीनता तक या अपने तक सीमित कर देना चाहते हैं। सन् 2016 की आलोचनात्मक सक्रियताएँ—जो पुराने अधवयस और नये आलोचकों के कारण सम्भव हो पायी हैं—हिन्दी आलोचना के विकास की गवाही देती प्रतीत होती हैं।[1] अन्त में कुल मिलाकर यह कि समय-समय पर अनेक समीक्षकों ने अपनी उत्कृष्ट आलोचना-प्रतिभा और साहित्य की गहरी समझ से हिन्दी आलोचना को नयी ऊँचाई और गरिमा प्रदान की है। स्वातन्त्र्योत्तर हिन्दी आलोचना रचना के अधिक निकट आ गयी है, कहना चाहिए कि रचना और आलोचना के बीच घनिष्ठ सम्बन्ध स्थापित हुआ है—वह चाहे काव्यालोचना हो, कथा-समीक्षा या नाट्य-समीक्षा हो। अब तक आलोचना को जो दोयम दर्जे की स्थिति प्राप्त थी, वह मुक्तिबोध आदि की आलोचनाओं से समाप्त हुई और आलोचना कर्म भी रचना जैसा ही श्रेष्ठ कर्म माना जाने लगा। इससे आलोचक और सर्जक के बीच श्रेणियों का अन्तर समाप्त हुआ। रचनाकारों के आलोचक रूप में सामने आ जाने से आलोचक और सर्जक का जो अद्वैत कायम हुआ, उससे भी हिन्दी आलोचना को रचनात्मक समृद्धि प्राप्त हुई। कुल मिलाकर हिन्दी आलोचना की विकास यात्रा सन्तुलित, अनेकायामी और उत्कर्षपूर्ण रही है।[2] आज हिन्दी आलोचना किसी तरह के सवालोजवाब, बहस और वाद-विवाद से बहुत दूर आकर अपनी समृद्धि के सन्दर्भ में हर तरह की शक-सुबहा की झाड़ी-झंखाड़ को साफ करते दर्ज-ब-दर्ज यानी धीरे-धीरे बुलन्दियों के पायदान पर पहुँच चुकी है और प्रभात की पहली किरण की तरह हिन्दी वाङ्मय को आलोकित कर रही है। हिन्दी आलोचना का विकास और इतिहास अपने समय, समाज और स्पेस से लगातार टकराते परवान चढ़ा है। जिगर मुरादाबादी के शेर का यह टुकड़ा—

"देखा था कल जिगर को सरेराह मयकदा।
इस दर्जा पी गया था कि नश्शे में चूर था।"

---

1. जनसत्ता में गोपेश्वर सिंह का लेख 'समालोचना का वर्ष', 25 दिसम्बर, 2016, लखनऊ संस्करण।
2. उत्तर प्रदेश राजर्षि टण्डन मुक्त विश्वविद्यालय की पत्रिका, पृष्ठ-पृष्ठ 68.

छायावादी कवियों की दृष्टि में छायावाद[1]

डॉ. चन्द्रदेव यादव

बीसवीं शताब्दी के दूसरे दशक में हिन्दी साहित्य में जो अभूतपूर्व परिवर्तन हुआ और उसकी प्रवृत्तियों के आधार पर उसे जिस संज्ञा से अभिहित किया गया, तत्कालीन आलोचकों के लिये वह विवाद का विषय बन गया। तत्कालीन पत्र-पत्रिकाओं में प्रकाशित छिटपुट टीका-टिप्पणियों और लेखों में जिस बात की ओर संकेत किया गया है वह है उसकी अस्पष्टता, लाक्षणिकता, भावावेग और काल्पनिकता। इन टीका-टिप्पणियों में एक स्वर से इस काव्य-धारा पर अंग्रेजी और बाँग्ला साहित्य के प्रभाव की चर्चा की गयी है। अभिव्यक्ति की अस्पष्टता और अमूर्तता के कारण ही सम्भवतः उसे 'छायावाद' नाम दिया गया। 'छायावाद क्या है?' शीर्षक निबन्ध में छायावादी कवियों की कविता विषयक धारणाओं का उल्लेख करते हुए मुकुटधर पाण्डेय ने लिखा कि, "इन लोगों (छायावादी कवियों) की राय में कविता में कुछ-न-कुछ अस्पष्टता जरूर रहनी चाहिए।"[2] इसके लिये उन्होंने अंग्रेजी के किसी विद्वान् की कुछ पंक्तियाँ उद्धृत की हैं :

> Poetry is to be something vague, intangible, durable a
> winged soul in flight toward other skies to other lives.

अर्थात् छायावादी कविता का स्वरूप इस जीवन से परे आत्मा की काल्पनिक उड़ान, अस्पष्टता, अमूर्तता और क्षणस्थायित्व में है।

लेकिन यह बात छायावाद के प्रारम्भिक दौर में कही गयी थी। काव्य शास्त्र की पुरानी पद्धतियों के स्थान पर छायावाद में एक नयी काव्य-पद्धति विकसित हो रही थी, जिसमें अपने पूर्व के साहित्य के प्रति विद्रोह और लोक से जुड़ने का प्रबल आग्रह था। छायावादी कविता में इतनी अधिक विविधता है कि उसकी व्याख्या किसी एक निश्चित मानदण्ड के आधार पर नहीं की जा सकती, इसलिये छायावादी कविता की आलोचना के नाम पर जो भ्रम फैलाया गया, वह निश्चय ही विचारणीय है। वास्तव में हर आलोचक व्यक्तिगत रुचि-अरुचि के आधार पर छायावाद की आड़ी-तिरछी व्याख्या करके खुद को स्थापित करना चाहता था।

"'काव्य आत्मा की संकल्पात्मक अनुभूति है।'"[3] और अनुभूति की इसी सार्वजनीनता के द्वारा, "साहित्यिक कलाकार अपनी विधायक कल्पना द्वारा जीवन की पुनर्रचना करता है।"[4]

1. इस लेख के लेखक डॉ. चन्द्रदेव यादव जामियाँ मिल्लिया के हिन्दी-विभाग में प्रोफेसर हैं।
2. हिन्दी में छायावाद, मुकुटधर पाण्डेय, पृ. 42.
3. प्रसाद ग्रन्थावली-5, पृ. 472.
4. कामायनी : एक पुनर्विचार, मुक्तिबोध, पृ. 10.

अतः जीवन की इस पुनर्रचना के मूल्य-निर्धारण के लिये न तो भावात्मक दृष्टिकोण अपेक्षित है और न ही मनोवैज्ञानिक अथवा विशुद्ध तार्किक विश्लेषण। इन पद्धतियों के द्वारा कविता के आन्तरिक स्वरूप और उसकी कलात्मकता की परख नहीं की जा सकती। रचना को समग्रता में देखना ही तो आलोचना है और आलोचना जब तक रचनागत सन्दर्भों को समग्रता में ग्रहण कर उसके सत्य को उद्‌घाटित नहीं कर पाती, तब तक अधूरी होती है, क्योंकि, "किसी भी कलाकृति की मात्र मनोवैज्ञानिक (भावपरक, आत्मपरक) व्याख्या न केवल अपूर्ण होती है, वरन् असंगत भी।"[1] कविता की व्याख्या तो उसमें निहित अनुभूतियों, स्थितियों और उसमें व्यक्त जीवन-दृष्टि के आधार पर ही की जा सकती है।

छायावादी कविता को अपनी प्रारम्भिक अवस्था में जिन आरोपों का सामना करना पड़ा, उन आरोपों का परिहार करते हुए स्वयं छायावादी कवियों और कतिपय आलोचकों ने उनके समानान्तर अपना मत स्थापित किया। आलोचना-प्रत्यालोचना का यह क्रम छायावाद और उसके बाद तक जारी रहा। इससे हिन्दी आलोचना का स्तर ऊँचा हो गया। छायावाद से पहले हिन्दी आलोचना का कोई निश्चित स्वरूप निर्धारित नहीं हो सका था। जिस प्रकार द्विवेदी युग के कवियों में पौराणिकता और नैतिकता के प्रति प्रबल आसक्ति थी, उसी प्रकार उस युग के आलोचकों में भी काव्यशास्त्र के प्रचलित सिद्धान्तों के प्रति गहरा लगाव था। इसीलिये द्विवेदी युग की कविता यदि इतिवृत्तात्मक और वर्णनात्मक हो गयी तो आलोचना गुण-दोष-विवेचन प्रधान। वस्तुतः द्विवेदीयुगीन कविता रूढ़िवादी काव्य-प्रवृत्तियों की पोषक थी और आलोचना प्राचीन आलोचना-दृष्टि की। लेकिन छायावाद युग की कविता और आलोचना परम्परामुक्त, स्वच्छन्द और भाववादी हैं। छायावाद युग में हिन्दी आलोचना में जो परिवर्त्तन हुआ वह आलोचकों द्वारा नहीं, बल्कि छायावादी कवियों के द्वारा हुआ।

हिन्दी साहित्य में छायावाद का अभ्युदय कुछ नयी सम्भावनाओं के साथ हुआ। उसमें विगत युग की काव्य-पद्धतियों और आलोचना-दृष्टि की उपेक्षा की गयी, क्योंकि द्विवेदी युग के आलोचक साहित्य को शास्त्रीय नियमों से अलग नहीं देखना चाहते थे। वे अपनी आँखों से परम्परा को टूटते हुए नहीं देख सकते थे। छायावाद के प्रति उन आलोचकों के विरोधी रुख का यह सबसे प्रमुख कारण था। डॉ. हेमचन्द्र जोशी ने छायावाद की इसलिये आलोचना की कि 'अति नूतनवाद' (Neo Modernism) के कारण हिन्दी-साहित्य का दिवाला हो रहा था– "...हिन्दी के इस जमाने में जब सड़ा-गन्दा साहित्य पाठकों के सामने उछाला जा रहा है और जब सड़े-गन्दे स्वयम्भू साहित्यिक 'मन सुरा हाजी बगोयद तू मरा हाजी बगो' नीति के अनुसार कूप मण्डूकों की भाँति सागर को अपने संकीर्ण कुएँ से छोटा समझ इधर-उधर फुदक तथा टर्रा रहे हैं।"[2] तब हिन्दी साहित्य का भगवान् ही मालिक है।

छायावाद के अभ्युदय-काल में इसी तरह की टीका-टिप्पणियों द्वारा छायावादी कविता का विरोध किया गया। इसका मुख्य कारण था छायावादी कविता की अन्तर्वस्तु और उसका

1. उप., पृ. 8.
2. 'माधुरी' 1931 में प्रकाशित डॉ. हेमचन्द्र जोशी का 'अप्रिय सत्य साहित्य-पारखी' शीर्षक लेख, उद्धृत निराला रचनावली – 6, पृ. 152.

रूप-विन्यास। छायावाद की दुनिया अनुभूतिपूरक और भाववादी थी और उसमें बाह्य सौन्दर्य की अपेक्षा आन्तरिक सौन्दर्य पर जोर दिया गया था। परम्परा से चले आ रहे काव्य-मानों से पृथक् होते हुए भी छायावादी कविता का भाव-बोध जटिल नहीं था। द्विवेदीयुगीन स्थूल, वर्णनात्मक और नीरस कविता छायावाद विरोधी आलोचकों के लिये सहज बोधगम्य थी। उसमें कोई दोष नहीं था, दोष तो सिर्फ छायावादी कविता में था। अतः उन आलोचकों द्वारा योजनाबद्ध ढंग से छायावाद पर किया गया प्रहार उनकी संकुचित दृष्टि का परिचायक है। यही कारण है कि अपने काव्य की मर्मछवियों के उद्घाटन और अपने ऊपर लगाये गये आक्षेपों के समाधान के लिये छायावादी कवि आलोचना-कर्म की ओर प्रवृत्त हुए। छायावादी कवियों की आलोचनाओं में उनका चिन्तन अधिक मुखर हुआ है। छायावाद में बाह्य पक्ष की अपेक्षा आन्तरिक पक्ष पर ज्यादा जोर दिया गया। प्रसाद की छायावाद विषयक अवधारणाओं से साफ पता चलता है कि जहाँ अनुभूति और वेदना की अभिव्यक्ति होती है, वहाँ छायावाद की सृष्टि होती है— "कविता के क्षेत्र में पौराणिक युग की किसी घटना अथवा देश-विदेश की सुन्दरी के बाह्य वर्णन से भिन्न जब वेदना के आधार पर स्वानुभूतिमयी अभिव्यक्ति होने लगी, तब हिन्दी में उसे छायावाद के नाम से अभिहित किया गया।"[1] इस परिवर्तन का कारण उन्होंने रीतिकालीन मनोवृत्तियों को माना है, जिसमें बहिरंग वर्णन को अतिशय महत्त्व देने के कारण अन्तरंग की उपेक्षा की गयी है।[2] प्रसाद ही नहीं, पन्त, निराला और महादेवी वर्मा ने भी छायावाद में अनुभूति के महत्त्व को स्वीकार किया है। पन्त ने, "बाहर के प्रभावों को सदैव अपने ही अन्तर के प्रकाश में ग्रहण किया है।"[3] जबकि महादेवी के चिन्तन का विषय उनकी सुख-दुःख मिश्रित अनुभूति ही रही है। उनके मन ने "जाने कैसे बाहर-भीतर में एक सामंजस्य-सा ढूँढ़ लिया है, जिसने सुख-दुःख को इस प्रकार बुन दिया है कि एक के प्रत्यक्ष अनुभव के साथ दूसरे का अप्रत्यक्ष आभास मिलता रहता है।"[4] निराला की दृष्टि में "कविता प्राणों की सृष्टि है।"[5] इसीलिये उन्होंने साफ लिखा है कि, "स्वेच्छानुवर्ती कवियों ने किसी भी काल में नियमों की परवा नहीं की।... वे अपनी आत्मा के अनुशासन के अनुसार चलते गये।"[6] मुकुटधर पाण्डेय ने द्विवेदी युग के बाद की जिस कविता को 'आन्तरिक' गूढ़ भावों के प्रकाशन की एक नवीन और विलक्षण 'रीति' कहा है, उसे आचार्य रामचन्द्र शुक्ल ने केवल अभिव्यञ्जना प्रणाली तक सीमित रखा। लेकिन शुक्ल जी के इस विचार से सहमत नहीं हुआ जा सकता। छायावादी कविता का रूप-विन्यास जितना विलक्षण है, उससे कम विलक्षण उसके भाव नहीं।

निस्सन्देह अनुभूति कविता का प्रमुख तत्त्व है और अनुभूति की शाश्वतता के बिना कविता न तो मौलिक हो सकती है और न ही व्यक्तित्व का स्वतन्त्र प्रकाशन हो सकता है।

---

1. प्रसाद ग्रन्थावली-4, पृ. 524-525.
2. उप, पृ. 525.
3. चिदम्बरा, भूमिका, सुमित्रानन्दन पन्त, पृ. 4.
4. यामा भूमिका, महादेवी वर्मा, पृ. 4.
5. निराला रचनावली – 5, पृ. 230.
6. उप., पृ. 186.

कविता में अनुभूति को अतिशयता का कारण व्यक्तिवादी भावना होती है। छायावाद व्यक्तिवाद की कविता है, इसीलिये उसमें नितान्त वैयक्तिक धरातल पर आत्मानुभूति का प्रकाशन हुआ है। विलक्षण भाषा-शैली और लाक्षणिक पदावली के कारण छायावादी कविता रहस्यमयी प्रतीत हुई। रहस्य की प्रचलित अवधारणा के आधार पर छायावादी कविता पर अस्पष्टता का आरोप लगाया गया, किन्तु छायावादी कविता की अस्पष्टता अनुभूति की अस्पष्टता नहीं, बल्कि अभिव्य्ज्जना प्रणाली की दुरूहता है। दरअसल छायावादी काव्य में भावावेग के कारण पदक्रम उलट गये हैं। नामवर सिंह ने 'छायावाद' नामक अपनी पुस्तक में इस प्रवृत्ति की ओर संकेत किया है। मुकुटधर पाण्डेय की दृष्टि में अस्पष्टता कविता का एक गुण है, क्योंकि "कविता–गत भाव प्रायः अस्पष्टता लिये होते हैं।"[1] इसीलिये उन्होंने अस्पष्टता का दूसरा नाम छायावाद (Mysticism) माना है।[2] यद्यपि छायावाद भाव-राज्य की वस्तु है, लेकिन उसका 'क्रीड़ांगन' आध्यात्मिक भूमि है। 'जीव' और 'परम' को लेकर ही वह जीवन धारण करता है।[3] छायावादी काव्य की अस्पष्टता और आध्यात्मिकता के आधार पर ही मुकुटधर पाण्डेय ने उसका नामकरण मिस्टिसिज़्म के अर्थ में किया है। इसके विपरीत जयशंकर प्रसाद ने अस्पष्टता को छायावाद का पर्याय मानने से अस्वीकार किया। उन्होंने 'वक्रोक्ति जीवित' और 'ध्वन्यालोक' के साक्ष्य पर लिखा कि, "शब्द और अर्थ की यह स्वाभाविक वक्रता विच्छित्ति, छाया और कान्ति का सृजन करती है। इस वैचित्र्य का सृजन करना विदग्ध कवि का काम है।"[4] अतः वाग्विदग्धता और उपचारवक्रता के कारण उत्पन्न अस्पष्टता को छायावाद का पर्याय मानना उचित नहीं है। प्रसाद के ही शब्दों में–"'अतिक्रान्तप्रसिद्धव्यवहारसरणि' के कारण कुछ लोग इस छायावाद में अस्पष्टतावाद का भी रंग देख पाते हैं। हो सकता है, जहाँ कवि अनुभूति से पूर्ण तादात्म्य न कर पाता हो, वहाँ अभिव्यक्ति विशृंखल हो गयी हो, शब्दों का चुनाव ठीक न हुआ हो, हृदय से उसका स्पर्श न होकर मस्तिष्क से ही मेल हो गया हो, परन्तु सिद्धान्त में ऐसा रूप छायावाद का ठीक नहीं कि जो कुछ अस्पष्ट, छाया-मात्रा हो वास्तविक का स्पर्श न हो, वही छायावाद है। हाँ, मूल में यह रहस्यवाद भी नहीं है।"[5]

छायावाद अस्पष्टता और मिस्टिसिज़्म का पर्याय नहीं है, प्रसाद ने साफ-साफ लिख दिया है। प्रसाद ने छायावादी कविता में अस्पष्टता का कारण भी बता दिया है। ध्वन्यात्मकता, लाक्षणिकता, सौन्दर्यमय प्रतीक-विधान तथा उपचारवक्रता के साथ स्वानुभूति की विवृत्ति को छायावाद की विशेषता मानते हुए भी प्रसाद ने छायावादी काव्य की अस्पष्टता का कारण अभिव्यक्ति की विशृंखलता आदि को माना है। 'कामायनी' से एक उदाहरण देखिये :

जो कुछ हो, मैं न सम्हालूँगा
इस मधुर भार को जीवन के,

1. हिन्दी में छायावाद, मुकुटधर पाण्डेय, पृ. 22.
2. हिन्दी में छायावाद, मुकुटधर पाण्डेय, पृ. 22.
3. उप., पृ. 42.
4. प्रसाद ग्रन्थावली – 4, पृ. 525.
5. उप., पृ. 526.

आने दो कितनी आती हैं,
बाधाएँ दम संयम बन के।

अपनी बौद्धिक सीमा के कारण पाठक अगर कविता पर अस्पष्टता का आरोप लगाकर उसे कविता का दोष बताता है तो यह पाठक की कमजोरी है, कविता की नहीं। अपनी कमजोरी को कविता की कमजोरी बताना—यह तो सीधे-सीधे कला की हत्या करना है। जिन्हें सीधी पदावली पसन्द है, उन्हें तो छायावाद में ये सब दोष नज़र आयेंगे ही।

छायावाद को रहस्यवाद से जोड़ने का कार्य न सिर्फ तद्‌युगीन आलोचकों ने, बल्कि छायावादी कवियों ने भी किया। छायावादी कवियों ने मूर्त-अमूर्त तथा जड़-चेतन की अद्वैत भावना को आध्यात्मिक अथवा रहस्यात्मक अर्थ में ही प्रस्तुत किया। प्रसाद मूल रूप में रहस्यवाद को छायावाद की मुख्य प्रवृत्ति नहीं मानते। इसके बावजूद भारतीय रहस्यवाद की परम्परा का उल्लेख करते हुए उन्होंने लिखा कि "वर्तमान हिन्दी में इस अद्वैत रहस्यवाद की सौन्दर्यमयी व्यञ्जना होने लगी है, वह साहित्य में रहस्यवाद का स्वाभाविक विकास है। इसमें अपरोक्ष अनुभूति, समरसता तथा सौन्दर्य के द्वारा अहम् का इदम् से समन्वय करने का सुन्दर प्रयत्न है। हाँ, विरह भी इस युग की वेदना के अनुकूल मिलन का साधन बनकर उसमें सम्मिलित है। वर्तमान रहस्यवाद की धारा भारत की निजी सम्पत्ति है, इसमें सन्देह नहीं।"[1] प्रसाद ने न केवल छायावादी काव्य में रहस्यवादी प्रवृत्ति की पुष्टि की है, बल्कि छायावादी रहस्यवाद को भारतीय रहस्यवादी परम्परा तक सीमित कर दिया है। लेकिन ऐसा करके प्रसाद ने आचार्य शुक्ल आदि की मान्यताओं को नकार दिया है कि छायावाद अंग्रेजी की रहस्यवादी कविताओं का अनुकरण है। निस्सन्देह छायावादी काव्य में दिखायी पड़नेवाली अद्वैत भावना भारतीय वेदान्त और भक्तिकालीन रहस्य भावना से प्रेरित है, किन्तु उसे भारतीय रहस्यवाद का स्वाभाविक विकास मानना उचित प्रतीत नहीं होता। छायावादी काव्य न तो धार्मिक या भक्तिपरक है और न ही पौराणिक पुनराख्यान। उसका आधार नितान्त मानवीय प्रेम है। वह आत्मानुभूति और आत्म सौन्दर्य की अन्तर्मुखी अभिव्यक्ति है। प्रसाद के ही शब्दों में—"वह (कवि) संसार के साँचे में नहीं ढलता, किन्तु संसार को अपने साँचे में ढालना चाहता हैं।"[2] संसार को अपनी दृष्टि से देखना अथवा अपने सुख-दुःख को समाज का सुख-दुःख कहना व्यक्तिवादी अन्तर्मुखी दृष्टि का परिणाम है, न कि रहस्यवाद का। संसार को अपने साँचे में ढालने की प्रवृत्ति महादेवी वर्मा में भी दिखायी पड़ती है। इसीलिये उन्हें "एक के प्रत्यक्ष अनुभव के साथ दूसरे का अप्रत्यक्ष अनुभव"[3] होने लगा। लेकिन महादेवी वर्मा ने छायावादी रहस्य भावना को प्राचीन रहस्य-भावना से प्रेरित मानते हुए भी उनसे भिन्न माना है। 'यामा' की भूमिका में उन्होंने लिखा है—"उसने परा विद्या की अपार्थिवता ली, वेदान्त के अद्वैत की छाया मात्र ग्रहण की, लौकिक प्रेम से तीव्रता उधार ली और इन सबको कबीर के सांकेतिक दाम्पत्य भाव-सूत्र में बाँधकर एक निराले स्नेह-बन्धन की सृष्टि कर डाली जो मनुष्य

1. उप., पृ. 490.
2. उप., पृ. 411.
3. यामा, भूमिका, महादेवी वर्मा, पृ. 4.

के हृदय को अवलम्ब दे सका, उसे पार्थिव प्रेम के ऊपर उठा सका तथा मस्तिष्क को हृदयमय और हृदय को मस्तिष्कमय बना सका।"[1] वस्तुतः लौकिक प्रेम को अलौकिक प्रेम की ओर उन्मुख करना छायावादी कवियों की विशेषता थी। उन्होंने मानसिक स्वतन्त्रता हासिल कर ली थी, लेकिन समाज की रूढ़ और संकीर्ण भावनाओं तथा अतिशय नैतिक बन्धनों के कारण वे प्रणयानुभूति के प्रकाशन में दबाब और संकोच महसूस कर रहे थे। इसीलिये उन्हें अपनी प्राचीन रहस्य भावना का सहारा लेना पड़ा। एक दूसरी बात यह कि, रहस्याभास रहस्यवाद नहीं होता। छायावादी कविता रहस्यवादी नहीं है। वह नितान्त लौकिक और मानवीय काव्य है।

पन्त ने कविता में आध्यात्मिक और भौतिक मूल्यों की अनिवार्यता पर बल दिया। 'चिदम्बरा' की भूमिका में उन्होंने लिखा है—"जो आध्यात्मिकता मानव-जीवन के रक्त-मांस के उपादनों का बहिष्कार या अवहेलना कर किसी उच्च जीवन की कल्पना करती है, वह जीवन-मंगल की द्योतक नहीं हो सकती।"[2] पन्त का यह विचार सामयिक और लौकिक जीवन-मूल्यों से जुड़ा है। छायावाद युग में मनुष्य जबकि कविता के केन्द्र में आ चुका था, ऐसी स्थिति में मनुष्य एवं मनुष्यता की बात न कर अध्यात्म और रहस्यवाद की बात करना तर्कसंगत नहीं था। यद्यपि पन्त अपने काव्य को आध्यात्मिक नहीं मानते थे, किन्तु वे भौतिकता और आध्यात्मिकता का समन्वय चाहते थे। उन्होंने लिखा है—"मेरा काव्य मुख्यतः आध्यात्मिक काव्य नहीं हैं और है भी तो प्राचीन रूढ़ अर्थ में नहीं। मेरी काव्य-चेतना मुख्यतः नवीन संस्कृति की चेतना है जिसमें आध्यात्मिकता तथा भौतिकता का नवीन मनुष्यत्व के धरातल पर संयोजन है।"[3] निराला कविता को स्वच्छन्दता का पर्याय मानते थे—"कविता पराधीन नहीं स्वाधीन है। वह एक संकीर्ण सीमा में विहार करनेवाली नहीं, अनन्त और असीम ब्रह्माण्ड उसका क्रीड़ा-स्थल है।"[4] इसलिये जिस कविता में यह विराट् भावना नहीं होती वह कविता एकदेशीय और संकीर्ण होती है, क्योंकि एकदेशीयता स्पष्टतः संकीर्णता है।[5] व्यापक मानवीय भावना पर आधारित छायावादी कविता के रहस्यात्मक संकेतों को निराला रहस्य नहीं मानते थे। उनकी दृष्टि में रहस्य नाम की कोई चीज नहीं होती, क्योंकि, "रहस्य तब तक रहस्य है जब तक अच्छी तरह समझ में न आये। रहस्य जो कबीर ने लिखा है, साधारण जनों के लिये जो अध्यात्म नहीं समझते, रहस्य है, पर कबीर की दृष्टि में वह रहस्य न था, साधारण सत्य था।"[6] और दूसरे, "रहस्यवाद का रहस्य समझ लेने पर फिर वह रहस्य नहीं रह जाता, सत्य के रूप में वहाँ एक अच्छी कविता ही रहती है। ... मेरी दृष्टि में रहस्यवाद एक अच्छी कविता है— मनुष्य मन की उत्तम कृति के सिवा कुछ नहीं।"[7]

तात्पर्य यह है कि छायावाद की अभिव्यञ्जना-प्रणाली रहस्यात्मक है, किन्तु छायावादी काव्य रहस्यात्मक नहीं है। दरअसल रहस्य का आधार ग्रहण करने से वस्तु अथवा तथ्य की

1. उप., पृ. 6.
2. चिदम्बरा, भूमिका, पृ. 29.
3. उप., पृ. 27.
4. निराला रचनावली-5, पृ. 152.
5. निराला रचनावली-6, पृ. 156.
6. निराला रचनावली-5, पृ. 230.
7. उप., पृ. 231.

सूक्ष्म अभिव्यक्ति में सहायता मिलती है। मुकुटधर पाण्डेय ने भी स्वीकार किया कि, "इससे कवियों को भाव-प्रकाशन का एक नया मार्ग मिलेगा। इस प्रकार के अनेक मार्गों, अनेक रीतियों का होना ही उन्नत साहित्य का लक्षण है।'[1] अस्तु, छायावाद की रहस्य-भावना का मूलाधार मानवीय प्रेम है और मानवीय प्रेम की सूक्ष्म अभिव्यक्ति के लिये अध्यात्म अथवा रहस्यात्मक संकेतों का सहारा लिया गया है। वस्तुतः यह रहस्य 'रहस्य' नहीं, विशुद्ध रूप से अध्यात्म है। अध्यात्म यानी सब्जेक्टिविटी अर्थात् छायावादी कवियों की अन्तरात्मा की छाया, जिसमें 'जैसा है' की अपेक्षा 'जैसा प्रतीत होता है' की अभिव्यक्ति। इसका कारण यह है कि छायावादी काव्य पारम्परिक रहस्यवाद की तरह निवृत्तिमूलक नहीं, प्रवृत्तिमूलक है। मध्ययुगीन सन्तों की तरह छायावादी कवि आत्ममुक्ति नहीं चाहते, बल्कि व्यक्ति स्वातन्त्र्य और समाजस्वातन्त्र्य—दोनों चाहते हैं, जहाँ व्यक्ति-व्यक्ति में अभेद हो। दूसरे शब्दों में प्रेम की व्याप्ति की वह असाधारण अवस्था, जहाँ केवल मानवता का राज्य हो, बन्धुत्व की भावना हो—ऐसा रूढ़िमुक्त समाज। छायावाद की मूल भावना यही है।

प्रायः सभी छायावादी कवियों ने प्रत्यक्ष या परोक्ष रूप से अपने पूर्व युग के साहित्य की आलोचना की है। बाह्य वर्णन प्रधान द्विवेदीयुगीन साहित्य में तद्‌युगीन सामाजिक, सांस्कृतिक, राजनैतिक और धार्मिक परिस्थितियों का स्फुरण अवश्य हुआ, किन्तु उसमें बहुत कुछ रीतिकालीन काव्य प्रवृत्तियों का ही अनुसरण होता रहा। छायावाद युग में आकर ही कविता रीतिकालीन काव्य प्रवृत्तियों से अलग हो सकी, क्योंकि छायावादी कवि रीत्यानुयायी नहीं थे। उनकी अन्तर्मुखी और व्यक्तिवादी भावना स्वच्छन्द भावाभिव्यक्ति में सहायक हुई। उन्होंने अनेक तरह की काव्य-शैलियों का विकास किया।

पन्त हिन्दी में सत्समालोचना के अभाव के कारण चिन्तित थे। सत्साहित्य के सृजन के लिये उन्होंने कविता की तरह आलोचना के परिवर्तन की भी जरूरत महसूस की। मुकुटधर पाण्डेय ने समय की आवश्यकतानुसार कविता में हो रहे बदलाव को उचित और आवश्यक माना। निराला ने भी 'आलोचना की सार्वभौमिकता' पर बल देते हुए कहा कि काव्य की सूक्ष्मताओं को समझने के लिये आलोचक को कवि से अधिक समर्थ होना चाहिए। चूँकि उस समय के अधिकांश आलोचक या कविता के मर्म से अनभिज्ञ आलोचक छायावाद की बेढंगी आलोचना कर रहे थे, इसलिये निराला ने लिखा कि हिन्दी के आलोचक परले दरजे के उजबक हैं।[2] 'आलोचक को कवि से अधिक समर्थ होना चाहिए' से भी यही ध्वनि निकलती है कि उस समय के बहुत से आलोचक आलोचना – कर्म के योग्य नहीं थे। छायावाद का विरोध उनकी आलोचना का मुख्य भाव था इसीलिये छायावादी कवि अपने युग की आलोचना से असन्तुष्ट थे। छायावाद का मूल्यांकन जिन आलोचना-सिद्धान्तों के आधार पर किया जा रहा था, वे अब अप्रासांगिक हो गये थे। छायावादी कवि रूढ़िवादी और परम्परावादी आचार्यों की छायावाद विषयक आलोचनाओं से खिन्न थे।

---

1. हिन्दी में छायावाद., पृ. 55.
2. निराला रचनावली, खण्ड - 8.

महादेवी वर्मा ने लिखा है कि, "छायावाद से प्रथम कविता के बन्धन सीमा तक पहुँच चुके थे और सृष्टि के बाह्याकार पर इतना लिखा जा चुका था कि मनुष्य का हृदय अपनी अभिव्यक्ति के लिये रो पड़ा।"[1] महादेवी वर्मा की तरह पन्त को भी द्विवेदीयुगीन काव्य से यही शिकायत थी कि, "भारतीय जागरण काल का काव्य मूलतः पौराणिक मान्यताओं तथा सामाजिक मर्यादाओं के रूप में प्रतिष्ठित दिङ्मूल्यों को ही अभिव्यक्त देता रहा और काल-मूल्य से वंचित रहा।"[2] प्रसाद ने द्विवेदीयुगीन काव्य की आलोचना इसलिये की कि उसकी अन्तर्वस्तु और रूप-विन्यास आन्तरिक भावों की सूक्ष्म अभिव्यक्ति में अक्षम थे। निराला ने भी द्विवेदीयुगीन खड़ी बोली की कविता में प्रयुक्त शब्दों की नीरसता की ओर संकेत करते हुए लिखा कि द्विवेदीयुगीन कवियों के द्वारा "गरियार बैल से हल चलवाने की चेष्टा की तरह ही खड़ी बोली के शब्दों से कविता की जमीन पर संसरण का गुरु कार्य कराया गया है।"[3] छायावादी कवियों ने न केवल द्विवेदी युग की, अपितु ब्रजभाषा और रीतिवादी मनोवृत्ति की भी आलोचना की। उन्हें रीतिकालीन स्थूल श्रृंगारिकता और भोंडे वस्तु-चित्रण से बेहद चिढ़ थी।

प्रत्येक युग में 'श्रृंगार' काव्य का प्रमुख विषय रहा है, लेकिन युगानुरूप उसकी अभिव्यक्ति भिन्न-भिन्न रूपों में होती रही है। हिन्दी का रीतिकालीन श्रृंगारिक वर्णन उन्मादक और उत्तेजक होने के साथ कहीं-कहीं अश्लील भी हो गया है; लेकिन छायावादी कवियों की श्रृंगारिक उद्‌भावनाएँ मांसल और अमांसल होते हुए भी उदात्त हैं। रीतिकाल में नायिका की अनिच्छा के बावजूद नायक द्वारा 'नीवि-मुंचन' और 'रीति' आम है, लेकिन छायावाद में नायिका का उन्माद भरा यौवन उसके 'कंचुकी के बन्द' को खोखला भर है। छायावादी उदात्त और भव्य श्रृंगार के मूल में छायावादी कवियों की शालीन और प्रांजल दृष्टि रही है जिसने विद्यापति और रीतिकालीन कवियों के दूषित श्रृंगार से मुँह फेर चुके काव्य-रसिकों को श्रृंगार का नया आस्वाद कराया। जयशंकर प्रसाद ने लिखा, "श्रृंगार रस दूषित नहीं है, पर उसकी वर्णन शैली में जो हिन्दी में प्रचलित है, बहुत दूषित हो गयी। प्रायः इसके प्रथम लेखक जयदेव जी हैं, उन्होंने ही इस श्रृंगार का प्रथम ग्रन्थ 'गीत गोविन्द' बनाया, पर हिन्दी में तो श्रृंगार रस के लक्षण भी विलक्षण बना डाले गये हैं।"[4] प्रसाद जी की श्रृंगार विषयक मान्यताएँ उनकी ही नहीं, बल्कि सभी छायावादी कवियों के विचारों का प्रतिनिधित्व करती हैं।

छायावादी कवि कविता में भाव और अनुभूति की एकता के पक्षधर थे। पन्त ने ब्रजभाषा काव्य की एकदेशीयता के साथ-साथ ब्रजभाषा के कवियों की संकीर्ण भावना की कटु आलोचना की। पन्त ने 'पल्लव' की भूमिका में लिखा है—"इस तीन फुट के नखशिख के संसार से बाहर ये कवि पुंगव नहीं जा सके।... ब्रजभाषा की उपत्यका में, उसकी स्निग्ध अंचल छाया में, सौन्दर्य का कश्मीर भले बसाया जा सके – पर उसका वक्ष स्थल इतना विशाल नहीं कि उसमें पूर्वी

1. यामा, भूमिका, पृ. 11.
2. चिदम्बरा, भूमिका., पृ. 9.
3. निराला रचनावली-5, पृ. 214.
4. इन्दु, संवत 1967, संकलित प्रसाद ग्रन्थावली-4, पृ. 445.

तथा पश्चिमी गोलार्द्ध समा सकें।"[1] निराला ब्रजभाषा साहित्य को एकदेशीय और संकीर्ण ही नहीं; बल्कि तद्‌युगीन हिन्दी साहित्य और अन्य भारतीय साहित्यों से पिछड़ा हुआ भी मानते थे। इसीलिये छायावादी कवियों ने रीतिकालीन काव्य-परम्परा से भिन्न एक नयी परम्परा की नींव डाली। परम्परा-विहित परिपाटी से भिन्न छायावाद को 'क्रान्ति' की संज्ञा देते हुए मुकुटधर पाण्डेय ने आलोचकों की इस अवधारणा का खण्डन किया कि छायावाद की क्रान्ति पश्चिम का परिणाम है। उनकी स्पष्ट मान्यता है कि, 'नवीनता तो स्वाधीन-चेता मनीषी मात्र का ध्येय है।' विल्हण का एक श्लोक उद्धृत करते हुए उन्होंने अपने मत की पुष्टि की कि पदों को अधिक प्रौढ़ कर पुरानी परिपाटी से उलटा चलना ही श्रेयस्कर है—

प्रौढ़ प्रकर्षेण पुराण रीतिः व्यतिक्रमः श्लाघ्यतमः पदानाम्।
अत्युन्नतं स्फोटित कंचुकानि वन्द्यानि कान्ताकुच मंडलानि ॥

परम्परामुक्त रूझान का परिचय देनेवाले छायावादी कवि रीति-ग्रन्थों की सीमा लाँघ गये और स्वच्छन्द मार्ग पर आगे बढ़े। यही काव्य प्रवृत्ति छायावाद को द्विवेदी युग से अलग करती है। छायावादी काव्य भावपरक है। मुकुटधर पाण्डेय ने लिखा है – "यथार्थ में छायावाद भाव-राज्य की वस्तु है। उसमें केवल संकेत से काम लिया जाता है।"[2] सम्भवतः इसलिये जयशंकर प्रसाद भावपूर्ण कविता को हृदय ग्राहिणी मानते थे, क्योंकि प्रसाद की दृष्टि भाववादी थी।

छायावादी कवियों ने प्रायः काव्य के सभी उपादानों का विवेचन करते हुए छायावादी प्रेम—प्रकृति प्रेम, देशप्रेम और विश्वमानवतावाद तथा सौन्दर्यबोध का विवेचन किया है। स्त्री-पुरुष के बीच रागात्मक सामंजस्य सृष्टि का मूल उपादान है। मध्ययुगीन नैतिकता और रुढ़िवादिता ने मनुष्य की रागात्मिका वृत्ति को कुण्ठित कर दिया था। नैतिक दृष्टि से स्त्री सम्पर्क अध्यात्मविरोधी माना जाता है, जबकि स्वस्थ सामाजिकता के लिये, "स्त्री-पुरुषों का सन्तुलित और संस्कृत रागात्मक सहजीवन अनिवार्य सत्य है।"[3] मध्ययुगीन अध्यात्म और नैतिकता ने समाज के सामने प्रेम का जो आदर्श रखा वह एकांगी, खोखला, अप्राकृतिक और लौकिक प्रेम से परे होने के कारण निवृत्तिमूलक था। मध्यकालीन राग भावना की यह परम्परा द्विवेदी युग तक कायम रही। द्विवेदी युग में भी आध्यात्मिक और लौकिक प्रेम को परस्पर विरोधी माना गया। पन्त ने 'चिदम्बरा' की भूमिका में लिखा कि, "आध्यात्मिक और लौकिक मूल्यों को परस्पर विरोधी पृथक् मूल्यों में विच्छिन्न करने का यही कारण है कि मानव-राग-भावना का अभी विकास या परिष्कार नहीं हो सका है।"

भारतीय समाज में स्त्री की दशा अत्यन्त दयनीय रही है। मध्यकालीन भक्त कवियों के स्त्री विषयक दृष्टिकोण स्त्री को इस दयनीय स्थिति में लाने में बहुत सहायक हुए। एक ओर स्त्री पुरुष के परम लक्ष्य में बाधक हुई तो दूसरी ओर वह पुरुष के भोग-विलास का साधन बनकर रह गयी। 'यत्र नार्यस्तु पूज्यन्ते रमन्ते तत्र देवता' कहकर धर्म शास्त्रकारों ने प्रकारान्तर से स्त्री को बन्दिनी बनाने में महत्त्वपूर्ण योग दिया। आधुनिक युग में स्त्री-स्वतन्त्रता को लेकर

1. पल्लव, भूमिका, पृ. 22-23.
2. हिन्दी में छायावाद, पृ. 40.
3. चिदम्बरा, भूमिका., पृ. 26.

जितने सुधार-आन्दोलन हुए उनका प्रत्यक्ष प्रभाव छायावाद पर पड़ा, किन्तु सुधार-आन्दोलनों के द्वारा स्त्री की पूर्ण स्वतन्त्रता की अपेक्षा केवल वैयक्तिक स्वतन्त्रता की माँग की गयी। निराला ने महसूस किया कि स्त्रियों के लिये वैयक्तिक स्वतन्त्रता ही काफी नहीं है, उन्हें बाहरी स्वतन्त्रता की भी आवश्यकता है। तत्कालीन परिस्थितियों को देखते हुए उन्होंने घोषणा की कि आज का सच्चा धर्म यही है कि स्त्रियों के सभी बन्धन ढीले कर दिये जायें। क्योंकि, "रूढ़ियाँ कभी धर्म नहीं होतीं, वे एक-एक समय की बनी हुई सामाजिक शृंखला हैं। वे पहले की शृंखलाएँ, जिनमें सुथरापन था—अब वे जंजीरें हो गयी हैं। उन्हें तोड़कर फेंक देना चाहिए।"[1]

छायावादी कवियों की स्त्री-स्वाधीनता नहीं, स्त्री-स्वच्छन्दता काम्य थी। स्त्री-स्वच्छन्दता की आकांक्षा उनके लेखों की अपेक्षा उनके साहित्य में अधिक दिखायी पड़ती है किन्तु स्त्री को समस्त बन्धनों से मुक्त कराने के प्रति उनका दृष्टिकोण नितान्त भाववादी रहा है। प्रसाद ने 'प्रेम-पथिक' में और निराला ने 'प्रेयसी' तथा 'तुलसीदास' में स्त्री के जिस स्वच्छन्द रूप का वर्णन किया है, वह निश्चय ही आधुनिक युग में स्त्री के बदले हुए दृष्टिकोण का परिणाम है। सदियों से चले आ रहे जाति, धर्म और वर्ण-भेद को छायावाद में तोड़ दिया गया—

दोनों ही हम भिन्न-वर्ण,
भिन्न-धर्म भाव, पर केवल
अपनाव से, प्राणों से एक थे।

-निराला (प्रेयसी)

इसलिये कुल-कानि की परवाह न करते हुए 'प्रेयसी' की नायिका अपने प्रिय के साथ चल पड़ी—

मधुर प्रभात ज्यों द्वार पर आये तुम,
नीड़-सुख छोड़कर मुक्त उड़ने को संग
चल दी मैं मुक्त, साथ।

वास्तव में छायावादी कवियों की नारी विषयक दृष्टि तत्कालीन समाजसुधारकों से अधिक प्रगतिशील है। छायावादी कवियों ने जिस नारी की सृष्टि की वह प्राचीन नारी से भिन्न स्वच्छन्द और विद्रोही मनोवृत्ति की है। उनकी नारी विषयक धारणा के मूल में उनका सहज रागात्मक भाव ही है—

स्नेहमयि! सुन्दरतामयि!
तुम्हारे रोम रोम से, नारि!
मुझे है स्नेह अपार,
तुम्हारा मृदु उर ही, सुकुमारि!
मुझे है स्वर्णागार!

-पन्त (नारी-रूप)

1. निराला रचनावली-5, पृ. 121.

छायावाद में स्त्री-पुरुष के बीच स्वच्छन्द प्रेम का दूसरा नाम प्रकृति-प्रेम है। छायावादी कवि प्रकृति को चेतन मान कर चलते हैं। इसीलिये प्रथम दृष्ट्या प्रकृति उनके रोम-रोम में पुलक भर देती है। छायावाद में प्रकृति के अति सूक्ष्म रूपों को ग्रहण किया गया है। छायावादी कवियों ने प्रकृति ने अपने हृदय के ही सौन्दर्य का प्रतिबिम्ब देखा है। महादेवी वर्मा ने लिखा है—"छायावाद ने प्रकृति के हृदय और प्रकृति के उस सम्बन्ध में प्राण डाल दिये जो प्राचीनकाल से बिम्ब-प्रतिबिम्ब के रूप में चला आ रहा था और जिसके कारण मनुष्य को अपने दुःख में प्रकृति उदास और सुख में पुलकित जान पड़ती थी।"[1] यही कारण है कि छायावादी कवियों ने अपनी आन्तरिक वृत्ति को प्रकृति पर आरोपित किया है, उसका मानवीकरण किया है।

प्रसाद के अनुसार, "प्रकृति विश्वात्मा की छाया या प्रतिबिम्ब है, इसलिये प्रकृति को काव्यगत व्यवहार में ले आकर छायावाद की सृष्टि होती है, यह सिद्धान्त भ्रामक है। यद्यपि प्रकृति का आलम्बन स्वानुभूति का प्रकृति से तादात्म्य नवीन काव्य धारा में होने लगा है, किन्तु प्रकृति से सम्बन्ध रखनेवाली कविता को ही छायावाद नहीं कहा जा सकता।"[2] निस्सन्देह प्रसाद का कथन सही है। छायावाद मूलतः प्रकृति काव्य नहीं है। प्रसाद का यह भी विचार है कि प्रकृति में चेतनता के आरोप की परम्परा नयी नहीं, अपितु बहुत पुरानी है। संस्कृत साहित्य में इसका बहुत प्रयोग हुआ है, "यह प्रकृति अथवा शक्ति का रहस्यवाद आनन्द लहरी के 'शरीरं त्वं शम्भो' का अनुकरण मात्र है। वर्तमान हिन्दी में इस अद्वैत रहस्यवाद की सौन्दर्यमयी व्यञ्जना होने लगी है, वह साहित्य में रहस्यवाद का स्वाभाविक विकास है। इसमें अपरोक्ष अनुभूति, समरसता तथा प्राकृतिक सौन्दर्य के द्वारा अहम् का इदम् में समन्वय करने का सुन्दर प्रयत्न है।"[3] इसी प्रकार महादेवी वर्मा भी 'जड़ और चेतन को परस्पर आबद्ध' मानती हैं।

प्रकृति पर चेतनता का आरोप आधुनिक सौन्दर्य भावना का परिणाम है। छायावाद से पूर्व स्थूल सौन्दर्य-बोध के कारण कवियों की कोमल एवं सूक्ष्म भावनाएँ दब गयी थीं। पौराणिक पुनराख्यान के फलस्वरूप कविता में रागात्मिका वृत्ति का ह्रास हो गया था। नैतिक आतंक के कारण न केवल स्वच्छन्द प्रेम की अभिव्यक्ति पर वरन् मानवीय सौन्दर्य भावना पर भी अंकुश लग गया। इसी की प्रतिक्रियास्वरूप छायावाद में पहली बार मानव-अनुभूतियों और सौन्दर्य भावना की अभिव्यक्ति हुई। छायावाद की आन्तरिक सौन्दर्य भावना को प्रसाद भारतीय विचारधारा से प्रेरित मानते थे। लिखा है—"ग्रीस द्वारा प्रचलित पश्चिमी सौन्दर्यानुभूति बाह्य को, मूर्त को, विशेषता देकर उसकी सीमा में ही उसे पूर्ण बनाने की चेष्टा करती है और भारतीय विचारधारा ज्ञानात्मक होने के कारण मूर्त और अमूर्त का भेद हटाते हुए बाह्य और आभ्यन्तर का एकीकरण करने का प्रयत्न करती है।"[4] प्रसाद का यह कथन सही है। ग्रीस की प्राचीन कला अर्थात् क्लैसिक कला और साहित्य में बाह्य सौन्दर्य को ही महत्त्व दिया जाता था। इसीलिये उसके विरुद्ध रोमाण्टिक कला और साहित्य में सूक्ष्म ऐन्द्रिय सौन्दर्य को महत्त्व दिया गया। जिस तरह

1. साहित्यकार की आस्था, महादेवी वर्मा, पृ. 47.
2. प्रसाद ग्रन्थावली-4, पृ. 527-528.
3. उप., पृ. 490.
4. उप., पृ. 470.

रोमाण्टिक काव्य में प्रकृति का मानवीकरण किया गया है, उसी तरह छायावादी काव्य में प्रकृति पर मानवीय वृत्तियों का आरोप किया गया है। वस्तुतः प्रकृति का मानवीकरण छायावादी कवियों के सूक्ष्म और गहरे सौन्दर्य-बोध और मानव-मूल्यों में अटूट आस्था का परिचायक है। इसीलिये छायावाद में प्रकृति के चेतन सौन्दर्य का चित्रण दिखायी पड़ता है।

छायावाद के उद्भव के समय भारत में सामाजिक, आर्थिक, सांस्कृतिक और राजनैतिक आन्दोलनों की धूम थी। अतः छायावादी कवियों पर इनका प्रत्यक्ष या परोक्ष प्रभाव पड़ना स्वाभाविक था, क्योंकि कोई भी कवि अपने परिवेश तथा सामाजिक और राष्ट्रीय हलचलों से अछूता नहीं रह सकता। इस सन्दर्भ में पन्त की दो धारणाएँ हैं। एक ओर पन्त को छायावाद की सार्थकता, "उस युग के विशिष्ट भावात्मक दृष्टिकोण तक ही सीमित है जो भारतीय जागरण की चेतना का सर्वात्मवादमूलक कैशोर समारम्भ भर था, हालाँकि उस युग की कविता में और भी अनेक प्रकार की अभिव्यञ्जनाएँ और रूप-शिल्प की विशेषताओं के व्यापक उपकरण हैं।"[1] और दूसरी ओर, "छायावादी काव्य वास्तव में राष्ट्रीय जागरण की चेतना का काव्य रहा है। उसकी एक धारा राष्ट्रीय जागरण से सम्बद्ध रही है तथा दूसरी धारा का सम्बन्ध उसके मानसिक, दार्शनिक जागरण की प्रक्रिया से रहा है जिसका समारम्भ औपनिषदिक विचारों तथा पाश्चात्य साहित्य और संस्कृति के प्रभावों के कारण हुआ।"[2]

छायावाद के अनेक आलोचकों ने प्रसाद को पलायनवादी कहा है। इसका कारण उनका अतीत प्रेम बताया गया है। जबकि प्रसाद की दृष्टि में उनका ही नहीं, बल्कि भारतेन्दु के साहित्य का भी अधिकांश यथार्थवादी है। उनके विचार से 'नील देवी' और 'भारत दुर्दशा' में राष्ट्रीय अभावमयी वेदना की जो अभिव्यक्ति हुई, उसका विकास बाद के युगों में हुआ। राष्ट्रीय वेदना के साथ जीवन के यथार्थ चित्रण को ही प्रसाद ने यथार्थवाद की संज्ञा दी है। यथार्थवाद से प्रसाद का तात्पर्य है 'लघुता की ओर साहित्यिक दृष्टिपात।'[3] तात्पर्य यह है कि छायावाद में दो विचार प्रमुख रूप से सक्रिय थे। एक ओर यदि उसमें भावुकता, कल्पना और नवीन सौन्दर्य-बोध की रूप-छवियाँ हैं तो दूसरी ओर भारतीय नवजागरण और समाज-सुधार आन्दोलनों की।

छायावादी कवियों ने व्यक्तिगत प्रेम की स्वच्छन्द अभिव्यक्ति, नारी-प्रेम और स्त्री स्वाधीनता, प्रकृति-प्रेम और राष्ट्रीय चेतना के सम्बन्ध में यत्र-तत्र जो विचार व्यक्त किये हैं, वे उनकी कविताओं में भी हैं। उनकी आलोचनाएँ उनके काव्य में व्यक्त भावों और विचारों से भिन्न नहीं हैं। प्रेम की व्यापकता को उन्होंने अन्तर्बाह्य सब कहीं अनुभव किया है। उनके काव्य में दिखायी पड़नेवाली मानवीय भावना उनकी आलोचनाओं में भी दिखायी देती है, यह अलग बात है कि वे अपने अन्दर ही समस्त विश्व को प्रतिबिम्बित देखते हैं। महादेवी वर्मा अपनी व्यक्तिगत भावना को सामाजिक भावना से पृथक् नहीं मानती। 'यामा' की भूमिका में उन्होंने लिखा है—"आज हमारा हृदय ही हमारे लिये संसार है। हम अपनी प्रत्येक साँस का इतिहास लिख

1. छायावाद का पुनर्मूल्यांकन, पन्त, पृ. 2.
2. रश्मिबन्ध, पन्त, पृ. 14.
3. प्रसाद ग्रन्थावली-4, पृ. 522.

लेना चाहते हैं, अपनी प्रत्येक कम्पन को अंकित कर लेने के लिये उत्सुक हैं और प्रत्येक स्वप्न का मूल्य पा लेने के लिये विकल हैं।"[1]

छायावादी कवि भावना, अनुभूति और कल्पना के धरातल पर ही मानव-मानव और जड़ चेतन में अभेद मानते थे। महादेवी वर्मा के उक्त कथन से यही ध्वनित होता है। वास्तव में सभी मनुष्यों की अनुभूति सामान्य रूप से एक जैसी होती है। अनुभूति की साधारणतया में सभी मनुष्य एकीकृत होते हैं। निराला के इन विचारों से महादेवी वर्मा भी सहमत दिखायी देती हैं। मानव-मानव के बीच भिन्नता होते हुए भी उनमें एक अव्यक्त एकता होती है। यह एकता मानव-हृदय की अनुभूतियों के कारण होती है। अनुभूति एक तरह का अव्यक्त संगीत है, जिसके स्वर परस्पर जुड़े होते हैं। "जिस प्रकार वीणा के तारों के भिन्न-भिन्न स्वरों में एक प्रकार की एकता होती है, जो उन्हें एक साथ मिलकर चलने की ओर अपने साम्य से संगीत की सृष्टि करने की क्षमता देती है, उसी प्रकार मनुष्य के हृदयों में एकता छिपी हुई है। यदि ऐसा न होता तो विश्व का संगीत ही बेसुरा हो जाता।"[2]

प्रायः सभी छायावादी आलोचकों ने छायावादी काव्य में निहित व्यक्तिवादी भावना की आलोचना की है। उनके विचार से व्यक्तिवादी मनोवृत्ति के कारण ये कवि व्यक्तिगत सुख-दुःख का ही आलाप करते रहे। इसलिये उन्होंने सामाजिकता का अतिक्रमण किया है। निराला ने इस तरह के आरोपों को बेबुनियाद बताया। उनकी राय में जो साहित्यकार, "पूर्व और पश्चिम को एक करके समस्त भूमण्डल को हृदय से लगाना चाहता है"[3] उसकी दृष्टि संकीर्ण हो ही नहीं सकती। वह व्यक्तिगत भावनाओं को, व्यक्तिगत प्रेम को विस्तृत आयाम देना चाहता है। पन्त के विचार भी कुछ इसी तरह के हैं – "छायावाद की व्यक्तिनिष्ठ शैली में जो आत्मीयता अथवा निजता का स्पर्श था, उसने परिस्थितियों की कारा में बन्द उस युग के मन पर अनायास ही नयी भाववस्तु को जीवन चेतन-सौन्दर्य में उतार दिया।... इसीलिये छायावाद वास्तव में व्यक्तिनिष्ठ न होकर मूल्यनिष्ठ या मूल्य केन्द्रित रहा है।"[4] सामाजिक सुख-दुःख को व्यक्तिगत सुख-दुःख के आलोक में देखने के बावजूद पन्त ने कविता में लोकमंगल की भावना की आवश्यकता पर बल दिया। जिस कविता में मानवीय संवेदना का अभाव होता है वह कविता सामाजिक प्रगति में सहायक नहीं होती। इसीलिये पन्त की दृष्टि में कला के कोमल फेन का मूल्य मानवीय संवेदना के स्वरूप सौन्दर्य से अधिक नहीं है।

उल्लेख किया जा चुका है कि प्रसाद यथार्थ का मूल वेदना को मानते थे, क्योंकि, "वेदना से प्रेरित होकर जनसाधारण के अभाव और उनकी वास्तविक स्थिति तक पहुँचाने का प्रयत्न यथार्थवादी साहित्य करता है।" इसलिये प्रसाद की दृष्टि में जातीय उन्नति साहित्य की उन्नति पर निर्भर होती है। लेकिन प्रसाद साहित्य की व्यापकता को जातीय उन्नति तक ही सीमित नहीं करते। वे साहित्य को विश्व मंगल की भावना से ओत-प्रोत मानते थे–"साहित्य समय की

1. यामा, पृ. 5.
2. उप., पृ. 11.
3. निराला रचनावली-5, पृ. 156.
4. छायावाद का पुनर्मूल्यांकन, पृ. 29-30.

वास्तविक स्थिति क्या है, इसको दिखाते हुए उसमें आदर्शवाद का सामंजस्य स्थिर करता है। दुःख-दग्ध जगत् और आनन्दपूर्ण स्वर्ग का एकीकरण साहित्य है, इसीलिये असत्य अघटित घटना पर कल्पना को वाणी महत्त्वपूर्ण स्थान देती है, जो निजी सौन्दर्य के कारण सत्य-पद पर प्रतिष्ठित होती है। उसमें विश्व मंगल की भावना ओत-प्रोत रहती है।"[1] वस्तुतः छायावादी काव्य की व्यक्तिगत भावना मानवतावादी भावना से ओत-प्रोत है। छायावादी कविताओं में देखते हुए ऐसा प्रतीत होता है कि जो बुनियादी प्रश्न भाव रूप में उनकी कविताओं में व्यक्त हुए हैं वही विचार रूप में उनकी आलोचनाओं में।

छायावाद युग तक अधिकांश साहित्यकार, पत्रकार, बुद्धिजीवी और दूसरे लोग अंग्रेजी भाषा, साहित्य और विचार-दर्शन से परिचित हो चुके थे। इसलिये छायावादी कविताओं में अचानक पाश्चात्य साहित्य की प्रवृत्तियों को देखकर यह कहा जाने लगा कि उस पर अंग्रेजी और बांग्ला साहित्य का प्रभाव पड़ा है। हिन्दी आलोचकों के प्रति असन्तोष व्यक्त करते हुए प्रसाद ने लिखा—"विज्ञ समालोचक भी हिन्दी की आलोचना करते-करते 'छायावाद' 'रहस्यवाद' आदि वादों की कल्पना करके उन्हें विजातीय, विदेशी तो प्रमाणित करते ही हैं, यहाँ तक कहते हुए लोग सुने जाते हैं कि वर्तमान हिन्दी-कविता में अचेतनों में, जड़ों में, चेतनता का आरोप करना हिन्दीवालों ने अंग्रेजी से लिया है, क्योंकि अधिकतर आलोचकों के गीत का टेक यही रहा है कि हिन्दी में जो कुछ नवीन विकास हो रहा है वह सब बाह्य वस्तु (Foreign Element) हैं।"[2] दूसरी तरफ पन्त और निराला ने छायावाद पर बाँग्ला और अंग्रेजी साहित्य के प्रभावों को स्वीकार किया है। प्रारम्भ में पन्त में कला-रुचि और सौन्दर्य-बोध का संस्कार रवीन्द्रनाथ, शेली, कीट्स आदि कवियों से विकसित हुआ, लेकिन बाद में नवीन भाव-चेतना, नवीन सामाजिकता तथा नवीन मानवता का बोध गाँधी, मार्क्स और अरविन्द की प्रेरणा से विकसित हुआ। पन्त ने स्वयं स्वीकार किया है कि, "मेरे भीतर अनेक प्रकार की बौद्धिक, भाविक सूक्ष्म प्रक्रियाएँ भी निरन्तर चलती रही हैं, जिनसे ग्रहणशीलता की बुद्धि के अतिरिक्त मुझे अनेक उपलब्धियाँ भी होती रही हैं। मैंने बाहर के प्रभावों को सदैव अपने ही अन्तर के प्रकाश में ग्रहण किया है।"[3]

निराला किसी भी साहित्य को उत्तम भाव-ग्रहण को अनुचित नहीं मानते थे, लेकिन उनकी राय में किसी भी भाव को प्रीत होकर ग्रहण करना चाहिए, प्रभावित होकर नहीं क्योंकि "उत्तमोत्तम भावों के ग्रहण करने की शक्ति रसग्राही कवि-हृदय में ही हुआ करती है। जिन भावों को वह प्यार करता है, वे चाहे दूसरे के ही भाव हों, उसकी सहृदयता से घुलकर नवीन युग की नवीन रश्मि से चमकते हुए फिर वे उसी के होकर निकलते हैं।"[4] इसीलिये उन्होंने छायावाद पर पाश्चात्य साहित्य का प्रभाव माननेवाले आलोचकों पर व्यंग्य करते हुए लिखा कि, "चोरी का अपराध लगाना जितना सीधा है, चोरी करना उतना सीधा नहीं।" अर्थात् दूसरे साहित्य के भाव अपने जातीय संस्कार में रंग जाने के बाद विजातीय नहीं रह जाते और कवि किसी भी विजातीय भाव को अपने साहित्य की प्रकृति के अनुरूप पाकर ही ग्रहण करता है।

1. प्रसाद ग्रन्थावली-4, पृ. 524.
2. प्रसाद ग्रन्थावली-4 पृ. 524.
3. प्रसाद ग्रन्थावली-4 पृ. 524.
4. चिदम्बरा, भूमिका., पृ. 19.

समय-समय पर भारतीय जीवन-दर्शन और संस्कृति में अनेक विजातीय दर्शन और संस्कृतियाँ समाविष्ट होती रही हैं। उनके समन्वय से भारतीय संस्कृति और दर्शन का नये सिरे से विकास भी हुआ है। जिस तरह विजातीय गुणों के समावेश से शक्ति का संचार होता है उसी तरह विजातीय भावों के मिश्रण से साहित्य में सजीवता और गतिशीलता आती है। विजातीय साहित्य के उच्च भावों के समावेश रवीन्द्रनाथ और ईट्स के काव्य में हुआ है। निराला की नजर में, "विजातीय उच्च भावों के ग्रहण से एकदेशीयता और संकीर्णता से मुक्ति मिलती है, क्योंकि एकदेशीय साहित्य और संस्कृति से बहुत बड़े लाभ की सम्भावना नहीं की जा सकती।" इसलिये जो लोग विजातीय भावों के प्रभाव-ग्रहण से साहित्य के असंस्कृत होने का ख़तरा महसूस करते हैं, "वे शायद यह नहीं जानते हैं कि विजातीय भावों के मिश्रण से ही संस्कार हो सकता है। यदि किसी सृष्टि को प्रगतिशील रखना है, तो उसकी शक्ति बढ़ाने के लिये विजातीय भावों का उसमें समावेश करना अत्यन्त आवश्यक है। इन्हीं विरोधी गुणों से उसमें शक्ति का संचार होता है।"[1] तात्पर्य यह है कि विजातीय भावों के समन्वय से साहित्य एकदेशीयता और संकीर्णता से मुक्त होकर व्यापक और सार्वभौम हो जाता है। निराला की स्पष्ट धारणा है कि विजातीय भावों के प्रति उदासीनता के कारण ही साहित्यिक दृष्टि से हम कई शताब्दी पीछे रहे हैं। जिस तरह की रचनाएँ छायावाद युग में हो रही हैं वैसी रचनाएँ अंग्रेजी साहित्य में बहुत पहले हो चुकी थीं। अतः छायावाद को केवल बाँग्ला और अंग्रेजी साहित्य का अनुकरण मानना उचित प्रतीत नहीं होता, क्योंकि छायावादी कवियों का लक्ष्य हिन्दी साहित्य की प्राचीन परिपाटी की संकीर्ण परिधि से मुक्त कर व्यापक और सार्वभौम बनाना है। इसलिये कि साहित्य जब व्यापक और सार्वभौम होगा, "तब हम आप ही कतरे में दरिया प्रत्यक्ष करेंगे।"[2] स्पष्ट है कि छायावादी कवियों का लक्ष्य बहुत बड़ा है। उनका काव्य-कर्म इसका गवाह है। अफसोस कि उस समय के छायावाद विरोधी आलोचकों को यह सब नहीं दिखायी दिया। वे सिर्फ आलोचना के लिये आलोचना कर रहे थे। यह कार्य गम्भीरता से, किन्तु भोंडे तरीके से बनारस में 'छायावाद प्रतिवाद परिषद' के झण्डे तले भी हो रहा था।

छायावादी कवियों ने काव्य और कला पर भी विचार किया है। काव्य-कला सम्बन्धी उनके विवेचन कहीं-कहीं संस्कृत काव्यशास्त्र के अनुकूल हैं और कहीं-कहीं स्वतन्त्र। पन्त की दृष्टि में, "कविता हमारे परिपूर्ण क्षणों की वाणी है। हमारे जीवन का परिपूर्ण रूप, हमारे अन्तरतम प्रदेश का सूक्ष्माकाश ही संगीतमय है, अपने उत्कृष्ट क्षणों में हमारा जीवन छन्द ही में बहने लगता, उसमें एक प्रकार की सम्पूर्णता, स्वरैक्य तथा संयम आ जाता है।"[3] कविता सम्बन्धी पन्त की इस अवधारणा में 'परिपूर्ण क्षणों की वाणी' का अभिप्राय अस्पष्ट-सा लगता है। सम्भवतः अभिव्यक्ति से पूर्व अनुभूति की पूर्णता को ही उन्होंने 'परिपूर्ण क्षणों की वाणी' कहा है। इसी को प्रसाद ने 'आत्मा की संकल्पात्मक अनुभूति' कहा है, "जिसका सम्बन्ध विश्लेषण, विकल्प

1. निराला रचनावली-5, पृ. 443.
2. उप., पृ. 456.
3. पल्लव, भूमिका, पृ. 33.

या किसी ज्ञान से नहीं है। वह एक श्रेयमयी प्रेय रचनात्मक ज्ञानधारा है।"[1] 'संकल्पात्मक अनुभूति' से प्रसाद का तात्पर्य है, "आत्मा की मनन शक्ति की वह असाधारण अवस्था, जो श्रेय सत्य को उसके मूल चारुत्व में सहसा ग्रहण कर लेती है।"[2] अर्थात् कवि की वह निर्विशेष दृष्टि जो वस्तु-सत्य को ज्ञानात्मक संवेदना के द्वारा अनुभव करती है और उसे तदनुरूप व्यक्त कर देती है। तात्पर्य यह है कि वस्तु-सत्य के प्रति सहज भाव और अनुभूति को कवि प्रतिबद्ध होकर ही अभिव्यक्त करता है। उसकी प्रतिबद्धता जिन भावों या विषयों के प्रति हुआ करती है, वे निर्विकल्प होते हैं।

छायावादी कवियों ने अनुभूति पर विशेष बल दिया है, इसीलिये प्रसाद की दृष्टि में, "कला की आत्मानुभूति के साथ विशिष्ट भिन्न सत्ता नहीं होती।" प्रसाद के ही शब्दों में—"अनुभूति के लिये शब्द-विन्यास-कौशल तथा छन्द आदि भी अत्यन्त आवश्यक नहीं।"[3] इसी प्रकार निराला भी कविता में कला को विशेष महत्त्व नहीं देते। कविता में कला नहीं, भाव महत्त्वपूर्ण होता है। इसीलिये निराला ने कला को 'स्वाभाविक कारीगरी' मानते हुए लिखा है—"भाव-शून्य कला वैसी ही होती है जैसे बल-शून्य दाँव।"[4] लेकिन पन्त के विचार प्रसाद और निराला से भिन्न हैं। उनके अनुसार "कविता में चित्र-भाषा की आवश्यकता पड़ती है।"[5] निस्सन्देह पन्त के यहाँ कला के प्रति विशेष आग्रह है, जबकि प्रसाद और निराला के यहाँ भाव और अनुभूति के प्रति गहरा लगाव है।

छायावादी काव्य की चित्रमयता, उपचारवक्रता और वाग्वैचित्र्य को देखते हुए पन्त का उक्त कथन सही प्रतीत होता है कि छायावादी कवियों ने भाव पक्ष को प्रधानता देते हुए भी कला पक्ष की उपेक्षा नहीं की है। यद्यपि कविता की स्वाभाविकता को देखते हुए प्रसाद और निराला के विचार अधिक महत्त्वपूर्ण हैं, तथापि छायावादी कविता की प्रवृत्तिगत विशेषताओं को देखते हुए उनके विचार छायावादी काव्य-कला के अनुरूप नहीं हैं। प्रसाद और निराला ने भी जाने-अनजाने कला को महत्त्व दिया है, किन्तु वे कलावाद के विरोधी हैं। मुकुटधर पाण्डेय ने सबसे पहले छायावाद की अभिव्यञ्जना प्रणाली की विचित्रता की ओर संकेत किया और लिखा कि, "छायावाद की विचित्र प्रकाशन – रीति के मूल में छायावादी कवियों की अन्तरंग दृष्टि ही है।"[6] दूसरे शब्दों में छायावादी काव्य की विलक्षण अभिव्यञ्जना प्रणाली का कारण छायावादी कवियों की भावना, कल्पना और सूक्ष्म सौन्दर्य-बोध है। छायावाद की विलक्षण अभिव्यञ्जना प्रणाली की प्रशंसा आचार्य रामचन्द्र शुक्ल ने भी की थी, यह अलग बात है कि उन्होंने छायावाद को यहीं तक सीमित रखा। लेकिन इस तथ्य से इन्कार नहीं किया जा सकता कि छायावादी कवियों ने टकसाली कवियों की तरह सायास तुकबन्दी नहीं की है। उनके भाव अनायास ही

---

1. प्रसाद ग्रन्थावली-4, पृ. 471.
2. उप., पृ. 472.
3. उप., पृ. 475.
4. निराला रचनावली-5, पृ. 473.
5. पल्लव, भूमिका, पृ. 30.
6. हिन्दी में छायावाद, पृ. 38.

छन्दों के साँचे में ढलते गये हैं। प्रसाद, पन्त और निराला की प्रतिनिधि कविताओं (कामायनी, परिवर्तन और राम की शक्ति पूजा) के अलावा दूसरी ख्यात-अख्यात कविताओं पर भी यही बात लागू होती है। महादेवी वर्मा की काव्य-कला भी विलक्षण और गीत के अनुरूप है। छायावादी काव्य-कला मोहक है।

मुकुटधर पाण्डेय भाषा के पचड़े में नहीं पड़ते। उनके विचार से –'भाव अनूठो चाहिए, भाषा कोऊ होय।' भाषा तो भाव-प्रकाशन का मात्र एक साधन है, लेकिन कवि की भाषिक संवेदना भावों और विचारों को हृदय संवेद्य बनाने में महत्त्वपूर्ण भूमिका अदा करती है। पन्त इस मामले में सबसे अधिक सजग थे। शब्द-शिल्पी पन्त की दृष्टि में भाषा, "संसार का नादमय चित्र है, ध्वनिमय रूप। यह विश्व के हृत्तन्त्री की झंकार है जिसके स्वर में वह अभिव्यक्ति पाता है।"[1] इसलिये उन्होंने पुस्तकीय भाषा की जगह मनुष्यों की भाषा की आवश्यकता पर बल दिया। क्योंकि मनुष्यों की भाषा में लोक-कल्याण और विश्वमानवता के विकास की भावना निहित होती है। उन्होंने 'राग' को कविता की भाषा का प्राण माना। राग को भाषा का प्राण मानने का ही परिणाम है कि छायावादी कवियों ने संगीत-भेद के आधार पर पर्यायवाची शब्दों में भी पर्याप्त अर्थ-भेद किया। 'पल्लव' की भूमिका में पन्त ने सूक्ष्म ध्वनियों के आधार पर पर्यायवाची शब्दों का विस्तारपूर्वक विवेचन किया है। प्रसाद की मान्यता भी कुछ इसी प्रकार की है। लिखा है – "शब्दों में भिन्न प्रयोग से एक स्वतन्त्र अर्थ उत्पन्न करने की शक्ति है। समीप के शब्द भी उस शब्द-विशेष का नवीन अर्थ द्योतन करने में सहायक होते हैं। भाषा के निर्माण में शब्दों के इस व्यवहार का बहुत हाथ होता है। अर्थ-बोध व्यवहार पर निर्भर करता है, शब्दशास्त्र में पर्यायवाची तथा अनेकार्थवाची शब्द इसके प्रमाण हैं। इसी अर्थ-चमत्कार का माहात्म्य है कि कवि की वाणी में अभिधा से विलक्षण अर्थ साहित्य में मान्य हुए।"[2] छायावाद के सम्बन्ध में मुकुटधर पाण्डेय ने एक जबर्दस्त बात कही थी कि, "छायावाद एक ऐसी मायामय सूक्ष्म वस्तु है कि शब्दों द्वारा उसका ठीक वर्णन करना असम्भव है। उसका एक मोटा लक्षण यह है कि शब्द और अर्थ का सामंजस्य बहुत कम रहता है।" निस्सन्देह मुकुटधर पाण्डेय ने छायावाद की लाक्षणिक भाषा की ओर संकेत किया है। कवि का उद्देश्य जब वाच्यार्थ से आगे लक्ष्यार्थ हो जाता है तब शब्द और अर्थ का सामंजस्य बैठाना आसान नहीं होता। छायावादी कवियों ने हिन्दी का नये सिरे से संस्कार किया। उन्होंने भाषा को सजीव बना दिया। तात्पर्य यह है कि छायावादी काव्य में भाव के अनुरूप कला का स्वाभाविक विकास हुआ। छायावाद में कहीं-कहीं अभिव्यक्ति को कलात्मक बनाने के भी प्रयास हुए हैं–

छपी सी पी सी मृदु मुस्कान
छिपी सी, खिंची सखी सी साथ,
उसी की उपमा सी बन, मान
गिरा का धरती थी, धर हाथ।

- पन्त (उच्छ्वास)

लेकिन छायावाद में ऐसे छन्द अत्यल्प हैं।

1. पल्लव, भूमिका, पृ. 26.
2. प्रसाद ग्रन्थावली-4, पृ. 525.

छायावाद में स्वच्छन्द भावाभिव्यक्ति के लिये प्रचलित काव्य-रूपों में भी परिवर्तन हुआ। छायावादी कवियों ने भावानुरूप छन्दों को ढालकर कविता को छन्द के बन्धन से मुक्त किया, क्योंकि 'मुक्त काव्य आन्तरिक ऐक्य, भावजगत् के साम्य को ढूँढता है।'[1] पन्त ने 'पल्लव की भूमिका में एक जगह मुक्त छन्द के बारे में विचार करते हुए लिखा है कि – "मुक्त काव्य भी हिन्दी में ह्रस्व-दीर्घ मात्रिक संगीत की लय पर ही सफल हो सकता है। छन्द का राग भाषा के राग पर निर्भर रहता है, दोनों में स्वरैक्य होना चाहिए।" निराला ने भी कविता की जड़ता से मुक्ति की आवश्यकता पर बल दिया। 'मुक्त छन्द से स्वाधीन चेतना फैलती है' लिखनेवाले निराला की दृष्टि में, "जड़ परमाणुओं के आघात-प्रतिघातों से, कविता में जड़त्व के प्रचार से न तो भाषा की मुक्ति होगी, न उससे सम्बद्ध इस जाति की मुक्ति हो सकती है।"[2] इसी तरह प्रसाद ने छायावादी काव्य-शैली और भाषा पर विचार किया और लिखा – "सूक्ष्म आभ्यन्तर भावों के व्यवहार में प्रचलित पद योजना असफल रही। उनके लिये नवीन शैली तथा वाक्य-विन्यास आवश्यक था।"[3]

वस्तुतः छायावादी कवियों में कला के प्रति स्वाभाविक रुझान दिखायी देता है, लेकिन इसका अभिप्राय यह नहीं है कि उसमें कला के प्रति अतिरिक्त आग्रह था। जिस तरह छायावादी काव्य भाववादी है, उसी तरह छायावादी कवियों की छायावाद सम्बन्धी मान्यताएँ भी भाववादी हैं। छायावादी कवियों की आलोचना-दृष्टि एकांगी है, क्योंकि उन्होंने छायावाद का विवेचन सामाजिक और ऐतिहासिक परिप्रेक्ष्य में नहीं किया है। आलोचना के उद्भव और विकास-काल में काव्य का सर्वांग विवेचन न हो पाना स्वाभाविक है।

जिस दौर में छायावादी कवियों और उसके काव्य को लेकर भोंडे किस्म की पैरोडियाँ लिखी जा रही थीं, उस दौर में छायावादी कवियों ने भी कभी उन्हीं शैली में तो कभी शालीनता से उनका जवाब दिया। निराला ने एक लतीफे के जरिये तद्‌युगीन आलोचकों की अल्पज्ञता पर व्यंग्य करते हुए कहा कि पहले छायावाद का अर्थ समझ लो, फिर उसकी आलोचना करना। तात्पर्य यह है कि छायावाद युग में आलोचना आरोपों-प्रत्यारोपों के द्वारा विकसित हुई। इन विरोधी आलोचनाओं से छायावाद का तो कुछ नहीं बिगड़ा, हाँ छायावादी कवियों की काव्य-कला सम्बन्धी विचार जरूर सामने आये। स्वतन्त्र निबन्धों और काव्य-संग्रहों की भूमिकाओं में व्यक्त छायावादी कवियों का चिन्तन हिन्दी आलोचना की धरोहर बन गया है। इन निबन्धों और भूमिकाओं से गुजरे बिना तत्कालीन साहित्यिक परिवेश और छायावादी कविता को ठीक से नहीं समझा जा सकता।

---

1. पल्लव, भूमिका, पृ. 43.
2. निराला रचनावली-5, पृ. 214.
3. प्रसाद ग्रन्थावली-4, पृ. 525.

द्वितीय पर्व

हिन्दी के कुछ प्रमुख आलोचक और उनका आलोचकीय अवदान

(1) आचार्य रामचन्द्र शुक्ल (1884-1941) की आलोचना दृष्टि

डॉ. कैलाश नाथ पाण्डेय

आचार्य शुक्ल की समीक्षा-दृष्टि के विषय में छायावादी कवि निराला ने कभी लिखा था–

"थी अमा निशा जब समालोचना के अंबर पर।
उदित हुए तब तुम हिन्दी के दिव्य कलाधर।।"

क्या इसे विडम्बना–विद्रूप और चकित कर देनेवाला सच नहीं माना जायेगा कि अनेक सृजनरत प्रतिभाएँ जब अपनी सृजनात्मकता के उफान और चरम पर थीं, तभी वे हमारे बीच से अचानक खामोश हो चली गयीं? यहाँ एक कौतूहल-सना प्रश्न बनता है, क्या श्रेष्ठ साहित्यकारों की औसत जीवन-रेखा 56-57 वर्ष की आयु सीमा को लाँघ नहीं पाती? कुछ उदाहरण तो इस बात की पुख्ता और मुकम्मल शहादत-तस्दीक करते हैं। हिन्दी और अंग्रेजी के अनेक कवि, कथाकार और आलोचना के शिखर ध्वजवाही पुरुष सचमुच इस लक्ष्मण रेखा को पार नहीं कर पाये, किन्तु ध्यान देने की बात यहाँ यह है कि वय की इस सीमा रेखा के भीतर ही अपनी मौलिक प्रतिभा का रचनात्मक विस्फोट भी इन साहित्यकारों ने किया।

हिन्दी निबन्ध और आलोचना-धारा को पूर्ण प्रौढ़ता देनेवाले हिन्दी साहित्य के प्रथम इतिहासकार, पुण्यश्लोक महाभाग पण्डित आचार्य रामचन्द्र शुक्ल (1884 – 1941) = 57 वर्ष, अप्रतिम और कालजयी कृतियों के सर्जक उपन्यासकार आदरास्पद मुशी प्रेमचन्द (1880-1936) = 56 वर्ष, हिन्दी कथा-साहित्य में आदरास्पद मुंशी प्रेमचन्द ने जिस यथार्थवादी परम्परा का सूत्रपात किया, उसकी महत्त्वपूर्ण अगली कड़ी और मनका फणीश्वरनाथ रेणु (1921 – 1977) = 56 वर्ष, जयशंकर प्रसाद (30 जनवरी, 1890 – 14 जनवरी, 1937) = 47 वर्ष, भारती के सच्चे इन्दु भारतेन्दु (1850-1885) = 35 वर्ष तथा सुदामा पाण्डेय 'धूमिल' (9 नवम्बर, 1936 – 10 फरवरी, 1975) = 39 वर्ष तीन महीना के साथ उम्र ने बेरुखी और बेअदबी किया। और-तो-और पंजाब के अवतार सिंह पाश भी तो महज 37 वर्ष की उम्र में ही हमसे विदा हो गये। 23 मार्च, 1988 को आतंकवादियों ने जालन्धर जिले के तलवण्डी सलीम गाँव में गोलियाँ चलाकर मशहूर कवि पाश और उनके मित्र हंसराज का शरीर छलनी कर दिया। इसी तरह अंग्रेजी कवि जॉन कीट्स (John Keats-1795 – 1821) = केवल 26 वर्ष की उम्र में क्षय रोग से मरे, पी.बी. शेली (P.B. Shelley-1792 – 1822) = 30 वर्ष ही जी सके।

समुद्र से प्यार करनेवाले काफी भावुक किस्म के शेली समुद्र में कूदे तो फिर नहीं निकले। जॉर्ज बायरन (George Gorden Byron-1788 – 1824) = 36 वर्ष युद्ध में घायल होकर मरे। इनके देश में होनेवाले 'क्रीमियन वार' में अनेक कवि और लेखकों ने समय-समय पर भाग लिया, अनभ्यासी होने के कारण फलतः वे मारे जाते थे। इधर, सुप्रसिद्ध नाटककार विलियम शेक्सपियर (William Shakespeare-1564 – 1616) = 52 वर्ष भी भरपूर उम्र जी नहीं पाये।

बहरहाल, मूल विषय का स्पर्श करते हुए कहना यह है कि इस आधी-अधूरी उम्र में ही इन्होंने अपनी भाषा में श्रेष्ठ और ताज्जुब भरा साहित्य रचा। आचार्य शुक्ल भी बहुत जल्दी दिवंगत हो गये, किन्तु उनका 'हिन्दी साहित्य का इतिहास'—इस बीच दर्जनों नामधारी इतिहास लिखे जाने के बावजूद भी अपनी जगह से टस-से-मस नहीं हुआ। आज भी वह हिन्दी के पाठकों-आलोचकों में गजब का सम्मोहन पैदा कर रहा है। आचार्य शुक्ल हिन्दी के पहले आलोचक तो हैं ही—आलोचना को एक गम्भीर जिम्मेदार कर्म का दर्जा भी उन्होंने दिया। आचार्य शुक्ल हिन्दी साहित्य के ही नहीं, बल्कि आधुनिक भारतीय साहित्य के भी अप्रतिम आलोचक और मूर्द्धन्य साहित्येतिहासकार हैं। उन्होंने हिन्दी आलोचना को आधुनिक ज्ञान-विज्ञान से सम्पन्न किया, नये जीवन-बोध और सामाजिक यथार्थ से जोड़ा। साहित्य के इतिहास को जनता की चित्तवृत्तियों का प्रतिफलन कहते हुए उन्होंने साहित्य की साहित्यिकता को कहीं भी दृष्टि से ओझल नहीं होने दिया। शुक्ल जी के इतिहास और आलोचना के निरन्तर चिन्तन-मनन से साहित्य की समझदारी बढ़ी और नयी उद्‌भावनाओं का मार्ग प्रशस्त हुआ।

अचरज की बात यह है कि उनकी जैसी गरिमा हिन्दी में अभी तक कोई आलोचक प्राप्त नहीं कर सका, बावजूद इसके उनकी आलोचना आज भी सर्वाधिक चुनौतियों और सवालों के घेरे में है। वस्तुतः कुछ जड़ किस्म के मार्क्सवादी आलोचक समय-समय पर रामचन्द्र शुक्ल को कभी भाववादी, प्रत्ययवादी तो कभी विधेयवादी, वस्तुवादी और बुद्धिवादी आलोचक सिद्ध करने का प्रयास करते रहते हैं। ठीक इसी तरह शुक्ल जी के लोकमंगलवाद को लेकर भी इनके मन में कई तरह की भ्रान्तियाँ और संशय वक्त-बे-वक्त उठते रहे हैं, यथा—क्या शुक्ल जी की लोकमंगलवाद की अवधारणा का आधार भारतीय आत्मवाद है, पश्चिम का वस्तुवाद है या मार्क्सवाद? कुल मिलाकर इस महान् आलोचक की ऐतिहासिक आलोचना की उपलब्धियों को लेकर विगत वर्षों से बहस-मुबाहसा इस बात को लेकर हो रहा है कि आचार्य शुक्ल की आलोचना का जीवन दर्शन-क्या है? इसी तरह शुक्ल जी की विश्वदृष्टि या जीवदृष्टि क्या है? कौन-सी वह वैचारिक जमीन है, जिसको-आधार बनाकर उन्होंने साहित्य, समाज और काव्य को जाँचा-परखा? इनके आरोपों का गोला आगे इस बात को लेकर दगता है कि क्या कारण था कि भक्तिकाल में शुक्ल जी को तुलसीदास ही विराट् चरित्र सम्पृक्त लोकमंगलकारी और समन्वयवादी कवि लगे। इन्होंने सूरदास यहाँ तक कि जायसी को साहित्य के श्रेष्ठ मंच-मचान और शिखर पर तो बैठाया किन्तु वहीं बगल में खड़े कवि और समाज सुधारक कबीर की ओर फूटी आँखों से कनखियाँ भी नहीं देखा? इनके आरोपों का साफ अर्थ यह है कि शुक्ल जी ने तुलसीदास को ऊँचा उठाने और श्रेष्ठ सिद्ध करने के लिये कबीर के साथ अन्याय करते हुए उन्हें श्रेष्ठ कवियों की पाँत और टाट-भात से बाहर कर नाथ साहित्य की अनदेखी की। हिन्दी गद्य

में शुक्ल जी ने आर्यभाषाओं का ज्यादा संस्कार क्यों लिया? उर्दू से दूरी क्यों बरती? राजनीति में बिना सीधे उतरे गाँधी से ज्यादा तिलक को क्यों महत्त्व दिया? कुछ लोगों ने शुक्ल जी की आलोचना-दृष्टि को साम्प्रदायिक तक कहा और छायावाद सम्बन्धी उनकी मान्यताओं को खारिज करने की भी कोशिश की।

बहरहाल, आलोचकप्रवर शुक्ल जी के आलोचकीय विवेक और पक्षधरता पर शंका करनेवालों से कहा जा सकता है कि आचार्य रामचन्द्र शुक्ल हिन्दी अकादमिक परम्पंरा के शिरोमणि रहे हैं और इतने वर्षों से फल-फूल और सम्भवतः सड़ रहे हिन्दी शोध उद्योग ने शायद ही उनका कोई पक्ष अनछुआ छोड़ा होगा, ऐसी उम्मीद की जाती है। बौद्धिक उद्यम और हिन्दी के बौद्धिक तथा आलोचनात्मक संघर्ष को समझने के लिये रामचन्द्र शुक्ल अब भी एक सम्भावना हैं। बड़ा और टिकाऊ लेखक वही होता है, जिसके अर्थ और व्याप्ति की सम्भावना कभी चुकती नहीं है। यह जानकर कि रामचन्द्र शुक्ल के बारे में **है अभी कुछ और जो कहा नहीं गया** अच्छा और विचारोत्तेजक आश्चर्य लगता है। आचार्य शुक्ल ने तुलसी की तुलना में सूर की प्रसंगोद्भावना करनेवाली प्रतिभा की प्रशंसा की है, लेकिन अन्ततः तुलसी को उनकी सर्वांगपूर्णता, काव्यभाषा के विविध प्रयोग, सभी प्रचलित काव्य शैलियों के चयन और भक्ति-पद्धति के कारण ऐसी ऊँचाई पर पाया है, जो किसी और को प्राप्त नहीं। श्यामसुन्दर दास और आचार्य महावीरप्रसाद द्विवेदी का योगदान, उनके अनुसार, व्यवस्था के क्षेत्र में जैसा है, वैसा विवेचन के क्षेत्र में नहीं। आचार्य शुक्ल प्रसाद के ऐतिहासिक नाटकों की प्रशंसा करते हैं लेकिन सामाजिक नाटकों के बने हुए अभाव की पूर्ति की अपेक्षा नहीं करते, जब कि प्रेमचन्द के सामाजिक उपन्यासों की प्रशंसा करते हैं, लेकिन उनसे ऐतिहासिक उपन्यासों के अभाव की पूर्ति की आशा नहीं करते। शुक्ल जी प्राचीन और मध्यकाल के कवियों-लेखकों के वृत्तों में उनकी जाति आदि का उल्लेख करते हैं, जब कि आधुनिक काल के लेखकों के सन्दर्भ में नहीं।[1] सच तो यह है कि हिन्दी आलोचना में डॉ. कृष्णदत्त पालीवाल के शब्दों में, जितना अधिक आदर आचार्य शुक्ल की आलोचना को मिला है, उतना किसी अन्य आलोचक को नहीं। शुक्ल जी ने हिन्दी आलोचना और काव्यशास्त्र का इतिहास ही बदल दिया। उन्होंने प्रचलित रीतिवाद का खण्डन किया और हिन्दी के मौलिक समीक्षाशास्त्र की नींव रखी। भारतीय रसशास्त्र की नवजागरण की पृष्ठभूमि में सर्वदा नयी सामाजिक दृष्टि से व्याख्या और उसमें एक नयी मूल्य व्यवस्था विकसित की। शुक्ल जी की आलोचना-पद्धति और आलोचना दृष्टि पर कुछ दिनों पूर्व उनके जन्मशती वर्ष में विद्वानों ने विचार किया है। हिन्दी की पुरानी और नयी पीढ़ी-दोनों इसमें सक्रिय रहीं।[2]

स्वर्गीय डॉ. रामचन्द्र तिवारी ने शुक्ल जी पर लिखी अपनी आलोचना सम्बन्धी एक पुस्तक[3] में अधिकांश समय यही विचार करते बिताया है कि शुक्ल जी विधेयवादी थे या भाववादी, वस्तुवादी थे या भाववादी और इन सन्दर्भों को उठाते हुए उन्होंने शुक्ल जी को प्रखर बुद्धिवादी

1. कभी-कभार—अशोक वाजपेयी, जनसत्ता (रामचन्द्र शुक्ल पर पुनर्विचार लेख), 24 सितम्बर, 2000 ई.
2. जनसत्ता में 'नये सिरे से सोचने की चुनौती' लेख— डॉ. कृष्णदत्त पालीवाल, 14 अप्रैल, 1985, लखनऊ।
3. आचार्य रामचन्द्र शुक्ल— डॉ. रामचन्द्र तिवारी, पृष्ठ-90, विश्वविद्यालय प्रकाशन, वाराणसी, मूल्य-30 रु.

सिद्ध किया है। उनका यह कथन गौर करने योग्य है कि, "आचार्य शुक्ल न तो वस्तुवादी थे, न भाववादी वे एक प्रखर बुद्धिवादी थे। जो बुद्धिग्राह्य था, वह उन्हें मान्य था।" इधर, डॉ. तिवारी के विचारों का खण्डन करते सुप्रसिद्ध आलोचक-चिन्तक स्व. डॉ. कृष्णदत्त पालीवाल कहते हैं कि[1] आचार्य हजारीप्रसाद द्विवेदी ने सन् 1940 में 'हिन्दी साहित्य की भूमिका' नामक पुस्तक में कहा था कि, "रामचन्द्र शुक्ल से सर्वत्र सहमत होना सम्भव नहीं है। वे इतने गम्भीर इतने कठोर थे कि उनके वक्तव्यों की सरसता उनकी बुद्धि की आँच से सूख जाती थी और उनके मतों का लचीलापन जाता रहता था।" लेकिन यहाँ भी द्विवेदी जी ने उन्हें कोरा बुद्धिवादी नहीं कहा था। डॉ. तिवारी ने उन्हें बुद्धिवादी सिद्ध कर दिया है, जिससे आज सहमत हो पाना सम्भव नहीं है। कारण, शुक्ल जी बुद्धिवादी नहीं हैं, राष्ट्रीय सांस्कृतिक नवजागरण की अन्तर्मानसिकता से उपजे और बने आलोचक हैं। इस नवजागरणवादी परिवेश में उन पर तिलक की क्रान्तिकारी विचारधारा का प्रभाव पड़ा और नये निर्माण, नये संस्कार और नयी शिक्षा के परिवेश से प्रेरित होकर हिन्दी समीक्षा और समीक्षा शास्त्र के क्षेत्र में उतरे। 'चिन्तामणि भाग-एक' में उन्होंने लिख भी दिया था : "यात्रा के लिये निकलती रही है बुद्धि, लेकिन हृदय को साथ लेकर।" उनका यह विचार उनके पूरे रचनाकार और आलोचक व्यक्तित्व का सही पता दे देता है कि वे बुद्धिवादी नहीं हैं। इतिहासकार के रूप में शुक्ल जी केशव से कठोर केवल इसलिये हैं कि केशव उन्हें 'हृदयहीन' दिखायी देते हैं— लेकिन शुक्ल जी ही रीतिमुक्त कवि घनानन्द को 'रसावतार' कहकर उन पर रीझते हैं, तुलसी की रमणीयता और सूर की विदग्धता पर न्योछावर हो जाते हैं।

इधर स्वर्गीय मलयज ने अपनी आखिरी पुस्तक 'रामचन्द्र शुक्ल'[2] में शुक्ल जी पर आलोचना सम्बन्धी लगे अनेक आरोपों का विधिवत् उत्तर दिया है। डॉ. नामवर सिंह ने इस पुस्तक को 'एक नयी रस मीमांसा' कहा है। वस्तुतः मलयज ने पहली बार शुक्ल जी के बारे में इस प्राध्यापकीय आलोचना की शास्त्रीय जड़ता को न केवल तोड़ा है, बल्कि इस भ्रम को भी दूर किया है कि शुक्ल जी निरी भाववादी चेतना के आलोचक थे। इस तरह यह पुस्तक हिन्दी साहित्य का भाग्य निर्धारित करनेवाले दर्जनों विश्वविद्यालयीय विद्वानों की उस अवधारणा पर कड़ी चोट है, जो आजतक शुक्ल जी को महज रसवादी-भाववादी मानते आ रहे हैं। इस पुस्तक में मलयज की स्थापनाओं को पढ़ते हुए लगता है कि मलयज हिन्दी की पूर्ववर्त्ती आलोचना पद्धति से बुरी तरह चिन्तित और चिढ़े हुए हैं ही उनका गुस्सा शुक्ल जी के आलोचकीय अवदान को भाववाद के संकुचित दृष्टिकोण में 'रिड्यूस' कर देनेवालों की तरफ भी है। इसकी झलक जगह-जगह पुस्तक में मिलती है—"ऐसा उस सुविधा भोगी वर्ग में हो रहा है जो विश्वविद्यालय की कुर्सियों पर हैं, प्रशासनिक सेवाओं में हैं, साहित्य कला संस्थानों में हैं, हर जगह हैं, जहाँ कला का मूल्य वसूला जा सकता है, जहाँ कला से खाने-पीने और ओढ़ने का काम किया जाता है। ऐसी जगहों पर सन्तुष्टि है, सवालों से बचाव है।" जो लोग शुक्ल जी को निरा रसवादी और भाववादी सिद्ध करते नहीं अघाते, उन्हें शुक्ल जी का यह वक्तव्य याद रखना चाहिए कि—"काव्य को हम जीवन से अलग नहीं कर सकते। उसे हम जीवन पर मार्मिक

1. जनसत्ता में 'नए सिरे से सोचने की चुनौती' लेख—डॉ. कृष्णदत्त पालीवाल, 14 अप्रैल, 1985, लखनऊ।
2. रामचन्द्र शुक्ल—सं. डॉ. नामवर सिंह, पुष्ठ-41, राजकमल प्रकाशन, दरियागंज, दिल्ली, 1987.

प्रभाव डालनेवाली वस्तु मानते हैं। 'कला-कला के लिये' वाली बात को जीर्ण होकर मरे हुए बहुत दिन हुए। एक क्या कई क्रोचे उसे फिर जिला नहीं सकते।" मलयज ने शुक्ल जी के आलोचनात्मक अवदान को ऐतिहासिक स्तर पर दोमुख्य स्थापत्यों के साथ स्वीकार किया है—पहला, भाषा की वस्तुमत्ता का भाववादी प्रवाह में बह जाने से बचाना तो दूसरा भाषा के ज्ञान-कोष की सूक्ष्म भाव-सत्ता का संचार और प्रसार की नींव डालना। ये दोनों चीजें शुक्ल जी के पहले की आलोचना में गायब थीं। जो लोग यह मानते हैं कि शुक्ल जी में आधुनिक संवेदना का अभाव था, वे छायावाद को स्वीकार नहीं कर पा रहे थे, उन्हें शुक्ल जी का यह-उद्धरण याद रखने योग्य है,—"बाहर की सामग्री आये, खूब आये, पर वह कूड़ा-करकट के रूप में इकट्ठी न की जाय। उसकी कड़ी परीक्षा हो, उस पर व्यापक दृष्टि से विवेचन किया जाय, जिससे साहित्य के स्वतन्त्र और व्यापक विकास में सहायता पहुँचे"—इस पर उक्त पुस्तक में मलयज की टिप्पणी सार्थक लगती है कि, "पश्चिम के इस खतरे की सूचना शुक्ल जी को पश्चिम के प्रति अपने वैचारिक खुलेपन के कारण मिली थी। पश्चिम की चुनौती को स्वीकार करने और उससे निबटने का ढंग उनका खुला खेल मार्क्सवादी ही था, उसमें कोई-भावात्मक संकोच नहीं था।"[1]

मलयज की उक्त पुस्तक की भूमिका लिखते हुए डॉ. नामवर सिंह कला और कविता पर प्रकाश डालते हुए लिखते हैं कि[2]— "शुक्ल जी के पास कलावाद का एक स्पष्ट विकल्प था — लोकमंगल की साधनावस्था का सिद्धान्त। सिद्धावस्था भोगभूमि है, साधनावस्था कर्मभूमि। कर्मभूमि में कर्म का सौन्दर्य है, प्रयत्न का सौन्दर्य है। प्रयत्न की गति में सुन्दरता रहती है। वह आगे चलकर सफल हो या विफल। शुक्ल जी के प्रयत्न पक्ष में एक टकराइट है, एक गति है, एक द्वन्द्व है। यह द्वन्द्व और टकराहट शुभ और अशुभ के बीच है और इससे उत्पन्न होनेवाला सौन्दर्यकर्मक्षेत्र का सौन्दर्य है और इस सौन्दर्य की गति स्थिर नहीं गत्यात्मक है। कविता सीधा-सीधा कर्म नहीं, पर हमने जीवन में कर्म की दिशाएँ खोजी हैं, उनका वह फलक है।"

डॉ. रामविलास शर्मा ने शुक्ल जी की आलोचना को केन्द्र मानकर एक पुस्तक लिखी है—"लोक जागरण और हिन्दी साहित्य।"[3] इस कृति में डॉ. शर्मा ने शुक्ल जी की समीक्षा पद्धति की रक्षा में कबीर पर डॉ. हजारीप्रसाद द्विवेदी और मिश्रबन्धु विनोद की विस्तृत तुलना की है। डॉ. शर्मा के अनुसार—"एक ओर लोक संस्कृति के भेद की पहचान दूसरी ओर सामाजिक परिस्थितियों का विवेचन, शुक्ल जी के इतिहास लेखन की ये मूल विशेषताएँ है।" डॉ. शर्मा ने आचार्य हजारीप्रसाद द्विवेदी की मूल कमजोरियाँ बतायी हैं कि वह गम्भीर और कठोर भौतिकवादी और वैज्ञानिक चिन्तक नहीं हैं। द्विवेदी जी के टकसाल में अपना बहुत कम मौलिक है। उन्होंने शुक्ल जी के टकसाल से लोकसंग्रह जैसे शब्द ही नहीं मार लिये हैं, बल्कि वाक्य-के-वाक्य उधार ले लिये हैं। द्विवेदी जी की 'कबीर' पुस्तक में, तुलसीदास' प्रतिद्वन्द्वी हैं, अद्वितीय व्यक्तित्व है—कबीर का। द्विवेदी जी के मानस में क्या घुमड़ता है, इसकी डॉ. शर्मा ने खासतौर पर खोज की है। डॉ. शर्मा ने लिखा है, द्विवेदी जी की भाष्य पद्धति अपनायी जाये तो कहना होगा— "कबीर

1. जनसत्ता में 'रसवाद से परे आचार्य शुक्ल'—लेख- डॉ. अरविन्द त्रिपाठी, 8 मई 1988, लखनऊ।
2. रामचन्द्र शुक्ल : मलयज सं. डॉ. नामवर सिंह, पृष्ठ-59, राजकमल प्रकाशन, सन् 1987, मू. 4 रुपये।
3. लोक जागरण और हिन्दी साहित्य : आचार्य रामचन्द्र शुक्ल—सं. डॉ. रामविलास शर्मा, पृष्ठ-201 वाणी प्रकाशन, दरियागंज; दिल्ली, प्रथम संस्करण, 1985, मू. 65 रुपये।

मुसलमानी जोश से भरे हुए पूरे हिन्दू ब्रह्मज्ञानी थे।" लिखा है– "कोई बहुत बलवती आन्तरिक प्रेरणा द्विवेदी जी को बाध्य करती है कि वह शुक्ल जी पर दोष आरोपित करें।" डॉ. शर्मा का आरोप यह है कि, "द्विवेदी जी रीतिवाद, कामशास्त्र, तन्त्रयोग और सूफीमत के भाववादी भाष्यकार हैं। द्विवेदी जी ने तन्त्र-मन्त्र और अलौकिक सिद्धियोंवाली विद्या को शुद्ध करके कबीर की भक्ति से उसका समन्वय करा दिया।" मूल और वास्तविक सत्य कबीर का लोक जागरण था, जिसको मिश्र-बन्धु विनोद के बाद शुक्ल जी ने दृढ़ता से पकड़ लिया। डॉ. शर्मा का निष्कर्ष है कि– "वामाचार और नायिका भेदी साहित्य में सहज मैत्री है। सामन्ती संस्कृति की इस मायापुरी से शुक्ल जी हिन्दी जनमानस को बाहर निकाल रहे थे, द्विवेदी जी उसे उसके भीतर ठेल रहे थे। दोनों में यह अन्तर था।" इसी पुस्तक में डॉ. शर्मा ने लोकजागरण की टूटी कड़ियों को जोड़ते हुए व्यंग्य किया है कि–"वह भी क्या जमाना था, जब नामवर सिंह छायावाद और रामचन्द्र शुक्ल से प्रगतिशील साहित्य आन्दोलन का सम्बन्ध पहचानते थे।" डॉ. शर्मा आगे लिखते हैं कि,"कबीर शहरी उद्योग' के विद्रोही कवि हैं और तुलसीदास 'किसान मानसिकता' के भारतीय चिन्तक हैं।"[1]

आचार्य शुक्ल जी स्वाधीनता आन्दोलन से पूरी तरह से जुड़े हुए थे। डॉ. नामवर सिंह ने अपनी पुस्तक 'दूसरी परम्परा की खोज' में ग्राम्शी के हवाले से जो सवाल उठाया है, हम कह सकते हैं कि उसे यहाँ शुक्ल जी के सन्दर्भ में उठाने की जरूरत थी। सच तो यह है कि शुक्ल जी आन्दोलनों से साहित्य को बचाकर नहीं रखना चाहते थे। उन्होंने 1907 में कांग्रेस के नरम-दल, गरम-दल के विभाजन से आहत होकर ही आनन्द कादम्बिनी में 'फूट' शीर्षक कविता लिखी थी। वे एकांगिता, अतिवादिता और सतहीपन से साहित्य को जरूर बचाना चाहते थे इसीलिये वे साहित्य में जीवन के नित्य और प्रकृत स्वरूप के चित्रण पर बल देते हैं। शुक्ल जी पर छायावाद के साथ न्याय न करने के आरोप में कहा जा सकता है कि वे जिस छायपाद का विरोध कर रहे थे, उसी छायावाद से उन्हें नये आलोचनात्मक विचारों के लिये स्फूर्ति मिल रही थी। कई लोगों का उन पर आरोप-आक्षेप है कि शुक्ल जी अपने इतिहास के पहले संस्करण में निराला और महादेवी वर्मा को सम्मिलित नहीं कर पाये, लेकिन दूसरे संस्करण में उन्होंने इन दोनों कवियों की भी चर्चा की। बाद में उनके पास समय नहीं था, क्यों कि तभी उनकी मृत्यु हो गयी अन्यथा शायद वे इन पर भी विस्तार से लिखते। जहाँ तक रहस्यवाद और छायावाद की बात है, उन्होंने इन्हें दो विभाजक रेखाओं के रूप में नहीं देखा। कई विद्वानों का विचार है कि शुक्ल जी यथार्थवादी नहीं थे। वे साम्राज्यवाद के विरुद्ध राजनैतिक आन्दोलन और आर्थिक विषमता से उठनेवाले असन्तोष को स्वीकार करते हैं लेकिन साम्यवाद और समाजवाद को घोर आर्थिक विषमता की प्रतिक्रिया मानते हैं। शुक्ल जी का कलावाद-विरोध केवल सैद्धान्तिक खण्डन तक सीमित नहीं है, वह उनकी आलोचना की दृष्टि और पद्धति में गहरे स्तर पर मौजूद है।

कवि, आलोचक डॉ. रमेशचन्द्र शाह अपनी एक कृति[2] में रचना और आलोचना की आन्तरिक अन्तः संगति बैठाने के लिये प्रायः मौन रूप में रामचन्द्र शुक्ल की ओर तथा मुखर

---

1. जनसत्ता में 'आलोचना लड़ाई नहीं, बहस की जगह' लेख–डॉ. विष्णुचन्द्र शर्मा, 11 जन. 86.
2. भूलने के विरुद्ध–डॉ. रमेशचन्द्र शाह, पृष्ठ 59, राजकमल प्रकाशन, नयी दिल्ली, मू. 110 रुपये।

रूप में विजयदेव नारायण साही की ओर झुके लगते हैं। कहना न होगा कि श्री शाह का यह विचार रामचन्द्र शुक्ल के उस विचार के काफी निकट है, जिसे शुक्ल जी ने भ्रमरगीत सार की भूमिका' या 'जायसी ग्रन्थावली' की भूमिका में आलोचना की सिद्धि भूमि के समय रखा था। आचार्य शुक्ल ने प्रथम बार रचना और आलोचना के औपचारिक और बंजर होते रिश्ते को तोड़ा था। साथ ही पाठक से ऐसा रिश्ता कायम किया था, जो रचना और आलोचना की मूल्य दृष्टि में सर्जक वृत्ति से वृद्धि करता हो। शुक्ल जी के इस आलोचनात्मक-अनुभव और रचना विवेक की विजयदेव नारायण साही ने 'जायसी' पुस्तक लिखकर गरमाया था। यह मात्र संयोग नहीं है कि शाह 'आलोचना, परम्परा और इतिहास' जैसे इस संग्रह के प्रथम निबन्ध में पूरे आत्मविश्वास से कहते हैं कि—"किसी भी देश के लोगों का जिस तरह अपना एक विशिष्ट सर्जनात्मक संस्कार होता है, उसी तरह अपना एक विशिष्ट आलोचनात्मक स्वभाव भी।"[1] यही विशिष्ट आलोचनात्मक स्वभाव शुक्ल जी को मैथ्यू आर्नाल्ड तथा आई. ए. रिचर्ड्स से एक अलग और निजी पहचान देता है।

आचार्य शुक्ल की प्रपौत्री और सुप्रसिद्ध हिन्दी लेखिका डॉ. मुक्ता ने आचार्य शुक्ल के शिष्य और सुप्रसिद्ध कवि स्व. डॉ. शिवमंगल सिंह 'सुमन' के सहयोग से नब्बे के दशक में, आचार्य रामचन्द्र शुक्ल' नाम का एक वृत्त चित्र बनाया था। मुक्ता का यहाँ मानना था कि आचार्य शुक्ल के जीवन के कई पहलुओं से लोग वाक़िफ नहीं हैं— यथा यह बहुत कम लोगों को मालूम है कि वे अच्छे आलोचक होने के साथ-साथ कवि, चित्रकार और प्रकृति प्रेमी भी थे। 'मूँछों में मुस्करानेवाले' आचार्य शुक्ल के धीर, गम्भीर, व्यक्तित्व के अन्दर एक अति संवेदनशील, स्वाभिमानी, विनोदी प्रकृति-प्रेमी और क्रान्तिकारी व्यक्तित्व छिपा हुआ था। इधर, डॉ. गीता शर्मा[2] का कहना है कि—"आज जब शुक्ल जी की मान्यताओं को गलत रूप में प्रस्तुत करके इस विरासत को विकृत किया जा रहा है, तो एक बार पुनः शुक्ल जी हमारे विचारधारात्मक संघर्ष के केन्द्र में आये हैं।" सुप्रसिद्ध आलोचक-चिन्तक डॉ. भगवान सिंह का मानना है कि भारतेन्दु युग से शुरू होकर द्विवेदी युग तक जिस हिन्दी आलोचना का विकास हुआ, उसके केन्द्र में मुख्यतया कृतियों के गुण-दोष का विवेचन था। उसमें किसी मत या विचारधारा विशेष की कोई दखल नहीं थी। उसमें जो अभाव था, उसे आचार्य रामचन्द्र शुक्ल ने 'मर्मग्राहिणी प्रज्ञा और सूक्ष्म अन्वेषण बुद्धि' के रूप में लक्षित किया। शुक्ल जी के इस कार्य में छायावादी कवियों—प्रसाद, पन्त, निराला, महादेवी वर्मा ने भी अपने आलोचनात्मक लेखन से सहयोग किया। निस्सन्देह यह आलोचना की स्वच्छ और स्वस्थ विकासयात्रा थी जो सृजनात्मक आलोचना का प्रकाश विकीर्ण करनेवाली थी, पर यह 'शुक्ल पक्ष' अभी पूर्णिमा तक पहुँच नहीं पाया था कि आलोचना के आकाश में' कृष्णपक्ष' आ धमका—प्रगतिवादी या मार्क्सवादी आलोचना के रूप में।[3]

सच तो यह है कि आचार्य रामचन्द्र शुक्ल ऐसे समय में साहित्य में आये, जब समीक्षा की स्थिति बहुत ही दरिद्र थी, हालाँकि दरबारी रीतिकाव्य का जमाना बीते एक शताब्दी बीत चुका

1. भूलने के विरुद्ध— डॉ. रमेश चन्द्र शाह, पृष्ठ-59
2. डॉ. रामविलास शर्मा और परम्परा का मूल्यांकन—डॉ. गीताशर्मा, पृष्ठ-104, डॉ. बाणी प्रकाशन, दिल्ली मू. 175 रु.
3. जनसत्ता में' आलोचना का कृष्ण पक्ष' लेख— भगवान सिंह, 22 सितम्बर-2013, लखनऊ।

था और भारतेन्दु मण्डल के लेखकों और महावीरप्रसाद द्विवेदी के प्रयासों से हिन्दी साहित्य का नया स्वरूप विकसित हो रहा था, लेकिन आलोचना में अभी भी छन्द, अलंकार, नायक-नायिका भेद पर आधारित मानदण्डों का बोलबाला था। अच्छे और बुरे में भेद करनेवाले-सुनिश्चित आधार नहीं थे। लगभग इसी माहौल में शुक्ल जी का आविर्भाव हुआ। शुक्ल जी ने और जो किया सो तो किया ही, लेकिन दो अत्यन्त महत्त्वपूर्ण काम किये। एक उन्होंने हिन्दी साहित्य के इतिहास में उगे बहुत से झाड़-झंखाड़ उखाड़कर एक तरफ फेंक दिये और उससे गुजरने के लिये रास्ता साफ किया। इस क्रम में उन्होंने तमाम दरबारी साहित्य को छाँट दिया। यह और बात है कि इस अभियान में उनका कुठार कुछ महत्त्वपूर्ण लोगों पर भी चल गया। दूसरे उन्होंने-साहित्य समीक्षा की एक ऐसी समझ बनायी, जिससे अच्छे-बुरे में भेद किया जा सके और इतिहास के गौरवपूर्ण को गलित से अलग किया जा सके। कहने की जरूरत नहीं कि उनके ये मानदण्ड जहाँ एक ओर भारतीय नवजागरण और स्वाधीनता आन्दोलन के सरोकारों से पैदा हुए थे, वहीं समकालीन जीवन और मनुष्य से भी गहरे जुड़े थे। इसे कविता सम्बन्धी उनके विश्लेषण में अच्छी तरह देखा जा सकता है। हमारे देश में काव्य-चिन्तन की एक लम्बी और समृद्ध परम्परा रही है और उसके लक्षणों, प्रयोजनों, लक्ष्यों पर कविपक्ष और भावक की ओर से लगातार विचार किया जाता रहा है। संस्कृत साहित्य शास्त्र में इस सम्बन्ध में उभरे अलंकार, रस, ध्वनि, वक्रोक्ति, रीति आदि के विभिन्न काव्य-चिन्तन सम्बन्धी इसी सतत वाद-विवाद और घमासान के प्रतीक हैं लेकिन बाद में चलकर इस मौलिक चिन्तन-परम्परा का ह्रास हुआ और आचार्य लोग अपनी पुरानी लीक पीटकर ही अपने कर्त्तव्य-कर्म की इतिश्री समझने लगे। एक लम्बे अन्तराल के बाद शुक्ल जी ऐसे आचार्य हुए, जिन्हें लीक पर चलना रास नहीं आया और जिन्होंने काव्य-चिन्तन की मौलिक परम्परा को आगे बढ़ाने का बीड़ा उठाया।

एकदम मौलिक चिन्तक होते हुए भी ऐसा नहीं है कि उन्होंने प्राचीन के प्रति कोई उच्छेदवादी रवैया अपनाया। इस रूप में देखें तो काव्य-सम्बन्धी उनके चिन्तन का पूरा ढाँचा रस सिद्धान्त पर ही आधारित है लेकिन उन्होंने रस की युग के अनुरूप व्याख्या की और उसे बहुत सारी तर्कहीन और वायवी आनन्दवादी—आध्यात्मवादी मान्यताओं से मुक्त कर लोक-मंगल और लोक-हृदय से जोड़ा। युगीन सन्दर्भों में कविता की नयी व्याख्या करने के क्रम में उन्होंने कितने ही स्थलों पर यह बताया है कि कविता क्या नहीं है? कविता के सामन्तवादी, रूढ़िवादी और रीतिकालीन रूपों से उन्होंने कभी समझौता नहीं किया और उसकी भर्त्सना में कभी रू-रियायत नहीं बरती। जो लोग राजाओं की सवारी, ऐश्वर्य की सामग्री में ही सौन्दर्य ढूँढ़ा करते हैं या उन्हें दिखाने को ही अपना कर्त्तव्य मानते हैं, शुक्ल जी के शब्दों में, "ऐसी तुच्छ वृत्तिवालों का अपवित्र हृदय कविता के निवास के योग्य नहीं।" कविता के सवाल को नाना वादों के जंजाल से निकालकर उन्होंने उसे लोक की जमीन पर खड़ा करके कविता के कर्म की परिभाषा की। यह कोई आश्चर्य की बात नहीं कि उनका सबसे पहला मौलिक निबन्ध 'कविता क्या है' ही जिसे उन्होंने अन्तिम समय तक संशोधित किया। इससे स्पष्ट है कि उनकी मूलभूत चिन्ता इस बात को लेकर है कि आखिर कविता करती क्या है?[1]

1. जनसत्ता में— 'कविता को एक सार्थक कर्म माननेवाले आचार्य' लेख— कर्णसिंह चौहान, 30 सितम्बर, 1984.

बिला शक यह कि आचार्य रामचन्द्र शुक्ल हिन्दी साहित्य के इतिहास के पहले आलोचक और पहले इतिहासकार भी हैं। वे प्रखर साहित्यकार और विश्वविख्यात समालोचक हैं। वे आजीवन साहित्य-सेवा में समर्पित और रत रहे। हिन्दी साहित्य का इतिहास लिखकर उन्होंने पहली बार साहित्य के इतिहास को नव-नवल स्वरूप और वैज्ञानिक पद्धति प्रदान किया। काव्य के प्रति उनका दृष्टि कोण व्यावहारिक था। वे काव्य का जीवन से घनिष्ठ सम्बन्ध मानते थे। ऊपर अभी मैंने चर्चा की है, उन्होंने काव्य का मूल-प्रयोजन मानव चेतना का परिष्कार माना है। जीवन को उन्होंने समग्रता के साथ ग्रहण किया। वस्तुतः वे रसवादी आचार्य हैं। उन्होंने रसविरोधी किसी भी सिद्धान्त का विरोध किया। वे रस-परिपाक का मूल तत्त्व 'विभाव' को मानते हैं। आलम्बन के लोकधर्मी होने पर विभाव-विधान की पूर्णता मानी जाती है। शुक्ल जी रस-व्यंजना के लिये कवि, आलम्बन तथा सहृदय—इन तीनों की आनुभूतिक एकता को अनिवार्य मानते हैं। 'कविता क्या है' अपने निबन्ध में उन्होंने लिखा है—"जिस प्रकार आत्मा की मुक्तावस्था 'ज्ञानदशा' कहलाती है, उसी प्रकार हृदय की मुक्तावस्था 'रसदशा' कहलाती है। हृदय की इसी मुक्ति की साधना के लिये मनुष्य की वाणी जो शब्द-विधान करती आयी है, उसे कविता कहते हैं।"[1]

आलोचक-चिन्तक डॉ. बच्चन सिंह के अनुसार[2]—"संस्कृत काव्य शास्त्र की शब्दावली को ग्रहण करते हुए भी रसानुभूति के प्रति आत्यन्तिक रूप से आग्रही होने पर उन्होंने काव्यशास्त्र की जो व्याख्या की, वह नवीन मौलिक उद्‌भावनाओं से सम्पृक्त और जीवन-जगत् के मेल में है। वह युगानरूप मनोवैज्ञानिक और व्यावहारिक बन गयी है। अपनी मौलिकता, गहन व्याख्या और नवीन अर्थापन के कारण वे मम्मट, पण्डितराज-जगन्नाथ जैसे आचार्य की कोटि में रखे जायेंगे।" आचार्य शुक्ल द्वारा किये गये रस की मनोवैज्ञानिक व्याख्या का डॉ. बच्चन सिंह ने गणितीय समीकरण भी प्रस्तुत किया है—

हृदय की मुक्तावस्था = व्यक्तिगत योगक्षेम साहित्य =
व्यक्तिसत्ता का लोकसत्ता में विलीनीकरण = रसदशा = शब्दरूपबद्ध कविता।

सच तो यह है कि 'लोक संग्रह' और 'लोकमंगल' के केन्द्र बिन्दु पर उनकी आलोचना की परिधि घूमती है। शुक्ल जी ने लोकमंगल की दो अवस्थाएँ मानी हैं— साधनावस्था और सिद्धावस्था। पहले वर्ग में उन्होंने प्रबन्ध काव्य को रखा है और दूसरे वर्ग में प्रगीत काव्य को। उनकी दृष्टि में लोक में मंगल का विधान दो भाव करते हैं— 'करुणा' और 'प्रेम'। शुक्ल जी ने व्यावहारिक समीक्षा का मनोवैज्ञानिक आधार विकसित किया। जायसी, सूर और तुलसी का मूल्यांकन कर हिन्दी साहित्य के इतिहास को जनता के चित्तवृत्ति का प्रतिबिम्ब बना दिया। व्यावहारिक आलोचनाओं में वे भावपक्ष और कलापक्ष का अलग-अलग विवेचन करते हैं, फलस्वरूप दोनों का समन्वय नहीं हो पाता। भावपक्ष के विवेचन में वे दो पद्धतियों का इस्तेमाल करते हैं—वर्ण्यभाव का वे या तो मनोवैज्ञानिक विश्लेषण करते हैं या 'पैराफ्रेज' करते हैं। उनमें

1. कविता क्या है? निबन्ध—रामचन्द्र शुक्ल, पृष्ठ-9.
2. आलोचक और आलोचना- डॉ. बच्चन सिंह, पृष्ठ-165.

भावों की मनोवैज्ञानिक पकड़ और विश्लेषण की क्षमता है, किन्तु वे इसे शब्दार्थों से सम्बद्ध नहीं करते, फलतः उस विवेचन को वैज्ञानिक प्रामाणिकता नहीं मिल पाती। 'पैराफ्रेज' वाले अंश उनके भावों की प्रतिक्रिया व्यक्त करते रह जाते हैं। कलापक्ष में मुख्यतः अलंकारों और भाषा को लिया गया है। अलंकारों का वर्णन प्रायः निरपेक्ष हो गया है और भाषा का विवेचन-व्याकरण के सन्दर्भ में किया गया है, काव्य-सृजन के सन्दर्भ में नहीं।[1]

शुक्ल जी काव्य के भावपक्ष और कलापक्ष को अलग-अलग देखते हैं, साथ ही काव्य के अनिवार्य माध्यम के रूप में वे भाषा को स्वीकृत करते हैं। उनके काव्य मूल्यों के केन्द्र में रागात्मक मूल्य हैं। नैतिक मूल्यों के प्रति वे कभी समझौतावादी नहीं बने। अपने तर्कों का आधार उन्होंने काव्य शास्त्र, दर्शनशास्त्र और आलोचना को बनाया। उनमें विषम की गहरी समझ होती है और उस पर उनका गहन-मनन-चिन्तन झलकता है। उन्होंने आलोचना को गाम्भीर्य और दृढ़ता प्रदान की। आचार्य शुक्ल ने काव्य की प्रकृति के स्थान पर 'काव्य-प्रयोजन' पर अधिक ध्यान दिया। उन्होंने ब्रेडले और क्रोचे का विरोध किया और इलियट, रिचर्ड्स तथा लेविस की मान्यताओं का समर्थन किया। वे काव्य में उच्चतर नैतिक और सांस्कृतिक मूल्यों के प्रयोग के पक्षधर थे। उन्होंने 'अनेकता में एकता', 'विरुद्धों का सामञ्जस्य,' 'भाव और विभाव की समन्विति,' कल्पना, बिम्ब, सौन्दर्य, अलंकार आदि का यथास्थान उल्लेख किया है। शुक्ल जी ने अभिव्यञ्जनावाद को 'वक्रोक्ति' का विलायती उत्थान माना है। वे काव्य में बिम्बग्रहण को आवश्यक मानते हैं। आचार्य शुक्ल कविता की भाषा के नादात्मक होने के पक्षधर हैं, क्योंकि– "नाद-सौन्दर्य से कविता की आयु बढ़ती है।" आचार्य शुक्ल के ही शब्दों में–"लोक में फैली दुःख की छाया को हटाने में ब्रह्म की आनन्दकला, जो शक्तिमय रूप धारण करती है, उसकी भीषणता में भी अद्‌भुत मनोहरता, कटुता में भी अपूर्व मधुरता, प्रचण्डता में भी गहरी आर्द्रता साथ लगी रहती है। विरुद्धों का यही सामंजस्य कर्मक्षेत्र का सौन्दर्य है।"[2]

आचार्य शुक्ल यह मानते हैं कि कविता की आवश्यकता समाज को हमेशा रहेगी। वे कहते हैं– ज्यों-ज्यों सभ्यता बढ़ती जायेगी त्यों-त्यों कवियों के लिये यह काम बढ़ता जायेगा। ज्यों-ज्यों हमारी वृत्तियों पर सभ्यता के नये-नये आवरण चढ़ते जायेंगे, त्यों-त्यों एक ओर तो कविता की आवश्यकता बढ़ती जायेगी, दूसरी ओर कवि-कर्म कठिन होता जायेगा।"[3]

आचार्य शुक्ल, डॉ. रामविलास शर्मा के प्रिय लेखक हैं। वे शुक्ल जी को प्रगतिशील परम्परा का साहित्यकार सिद्ध करते हैं। उनके विरोधियों के तर्कों का समुचित उत्तर देते हैं। डॉ. शर्मा, शुक्ल जी के विचारों के साथ-साथ उनकी तार्किक विवेचन-शैली, भाषा-नीति और व्यक्तित्व की महानता भी स्पष्ट करते हैं–"उनकी शैली तार्किक विवेचन के लिये उपयुक्त होने के साथ आवश्यकतानुसार आवेशपूर्ण और आलंकारिक भी है और उसकी एक विशेषता जीवन का संचित अनुभव प्रकट करनेवाली वाक्यावली है। शब्द-चयन में उर्दू के प्रचलित शब्दों से उन्हें परहेज नहीं है। उनका व्यक्तित्व एक सहृदय और विनोदी साहित्य-प्रेमी और संसार प्रेमी का है, पुस्तक सेवी-संन्यासी का नहीं। उनकी निर्भीकता, दृढ़ता, गहन अध्यवसाय और आत्म-विश्वास

1. आलोचक और आलोचना – डॉ. बच्चन सिंह, पृष्ठ-160.
2. चिन्तामणि : द्वितीय भाग– आचार्य रामचन्द्र शुक्ल, पृष्ठ-216.
3. 'कविता क्या है'? (निबन्ध)– रामचन्द्र शुक्ल, पृष्ठ–10.

के गुण उनके काव्य-सिद्धान्तों और साहित्यालोचन की ही तरह हिन्दी-प्रेमियों के लिये शिक्षाप्रद और प्रेरणा-दायक है।"[1] आचार्य रामचन्द्र शुक्ल ने हिन्दी समालोचना के क्षेत्र में पहली बार साहित्य अथवा काव्य की श्रेष्ठता का आधार कवि की मूल्य-दृष्टि के आधार पर निर्धारित करने की प्रक्रिया की शुरुआत की और इस प्रकार काव्य में लोकमंगल की क्षमता के आधार पर उन्होंने हिन्दी के सर्वश्रेष्ठ कवि के रूप में गोस्वामी तुलसीदास की प्रतिष्ठा की। उनका यह आग्रह अपने आप में इतना प्रबल था कि चातक के एकनिष्ठ प्रेम को भी उन्होंने उसी परिप्रेक्ष्य में देखा। चातक स्वाती के बादल को चाहता है, तो अपने लिये नहीं, बल्कि धरती को भिगोकर पूरे लोक के पोषण के लिये। इसी आग्रह की प्रबलता के कारण उन्होंने सूरकाव्य की समूची आन्तरिकता को लोकोन्मुखी बनाने का प्रयत्न किया। आचार्य शुक्ल की यह समालोचक दृष्टि एक नयी प्ररम्परा की शुरुआत बनी। आचार्य शुक्ल इस आग्रह के होते हुए भी कविता के मर्म का उद्घाटन अपना पहला सरोकार मानते थे और उनका मूल आग्रह इस मर्म की तह तक पहुँचने में अधिक बाधक नहीं बनता था। उन्होंने अपने हिन्दी साहित्य के इतिहास में उन कवियों को भी पर्याप्त गहराई से समझने की चेष्टा की है, जो उनकी मूल्य-दृष्टि से पृथक् के कवि थे। शायद इसी कारण उन्होंने उन कवियों को अपनी कसौटी पर खरा नहीं माना, जिनमें मर्मस्पर्शिता की उन्हें कमी दिखी, फिर चाहे वे केशवदास हों अथवा कबीरदास।[2]

अन्त में हिलोर-पछोर कर निष्कर्ष रूप में हम कह सकते हैं कि हिन्दी-आलोचना गंगा का वास्तविक उद्गम उस काल बिन्दु से ही माना जायेगा, जब आचार्य शुक्ल का अवतरण हिन्दी धरा पर हुआ। यद्यपि उनके पूर्व से ही कई छोछी-छोटी आलोचना सरिताएँ भविष्य-पथ का अन्वेषण करतीं, हिन्दी साहित्य जगत् में प्रवाहित हो रही थीं पर उनमें न तो गाम्भीर्य था और न भविष्य को कुछ दे सकने की सामर्थ्य ही थी। शुक्ल जी आलोचना जगत में एक युगान्तकारी व्यक्तित्व लेकर अवतरित हुए। वह आलोचना शास्त्र के आधार स्तम्भ हैं। उन्होंने भारतीय तथा पाश्चात्य आलोचना सागर में डुबकी लगाकर, दोनों पद्धतियों को समन्वित कर, अपनी नयी आलोचना पद्धति विकसित की। रस को काव्य की आत्मा के रूप में स्वीकार कर, उसे आध्यात्मिक तथा वैज्ञानिक आधार प्रदान किया। सैद्धान्तिक तथा व्यावहारिक आलोचना को मौलिक रूप से विकसित किया। एक ओर वह आइ. ए. रिचर्ड्स से प्रभावित हैं तो दूसरी ओर भारतीय साहित्य के लोक मंगल की भावना से। उन्होंने जिस व्यावहारिक आलोचना को प्रतिष्ठित किया, उसका सुपुष्ट रूप तुलसी, जायसी ग्रन्थावली और भ्रमरगीत सार की भूमिकाओं तथा हिन्दी साहित्य के इतिहास में विद्योतित हुआ। ऐसी समीक्षा को आचार्य शुक्ल ऐतिहासिक समीक्षा मानते हैं। वह एक जगह कहते भी हैं—"यह ऐतिहासिक समीक्षा है, जिसका उद्देश्य यह निर्दिष्ट करना होता है कि किसी रचना का उसी प्रकार की और रचनाओं से क्या सम्बन्ध है और उसका साहित्य की चली आती हुई परम्परा में क्या स्थान है?"

मैंने पहले भी बताया है कि आचार्य शुक्ल के आदर्श कवि तुलसीदास हैं। उनकी आलोचना-पद्धति का उत्कृष्ट रूप तुलसी, जायसी तथा सूर में दीख पड़ता है। चूँकि तुलसी के

1. आचार्य रामचन्द्र शुक्ल और हिन्दी आलोचना— डॉ. रामविलास शर्मा, पृष्ठ-228.
2. आठवें दशक की हिन्दी आलोचना— सं. डॉ. विश्वनाथ प्रसाद तिवारी, पुस्तक में डॉ. रामकमल राय का लेख— 'आठवें दशक की आलोचना : ऐतिहासिक क्रम', पृष्ठ-63, नेशनल पब्लिशिंग हाउस, दिल्ली, सन् 1991.

काव्य में लोक-मंगल का भाव उत्कर्षतम रूप में प्राप्य है, इसलिये वह आचार्य शुक्ल की काव्य-समीक्षा के मानदण्ड हैं। इसी लोकमंगल की कसौटी पर वह कवि को तौलते हैं। उस तुला पर तुल न सकने के कारण, आचार्य शुक्ल की दृष्टि में कबीर नहीं तुल पाते हैं। इसी मानदण्ड के चलते उन पर आरोप लगता है कि छायावादी साहित्य उनकी उपेक्षा का शिकार हुआ। वह कृति की आलोचना के समय, वस्तुनिष्ठ सौन्दर्य तथा अभिव्यक्ति सौन्दर्य : दोनों पर भरपूर दृष्टि निक्षेप करते हैं। यही कारण है कि शील समन्वित मर्यादा पुरुषोत्तम राम उनके आदर्श पात्र हैं। शुक्ल जी ने कवि के व्यक्तित्व और कृतित्व पर समान दृष्टि डाली। इसी मनोवैज्ञानिक दृष्टि के कारण वह सूर के सम्बन्ध में कहते हैं—"आगे आनेवाले कवियों की शृंगार और वात्सल्य की उक्तियाँ सूर की जूठन जान पड़ती हैं।" महात्मा तुलसी की—भावुकता से अभिभूत वह कहते हैं— "हिन्दी के कवियों में इस प्रकार की सर्वांगपूर्ण भावुकता हमारे गोस्वामी जी में ही है।" भावपूर्ण क्षणों की व्याख्या करते समय वह बड़ी सहजता के साथ सैद्धान्तिक प्रश्न उठाते हैं और उनका निर्वाह भी करते हैं। भावहीन केशव उन्हें प्रिय नहीं हैं— "केशव को कवि हृदय नहीं मिला था। उनमें वह सहृदयता और भावुकता नहीं थी, जो एक कवि में होनी चाहिए।" इसी प्रकार जायसी 'नागमती वियोग खण्ड' के कारण, उनकी प्रशंसा प्राप्त कर सके। आचार्य शुक्ल की व्यावहारिक आलोचना बुद्धि और हृदय के सन्तुलन पर आश्रित है।

शुक्ल जी के रस-सिद्धान्त में जीवन का अनुभव काव्य की भावभूमि तथा आलोचना की विचार भूमि का अनोखा समन्वय है। उन्होंने जीवन से सिद्धान्तों को गृहीत कर, काव्य में उन सिद्धान्तों को परीक्षित किया। इतना ही नहीं, उन्हें विवेक की तुला पर तौल कर ही प्रस्तुत भी किया। अपने मत की व्याख्या के समय उन्होंने भारतीय काव्य-सिद्धान्तों को प्रयुक्त किया तो मत की सम्पुष्टि के लिये पाश्चात्य मत का। काव्य उनके लिये मनोभावों की अभिव्यक्ति है। वह कहते हैं—"कविता के मूल में भाव या मनोविकार ही रहते हैं।" अथवा "सारांश यह है कि भाव या मनोविकार की नींव पर ही कविता की इमारत खड़ी हो सकती है।" निर्वैयक्तिक भावों को श्रोता या रसिक तक पहुँचाना ही कृतिकार का लक्ष्य होना चाहिए—"एक की अनुभूति को दूसरे के हृदय तक पहुँचाना, यही कला का लक्ष्य होता है।" "आचार्य शुक्ल ने रसवाद को आध्यात्मिक भूमि से उतार कर मनोवैज्ञानिक आधार पर प्रतिष्ठित किया। उसे बौद्धिक चिन्तन की दृष्टि से अधिकपूर्ण और विश्वसनीय बनाया"— डॉ. रामचन्द्र तिवारी के उक्त उद्‌गार यह स्पष्ट करते हैं कि 'रस' के सम्बनध में शुक्ल जी का चिन्तन कितना यथार्थ की भित्ति पर अवस्थित था। शुक्ल जी ने रसानुभूति के लिये साधारणीकरण पर विशेष बल दिया। वह साधारणीकरण को पारिभाषित करते कहते हैं—"जब तक किसी भाव का कोई विषय इस रूप में नहीं लिया जाता कि वह सामान्यतः सबके उसी भाव का आलम्बन हो सके, तब तक उसमें रसोद्‌बोधन की पूर्ण शक्ति नहीं आती। इसी रूप में लाया जाना हमारे यहाँ साधारणीकरण कहलाता है।"

अलंकारों को शुक्ल जी साध्ययन मानकर रस का साधक मानते हैं। वह कहते हैं—"जिस प्रकार एक कुरूपा स्त्री अलंकार लादकर सुन्दर नहीं हो सकती, उसी प्रकार प्रस्तुत वस्तु या तथ्य की रमणीयता के अभाव में अलंकारों का ढेर काव्य का सजीव स्वरूप खड़ा नहीं कर सकता।"

उन्होंने रीति के आभ्यन्तर पक्ष पर विशेष बल दिया, न कि बाह्य पक्ष पर। शुक्ल जी अखिल विश्व को परमेश्वर की लीला भूमि मानते थे, इसलिये जागतिक द्वन्द्वों के मध्य ही, उन्होंने शाश्वत सौन्दर्य तथा परमेश्वर के लोक रंजक शक्ति के दर्शन को उपयुक्त समझा। जागतिक द्वन्द्वों से अलग किसी रहस्यमयी सत्ता की खोज को वह अनुपयुक्त मानते थे। वह अभिव्यञ्जनावाद को कलावादी सिद्धान्त मानते थे। वह कहते हैं—"यथार्थ में कला में अभिव्यञ्जना ही सब-कुछ है। अभिव्यञ्जना से अलग कोई और अभिव्यञ्ज वस्तु या अर्थ नहीं होता।" शुक्ल जी ने काव्य-प्रयोजन के सम्बन्ध में भारतीय मनीषा का ही अनुसरण किया, इसीलिये प्रतीच्य विचारक आइ. ए. रिचर्ड्स के मूल्यवादी विचारों का उन्होंने समर्थन किया। उनकी मान्यताएँ थीं—

(1) काव्य का चरम लक्ष्य लोकरंजन और समाज हित है।

(2) कविता शेष सृष्टि के साथ व्यक्ति का रागात्मक सम्बन्ध स्थापित करती है।

(3) कल्पना काव्य का मूल साधन है।

आचार्य शुक्ल ने सबसे पहले इतिहास दृष्टि को आधार मानकर अपना 'हिन्दी साहित्य का इतिहास' प्रस्तुत किया। उनकी यह ऐतिहासिक दृष्टि मूलतः तीन बिन्दुओं पर निहित थी—

(1) साहित्य, जगत् की चित्तवृत्ति का संचित प्रतिबिम्ब है।

(2) चित्त वृत्तियों में परिवर्तन के साथ साहित्य में भी परिवर्तन होता है तथा

(3) यह परिवर्तन साहित्य में भी परिलक्षित होता है।

इस सम्बन्ध में डॉ. रामचन्द्र तिवारी कहते हैं—"सीमित समय में अपर्याप्त सामग्री को सामने रख कर हिन्दी साहित्य का जो इतिहास आचार्य शुक्ल ने प्रस्तुत किया है, उससे व्यवस्थित, प्राणवान्, प्रभावी और व्यक्ति वैशिष्ट्य—प्रतिपादक इतिहास आज तक दूसरा नहीं लिखा गया।"

वहीं, कुछ लोग शुक्ल जी की आलोचनागत कमजोरियों की ओर इस प्रकार इशारा करते हैं, यथा—

(1) शुक्ल जी आभिजात्य से मुक्त नहीं हो पाये, यथा – कबीर।

(2) उनके ऊपर मर्यादावाद कहीं-कहीं ज्यादा 'हावी' हो गया है।

(3) उन्होंने छायावाद का सही और न्यायसंगत मूल्यांकन नहीं किया।

(4) इसी प्रकार मुक्तक रचनाओं से भी पक्षधरता बरती।

(5) अपनी आलोचना में अपनी रुचियों को स्थापित करने का प्रयास किया।

(6) समकालीन साहित्य से भरसक कटे रहे, यथा – प्रगतिवाद, प्रेमचन्द, निराला और पन्त आदि पर बहुत कम लिखा तथा

(7) परम्परा और रचनाकार के व्यक्तित्व का मूल्यांकन करते समय उन्हें पर्याप्त महत्त्व नहीं दिया आदि।

फिर भी शुक्ल जी शुक्लयुगीन हिन्दी आलोचना के केन्द्रीय समीक्षक आचार्य हैं। वे हिन्दी समीक्षा के केन्द्रीय पुरुष हैं। उनकी समीक्षा पद्धति कई दृष्टियों से संश्लिष्ट है। उनकी आलोचना दृष्टि जिस प्रविधि पर आधारित है, उसे तार्किक, विश्लेषणात्मक तथा निगमनात्मक विधि की संज्ञा दी जाती है। उनकी सैद्धान्तिक समीक्षा में रसवाद और लोकमंगलवाद साथ-साथ शामिल हैं। अपनी पुस्तक 'रस मीमांसा' में उन्होंने रसवाद की सर्वथा नयी शक्ल में व्याख्या

की और कहा–"लोक में हृदय के बीच होने की दशा का नाम रसदशा है"। कविता की भाषा के सन्दर्भ में उनका मानना था कि शब्दों में नाद-सौन्दर्य होना चाहिए। आगे इसी सन्दर्भ में उनका विचार था कि नामबोधक शब्दों की जगह-गुणबोधक शब्दों का प्रयोग होना चाहिए साथ ही जातिसूचक और पारिभाषिक शब्दों से भरसक परहेज करना चाहिए। उन्होंने बिम्बों को बहुत महत्त्व दिया तथा कहा कि कविता में अर्थ-ग्रहण ही पर्याप्त नहीं होता, बिम्ब ग्रहण भी उतना ही आवश्यक होता है।

आचार्य शुक्ल हिन्दी के ऐसे प्रथम समालोचक थे, जिनकी दृष्टि में समरसता, समन्वय और निजीपन था। उन्होंने सैद्धान्तिक और व्यावहारिक समालोचना का प्रभविष्णु और समन्वित रूप प्रस्तुत किया। आचार्य रामचन्द्र शुक्ल सच्चे अर्थों में आचार्य थे। डॉ. हजारीप्रसाद द्विवेदी का कहना है कि–"हिन्दी संसार में शुक्ल जी अपने ढंग का एक अद्वितीय व्यक्तित्व लेकर अवतीर्ण हुए थे। प्राचीन साहित्य का इस प्रकार मन्थन करनेवाले कम साहित्यिक समालोचक मिलेंगे। संस्कृत के साहित्य शास्त्र पर उनका पूर्ण अधिकार था। आचार्य शब्द ऐसे ही कर्त्ता साहित्यकारों के योग्य हैं।" आचार्य शुक्ल का नाम हिन्दी आलोचना में बहुत आदर के साथ लिया जाता रहेगा। उनकी रचनाएँ आज भी समसामयिक और उपादेय हैं। सुप्रसिद्ध समीक्षक डॉ. नरेन्द्र ने शुक्ल जी की तुलना आई. ए. रिचर्ड्स से की है। नगेन्द्र जी जहाँ रिचर्ड्स में बुद्धिपक्ष प्रबल और दृष्टिकोण व्यापक पाते हैं, वहाँ शुक्ल जी में शक्ति, विवेक और गाम्भीर्य प्रबल पाते हैं। वे दोनों में एकांगिता, हठधर्मिता और मताभिमान भी पाते हैं, किन्तु नगेन्द्र जी इस बात से भी सहमत हैं कि शुक्ल जी ने अपने युग को प्रभावित ही नहीं किया, बल्कि एक प्रकार से आच्छादित भी कर लिया था। वे लिखते हैं[1]–

"वह देखी महिमा मूर्ति आज रण देखी जो।
आच्छादित किये हुए सम्मुख समग्र नभ को।।"

आचार्य शुक्ल (1884-1941) की प्रमुख कृतियाँ

(1) **निबन्ध**- चिन्तामणि, भाग-एक : 1939, भाग-दो : 1945, विचारवीथी।

(2) **आलोचना ग्रन्थ**- गोस्वामी तुलसीदास : 1923, जायसी ग्रन्थावली की भूमिका : 1924, भ्रमरगीत सार : 1925, रस-मीमांसा : 1949, त्रिवेणी, सूरदास।

(3) **कहानी**– ग्यारह वर्ष का समय : 'सरस्वती'- 1903,।

(4) **कविता**– मधुस्रोत : कविताओं का संकलन : 1971, अभिमन्यु-वध।

(5) **इतिहास**– हिन्दी साहित्य का इतिहास : मूल रूप 'हिन्दी शब्द-सागर' की प्रस्तावना रूप में : 1929, संशोधित-संवर्द्धित रूप : 1940।

(6) **अनूदित कृतियाँ**– अंग्रेजी तथा बाँग्ला से काव्य, उपन्यास, आलोचना और विविध ज्ञान-विषयक ग्रन्थों का अनुवाद : 1920, शशांक : राखालदास बन्द्योपाध्याय कृत उपन्यास का अनुवाद : 1922, बुद्धचरित : लाइट ऑफ एशिया' नामक काव्य का अनुवाद,' 'काव्यभाषा' शीर्षक मौलिक भूमिका सहित : 1922, कल्पना का आनन्द, आदर्श जीवन।

(7) **सम्पादन**– हिन्दी शब्द सागर : 1929, जायसी ग्रन्थावली, नागरी प्रचारिणी पत्रिका।

1. भारतीय समीक्षा और आचार्य शुक्ल की काव्य-दृष्टि-डॉ. नगेन्द्र, पृष्ठ-108.

(2) आचार्य शुक्ल की रसमीमांसा[1]

डॉ. राधावल्लभ त्रिपाठी

आचार्य शुक्ल ने अपने रसविमर्श के प्रसंग में साधारणीकरण की प्रक्रिया और रसानुभूति के स्वरूप पर अपना चिन्तन प्रस्तुत किया है। साधारणीकरण का विचार बहुत व्यापक धरातल पर आचार्य भरत ने अपने नाट्यशास्त्र में सबसे पहले रखा। साधारणीकरण जैसे बोझिल पारिभाषिक शब्द का प्रयोग किये बिना उन्होंने नाट्य या काव्य के विषय में दो बातें कहीं – पहली तो यह कि नाट्य सार्ववर्णिक पञ्चम वेद है, दूसरी यह कि विभाव, अनुभाव तथा संचारी भावों के सामान्यगुणयोग से रस निष्पन्न होते हैं।

नाट्य की सार्ववर्णिकता की घोषणा अपने आप में एक क्रान्ति थी। भरतमुनि नाट्यशास्त्र के पहले अध्याय में देवों के मुख से कहलवाते हैं कि चार वेद तो स्त्रियों और शूद्र जाति के लोगों के लिये वर्जित हैं, इसलिये एक पाँचवें वेद की आवश्यकता है, जो सार्ववर्णिक हो। तब ब्रह्मा ने नाट्य के रूप में पाँचवाँ सार्ववर्णिक वेद रचा। यह आभिजात्यवादी आधिपत्यवादी संस्कृति के बरक्स एक नयी संस्कृति रचने का उपक्रम था।

जैसा दूसरे प्राचीन संस्कृति सम्पन्न अन्य देशों में हुआ, भारत में भी संस्कृति प्रवण आदिम जनजातियों ने अपने उल्लास की अनुकृति और अभिव्यक्ति करते हुए नाट्य, नृत्य संगीत जैसी कलाओं को जन्म दिया और उसके बाद यहाँ भी अपने विकास के दूसरे दौर में ये कलाएँ धर्म, कर्मकाण्ड और तन्त्र से जा जुड़ीं– पुरोहितों का एक वर्ग पैदा हुआ, जिसने इन्हें अपनाया। विशेषतः हमारे श्रौतसूत्र यहाँ यज्ञ ने नाट्य को उसके शैशव में विकास के लिये एक समर्थ सम्भावनापूर्ण मंच दिया, संहिताओं के साथ और वैदिक वाङ्मय के अन्य ग्रन्थ इनका साक्ष्य देते हैं। सारी याज्ञिक क्रिया में अपने आप में एक वृहत्तर अर्थ में नाटक अन्तर्गर्भित था, पर यज्ञमण्डल के अहाते में यज्ञ के अनुषंग के रूप में अलग से भी नाटक, नृत्य और संगीत का अनुष्ठान अनिवार्य बनता गया था। नाटक के विकास में तीसरा दौर तब आया जब नाटक ने यज्ञमण्डप के बाहर आकर खुली हवा में साँस लेना चाही। जो सूत यज्ञवेदिका की नाप के लिये सूत्र हाथ में लिये आता था और यज्ञमण्डप के निर्माण के लिये जिम्मेदार था, वह नाटक का सूत्रधार बनकर उठ खड़ा हुआ, यज्ञ के आनुषंगिक अनुष्ठानों में शिरकत करनेवाले नट-नर्तक, शैलूष, मागध आदि उसके साथ अपनी मण्डली बनाने लगे। तब चार वेदों के रहते एक पाँचवाँ

1. संस्कृत और हिन्दी के उद्भट विद्वान, कई अर्थों में बहुविज्ञ बुद्धधर्मी, अदम्य और अटूट वैचारिक ऊर्जा सम्पृक्त, विराट् वैचारिकतावाले इस लेख के लेखक **डॉ. राधावल्लभ त्रिपाठी** पूर्व कुलपति हैं। सम्प्रति आप दिल्ली में रहते हैं।

वेद स्थापित करने की बात आयी और उन वेदों की धरोहर द्विजवर्ण के ही पास रहने की प्रतिक्रिया में इस पाँचवें वेद की सार्ववर्णिकता की बात आयी। इस सांस्कृतिक नवोत्थान की अगुआई आचार्य भरत ने की।

चार वेद के होते पाँचवाँ वेद रचने का साहस भरत के पहले वेद व्यास भी कर चुके थे। पर भरत का पाँचवाँ वेद सामने आने पर बड़ी उथल-पुथल या हंगामा ही हो गया। भरत का पहला प्रयोग अमृतमन्थन समवकार खेला जा रहा था, और ऐन इसी वक्त असुरों ने प्रस्तुति को अपने लिये अपमानजनक समझकर नटमण्डली पर धावा बोल दिया। फिर जो हुआ, सो उसका बयान भरत के शब्दों में इस प्रकार है– सभा चारों ओर से विघ्नों से घिरी हुई थी, सूत्रधार अन्य अभिनेताओं के साथ मूर्च्छित पड़ा हुआ था (ना.शा. 1/68)। कहते रहे भरत कि भाई, न हमें देवताओं की स्तुति करना है, न आप महानुभावों की निन्दा, हमारा नाट्य तो त्रिलोकी के भावों का अनुकीर्तन है– (वहीं 1/107) इस समूची दुनिया की नहीं, इसके परे नंगी आँखों से न दिख पानेवाली जो दुनिया है उस तक की सृष्टि दिखानेवाली चीज है, यथार्थ के नाना स्तर यह दिखा सकता है, पर असुर बातों से तो माननेवाले थे नहीं, वे तो इन्द्र के डण्डे से ही सीधे हो सके।

बात असुरों के हमले पर ही नहीं रुकी। आगे चलकर भरत के सौ पुत्रों या वंशधर नटों ने प्रहसन श्रेणी के रूपक दिखाने शुरू किये तो हिमालय पर तप करनेवाले मुनियों में खलबली मची। उन्होंने रोषाविद्ध होकर कहा इन नटों के दिमाग ऐसे बढ़ गये कि ये हमारी भी हँसी उड़ायें। अब तो इन्हें हम शाप देकर ही छोड़ेंगे। असुरों का विध्वंसक आक्रमण तो भरत किसी तरह से झेल गये, पर मुनियों के शाप से भरत लोग हिमालय की देवभूमि से गिरे, तो फिर उन्हें भारत में दर-दर खाक ही छाननी पड़ी। असुर भरत मुनि का समुद्रमन्थन समवकार का प्रयोग देखकर गुस्से में आग बबूले हो गये, हिमालय के वासी मुनिजन भरत मुनि के पुत्रों के द्वारा खेले गये प्रहसनों में व्यंग्य की पैनी मार को न झेल पाये। इसमें प्रयोक्ताओं की कमी नहीं है, ये लोग कला के उस लोकतान्त्रिक स्वभाव को नहीं समझ पाये, जिसे भरतमुनि सार्ववर्णिकता के द्वारा बता रहे थे। तब इसकी विशद व्याख्या ब्रह्मा के मुख से इस प्रकार करायी गयी-

विघ्नानां वचनं श्रुत्वा ब्रह्मा वचनमब्रवीत्।
अलं वो मन्युना दैत्या विषादं त्यजतानघाः ॥1.105॥

विघ्नों के वचन सुन कर ब्रह्मा ने कहा – हे दैत्यो, क्रोध मत करो। हे निष्पाप (दैत्यों), विषाद त्याग दो।

भवतां देवतानां च शुभाशुभविकल्पकः।
कर्मभावान्वयापेक्षी नाट्यवेदो मया कृतः ॥1.106॥

आप लोगों तथा देवताओं के शुभ और अशुभ का भेद बतानेवाला, कर्म, भाव और अन्वय (वंश) ?? की अपेक्षा रखनेवाला नाट्यवेद मैंने रचा है।

नैकान्ततोऽत्र भवतां देवानां चानुभावनम्।
त्रैलोक्यास्यास्य सर्वस्य नाट्यं भावानुकीर्तनम्॥1.107॥

इसमें न तो आप लोगों का और न देवताओं का ही पूरी तरह से अनुभावन है, नाट्य तो सम्पूर्ण त्रिलोकी के भावों का अनुकीर्तन है।

नाट्य को सम्पूर्ण त्रिलोकी के भावों का अनुकीर्तन कहने से आशय यही था कि यह किसी व्यक्तिविशेष का कीर्त्तन नहीं है, जो भाव सबमें समान हैं, उनका अनुकीर्तन हैं। कीर्त्तन से अनुकीर्तन बनने की प्रक्रिया कलासर्जना में अन्तर्निहित साधारणीकरण की प्रक्रिया ही है। भरतमुनि के विवेचन में यह एक बृहत् सामाजिक और सांस्कृतिक पृष्ठभूमि की अवतारणा के साथ नाट्य के त्रिलोकव्यापी स्वरूप को ध्यान में रख कर प्रस्तुत की गयी है।

रामचन्द्र शुक्ल ने नाट्यशास्त्र का अध्ययन नहीं किया। पर वे अपने रसविमर्श में एक वृहत् सामाजिक व सासंक्तिक भूमिका की ओर इंगित करते हैं।

आचार्य लोल्लट ने कहा कि तद्रूपता के अनुसन्धान के कारण नट में राम आदि पात्रों के स्थायी भाव प्रतीत होने लगते हैं। यह अनुसन्धान दो स्तर पर हो सकता है– नट अपने में राम की तद्रूपता का अनुसन्धान करे, और नाटक देखनेवाला उसमें राम का। इन दो स्तरों को ज्यादा साफ करने के लिये आचार्य शंकुक ने इन्हें अनुकृति और अनुमिति – ये नाम दिये। अनुसन्धान की मनोजैविक प्रक्रिया को नट या कलाकार की दृष्टि से भी और प्रेक्षक की दृष्टि से भी ज्यादा गहराई में उतर कर शंकुक न समझना चाहा। उन्होंने यह भी कहा कि नट में राम आदि की प्रतीति विश्वास और अविश्वास के बीच झूलती अजीब-सी प्रतीति है– वह संसार में होनेवाली सम्यक्, मिथ्या संशय और सादृश्य की चार प्रतियों से कुछ अलग ही है।

यहीं आकर रसानुभुति की व्याख्या के दृश्य में भट्टनायक अवतरित होते हैं और इस प्रतीति को साधारणीकृत प्रतीति की संज्ञा देते हैं। भट्टनायक ने शैव या सांख्य या अन्य किसी दर्शन में प्रचलित संविद विश्रान्ति, भावकत्व या भावना और भोजकत्व या भोग जैसे दुरूह शब्दों का भी प्रयोग किया। नायक कहते हैं कि यह साधारणीकरण व्यापार निविडनिजमोहसंकटनिवारणकारी है– आदमी को निजता के प्रति मोह का जो घना संकट है, उसे तोड़ देता है। इस संकट के टूटने को आचार्य अभिनवगुप्त अच्छी तरह फैलाकर समझाते हैं। बात रहती तो वही है कि आदमी अपने सीमित व्यक्तित्व के बाहर की दुनिया से कैसे जुड़े। कला उसके सीमित व्यक्तित्व की सँकरी कारा को उतनी देर के लिये तोड़ कर बड़ी दुनिया से उसे जोड़ देती है। निविडनिजमोहसंकट से उबरकर बड़ी दुनिया से जुड़ पाना रसानुभूति की स्थिति है। इसी दृष्टि से आचार्य शुक्ल हृदय की मुक्तावस्था को रसदशा कहते हैं। (पृ. 5) आदमी का अपनी निजता के प्रति मोह टूटना और सच्चाई के व्यापक परिप्रेक्ष्य को देख पाना कविता, कला की उसी शक्ति की परिणति है जिसे भरत ने सार्ववर्णिकता कहा था। आचार्य शुक्ल इसे भट्टनायक के अभिप्राय से सीधे यों समझाते हैं– "इस भूमि पर पहुँचे हुए मनुष्य को कुछ काल के लिये अपना पता नहीं रहता। वह अपनी सत्ता को लोकसत्ता में लीन किये रहता है।" (वही,पृ.6) निश्चय ही नाट्यशास्त्र में सार्ववर्णिक शब्द का जिस प्रसंग में प्रयोग है, वहाँ सीधा अर्थ इतना भर ही है कि जो सब वर्णों – सब जाति के लोगों के लिये – मनुष्य मात्र के लिये गम्य हो – जिसके दरवाजे कुछ के लिये खुले और कुछ के लिये बन्द रहे – ऐसा न हो। सार्ववर्णिकता की इस

स्थूल भौतिक व्याख्या के आगे नाट्य की वस्तु में अन्तर्गुम्फित सार्ववर्णिकता की बात भी भरत के उन कथनों में है, जो उन्होंने असुरों को समझाते हुए कहे। उसके आगे विषयवस्तु की सार्ववर्णिकता की बात ही नहीं, उसके प्रभाव की सार्ववर्णिकता की भी बात आती है।

भरतमुनि ने सार्ववर्णिकता के अभिप्राय के द्वारा कला के बहुत बड़े दायरे और उसकी गहनता को रेखांकित किया। अब यह सार्ववर्णिकता स्थूल भौतिक स्तर पर भी कायम रहे, कला की विषयवस्तु में भी हो, और उसका प्रभाव या आस्वाद भी हो– इस तरह की व्याख्या रस निष्पत्ति की जानी चाहिए, आचार्य शुक्ल ने कविता के द्वारा समग्र मनुष्य जाति के जगत् के साथ तादात्म्य (पृ.6) की बात कहकर उसके प्रभाव की सार्ववर्णिकता स्वीकार की है।

पर आचार्य जब प्रभाव की सार्वजनीनता पर दृष्टि केन्द्रित करते हैं, तो वे विषयवस्तु को घेरे में बाँधने लगते हैं। शुक्ल जी के साथ यह अड़चन आती है। कुछ बातें सार्वजनीन प्रभाव दे सकती हैं और कुछ नहीं– इस प्रकार का परिगणन जब होगा, तो परम्परा, समकालीन सहृदय समाज की रसिकता और समझ के साथ आचार्य की व्यक्तिगत समझ भी उसमें सीमाएँ बाँधेगी। एक तरफ रस जैसी वेद से चली आती चीज की व्याख्या की अपार सम्भावनाएँ हैं, दूसरी तरफ व्याख्याकारों, रचनाकारों की देशकालजनित या व्यक्तिगत सीमाएँ। पुराने आचार्य भी एक ओर तो भरत की परम्परा में नाट्य और कविता में तीनों लोकों के भावों का अनुकीर्तन होने की बात कहते हैं, तो दूसरी ओर वे रस को धीरोदात्त आदि नायकों में भी सीमित करने का प्रयास करते हैं। आचार्य शुक्ल भरत की वृहत्तर परम्परा से अपने को जोड़कर एक ओर कविता, कला से मनुष्य के अपनी सत्ता के लोकसत्ता में विलयन की बात करते हैं और मनुष्यजाति का चराचर जगत् से तादाम्य बताते हैं, तो दूसरी ओर वे रससृष्टि के आलम्बन बताते हुए कहते हैं– "वन, पर्वत, नदी, नाले, निर्झर कछार, पत्थर, चट्टान, वृक्ष, लता, झाड़ी, फूल, शाखा, पशुपक्षी, आकाश, मेघ, नक्षत्र, समुद्र इत्यादि ऐसे ही चिर सहचर रूप हैं। खेत ढुर्री, हल झोंपड़े, चौपाये इत्यादि भी कुछ कम पुराने नहीं हैं। इसी प्रकार पानी का बहना सूखे पत्तों का झड़ना, बिजली का चमकना, घटा का घिरना, नदी का उमड़ना, मेह का बरसना, कुहरे का छाना, डर से भागना, लोभ से लपकना, छीनना, झपटना, नदी या दलदल से बाँह पकड़कर निकालना, हाथ से खिलाना, आग में झोंकना, गला काटना ऐसे व्यापारों का भी मनुष्यजाति के भावों के साथ अत्यन्त प्राचीन साहचर्य है। ऐसे आदिम रूपों और व्यापारों में, वंशानुगत वासना की दीर्घ-परम्परा के प्रभाव से, भावों के उद्बोधन की गहरी शक्ति संचित है, अतः इनके द्वारा जैसा रसपरिपाक सम्भव है, वैसा कल-करखाने, गोदाम, स्टेशन, एंजिन हवाई जहाज ऐसी वस्तुओं तथा अनाथालय के लिये चेक काटना, सर्वस्वहरण के लिये जाली दस्तावेज बनाना, मोटर की चरखी घुमाना या एंजिन में कोयला झोंकना–आदि व्यापारों द्वारा नहीं।" (पृ.7) यह आचार्य शुक्ल का एक किस्म का नॉस्टल्जिया है। उनके लिये "बाल्य या कौमार अवस्था में देखा गया पेड़ या चिड़चिड़ी बुढ़िया की जिस झोपड़ी के पास होकर हम जाते थे, उसकी मधुर स्मृति" (पृ.13) तो रसोद्बोधक है, नये लोग जो नयी चीजों को ला रहे हैं– वे नहीं। पत्थर-चट्टानों, झाड़ियों-शाखाओं आदि से जैसा रसपरिपाक हो सकता है, वैसा कल-कारखानों, गोदाम-स्टेशनों के वर्णन से नहीं।

शुक्ल जी का रसोद्बोध के लिये शाश्वत विषयों की सूची बनाना भरत के बाद के आचार्यों की परम्परा में है। यह शाश्वत का आग्रह और क्षणिकता का बहिष्कार रसप्रक्रिया और तत्सम्बन्धी अवधारणा को संकुचित परिधि में बाँध देता है। भट्टनायक ने साधारणीकरण में निविडनिजमोहसंकट के निवारण की बात कही थी, आचार्य जन क्या अपने खुद के निविडनिजमोहसंकट से उबर सके?

पर शुक्ल जी का काम इसलिये अध्येतव्य और मननीय है कि वे उपर्युक्त संकट का स्वविवेक से कई बार निवारण करते भी हैं। भरत में सार्ववर्णिकता और त्रिलोक के अनुकीर्तन की बात से जो व्याख्या की अपार सम्भावनाएँ खुलीं, वे शुक्ल जी तक आकर निःशेष नहीं होतीं। उनकी व्याख्या का प्रसार वहाँ विचारणीय है जहाँ पुराने आचार्य रस को संविद्विश्रान्तिसतत्त्व भोग पर लाकर छोड़ देते हैं। शुक्ल जी इस रसास्वाद की तन्मयता आने के पहले की और बाद की उसकी परिणतियों पर विचार कर जीवन और कर्म से उसे जोड़ते हैं। यहीं से वे शुद्ध ज्ञान और विवेक से कविता को ऊँचा दर्जा देते हैं और अपने समय की स्थितियों के बीच रस या काव्यजनित अनुभव की प्रासंगिकता की जाँच करते हैं– "शुद्ध ज्ञान या विवेक में कर्म की उत्तेजना नहीं होती। कर्मप्रवृत्ति के लिये मन में कुछ वेग का आना आवश्यक है। यदि किसी जनसमुदाय के बीच कहा जाय कि अमुक देश प्रतिवर्ष तुम्हारा इतना रुपया उठा ले जाता है तो सम्भव है कि उस पर कुछ प्रभाव न पड़े। पर यदि दारिद्रय और अकाल का भीषण और करुण दृश्य दिखाया जाय, पेट की ज्वाला से जले हुए कंकाल कल्पना के सन्मुख रखे जायें, और भूख से तड़पते हुए बालक के पास बैठी हुई माता का आर्त्तक्रन्दन सुनाया जाय, तो बहुत से लोग क्रोध और करुणा से पागल हो उठेंगे। और उस दशा को दूर करने का उपाय नहीं, तो संकल्प अवश्य करेंगे। पहले ढंग की बात करना राजनीतिज्ञ या अर्थशास्त्री का काम है, और पिछले प्रकार का दृश्य भावना में लाना कवि का। अतः यह धारणा काव्य व्यवहार का बाधक है, उसके अनुशासन से अकर्मण्यता आती है– ठीक नहीं। कविता तो भाव प्रसार द्वारा कर्मण्य के लिये कर्मक्षेत्र का और विस्तार कर देती है।" (पृ.22) यह भारत की सार्ववर्णिकता की ओर शुक्ल जी के हृदय की मुक्तावस्था की व्यावहारिक परिणति है। पुराने आचार्यों ने इसकी ओर इंगित तो किया है, पर उस पर विशद प्रकाश नहीं डाला। अभिनवगुप्तपादाचार्य यह कहते ही हैं कि स्थायी भाव संस्काररूप से रसिक के भीतर रहते हैं, फिर लोक में उनका नाना कारण-कार्य-सहकारियों के द्वारा अनुभव करके रसिक का मन इतना मँज चुका होता है कि काव्य या नाटक में उन्हीं कार्य, कारण, सहकारियों को देखकर उसमें वे स्थायी भाव व्यक्त हो उठते हैं। मनोमुकुर पहले से मँजा हुआ हो तो वर्णनीयतन्मयी भवनयोग्यता रहेगी ही, कला में प्रक्षेपित भाव का सही अक्स उसमें उभर आयेगा। पर मनोमुकुर पूरी तरह मँजा नहीं हुआ है, तो कविता या कला का अनुशीलन इसे धीरे-धीरे विशदीभूत करता चलता है– यह बात भी आचार्यजन कहते हैं। यहाँ से कविता के द्वारा दिये गये अनुभव – रसानुभूति के द्वारा व्यक्तित्व परिमार्जन होने – आदमी के बेहतर बनने की बात निकल आती है। आचार्य शुक्ल कहते हैं– "काव्य के अनुशीलन से जिनके भावप्रसार का क्षेत्र विस्तृत हो जाता है, उनकी वृत्तियाँ उतनी स्वार्थबद्ध

नहीं रह सकतीं"। (पृ. 22) आगे और भी खुलासा करते हुए आचार्य शुक्ल कहते हैं– "किसी अर्धपिशाच कृपण को देखिये, जिसने केवल अर्थलोभ के वशीभूत होकर क्रोध, दया, श्रद्धा, भक्ति, आत्माभिमान आदि भावों को एकदम दबा दिया है, और संसार के मार्मिक पक्ष से मुँह मोड़ लिया है। सृष्टि के किसी रूप माधुर्य को देख वह पैसों का हिसाब-किताब भूल कभी मुग्ध होता है, न किसी दीन दुखिया को देख कभी करुणा से द्रवीभूत होता है, न कोई अपमान सूचक बात सुनकर क्रुद्ध या क्षुब्ध होता है। यदि उससे किसी लोक हर्षण अत्याचार की बात कही जाय, तो वह मनुष्य धर्मानुसार क्रोध या घृणा करने के स्थान पर रुखाई से कहेगा कि जाने दो हमसे क्या मतलब, चलो अपना काम देखें। यह महाभयानक मानसिक रोग है। इससे मनुष्य आधा मर जाता है। इसी प्रकार किसी महाक्रूर पुलिस कर्मचारी को जाकर देखिये जिसका हृदय पत्थर के समान जड़ और कठोर हो गया है, जिसे दूसरे के दुःख और क्लेश की भावना स्वप्न में भी नहीं होती। ऐसों को सामने पाकर स्वभावतः यह मन में आता है कि क्या इनकी भी कोई दवा है? इनकी दवा कविता है।" (पृ.24)

निश्चय ही कविता से क्रान्ति हो जाने का छिछला नारा देने की कोई मंशा आचार्य शुक्ल की नहीं रही है, न वे रसानुभूति की व्याख्या में कोई सर्वथा नयी चीज जोड़ या थोप रहे हैं। काव्यानुभूति के जो आयाम रस के अपने प्रस्थान से निकलते हैं, और आचार्यों ने जिन पर इंगित मात्र किया है, उन्हीं पर आचार्य शुक्ल अपनी समझ की गहराई और देशकालानुरोध से प्रकाश डालते हैं। इस तरह वे निविडनिजमोहसंकट का निवारण कर सके हैं। रस के प्रस्थान से विचलित हुए बिना वे युग, देश के भीतर उसकी व्याख्या की सम्भावनाएँ ही नहीं परखते, उसके फ्रेमवर्क के भीतर कविता की बढ़ती हुई अहमियत को भी दिखा सकते हैं– "सभ्यता की वृद्धि के साथ-साथ ज्यों-ज्यों मनुष्य के व्यापार बहुरूपी और जटिल होते गये, त्यों-त्यों उनके मूलरूप बहुत कुछ आच्छन्न होते गये। ... इस प्रच्छन्नता का उद्घाटन काव्य का एक मुख्य कार्य है। ज्यों-ज्यों सभ्यता बढ़ती जायेगी, त्यों-त्यों एक ओर तो काव्य की आवश्यकता बढ़ती जायेगी और दूसरी ओर कविकर्म कठिन होता जायेगा।" (पृ.164,166)

रसानुभव की जीवन में दूरगामी परिणति को, जो पुरानी व्याख्या में अन्तर्निहित है, शुक्ल जी ने खोलकर देखा, तो रसानुभव की तन्मयता में अपूर्णता की सम्भावनाएँ भी उन्होंने पहचानी। अभिनवगुप्त आदि इस अपूर्णता का कारण रसप्रतीति में होनेवाले विघ्नों को मानते हैं। रस तो वीतविघ्नप्रतीतिग्राह्य भाव है। इलायची, कपूर, शकर, कालीमिर्च आदि से बने पानक रस के आस्वाद में रेत का करकरा उठना न आचार्यों को पसन्द न आये– यह तो स्वाभाविक है। पर शुक्ल जी के समय में ही रसिक आदमी की दुनिया ऐसी विघ्नसंकुल होने लगी थी कि विघ्नों के होते रहनेवाली अनुभूति पर बात करना उन्हें लाजमी लगा। आचार्य शुक्ल हृदय की मुक्तावस्था और समग्र मनुष्य जाति से तादाम्य की बात भी करते हैं, और अनुभूति की अपूर्णता और तज्जन्य परिणतियों की भी। इस तरह वे रस के प्रस्थान का – रेंज बढ़ाकर देखते हैं। रस के इन दो छोरों की सम्भावना और उसका यह बड़ा फलक रस के अपने प्रस्थान के भीतर है, शुक्ल जी ने रसपद की विवेचना में अपदार्थ बात नहीं कही है। फिर भी शास्त्रज्ञ पण्डितजनों

को शुक्ल जी की व्याख्या में अनावश्यक खींचातानी और शास्त्रीयता दिखायी दी, तो यह उनका निविडनिजमोहसंकट है।

भट्टनायक आदि आचार्य कहते हैं कि ताटस्थ्य में रस की प्रतीति नहीं हो सकती। शुक्ल जी तटस्थ के अनुभव को भी रसास्वाद में शामिल करते हैं। दोनों में पूर्वापर विरोध नहीं हैं। भट्टनायक का आशय इतना ही है कि नाटक देखनेवाला या काव्य पढ़नेवाला नाटक या काव्य में वर्णित विभाव, अनुभाव आदि के प्रति मुझे इससे क्या लेना देनावाला रुख अख्तियार करे, तो रसास्वाद होने से रहा। पर सचमुच में तो प्रेक्षक या पाठक है तो तटस्थ ही, तटस्थ होना एक ठोस वास्तविकता है– इसे कैसे भुलाया जा सकता है। इसीलिये आचार्य कहते हैं कि प्रेक्षक या पाठक है तो तटस्थ ही, ताटस्थ्य का बोध रसास्वाद की दशा में स्थगित हो जाता है। पर क्या रसास्वाद प्रेक्षक के ताटस्थ्य बोध को पूरी तरह विस्थापित कर सकता है? यदि कर दे तो जो मनोदशा उत्पन्न होगी उसमें क्या काव्य में वर्णित विभावादि से तादात्म्य हो जायेगा?

स्मरणीय है कि भट्टनायक ताटस्थ्य और तादात्म्य दोनों का खण्डन करते हैं। न तो तटस्थ होने पर आस्वाद होगा, न तादात्म्य होने पर। यह बात महत्त्वपूर्ण है और नट (कलाकार या रचनाकार) और सामाजिक (प्रेक्षक या पाठक) दोनों पर लागू होती है। नट को नाटक के अनुकार्य पात्र से तादात्म्यापन्न समझा जाये, तब भी रसानुभूति नहीं होगी, तटस्थ समझा जाय तब भी नहीं। सामाजिक स्वयं को उस पात्र के तटस्थ समझे तब भी रसानभूति नहीं होगी, तादात्म्य समझने लगे तब भी नहीं। आचार्य शंकुक कहते ही हैं कि नट में राम आदि की प्रतीति सम्यक्, मिथ्या संशय और सादृश्य चारों प्रकार की प्रतीतियों से विलक्षण एक विचित्र ही प्रकार की प्रतीति है। यह रसिक व्यक्ति का भावकत्व है, जिसके कारण ठोस यथार्थ की दुनिया की दृष्टि से कविता या नाटक के विभावादि से कोई सबन्ध उनसे जुड़ जाता है। अभिनवगुप्तपादाचार्य इसी को सम्बन्धविशेषस्वीकारपरिहारनियमानध्यवसाय कहते हैं– न तो ये मेरे शत्रु हैं, मित्र हैं, तटस्थ हैं इस तरह का ही कोई सम्बन्ध प्रेक्षक नाटक के पात्रों से जोड़ सकता है, और न ये मेरे मित्र हैं, न शत्रु, न तटस्थ–ऐसा ही। किसी सम्बन्ध विशेष के स्वीकार और अस्वीकार दोनों में की– यह अँधेरे और प्रकाश के बीच की–विश्वास और अविश्वास के बीच की स्थिति ही साधारणीकृत प्रतीति को जन्म देती है। रस प्रतीति से स्थायीभाव व्यक्त होता है, व्यक्त हुआ स्थायीभाव प्रेक्षक की चेतना में आस्वादित होता है, तो रस कहलाता है।

आनन्द की साधनावस्था और सिद्धावस्था की बात करनेवाले आचार्य शुक्ल भट्टनायक और अभिनवगुप्त के विवेचन के अन्तर्निहित आशयों को समझकर उपर्युक्त पृष्ठभूमि में रस प्रतीति की परिणतियों को दो अवस्थाओं में बाँट लेते हैं। एक विभावादि के सम्बन्धविशेष के साथ स्वीकार या परिहार के नियम के अनध्यवसाय या अनि...य की स्थिति है। प्रेक्षक अव्यक्त ऊहापोह में बना रहता है कि विभावादि को वह अपने तईं कहाँ, किस रूप में व्यवस्थापित करे। इस दशा में स्थायी भाव का उन्मेष नहीं हुआ है, वही भाव है जिससे प्रेक्षक या पाठक विभावादि को देख रहा है। प्रेक्षक का तटस्थ बना हुआ है। दूसरी अवस्था में तटस्थ दब जाता है, प्रेक्षक आलम्बन का जो स्थायी भाव है उसी में रम जाता है। पुराने आचार्यों की दृष्टि में उस एक

स्थायीभाव से अद्वैत का अनुभव ही रस प्रतीति का लक्ष्य और चरम परिणति है— शैव या वेदान्त दर्शन के प्रस्थान से की गयी इस प्रतीति की व्याख्याएँ उसे वहीं ले जाकर छोड़ती हैं। पर पारमार्थिक सत्ता की बात करनेवाला वेदान्त व्यावहारिक सत्ता को स्वीकार करता है। रस प्रतीति का व्यावहारिक स्वरूप क्या है? जहाँ उसकी इस चरम परिणति अद्वैत या आनन्द की स्थिति में सदैव रम पाना सम्भव न हो— क्या वहाँ प्रेक्षक द्वारा अपने ताटस्थ्य से विभावादि को समझने की उसकी पहली स्थिति का क्या अपने आपमें कोई मूल्य नहीं है? अद्वैतवादी आचार्य इस स्थिति को स्वीकार करते हुए भी अपने आप में इसमें कोई सार्थकता नहीं पाते। स्थायी भाव से तन्मयी भवन नहीं हो पाता, हमारा ताटस्थ्य टूट नहीं पाता या हम इसे बना रहने देते हैं, तो क्या हम काव्यास्वाद के अपात्र हो गये है— बीसवीं सदी में आकर कविता के लिये हम और हमारे लिये कविता क्या अनुपादेय हो गयी?

यहीं आकर आचार्य शुक्ल अपने समय में कविता को और उसके पाठक को तथा नाटक और उसके प्रेक्षक को त्राण देते हैं। वे कहते हैं कि पहले स्थिति जो पुराने आचार्यों की दृष्टि से आरम्भिक है, और उपकरण मात्र है, अपने आप में मूल्यवान् है— साधारणीकरण के प्रतिपादन में पुराने आचार्यों ने श्रोता (या पाठक) और आश्रय (भाव व्यञ्जना करनेवाले पात्र) के तादात्म्य की अवस्था का ही विचार किया है, जिसमें आश्रय किसी काव्य या नाटक के पात्र के रूप में प्रति किसी भाव की व्यञ्जना करता है और श्रोता (या पाठक) उसी भाव का रस रूप में अनुभव करता है। "पर रस की एक नीची अवस्था और है, जिसके हमारे यहाँ के साहित्य ग्रन्थों में विवेचन ही नहीं हुआ है। उसका भी विचार करना चाहिए। किसी भाव की व्यञ्जना करनेवाला, कोई क्रिया या व्यापार करनेवाला पात्र भी शील की दृष्टि से श्रोता (या दर्शक) के किसी भाव का जैसे— श्रद्धा, भक्ति, घृणा, रोष, आश्चर्य, कुतूहल या अनुराग का— आलम्बन होता है। इस दशा में श्रोता या दर्शक का हृदय उस पात्र के हृदय से अलग रहता है— अर्थात् श्रोता या दर्शक उसी भाव का अनुभव नहीं करता जिसकी व्यञ्जना पात्र अपने आलम्बन के प्रति करता है, बल्कि व्यञ्जना करनेवाले उस पात्र के प्रति किसी और ही भाव का अनुभव करता है। यह दशा भी एक प्रकार की रस दशा ही है— यद्यपि इसमें आश्रय के साथ तादात्म्य और उसके आलम्बन का साधारणीकरण नहीं रहता। जैसे— कोई क्रोधी या क्रूर प्रकृति का पात्र यदि किसी निरापराध या दीन पर क्रोध की प्रबल व्यञ्जना कर रहा है, तो श्रोता या दर्शक के मन में क्रोध का रसात्मक संचार न होगा, बल्कि क्रोध प्रदर्शित करनेवाले उस पात्र के प्रति अश्रद्धा, घृणा आदि का भाव जागेगा। ऐसी दशा में आश्रय के साथ तादात्म्य या सहानुभूति न होगी, बल्कि श्रोता या पाठक उक्त पात्र के शीलदृष्टा या प्रकृतिदृष्टा के रूप में प्रभाव ग्रहण करेगा और यह प्रभाव भी रसात्मक होगा। पर इस रसात्मकता को हम मध्यम कोटि की ही मानेंगे।" (पृ. 314)

पुराने आचार्यों की दृष्टि से शुक्ल जी की यह मध्यम कोटि की रसात्मकता भावध्वनि के आस्वाद की स्थिति कही जा सकती है। शुक्ल जी पर रस प्रक्रिया के शास्त्रीय स्वरूप की तोड़-मरोड़ करने का आक्षेप भी पण्डित जन कर सकते हैं। पर रस प्रक्रिया का भरत से

भट्टनायक और अभिनवगुप्त तक भी सुरक्षित मूल रूप शुक्ल जी ने विकृत नहीं किया है, साथ में रस की अवधारणा में एक बृहत्तर आयाम जोड़ दिया है। श्रोता या पाठक के शीलदृष्टा या प्रकृतिदृष्टा के रूप में प्रभाव ग्रहण वह स्थिति है जिसे ब्रेख्त पार्थक्य प्रभाव (एलियनेशन इफेक्ट) कहता है। ब्रेख्त कहता है कि मैं रिचर्ड थर्ड देखने जाता हूँ, तो इसलिये नहीं कि मै रिचर्ड तृतीय जैसा होना चाहता हूँ, बल्कि मैं रिचर्ड तृतीय के चरित्र को समझना चाहता हूँ। भले ही आचार्य शुक्ल ने इसे मध्य कोटि की रसात्मकता कहा हो, पर पाठक के शीलदृष्टा होने में उन्होंने काव्य या नाटक के द्वारा प्रक्षेपित भाव से उसके ताटस्थ्य को स्वीकार करके काव्य या कला के अनुभव की हमारे समय के अनुरूप व्याख्या ही नहीं की, साथ में इस ताटस्थ्य या दृष्टा भाव में भी रस की क्षति न मानकर रस के प्रस्थान को विस्तार दिया है। यह विस्तार समूची शताब्दी की साधना और आकांक्षा की परिणति में शुक्ल जी जैसा कोई एक आचार्य ही दे पाता है।

शुक्ल जी की रसप्रतीति की मध्यमावस्था या शीलदर्शन की दशा अद्वैतवादी दर्शन पर आधारित न होकर द्वैतवाद पर जाकर टिकती है। पर यह द्वैतवाद मनुष्य की अन्तरात्मा को रसप्रतीति में एक साक्षी की बृहत् भूमिका पर प्रतिष्ठापित करता है। शुक्ल जी ने यदि और तैयारी की होती, तो वे माध्वाचार्य के द्वैतवेदान्त में साक्षी इन्द्रिय की अवधारणा से अपने रसदर्शन की पुनर्व्याख्या और पुनःप्रतिष्ठा कर सकते थे। तब उन्हें 'शीलदर्शन' को 'रस की एक नीची अवस्था' कहने की जरूरत ही नहीं रहती, वे इसे रसप्रतीति की एक पराकाष्ठा साबित कर सकते थे।

रस के दायरे का विस्तार शुक्ल जी ने उसके उत्स को समझते हुए किया है। किसी अवधारणा को बड़े फलक पर देख सकने की शुक्ल जी की क्षमता 'स्मृति' संचारीभाव की उनकी व्याख्या में समझी जा सकती है। कविता की दुनिया में एक संचारीभाव के रूप में स्मृति की अपार सम्भावनाएँ उन्होंने भवभूति के उत्तररामचरित से उदाहरण देकर ही नही इंगित कीं, उससे आगे बढ़कर वे स्मृति की जाँच 'मानवजीवन' की चिरकाल से चली आ रही अखण्ड परम्परा से तादात्म्य (पृ. 282) के रूप में करते हैं और उनके द्वारा 'इतिहास के संकेतों को समझने' की जरूरत का बोध कराते हैं।

जहाँ तक काव्य के रसास्वाद का प्रश्न है, शुक्ल जी तज्जन्य आनन्द को (लौकिक) सुख से भिन्न मानते हैं (पृ. 273) इस अर्थ में वे उसे अलौकिक कहने का विरोध नहीं कर रहे, लौकिकेतर मान लेने का विरोध कर रहे हैं। शुक्ल जी जब इस रसास्वाद का मूल काम वासना का विरोध करते हुए (पृ. 294) 'काम' में देखते हैं, (पृ. 290) तो वे तत्सम्बन्धी परम्परा के उत्स को पकड़ लेते हैं। इस उत्स की अक्षत रख उसका प्रसार लोकमंगल तक ले जाना इस सदी के रसचिन्तन की अपनी उपलब्धि है। वैदिक या औपनिषदिक 'काम' के बहुत व्यापक और सूक्ष्म तत्व को सार्ववर्णिकता के विराट् से जोड़ पाना यहाँ आकर सम्भव बन सका।

इस लेख में दिये गये सभी उद्धरण और सन्दर्भ आचार्य शुक्ल की पुस्तक रसमीमांसा (सम्पादक- आचार्य विश्वनाथ प्रसाद मिश्र) से हैं।

(३) आचार्य हजारीप्रसाद द्विवेदी (1907-1979) : हिन्दी आलोचना के आलोकदर्शी ऋषि

डॉ. कैलाश नाथ पाण्डेय

आलोचक प्रवर आचार्य रामचन्द्र शुक्ल की विद्वत् परम्परा के आचार्य पूज्य हजारीप्रसाद द्विवेदी सजग और निष्कम्प लौ मस्तष्क पर धरे 'शुक्लोत्तर समीक्षा स्कूल' पर जलते हुए दीपक हैं। द्विवेदी जी साहित्य की दुनिया में उन्मुक्त और उन्मोचक हैं। आपकी आलोचना असन्दिग्ध रूप में असाधारण महत्त्व रखती है। वह दीर्घकालीन चिन्तन और मनन का सुन्दर तथा सुखद परिणाम है। पण्डित जी की आलोचना में स्मृति का खूबसूरत जागरण है, बल्कि कहें कि उसमें गहन अध्ययन के विस्तृत पटल पर बने वर्तमान जागरण के विविध मनोहर-मनोरम चित्र हैं—तो कोई बेजा नहीं होगा। विद्यार्थी जीवन में मैंने मंच पर उन्हें बोलते सुना है, बाद में उनकी कृतियों को पढ़ा, अतः कह सकता हूँ कि वे महानता और वाग्मिता के धनी हैं। उनकी आलोचना बिला शक शब्द-सौन्दर्य और रेखांकन का सुन्दर दस्तावेज है। साहित्य के लगभग सभी सम्भव पक्षों पर उत्कट जिज्ञासु अनुसन्धित्सु की तरह उनकी दृष्टि ने 'फोकस' किया है। अधिकांश विधा को उन्होंने एक उत्खनक और चौकस अकादमिक दक्षता के साथ उभारा है। इस तरह हम हिलोर-पछोर कर कह सकते हैं कि आदरास्पद आचार्य हजारीप्रसाद द्विवेदी की आलोचना में आत्मीयता का एक ऐसा रागदीप्त संसार बसता है, जिसमें अन्तहीन सहानुभूति की वाणी का शिवत्व उभरता है। कुल-मिलाकर उनकी आलोचना में उदग्र और गहरे पाण्डित्य का संगम और मेल है, लालित्य और पाण्डित्य का सहज-समरस सह अस्तित्व है। वह लोक में धँसी और शास्त्र में पगी है। यहाँ साहित्य, समय और समाज तथा नियति को पकड़ने की कोशिश है। सारांशतः आपका आलोचकीय कर्म महज रचनात्मक तृप्ति का साधन शायद नहीं है, बल्कि सच को आर-पार देखने और निपट नंगे यथार्थ को पहचानने का औजार भी है साथ ही यहीं पर यह भी कि पण्डित जी की आलोचना हमें अनातंकित और आश्वस्त करती है। यहाँ निपट निरपेक्ष मूल्यों की सार्थक तलाश है।

हकीकत में आचार्य हजारीप्रसाद द्विवेदी हिन्दी आलोचना संसार के एक ऐसे सशक्त हस्ताक्षर हैं, जिसने आलोचना पथ को एक सर्वथा नयी काष्ठा प्रदान की। वह एक ही साथ ललित निबन्धकार, साहित्येतिहासकार, शोधकर्त्ता, भारतीय सांस्कृतिक चेतना के विमल पुष्प रस गृहीता मधुप, सांस्कृतिक समीक्षा में उत्स, सौन्दर्य तत्त्व के उद्गाता, सामाजिक मानवतावाद के

प्रशंसक, मानवीय महिमा के गायक, मानवीय देवत्व के द्रष्टा और मनुष्यता तथा परम्परा—इन दोनों बिन्दुओं पर अपनी सम्पूर्ण आलोचना को आश्रित कर, समीक्षा प्रस्तुत करनेवाले मनीषी कृतिकार हैं। आचार्य हजारीप्रसाद द्विवेदी, नन्ददुलारे वाजपेयी तथा डॉ. नगेन्द्र की वृहत्त्रयी ने, हिन्दी समीक्षा को सर्वथा नूतन आयाम दिया। भारतीय इतिहास और संस्कृति के विशाल महासागर से मुक्ता फलकों को निकालकर, अद्यतन के अनुरूप प्रस्तुत करने की कला में वह दक्ष और निष्णात हैं। कठिन-से-कठिन विषयों को सहज ढंग से कहने की जैसी शैली द्विवेदी जी की है, वैसी हिन्दी संसार में सम्भवतः अन्य किसी की नहीं।

हजारीप्रसाद द्विवेदी, दूसरे आलोचक हैं, जिनकी आलोचनात्मक उपलब्धियाँ महत्त्वपूर्ण और संग्रहणीय हैं। द्विवेदी जी में बोध और पाण्डित का अद्‌भुत मिश्रण है। आचार्य जी की आलोचना वाग्मिता और वैदग्ध्य तथा विचार और भावुकता के सानुपातिक मिश्रण से सनी आलोचना है। नवीन मानवतावाद और समाजशास्त्रीय दृष्टिकोण के कारण उनका पाण्डित्य लचीला और बोध आधुनिक हो गया है। वे मुख्यतः शुक्ल संस्थान के आलोचक हैं, पर अपने मानवतावादी दृष्टिकोण तथा ऐतिहासिक पद्धति के कारण शुक्ल जी से अलग भी हैं। मानवीय मूल्यों में इतनी गहन आस्था उनके पूर्व किसी आलोचक ने व्यक्त नहीं की थी। मनुष्य की महिमा की प्रतिष्ठा आधुनिक युग की चेतना का परिणाम है, जिसका प्रादुर्भाव छायावादी कविता के साथ हुआ था, इसीलिये द्विवेदी जी की पहली पुस्तक 'सूर-साहित्य' (1936) में छायावादी भावुकता का प्राधान्य था, किन्तु 'कबीर' (1942) में उनके दृष्टिकोण का प्रायोगिक रूप स्पष्ट हुआ। उन्होंने कबीर को सामाजिक, सांस्कृतिक, धार्मिक और साहित्यिक नैरन्तर्य के व्यापक परिप्रेक्ष्य में देखा। कबीर के भाषागत वैशिष्ट्य पर भी पहले-पहल उन्ही की दृष्टि गयी, परन्तु बीच-बीच में उनकी भावुकता उनका साथ नहीं छोड़ती। द्विवेदी जी का आधुनिक दृष्टिकोण और नवीन मानवतावाद रावीन्द्रिक मानवतावाद से बहुत दूर तक प्रभावित है, परन्तु वह उसकी प्रतिकृति नहीं है। रोमानियत से सम्पृक्त होते हुए भी वह एक हद तक उससे मुक्त है। दूसरे शब्दों में वह यथार्थ के बहुत अधिक निकट है; यद्यपि उन्हें यथार्थवादी नहीं कहा जा सकता। अपने रोमैण्टिक आदर्शों के कारण न तो वे आदर्शवादी हैं और न यथार्थवादी मूल्यों के कारण कोरे रोमैण्टिक। 'हिन्दी साहित्य' (1952) में तथा अन्यत्र भी, उन्होंने सूर, तुलसी आदि का मूल्यांकन मानवतावादी दृष्टि से किया है। प्रेमचन्द का आकलन भी मानवतावादी दृष्टि से हुआ है और यह उनकी श्रेष्ठता का मेरुदण्ड है। उनके आलोचनात्मक विश्लेषण में आत्म-समर्पण, विनीत मनोभाव, त्याग, साधना, तपश्चर्या, संयम आदि शब्द बार-बार प्रयुक्त हुए हैं। "'हिन्दी साहित्य का आदिकाल' में सामग्री का पुनर्मूल्यांकन करना, कबीर के विवेचन में काव्य सम्बन्धी परम्पराभुक्त स्थिर मान्यताओं पर प्रश्न चिह्न लगाना, मध्यकालीन बोध का स्वरूप" में साहित्य को सांस्कृतिक पृष्ठभूमि से जोड़ना, बिहारी की रीतिबद्धता या रीति-सिद्धता को असिद्ध करना आदि ऐसी उपलब्धियाँ हैं, जो उन्हें उन समीक्षकों की कोटि में रखती हैं, जो समय-समय पर युगानुरूप नये मूल्यांकन पर जोर देते हैं।[1]

1. हिन्दी साहित्य का इतिहास— सं. डॉ. नगेन्द्र, पृष्ठ-703, नेशनल पब्लिशिंग हाउस, 23, दरियागंज, दिल्ली।

विश्व कवि रवीन्द्र नाथ टैगोर ने "The Religion of Man" नाम की एक पुस्तक लिखी है। अपनी इस चर्चित कृति में वे कहते हैं,-" What I have tried to bring out in this book is the fact that whatever name may have been given to the divine reality it has found its highest place in the history of our religion owing to its human character, giving meaning to the idea of sin and sanctity and offering an enternal back-ground to all the ideals of perfection which have their harmony with man's own nature.[1] अर्थात् दिव्य लोकोत्तर सत्ता को चाहे जो नाम दिया जाय, हमारी धर्म-साधना के इतिहास में वह मनुष्य के रूप में ही उच्चतम स्थान पा सकी है। मनुष्य के रूप में ही उसने पाप और पुण्य की अवधारणाओं को चरितार्थ किया है और मनुष्य की प्रकृति से सामंजस्य रखनेवाली पूर्णता की सभी अवधारणाओं को नित्यता प्रदान की है"। मनुष्य धर्म की अवधारणा की असल प्रेरणा, सम्भवतः द्विवेदी जी को विश्वभारती शान्ति निकेतन में रहते रवीन्द्र नाथ जी से ही मिली थी। सच तो यह है कि द्विवेदी जी साहित्य का मर्म मानवतावाद को ही मानते हैं। वह कहते भी हैं,—"मैं साहित्य को मनुष्य की दृष्टि से देखने का पक्षपाती हूँ। जो वाग्जाल मनुष्य को—दुर्गति, दीनता और परमुखोपेक्षिता से बचा सके, जो उसकी आत्मा को तेजोदीप्त न बना सके, जो उसके हृदय को परःदुखकातर और संवेदनशील न बना सके, उसे साहित्य कहने में मुझे संकोच होता है।"[2] उनका मानवतावाद उपनिषदों से प्रभावित है, उसमें मनुष्य-मनुष्य में भेद नहीं माना जाता। इसका प्रतिपादन 'साहित्य का मर्म' में बड़े विशद् और वैज्ञानिक रूप में हुआ है। इसी मानवतावाद की अभिव्यक्ति 'हिन्दी साहित्य की भूमिका' और 'कबीर' में इतिहास का आश्रय लेकर हुई है। द्विवेदी जी ने बताया कि साहित्य के मर्म तक पहुँचने के लिये समीक्षक को विज्ञान, राजनीति, अर्थनीति आदि सभी से सहायता लेनी ही पड़ेगी। भारत के लिये यह नयी बात नहीं है। यहाँ पर काव्य शास्त्र को विभिन्न ज्ञान-विज्ञानों ने आदिकाल से ही प्रभावित और लाभान्वित किया है। द्विवेदी जी का इतिहासकार रूप उनके समीक्षक रूप में इस प्रकार घुल मिल गया है कि उन्हें परस्पर पृथक् करके अध्ययन करना सम्भव नहीं है। इसीलिये उनके आलोचनात्मक साहित्य को मोटे रूप में यदि दो भागों में—(1) इतिहास-सम्बन्धी तथा (2) समीक्षा सम्बन्धी बाँटें तो उक्त दोनों रूप हमें परस्पर घुले-मिले रूप में दिखायी देंगे। अभी तक हिन्दी साहित्य के भक्तिकाल के सम्बन्ध में शुक्ल जी द्वारा निर्दिष्ट मान्यता ही चल रही थी कि मुसलमानों के सामने पराजित होने पर हिन्दू जाति के निराश और भग्न हृदय के सम्मुख ईश्वर की शरण में जाने के अतिरिक्त कोई उपाय न था, इसीलिये इस साहित्य में भक्तिभावना विद्यमान है, किन्तु द्विवेदी जी ने हिन्दी के भक्ति साहित्य को हतदर्प पराजित हिन्दू जाति की सम्पत्ति नहीं माना।[3] उनका कहना है कि, "अगर इस्लाम नहीं आया होता, तो भी इस साहित्य का रूप बारह आना वैसा ही होता, जैसा आज।"[4]

---

1. The Religion of Man—Ravindra Nath Tagore,. P-205.
2. मनुष्य ही साहित्य का लक्ष्य हैं— (निबन्ध) आचार्य हजारीप्रसाद द्विवेदी।
3. काव्यशास्त्र (भारतीय एवं पाश्चात्य)— डॉ. रामप्रवेश सिंह, पृष्ठ-174.
4. हिन्दी साहित्य की भूमिका— आचार्य हजारीप्रसाद द्विवेदी, पृष्ठ-2.

द्विवेदी जी का मानना है कि किसी रचना का भरपूर आनन्द लेने के लिये रचनाकार के भीतर भी झाँकना आवश्यक होता है– "किसी रचना का सम्पूर्ण आनन्द पाने के लिये रचयिता के साथ हमारा घनिष्ठ परिचय और सहानुभूति मनुष्यता के नाते भी आवश्यक है। हमें आलोचक होने के पहले आलोच्य ग्रन्थकार का विश्वास परायण मित्र बनना चाहिए, तभी हम उसके वक्तव्य के उचित श्रोता हो सकेंगे, क्योंकि उस हालत में ही उसके व्यक्तिगत सुख-दुःख के साथ गम्भीर सहानुभूति का भाव रख सकते हैं। सूरदास, तुलसीदास, रसखान और घनानन्द आदि कवियों के बारे में जो किंवदन्तियाँ प्रसिद्ध हैं, उनसे सिद्ध होता है कि जीवन की छोटी-से-छोटी घटनाएँ भी कभी-कभी महान पुरुषों को इस प्रकार का झटका देती हैं कि उनके जीवन की दिशा ही बदल जाती है। कवि का जीवन उसकी कृतियों के समझने का प्रधान सहायक है।"[1] द्विवेदी जी शास्त्र को पठनीय तो मानते हैं, किन्तु साहित्य के क्षेत्र में इसके प्रभाव को वे बहुत उचित-उपयुक्त नहीं मानते– "इन विचारों का बड़ा घातक असर हमारे साहित्य पर हो रहा है, जिसे देखो, वही कुछ मनोविश्लेषण के प्रयोग कर रहा है। कुछ प्रसुप्त वासना, कुछ लिबिडो, कुछ अवदमित कामना किस रूप में चेतन दिमाग में रूप परिग्रह कर रही है, वह बताने के उद्देश्य से जो साहित्य लिखा जायेगा, उसमें वह चरित्रगत दृढ़ता आ ही नहीं सकती, जो आज के संकट काल में हमें धीर और कर्मठ बना सके। यदि मनुष्य कुछ पूर्ववर्त्ती अज्ञात वासनाओं का ही मूर्त रूप है, यदि अनजान में बँधी हुई हीनता की गाँठ ही हमारे चरित्र का निर्माण कर रही है, तो फिर दृढ़ चिन्तन और आत्म-निर्माण का स्थान कहाँ है।"[2] स्वार्थ और सौन्दर्य के परस्पर रिश्तों की संहिता पर प्रकाश डालते वे कहते हैं कि– "प्रयोजन के अतीत पदार्थ का ही नाम सौन्दर्य है, प्रेम है, भक्ति है, मनुष्यता है। जहाँ स्वार्थ समाप्त होता है, मनुष्यता प्रारम्भ होती है।"[3] यह वाक्य द्विवेदी जी के चिन्तन का केन्द्र-बिन्दु कहा जा सकता है– "मनुष्य रूपी पुरुष ही अर्थात् पशु-सुलभ धरातल से ऊपर उठा हुआ मनुष्यत्वधर्मी जीव ही सृष्टि की सबसे बड़ी साधना है। उससे बड़ा कुछ भी नहीं...पुरुषान्न परं किंचित् सा काष्ठा सा परा गतिः।"[4]

द्विवेदी जी ने काव्य ही नहीं, काव्य शास्त्र को भी अपनी इतिहास-प्रेम दृष्टि से परखा और व्याख्या की। उन्होंने भारतीय काव्य शास्त्र विशेषकर रस-सिद्धान्त की भी ऐतिहासिक व्याख्या की। भरत से पण्डितराज तक रस-सिद्धान्त के रूप-परिवर्तन की व्याख्या उन्होंने भारतीयता के उत्थान-पतन के सन्दर्भ में की। 'दशरूपक' की भूमिका में भी द्विवेदी जी ने नाट्य-रस के विकास पर विचार किया। कुछ निबन्धों में उन्होंने शब्द-शक्तियों पर भी लिखा और छन्द तत्त्व और लय तत्त्व तो उनके प्रिय नित्य विषय रहे। अपनी आलोचना के पिछले दौर में द्विवेदी जी ने सौन्दर्यशास्त्रीय विषयों के प्रति विशेष रुचि दिखायी। 'प्राचीन भारत में कलात्मक विनोद' (1940) की रचना कर वे पहले भी इस ओर अपने रूझान का संकेत दे चुके थे।[5] द्विवेदी जी में एक ओर संस्कृति-प्रेम और इतिहास-बोध के प्रति गहरा लगाव दिखायी देता

1. साहित्य सहचर–आचार्य हजारीप्रसाद द्विवेदी, पृष्ठ-14.
2. हजारीप्रसाद द्विवेदी ग्रन्थावली- भाग-10, पृष्ठ-119.
3. हजारीप्रसाद द्विवेदी ग्रन्थावली- भाग-7, पृष्ठ-128.
4. हजारीप्रसाद द्विवेदी ग्रन्थावली- भाग-7, पृष्ठ-160.
5. हिन्दी आलोचना की बीसवीं सदी – डॉ. निर्मला जैन, पृष्ठ-51, चौथी आवृत्ति : 2008 ई. राधा कृष्ण प्रकाशन, प्रा. लि., अन्सारी मार्ग, दरियागंज, दिल्ली-110002, मू. 50 रुपये।

है तो दूसरी ओर आधुनिक प्रश्नों और समसामयिकता सम्बन्धी प्रश्नों से भी वे टकराते रहे हैं– "अत्यन्त आधुनिक कवि इस भावुकता को पसन्द नहीं करता। वह वस्तु को आत्म-निरपेक्ष भाव से देखने को ही सच्चा देखना मानता है। यह बात उसके निकट सत्य नहीं है कि वस्तु को उसने वैसा देखा, बल्कि यह कि वस्तु उसके बिना भी वैसी है। इस वैज्ञानिक चित्तवृत्ति का प्रधान आनन्द कौतूहल में है, उत्सुकता में है, आत्मीयता में नहीं।"[1]

हजारीप्रसाद द्विवेदी साहित्येतिहास के अन्वेषक हैं। आपने अपनी समीक्षा का आधार इतिहास को बनाया है। ऐतिहासिक दृष्टि से साहित्य के मूल्यांकन की परम्परा कोई नयी नहीं है, लेकिन हिन्दी संसार को जो इतिहास दृष्टि उन्होंने प्रदान की उसमें मौलिकता अवश्य है। इस प्रकार वह भारतीय वाङ्मय को इतिहास दर्शन के प्रदाता हैं। किसी भी मुल्क का काव्य-प्रवाह, वहाँ की सांस्कृतिक चेतना का तत्त्व रूप होता है। कार्लाइल भी कहते हैं– "किसी राष्ट्र के काव्य का इतिहास वहाँ के धर्म, राजनीति और विज्ञान के इतिहास का सार है। काव्य के इतिहास में लेखक को राष्ट्र के उत्तम लक्ष्य, उसकी क्रमागत दिशा और विकास को देखना अत्यन्त आवश्यक है।" द्विवेदी जी इतिहासगत मानवीय चेतना के द्रष्टा हैं। साहित्य के इतिहास प्रवाह में घुले जन चेतना के स्रोत, मानवीय चेतना को उन्होंने गृहीत किया। इसी मानवीय चेतना की नींव पर आज के साहित्य का बिशाल वितान तना है। सांस्कृतिक जीवन के हर वर्क को गहराई से अधीत कर बड़ी शिद्दत से अनुभूत किया कि भारतीय धर्म, संस्कृति, कला तथा साहित्य का गन्तव्य एकमात्र मनुष्यता का दर्शन है, परम मानवीय मूल्यों की प्राप्ति है, कल्याण का सृजन है तथा मनुष्यता की सिद्धि है। भारतीय संस्कृति से निचोड़े गये, इसी आदर्श रस से वह मानवीय मूल्यों को प्रतिष्ठापित करते हैं। आचार्य द्विवेदी मानवतावादी समाजवादी दृष्टिकोण के पोषक हैं। वे समीक्षक के साथ अन्वेषक हैं। अन्वेषक हैं– साहित्येतिहास के, जिसकी चर्चा अभी मैंने कुछ पंक्तियाँ पहले की है। उनके द्वारा घटना समूह का अन्विष्ट इतिहास सप्राण है। वह इतिहास ही नहीं मानवीय चेतना है। वह विद्वान् इतिहासकार होने के साथ-साथ इतिहास में धड़कते हृदय की धड़कनों को अनुभूत भी करते चलते हैं। उस इतिहास में समाविष्ट सामान्य मानव की भाव वीथी से मात्र गुजारते नहीं, अपितु उनके सुखों और दुखों के अनुभवकर्त्ता भी बनते हैं। एक आधुनिक मानव की तरह उनकी विद्वता तन्य है। समकालीन बोध से मुक्त है। इस प्रकार उनका दृष्टिकोण मानवतावादी है, समाजवादी है।

आचार्य द्विवेदी की व्यावहारिक समीक्षा उनकी अनुसन्धानपरक दृष्टि का परिणाम है। उसमें प्रौढ़ता है, मौलिकता है। यदि समन्वयवाद, शक्ति, शील, सौन्दर्य आचार्य शुक्ल की समीक्षा का आधार था तो शुद्ध मानवतावादी दृष्टिकोण आचार्य द्विवेदी का था। उन्होंने मानव की समता, एकत्व तथा सहजता पर विश्वास किया और ऐसी जीवन दृष्टि उन्होंने कबीर में पायी। इसीलिये उन्होंने नये सिरे से कबीर को पुनर्जीवित किया। इसी प्रकार प्रेमचन्द के पात्र लोगों में सद्भाव के प्रति करुणा का भाव उत्पन्न करते हैं, अतः प्रेमचन्द भी आचार्य द्विवेदी जी को अतिप्रिय हैं। आचार्य जी ने कबीर की केन्द्रीय विशेषता को सम्पूर्ण उभार दिया है। यही नहीं अपने हर

1. साहित्य-सहचर–आचार्य हजारीप्रसाद द्विवेदी, पृष्ठ-28.

आलोच्य रचनाकार की प्रमुख दक्षता को वह अपनी समीक्षा का केन्द्र बिन्दु बनाते हैं, यथा—'कबीर मस्तमौला थे।' 'सूरदास बालक का हृदय लेकर पैदा हुए थे'। 'तुलसी का सारा काव्य समन्वय की विराट् चेष्टा है।' उन्होंने कबीर की प्रकृति के अन्तरतम में पैठकर, उनकी आत्मा के साथ सान्निध्य स्थापित किया और कबीर की आत्मा का फक्कड़पन, मस्तमौलापन उन्हें भा गया। भाया ही नहीं, उनकी आत्मा से एकमेव-एकवामय हो गया। उसे उन्होंने 'मनसा, बाचा, कर्मणा' ग्रहण किया। द्विवेदी जी के सम्पूर्ण साहित्य में ये शब्द सर्वत्र बिखरे पड़े हैं, वह लिखते हैं—

"ऐसे थे कबीर सिर से पैर तक मस्तमौला, स्वभाव के फक्कड़ आदत से अक्खड़, भक्त के सामने निरीह, भेषधारी के आगे प्रचण्ड, दिल के साफ, दिमाग के दुरुस्त, भीतर से कोमल, बाहर से कठोर, जन्म से अस्पृश्य, कर्म से वन्दनीय।"

द्विवेदी जी की व्यावहारिक समीक्षा की एक विशेषता यह है कि उन्होंने शुष्क नैतिक मानदण्डों को हृदय सलिल राशि से सिक्त कर प्रस्तुत किया। उसमें जीवन-जिजीविषा का रस भरा। उनकी बौद्धिकता भी पीयूष रस प्लावित है, कोमलता में शिरीष मार्दवता है। कालिदास के सम्बन्ध में वह कहते हैं—

"सुकुमारता के साथ सुशीलता का, मानसिक मृदुता के साथ चारित्रिक दृढ़ता का, अपार वैभव के साथ विपुल वैराग्य का, सौन्दर्य के साथ धर्म का ऐसा मणिकांचन योग संसार के साहित्य में विरल है।"

मैंने अभी थोड़ी पंक्तियों पहले यह संकेत किया है कि द्विवेदी जी सौन्दर्य की सूक्ष्म व्याख्या करते हैं। उन्होंने सौन्दर्य की अवधारणा को कर्ममय जीवन में ही रेखांकित किया है। जीवन को सुन्दर सलीके से व्यतीत करने के लिये भी जीवन का एक रूप होना चाहिए। बहुत से लोग कुछ भी न करने को भलापन समझते हैं, यह गलत धारणा है। सुन्दर जीवन क्रियाशील होता है, क्योंकि क्रियाशीलता ही जीवन का रूप है। क्रियाशीलता को छोड़कर जीवन का सौन्दर्य बोध, चेतना में शास्त्रीयता, हार्दिकता, ऐन्द्रिय संवेदनात्मकता तथा मानवता का मोहक मेल है। द्विवेदी जी मानवीय महिमा की प्रतिष्ठापना के पोषक-पक्षधर हैं। उनकी मानवता मध्य युगीन या महज रोमैण्टिक नहीं है। उसमें वसुधैव कुटुम्बकम् का भाव निहित है, टैगोर के 'विश्व नीड़' की अवधारणा है। वह कहते हैं, मानव देवता नहीं है, वह उससे भी ऊँचा है— "मनुष्य क्षमा कर सकता है, देवता नहीं कर सकता। मनुष्य हृदय से लाचार है, देवता नियम का कठोर प्रवर्तयिता है। मनुष्य नियम से विचलित हो जाता है, पर देवता कुटिल भृकुटि नियम की निरन्तर रखवाली करता है। मनुष्य इसलिये बड़ा होता है कि वह गलती कर सकता है, देवता इसलिये बड़ा है कि वह नियम नियन्ता है"। द्विवेदी जी की समीक्षा के मूल में भारतीयता है। इस सम्बन्ध में वह स्वयं ही कहते हैं, "मुझे यह समझ में नहीं आता कि आधुनिक समालोचना पद्धति क्यों नहीं पुराने अनुभवों से अपने को समृद्ध कर सकती। नवीन परिस्थितियों के अनुसार पुराने अनुभवों का प्रयोग सर्वत्र हित कर होगा, जीवन में भी, साहित्य में भी।" इसीलिये वह भारतीय तत्त्वदर्शन के समानान्तर आधुनिक विचारधाराओं को रखते हैं। वह मानते थे कि साहित्य की

सार्थकता मानवतावाद में है। वही मनुष्यता की पहचान है, रचना की श्रेष्ठता की पहचान है। उनका मूल्यांकन युगानुरूप है। वह विचारों के समीक्षक हैं। डॉ. नामवर सिंह का कहना है कि– "द्विवेदी जी जहाँ परम्परा से प्राप्त हिन्दी साहित्य के इतिहास के मानचित्र को बदलकर एक दूसरा मानचित्र प्रस्तुत करते हैं, वहीं साहित्य-सम्बन्धी एक नयी मान्यता भी सामने लाते हैं। इस प्रकार एक नये इतिहास के साथ आलोचना का नया मान भी दृष्टिगोचर होता है।"

आचार्य द्विवेदी की प्रथम रचना 'सूर साहित्य' सन् 1930 के आसपास-प्रकाशित हुई। सन् 1940 ई. में 'हिन्दी साहित्य की भूमिका' के प्रकाशित होने पर आचार्य द्विवेदी के महनीय व्यक्तित्व को व्यापक स्वीकृति मिली। उन्होंने यहाँ साहित्य के इतिहास को जनचेतना के इतिहास के रूप में व्याख्यायित किया। सन् 1941 ई. में उनकी कीर्त्ति को नयी जमीन देनेवाली सुप्रसिद्ध कृति 'कबीर' का प्रकाशन हुआ। इस पुस्तक में उन्होंने कबीर को पूरी निष्ठा और शक्ति के साथ प्रतिष्ठित किया। कबीर की क्रान्तिधर्मिता की विभिन्न पर्तों को उद्घाटित किया और उन्हें शताब्दी का अद्वितीय 'कवि' घोषित किया। आज भी यह उनकी पुस्तक हिन्दी आलोचना में अपने किसिम का अलग स्थान रखती है। सन् 1952 में अगली कृति 'हिन्दी साहित्य का आदिकाल' का प्रकाशन हुआ। इस पुस्तक में उन्होंने आदिकाल से सम्बन्धित महत्त्वपूर्ण तथ्य प्रकाश में लाये। द्विवेदी जी ने इस कृति में हिन्दी साहित्य के आदि स्रोत तथा साहित्य का अध्ययन 'कथानक रूढ़ियों और काव्य-रूढ़ियों' की दृष्टि से देखने का इशारा किया है। वे तथ्य और कल्पना के सम्मिश्रण को हिन्दी साहित्य की प्रमुख-प्रवृत्ति मानते हैं। सन् 1963 में उनकी पुस्तक 'सहज साधना' छपी। इस कृति में उन्होंने सिद्धों, योगियों एवं सन्तों के साहित्य में लक्षित 'सहज साधना' की व्याख्या प्रस्तुत की है। इसी तरह 'नाथ सम्प्रदाय' पुस्तक में उन्होंने नाथ सम्प्रदाय के उद्भव, विकास, विस्तार, प्रभाव और महत्त्व पर प्रकाशपात किया है।

द्विवेदी जी ने अपनी पुस्तकों में इतिहास सम्बन्धी महत्त्वपूर्ण तथ्यों को उजागर किया। भक्तिकाल की जड़ों को आदिकाल में तलाशा और आदिकाल की महत्त्वपूर्ण सामग्रियाँ ढूँढ़ निकालीं। साहित्य के इतिहास में काल-विभाजन और नामकरण के क्षेत्र में भी उनका दाय महत्त्वपूर्ण है। उनकी समीक्षा दृष्टि ऐतिहासिक-सामाजिक है। कबीर, सूरदास, कालिदास और अपभ्रंश साहित्य पर लिखी गयीं रचनाएँ रसग्राहिता, मर्मस्पर्शिता और संवेदनशीलता के साथ उनके मर्मी हृदय और प्रबुद्धता को दर्शाती हैं। उनका असली स्वरूप उनके निबन्धों में दिखता है। कुटज, देवदारु, अशोक के फूल, आम फिर बौरा गये, नाखून क्यों बढ़ते हैं इन निबन्धों में विद्वता और शास्त्र ज्ञान तो प्रभूत मात्रा में है ही, साथ ही सरलता, सरसता, सहृदयता, रोचकता, मर्मस्पर्शिता और संवेदना के साथ रसानुभूति भी विद्यमान है। आचार्य द्विवेदी आधुनिक और प्रगतिशील विचार के थे। बताते हैं, आधुनिकता, वैज्ञानिकता के सहारे आती है। वह कोरी भावुकता के स्थान पर सत्य, तथ्य और तर्क को अधिक महत्त्व देती है। अपनी आलोचना में द्विवेदी जी ने आधुनिक यथार्थवादी दृष्टि को अपनाया। उन्होंने साहित्य को सामाजिक सन्दर्भों में परखा। सामाजिकता का यह आग्रह ही उन्हें 'मानववादी' बनाता है। उनके समूचे चिन्तन-प्रधान एवं रचनात्मक साहित्य के मूल में 'मनुष्य' है। आचार्य शुक्ल के पास 'लोकमंगल'

की कामना थी और आचार्य द्विवेदी मानव के कल्याण और मुक्ति की ही बात करते हैं। वे कहते हैं– "अगला कदम सामूहिक मुक्ति का है, सब प्रकार के शोषण से मुक्ति का । जब-जब ऐसे आदर्श के साथ मनुष्य का योग होता है, तब-तब साहित्य नये काव्य रूपों की उद्भावना करता है।" मार्क्सवाद के साहित्यिक सिद्धान्त पर विचार करते हुए उसे वे मनुष्य को दृढ़ चित्त बनने में सहयक मानते हैं– "मार्क्सवादी साहित्य कितने भी दुर्धर्ष जड़-विज्ञान के तत्त्ववाद पर आधारित क्यों न हो, वह मनुष्य को केवल नियति का गुलाम नहीं मानता। सिद्धान्त रूप में वह चाहे जो भी स्वीकार क्यों न करता हो, साहित्य में वह मनुष्य को दृढ़चित्त बनाने का कार्य करता है। मुझे इस श्रेणी के साहित्य में यह बात सबसे अच्छी लगती है।"[1] उनके उपन्यासों–चारुचन्द्र लेख, पुनर्नवा, अनामदास का पोथा और बाणभट्ट की आत्मकथा का अपना अलग स्थान है।

लब्बोलुबाब यह कि आचार्य द्विवेदी की दृष्टि विराट् है। उन्होंने विरोध के स्थान पर सामञ्जस्य को अपनाया। भारतीय संस्कृति में उनकी अगाध आस्था है। उन्होंने साहित्य को प्राणवान्, प्रेरक, महिमामय बनाया, इतिहास में प्राण डाला और मनुष्य को उसकी परम्परा से जोड़कर समष्टि मानव के कल्याण की कामना की। शुक्ल जी के बाद हिन्दी पाठकों, विद्यार्थियों, अध्यापकों और आलोचकों की दृष्टि और रुचि पर जितना अधिक प्रभाव द्विवेदी जी की कृतियों का पड़ा है, उतना किसी आलोचक का नहीं। रसग्राहिता द्विवेदी जी की सबसे बड़ी शक्ति है और यहाँ स्मरण रखना चाहिए कि आलोचक की भी सबसे बड़ी कसौटी रसग्राहिता ही है। कबीर, सूरदास, कालिदास और अपभ्रंश साहित्य पर लिखी गयी रचनाओं में द्विवेदी जी की रसग्राहिता के प्रचुर प्रमाण मिलेंगे। द्विवेदी जी शास्त्रीय और मनोवैज्ञानिक चिन्तन-प्रक्रिया से रचना के विषय में अपना मत प्रमाण-पुष्ट करने की अधिक चिन्ता नहीं करते। रचना के विश्लेषण के नाम पर वे भाव-परक व्याख्या में प्रवृत्त हो जाते हैं–लेकिन उनकी समीक्षा की शक्ति का रहस्य भी हमें जान लेना चाहिए। द्विवेदी जी भावपरक व्याख्या करते समय भी दलित-द्राक्षा के समान हृदय का अशेष-रस, अपेक्षाकृत कम उड़ेलते हैं।[2]

इधर आलोचक-चिन्तक स्व. डॉ. रामचन्द्र तिवारी[3] का विचार है कि आचार्य द्विवेदी का आलोचक व्यक्तित्व किसी पूर्व निर्दिष्ट समीक्षा-पद्धति के दायरे में नहीं रखा जा सकता। वे आचार्य थे, किन्तु उन्होंने कभी भी आचार्यों द्वारा प्रतिपादित काव्य-सिद्धान्तों को साहित्य का शासक या नियन्त्रक नहीं माना। अधिक-से-अधिक उन्हें साहित्य के सहचर के रूप में स्वीकार किया। वे एक शोधकर्त्ता थे, किन्तु उन्होंने इतिहास के जड़तत्त्वों का अम्बार नहीं खड़ा किया। अतीत के सार्थक और प्राणवान् तत्त्वों को वर्तमान से जोड़कर उन्होंने उनमें प्राणशक्ति का संचार कर दिया। द्विवेदी जी ने जो कुछ लिखा है, वह सजीव है, प्राणवान् है। जब तक इस विशाल विश्व में मनुष्य रहेगा, वह अपनी सत्ता को प्रतिष्ठित और विकसित करने के लिये संघर्ष करता रहेगा। यह संघर्ष ही उसकी चेतना को गति देगा। मनुष्य की यही चेतना वाक् और अर्थ के माध्यम से स्फुटित होगी और साहित्य-दृष्टि निश्चित रूप से मनुष्य सत्य को प्रतिष्ठित करने में

1. हजारीप्रसाद द्विवेदी ग्रन्थावली, भाग-10, पृष्ठ-120.
2. हिन्दी आलोचना–डॉ. विश्वनाथ त्रिपाठी, पृष्ठ-150, राजकमल प्रकाशन, दिल्ली, मू. 150 रुपये।
3. हिन्दी आलोचना शिखरों का साक्षात्कार–डॉ. रामचन्द्र तिवारी, पृष्ठ, 97, लोकभारती प्रकाशन, इलाहाबाद।

अपनी सार्थकता का अनुभव करती रहेगी। द्विवेदी जी की यही स्थापना है। द्विवेदी जी को न तो किसी पद्धति-विशेष के दायरे में सीमित किया जा सकता है, न परम्परा विशेष से जोड़ा जा सकता है।

यहाँ पर आलोचक द्विवेदी से कुछ भिन्न और इतर प्रसंग पर आगे मैं उल्लेख करूँगा। वस्तुतः मनस्ताप और रंजोगम इस बात का है कि हिन्दी में कुछ लोग उनके आलोचकीय विवेक पर शक-सुबहा करते हैं वहीं कुछ लोग उनके आलोचना-सम्बन्धी दाय और रिक्थ को नकारते हैं। साफ शब्दों में, भारतीय खासकर हिन्दी साहित्य में विलक्षण हैसियत रखनेवाले आलोचक-चिन्तक आचार्य हजारीप्रसाद द्विवेदी की आलोचकीय क्षमता पर कई लोगों के मन में वेदना और विडम्बना का तथाकथित तल्खबोध है। कुछ लोग द्विवेदी जी को 'विराट् दृष्टि सम्पन्न आलोचक' मानने से कतराते हैं, वहीं कुछ लोग उनके 'सेक्यूलर दृष्टिकोण' पर सन्देह करते हैं। डॉ. रामविलास शर्मा की दृष्टि में आचार्य द्विवेदी 'आलोचक कम शास्त्र का कर्मकाण्डी ज्ञाता' अधिक लगते हैं तो डॉ. कृष्णदत्त पालीवाल उन्हें 'आलोचक कम-चिन्तक विचारक' ज्यादा गहरे लगते हैं। डॉ. रामस्वरूप चतुर्वेदी की निगाह में द्विवेदी जी की छवि एक सहृदय पण्डित की अधिक बनती है, बजाय एक संवेदनशील आलोचक के। इधर, एक अन्य विद्वान् डॉ. रामकमल राय 'शुक्ल जी की तुलना में आचार्य द्विवेदी का चिन्तन व समीक्षा का क्षेत्र बहुत सीमित रहा' मानते हैं। कयास के लिये इनके कथनों को इस प्रकार देखें–

(1) डॉ. रामस्वरूप चतुर्वेदी का लिखा पढ़िये–"हजारीप्रसाद द्विवेदी में पाण्डित्य और सहृदयता का विलक्षण मिश्रण है। संस्कृत-प्राकृत-अपभ्रंश परम्पराओं की उनकी जानकारी तब और उपयोगी हो जाती है, जब वे हिन्दी साहित्य के सन्दर्भ में जोड़कर उन्हें देखते हैं। पर, आलोचक के रूप में उनके साथ बड़ी कठिनाई यह है कि अपने युग के साहित्य के साथ उनकी समझदारी और साझेदारी सीमित रही है। समालोचक के व्यक्तित्व के लिये अनिवार्य तत्त्व है, उसकी समकालीन साहित्य में रुचि। इस कमी के कारण आचार्य द्विवेदी की छवि एक सहृदय पण्डित की अधिक बनती है, बजाय एक संवेदनशील आलोचक के। उनके लेखन ने दो पक्षों को विशेष रूप से समृद्ध किया है– एक तो हिन्दी चिन्ता धारा की सहज लोक परम्परा और दूसरे उसी से जुड़ा कबीर का व्यक्तित्व। × × × × × हजारीप्रसाद द्विवेदी इस रूप में पण्डित और प्रोफेसर, नये तथा पुराने, कृतिकार तथा शोधक साथ-साथ थे।"[1]

(2) हिन्दी के एक अन्य आलोचक डॉ. कृष्णदत्त पालीवाल कहते हैं–"आचार्य हजारीप्रसाद द्विवेदी के साहित्य-बोध और इतिहास-बोध में आचार्य शुक्ल जी से भिन्नता गहरी रही है। आचार्य द्विवेदी ने साहित्य को प्राचीन चिन्ता-धारा के स्वाभाविक विकास और सांस्कृतिक बोध के गतिशील चिन्तन-प्रवाह में देखा-परखा। उन्होंने वैदिक, बौद्ध, जैन, नाथ-सिद्ध, सन्त सभी विचारधाराओं के सूत्रों का अन्वेषण किया और सिद्ध नाथों के साहित्य के साथ कबीर के महत्त्व को स्पष्ट किया। 'हिन्दी साहित्य की भूमिका' (1940) में निरन्तरता और अखण्डतावाली प्रवाहधर्मी दृष्टि को अपनाकर आचार्य शुक्ल की भक्तिकाल सम्बन्धी बहुत-सी मान्यताओं का

1. हिन्दी साहित्य और संवेदना का विकास–डॉ. रामस्वरूप चतुर्वेदी, पृष्ठ-224, प्र. संस्करण-1986.

विरोध किया। आचार्य द्विवेदी का 'लोकधर्म' आचार्य शुक्ल का 'लोकधर्म' नहीं है। विशेष बात यह है कि आचार्य द्विवेदी 'आलोचक कम-चिन्तक-विचारक' ज्यादा गहरे हैं। आचार्य शुक्ल का विरोध करने पर भी बहुत-सी सामग्री आचार्य शुक्ल से ली है। आचार्य शुक्ल से मुक्त होना चाहते रहे हैं, पर आचार्य शुक्ल की उनकी प्रतिभा पर इतनी गहरी धमक है, छाप है कि मुक्त हो ही नहीं सके हैं।[1]

(3) इधर, डॉ. रामकमल राय द्विवेदी जी के चिन्तन और समीक्षा क्षेत्र को सीमित बताते हैं, "आचार्य शुक्ल के बाद यह तो हुआ कि मूल्यों का आग्रह समालोचना का आधार बनता चला गया परन्तु दूसरी ओर कविता के मर्म तक पहुँचकर उसके भीतर सौन्दर्य को पूरी ईमानदारी से देखना और उसका उद्घाटन करना, इसमें कमी पड़ती चली गयी। चुनाव तो आचार्य शुक्ल ने भी किया था और उन्हें कविता की त्रिवेणी में सूर, तुलसी और जायसी ही दिखे थे। परन्तु दूसरी ओर उन्होंने 'हिन्दी साहित्य का इतिहास' भी लिखा और आदिकाल से लेकर छायावादी कवि तक प्रत्येक छोटे-बड़े कवि को अपनी सहानुभूति दी। आचार्य द्विवेदी का चुनाव क्षेत्र भी सीमित हो गया और दूसरी ओर उन्होंने किसी विराट् फलक पर हिन्दी काव्य को एक सम्यक् अनुशीलन की दृष्टि से भी नहीं देखा। सन्त काव्य पर और विशेषकर कबीरदास पर उनकी दृष्टि गड़ी अवश्य और कबीर के काव्य को एक नये आलोचक में उन्होंने प्रस्तुत किया, परन्तु कुल मिलाकर आचार्य शुक्ल की तुलना में आचार्य द्विवेदी का चिन्तन और समीक्षा का क्षेत्र बहुत सीमित रहा।"[2]

(4) धर्मयुग के सम्पादक और सुप्रसिद्ध नाटककार डॉ. धर्मवीर भारती ने भी एक बार 'धुरीहीनता' निबन्ध लिखकर द्विवेदी जी की आलोचकीय समझ पर कुछ तीखी टिप्पणियाँ की थीं, पर, कालान्तर में उन्हें किंचित् अपनी भूल का बोध और एहसास हुआ।

(5) अब एक अलहदा, अपने किसिम का भिन्न उदाहरण मैं आपके सामने रख रहा हूँ। इन उदाहरणों में भी द्विवेदी जी की आलोचकीय नियति पर शंका की गयी है। हिन्दी के अधिकांश पाठक जानते हैं, सन् 1941 ई. से पहले कबीर गुमनामी के अँधेरे में कोने-अँतरे में रहनेवाले अधिक-से-अधिक समाज सुधारक के रूप में जाने जाते थे। कवि की इनकी हैसियत तो महज सिफर-शून्य थी। उसी कबीर को आलोचक हजारीप्रसाद द्विवेदी ने सूर-तुलसी की हैसियत रखनेवाला हिन्दी का बहुत बड़ा कवि सिद्ध किया, सम्भवतः आचार्य द्विवेदी का कबीर पर किया गया आलोचना-कर्म कई लोगों के गले नहीं उतरा। उन्होंने द्विवेदी जी को 'कबीर' का 'आलोचक कम', 'दुश्मन ज्यादा' माना और इस प्रतिक्रिया में उन्होंने हजारीप्रसाद द्विवेदी को 'ब्राह्मणी झाँसावाला आलोचक' तक कहा। तथाकथित दलित-हित पोषक लेखक धर्मवीर[3] ने अपनी एक कृति के एक अध्याय में 'हजारीप्रसाद द्विवेदी : सूर्य पर पूरा ग्रहण' शीर्षक लेख में लिखा कि– "कबीर को आत्मीयता से समझने के लिये हजारीप्रसाद द्विवेदी को जुलाहा होना चाहिए था। यदि जुलाहे होकर वे कबीर के समान सामाजिक अपमान और ताड़ना सहते तो उन्हें

1. 'हिन्दी भाषा और साहित्य' पुस्तक में संकलित लेख–डॉ. कृष्णदत्त पालीवाल, पृष्ठ 105, मयूर पेपर बैक्स, दिल्ली, 1990.
2. आठवें दशक की हिन्दी आलोचना पुस्तक में डॉ. रामकमल राय का लेख, पृष्ठ-63, सं. डॉ. विश्वनाथ तिवारी, नेशनल पब्लिशिंग हाउस, दिल्ली, मू. 70 रुपये, सन् 1991 ई.
3. कबीर के आलोचक-धर्मवीर, पृष्ठ 109, वाणी प्रकाशन, 21-ए दरियागंज, नयी दिल्ली, मूल्य-100 रुपये, सन् 1998।

पता चलता कि कबीर-व्यष्टिवादी थे या समष्टिवादी। हजारीप्रसाद द्विवेदी के पास अनुभूति के रूप में वह सामाजिक दर्द ही नहीं है, जो कबीर के पास थी। यही कारण है कि वे कबीर को समाज-सुधारक नहीं मानते और उनके समाज सुधार को कविता का बाई प्रोडक्ट और फोकट का माल कहते हैं।" हजारीप्रसाद द्विवेदी पर डॉ. धर्मवीर के उक्त आरोपों का उत्तर देते एक अन्य सुप्रसिद्ध समीक्षक डॉ. अरविन्द त्रिपाठी[1] लिखते हैं कि हजारीप्रसाद द्विवेदी के कबीर सम्बन्धी मूल्यांकन के सिलसिले में उन पर धर्मवीर का यह व्यक्तिगत आक्रमण हास्यास्पद है। डॉ. द्विवेदी ब्राह्मणवादी थे, यह साबित करने के लिये डॉ. धर्मवीर को नये प्रमाणों की जरूरत पड़ेगी। वैसे डॉ. द्विवेदी ने स्वयं को शूद्र ब्राह्मण कहा है, वे ब्राह्मणवाद के उतने ही कट्टर विरोधी थे, जितने धर्मवीर हैं। यहाँ सिर्फ कुटज निबन्ध का हवाला दिया जाय तो उससे उनकी संघर्ष यात्रा का साक्ष्य मिलता है, दूसरी तरफ 'कुटज' समाज के दलितों, वंचितों और उत्पीड़तों के अपराजेय संघर्ष का प्रतीक है। समाज में कुटजों की इस ताकत को द्विवेदी जी धर्मवीर से पहले पहचान चुके थे।

आगे डॉ. त्रिपाठी लिखते हैं कि डॉ. धर्मवीर के इस वक्तव्य में एतराज की दूसरी बात यह है कि कबीर को समझने के लिये डॉ. द्विवेदी का जुलाहा होना उन्हें जरूरी लगा। दलित लेखन का यह पूर्वग्रह साहित्य में खतरनाक है। यह कुछ वैसा ही है जैसे कि मध्यकाल में कर्मकाण्डी ब्राह्मणों ने दलितों को वेद पाठ से मना किया था, मन्दिरों में उनके प्रवेश पर-पाबन्दी लगा दी थी। क्या डॉ. धर्मवीर कुछ इसी तरह की पाबन्दी साहित्य की दुनिया में डॉ. द्विवेदी पर नहीं लगा रहे हैं? कबीर पर पुस्तक लिखते हुए हजारीप्रसाद द्विवेदी के सामने चुनौती सिर्फ कबीर ही नहीं, उसके पहले रामचन्द्र शुक्ल थे। हजारीप्रसाद पहले उनसे टकराते हैं, और कबीर को कवि न मानने की उनकी थीसिस को उलट कर सिद्ध करते हैं कि कबीर मूलतः कवि थे, समाज सुधारक नहीं। उनके समाज सुधारक को उन्होंने कवि के परिप्रेक्ष्य में 'बाई प्रोडक्ट' जरूर कहा था। द्विवेदी जी कबीर को लेकर जो विमर्श करते हैं, वह इतना क्रान्तिकारी, प्रगतिशील और विचारोत्तेजक है कि ऐसा विमर्श आलोचना में कम मिलता है। वे कबीर को कवि ही नहीं सिद्ध करते, बल्कि यहाँ तक कहते हैं कि कबीर जैसा कवि हजार-हजार वर्षों में कोई एक पैदा होता है। क्या ऐसा निष्कर्ष निकालने के बावजूद हम डॉ. द्विवेदी की नियति पर सन्देह कर सकते हैं? क्या उनकी प्रगतिशील दृष्टि पर अँगुली उठाने का साहस कर सकते हैं? वे कबीर के साथ उसी तरह का अन्याय करते हैं जैसे रामचन्द्र शुक्ल और पूर्ववर्ती पाठालोचक करते रहे हैं। डॉ. धर्मवीर को आपत्ति है कि हजारीप्रसाद द्विवेदी कबीर को भक्त मानते हैं। भक्तिकाल में भक्ति आन्दोलन था। कबीर स्वयं अपने को कहीं कवि या क्रान्तिकारी या समाज सुधारक नहीं कहते। वे अपने को भक्त जरूर कहते हैं। कबीर को भक्त मानना हजारीप्रसाद द्विवेदी का 'ब्राह्मणी बौद्धिक झाँसा' नहीं है। दरअसल, भक्तिकाल का जो ऐतिहासिक परिप्रेक्ष्य था, उसमें कबीर को अगर भक्त कहा जाय तो इसमें एतराज लायक डॉ. धर्मवीर को क्या नजर आता है? महत्त्व की बात यह है कि पहली बार उन्होंने कबीर को एक महान् क्रान्तिकारी कवि की

1. जनसत्ता में 'तर्क से अधिक पूर्वग्रह' लेख—डॉ. अरविन्द त्रिपाठी, 10 अक्टूबर-1999, दिल्ली संस्करण।

संज्ञा दी। यदि आज नागार्जुन को आधुनिक काल का दूसरा कबीर कहा जाता है, तो उसका श्रेय हजारीप्रसाद द्विवेदी को ही जाता है। वस्तुतः धर्मवीर इस बात के पक्षधर हैं कि–"दलितों द्वारा, दलितों के लिये, दलित साहित्य होना चाहिए"। वह इस बात की पुष्टि भी करते लिखते हैं कि,–"दलित साहित्य वह है, जिसे दलित लेखक (जन्म से) लिखता है। हिन्दी साहित्य के दो भाग अवश्य किये जाने चाहिए– हिन्दू साहित्य और दलित साहित्य।"[1] सम्भवतः ये लोग इसीलिये अपने दलित-चिन्तकों को सजग-सतर्क करते हुए कहते हैं– "सवर्णवादी संस्कृतिकरण का शिकार होकर, सवर्णों द्वारा ही महिमामण्डित होने और पुरस्कृत होने से, दलित लेखकों-बौद्धिकों को बचना होगा, वरना हमारे पास मायावती तो होंगी, अक्का महादेवी नहीं, रामविलास पासवान तो होंगे, कबीर नहीं।"[2] अतः इस तरह की विषाक्त विचार सम्पृक्त मानसिकता से लबालब और आकण्ठ डूबे लोगों को हजारीप्रसाद द्विवेदी द्वारा कबीर का किया गया मूल्यांकन कितना रास आयेगा? कत्तई नहीं।

(6) अब देखिये, अपने सृजन और चिन्तन से हिन्दी आलोचना के भूमण्डल को नये सिरे से खोजने-रचने और सर्जनेवाले सुप्रसिद्ध आलोचक डॉ. रामविलास शर्मा को। डॉ. शर्मा कभी डॉ. हजारीप्रसाद द्विवेदी की विद्वता के बामुराद थे। सन् 1947 में 'शास्त्र और समाज शीर्षक अपने समीक्षात्मक लेख में डॉ. शर्मा इस निष्कर्ष पर पहुँचे थे कि द्विवेदी जी के चिन्तनशील लेखों में काल्पनिक चित्रों की बहुतायत है और इन्हीं के द्वारा लेखक अपनी बात समझाता है। कुल मिलाकर (विचार और वितर्क) यह संग्रह जैसा विचारोत्तेजक है, वैसा ही वैचित्र्यपूर्ण और सरस भी हैं।[3] इतना ही नहीं, डॉ. शर्मा ने द्विवेदी जी के विषय में यह भी लिखा था कि[4] वैष्णव कवियों ने शास्त्र सम्मत समाज व्यवस्था को धक्का देकर मनुष्य मात्र की महत्ता की घोषणा की थी। द्विवेदी जी ने इस तथ्य का यथेष्ट निर्लिप्त भाव से विवेचन किया है। उनके चिन्तन को देखते हुए यह मानना पड़ता है कि उनका मानसिक विकास शास्त्र और प्राचीन रूढ़ियों की चहारदीवारी तोड़ता हुआ नवीन समाजहितकर लक्ष्य की ओर बढ़ता गया है।" उसी डॉ. रामविलास शर्मा की धारणा कालान्तर में आचार्य द्विवेदी के प्रति बदली। उन्हें द्विवेदी जी 'आलोचक' कम, बाद में 'शास्त्र का कर्मकाण्डी ज्ञाता' अधिक लगे।

मैं समझता हूँ, इस विरोध के मूल में हैं– 'कबीर'। कबीर को शुक्ल जी ने कवि मानने से नकारा था। कबीर और केशव शुक्ल जी के अनुसार कवि नहीं थे और चाहे जो थे। शुक्ल जी के अनुसार, "केशव को कवि हृदय नहीं मिला था। उनमें वह सहृदयता और भावुकता न थी जो एक कवि में होनी चाहिए।"[5] वहीं दूसरी ओर शुक्ल जी कबीर के विषय में लिखते हैं–"कबीर अपने श्रोताओं पर यह अच्छी तरह भासित करना चाहते थे कि हमने ब्रह्म का साक्षात्कार कर लिया है, इसी से वे प्रभाव डालने के लिये बड़ी लम्बी-चौड़ी गर्वोक्तियाँ भी कभी-कभी कहते थे।"[6] आशय यह कि जो ज्यादती कभी डॉ. श्यामसुन्दर दास, आचार्य रामचन्द्र

1. दलित साहित्य–डॉ. धर्मवीर, पृष्ठ-39.
2. नया ज्ञानोदय (दलित विमर्श के आयाम' पुस्तक की समीक्षा) पृष्ठ-120, मई 2010 ई.
3. विराम चिह्न–डॉ. राम विलास शर्मा, पृष्ठ-338.
4. जनसत्ता में' आलोचना लड़ाई नहीं, बहस की जगह है' लेख–डॉ. विष्णु चन्द्र शर्मा, 19 जनवरी, सन् 1986, दिल्ली संस्करण।
5. हिन्दी साहित्य का इतिहास–आचार्य रामचन्द्र शुक्ल, पृष्ठ-74, नगरी प्रचारिणी सभा, काशी।
6. हिन्दी साहित्य का इतिहास–आचार्य रामचन्द्र शुक्ल, पृष्ठ-117, नागरी प्रचारिणी सभा, काशी।

शुक्ल सरीखे आलोचकों ने कबीर के साथ की थी, उसी से मुठभेड़ डॉ. द्विवेदी करते हैं। कुल मिलाकर आचार्य द्विवेदी ने कबीर को कवि न मानने की शुक्ल जी की धारणा को अपने तर्कों और उदाहरणों से बदला और कहा कि– "कबीर जैसा कवि हजार-हजार वर्षों में कोई एक पैदा होता है।" सम्भवतः यही कारण हो सकता है कि डॉ. रामविलास शर्मा ने डॉ. द्विवेदी को आचार्य रामचन्द्र शुक्ल का 'ऐण्टीपैरेलल' अर्थात् प्रति समान्तर, विद्वेषी, प्रतिरोधी और प्रतिध्रुवस्थ (Podean) माना और अपनी पुस्तक 'लोक जागरण और हिन्दी का साहित्य इतिहास'[1] में लिखा, जो लोग छायावाद के विरोधी हैं, अधिकतर वे ही शुक्ल जी के विरोधी भी हैं। ऐसे लोगों ने वास्तव में लोक जागराण की प्रशस्त काव्य-परम्परा को, उससे छायावाद के सम्बन्ध को कभी समझा नहीं। छायावाद और तुलसीदास के विरोधी-आलोचकों में प्रमुख हैं– आचार्य हजारीप्रसाद द्विवेदी और डॉ. नामवर सिंह। आगे डॉ. शर्मा ने शुक्ल जी की समीक्षा पद्धति की रक्षा में कबीर पर डॉ. हजारीप्रसाद द्विवेदी और मिश्र बन्धु विनोद की विस्तृत तुलना की है। डॉ. शर्मा के अनुसार–"एक ओर लोक संस्कृति और सामन्ती संस्कृति के भेद की पहचान, दूसरी ओर सामाज़िक परिस्थितियों का विवेचन शुक्ल जी के इतिहास लेखन की ये मूल विशेषताएँ हैं।"

उक्त पुस्तक में डॉ. शर्मा ने आचार्य द्विवेदी की मूल कमजोरियाँ बतायी हैं कि, "वह गम्भीर और कठोर भौतिकवादी और वैज्ञानिक चिन्तक नहीं हैं। द्विवेदी जी के टकसाल में अपना बहुत कम मौलिक है, उन्होंने शुक्ल जी के टकसाल से लोकसंग्रह जैसे शब्द ही नहीं मार लिये हैं, बल्कि वाक्य-के-वाक्य उधार ले लिये हैं। द्विवेदी जी की 'कबीर' पुस्तक में 'तुलसीदास' प्रतिद्वन्द्वी हैं, अद्वितीय व्यक्तित्व है–'कबीर' का। द्विवेदी जी के मानस में क्या घुमड़ता है, इसकी डॉ. शर्मा ने खासतौर पर खोज की है। डॉ. शर्मा ने लिखा है– "द्विवेदी जी की भाष्यपद्धति अपनायी जाये तो कहना होगा–'कबीर मुसलमानी जोश से भरे हुए पूरे हिन्दू ब्रह्मज्ञानी थे।' आगे लिखा है," कोई बहुत बलवती आन्तरिक प्रेरणा द्विवेदी जी को बाध्य करती है कि वह शुक्ल जी पर दोष आरोपित करें। डॉ. शर्मा का आरोप यह है कि– "द्विवेदी जी रीतिवाद, काम शास्त्र, तन्त्रयोग और सूफीमत के भाववादी भाष्यकार हैं।" "द्विवेदी जी ने तन्त्र-मन्त्र और अलौकिक सिद्धियोंवाली विद्या को शुद्ध करके कबीर की भक्ति से उसका समन्वय करा दिया।" मूल और वास्तविक सत्य कबीर का लोक जागरण था, जिसको मिश्रबन्धु विनोद के बाद शुक्ल जी ने दृढ़ता से पकड़ लिया।[2] डॉ. शर्मा का निष्कर्ष है कि, "वामाचार और नायिकाभेदी साहित्य में सहज मैत्री है। सामन्ती संस्कृति की इस मायापुरी से शुक्ल जी हिन्दी जन मानस को बाहर निकाल रहे थे, द्विवेदी जी उसे उसके भीतर ठेल रहे थे। दोनों में यह अन्तर था।"

इस तरह कबीर के कवि रूप को लेकर शुक्ल जी और हज़ारीप्रसाद द्विवेदी जी के बीच वैचारिक अन्तर्विरोध के आधार पर विद्वानों ने हिन्दी आलोचना के दो अलग-अलग अखाड़े और गोल-गांग तथा खूँटे तैयार करने की कोशिश की। एक अखाड़ा आचार्य रामचन्द्र शुक्ल के नाम तो दूसरा अखाड़ा हजारीप्रसाद द्विवेदी के नाम। एक रीतिवाद का विरोधी तो दूसरा लोक-परम्परा

1. लोक जागरण और हिन्दी साहित्य का इतिहास– आचार्य रामचन्द्र शुक्ल, सम्पादक–डॉ. रामविलास शर्मा, पृष्ठ-202, वाणी प्रकाशन, दरियागंज-2, प्रथम संस्करण-1985, मूल्य 65 रुपये।

2. जनसत्ता में आलोचना लड़ाई नहीं, बहस की जगह' लेख–डॉ. विष्णु चन्द्र शर्मा, 19 जनवरी-1986, दिल्ली संस्करण।

का व्याख्याकार। आलोचकों के नाम पर जन्मे इन अखाड़ों, शिविरों या 'स्कूलों' में एक-दूसरे की मान्यताओं को खण्डित करने के लिये गदाधारी तैयार। सुना है, इस तरह की धड़ेबन्दियाँ और आलोचकों के बीच परस्पर खण्डन-मण्डन के लिये पहले भी कई बार खेमेबाजी हो चुकी हैं। लोग बताते हैं, तब इस युद्ध का कारण 'देव और बिहारी' बने थे। इस बार हजारीप्रसाद द्विवेदी को रामचन्द्र शुक्ल का 'ऐण्टागोनिस्ट' (विरोधी) बनाने का प्रयास किया गया। इस युद्ध में एक ओर डॉ. रामविलास शर्मा की 'मार्क्सवाद की भूमिका' की गदा थी तो दूसरी ओर द्विवेदी जी के पटु और अनन्य शिष्य, जिनका स्मरण करके ही वे अपने प्रत्येक व्याख्यान का प्रारम्भ करते हैं– वे थे– डॉ. नामवर सिंह सन् 1982 में लिखी अपनी कृति 'दूसरी परम्परा की खोज' नाम की गदा के साथ। यहाँ आलोचक डॉ. विष्णुचन्द्र शर्मा कहते हैं कि डॉ. नामवर सिंह 1955 के दौर की 'एक साहित्यिक घटना' मानते हैं– डॉ. शर्मा की पहली पुस्तक को। डॉ. शर्मा ने लोकजागरण की टूटी कड़ियों को जोड़ते हुए व्यंग्य किया है– "वह भी क्या जमाना था जब नामवर सिंह छायावाद और रामचन्द्र शुक्ल से प्रगतिशील साहित्य आन्दोलन का सम्बन्ध पहचानते थे।" आज का आधुनिकतावादी आलोचक भारतीय परम्परा से ही उखड़ा हुआ है और मार्क्सवाद की भूमिका के नाम पर राहुलसांकृत्यायन, यशपाल, रांगेय राघव के बाद आचार्य हजारीप्रसाद द्विवेदी को ही नकारने का एक संकीर्णतावादी दौर सामने आया है। मत सम्बन्धी विवाद चलने चाहिए, पर तुलसीदास और रामचन्द्र शुक्ल को गिराकर उनकी जगह कबीर और हजारीप्रसाद द्विवेदी का 'मठ' स्थापित कराना घटिया लड़ाई का सिलसिला है।[1] इधर, एक अन्य विद्वान् और काशी हिन्दू विश्वविद्यालय के पूर्व हिन्दी प्राध्यापक डॉ. रामनारायण शुक्ल भी कहते हैं कि यह बात गलत है। आचार्य रामचन्द्र शुक्ल और आचार्य हजारीप्रसाद द्विवेदी को एक-दूसरे के खिलाफ खड़ा करने की कोशिश का विरोध जरूर होना चाहिए, लेकिन इस विरोध में गलत प्रवृत्तियों का अनुसरण करने की गलती से भी बचना चाहिए।"[2] एक विशेषता इस लड़ाई की यहाँ यह देखिये कि उक्त आलोचक शुक्ल जी और द्विवेदी जी को लेकर भले ही हवाबाजी कर रहे हों, पर आचार्य द्विवेदी के मन में शुक्ल जी के प्रति कितनी श्रद्धा और सम्मान है, यह वक्तव्य पढ़ें– "हिन्दी संसार में शुक्ल जी एक और अद्वितीय व्यक्तित्व लेकर अवतीर्ण हुए थे। प्राचीन साहित्य का इस प्रकार मन्थन करनेवाले कम साहित्यिक समालोचक होंगे। संस्कृत के साहित्यशास्त्र पर उनका पूर्ण अधिकार था। यह कह सकना बड़ा कठिन है कि आचार्य शुक्ल के ऊपर प्राचीन विचारों का प्रभाव अधिक है या नवीन विचारों का। जिस लेखक का प्रभाव इतना व्यापक हो, उसकी असाधारण प्रतिभा के लिये प्रमाण खोजने की आवश्यकता नहीं।"

सच तो यह कि आचार्य द्विवेदी जी बहुत ही सहृदय और सहिष्णु थे। विद्वता का रंचमात्र भी अहंकार उनमें दूर-दूर तक नहीं था। वे अपमान के कड़वे घूँट भी चुपचाप पी लेते थे। पर, खेद इस बात का है कि प्रत्युत्पन्नमति के लिये ख्यात द्विवेदी जी ने अपने आलोचकीय और निजी जीवन तथा जगत् में काफी कष्ट झेला। दो-एक उदाहरण लीजिये। आचार्य नरेन्द्रदेव ने शान्ति

1. जनसत्ता में 'आलोचना लड़ाई नहीं, बहस की जगह' लेख– डॉ. विष्णुचन्द्र शर्मा, 19 जनवरी-1986.
2. जनवादी समझ और साहित्य–डॉ. रामनारायण शुक्ल, पृष्ठ-55, विश्वविद्यालय प्रकाशन, वाराणसी, मूल्य-45 रुपये, जनवरी 1985.

निकेतन से लाकर उन्हें काशी हिन्दू विश्वविद्यालय में शुक्ल जी की आचार्य-पीठ पर प्रतिष्ठित किया था, लेकिन वह प्रतिष्ठा कई विद्वानों के गले नहीं उतरी। शुक्ल जी के पट्ट-शिष्य चन्द्रबली पाण्डेय, जो यद्यपि स्वयं इस दौड़ में नहीं थे और अन्यथा भी बड़े प्रखर आलोचक और निस्पृह व्यक्ति थे, द्विवेदी जी को स्वीकार नहीं कर पाये। उनके प्रति शुभकामना प्रकट करते हुए उन्होंने कहा, "सो तो अच्छा हुआ, आप काशी आ गये। यह शुक्ल जी की गद्दी है। इसकी मर्यादा की रक्षा के लिये अब आप कुछ हिन्दी पढ़ डालिये।" यह तब की बात है, जब 'हिन्दी साहित्य की भूमिका', 'कबीर', 'बाणभट्ट की आत्मकथा' और 'अशोक के फूल' रचकर द्विवेदी जी कीर्त्ति के शिखर पर पहुँच चुके थे। स्पष्ट है, वातावरण में वैमनस्य घुल गया था। विश्वनाथ प्रसाद मिश्र को, जो कभी काशी से बाहर नहीं गये थे, विभागाध्यक्ष बनने के लिये अन्ततः उज्जैन जाना पड़ा, इसलिये उनमें कड़वाहट आना स्वाभाविक था।[1]

आलोचक द्विवेदी ने निजी जीवन में भी कितना कष्ट झेला है, इसे अब देखिये। द्विवेदी जी के पुत्र मुकुन्द द्विवेदी द्वारा 'पत्र : हजारीप्रसाद द्विवेदी' नाम से एक संग्रह सन् 1985 में प्रकाशित हुआ था। उस संग्रह में उनके सहज विनम्र जीवन संघर्ष का दर्शन किया जा सकता है। एक पत्र उन्होंने बनारसीदास चतुर्वेदी को इस प्रकार लिखा था– आपसे कहने में कोई संकोच नहीं। मैं आपसे अपने हृदय की बात कह रहा हूँ। शान्ति निकेतन में मैं जो कुछ साहित्यिक कार्य कर सकता हूँ, वह नहीं कर सकता। मुझे तीस-पैंतीस पीरियड प्रतिसप्ताह काम करने के बाद भी, प्रतिदिन पेट की चिन्ता के लिये कई अनावश्यक यान्त्रिक काम करने पड़ते हैं। मेरी बहुत इच्छा है विण्टर नित्स के 'भारतीय साहित्य' के ढंग पर समस्त भारतीय साहित्य का एक परिचयात्मक इतिहास हिन्दी में लिखूँ, पर 'रूटीन वर्क' के बोझ से ऐसा करना एकदम असम्भव है। दूसरे पत्र में लिखा : मैं इन दिनों विषम चिन्ता का शिकार बन गया था। सौभाग्य वश मुझे एक हल्का-सा काम मिल गया था। कल पूरे सौ रुपये का काम कर चुका हूँ। अगले सप्ताह में भगवान् की कृपा होगी तो बीस रुपये का और कर लूँगा। इस प्रकार इस जून के अन्दर एक सौ बीस रुपये पा जाऊँगा और ऋण की एक किस्त जो जेठ की पूर्णिमा को दे देनी चाहिए थी, आषाढ़ में निश्चित रूप से चुका सकूँगा। आगे लिखते हैं–एक स्वार्थगत बात। मेरे छोटे भाई को परीक्षा फीस के लिये इस माह में पैंतीस रुपये के करीब अधिक देना पड़ेगा। 'विशालभारत' के कोष से क्या कुछ मिल सकने की आशा है। अब आप सोचिये, जो एक सुप्रसिद्ध विश्वविद्यालय के हिन्दी के आचार्य थे और जिन्होंने कई छात्रों को दीक्षा दी, उन्हें ही अपने भाई की फीस के लिये चिन्तित रहना पड़ता था। इधर, डॉ. नामवर सिंह ने भी अपनी सुप्रसिद्ध कृति 'दूसरी परम्परा की खोज' में लिखा है– जो द्विवेदी जी को निकट से जानता है, वही जानता है कि यह दुखद जीवन कथा (ब्राह्मण समाज में ज्यों अछूत) बहुत कुछ हजारीप्रसाद द्विवेदी की ही आत्मकथा है। बचपन की वही दरिद्रता, जवानी में काशी के पण्डितों का वही घृणित विरोध और अन्त में थोड़े दिनों की महन्ती भी वैसी ही।"[2]

---

1. नेह के नाते अनेक- डॉ. कृष्णबिहारी मिश्र पृष्ठ-78, भारतीय ज्ञानपीठ, लोदी रोड, नयी दिल्ली, मूल्य-130 रुपये, सन् 2004 ई.
2. दूसरी परम्परा की खोज–डॉ. नामवर सिंह, पृष्ठ-90.

अन्ततः यह कि आचार्य हजारीप्रसाद द्विवेदी आलोचना की किसी मठ के महन्त और व्यास न होकर, विभिन्न खेमों और आन्दोलनों से जुड़ी सोच से बहुत दूर, एक अत्यन्त सम्भावनावान, चेतना की निरन्तरता में जीने वाले, अन्दर की सम्पूर्ण खामोशी के साथ शब्दों की कूँची से आलोचना को चित्रित करनेवाले, बड़ी हैसियत के निष्पक्ष और बेदाग आलोचक हैं।

हजारीप्रसाद द्विवेदी की कुछ प्रमुख कृतियाँ

(क) आलोचना-इतिहास—सूर साहित्य : 1936, कबीर : 1942, हिन्दी साहित्य की भूमिका : 1940, हिन्दी साहित्य का आदिकाल : 1952, मध्यकालीन बोध का स्वरूप : 1970, कालिदास की लालित्य योजना, सूरदास और उनका काव्य, हमारी साहित्यिक समस्याएँ, भारतीय वाङ्मय, साहित्य-सहचर, साहित्य का मर्म, नख दर्पण में हिन्दी कविता, मध्यकालीन धर्म साधना आदि।

(ख) निबन्ध संग्रह—अशोक के फूल : 1948, कल्पलता : 1950, विचार और वितर्क-नवीन संस्करण : 1954, कुटज, विचार-प्रवाह, तथा आलोक पर्व आदि।

(ग) उपन्यास साहित्य—बाणभट्ट की आत्मकथा : 1946, चारु चन्द्रलेख : 1963, पुनर्नवा : 1973, अनामदास का पोथा : 1976

(घ) अनूदित साहित्य—प्रबन्ध चिन्तामणि, पुरातन प्रबन्ध संग्रह, प्रबन्ध कोष, विश्व परिचय, लाल कनेर, मेरा बचपन आदि।

(4) डॉ. नगेन्द्र (1915-1999 ई.) : शिविर निरपेक्ष आलोचक

– डॉ. कैलाश नाथ पाण्डेय

हिन्दी आलोचना जगत् की शुह्रत प्राप्त, शालीन, बाशऊर-तमीजदार हस्ती डॉ. नगेन्द्र हिन्दी आलोचना की समूची यात्रा में विशिष्ट उपलब्धि के रूप में अर्से तक गिने जायेंगे और उनका महत्त्वपूर्ण स्थान हिन्दी आलोचना में एक लम्बे कालखण्ड तक सुरक्षित रहेगा। भाषा के सीधेपन-सोंधेपन का वैचारिक और तार्किक संगति के निर्माण में नगेन्द्र जी का अपूर्व और विलक्षण योगदान है। हिन्दी आलोचना के खूबसूरत 'कैरीडोर' और गलियारे की निर्मिति करनेवाले नगेन्द्र जी का नाम समकालीन आलोचना के लिये परिचय का मुहताज नहीं है। उनकी पहचान का दायरा और भी व्यापक रूप से खुलता है, जब उनकी आलोचना नजर और अन्तस् से जुड़ती है। आलोचक नगेन्द्र के पास जीवन, जगत्, साहित्य, काव्यशास्त्र आदि के अपने गहरे अनुभव तो हैं ही–परिवेश भी उनसे अछूता नहीं रह जाता है। इनके आलोचकीय कर्म पर मानवीय रिश्तों की गहरी पकड़ है। नगेन्द्र जी आदमी और साहित्य के साथ की अनुभूतियों और संवेदनाओं में एक ऐसा तादात्म्य स्थापित करते हैं कि पाठक उनके आलोचना-आलोक से अभिभूत और चकित हुए बिना नहीं रहता।

डॉ. नगेन्द्र आचार्य रामचन्द्र शुक्ल की क्षतिपूर्ति हैं, काव्यशास्त्र के गहन विश्लेषक हैं, उदात्त और उदार दृष्टिसम्पन्न गहन अध्येता हैं, प्रौढ़ विचारक हैं, प्रांजल अभिव्यंजक हैं और हैं–सहज सौन्दर्यानुभूति के विश्लेषक। स्व. डॉ. नगेन्द्र, आचार्य नन्ददुलारे वाजपेयी तथा हजारीप्रसाद द्विवेदी जैसे श्रेष्ठ-सुप्रसिद्ध समीक्षकों की माला की अन्तिम मनका थे। उनकी सैद्धान्तिक समीक्षा काव्यशास्त्र और दर्शन से अनुस्यूत है तो उनकी व्यावहारिक समीक्षा की दिशा रचनाकार और उसकी कृति निर्धारित करती है। डॉ. नगेन्द्र काव्य-मर्मज्ञ, रस-मर्मज्ञ और तत्त्व-मर्मज्ञ आलोचक हैं। सुधी और जागरूक पाठक हैं। कुशल और समकालीन आलोचकों में लब्ध-प्रतिष्ठ, दक्ष और 'नोटेबुल' समीक्षक हैं। उनकी आलोचकीय नजर की निपट विलक्षणता बकवादी, उद्धत और प्रगल्भ नहीं है बल्कि एक अच्छे और सुलझे आलोचक का पैनापन, सुसंगति, स्पष्टता, सम्प्रेषण-कौशल और वस्तुनिष्ठता है। हिन्दी आलोचना में आचार्य नगेन्द्र का पुलकभरा स्वागत और इस्तिक़बाल हुआ है। वे हिन्दी की सैद्धान्तिक व्यावहारिक आलोचना के महत्त्वपूर्ण स्तम्भ हैं। बक़ौल डॉ. सुरेश शर्मा आचार्य शुक्ल के बाद हिन्दी आलोचना के दो शिखर पुरुष रहे हैं– डॉ. रामविलास शर्मा और डॉ. नगेन्द्र। डॉ. रामविलास शर्मा का पिछले 50 सालों

का लेखन अगर प्रगतिशील आलोचना का इतिहास है तो डॉ. नगेन्द्र का पिछले पाँच दशकों का काम रूपात्मक आलोचना का सबसे महत्त्वपूर्ण हिस्सा है। सन् 1938 में डॉ. नगेन्द्र की पहली आलोचना-पुस्तक **सुमित्रानन्दन पन्त** प्रकाशित हुई। आचार्य शुक्ल ने यह पुस्तक पढ़ी और अपने 'हिन्दी साहित्य के इतिहास' में लिखा है कि यह युवा आलोचक की **ठीक-ठिकाने की पुस्तक** है। तब से और अब से कुछ दिन पहले अपने जीवन के अन्तिम दिनों तक वे आलोचना की दुनिया में निरन्तर सक्रिय रहे हैं। उन्होंने मध्यकालीन और आधुनिक हिन्दी साहित्य का गम्भीर विश्लेषण किया है और रसशास्त्र की हजारों साल से चली आ रही परम्परा को आधुनिक सन्दर्भों में नयी व्याख्या दी है।

डॉ. नगेन्द्र ने लिखने की शुरुआत कविता से की। बाद में उन्होंने आलोचना के संसार में कदम रखा और लम्बा सफर तय किया। कवि नगेन्द्र धीरे-धीरे आलोचक डॉ. नगेन्द्र में बदलते गये और हिन्दी की सैद्धान्तिक व्यावहारिक आलोचना को उनके विवेचन से पुष्ट आधार मिला। उनके चिन्तन का शिखर 'रस-सिद्धान्त' है जिसे विरोधों के प्रहार सहकर भी वे थामे रहे हैं। मूलतः डॉ. नगेन्द्र रसवादी अर्थात् स्वच्छन्दतावादी आलोचक हैं। वे परम्परा का आदर करते हैं, परम्परावाद का नहीं। शुक्ल जी की आलोचना-धारा को डॉ. नगेन्द्र ने अपने ढंग से आगे बढ़ाया है। मृत्युपर्यन्त तक वे आलोचना-साहित्य में निरन्तर सक्रिय रहे। आलोचक-चिन्तक डॉ. कृष्णदत्त पालीवाल का मानना था कि भारतीय और पाश्चात्य काव्यशास्त्र की कठोर भूमि पर चलने के सहज अभ्यासी डॉ. नगेन्द्र के पास जीवन के खट्टे-मीठे अनुभवों की महत्त्वपूर्ण राशि है। हिन्दी और विश्वविद्यालयों के हिन्दी विभागों की सामाजिक-राजनीतिक स्थिति-परिस्थिति न उन्होंने केवल भोगा, बल्कि अपने ढंग से उसमें रचनात्मक ऊर्जा का संचार भी किया। रीतिकालीन सर्जना के सैद्धान्तिक आधार को उन्होंने स्वच्छे चिन्तन की शक्ति से स्पष्ट किया। आत्मकथा लेखन के लिये पं. बनारसीदास चतुर्वेदी ने एक समय पात्रता का सवाल उठाया था। उनका विचार था कि आत्मकथा उन्हें लिखनी चाहिए, जिन्होंने क्षेत्र-विशेष में महारत हासिल की हो। कहना न होगा कि डॉ. नगेन्द्र ने देश-विदेश के काव्य शास्त्र के तुलनात्मक अध्ययन से हिन्दी में मौलिक समीक्षाशास्त्र के निर्माण में उल्लेखनीय योगदान दिया है।

डॉ. नगेन्द्र सजग-सतर्क निबन्धकार भी हैं और विनम्र, सरल तथा सौम्य आलोचक तो हैं ही। अतः एक समय हिन्दी जगत् में इस बात को लेकर बहस-मुबाहसा हुआ कि नगेन्द्र जी श्रेष्ठ निबन्धकार हैं या श्रेष्ठ आलोचक-समीक्षक? बहरहाल, लोगों की राय बनी कि डॉ. नगेन्द्र अपेक्षाकृत आलोचक ही हैं। आलोचक उनके निबन्धकार को दबाये रहता है। यद्यपि उनके निबन्धों में आचार्य द्विवेदी के निबन्धों के समान, अपना आकुल मस्तिष्क कम बोलता है और भावुकता तो कहीं भूल से भी नहीं झाँकती। नगेन्द्र जी के निबन्धों में, आकार और पद्धति को लें, तो अनेकरूपता मिलेगी। किसी निबन्ध ('हिन्दी में हास्य की कमी') में वार्त्तालाप का ढंग है, तो किसी ('साहित्य की प्रेरणा') में कथात्मकता का कोई ('वाणी के न्याय मन्दिर') एकांकी के ढंग पर है, तो कोई ('हिन्दी उपन्यास') भारतेन्दुकालीन स्वप्न के ढंग पर। ये सभी पद्धतियाँ वार्त्तालाप या संवादात्मकता प्रधान शैली में ही आयेंगी। वैसे इनकी अधिकतर रचनाएँ

निबन्धात्मक पद्धति पर ही हैं—शुद्ध निबन्ध पद्धति पर। फिर भी, डॉ. नगेन्द्र आलोचक पहले हैं, निबन्धकार बाद में। आलोचक नगेन्द्र हिन्दी समीक्षा क्षेत्र में प्रथम पंक्ति में खड़े हैं। पूर्वीय और पशिचमी काव्यशास्त्र सम्बन्धी अनेक ग्रन्थ आपकी लेखनी द्वारा सम्पादित होकर हिन्दी में प्रकाशित हुए। महाकवि देव, रीतिकाल की भूमिका, मैथिलीशरण गुप्त, सुमित्रानन्दन पन्त, आधुनिक हिन्दी नाटक आपकी समीक्षा पुस्तकें हैं। सच तो यह है कि निबन्धकार को आपका आलोचक पनपने नहीं देता—वह आलोचक से दबा-दबा रहता है। आलोचक के समान उसका व्यक्तित्व आकार और अन्तर को संघटित करके उभर ही नहीं पाता। निबन्धकार के रूप में आपकी तीन पुस्तकें देखने में आयीं— 'काव्य-चिन्तन," विचार और अनुभूति' तथा 'विचार और विवेचन'। 'काव्य-चिन्तन' के प्रथम दस निबन्ध 'विचार और अनुभूति' में और अन्तिम छह 'विचार और विवेचन' में संकलित हैं। इन रचनाओं में निबन्धात्मकता अधिक आ नहीं पायीं। कुछ निबन्ध तो पुस्तकों की आलोचना मात्र हैं।[1]

साहित्य-सेवा के लिये पद्मभूषण सम्मान से अलंकृत डॉ. नगेन्द्र वस्तुतः सौन्दर्यमूलक स्वच्छन्दतावादी विचारधारा तथा रसवादी परम्परा के समन्वयकारी समालोचक हैं। उनकी समालोचना मुख्यतः आधुनिक हिन्दी साहित्य के विषय में है। 'देव और उनकी कविता' में उन्होंने महाकवि देव और उनकी कविता की मनोवैज्ञानिक रीति से समीक्षा की है। इनके निबन्धों में सैद्धान्तिक तथा व्यावहारिक समालोचनाओं का सुचारु सम्मिश्रण है। 'रस-सिद्धान्त' में रस का सांगोपांग विवेचन करते हुए उन्होंने उनकी पुनः प्रतिष्ठा की है। 'भारतीय सौन्दर्यशास्त्र की भूमिका' नामक अपने ग्रन्थ द्वारा उन्होंने हिन्दी-समालोचना के अन्य गम्भीर अभाव की पूर्ति की है। 'भारतीय काव्यशास्त्र की भूमिका' तथा 'भारतीय काव्यशास्त्र की परम्परा' द्वारा उन्होंने इस दिशा में नूतन मार्ग दर्शन किया है। 'साकेत : एक अध्ययन', 'आधुनिक हिन्दी नाटक', 'रीति काव्य की भूमिका', 'आधुनिक हिन्दी कविता की मुख्य प्रवृत्तियाँ', 'कामायनी के अध्ययन की समस्याएँ' उनकी तीव्र मनोवैज्ञानिक दृष्टि, मर्मज्ञता और भावाभिव्यक्तिपटुता की साक्षिणी हैं। 'हिन्दी ध्वन्यालोक', 'हिन्दी-वक्रोक्ति जीवितम् तथा 'हिन्दी काव्यालंकार' आदि ग्रन्थों की विद्वत्तापूर्ण भूमिकाओं में नगेन्द्र जी ने भारतीय तथा पाश्चात्य समीक्षा-सिद्धान्तों का तुलनात्मक अध्ययन किया है। उन्होंने अरस्तू के 'काव्यशास्त्र' तथा 'लोंजाइनस' के 'काव्य में उदात्त तत्त्व' के अनुवाद तथा सम्पादन द्वारा एक नवीन आयाम का उद्घाटन किया। पाश्चात्य काव्यशास्त्र के नये सिद्धान्तों का परिचय देने के लिये उन्होंने 'काव्य बिम्ब' और 'नयी समीक्षा : नये सन्दर्भ' नामक पुस्तकों की रचना की। अपने नव सम्पादित ग्रन्थों—'भारतीय समीक्षा', 'भारतीय साहित्य कोश'—आदि द्वारा उन्होंने भारतीय भाषाओं के साहित्यों के तुलनात्मक अनुशीलन का मार्ग प्रशस्त किया है।[2]

सच तो यह है कि डॉ. नगेन्द्र जी स्वच्छन्दतावादी समीक्षा के दूसरे बड़े आलोचक समीक्षक हैं। आचार्य रामचन्द्र शुक्ल द्वारा प्रशंसा प्राप्त ग्रन्थ 'सुमित्रानन्दन पन्त' से सन्

1. हिन्दी निबन्धकार- डॉ. जयनाथ 'नलिन', पृष्ठ-248, आत्माराम ऐण्ड सन्स; कश्मीरी गेट, दिल्ली-6, मूल्य 7.50., द्वितीय संस्करण-1964.
2. हिन्दी भाषा और साहित्य— डॉ. किरण बाला, पृष्ठ-278, वी. के. पब्लिशिंग हाउस, 10, सुभाष मार्केट, बरेली (उ.प्र.), प्रथम संस्करण-1994, मूल्य- 75 रुपये।

1937-38 में आपने अपनी आलोचना यात्रा प्रारम्भ की। व्यावहारिक समीक्षाओं में सैद्धान्तिक पक्ष क्रमशः आपका सशक्त होता गया। 'रीति काव्य की भूमिका' तथा 'देव और उनकी कविता' उक्त कथन के पुष्ट साक्ष्य हैं। 'कामायनी के अध्ययन की समस्याएँ' उनकी व्यावहारिक समीक्षा का पुख्ता प्रमाण है। 'राम की शक्ति पूजा' का भाष्य भी उनकी व्यावहारिक समीक्षा का सुन्दर-श्रेष्ठ निदर्शन है। आप कुशल सैद्धान्तिक समीक्षक भी हैं। रसवाद के साथ फ्रायड के मनोविश्लेषणवाद का भी आपने प्रयोग किया। आपने आंग्ल नयी समीक्षा के सुप्रसिद्ध कृतिकार आई. ए. रिचर्ड्स की पुस्तिका—Principles of Literary Criticism का अनुवाद किया। इतना ही नहीं, आपने अरस्तू और लौंजाइनस के ग्रन्थों का भी हिन्दी तर्जुमा किया। डॉ. नगेन्द्र ऐसे आलोचक हैं, जिन्होंने अपनी सैद्धान्तिक आलोचना में काव्यशास्त्र का गहन विश्लेषण किया और सहृदय व्यावहारिक आलोचना में सौन्दर्यानुभूति का भी विश्लेषण किया। इसी का परिणाम है कि दृष्टि की उदारता, अध्ययन की व्यापकता और गम्भीरता, विचारों की प्रौढ़ता, अभिव्यक्ति की प्रांजलता, दृष्टि की निर्मलता—ये सभी दृष्टियाँ डॉ. नगेन्द्र में संकलित हो गयी हैं। अंग्रेजी साहित्य के कवियों, आलोचकों की मान्यताओं से प्रेरित होकर हिन्दी साहित्य के सम्बन्ध में अपनी मूल अवधारणा को विकसित किया। संस्कृत के भट्टनायक एवं अभिनवगुप्त से प्रभावित हुए किन्तु आचार्य शुक्ल के प्रभाव ने तो उन्हें आस्थावान् बना दिया।[1] वह स्वयं स्वीकार करते हैं, कि—"आरम्भ में ही आचार्य शुक्ल के प्रभाव वश मेरे मन में भारतीय रस-सिद्धान्त के प्रति गहरी आस्था हो गयी। शुक्ल जी का मेरे मन पर विचित्र आतंक और प्रभाव रहा है। मेरे अपने संस्कार शुक्ल जी के संस्कारों से सर्वथा भिन्न थे। मेरा साहित्यिक संस्कार छायावादी युग में हुआ था। शुक्ल जी सुधार युग की विभूति थे। उनके निष्कर्षों को मानने के लिये मैं बिलकुल तैयार नहीं था, परन्तु उनके प्रौढ़ तर्क और अनिवार्य शैली मेरे ऊपर बुरी तरह हावी हो जाते थे और मैं यह मानने को विवश हो जाता था कि इस व्यक्ति की काव्य दृष्टि चाहे संकुचित हो, लेकिन फिर भी अपनी सीमा में यह महारथी अजेय है।"

रस सिद्धान्त के मूल में वह मनोविज्ञान को स्वीकारते हैं। रस सिद्धान्त के आधार पर ही काव्य का सही मूल्यांकन सम्भव है। डॉ. नगेन्द्र रस को उसकी सम्पूर्ण व्याप्ति में ग्रहण करते हैं—"इस प्रकार रस एक व्यापक शब्द है, वह 'विभावानुभाव व्यभिचारि संयुक्त स्थायी' अर्थात् परिपाक अवस्था का ही वाचक नहीं है, वरन् उसमें काव्य की सम्पूर्ण भाव सम्पदा का अन्तर्भाव है। अपरिभाषिक रूप में वह काव्यगत भाव सौन्दर्य का पर्याय है, शब्दार्थगत चमत्कार के माध्यम से भाव के आस्वाद का अथवा भाव की भूमिका पर शब्दार्थ के सौन्दर्य का आस्वाद ही वस्तुतः रस है। काव्य के अनुचिन्तन से प्राप्त रागात्मक अनुभूति के सभी रूप और प्रकार—सूक्ष्म और प्रबल, सरस और जटिल, क्षणिक और स्थायी, संवेदन, स्पर्श, चित्त-विकार, भाव-बिम्ब, संस्कार, मनोदशा, शील-सभी रस की परिधि में आते हैं।" स्वतन्त्रता पूर्व की समीक्षाओं में नगेन्द्र जी छायावादी रहे। छायावादी आलोचक के रूप में आरम्भ करके 'काव्यवादी' और अन्त में 'रसवादी

1. भारतीय तथा पाश्चात्य काव्य शास्त्र- डॉ. अर्चना श्रीवास्तव, पृष्ठ-188, विश्वविद्यालय प्रकाशन, चौक, वाराणसी, प्रथम संस्करण-1991 ई., मूल्य 30 रुपये।

आलोचक' के प्रौढ़तम चिन्तक के रूप में आज वे प्रतिष्ठित हैं। उनके अध्ययन का क्षेत्र मध्यकाल से लेकर आधुनिक हिन्दी साहित्य तक है। इसके साथ ही वे अंग्रेजी साहित्य के भी पण्डित रहे हैं। परिणामस्वरूप विविध आलोचनात्मक शैलियों का समर्थ निर्वाह उनमें देखने को मिल जाता है। कुछ लोग नगेन्द्र जी को मनोविश्लेषक शास्त्रीय आलोचक मानते हैं। भारतीय रस सिद्धान्त पर तो उनकी अगाध आस्था है। उन्होंने भारतीय काव्य शास्त्र को पाश्चात्य काव्य शास्त्र के आलोक में देखने की नवीन दृष्टि दी है।[1]

वस्तुतः नगेन्द्र जी रसचेता हैं। उन्होंने 'मनोमय कोश' में रस की स्थिति मानी है। वे उसे मानवीय अनुभूति और मानव की रागात्मक चेतना से जोड़कर कविता का शाश्वत मानदण्ड मानते हैं। रस, उनके लिये सर्वस्व है। उनकी समीक्षा दृष्टि अंग्रेजी समीक्षकों, भारतीय काव्य-चिन्तकों, पाश्चात्य मनोवैज्ञानिक, रीति कालीन आचार्यों, रोमैण्टिक कवियों से प्रभावित थी। 'नयी समीक्षा' उन्हें ग्राह्य नहीं थी। आधुनिक साहित्य का मूल्यांकन उन्होंने अत्यन्त निर्मल दृष्टि से किया। 'आलोचक की आस्था' (1966) निबन्ध संग्रह में संग्रहीत प्रथम तीन निबन्धों में उनकी साहित्यिक मान्यताएँ स्पष्ट हैं। सैद्धान्तिक और व्यावहारिक-दोनों आलोचनाओं में उन्होंने अपना अमूल्य योगदान दिया है। उनमें 'युगबोध' है। वे "साहित्य के सम्पूर्ण ललित वाङ्मय को आत्मभिव्यक्ति"[2] मानते हैं। काव्य के तीन तत्त्वों–भाव, कल्पना और बुद्धि में नगेन्द्र जी ने भाव को प्रमुख माना है। काव्य का 'प्रयोजन' 'रस' और 'आनन्द' तो वे मानते ही हैं, 'बिम्ब' को कविता में महत्त्वपूर्ण स्थान भी देते हैं। नगेन्द्र जी मूल्यों को काव्यानन्द में पर्यवसित मानते हैं। नयी कविता के सन्दर्भ में विचार करते वे कहते हैं– "चालीस वर्ष पूर्व छायावाद ने भी रस का विरोध किया था पर आज रस ही उसका प्राण सर्वस्व है। उसके प्रायः दो दशक बाद प्रगतिवाद ने उस पर प्रहार किया था, पर आज उसका जितना भी अंश अवशिष्ट है, वह रस के आधार पर ही जीवित है, इसलिये 'नयी कविता' का भी कल्याण इसी में है कि वह इन रसमय बन्धनों को स्वीकार कर ले।"[3]

डॉ. नगेन्द्र जी का रस-सिद्धान्त के प्रति विश्वास अखण्ड है, किन्तु आधुनिक आलोचना-सिद्धान्तों के प्रति वे कुछ अनुदार दिखते हैं। उनकी पहली कृति 'सुमित्रानन्दन पन्त' के प्रकाशन के साथ ही वे महत्त्वपूर्ण आलोचक के रूप में स्वीकार कर लिये गये। इस पुस्तक की प्रशंसा रामचन्द्र शुक्ल के साथ ही स्वयं पन्त जी ने भी की थी। इसके बाद तो वे उत्तरोत्तर आगे बढ़ते गये और अपनी प्रतिभा से हिन्दी आलोचना को समृद्ध करते रहे। 'साकेतः एक अध्ययन', 'देव और उनकी कविता', 'आधुनिक हिन्दी नाटक' और 'हिन्दी साहित्य का इतिहास' आज भी उनके आलोच्य मानक ग्रन्थ हैं। इन ग्रन्थों में आलोचक की साफगोई और निहायत ईमानदारी साफ झलकती है। प्रसाद, डॉ. नगेन्द्र के प्रिय कवि हैं और 'कामायनी' उनका सर्वाधिक प्रिय काव्य है। उनकी समीक्षा का केन्द्रीय बिन्दु 'कामायनी' को बनाया जा सकता है। अज्ञेय

---

1. हिन्दी साहित्य : एक परिचय– डॉ. त्रिभुवन सिंह, पृष्ठ-340, हिन्दी प्रचारक संस्थान, पिशाचमोचन, वाराणसी, द्वितीय संस्करण -1947, मूल्य-14 रुपये।
2. आलोचक की आस्था–डॉ. नगेन्द्र, पृष्ठ-02.
3. रस-सिद्धान्त– डॉ. नगेन्द्र, पृष्ठ-349.

की 'शेखर : एक जीवनी' को उन्होंने गौरव दिया। यही नहीं, डॉ. नगेन्द्र जी ने रवीन्द्र नाथ टैगोर, आचार्य शुक्ल, मैथिलीशरण गुप्त, प्रसाद, पन्त, निराला, राहुलसांकृत्यायन, चन्द्रधर शर्मा गुलेरी, महादेवी वर्मा, बालकृष्ण शर्मा 'नवीन', सियारामशरण गुप्त, दिनकर, बच्चन, गिरिजा कुमार माथुर आदि अनेक लेखकों एवं कवियों की कृतियों की व्यावहारिक समीक्षा प्रस्तुत की है। उन्होंने हिन्दी काव्यशास्त्र को भी अखिल भारतीय स्तर पर प्रतिष्ठित किया है। आलोच्य कृति को सामने रखकर सिद्धान्त सूत्रों की व्याख्या करने में नगेन्द्र जी अद्वितीय हैं। उनका दृष्टिकोण उदार और अध्ययन व्यापक है। डॉ. नगेन्द्र एक गम्भीर चिन्तक हैं, उनकी अभिव्यक्ति निर्मल है, विचार पुष्ट हैं और वे विश्वास तथा निष्ठा से लबालब भी हैं। प्रयोगवाद के सम्बन्ध में उनका ख्याल है कि– "इसमें मन को द्रवित अथवा स्पर्श करने की शक्ति नहीं है"। बहरहाल, एक ईमानदार आलोचक, गम्भीर चिन्तक, साहित्येतिहासकार, रस-सिद्धान्त के पुनर्व्याख्याता और समर्थ सक्षम लेखक के रूप में वे आदरणीय हैं।

आचार्य शुक्ल के 'ठिकाने' वाले प्रमाण-पत्र से डॉ. नगेन्द्र के आलोचक को बड़ा बल मिला और वे आलोचना-क्षेत्र में पूरी शक्ति से सक्रिय रहे हैं। अपने युग के आलोचकों में उनका लेखन सर्वाधिक है। छायावाद की मनोवैज्ञानिक परीक्षा करनेवाले वे पहले आलोचक हैं। उन्हें अपने पूर्ववर्ती आलोचक शान्ति प्रिय द्विवेदी की इस कमी का ध्यान था कि वे– "छायावाद के रस का आस्वादन तो करा सके, लेकिन उसका स्वरूप स्पष्ट नहीं करा सके।" छायावाद के स्वरूप को डॉ. नगेन्द्र ने स्वच्छता से उद्घाटित किया। इन्हीं दिनों उनका ध्यान 'रीतिकाव्य की भूमिका' और 'देव और उनकी कविता' के अध्ययन-अनुसन्धान पर गया। अपने आलोचना कर्म पर 'आस्था के चरण' की भूमिका में उन्होंने लिखा है– "ऐसा काव्य ही, जिसके स्थायी मूल्य स्पष्ट लक्षित हों–मेरी आलोचना का विषय रहा है।" इस दृष्टि से 'कामायनी के अध्ययन की समस्याएँ' उनकी प्रौढ़-पुष्ट आलोचनात्मक पुस्तक है। 'अरस्तू का काव्यशास्त्र', 'काव्य में उदात्त तत्त्व' और पश्चिमी स्वच्छन्दतावाद भारतीय रसवाद यहाँ सब-कुछ काम में लाया गया है। डॉ. नगेन्द्र के चिन्तन की चरम उपलब्धि 'रस-सिद्धान्त' और 'भारतीय काव्यशास्त्र की भूमिका' में देखने को मिलती है। भारतीय काव्यशास्त्र को हिन्दी में उपलब्ध कराने के लिये उन्होंने 'ध्वन्यालोक', 'वक्रोक्ति जीवितम्' 'काव्यालंकार सूत्र' की हिन्दी व्याख्याएँ करायी हैं और विशिष्ट भूमिकाएँ लिखी हैं। पाश्चात्य काव्य-चिन्तन को उपलब्ध कराने के लिये 'काव्य बिम्ब', 'नयी समीक्षा : नये सन्दर्भ' जैसी पुस्तकें लिखी हैं। नये चिन्तन के परिप्रेक्ष्य में 'भारतीय सौन्दर्य शास्त्र की भूमिका', 'साहित्य का समाजशास्त्र' जैसी पुस्तकों का दान दिया है। हिन्दी के संश्लिष्ट काव्यशास्त्र के निर्माण में आचार्य शुक्ल के बाद उनका योगदान सर्वाधिक उल्लेखनीय है।[1]

डॉ. नगेन्द्र रस-सिद्धान्त को विकासशील सिद्धान्त मानते हैं। उनका कहना है कि भरत सूत्र के 'संयोग' और 'निष्पत्ति' की विभिन्न व्याख्याएँ ही रस-सिद्धान्त के विकासशील स्वरूप का स्पष्ट प्रमाण हैं। ये व्याख्याएँ आरम्भिक चार-पाँच भाष्यकारों पर समाप्त नहीं हो गयीं। उनके बाद भी निरन्तर चलती रहीं और आज भी चल रही हैं। डॉ. साहब का आगे कहना है कि जिस काव्य में 'रागात्मक अस्वाद' प्रदान करने की क्षमता जितनी अधिक होगी, उतना ही उसका मूल्य

1. हिन्दी भाषा और साहित्य में डॉ. कृष्णदत्त पालीवाल का संकलित लेख, पृष्ठ-108.

होगा। 'रागात्मक अस्वाद' का आशय स्पष्ट करते हुए वे कहते हैं कि भावना का परितोष, जिसकी परिणति चित्तवृत्तियों के समीकरण (समन्विति) में होती है—उसे ही रागात्मक अस्वाद कह सकते हैं। इसी से चेतना का परिष्कार होता है एवं चेतना के परिष्कार से महत्तर सिद्धि काव्य अथवा कला की और क्या हो सकती है? आपका मानना है कि सामूहिक अस्वाद भी व्यक्तिगत अस्वाद का ही व्यापक रूप है, क्योंकि अस्वाद तो व्यक्ति ही कर सकता है, समूह नहीं। इसी तर्क से रस तत्त्व का काव्य के वृत्त में सहज प्रवेश हो गया और रस की नवीन ज्ञान विज्ञान के आलोक में जो परिभाषा बनायी गयी है वह विभाव, अनुभाव, व्यभिचारी के संयोग-सूत्र में बँधी नहीं है। वास्तव में प्रत्येक शास्त्र के अपने कुछ मौलिक पारिभाषिक शब्द होते हैं, जिनका अर्थ-विकास शास्त्र-चिन्तन की विकासशील परम्परा के अनुसार होता रहता है। डॉ. नगेन्द्र प्रेमचन्द में प्राणों की ऊर्जा और आत्मा की गहराई नहीं मानते। वे कहते हैं कि प्रेमचन्द के विश्लेषण में मुझे गहराई नहीं दिखायी पड़ती लेकिन वे महान् उपन्यासकार तो हैं ही। 'प्रसाद' में जिस तरह भारत का दार्शनिक और सांस्कृतिक जीवन व्यक्त हुआ है, उसका प्रेमचन्द में अभाव है। नया काव्य और नये दौर के कवियों के विषय में उनका मानना है कि नये कवियों के साथ मुश्किल यह है कि हर एक कवि एक-सी बात कहता है। एक समान कथ्य और समान भाषिक संरचना होने से मुझे उनमें प्राणों की ऊर्जा और भावों की ऊष्मा नहीं मिलती। इसलिये उसमें मेरा मन नहीं रमता। अज्ञेय, भारती और मुक्तिबोध को पढ़ा है। मुक्तिबोध में प्राणों की ऊर्जा है। वे प्रबल ईमानदार अनुभूतियों के कवि हैं।

थोड़ी पंक्तियाँ पहले मैंने संकेत किया है कि डॉ. नगेन्द्र ने लिखने की शुरुआत कविता से की। बाद में उन्होंने आलोचना-संसार में कदम रखा और लम्बा सफर तय किया। आलोचक जीवन की व्यस्तताओं के बीच उनके दो कविता संग्रह भी छपे- 'वन माला' और 'छन्दमयी'। इन दोनों संकलनों को मिलाकर उन्होंने नया काव्य-संग्रह तैयार किया, जिसका नाम 'मर्मकथा' रखा गया। इस ग्रन्थ में वे लिखते हैं कि[1] × × × × × इसी अवधि में मैंने हिन्दी के प्राचीन और नवीन काव्य का पूर्ण संलग्नता के साथ विधिवत् अध्ययन किया, जिससे मेरी काव्य रुचि का निश्चय ही परिष्कार-परिमार्जन होता गया। छायावाद उस समय तक पूर्णतः स्थापित हो चुका था, किन्तु मेरा मन उधर अधिक आकर्षित नहीं हुआ था। इसी वर्ष जुलाई-अगस्त में जब मैं बी. ए. में प्रवेश लेने के लिये कुछ सप्ताह तक इलाहाबाद विश्वविद्यालय में रहा, तो मैंने अनुभव किया कि वहाँ का वातावरण 'छायावादमय' था और वहाँ के नवयुवक कवि पन्त के प्रभाव से प्रायः अभिभूत हो रहे थे। इलाहाबाद के संक्षिप्त प्रवास में तो मैंने उस ओर कोई विशेष ध्यान नहीं दिया, लेकिन आगरा आ जाने के बाद 'पल्लव', 'परिमल', 'ग्रन्थि', 'नीहार' आदि का अध्ययन करने पर छायावाद का रमणीय परिवेश मुझे बरबस आकृष्ट करने लगा। उधर, पाठ्यक्रम में निर्धारित अंग्रेजी के रोमानी कवियों का रंग भी मन में गहरा रहा था। परिणाम यह हुआ कि मेरी भावना और कल्पना उसी रंग में रंगने लगी। 'वनमाला' और उसके साथ संलग्न प्रणय कविताओं में जो छाया-मूर्ति कभी-कभी झाँक जाती है, वह प्रायः किशोर मन की रमणीय

1. मर्मकथा— डॉ. नगेन्द्र, भूमिका भाग

कल्पना की सृष्टि है। कहीं-कहीं किसी व्यक्ति की उड़ती हुई छाया पड़ जाती है तो दूसरी बात है, किन्तु इस व्यक्ति का भौतिक अस्तित्व कभी जीवन्त रूप में सामने नहीं आया। वे लिखते हैं कि वास्तव में छायावाद के सम्पूर्ण प्रणय काव्य के विषय में भी यही सत्य है। इस तथ्य की उपेक्षा करने के कारण हिन्दी के समसामयिक समीक्षक अनेक प्रकार की निराधार और कभी-कभी तो हास्यास्पद कल्पनाएँ करते रहें। 'आँसू' का आलम्बन पुरुष है या नारी? इसी प्रकार की हास्यास्पद कल्पना थी। पन्त और महादेवी की कविताओं में प्रयुक्त किसी शब्द, प्रतीक या बिम्ब को लेकर भी अनेक प्रकार के कौतुक रचे गये। 'काव्यशास्त्र' के प्रति उत्पन्न रुचि के विषय में डॉ. नगेन्द्र कहते हैं कि आज से लगभग 40 वर्ष पूर्व वर्तमान शती के ठीक मध्य में, कविता मुझसे यह कह कर विदा हो गयी थी कि शास्त्र चिन्तन के इस बौद्धिक व्यापार से जब आप थकान का अनुभव करने लगें तो मुझे याद कर लें, मैं निष्ठावान् **सकृतकृत प्रशायो जनः** की तरह बिना किसी प्रकार का उपालम्भ दिये उपस्थित हो जाऊँगी। यह सुयोग कभी नहीं मिला। एक तो काव्यशास्त्र के मनन में मन पूरी तरह रम गया– क्योंकि उसमें आस्वाद्यरस और बुद्धि का चमत्कार–दोनों ही किसी-न-किसी रूप में प्राप्त होते रहे, दूसरा कारण यह भी था कि इस अवधि में कविता अपने रम्य उपवन को छोड़कर आधुनिक यथार्थ की संघर्षमयी बस्ती में जाकर रहने लगी, जहाँ पहुँचने का कभी मुझे उत्साह नहीं हुआ।

डॉ. नगेन्द्र की मान्यताओं के अनुसार रस-सिद्धान्त के मूल में मनोविज्ञान है। यही सिद्धान्त काव्य के मूल्यांकन में सही और सक्षम है। रस की व्याख्या वह आधुनिक शब्दावली में करते हैं। इस सम्बन्ध में वह कहते हैं– "रस अपने व्यापक अर्थ में मानसिक अनुभूति ही है" या "रस का मुख्य आधार अनुभूति, शुद्ध मानवीय अनुभूति ही है।" उन्होंने प्रतीच्य और प्राच्य प्रतिमानों को रस में ही निविष्ट किया है। वह कहते हैं– "रस-सिद्धान्त एक ऐसा व्यापक सिद्धान्त है, जिसमें इन वादों का विरोध मिट जाता है, जो सभी के अनुकूल पड़ता है और सभी का अपने स्वरूप में समन्वय कर लेता है"। रस के संवेदन त्रिस्तरीय होते हैं– शारीरिक, मानसिक, बौद्धिक। वस्तु का स्पर्श शारीरिक है, स्मृति मानसिक है तथा स्मृति विश्लेषण बौद्धिक संवेदन है। डॉ. नगेन्द्र ने अपनी व्यावहारिक-समीक्षाओं में व्याख्यात्मक शैली को अपनाया है। उनका प्रथम समीक्षा ग्रन्थ 'सुमित्रानन्दन पन्त' है। उनकी व्यावहारिक समीक्षा कृतिकार के तीन बिन्दुओं का स्पर्श करती है– (क) कवि के निजी काव्य सौन्दर्य की परख, (ख) समूचे परिवेश का सन्दर्भगत वैशिष्ट्य तथा (ग) उसके परिप्रेक्ष्य में सम्पूर्ण जीवन दृष्टि पर विचार। इस प्रकार की समीक्षा में, समीक्षक मन और कवि मन–दोनों समन्वित हो जाते हैं। डॉ. नगेन्द्र कितना अधिक कवि मन से अनुस्यूत हो जाते हैं, उसका एक उदाहरण पन्त जी के ये उद्गार हैं– "श्री नगेन्द्र जी स्वयं भी कवि हैं। अपने कवि हृदय के माधुर्य से मेरे काव्य को और भी सुन्दर बना कर वह पाठकों के सामने प्रस्तुत कर सके हैं, इसमें मुझे सन्देह नहीं।"

रसवादी आलोचक डॉ. नगेन्द्र की व्यावहारिक समीक्षा सिद्धान्त और काव्यानुभूति का संगम है। इस बारे में वह स्वयं कहते हैं– "जो मुझे प्रभावित करते हैं, जिनकी गरिमा मेरे मन को आन्दोलित करती है, उनसे मैं जूझने लगता हूँ। अत्यन्त गहन अध्ययन, चिन्तन और

विश्लेषण तो पहला कदम है। इसके बाद उसके ग्राह्य विचारों का आख्यान, अग्राह्य विचारों का युक्ति युक्तखण्डन, असंगतियों (अथवा मुझे प्रतीत होनेवाली असंगतियों) में संगति स्थापना, उनकी सीमाओं का विस्तार और समग्रतः उनकी परम्पराओं का विकास करने की स्पृहा मेरे मन में बराबर बनी रहती है। इस प्रकार मैं अनेक महान प्रतिभाओं की बड़ी शक्ति के साथ अपनी छोटी शक्ति को तौलता रहता हूँ। जिस व्यक्ति ने सबसे अधिक प्रभावित किया, उसके साथ शक्ति-परीक्षा भी मैंने सबसे अधिक की है।" इसी तरह डॉ. नगेन्द्र की दृष्टि में काव्य का अन्तिम उद्देश्य आनन्द की सृष्टि है। उनका मानना है कि सौन्दर्य की सर्जना ही आत्माभिव्यक्ति का सूक्ष्म और उत्तमोत्तम स्वरूप है, एक ऐसी सर्जना जो पूर्ण 'आनन्द' प्रदान करे। इस आनन्द में लोक कल्याण और चेतना का संसार भी समाहित है। यह आनन्दानुभूति लोक में अपने निजत्व को घुला देना है। आत्मविस्तार है। उनकी दृष्टि में भाव की स्थिति सर्वोपरि है। काव्य का प्रयोजन इसी भाव के माध्यम से रसानुभूति कराना है। यही काव्य का मूल्य है। वह कहते हैं– "काव्य मूल्य का अर्थ है– वह गुण समवाय, जिसके द्वारा काव्य की सिद्धि का निर्धारण किया जाता है। इस दृष्टि से मूल्य का आधार अन्ततः प्रयोजन ही सिद्ध होता है। काव्य का प्रयोजन जब रस या आस्वाद है तो उसका मूल्य हुआ 'आसाद्यत्व'। जिस काव्य में रागात्मक आस्वाद प्रदान करने की क्षमता जितनी अधिक होगी, उतना ही उसका मूल्य होगा–।"

डॉ. नगेन्द्र अनुभूति तथा एकता पर बल देते हैं। वह कहते हैं– "अनुभूति कवि कर्म का प्राणतत्त्व है, अनुभूति और अभिव्यक्ति– दोनों एक होते हुए भी, अनुभूति उच्च स्थान की हकदार है क्यों अभिव्यक्ति का सौन्दर्य उसी पर निहित है। बिम्ब आदि तो कविता के उपकरण मात्र है।" डॉ. साहब जीवनी मनोविज्ञान के सन्दर्भ में सौन्दर्यानुभूति की व्याख्या करते हैं। उन्होंने पन्त, महात्मा तुलसीदास और देव की कृतियों का मूल्यांकन, उनके व्यक्तित्व को केन्द्र में रख कर किया है, किन्तु जीवनी मनोविज्ञान तो आलोचना का साधन मात्र रहा है। काव्य का साध्य तो रसानुभूति ही है। डॉ. बच्चन सिंह कहते हैं कि डॉ. नगेन्द्र आलोचक प्राध्यापक हैं, प्राध्यापक आलोचक नहीं। आलोचना उनकी आन्तरिक प्रेरणा का फल है, अध्ययन उनकी सहज प्यास है।"

पर, डॉ. नगेन्द्र में तमाम आलोचकीय विशेषताओं के बावजूद कुछ विद्वान् उनकी आलोचना सम्बन्धी स्थापनाओं से असहमति व्यक्त करते हुए उनका सतर्क खण्डन करते हैं। डॉ. देवराज का मानना है कि– "डॉ. नगेन्द्र के आलोचक व्यक्तित्व की सबसे बड़ी कमी उनमें सांस्कृतिक चेतना का अभाव है।" इधर, शैली विज्ञान पर गम्भीर काम करनेवाले मर्मज्ञ और निष्णात् विद्वान् पाण्डेय शशिभूषण 'शीतांशु' का कहना है कि डॉ. नगेन्द्र ने शैली विज्ञान के स्वरूप का अत्यन्त भ्रान्त और गलत परिचय उपस्थित किया है। शीतांशु जी लिखते हैं कि[1] इसी दशक में हिन्दी के प्रमुख सैद्धान्तिक आलोचक डॉ. नगेन्द्र ने भी 'शैली विज्ञान' (1976) नाम से शैली वैज्ञानिक आलोचना पर अपनी पुस्तक लिखी। उन्होंने यह तथ्य तो स्पष्ट किया कि

1. आठवें दशक की हिन्दी आलोचना पुस्तक में पाण्डेय शशिभूषण शीतांशु का लेख 'शैली वैज्ञानिक आलोचना'– सं. डॉ.विश्वनाथ प्रसाद तिवारी, पृष्ठ-49, नेशनल पब्लिशिंग हाउस, दिल्ली, मू. 70 रु. सन् 1991 ई.

पश्चिमी शैली विज्ञान साहित्यिक शैली का अध्ययन प्रस्तुत करता है,[1] पर शैली को अर्थपरक विच्छित्ति या साभिप्रायता के रूप में नहीं ग्रहण करने के कारण उन्होंने शैली वैज्ञानिक आलोचना को भाषापरक अध्ययन-विश्लेषण मात्र से जोड़कर सीमित कर दिया– "वह (शैली विज्ञान) भाषा विज्ञान के नियमों तथा प्रविधि के अनुसार **साहित्य के भाषिक विधान का रूपात्मक अध्ययन** है।"[2] इतना ही नहीं, शैली विज्ञान की सही समझ नहीं होने के कारण उन्होंने 'नयी समीक्षा' के साथ इसकी तुलना करते हुए यह विचार भी व्यक्त किया कि– "नयी समीक्षा काव्य कृति की रूपान्विति में विश्वास करती है– **वह भाषिक विधान के विश्लेषण-संश्लेषण के द्वारा कृति की मूलवर्ती अन्विति का सन्धान और आख्यान कर उसके कलात्मक प्रयोजन तक पहुँचने का उपक्रम करती है। शैली विज्ञान वृत्त के केन्द्र बिन्दु तक पहुँचने का प्रयत्न ही नहीं करता,** शायद उसकी आवश्यकता ही नहीं समझता : उसका ध्यान भाषिक वृत्तखंड पर ही केन्द्रित रहता है।"[3] इस प्रकार डॉ. नगेन्द्र ने शैली-विज्ञान विषयक प्रभूत पश्चिमी सामग्री अथवा साहित्य को बिना पढ़े ही शैली वैज्ञानिक आलोचना के स्वरूप और प्रकार्य को रूपात्मक अध्ययन मात्र मान लिया तथा उसके द्वारा भाषित विश्लेषण के आधार पर कथ्य को उन्मीलित करनेवाले प्रकार्य को उपेक्षित कर दिया। कहना न होगा कि उन्होंने हिन्दी आलोचना में शैलीविज्ञान के स्पष्ट हो रहे स्वरूप को पुनः भ्रान्त कर दिया। डॉ. नगेन्द्र ने हैली डे के इस कथन पर भी ध्यान नहीं दिया कि, "In stylistics we are concerned with languages in relation to all the various levels of meanings that a work may have."[4] न ही उन्होंने रोजर फाउलर के इस बयान पर गौर किया कि, "It must be emphasized that the primary unit for stylistic description in a whole text seen as a unit, not as a string of sentences ×××××. The linguist must make a whole analysis of the literary text, and must then proceed to utilize his an analysed and understood fragments as elements in a synthesis,"[5] डॉ. शीतांशु डॉ. नगेन्द्र की शैली-विज्ञान सम्बन्धी अधकचरी समझ पर पुनः टिप्पणी करते हैं कि शैली-वैज्ञानिक आलोचना के विषय में उनका अवबोधकीय अन्तर्विरोध तब खुलकर सामने आता है, जब अपनी पुस्तक के अन्तिम पृष्ठ पर वे लिखते हैं,-"...और यही शैली विज्ञान की सार्थकता है, जैसा कि एलोंजी (अलांसो) ने कहा है, "काव्य के वृत्त में प्रवेश करने की दो विधियाँ हैं: एक परिधि से केन्द्र तक जाने की और दूसरी केन्द्र से परिधि तक आने की। केन्द्र है–मूलसंवेद्यः कलात्मक अनुभूति या प्रयोजन और परिधि है–अर्थ समुदाय।"[6] कहना न होगा कि यह मत पश्चिमी शैली विज्ञान के स्पेनी विचारक का है!

बहरहाल, डॉ. नगेन्द्र ने 'रस-सिद्धान्त' के विविध पक्षों की जितनी गहरी और सम्यक् विवेचना की है, वह अन्यत्र दुर्लभ ही नहीं, अलभ्य है। डॉ. साहब वैज्ञानिक, बौद्धिक और

1. शैली- विज्ञान–डॉ. नगेन्द्र, पृष्ठ-22.
2. शैली-विज्ञान–डॉ. नगेन्द्र, पृष्ठ-22.
3. शैली-विज्ञान–डॉ. नगेन्द्र, पृष्ठ-46.
4. Literary Style : A Symposium–Editor's, Chatman, P.346, Oxford University, Press-London, 1971.
5. Essays on Style and Language, Editor, Roger Fowler, P. 20-21, Routledge and Kegan Pane, reprint- 1979, London.
6. शैली-विज्ञान–डॉ. नगेन्द्र, पृष्ठ-90.

आलोचनात्मक दृष्टिकोण को काव्य के लिये प्रतिकूल मानते हैं। ये भावुकता के प्रतिकूल हो सकते हैं, भावना के नहीं। डॉ. नगेन्द्र ने श्री मैथिलीशरण गुप्त के सुप्रसिद्ध प्रबन्ध काव्य 'साकेत' पर एक स्वतन्त्र पुस्तक लिखी है। 'सुमित्रानन्दन पन्त' के समान इस पुस्तक की भी विशेषता साकेत के मार्मिक स्थलों की पहचान और उनकी भाव-परक व्याख्या है। डॉ. नगेन्द्र ने गुप्त जी की कृतियों में गार्हस्थ्य जीवन-चित्रण की प्रमुख विशेषता को रेखांकित किया है।[1] वे लिखते हैं– "जिसने गुप्त जी के काव्यों का एक बार भी अध्ययन किया है, वह अवश्य ही मान लेगा कि उनको गृहस्थ जीवन के चित्र खींचने में अद्वितीय सफलता मिली है। यह युग राष्ट्रीयता का होने के कारण लोग उनकी राष्ट्रीयता को ले उड़े, अन्यथा उनकी प्रधान विशेषता गृहस्थ जीवन के सुख-दुख की व्यञ्जना है।"[2] 'श्रीरामचरितमानस' और 'साकेत' की तुलना करते अपनी इसी पुस्तक में कहते हैं– "तुलसीदास विरोधियों के प्रति एकदम असहिष्णु हैं, परन्तु गुप्त जी को उनसे कोई बैर नहीं। साकेत की कैकेयी, मेघनाद और रावण तीनों-इसके साक्षी हैं। मानव को मानव के रूप में समझना इस युग की विशेषता है। उसको साकेत में जिस आग्रह के साथ ग्रहण किया गया है, उस आग्रह के साथ मानस में नहीं।"[3]

सच तो यह है कि शुक्ल जी के आदर्शों को आधुनिक परिवेश में परिवेष्टित करनेवाले आधुनिक समालोचकों में डॉ. नगेन्द्र का नाम शीर्ष पर है। उनकी समीक्षा में पूर्व और पश्चिम का समन्वय हुआ है। डॉ. रामेश्वर शुक्ल 'अंचल' कहते हैं कि– "आचार्य नगेन्द्र हिन्दी के श्रेष्ठ आलोचकों में हैं। शुक्लोत्तर हिन्दी समीक्षा के एक प्रमुख स्तम्भ तो वे हैं ही, साथ ही अपनी मौलिक स्थापनाओं और साहित्यिक व्यक्तित्व की परिव्याप्ति के कारण वे आधुनिक साहित्य शास्त्र के प्रमुख निर्माता माने जाते हैं।" इधर, सुप्रसिद्ध निबन्धकार बाबू गुलाब राय भी डॉ. नगेन्द्र के निबन्धकार रूप का मूल्यांकन करते कहते हैं– "विचारों की गम्भीरता, अभिव्यक्ति की सुबोधता के साथ व्यंग्य-विनोद और हास-परिहास के छोटे तथा चित्रात्मक रूप भी स्थान-स्थान पर उनके निबन्धों में मिल जाते हैं, जिससे साहित्यिक वातावरण की गम्भीरता सजीव मनोरंजन में परिणत हो जाती है।" डॉ. नगेन्द्र ने पाश्चात्य समीक्षा-सिद्धान्तों का गहरा अध्ययन किया है। वे बहुधा संस्कृतनिष्ठ भाषा लिखने के पक्षधर हैं, किन्तु आवश्यकता पड़ने पर वे अंग्रेजी भाषा का विद्वान् होने के नाते अंग्रेजी का तथा कभी-कभार उर्दू शब्दों का भी प्रयोग अपनी आलोचना में करते हैं। वे आलोचना को महज बुद्धि विलास न मानकर रसात्मक अनुभूति मानते हैं। बताते हैं, आलोचना को कुछ लोग विज्ञान मानते हैं तो कुछ लोग ललित साहित्य, किन्तु डॉ. नगेन्द्र का मानना है कि आलोचना, साहित्य, कला और विज्ञान का अद्भुत समन्वय है, क्योंकि आलोचना में साहित्य के समान कल्पना और बुद्धि का योग होता है। आलोचना का बाहरी शरीर, उनके अनुसार बुद्धि और तर्क पर ही स्थित है, किन्तु उसकी आत्मा कलात्मक है। उनके अनुसार आलोचना भी रसात्मक हो सकती है। डॉ. नगेन्द्र की 'आलोचना' सम्बन्धी कुछ टिप्पणियाँ इस प्रकार देखी जा सकती हैं–

1. हिन्दी-आलोचना– डॉ. विश्वनाथ त्रिपाठी, पृष्ठ 161, राजकमल प्रकाशन, दिल्ली, मू. 15 रु., 2017 ई.
2. साकेत : एक अध्ययन– डॉ. नगेन्द्र, पृष्ठ-18, दसवाँ संस्करण।
3. साकेत : एक अध्ययन– डॉ. नगेन्द्र, पृष्ठ-172.

(1) आलोचक की आत्मा कलामय है, किन्तु इसके शरीर की रचना वैज्ञानिक है।

(2) आलोचक कलाकृति के विवेचन-विश्लेषण के माध्यम से आत्मलाभ करता है।

(3) रसमयता की दशा में लेखक का हृदय अपने-पराये की भावना को छोड़कर सभी के साथ अभेद भावना (साधारणीकरण) का अनुभव करता है और इसी अभेद भावना का लाभ 'आत्मलाभ' कहा जाता है। इसी का दूसरा नाम आत्म-सिद्धि है।

(4) काव्य जीवन का आख्यान है और आलोचना काव्य का आख्यान।

(5) कवि जीवन का पुनः सृजन करता है और आलोचक काव्य का।

(6) आलोचना में आलोचक के हृदय की भावनाएँ और कल्पनाएँ साकार रूप धारण कर लेती हैं और उसमें हृदय और बुद्धि तत्त्व का मणिकांचन संयोग हो जाता है।

(7) किसी कृति की आलोचना करते समय आलोचक के मन में रसात्मक आनन्द का अनुभव होता है और वह आत्म-सन्तोष को प्राप्त कर लेता है।

(8) डॉ. नगेन्द्र ललित कलाओं में साहित्य को सर्वश्रेष्ठ मानते हैं।

(9) डॉ. साहब ने कवियों तथा लेखकों की रचनाओं की समीक्षा करते समय उनके भावों तथा सिद्धान्तों का नवीन वैज्ञानिक विश्लेषणात्मक रूप प्रकट किया है और उनके सर्वथा मौलिक तथा सटीक सिद्धान्तों की उद्‌भावना की है तथा अन्त में यह कि–

(10) डॉ. नगेन्द्र के अनुसार आलोचक एक विशिष्ट रसग्राही पाठक होता है।

कुछ लोग डॉ. नगेन्द्र को 'फ्रायडवादी आलोचक' कहते हैं, किन्तु ऐसा है नहीं। वे शुद्ध रसवादी आलोचक हैं। हिन्दी आलोचना में उनका महत्त्वपूर्ण दाय और देन रेखांकन करने योग्य है, फिर जिस डॉ. नगेन्द्र को हिन्दी आलोचना के ध्वजवाहक, अलम बरदार-जमींदार आचार्य शुक्ल ने पायेदार और टिकाऊ प्रमाणपत्र दे दिया हो–"काव्य की 'छायावाद' कहा जानेवाली शाखा चले काफी दिन हुए। पर ऐसाी कोई समीक्षा-पुस्तक देखने में न आयी, जिसमें उक्त शाखा की 'रचना-प्रक्रिया–(Technique) प्रसार की भिन्न-भिन्न भूमियाँ' सोच-समझकर निर्दिष्ट की गयी हों। केवल प्रो. नगेन्द्र की 'सुमित्रानन्दन पन्त' पुस्तक ही ठिकाने की मिली है।"[1] उसे किसी अन्य से आलोचकीय अनुशंसा की जरूरत ही क्या है?

डॉ. नगेन्द्र की कुछ प्रमुख कृतियाँ

आलोचना–सुमित्रानन्द पन्त : 1938, साकेतः एक अध्ययन : 1940, विचार और अनुभूति : 1944,रीति काव्य की भूमिका तथा देव और उनकी कविता : 1950, रस- सिद्धान्त : 1964, मिथक और साहित्य : 1979, आधुनिक हिन्दी नाटक : 1940, विचार और विवेचन : 1940, विचार और विश्लेषण : 1955, आधुनिक हिन्दी कविता की प्रमुख प्रवृत्तियाँ : 1951, भारतीय काव्य शास्त्र की भूमिका : 1956, अनुसन्धान और आलोचना : 1961, रस सिद्धान्त : 1964, आलोचक की आस्था : 1966, काव्य बिम्ब : 1967, आस्था के चरणः 1967, नयी समीक्षा : नये सन्दर्भः 1969, भारतीय सौन्दर्य शास्त्र की भूमिका :1970, शैली विज्ञान : 1976, कालजयी कृतियाँ और कृतिकार : 1980, साहित्य का समाजशास्त्र : 1982, पाश्चात्य समीक्षा

1. हिन्दी साहित्य का इतिहास– आचार्य रामचन्द्र शुक्ल, पृ. 564, नागरी प्रचारिणी सभा, काशी।

शास्त्र : सिद्धान्त और परिदृश्य : 1982, चिन्तन-अनुचिन्तन : 1983, पाश्चात्य समीक्षा शास्त्र : सिद्धान्त और परिदृश्य : 1984, समीक्षा और आचार्य शुक्ल की काव्य दृष्टि : 1986, अरस्तू का काव्य शास्त्र आदि।

निबन्ध— काव्य चिन्तन : विचार और विश्लेषण।

संस्मरण— मेरा व्यवसाय और साहित्य-सृजन, बी.बी : एक संस्मरण।

यात्रा संस्मरण— अप्रवासी की यात्राएँ।

आत्मपरक— आस्था के चरण।

सम्पादन— भारतीय काव्य शास्त्र की परम्परा : 1956, रीति श्रृंगार : 1954, हिन्दी ध्वन्यालोक : 1952, कवि भारती : 1953, हिन्दी काव्य अलंकार सूत्र : 1954, हिन्दी वक्रोक्ति जीवितं : 1955, भारतीय नाट्य साहित्य : 1955, भारतीय काव्य शास्त्र और सिद्धान्त, काव्य प्रकाश, हिन्दी अभिनव भारती : 1957, नाट्य दर्पण आदि।

कविता— बनमाला और छन्दमयी तथा मर्मकथा।

रेखाचित्र— चेतना के बिम्ब : 1967, इनके अलावा 5 अंग्रेजी पुस्तकें आलोचना से सम्बन्धित।

(5) शताब्दी के आलोचक : आचार्य नन्ददुलारे वाजपेयी[1] (1906—1967)

— डॉ. विजय बहादुर सिंह

मैं जब आचार्य वाजपेयी को पढ़ रहा था तो देखा कि वे अपने प्रिय कवियों में से एक श्री जयशंकर प्रसाद की विशिष्टता और महत्त्व को रेखांकित करने की प्रस्तावना से पूर्व द्विवेदी युगीन कवियों और काव्य गतिविधियों का बहुत गहरा और दो टूक विश्लेषण करने में लगे हुए है। एक आलोचक के रूप में उनकी प्रमुख चिन्ता खड़ी बोली हिन्दी भाषा की शक्तियों और सम्भावनाओं को टटोलने की तो है ही, खड़ी बोली समाज की ऐतिहासिक जिम्मेदारियों और करवटों का लेखा-जोखा लेना भी है। और यह सब वे उस समकालीन साहित्य के सन्दर्भ में कर रहे हैं जो एक खास प्रकार की मनोभूमि पर लिखा जा रहा है। निस्सन्देह ऐसा करते हुए उनका बुनियादी साहित्य बोध तो काम कर ही रहा है, वह इतिहस बोध भी काम कर रहा है जो साहित्य और समाज के रिश्तों की मर्यादाएँ परिभाषित करता है, साथ ही साहित्यिक सृजनशीलता की सामर्थ्य और असामर्थ्य के निर्धारण में उसके पाठकों की मदद भी करता है। उनके इन विश्लेषण को देखते हुए यह भी कहा जाना जरूरी होगा कि वे एक दृष्टि सम्पन्न आलोचक हैं और ढेर सारी रचनाओं और प्रतिभाओं के बीच से अपने काम लगने लायक लेखकों अथवा कवियों को चुन रहे हैं। निश्चय ही इस प्रक्रिया में बहुत लोग छूटे होंगे। मसलन, मैथिलीशरण गुप्त और हरिऔध चुने गए किन्तु गुरु-भक्ति सिंह भक्त, रामनरेश त्रिपाठी छूट गये। यहाँ तक कि उस समय के और भी कई जाने-माने नाम। इसी तरह जयशंकर प्रसाद, निराला, कविवर पन्त लिये गये पर मुकुटधर पाण्डेय छूट गये हैं। राष्ट्रीय काव्यधारा और छायावाद के बीच के कवि माखनलाल चतुर्वेदी, बालकृष्ण शर्मा 'नवीन', सुभद्रा कुमारी चौहान आदि। मानना होगा कि यह भी आलोचक की अपनी स्वतन्त्रता है जिसका खतरा वह इन चयनों में उठाता है। एक इतिहासकार को सम्भवतः ऐसी सुविधा और आजादी कभी नहीं मिल पाती किन्तु आलोचक प्रत्येक समय इस सुविधाप्रद स्थिति में रहता है भले ही उससे कोई पूछे नहीं, यह भी सम्भव है कि अपने लिये उसका जो चयन है, उसे नकार दिया जाय, कोई एक भी उसके इन निर्णयों का साथ न दे, यह सब सम्भव है। एक आलोचक, खासतौर से असाधारण और दृष्टि सम्पन्न

1. जीवन और समाज के प्रति प्रखर आलोचनात्मक दृष्टि रखनेवाले समस्याओं की जटिलता की पहचान और शिनाख्त करने और उन समस्याओं के सन्दर्भ में किसी सरल नुस्खे की तलाश करनेवाले उस लेख के लेखक डॉ. विजय बहादुर सिंह (भोपाल) के पास अपना विश्व बोध है, चीजों को देखने के लिये जरूरी दृष्टिबिन्दु है।

आलोचक को तो यह सब करना ही पड़ता है। इसी के मार्फत तो वह यह प्रमाणित कर पाता है कि सचमुच वह आलोचक है क्योंकि उसे प्रतिभाओं को पहचानना आता है। आचार्य नन्द दुलारे वाजपेयी मेरे लिये इसी रूप में एक मार्गदर्शक और प्रेरक आलोचक के रूप में आते हैं।

यह तथ्य है कि सागर विश्वविद्यालय की एम.ए. की कक्षाओं में मैं उनका विद्यार्थी रहा। लघु शोध प्रबन्ध से लेकर पी-एच.डी. के शोध प्रबन्ध लिखने तक वे मुझे सिखाते और मेरी दृष्टि को माँजते-सँवारते रहे। इससे भी कहीं अधिक यह कि जीवन के आखिरी दो-तीन साल मैं उनके निजी सहायक के तौर पर यात्राओं में साथ रहा। यहाँ मुझे कुछ और भी अविस्मरणीय अनुभव हुए। उनका मानव बोध, उनकी सहज मनुष्यता शील, शिष्टता और गाम्भीर्य साथ ही अपने बड़प्पन को खूबसूरती में रूपान्तरित कर मिलने-जुलनेवालों को आतंकमुक्त रखना यह सब उनमें मुझे महसूस हुआ। वह तरलता और औदात्य भी जिसकी वे सचमुच प्रतिमूर्ति थे। उनकी उदारता का लाभ अपात्रों तक भी पहुँचता रहा होगा, इससे इन्कार नहीं किया जा सकता, किन्तु उस अगाध गहराई और अपरिमित विस्तार का हम क्या करें जिसमें प्रत्येक जरूरतमन्द के लिये वे अवढरदानी शिव की तरह निरन्तर उपलब्ध होते रहे। हममें से कइयों को उनके प्रति ढेरों शिकायतें हो सकती है, पर जो क्षमतावान् था, सम्भावनाशील था, प्रतिभासम्पन्न था, उस पर उनकी निगाह न जाये, ऐसा हो नहीं सकता था। वह जाती ही थी। नये कवियों में अज्ञेय के बाद वे धर्मवीर भारती की प्रतिभा के कायल थे। कभी-कभी यह कहकर कि भारती केवल नये नहीं है, परम्परा-बोध भी उनका काफी पुष्ट है, वे भारती को अधिक महत्त्व देने लगते थे। उनके इन व्यवहारों से मैंने समझा कि उनके आग्रह क्या हैं? जैसे कि नवता या मौलिकता तो पहली चीज है ही, उन्मेष किसी प्रतिभा का दुर्लभ लक्षण है किन्तु वह परम्परा से संवाद करती हुई आयी है या नहीं या फिर आकाश बेलि-सी कोई ऊपरी और फौरी प्रक्रिया है, इस पर वे बहुत ध्यान देते थे।

गद्य में तो वे रूप और शिल्प या शैली की कलम लगाना मंजूर भी कर लेते किन्तु कविता पर उनकी निगाह बहुत अनुशासनबद्ध और उत्तरदायित्वपूर्ण थी। इसका एक कारण तो यह कि कविता की बहुत लम्बी परम्परा इस देश के पास है। उसके बारे में बहुत कुछ सोचा, समझा, कहा और सुना गया है। कविता पढ़ते और उसके बारे में सोचते हुए उनके फैसलों में यह परम्परा निरन्तर हाथ बँटाती रहती थी। फिर वे केवल पूरब के यानी भारतीय-साहित्य चिन्तन की परम्परा से परिचित नहीं थे। यूरोप और बाद में अमेरिका आदि के नवीनतम साहित्य-चिन्तन से भी उनका घनिष्ठ परिचय था। वहाँ के 'सौन्दर्य' और यहाँ के 'रस' को समन्वित कर अन्ततः वे उस जातीय और ऐतिहासिक बोध और दृष्टि के पास आ खड़े होते थे, जहाँ काव्य तथा कलाएँ हमारी राष्ट्रीय अस्मिताएँ बन जाया करती हैं। उनके मन में यह बात निरन्तर रहा करती थी कि कला हो अथवा साहित्य, सबका काम राष्ट्रीय जीवन और उसकी प्राणवन्त चेतनाओं का उन्नयन करना है। और यह भावाश्रित पद्धति से ही सम्भव होगा साहित्य इन सबका भावाश्रित रूप ही तो है।

साहित्य के प्रति अपने इन महनीय आदर्शों के चलते वे द्विवेदी युगीन खड़ी बोली काव्य, अस्तगामी ब्रजभाषा कविता, राष्ट्रीय आन्दोलन, नवजागरण की चेतना, राष्ट्रीय नवनिर्माण और

उससे जुड़े सपनों के साथ-साथ, कविता और सार्वभौमिक मानव मन के सहज स्वाभाविक सम्बन्धों की गतिशील भंगिमाओं की अपेक्षाओं से भरे हुए थे। अगर इतने वे न होते तो मेरे जैसे छात्र के लिये आकर्षण और प्रेरणा के केन्द्र कभी न बनते।

एक शाम की याद मुझे है। उज्जैन के अपने कुलपति-निवास के हरे-भरे लॉन पर बैठे वे सूरज का डूबना देख रहे थे। मैं उनके समीप एक कुर्सी लेकर बैठा तो अकस्मात् कहने लगे—"मेरे लिये आदर्श आलोचना शुक्ल जी द्वारा लिखित 'भ्रमर गीत सार' की भूमिका है।" यह जिज्ञासा करने पर कि उसमें ऐसा क्या असाधारण है जो आपको प्रेरित करता है तो जवाब दिया— "वह बहुत वस्तुपरक है, साहित्यिक है और वस्तु तत्त्व और अभिव्यञ्जना पक्ष दोनों के साथ परिपूर्ण न्याय करती है। आलोचक का काम यही होना चाहिए कि बगैर किसी विचारधारात्मक आग्रह के वह कवि का वस्तुपरक अनुशीलन करे और उसकी विशिष्टिताओं की पहचान कर उन्हें रेखांकित करे।" कहा तो नहीं और मैंने पूछा भी नहीं पर मन में उनके 'जायसी ग्रन्थावली' की शुक्ल जी की भूमिका भी रही होगी, तुलसी पर लिखी समीक्षा भी।

एक और बात उनके लेखन में जो मेरी चेतना से टकराती थी और जहाँ वे जाने-अनजाने आचार्य शुक्ल के रास्ते और दृष्टि पथ पर थे वह बात मुझे बेहद प्रभावित किया करती थी। और आज तो ऐसा लगता है कि उनके पास सचमुच एक भविष्यदर्शी निगाह थी। अपनी आलोचनाओं में वे जब-तब एक शब्द साम्राज्यवाद या साम्राज्यवादी का प्रयोग कर बैठते थे और जब उनकी भाषा बेहद चिन्ता बोझिल और कुछ-कुछ तनावपूर्ण हो उठा करती थी। एक जगह वे लिखते हैं—अपने समय के समाज में पश्चिम की साम्राज्यवादी नीति और भारत का उसके प्रति अदम्य विद्रोह आँखों देखा दृश्य है। देश की सीमा में समाज की नयी संघटना और तत्सम्बन्धी अनिवार्य परिवर्तनों के लिये हम सभी प्रयत्नशील रहे हैं। संगति और व्यवहार के क्षेत्र में हम अपने आध्यात्मिक आदर्शों को छोड़ नहीं सके हैं, बल्कि उन्हें नये रूपों में अपनाने की चेष्टा की है। व्यक्ति के असीम आध्यात्मिक मूल्य को स्वीकार करते हुए भी हम व्यक्तिवादी नहीं है। सामाजिक अर्थनीति के क्षेत्र में समाजवादी व्यवस्था को स्वीकार करते हुए भी हम 'वैज्ञानिक' या 'अवैज्ञानिक' किसी प्रकार के भूतवादी नहीं हैं।

यह सब कहकर वे चुप नहीं रह जाते। यह तो उनकी आलोचना-यात्रा का मध्य भाग है। उत्तर भाग में उनकी ये चिन्ताएँ बेहद बढ़ जाती हैं। वे लिखते हैं— "नये समीक्षकों ने साहित्य की स्वदेशी परम्परा से क्रमशः सम्बन्ध-विच्छेद करके एकमात्र पश्चिम की नयी विवेचना को ही अपना लिया है। इस प्रकार नया साहित्य और नयी समीक्षा दोनों ही बहुत कुछ विदेशी अनुकृति की दिशा में बढ़ते जा रहे हैं।" परिणामतः उनकी रचना में जातीय मनोभावों और प्रेरणा-भूमियों की विरलता आती जा रही है। साहित्य में विशिष्ट समग्रता और गाम्भीर्य कम होता जा रहा है। लेखकों में दायित्व-बोध की कमी और दृष्टिकोण में व्यक्तित्व की गम्भीरता घट गयी है। इसलिये आज जब हम सम्पूर्ण राष्ट्रीय साहित्य और कला को इतिहास के धरातल पर रख उसकी समन्वित व्याख्या के लिये आगे बढ़ेंगे तो निराशाएँ हाथ लगेंगी। वे आग्रह करते हैं कि, "हमारी दृष्टि राष्ट्रीय दायित्व से सम्पन्न हो तथा उसमें तलस्पर्शी गम्भीरता और संवेदना हो। साथ ही किसी वाद या विचारधारा की पुष्टि के लिये स्वीकृत राष्ट्रीय मानों की अनदेखी न की जा सके।"

एक ओर साम्राज्यवादी विचारधाराएँ हैं तो दूसरी और स्वदेशी परम्परा और राष्ट्रीय विचारधारा जिसे वाजपेयी जी सुविधा के लिहाज से भूतवादी के बरक्स अध्यात्मवादी कहते हैं। इस बात पर काफी भ्रम है। कुछ पुराणपन्थी और दकियानूस लोग उसे अपने अर्थों की संकीर्णता और रुढ़ियों से घेर कर अर्थ का अनर्थ भी लगाते और अपने पक्ष में उसका दुरुपयोग करते रहते हैं। वाजपेयी जी को इस खतरे का अनुमान नहीं था, ऐसा भी नहीं था, और खूब था। इसलिये एक सवाल के जवाब में उन्होंने स्पष्ट करना जरूरी माना कि साहित्य की आध्यात्मिकता से उनका आशय क्या है– "साहित्य की रचना और संवेदना एक मानसिक पदार्थ है, जो जितनी गम्भीर होगी उतनी ही आध्यात्मिक कही जायेगी। इस दृष्टि से आप मुझे गम्भीर संवेदनाओं का प्रेमी कह सकते हैं। यदि अध्यात्म से आशय कुछ और हो और आध्यात्मिक साँचे से मुझे किसी मतवाद की सीमा में रखने का प्रयत्न किया जा रहा हो तो मैं इसे स्वीकार नहीं करता।"

एक और जगह वे लिखते हैं– "साहित्य की आध्यात्मिकता से यही आशय है कि उसका रचयिता अपनी रचना के समय अतिशय उदार और गम्भीर मानवीय गुणों से सम्पन्न होता है। गाँधी जी ने प्रयत्न किया था कि वे राजनीति को भी आध्यात्मिक बना दें, अर्थात् उसमें से सारी कटुता, मलीनता और स्वार्थपरता को निकाल कर, उसे स्वच्छ मानवीय विकास का उपकरण बना दें...गाँधी जी की निःस्वार्थ सेवा का आदर्श लोगों ने भुला दिया। जब से भारतीय राजनीति 'सेक्यूलर' कहलाने लगी, तब से गाँधी जी की उदात्त शिक्षा उसमें से घटती ही चली गयी। 'सेक्यूलर' का अर्थ यदि मानवीय माना जाता तो सम्भव था कि गाँधी जी की कल्पना इतनी छिन्न-भिन्न न होती।" इतना कह लेने के बाद अब यह समझना व्यर्थ होगा कि वाजपेयी जी की समीक्षा का अध्यात्म और उनके आध्यात्मिक साँचों का अर्थ क्या था।

आज प्रायः वे लोग जिनका अपना एक कट्टर मतवाद है और जिन्होंने भारत से कहीं अधिक पश्चिम का उड़ता-पुड़ता अध्ययन कर लिया है, और इस बहाने कोई ऐसा निर्द्वन्द्व सत्य पा लिया है जिसके बरक्स शेष सारे सच मिथ्या और बेमानी हैं, वे हिन्दी भाषा और उसके समाज की अन्तःचेतना और स्वाभाविक प्रवृत्तियों की परवाह करने की सजगता तो दूर सामान्य शालीनता भी नहीं दिखा पा रहे हैं। एक ओर मध्यवर्गीय व्यक्तिवाद, वैयक्तिक स्वतन्त्रतावाद तो दूसरी ओर राजनीतिक प्रगतिवाद और शास्त्रान्ध मार्क्सवाद है। याद करें तो तार-सप्तक के प्रकाशित होते ही, जब साथी आलोचक अचकचाये हुए या फिर चुप्पी-सी साधे हुए थे, वाजपेयी जी अभिमन्यु की तरह उन सात महारथियों से भिड़ते हुए 'प्रयोगवादी रचनाएँ' जैसा द्वन्द्व लेख लिख रहे थे।

प्रच्छन्न कलावाद, व्यक्तिवाद और प्रयोगवाद पर उन्होंने जो वैचारिक हमले किये, आज उनके ब्योरों में जाने की जरूरत है। क्यों दूसरा सप्तक (1951) की भूमिका में हारकर सम्पादक अज्ञेय को ये वाक्य लिखने पड़ें– "प्रयोग का कोई वाद नहीं है। हम वादी नहीं रहे।...हमें प्रयोगवादी कहना उतना ही सार्थक या निरर्थक है जितना हमें कवितावादी कहना।" सम्पादक अज्ञेय ने यह भी माना "प्रयोग अपने आप में इष्ट नहीं है। वह साधन है।" तथापि यह लिखने से भी स्वयं को रोक नहीं सके कि, "श्री नन्ददुलारे वाजपेयी का प्रयोगवादी रचनाएँ शीर्षक निबन्ध तर्क विकृति का आश्चर्यजनक उदाहरण है। इस प्रकार के आक्षेपों का उत्तर देना एक निष्फल

प्रयोग होगा और हम कह चुके हैं कि निष्फल प्रयोगों का कोई सार्वजनिक महत्त्व नहीं है।" इस वैचारिक युद्ध की याद करते हुए आलोचक नन्ददुलारे वाजपेयी ने अपने ग्रन्थ 'नया साहित्य नये प्रश्न' (1955) में लिखा, "खैरियत यह हुई कि यह अहिंसात्मक युद्ध किसी के सिरे नहीं बीता, पर हृदय-परिवर्तन बहुतों का हुआ है। बहुत से प्रयोगवादी नये सिरे से समझदार हो गये हैं और कई तो खेमा छोड़कर बाहर चले गये हैं।" वाजपेयी जी को इस 'वाद' से इतनी चिढ़ क्यों थी इसका उत्तर उनके इस कथन में हैं– "यह वाद हिन्दी में आरम्भ से ही मध्यवर्ग के हार खाये और फिर भी शौकीन तबीयतवाले व्यक्तियों के हाथ में रहा है, पिछले कुछ दिनों से इसमें इन निष्क्रिय व्यक्तियों की निराशा और गिरा हुआ मन प्रतिबिम्बित होने लगा है। आश्चर्य नहीं यदि निकट भविष्य में यह वही रंगत धारण करे जो पश्चिम में अतियथार्थवादियों की रचनाओं ने धारण किया है। यहाँ भी वाजपेयी जी एक और प्रकार से पश्चिमी अनुकरणवाद के प्रति भारतीय प्रतिभाओं की अनुगामिता को लेकर सन्देहशील हो उठे हैं। चिन्तित तो खैर वे हैं ही।

प्रगतिवाद के प्रति भी उनकी आपत्तियाँ कुछ कम नहीं है। साहित्य में यथार्थ की सत्ता को स्वीकार करते हुए वे उसके वर्गीय दृष्टिकोण और विभाजन से सहमत नहीं है। वे विकास के द्वन्द्ववादी सिद्धान्त से भी असहमति प्रकट करते हुए यह कहते हैं कि साहित्य की और समाज की प्रगति मेरे लिये द्वन्द्वात्मक नहीं, धारावाहिक है। किन्तु साहित्य की 'निष्ठामयी रागिनी' और 'जनवादी स्वर' के वे हमेशा पक्षधर रहे और लिखा– "छायावाद और प्रगतिवाद की साहित्य धाराओं के बीच बहुत बड़ी खाईं कुछ समीक्षकों ने तैयार कर दी थी जिसे पाटने का कार्य मैंने करना चाहा है। मुझे इन दोनों धाराओं के बीच दो ही तीन मुख्य अन्तर दिखायी पड़े हैं जिन्हें मैं बहुत अधिक तात्त्विक नहीं मानता। पहला अन्तर शैलीगत है। दूसरा दार्शनिक जीवन-साँचे का और तीसरा साहित्यिक निर्माण-पद्धति का। प्रगतिवादी लेखक और कवि सिद्धान्त विशेष का आग्रह रखते हैं और अधिकतर उसी के माध्यम से अपने साहित्य निर्माण की सामग्री एकत्र करते हैं। जहाँ तक मेरा अपना सम्बन्ध है मैं साहित्यिक शैलियों की विविधता का स्वागत करता हूँ क्योंकि उससे साहित्य में समृद्धि आती है। इसी तरह जीवन साँचों का अन्तर भी मुझे किसी बड़ी कठिनाई में नहीं डालता, यद्यपि मैं अपने तईं आध्यात्मिक साँचे का पक्षपाती हूँ। इतना ही नहीं उच्च-कोटि के साहित्य-सृजन में वाद या वाद विशेष का अनुकरण मुझे बाधा जान पड़ता है। एक जगह वे यह भी लिखते हैं कि किसी राजनीतिक विचार धारा से बँधकर साहित्य रचना करना तो और भी घातक है। इससे लेखक की स्वाधीनता कलंकित और बाधित होती है।

इस पृष्ठभूमि पर आकर जब मैं फिर विचार करता हूँ तो मुझे उनका राष्ट्रीय साहित्यवाला मुहावरा याद आता है जो आखिरी दिनों में लिखी उनकी आलोचनाओं का लगभग मुहावरा-सा बन चुका था। अपने समय के तमाम समकालीनों से पहले न जाने क्यों वे पश्चिम के बारीक सांस्कृतिक हमलों की आहटों के प्रति क्योंकर इतने सचेत और संवेदनशील हो उठे थे, यह एक महत्त्वपूर्ण सवाल है। क्यों वे अपने समय के तमाम आधुनिकतावादियों से यह पूछ रहे थे कि क्या इस आधुनिकता का कोई अपना भारतीय सन्दर्भ भी है? या फिर 'पूँजीवादी' और 'समाजवादी' देशों की आधुनिकता ही हमारी अपनी भी आधुनिकता है? उन्होंने साफ-साफ

लिखा वस्तुतः हम राष्ट्रीय परिवेश में आधुनिकता की प्रतिष्ठा चाहते हैं परन्तु इस कारण हमें किसी संकीर्ण राष्ट्रीयता का पुरस्कर्ता कहना अन्याय होगा। हम जिस आधुनिकता को भारतीय वातावरण में देखने के प्रयासी हैं, वह आधुनिकता विश्वजनीय है परन्तु उसकी जड़ें और बुनियाद हमारे राष्ट्रीय परिवेश की रहनी चाहिए। जिस व्यक्तिवाद की विचारधारा यूरोप के लिये उपयुक्त हो सकती है कदाचित् हमारे देश के लिये वह उतनी उपयुक्त नहीं हैं क्योंकि हमारे देश में समाज और व्यक्ति का वह विच्छेद घटित नहीं हुआ जो यूरोप और अमेरिका की राष्ट्रीय चिन्तन में घटित हो चुका है। भारतीयता से हमारा आशय उस स्वाभाविक विकास से है जो हमारी राष्ट्रीय चेतना के अनुरूप हो सकता है और है।

इस सन्दर्भ में मैं जब डॉ. रामविलास शर्मा के विचारों को देखता हूँ तो वाजपेयी जी की तुलना में वे मुझे कुछ ज्यादा ही तीक्ष्ण और आक्रामक दिखायी देते हैं– "सारी सामन्त विरोधी परम्परा को उलटकर एक प्रतिक्रियावादी रीति से अपने को जोड़ना यह हमारे आधुनिकता-बोधवालों का काम है। वे विशुद्ध प्रतिक्रियावादी हैं, अपने को छिपाते हैं पचास तरह से। ये जहाँ सामन्तवाद से जुड़े हैं, वहाँ कहीं-न-कहीं साम्राज्यवाद का मुख्य सामाजिक आधार है—सामन्तवाद। इसीलिये यदि उन्हें पश्चिम के पतनशील साहित्य में आधुनिकता बोध के मूल्य दिखलायी देते हैं, और वहाँ से वे आलोचना के मानदण्ड लाते हैं, तो उसको रीतिवाद से जरूर जोड़ेंगे, तब उन्हें शुक्ल जी और छायावादी सब विरोधी दिखायी देंगे।...जिसे ये लोग आधुनिक कहते हैं, वह दरअसल बहुत पिछड़ी हुई विचारधारा है।...साम्राज्यवाद भी आधुनिक है, मजदूर वर्ग भी आधुनिक है। रूस भी आधुनिक है, रीगन भी आधुनिक है। इस भ्रामक शब्द को छोड़ना होगा ...यह सब जो कम विकसित देशों में आधुनिक के नाम पर पेश किया जाता है, वह वस्तुतः पश्चिम की पुरानी चीजों की तलछट है। इसलिये हमारा कहना यह है कि कसौटी इस बात को बनाओ कि छायावादी कवि मनुष्य के मन को, बाह्य जगत् को कहाँ तक पहचान सके? और उस पहचान की क्या खामियाँ हैं, हम कहाँ तक उन्हें दूर कर, पहचान को आगे बढ़ा रहे हैं। हम आधुनिक हैं, वे नहीं—यह भेद बहुत ही सतही और गुमराह करनेवाला है।"

पुरुषोत्तम अग्रवाल से यह बातचीत करते हुए डॉ. शर्मा ने पूछा– "वे कौन लोग हैं जो चाहते हैं कि आप अमेरिकी साम्राज्यवाद की आलोचना न करें? तुम जहाँ ये प्रश्न करोगे, आधुनिकता-बोध का रहस्य प्रकट हो जायेगा। अस्तित्ववाद मार्क्सवाद के विरोध में प्रस्तुत की गयी अन्तरराष्ट्रीय विचारधारा है, जिसे आधुनिकता-बोध के नाम से छिपाया जाता है। मुक्तिबोध भी इससे बुरी तरह प्रभावित थे। उनके सारे अन्तर्विरोध इसलिये हैं कि वे मार्क्सवाद को छोड़ नहीं सकते और अस्तित्ववाद को पूरी तरह अपना नहीं सकते थे।"

आचार्य वाजपेयी अपने निर्णायक अन्दाज में लिखते हैं– "जब आधुनिकता को ही रीतिबद्ध किया जा रहा है और कुछ विशेष प्रकार की काव्य-सृष्टियों को ही आधुनिकता का प्रतिमान माना जा रहा है, तब वह आधुनिकता सच्चे काव्य-सृजन के आड़े आती है और हमारे नये कवियों और लेखकों की मौलिक उद्भावनाओं को क्षतिग्रस्त करती है...और पश्चिमी आकाश-कुसुमों की ओर नयी प्रतिभाओं को अटका रखना कोई आधुनिकता नहीं है। इसका विरोध भारतीयता से है, और रहेगा।

इतने तीखे कठोर और दो टूक अन्दाज में लिखते हुए वाजपेयी जी ने यह लिखना भी जरूरी माना कि, "कुछ लोग समझते है कि पश्चिम की नयी काव्य शैलियाँ ही आधुनिकता का एकमात्र प्रतिमान है। यदि ऐसा हो तो भी उनका अनुकरण हम अपने देश में नहीं कर सकते। अनुकरण अपने में ही एक हीनता की द्योतक वस्तु है।"

इस बिन्दु पर पहुँचकर हम यह निष्कर्ष भी चाहें तो निकाल सकते हैं कि छायावाद से लेकर नयी कविता तक, भारतेन्दु से लेकर प्रेमचन्द, रेणु और जैनेन्द्र-अज्ञेय तक या फिर धर्मवीर भारती के 'गुनाहों का देवता' और 'सूरज का सातवाँ घोड़ा' तक यदि वाजपेयी जी की व्यावहारिक समीक्षा का क्षेत्र फैला हुआ है तो उनकी सैद्धान्तिक समीक्षा एक प्रकार से भारतीय चिन्तन परम्परा की धारावाहिकता और एकसूत्रता की खोज और स्थापना में लगी हुई है। नूतन उद्भावना, अनुभूति की गहराई, दमदार कल्पना शक्ति और जातीय जीवन-धारा का अविच्छिन्न प्रवाह और आस्थापरक जीवन मूल्यों के प्रति उनके आग्रह सुस्पष्ट है। किन्तु वे उस मतवाद और प्रचारवाद या फिर रीतिवाद या नीतिवाद के विरोधी भी हैं जो साहित्य को साहित्येतर मानदण्डों से मापने या समझने का आग्रह करते हैं। सम्भवतः यही कारण है कि वे प्रेमचन्द की तरह यह ध्रुव मान्यता रखते हैं कि साहित्य तो सभ्यता की मशाल है। वे प्रश्न करते हैं क्या महान लेखक-कवि और कलाकार अपनी कृतियों द्वारा शताब्दियों तक मानव-समूह की जीवन व्यवस्था का नियमन नहीं करते या नहीं कर सकते? क्या साहित्य समाज को और उसकी अर्थनीति और उत्पादन व्यवस्था को बदलने में सक्षम नहीं है? फिर उसे अनुवर्ती का स्थान क्यों दिया जाय?

उनके अनुसार इस रूप में साहित्य की अपनी अन्तर्निहित सत्ता है जिसका विस्फोट किसी एक भाषारूप में होता है। मानव चेतना की रूप विधायिनी शक्ति कल्पना उन तमाम घेरों का अतिक्रमण कर जाती है जो भौतिक परिस्थितियों द्वारा खड़े किये जाते हैं। वाजपेयी जी इसे मनुष्य की नैतिक चेतना कहते हैं। उनके अनुसार यह मानव सम्बन्धों को सम्पन्नता देती और मानव आकांक्षाओं की परितृप्ति द्वारा साहित्य की रसात्मक अनुभूमि को प्रांजल और परिपूर्ण बनाती है। इस नैतिक चेतना को अगर हम वैदिक साहित्य का 'ऋत्' मान लें तो उनके कथन की सत्यता भी प्रमाणित हो सकती है कि कवि अपनी अनुभूति को वैयक्तिक वासना की परिधि से जितना ही ऊपर उठा सकेंगे, साथ ही जिनकी रूप-सृष्टि में जितना ही सामंजस्य और एकतानता होगी, उनकी रचनाएँ उतनी ही अधिक रसात्मक होंगी। इस बिन्दु पर पहुँचकर वे यह भूल नहीं जाते कि कवि के जीवन सम्बन्धी दृष्टिकोण का तब क्या होगा। कहीं इस सारी प्रक्रिया में एकान्तिकता तो नहीं आ जायेगी? उत्तर देते हुए वे लिखते हैं ध्वनि और रस का सम्पूर्ण प्रयोजन ही काव्य को कल्पना की व्यक्तिगत परिधि से हटाकर लोक सामान्य आस्वादकता के क्षेत्र में पहुँचा देना है।

यही वाजपेयी जी की भारतीय साहित्य शास्त्र सम्बन्धी अन्तर्दृष्टि और परम्परा पर ध्यान देना होगा। 'नया साहित्य नये प्रश्न' में उन्होंने भारतीय और पाश्चात्य काव्य मतों की सारगर्भी विवेचना प्रस्तुत की है। यहाँ हमें उनके सुव्यवस्थित इतिहास-बोध और सूक्ष्म तत्त्वबेधिनी दृष्टि का चमत्कारी अनुभव होता है। शास्त्र का पाण्डित्योपचार करने के बजाय वे उसकी आत्मा का

निदर्शन जिस कौशल से कराते हैं, वह अपूर्व है। पर जो बात हमें सबसे ज्यादा प्रभावित और विमुग्ध करती है वह इससे भी बड़ी है और वह है भारतीय साहित्य शास्त्र के विभिन्न मतवादों की भिन्नता को भुलाकर उनकी एकरूपता और धारावाहिकता का निदर्शन।

'भारतीय साहित्य शास्त्र की रूपरेखा' वाले निबन्ध में सबसे पहले वाजपेयी जी ने भारतीय काव्य चिन्तन का एक ऐतिहासिक विकास क्रम रेखांकित किया है जिसमें क्रमशः छह सोपान हैं—1. उद्भव काल से भरतमुनि के नाट्य शास्त्र तक 2. भरत मुनि से अभिनव गुप्त तक के दूसरे युग को वे अन्वेषण और विदग्धता का युग कहते हैं। 3. तीसरे को काव्य सम्प्रदायों का युग कहते हुए, उसे काव्य-तत्त्व-चिन्तन का वास्तविक युग कहते है। उनके अनुसार तिथियों की दृष्टि से यह युग एक सीमा तक उक्त द्वितीय युग के साथ-साथ चलता है और उसके पर्याप्त समय पश्चात् तक चलता रहता है। चौथे युग को वे समन्वय का युग कहते हैं जो दसवीं बारहवीं से यानी आचार्य मम्मट से सतरहवीं सदी के पण्डितराज जगन्नाथ—एक प्रकार से शाहजहाँ काल तक चलता रहा। अधिकांश साहित्य शास्त्री भारतीय काव्यशास्त्र के विकास की रूपरेखा को इसके आगे ले जाने के पक्षधर नहीं हैं किन्तु वाजपेयी जी इसके आगे भी जाते हैं और पाँचवें युग के रूप में विघटन और विकलन युग की चर्चा करते हैं जिसमें नवीनता लगभग नहीं है। छठवें को वे आधुनिक युग कहते हैं जो मुख्य रूप से पुनरूत्थान और नवजागरण के प्रकाश में प्रत्येक वस्तु का मूल्य पुनः अंकित करने की कोशिशों का युग है।

इन काव्य-चिन्तन युगों में वाजपेयी जी धारावाहिकता के साथ-साथ काव्य के निर्माण (देह) पक्ष और भाव पक्ष (आत्म) में एक पारस्परिकता देखते हैं। डॉ. राममूर्ति त्रिपाठी के अनुसार डॉ. डे आदि जबकि यह पारस्परिकता नहीं देख सके हैं। दूसरे जहाँ डॉ. डे. एवं डॉ. देशपाण्डे ने विकास के चरणों की सीमा पण्डित राज जगन्नाथ तक ही मानी वहीं वाजपेयी जी इसे एक सतत प्रवहमान् धारा के रूप में देखते हुए आधुनिक जीवन के नवजागरण काल तक विस्तार दिया है। डॉ. त्रिपाठी लिखते हैं कि वाजपेयी जी यहाँ एक व्याख्याकार मात्र नहीं हैं। उनका कार्य मौलिक चिन्तक का है।

स्वच्छन्दतावादी आलोचक माने जाने वाले आचार्य वाजपेयी की यह विशिष्टता सर्वत्र लक्षित की जा सकती है कि वे परम्परा के किसी एक प्रयास को अनास्था और अनादार की दृष्टि से नहीं देखते। शर्त बस इतनी है कि उसमें मौलिकता और तात्त्विकता हो। तर्क हो या वैज्ञानिकता। और इन सबसे ऊपर हो वह साहित्यिक दृष्टि जिसे आचार्य वाजपेयी सर्वोपरि और आधारभूत मानते हैं। रस-निष्पत्ति सम्बन्धी अपनी व्याख्या में वे चारों आचार्यों भट्ट लोल्लट भट्ट, शंकुक, भट्ट नायक और साधारणीकरण के आविष्कर्त्ता आचार्य अभिनव गुप्त के मतों पर विचार करते हुए लिखते हैं कि ये चारों क्रमशः काव्य की प्रेषणीयता और काव्य रस के आस्वादन की समस्या को समझाने का प्रयत्न करते हैं और इनमें से प्रत्येक मत समस्या के एक-एक पहलू को लेकर आगे बढ़ता है। कवि कल्पित नायक से लेकर अभिनेता के नाट्य-प्रदर्शन सहृदय के भावन और काव्य की ध्वन्यात्मकता के पक्षों की व्याख्या करनेवाले ये मत, हमारी दृष्टि में काव्य की एक अत्यन्त आवश्यक समस्या के उद्घाटन की एक क्रमबद्ध

योजना के रूप में उपस्थित किए गए है। यह बात दूसरी है कि खण्डन-मण्डन के वाग्जाल में पड़ जाने से उनका मूलवर्ती आशय या प्रयोजन भुला दिया गया हो। वाजपेयी जी की गम्भीर टिप्पणी ध्यान देने योग्य है—परम्परा सुरक्षित है, किन्तु उसका स्वरूप विकृत हो गया है।

साधारणीकरण की कुछ असाहित्यिक दलीलों को सामने रख वे वह प्रश्न करते हैं कि जो देवता या पुण्य चरित्र कवि के लिये पूज्य होकर भी रति आदि प्रसंगों में भावानुभव के हिस्से हो सकते हैं, वे ही चरित्र दर्शक या श्रोता के लिये भला क्यों न होंगे? ऐसी स्थिति में कवि द्वारा वर्णित देवताओं का रति भाव दर्शकों को उसी प्रकार प्रभावित करेगा—उसी भाव की सृष्टि करेगा जिस भाव की अनुभूति कवि या नाटककार ने स्वतः की है। उससे भिन्न भाव की सृष्टि हो ही नहीं सकती क्योंकि कवि की रचना में उससे भिन्न भाव की स्थिति ही नहीं है। साधारणीकरण का अर्थ रचयिता और उपभोक्ता-कवि और दर्शक के बीच भावना का तादात्म्य ही है। साधारणीकरण वास्तव में कवि-कल्पित व्यापार का होता है, केवल किसी पात्र विशेष का नहीं। वे आगे लिखते हैं— "इस तथ्य को न समझने के कारण ही साधारणीकरण के प्रश्न पर अनेक निरर्थक विवाद होते रहे हैं।" वाजपेयी जी के इस रस विवेचन और प्रतिभा चिन्तन पर सांगोपांग दृष्टिपात करते हुए ख्यात भारतीय काव्यशास्त्री डॉ. राममूर्ति त्रिपाठी लिखते हैं— "वाजपेयी जी के रस चिन्तन में उस सब बिन्दुओं के समाहार का प्रयत्न है जिससे उनका प्रास्थानिक वैशिष्ट्य, साहित्यिक दृष्टिकोण, भारतीय काव्य शास्त्र की पुनः रचना, काव्यास्वाद तथा रस-सिद्धान्त सभी पक्ष स्पष्ट हो सके।"

आचार्य शुक्ल से वाजपेयी जी जिन अन्य मुद्दों पर असहमत हैं उनमें से एक प्रबन्ध काव्य की सर्वश्रेष्ठतावाला भी है। समस्त छायावाद ही क्यों, भक्ति काव्य में सूर, कबीर आदि भी लोक में अपनी महानता की स्थापना प्रबन्ध के आधार पर नहीं, गीति या गीतिपरक मुक्तक के आधार पर करते हैं। उर्दू शायरी में तो प्रबन्धत्मकता के लिये विरल अवसर ही रहते हैं। मीर, ग़ालिब, फैज़ और फिराक़ की प्रतिभा के खयाल से भी देखें तो यही निष्कर्ष हाथ आता है कि गम्भीर जीवन-बोध और तपी-तपाई, निखरी हुई सटीक मार्मिक अभिव्यक्ति का प्रभाव कैसा बेधक होता है, उसका अनुभव इन महान् शायरों को पढ़ कर ही किया जा सकता है। अन्ततः कविता का उद्देश्य या उसकी चरम आकांक्षा मानव मन से निश्छल आत्म संवाद है। यह भावना के सहारे ही सम्भव है, व्यवसायात्मिकता बुद्ध से नहीं। वाजपेयी जी लिखते हैं, 'भावना की पूर्ण अभिव्यक्ति' तो प्रगीत काव्य में ही होती है। प्रगीत में ही कवि का व्यक्तित्व पूरी तरह प्रतिबिम्बित होता है। वह कवि की सच्ची आत्माभिव्यञ्जना है। अपने कथन को तर्कपूर्ण और कुछ और अधिक स्पष्ट करने के लिये वे लिखते हैं—"प्रबन्ध काव्य में दृश्य चित्रण और वस्तु चित्रण के साथ बहुत-सा इतिवृत्त भी लगा रहता है, परन्तु प्रगीत रचना में कविता इन समस्त उपचारों से विरत होकर केवल कविता या भाव-प्रतिमा बनकर आती है। संगीत के स्वरों की भाँति प्रगीत के शब्द ही अपनी भावना इकाइयों से कविता का निर्माण करते हैं उनमें शब्द और अर्थ, लय और छन्द अथवा रूप और निरूप्य की अभिन्नता हो जाती है। प्रबन्ध काव्य कविता का आवृत्त और आच्छादित रूप है। प्रगीत काव्य उसका निर्ब्याज निखरा हुआ

स्वरूप है। प्रबन्ध काव्य यदि कोई रसीला फल है, जिसका आस्वाद छिलके, रेशे और बीज आदि निकालने पर ही किया जा सकता है, तो प्रगीत रचना उसी फल का द्रव रस है, जिसे हम तत्काल घूँट-घूँट पी सकते हैं।"

जिन्हें आचार्य शुक्ल का साधानावस्था और सिद्धावस्था के काव्य का विभाजन ध्यान में होगा वे यह आसानी से अनुमान लगा सकेंगे कि साकेत, प्रिय प्रवास जैसी या फिर पथिक, नूरजहाँ, जयद्रथ वध जैसी प्रबन्ध कृतियों के समर्थन में खड़े आलोचक की प्रकृष्ट मेधा का आमना-सामना करते हुए वाजपेयी जी परम्परागत काव्य चिन्तन की स्थितिशीलता और अपर्याप्तता से लड़ते हुए परम्परा में क्या कुछ नया जोड़ते हैं। कामायनी आदि काव्यों को अगर छोड़ दें तो समूचा छायावाद प्रगीत काव्य ही तो है। किन्तु प्रसाद-निराला या प्रारम्भिक कवि पन्त की काव्य-प्रतिभा क्या मैथिलीशरण गुप्त, हरिऔध, रामनरेश त्रिपाठी और गुरुभक्तसिंह 'भक्त' या फिर बाद के उर्वशीकार कवि दिनकर की तुलना में छोटी है? वाजपेयी जी जैसे क्रान्तिदर्शी समीक्षकों के सामने काव्य की श्रेष्ठता-अश्रेष्ठता का प्रश्न भी था किन्तु इससे भी कहीं अधिक बड़ा प्रश्न अच्छी और महान कविता का भी था। हमारे अपने समय में एक समझदार कवि ने लिखा, 'जिस दिन अच्छी कविता लिखोगे' मारे जाओगे, निस्सन्देह अच्छी बकौल रघुवीर सहाय मूँड़ हिलाऊ कविता नहीं हुआ करती। किन्तु महान् कविता तो हमेशा ही सभ्यताओं के अँधेरों में मशाल की तरह आती है। उसमें मानव मन के अथाह और जटिल अँधेरे भी कम नहीं होते किन्तु उनके बीच आत्मा की चेतना का प्रकाश मोती की आभा की तरह झिलमिलाता रहता है। इसीलिये वाजपेयी जी ने कहा कि प्रबन्ध काव्यों की रूढ़िपरक औपचारिकताओं का पालन करने से भले ही रूढ़िवादी ढंग से कोई स्वयं को महाकवि भी कहने लगे किन्तु उसमें वह महानता तो नहीं ही होती जों वाल्मीकि, वेदव्यास, कालिदास अथवा तुलसी आदि कवियों में पाई जाती है। वाजपेयी जी ने तो 'रामचरितमानस' के साथ विनय-पत्रिका की महानता का भी सवाल उठाया। यह भी कहा कि, "आधुनिक गीति काव्य, विनय-पत्रिका के ही वंशज हैं। रामायण में यदि कर्म-सौन्दर्य खिल उठा है तो विनय-पत्रिका में भी प्रेम भावना चमक उठी है। इन दोनों में कौन-सा पक्ष अधिक काव्योपयोगी है, इस सम्बन्ध में कोई निर्णय विवाद से खाली नहीं हो सकता।"

प्रसाद, निराला को वे न तो कोरा कल्पनावादी कहते हैं न कोरा भाववादी विपरीत इसके वे कहते हैं—"इनके काव्य में मानव अनुभूतियों की यथार्थता सन्निविष्ट हुई है। दूसरे शब्दों में ये दोनों कवि सच्चे अर्थों में मानव-जगत की स्थितियों और अनुभूतियों के कवि हैं। इनके काव्य का केन्द्रीय तत्त्व जीवन को ऊपर से न देखकर उसके अन्तरंग में जाकर देखने का है। यही कारण है कि जब अन्य अनेक कवि जीवन-स्थितियों को छोड़कर केवल उसके आदर्श या अभिलषित रूप का निरूपण करने लगे हैं, तब इन दो कवियों ने मानव-अनुभवों का यथार्थ संस्पर्श कभी नहीं छोड़ा।"

"एक दूसरी विशेषता जो इन दोनों कवियों को श्रेष्ठंता प्रदान करती हैं, इनकी काव्य के प्रति अप्रतिक निष्ठा है। इन्होंने अपनी काव्य रचना में काव्य के बाह्य उपकरणों का प्रयोग नहीं किया।" निष्कर्ष रखते हुए समीक्षक वाजपेयी जी लिखते हैं— "महान् काव्य की विशेषता सदैव संश्लेषण में ही हुआ करती है। जीवन का बहुविध विकास और आदर्श भूमियों का कवि

के व्यक्तित्व में समाहार होने पर ही वास्तविक काव्य की सृष्टि होती है। अन्यथा काव्य में जीवन्त और अटूट समग्रता निर्मित नहीं हो पाती और कविता अपने सर्वोत्तम उत्कर्ष पर नहीं पहुँचती।" यही आधार और तर्क हैं जिनके बल पर वाजपेयी जी इन दोनों को बीसवीं शताब्दी के शीर्ष कवियों की संज्ञा देते हैं।

कभी ग़ालिब पर सोचते हुए फिराक़ गोरखपुरी ने कहा था—मीर बहुत बड़े 'मीर' थे लेकिन ग़ालिब बहुत बड़ा 'हम आप' हैं। ग़ालिब सृष्टि पर सृष्टि की मुहर लगाता है। वह अपने समय में मानव-धर्म का सबसे बड़ा प्रतिनिधि है। प्रत्येक महान् कविता अपने समय में यही काम करती है। प्रसाद, निराला की कविता ने यह काम नहीं किया आज कौन कह सकता है?

आचार्य वाजपेयी पर सोचते हुए न तो प्रसाद, निराला को दरकिनार किया जा सकता है, न प्रसाद, निराला पर सोचते हुए आचार्य वाजपेयी को। उनकी समीक्षा की खूबसूरती और विशिष्टता यही है कि वह न तो रूढ़ शास्त्रवाद से परिचालित होती है, न साहित्येतर विचारधाराओं और साम्प्रदायिक मतवादों से। वह प्रत्येक स्थिति में उस जमीन पर खड़ी मिलती है जिसे साहित्य की जमीन कहते हैं। खुद उन्हीं के शब्दों में, "साहित्य एक 'भावाश्रित रूप-सृष्टि' है जिसमें अनेक चरित्रों, दृश्यों, शब्दों, वर्णनों और अन्य उल्लेखों के द्वारा लेखक अपने जीवन अनुभव और मन्तव्यों को प्रकट करता है। इन अनुभवों और मन्तव्यों की व्याख्या और परीक्षा करता है। नाना अलंकारों और प्रसाधनों से वह अपनी इस रूप-सृष्टि को सजाकर उसे प्रेषणीय बनाता है। विविध दार्शनिक और नैतिक धारणाएँ और अन्यास इनमें स्थान पाते हैं। इस सम्पूर्ण सार्थक रूप-सृष्टि को ही काव्य, कला या साहित्य कहते हैं।" वाजपेयी जी आगे लिखते हैं, "सार्थकता के बिना काव्यात्मक रूप सृष्टि का कोई मूल्य नहीं है। और समीक्षक का काम इस रूप-सृष्टि में चयन और व्यवस्था का है और इसके लिये उसकी सम्पूर्ण विचार-बुद्धि और काव्य-प्रज्ञा अपेक्षित होती है। इस दृष्टि से उसका दायित्व कवि या स्रष्टा के दायित्व से कहीं अधिक हो जाता है। कवि तो अपने काव्य के लिये ही जिम्मेदार है जबकि समीक्षक अपने युग की सम्पूर्ण साहित्यिक चेतना के प्रति उत्तरदायी है। तुलसीदास ने समीक्षक को साहित्य-सरोवर का संरक्षक कहा है, पर वस्तुतः वह इससे भी अधिक होता है। संरक्षण तो वह करता ही है साहित्य की प्रगति का पुरस्कर्ता भी होता है। एक अर्थ में उसे 'जातीय जीवन का नियामक' ही कह सकते है।"

वाजपेयी जी यहीं साहित्य-समीक्षा की दो धाराओं का उल्लेख भी करते हैं। "एक वह जिसे संरक्षण शील या स्थिति शील धारा कहते हैं। दूसरी वह जिसे रचनात्मक-सृजनशील या प्रगतिशील धारा कहते हैं। पहली धारा मुख्यतः साहित्यिक चारुता और परिष्कार की आग्रही होती है जबकि दूसरी धारा प्रगल्भ भावोन्मेष के प्रति अपने झुकावों पर बल प्रकट करती है। वाजपेयी जी स्वयं को इसी दूसरी धारा यानी कि सृजनशील प्रगतिगामी धारा का मानते हैं क्योंकि उनका यह भी दृढ़ विश्वास है कि समीक्षा न तो रचना-विशेष की अनुचरी होती है न ही उसका कठोर नियंत्रण करनेवाली अधिनेत्री। वह 'वस्तुतः इन दोनों से बहुत भिन्न है। वह रचनात्मक साहित्य की प्रिय सखी, शैभैषिणी सेविका और सहृदय स्वामिनी कही जा सकती है।" लेकिन वाजपेयी जी यह कहने

की सावधानी भी प्रदर्शित करते हैं कि, "समीक्षक में सम्यक् साहित्यिक चेतना के साथ-साथ अतिशय आत्मनिर्भर वृत्ति भी हो। ऐसा ही समीक्षक उस द्वन्द्वात्मक स्थिति के बीच राह बना सकता है। तभी वह दलदल पाटकर समतल और मरुस्थल को छाया देकर हरा-भरा उद्यान बना सकेगा।"

एक राष्ट्रीय साहित्य समीक्षक के रूप में उनकी कामना बराबर यही रही है कि साहित्यिक परिसरों में क्रियाशील और रचनात्मक जनतन्त्र स्थापित हो और हिन्दी भाषा प्रदेश में अधिकाधिक काव्य-विवेक जाग्रत होता चले। उनकी यह कामना आज भी अप्रासंगिक कदापि नहीं कही जा सकती।

आचार्य नन्ददुलारे वाजपेयी की कुछ प्रमुख कृतियाँ

(1) हिन्दी साहित्य : बीसवीं शताब्दी, (1945)
(2) आधुनिक साहित्य, (1950)
(3) राष्ट्रीय साहित्य तथा अन्य निबन्ध, (1965)
(4) नया साहित्य : नये प्रश्न, (1955)
(5) कवि निराला, (1965)
(6) प्रकीर्णिका, (1965)
(7) जयशंकर प्रसाद, ?
(8) महाकवि सूरदास, (1952)
(9) प्रेमचन्द ?
(10) आधुनिक काव्य : रचना और विचार (1962)
(11) राष्ट्रभाषा की कुछ समस्याएँ (1961)
(12) नयी कविता (1976)
(13) कवि सुमित्रानन्दन पन्त (1976)
(14) रस सिद्धान्त (1977)
(15) साहित्य का आधुनिक युग (1978)
(16) आधुनिक साहित्य : सृजन और समीक्षा (1978) तथा
(17) रीति और शैली (1979) आदि।

(6) डॉ. रामविलास शर्मा (1912-2000) : हिन्दी आलोचना की रोशन और जलती मशाल

– डॉ. कैलाश नाथ पाण्डेय

डॉ. नामवर सिंह ने अपने 'गुरु' हिन्दी आलोचना के भीष्म पितामह डॉ. रामविलास शर्मा को अत्यन्त श्रद्धा और आदर के साथ एक जगह निराला जी के एक बिम्ब **भूधर ज्यों ध्यान मग्न, केवल जलती मशाल** के समूचे अर्थ-वैभव की साकार मूर्ति के रूप में याद किया है। शीर्ष संस्कृति पुरुष, प्रख्यात, यशस्वी और मुनव्वर आलोचक डॉ. रामविलास शर्मा 29-30 मई, सन् 2000 ई. को मध्य रात्रि 12.15 बजे 88 साल की उम्र में निश्शेष हुए। अब वे हमारे बीच में महज अक्षर देह के रूप में जीवित हैं। उनके जाने से बड़ी अदम्य एवं अटूट वैचारिक ऊर्जा का अवसान हो गया। हिन्दी के एक विशिष्ट और बहुविज्ञ, बहुत बड़े फलकवाले बुद्धिजीवी हमारे बीच से बेहद खामोशी के साथ चुपचाप चले गये। वे हिन्दी के ही नहीं, बल्कि सम्पूर्ण भारत की बहुत बड़ी शख्सियत थे। डॉ. शर्मा पूर्ण सारस्वत व्यक्तित्व सम्पृक्त तपस्वी और साधक थे। निस्पृह और समर्पित ऋषितुल्य उनका जीवन तथा लेखन हमारे युग की बहुमूल्य थाती, सम्पदा और धरोहर है और उनकी आलोचना ताबिशे आफताब है। उनके जन्नतनशीं हो जाने से एक प्रगतिशील युग का खात्मा हो गया। वे हिन्दी जाति के योद्धा, चिन्तक और कवि थे। जिन रचनाकारों को उन्होंने स्थापित और प्रतिष्ठित किया, वह सब उनका हिन्दी का ही अवदान एवं आख्यान है। बकौल सुप्रसिद्ध कवि और आलोचक डॉ. अशोक वाजपेयी डॉ. शर्मा का देहावसान हिन्दी साहित्य और समाज से एक महापण्डित का लोप है। डॉ. शर्मा बौद्धिक कर्मठता का एक अद्वितीय प्रतिमान बन गये थे और उन्होंने साहित्य के अलावा भाषा, समाज, संस्कृत और इतिहास को अपनी आलोचना के परिसर में शामिल कर हिन्दी के वैचारिक भूगोल का अनोखा विस्तार किया। वे सच्चे अर्थों में स्वतन्त्र भारत के इने-गिने सभ्यता-समीक्षकों में रहे हैं और उन्होंने एक खुला, बहुमुखी और विचारोत्तेजक विमर्श विकसित किया। उन्हें बीसवीं शताब्दी के प्रमुख हिन्दी साहित्य निर्माताओं में हमेशा आदर और कृतज्ञता के साथ गिना और याद किया जायेगा।

सच तो यह है कि उनके निधन से अपने संकटकाल में हिन्दी कुछ और विपन्न हो गयी। उसका वह तपस्वी-योद्धा चला गया जो दुनिया-भर के शोर-शराबे से दूर, स्थिर और उदात्त भाव से लगभग निष्काम अपनी साधना में लीन था। भाषा के सूप में इतिहास को फटकते रामविलास

शर्मा अपनी स्थापनाओं में कुछ लोगों के लिये चाहे जितने असुविधाजनक हो गये हों, वे नितान्त मौलिक थे और उनकी स्थापनाओं से असहमति के लिये वैसा ही विराट् अध्ययन आवश्यक था, जैसा खुद रामविलास शर्मा का था। कुछ दुःख के साथ स्वीकार करना पड़ेगा कि वे हमारी भाषा की उस तेजस्वी परम्परा की लगभग आखिरी निशानी थे, जिसकी चमक में खड़ी हिन्दी का स्वर्ण काल बनता है। अट्ठासी साल का जो भरा-पूरा जीवन उन्होंने जिया, वह कर्म एवं चिन्तन के सुदीर्घ और अटूट राग सरीखा था, जिसमें आलस्य और अपवाद की टूटन नहीं थी। लेखन की शुरुआत उन्होंने कविताओं से की। वे 'तारसप्तक' के कवि भी रहे, किन्तु बाद के वर्षों में आलोचना और चिन्तन को उन्होंने अपना सरोकार बनाया। 'निराला की साहित्य साधना' उनकी आलोचना यात्रा में मील का पत्थर साबित हुई। बाद में ऐसे मील के पत्थर उनके जीवन और रचनाकर्म में बार-बार आते रहे। उनकी अन्य प्रमुख पुस्तकों में 'भारत के प्राचीन भाषा-परिवार और हिन्दी', 'भारत में अंग्रेजी राज और मार्क्सवाद', 'पश्चिमी एशिया और ऋग्वेद', 'भारतीय संस्कृति और हिन्दी प्रदेश', 'अपनी धरती अपने लोग' तथा 'भारतेन्दु युग और हिन्दी भाषा की विकास परम्परा' आदि पुस्तकें पाठकों के बीच बहुत सराही गयीं। यह साधना कई सम्मानों की साक्षी बनी। इनमें साहित्य अकादमी, शलाका सम्मान, भारत भारती सम्मान, व्यास सम्मान और उनके देहावसान से थोड़ा पहले दिया गया शताब्दी सम्मान शामिल हैं। हालाँकि इन सारे अवसरों पर मिली राशि उन्होंने कभी साक्षरता और कभी हिन्दी सेवा तथा कभी पुस्तकालयों— संग्रहालयों के प्रसार के लिये दान कर दीं।

जीवन के भौतिक उपादानों के प्रति यह निस्पृहता उनकी सन्त वृत्ति का प्रमाण और परिणाम थी। वे आजीवन मार्क्सवादी रहे, अन्तरराष्ट्रीय पूँजीवाद और साम्राज्यवाद को आम जनता का शत्रु मानते रहे और साम्यवादी दुर्गों के ध्वंस और वृद्ध पूँजीवाद तथा बाजारवाद के उभार के इन वर्षों में भी पुरानी जान पड़नेवाली शब्दावली का उपयोग करते रहे, सिर्फ इसलिये नहीं कि अपनी वृद्धावस्था के चलते वे विश्व के बदलते परिदृश्य से अपरिचित थे, बल्कि इसलिये भी कि मार्क्सवाद का जो पाठ उन्होंने जीवन में उतारा था, वह किसी सत्ता-विमर्श तक सीमित नहीं था। इसलिये उन्होंने इस बात की कभी परवाह नहीं की कि इतिहास की उनकी व्याख्या मार्क्सवादियों के लिये सुविधाजनक है या नहीं। इतिहास के अध्ययन की जो भाषिक पद्धति उन्होंने विकसित की, उसका अपना महत्त्व है और जिस काल खण्ड पर उन्होंने उँगली रखी है, उस पर विचार करते समय उनकी इतिहास दृष्टि की उपेक्षा करना किसी के लिये भी सम्भव नहीं होगा। अपनी क्रियाशीलता के इन आखिरी वर्षों में एक आलोचक से ज्यादा इतिहासकार के रूप में उनकी भूमिका लोगों का ध्यान आकर्षित करती रही। आचार्य रामचन्द्र शुक्ल और हजारीप्रसाद द्विवेदी के बाद हिन्दी आलोचना में जो बड़ी लकीर दिखायी पड़ती है, वह उन्होंने ही खींची। इतिहास में भाषा का अनुसन्धान करनेवाले आलोचक कई हुए, किन्तु यह बतानेवाले व अकेले आलोचक थे कि इतिहास की भी एक गली भाषा में खुलती है। उनका होना हमारे लिये गर्व का विषय था, उनकी स्मृति प्रेरणा का एक स्रोत बनी रहेगी।[1]

---

1. जनसत्ता, सम्पादकीय, 31 मई, सन् 2000 ई. लखनऊ संस्करण।

कवि–सम्पादक डॉ. विष्णुचन्द्र शर्मा डॉ. रामविलास शर्मा को **आलोचना का मानस** मानते हैं तो सुप्रसिद्ध चिन्तक-आलोचक डॉ. पी. एन. सिंह[1] लिखते हैं कि रामविलास जी 'ऋग्वेद' और 'दास कैपिटल' पर समान अधिकार और गहराई से लिख-बोल सकते थे। डॉ. शर्मा का नाम आते ही मेरी आँखों के सामने कवि टेनिसन का बूढ़ा, अथक एवं पराक्रमी यूनानी नायक यूलिसिस याद आता है, जो अपनी ढलती उम्र के बावजूद नये-नये अनुभवों एवं ज्ञान की असीम प्यास लिये अपने वीर साथी नाविकों को उफनते समुद्र की लहरों से टकराते रहने हेतु आवाहन करता है : याद आता है हेमिंग्वे का वह बूढ़ा मछेरा भी, जिसे सागर की लहरों एवं खतरनाक जलचरों की परवाह नहीं है और जो बर्बाद भले हो जाये, पराजित नहीं किया जा सकता था। रामविलास जी भी ज्ञान के अथाह सागर में इसी संकल्प के साथ तैरते और गोता लगाते रहे। अपनी कतिपय स्पष्ट सीमाओं के बावजूद डॉ. रामविलास शर्मा हिन्दी संसार के ध्रुवतारा हैं, जिसमें ज्ञान के अथाह सागर में अवगाहन हेतु दिशा-निर्देश मिलता रहेगा। डॉ. राजेन्द्र यादव की दृष्टि में उनका न होना उस हिमालय जैसे व्यक्तित्व का न होना है, जो जितना ही विस्मयकारी था, उतना ही आश्वस्तिदायी भी। डॉ. रामविलास शर्मा हिन्दी-आलोचना के सिंह पुरुष हैं और जब भी हिन्दी मनीषा के ज्ञानकाण्ड की चर्चा होगी तो महापण्डित राहुलसांकृत्यायन तथा डॉ. रामविलास शर्मा इसके केन्द्र में होंगे। डॉ. शर्मा ने एक संघर्षशील दौर में हिन्दी की प्रगतिशील आलोचना को दिशा, पहचान, व्यक्तित्व और निर्भीकता दी थी। इतना ही नहीं, उन्होंने इसे भारतेन्दु, महावीरप्रसाद द्विवेदी, प्रेमचन्द, रामचन्द्र शुक्ल और निराला से जोड़कर एक स्वस्थ-परम्परा-बोध दिया था।

आधुनिक हिन्दी-आलोचना का पिछले पाँच दशकों का इतिहास डॉ. रामविलास शर्मा के लेखन का इतिहास है। उन्होंने हिन्दी साहित्य के इतिहास और आलोचना को यथार्थवादी भूमि प्रदान करने में ऐतिहासिक भूमिका निभायी। लेखन में वैचारिक दृढ़ता के लिये प्रसिद्ध डॉ. शर्मा जीवन-व्यवहार में भी विचारों के प्रति दृढ़ रहे हैं। यद्यपि डॉ. रामविलास शर्मा ने एक ओर निराला, रामचन्द्र शुक्ल, प्रेमचन्द, महावीरप्रसाद द्विवेदी, भारतेन्दु हरिश्चन्द्र जैसे रचनाकारों पर ऐतिहासिक महत्त्व का काम किया तो दूसरी ओर 'भारत में अंग्रेजी राज और मार्क्सवाद', 'मानव सभ्यता का विकास' 'भारत के प्राचीन भाषा परिवार और हिन्दी' जैसे नामदार-यशवान कृतियों की रचना की। हिन्दी भाषा, साहित्य और समाज से जुड़े प्रश्नों को गम्भीर वैचारिक उष्मा दी, तारसप्तक के कवि और उपन्यासकार (चार दिन- 1995) होने के बावजूद उनके लेखकीय कर्म की मूलभूमि आलोचना ही रही है। डॉ. गीता शर्मा के अनुसार,[2] यदि बीसवीं शताब्दी के हिन्दी साहित्य का पूर्वार्द्ध मुख्यतः पं. महावीरप्रसाद द्विवेदी, पन्त, प्रसाद, निराला, प्रेमचन्द और आचार्य रामचन्द्र शुक्ल के लेखन का इतिहास है, तो उत्तरार्द्ध अधिकांशतः डॉ. रामविलास शर्मा के विराट लेखन का इतिहास। डॉ. शर्मा की सबसे मौलिक और क्रान्तिकारी अवधारणा हिन्दी नवजागरण की है, जिसका सम्बन्ध वे सामन्त-विरोधी और साम्राज्यविरोधी चेतना से जोड़ते हैं, जो साहित्य में

1. स्मृतियों की दुनिया– डॉ. पी.एन. सिंह, पृष्ठ-32, साहित्य भण्डार, इलाहाबाद, प्रथम संस्करण-2017 ई. मूल्य-400 रुपये।
2. डॉ. रामविलास शर्मा और परम्परा का मूल्यांकन–डॉ. गीता शर्मा, पृष्ठ-76, वाणी प्रकाशन दरियागंज, दिल्ली, प्रथम संस्करण-1991, मू. 175 रुपये।

रीतिबद्ध का टाट उलटकर राष्ट्रीय जनवादी मूल्यों की प्रतिष्ठा करनेवाली प्रगतिशील चेतना है। डॉ. शर्मा ने जिन तीन साहित्यकारों के युगान्तकारी महत्त्व को प्रतिष्ठित करने के लिये सर्वाधिक संघर्ष किया है, वे हैं— आचार्य रामचन्द्र शुक्ल, प्रेमचन्द और निराला। ये तीनों साहित्यकार हमारे राष्ट्रीय स्वाधीनता आन्दोलन के दौर के प्रतिनिधि साहित्यकार है। डॉ. शर्मा के अनुसार, जो महत्त्व कथा-साहित्य में प्रेमचन्द और कविता में निराला का है, ठीक वही महत्त्व आलोचना के क्षेत्र में शुक्ल जी का है। प्रेमचन्द और निराला के साहित्य का डॉ. शर्मा ने जैसा सूक्ष्म और विशद विश्लेषण किया है, वह इतना भरा-पूरा ओर सुसंगत मूल्यांकन है कि उनके बाद आज तक कोई भी अन्य व्यक्ति न तो उनके निष्कर्षों को चुनौती दे सका है और न ही इस दिशा में कोई विशेष उल्लेखनीय योगदान ही कर सका है।

इधर, आलोचक, चिन्तक डॉ. नित्यानन्द तिवारी भी मानते हैं कि कबीर, तुलसी, भारतेन्दु प्रेमचन्द, निराला में बड़ी जीवनदायी कृतज्ञता, समर्पण और साथ ही पौरुषपूर्ण कड़ापन है। रामविलास जी ने उसे पहचाना है, आत्मसात् किया है। यह अकारण नहीं है कि तुलसी, भारतेन्दु प्रेमचन्द और निराला उनके प्रिय रचनाकार हैं। आचार्य हजारीप्रसाद द्विवेदी ने उपेक्षित कबीर की काव्य-प्रतिभा पहचान उपेक्षित कबीर को बहुत बड़ा कवि सिद्ध किया तो डॉ. रामविलास शर्मा ने भी 'दुःख ही जीवन की कथा रही' और 'ब्राह्मण समाज में ज्यों अछूत' लिखनेवाले निराला की प्रतिभा-परख उन्हें हिन्दी के विशिष्ट कालखण्ड का श्रेष्ठ और बसन्त जन्मा कवि सिद्ध किया। रामविलास जी का निराला पर लिखे एक लेख का अंश इस प्रकार है— पैसा हाथ का मैल है, धन मिट्टी है— इस सत्य को निराला संन्यासी की तरह समझते थे। समाज में मान-सम्मान पैसे से मिलता है, धन की चकाचौंध में मनुष्य के सब दुर्गुण छिप जाते हैं, इस सत्य को निराला किसी भी संसारी की अपेक्षा अधिक समझते थे। देश का भविष्य हिन्दी से जुड़ा हुआ है, किन्तु वर्तमान में तो राजभाषा अंग्रेजी ही है, निराला ये दोनों बातें जानते थे। अहंकार, क्षोभ, मान-सम्मान की भावना क्षुद्र है, यह वे जानते थे, किन्तु जब बड़े बनने की बात है, तब समाज में पूजनेवाले लोग मुझसे किस बात में बड़े हैं वह चुनौती देने खड़े हो जाते हैं।" ये सारी बातें पूरी तरह से यदि नहीं तो बहुत-कुछ रामविलास जी पर भी लागू होती हैं। अपने प्रिय कवि निराला पर उन्होंने एक मार्मिक कविता लिखी थी। लोगों के बहुत ही आग्रह के बाद इस कविता का पाठ वे करते थे, किन्तु इस कविता को मंच पर सुनाते-सुनाते शर्मा जी फूट-फूट कर रोने भी लगते थे, बताते हैं, पूरा पाठ वे नहीं कर पाते थे, ऐसे भावुक कवि थे डॉ. शर्मा जी। अपने सर्वाधिक प्रिय कवि निराला पर एक बार जब अपनी निम्नलिखित कविता को रोते हुए सुनाया था तो उस मंच पर शिवमंगल सिंह सुमन, गिरिजाकुमार माथुर और डॉ. रामदरश मिश्र भी थे। कविता इस प्रकार है—

**"वह सहज विलम्बित मंथर गति
जिसको निहार गजराज लाज से,
राह छोड़ गये एक बार,
काले लहराते बाल,**

देव-सा तन विशाल,
आर्यों का गर्वोन्नत प्रशस्त भाल...।"

पंक्तियाँ पढ़ने के बाद जैसे ही वे आगे बढ़े, उनकी वाणी भर्राने लगी। आगे की पंक्तियाँ थी

"कुछ काम न आया वह कवित्व मायत्व आज,
संध्या की बेला शिथिल हो गए सभी साज,
अब वन्य जन्तुओं का पथ में रोहन कराल,
एकाकीपन के साथी हैं, केवल शृंगाल,
पैरों में कठिन बिवाई,
कटती नहीं डगर,
आँखों में आँसू,
दुःख से खुलते नहीं अधर।"

इसके बाद फूट-फूट कर भरी सभा में वे रोने लगे और कविता बन्द कर दिया।

शास्त्रीय और लोककलाओं के परस्पर सम्बन्धों पर प्रकाश डालते उन्होंने कहा था कि लोक और शास्त्र– दोनों के केन्द्र में मनुष्य है। हम विचार करें और देखें तो, शास्त्र मुख्यतः 'लोक' का ही परिष्कार हैं। शास्त्रीय कला और लोक कला दोनों में इतिहास बोध है। मैं यह मानता हूँ कि इतिहास-बोध के लिये अतीत, वर्तमान और भविष्य की अविभाज्य चेतना अनिवार्य है। यह सही है कि लोक का विकास श्रुतियों और स्मृतियों के साथ-साथ चलात है, फिर भी हमें यह मानना होगा कि शास्त्र का आधार लोक है।[1] एक विद्वान् डॉ. ऋषिकेश राय[2] का विचार है कि **नवजागरण की अवधारणा** एक आधुनिक अवधारणा है, पर डॉ. रामविलास शर्मा इसके कुछ स्थायी गुणों को पहचान कर भारतीय इतिहास में उसे घटित करते हैं। इन गुणों और प्रवृत्तियों के आधार पर वे भारतीय इतिहास में कम-से-कम चार नवजागरणों का अस्तित्व स्वीकार करते हैं। वे भारतीय नवजागरण के इतिहास में ऋग्वैदिक नवजागरण को **प्रथम** मानते हैं। औपनिषदिक काल को वे दूसरा नवजागरण स्वीकार करते हैं। इस तरह भारतीय नवजागरण अपनी ऐतिहासिक परम्परा में यूरोपीय नवजागरण से अलग ठहरता है। भारतीय नवजागरण की परम्परा के इस प्राचीन प्रस्थान में कई विद्वानों को आपत्ति है। उनके अनुसार यह एक अवैज्ञानिक अवधारणा है। डॉ. शर्मा ने ऋग्वेद में उपलब्ध प्रमाणों के आधार पर उसमें दार्शनिक यथार्थवाद के दृष्टान्त उपस्थित किये हैं। उन्होंने उचित ही लिखा है–"मनुष्यों का स्वाधीन श्रम ऋग्वेद के कवियों की जीवन दृष्टि का आधार है। कर्म अपने लिये है, दूसरों के लिये नहीं है, इसलिये वे चाहते हैं, जब तक जियें, कर्म करते रहें।"[3]

इसी तरह डॉ. शर्मा के ऊपर **नयी कविता** अपेक्षित प्रभाव नहीं डाल पाती, सम्भवतः इसीलिये एक जगह तो तिलमिला देने के-से अन्दाज में रामविलास जी कहते हैं,[4] पाठकों को नयी

---

1. गवेषणा में 'लोक ओर शास्त्र-दोनों के केन्द्र में मनुष्य हैं'– लेख डॉ. रामविलास शर्मा पृष्ठ-175, केन्द्रीय हिन्दी संस्थान आगरा, अक्टूबर-दिसम्बर-2008 ई. मूल्य 40 रुपये।
2. शोध पत्रिका 'वरिमा' में ऋषिकेश राय का लेख–भारतीय नवजागरण की प्रकृति और रामविलास शर्मा, पृष्ठ-39, सं. डॉ. नलिन रंजन सिंह, 7, टीचर्स कालोनी, जयनारायण पी.जी.का. लखनऊ, मू. 100 रु., दिसं. 1912 ई.
3. स्वाधीनता संग्राम : बदलते परिप्रेक्ष्य– हिन्दी माध्यम कार्यान्वयन, निदेशालय, दिल्ली विश्वविद्यालय पृष्ठ-112 सन्– 1992 ई.
4. आस्था और सौन्दर्य– डॉ. रामविलास शर्मा, पृष्ठ-52, राजकमल प्रकाशन, दिल्ली, मू. 120 रु., सन् 1990.

कविता में न रस मिलता है, न आनन्द, न उसमें उन्हें सौन्दर्य के दर्शन होते हैं। क्या यह कहना उचित न होगा कि प्रयोगवादी कविता में मूलतः जीवन की अस्वीकृति है, उसके रचयिताओं के लिये जीवन निस्सार है, इसीलिये निरुद्देश्य होकर वे रोते-सिसकते हैं, उन्हें सुन्दर की अपेक्षा वीभत्स रस की अपेक्षा नीरसता, आनन्द की अपेक्षा घुटन तथा बोध-अनुबोध की अपेक्षा अबोध और दुर्बोध शब्द जाल से ही अधिक प्रेम है? यदि ऐसा न होता तो नीरसता, कुण्ठा, अहंवाद लयहीन बेतुकी रचनाओं की इतनी वकालत करने की जरूरत न पड़ती। **ऋग्वेद के रचनाकाल**[1] के सम्बन्ध में उनका मानना है कि सबसे पहले तो ऋग्वेद की जो रचनाकाल की समस्या है, उसके बारे में मेरी एक धारणा है जो औरों से अलग है। आम तौर पर लोग इसे हड़प्पा काल के बाद का मानते हैं, पर मैं उससे पहले का मानता हूँ। कारण यह है कि राजस्थान में जो कालीबंगा स्थान था, वह सरस्वती के जलहीन होनें पर ध्वस्त हुआ है और उसका समय बताया जाता है– ईसा पूर्व 1750। ऋग्वेद में सरस्वती भरी हुई है। सरस्वती मेरे लिये काल विभाजक रेखा है। 1750 ईसा पूर्व से पहले तो ऋग्वेद है ही। आर्यों ने उस सभ्यता को ध्वस्त नहीं किया। वह कालीबंगा से पहले का है और कितना पहले का है, इसके बारे में फिर अटकलें हैं किन्तु वह हड़प्पा से निश्चित रूप से पहले का है। मेरी दृष्टि में यह है कि जो पुराने केन्द्र हैं, विश्व-सभ्यता के, मिस्र उनमें एक है। सुमेर दूसरा है। तीसरा है– क्रीट नाम का टापू और चौथा है– यह उत्तर भारत। ये सब परस्पर सम्बद्ध रहे हैं और मेरी एक पूरी पुस्तक लिखी जा चुकी है– पश्चिम एशिया और प्राचीन भारत के सांस्कृतिक सम्बन्धों पर। उसमें मैंने पुरातत्त्व को लिया है और जो देव कथाएँ हैं, उनको लिया है, भाषा विज्ञान को लिया है और ऋग्वेद को लिया है। मेरा यह कहना है कि भारत को छोड़ दो, सुमेर, मिस्र और क्रीट की सभ्यताओं की अनेक गुत्थियाँ ऋग्वेद को देखे बिना तुम सुलझा नहीं सकते। यह काम तो पूरा हो गया, पर मैंने इसमें दर्शन और काव्य पर कुछ नहीं लिखा।

हिन्दी की उत्पत्ति के विषय में उनका विचार है कि हिन्दी का एक उत्स नहीं है। अनेक प्राचीन गण समाजों की भाषाएँ इसका उत्स हैं। हिन्दी ही नहीं वैदिक भाषा भी अनेक स्रोतों से समृद्ध हुई है। एक उदाहरण यह है कि वैदिक भाषा और बाद की संस्कृत दोनों में 'रावण' या 'ब्राम्हण' वाले 'ण' की भरमार है, किन्तु संस्कृत में एक भी सर्वनाम ऐसा नहीं, जिसमें इस ध्वनि का व्यवहार होता हो, जैसे– 'नः' यानी 'हमारा'। यहाँ 'नः' है, 'ण' नहीं है। संस्कृत में क्रियाओं की संख्या बहुत बड़ी है। उनमें बहुत खोजने पर ही 'ण्' ध्वनि का व्यवहार मिलता है, जैसे–'गण'। संस्कृत की क्रियाओं में 'ण्' की इतनी कमी क्यों है? सर्वनामों में उसका अभाव क्यों है? इसकी वजह है कि वैदिक भाषा मूल रूप में दंत्य 'न' वाली भाषा है। उसका मूर्द्धन्य व्यवहार बाद में हुआ है। वैदिक भाषा से ही उसके प्राग्वैदिक स्रोत का पता चल जाता है। ब्रज से लेकर मिथिला तक अपनी जनपदीय भाषाओं को देखें। कोई 'ण' का उच्चारण करता है? जो क्षेत्र आज भी दन्त्य 'न' प्रधान हैं, वहीं हिन्दी भाषा का आदि क्षेत्र भी है।[2] **हिन्दी भाषा के अखिल देशीय विस्तार**[3] को सम्बन्ध में डॉ. शर्मा का कहना है कि कुछ लोग केन्द्र में,

1. ऋग्वेद और हिन्दी समाज' लेख– डॉ. रामविलास शर्मा, पृष्ठ-11.
2. डॉ. रामविलास शर्मा से डॉ. सुरेश शर्मा की भेंट पर आधरित वार्ता, शीर्षक है– 'आर्य कोई नस्ल नहीं थी कभी'
3. यह भी भेटवार्त्ता डॉ. रामविलास शर्मा से डॉ. सुरेश शर्मा के बीच की ही है। इसका प्रकाशन 16 सित. सन् 1990 में जनसत्ता में 'निर्धन जनता का अपमान है पुरस्कार' शीर्षक से हुआ था।

विभिन्न हिन्दी राज्यों में भेद करते हैं। मेरे लिये पटना से उज्जैन तक और उज्जैन से रोहतक-दिल्ली तक एक ही भाषा बोलनेवाली जाति रहती है और भाषा है– हिन्दी। भारत में अनेक भाषा क्षेत्र हैं, उनमें सबसे बड़ा यह हिन्दी भाषा का क्षेत्र है। इस क्षेत्र की एकता के बारे में सारे राजनैतिक दल चुप हैं। जातीय एकता का आन्दोलन आन्ध्र प्रदेश में, महाराष्ट्र में, केरल में चल सकता है, हिन्दी भाषा प्रदेश में नहीं। हिन्दी जाति की एकता से हमारे राजनीतिज्ञों को डर लगता है। डर इसलिये लगता है कि दूसरे विघटन से उन्हें अभी जो लाभ मिल रहा है, वह लाभ मिलना उन्हें बन्द हो जायेगा।

डॉ. नित्यानन्द तिवारी का मानना है कि उनका भाषा-चिन्तन, आधुनिक जातियों का विकास, ऐतिहासिक विश्लेषण, साहित्य और भारतीय साहित्य के इतिहास लेखन के आधार की खोज केवल उनका कठोर परिश्रम और विपुल लेखन मात्र नहीं है, दृष्टि और अन्तर्दृष्टि भी है। स्वतः डॉ. शर्मा ने अपनी एक पुस्तक[1] की भूमिका के अन्त में लिखा है,...जो भाषाविज्ञान की वर्तमान स्थिति से सन्तुष्ट न होकर स्वतन्त्र मार्ग का अनुसरण करना चाहते हैं और इससे भी महत्वपूर्ण बात यह कि भारतीय भाषा परिवारों के इतिहास के सहारे इस भारत देश को समझना चाहते हैं और उसकी भाषा-सम्बन्धी तथा अन्य समस्याओं को सुलझाकर उसे शक्तिशाली समृद्ध राष्ट्र के रूप में विकसित करना चाहते हैं। भारत के वर्तमान सामाजिक सन्दर्भ में भाषा-वैज्ञानिक कार्य एक राजनीतिक कर्त्तव्य की पूर्ति भी है। **भाषाविज्ञान**[2] के क्षेत्र में अपने काम करने के कारणों पर प्रकाश डालते कहते हैं कि भाषाविज्ञान के क्षेत्र में काम करने का एक कारण यह भी था कि पश्चिमी विद्वान् कहते थे कि भारत का कोई भी भाषा-परिवार भारत का नहीं है। जो आर्य भाषा परिवार है, संस्कृत से लेकर हिन्दी तक, वह भारत के बाहर से आया है, उसके बाद जो मुण्डा और कोल भाषा-परिवार है, वह भी बाहर से ही आया है। द्रविड़ परिवार और तिब्बती-बर्मी परिवार भी बाहर का है, यानी भारत का अपना कोई भाषाई रिक्थ नहीं है। मैंने इन भाषा-परिवारों के आपसी सम्बन्धों का अध्ययन शुरू किया और इसकी पड़ताल शुरू की कि इन्होंने एशिया और यूरोप के भाषाई विकास को कैसे प्रभावित किया। डॉ. शर्मा ने रामायण, महाभारत और मनुस्मृति आदि पर नये ढंग से विचार किया है। उनका मानना है कि[3] किसी भी बहुजातीय राष्ट्र के सामाजिक विकास में कवियों की ऐसी निर्णायक भूमिका नहीं रही, जैसी इस देश में व्यास और वाल्मीकि की है। काव्य-नाटक राम-कृष्ण और उनसे सम्बद्ध इतिहास मिथक का विवेचन का विवाद भी उपजा जा सकता है। वे मिथकीय धारणा और इतिहास-दृष्टि में सम्बन्ध स्थापित करने की चेष्टा करते हैं। वे आदिकवि वाल्मीकि को नयी काव्यधारा से सम्बद्ध कर देखते हैं, जहाँ देवत्व का मानुषीकरण होता है, "वाल्मीकि जिस मनुष्य पर काव्य-रचना करना चाहते हैं, वह योद्धा और राजा है।" रामविलास शर्मा का विचार है कि मनुस्मृति अवकाश भोगी पुरोहित वर्ग का प्रतिक्रियावादी दृष्टिकोण है। प्रज्ञा क्षीण होकर जब मूल्यरहित होती है, तब वह अपने मूल मन्तव्य से भटक कर कर्महीन हो जाती है, कर्मकाण्डी व्यवसाय का मार्ग अपनाती है। अपने विचार क्रम को अगसर करते हुए वे विद्यापति को "अधार्मिक कवि कहते हैं और रचनाशीलता में लोकभाषाओं

1. भाषा और समाज—डॉ. रामविलास शर्मा, भूमिका भाग
2. साहित्य अकादमी में 'लेखक से भेंट' कार्यक्रम के तहत डॉ. रामविलास शर्मा द्वारा दिया गया व्याख्यान।
3. भारतीय साहित्य की भूमिका—डॉ. रामविलास शर्मा, पृष्ठ-55, राजकमल प्रकाशन, दिल्ली मू. 350 रुपये।

का महत्त्व प्रतिपादित करते हैं।" वे राजाराममोहनराय की सीमाओं का उल्लेख करते हुए नवजागरण में उनकी भूमिका स्वीकार करते हैं एवं उन्हें 'उदार पन्थी समाज सुधारक के रूप में देखते हैं। उनके विचार से भक्तिभाव नयी दृष्टि से नवजागरण का प्रतीक है।

स्वाधीनता प्राप्ति के बाद के इतिहास ने जो करवट ली है, उस पर प्रकाश डालने के लिये डॉ. रामविलास शर्मा ने एक पुस्तक 'स्वाधीनता संग्राम : बदलते परिप्रेक्ष्य',[1] शीर्षक से लिखी है। इस पुस्तक में 'भारतीय गणतन्त्र और हिन्दी भाषी प्रदेश', 'मार्क्सवाद और राष्ट्रीय एकता की समस्या', 'मार्क्सवाद और चीनी आक्रमण' तथा स्वाधीनता आन्दोलन की गदर परम्परा और 'स्वदेशी', जैसे लेख संकलित हैं। सन् 1857 की क्रान्ति के बाद अंग्रेज अरबों की सम्पदा ढोकर ले गये और भारत की अर्थव्यवस्था को चौपट किया। लूट तन्त्र से बचने के लिये ही देश में स्वदेशी आन्दोलन पनपा, जिसमें भारतेन्दु से लेकर गाँधी तक जी जान से जुटे रहे हैं किन्तु आजादी के बाद हम स्वदेशी आन्दोलन का अर्थ ही भूलते गये। अन्तरराष्ट्रीय बनने के चक्कर में हमने अपने पैरों पर कुल्हाड़ी मारनी शुरू कर दी। हम पर आधुनिकता का भूत सवार हुआ। कश्मीर समस्या की विकरालता का अन्त तो युद्ध में हुआ ही हमारी सीमाओं पर गड़बड़ी बढ़ी। चीनी आक्रमण हुआ। देश की राजनीति ने जातिवाद, धर्मवाद, सम्प्रदायवाद, प्रदेशवाद को बढ़ावा दिया। कांग्रेस का पूँजीवादी नेतृत्व देश को ले बैठा। यह सब कैसे हुआ और क्यों हुआ? इसकी जानकारी यह पुस्तक देती है। **राम की अवधारणा** के विषय में उनका विचार है कि लोक संस्कृति में राम अकेले नहीं होते। उनके साथ सीता अवश्य होती हैं–

"सीय राममय सब जग जानी।
करउँ प्रनाम जोरि जुग पानी।।"

तुलसीदास की उक्त पंक्ति में लोक संस्कृति का दार्शनिक रूप प्रतिबिम्बित है। गरीब जनता दुःख में राम को याद करती है। इसके लिये उनका मंदिर में जाना आवश्यक नहीं होता। वह जहाँ जिस परिस्थिति में होती है, उन्हे याद कर लेती है। डॉ. शर्मा कहते हैं कि महन्तों और मठाधीशों का काम मन्दिर के बिना चलता है–

"जाकी रही भावना जैसी।
प्रभु मूरत देखी तिन तैसी॥"

प्रभु की छवि गरीब जनता के मन में एक तरह की है महन्तों और मठाधीशों के मन में दूसरी तरह की। डॉ. शर्मा के अनुसार जनता के रामव्यापक सम्पन्न शक्ति हैं, वे किसी एक राष्ट्र, धर्म और संस्कृति तक सीमित रूढ़िवादियों को चुनौती देते हुए उन्होंने कहा था–

"माँग के खइबो मसीत को सोइबो।
लेबे को एक न देबे को दोबू।।"

आगे राम विलास शर्मा कहते हैं कि भाजपा के राम अकेले हैं। उनके साथ सीता नहीं है। वे महन्तों और मठाधीशों के राम हैं। वे दुःख में याद किये जानेवाले प्रभु नहीं हैं। वे राजनीतिक लाभ कमाने का साधन हैं। वे व्यापक शक्ति नहीं हैं। भाजपा के राम और लोक संस्कृति के राम में यही अन्तर है।[2]

1. स्वाधीनता संग्रामः बदलते परिप्रेक्ष्य-डॉ. रामविलास शर्मा, पृष्ठ-71, हिन्दी माध्यम, कार्यान्वयन निदेशालय-दिल्ली विश्वविद्यालय, दिल्ली-7, मूल्य-35 रुपये, सन् 1995
2. जनता के राम और महन्तों के राम, शीर्षक पर कुछ प्रमुख साहित्यकारों के बीच हुई एक परिचर्या।

डॉ. रामविलास शर्मा **कविता, उपन्यास और आलोचना** के बीच कोई बहुत बड़ा फर्क-फाँक और फासला नहीं देखते। वे रचनात्मक लेखन, आलोचनात्मक लेखन जैसे वर्गीकरण भी अस्वीकार करते हैं एवं मानते हैं कि न केवल साहित्यिक आलोचना, बल्कि गणित और भौतिकी में किया गया मौलिक काम भी रचना है। डॉ. कर्ण सिंह चौहान का कहना हे कि डॉ. रामविलास शर्मा भारतीय मनीषा की उस परम्परा के लेखक हैं, जिन्होंने भले ही एक क्षेत्र में अधिक महारत हासिल की हो, लेकिन ज्ञान को एक पूर्ण इकाई के रूप में लिया। यही कारण है कि वे प्रचलित अर्थों में साहित्यकार, इतिहासकार, दर्शनशास्त्री, भाषा-वैज्ञानिक या राजनीति शास्त्री नहीं है। उन्होंने इन सभी क्षेत्रों में उतने ही अधिकार से लेखनी उठायी है और इन क्षेत्रों के विशेषज्ञों द्वारा उठाये गये मुद्दों को बहस तलब बनाने के साथ ही एक व्यापक परिप्रेक्ष्य में रख कर उन पर विस्तार से लिखा है। भाषा और इतिहास पर लिखी अपनी बहुखण्डीय पुस्तकों में रामविलास जी ने अंग्रेजों की भेद बुद्धि की कूटनीति पर प्रहार किये और भारतीय मनीषा के महत्त्वपूर्ण अवदान का उद्‌घाटन किया। ऐसा करने के मूल में वही गहरी आस्था छिपी थी जो इस देश की जनता की संघर्षशील चेतना पर विश्वास से पैदा होती है। रामविलास जी का सम्पूर्ण लेखन जहाँ झूठ और विभ्रम के कुहासे में ढकी अपनी गौरवशाली परम्परा को सामने लाता है, वहीं यह विश्वास जगाता है कि कठिनतम स्थितियों में भी इस देश की जनता ने रास्ता निकाला है और आज भी वह तमाम अवरोधों को तोड़कर आगे बढ़ने में सक्षम है।

डॉ. शर्मा ने समाज और साहित्य का मूल्यांकन करने के लिये मार्क्सवादी पद्धति का आश्रय लिया, इतिहास की भौतिकवादी व्याख्या प्रस्तुत की, द्वन्द्व न्याय के आधार पर सामाजिक विकास का विवेचन करते सामाजिक यथार्थ को महत्त्व दिया। वस्तुतः डॉ. शर्मा प्रगतिशील आलोचक तो हैं ही, जनवादी और आधुनिक चिन्तक भी हैं। सामाजिक विकास के सम्बन्ध में वे भाषा का अध्ययन जरूरी मानते हैं। भाषा को संस्कृति का अंग मानते वे लिखते हैं, भाषा का अध्ययन उसकी ध्वनि-प्रकृति, भाव-प्रकृति और मूल शब्द-भण्डार को दृष्टि में रखकर करना चाहिए। आदिम साम्यवादी व्यवस्था से लेकर आदिम जातियों के निर्माण तक समाज के गठन में उसके ढांचे में, वर्गों के परस्पर सम्बन्ध में, अन्य समाजों से संघर्ष या हेलमेल में जो परिवर्तन हुए हैं, वे सब भाषा में प्रतिबिम्बित होते हैं और उसका विकास निर्धारित करते हैं।[1] डॉ. शर्मा के लेखकीय कर्म की मूलभूमि आलोचना ही है। उन्होंने आधुनिक काल के कवियों और महत्त्वपूर्ण लेखकों का अपनी मौलिक दृष्टि से मूल्यांकन किया है। पुनर्जागरण की नवीन चेतना, उस चेतना के विकास की परिस्थितियाँ तथा भारतेन्दु और उनके समकालीन साहित्यकारों के महत्त्व की विशद समीक्षा की है। 'प्रेमचन्द और उनका युग' में प्रेमचन्द के उपन्यासों और कहानियों का विभिन्न आयामों में निरीक्षण किया है। उन्होंने इन सभी के मूल्यांकन के लिये मार्क्सवादी आलोचना पद्धति को अपनाया। डॉ. शर्मा ने इस क्रम में प्रेमचन्द को कबीर, तुलसी और भारतेन्दु की परम्परा से जोड़ा है। इधर, सभी जानते हैं, 'निराला' से शर्मा जी को गहरा लगाव था, सो उन्होंने अपने प्रिय कवि निराला पर बेहद गम्भीर और महत्त्वपूर्ण काम किया। निराला और उनके

1.भाषा और समाज– डॉ. रामविलास शर्मा, भूमिका भाग

युग का चित्र स्पष्ट रूप से उभारा। बड़ी सह्रदयता के साथ उनकी कविताओं के भाषा-माधुर्य की चर्चा करते हुए उनका सौन्दर्य स्पष्ट किया। इन्होंने निराला की लम्बी कविताओं—तुलसीदास, राम की शक्तिपूजा और सरोज स्मृति के माध्यम से निराला के संघर्ष को उभारा। उक्त तीनों कविताएँ हिन्दी-साहित्य की अमूल्य धरोहर हैं। डॉ. शर्मा ने निराला की कविताओं के सौन्दर्य पर प्रकाशपात करने के साथ-साथ निराला के कथा-साहित्य का भी मूल्यांकन किया। अपनी सशक्त और आदर्श भाषा में शर्मा जी ने मुक्तिबोध, शमशेर और नागार्जुन पर सम्यक् विचार किया। महावीरप्रसाद द्विवेदी के विषय में वे लिखते हैं— साहित्य में जो रीति-विरोधी क्रान्ति शुरू हुई उसका पहला चरण है— द्विवेदी युग और उसी का विकास छायावाद और प्रगतिवाद में होता है। ये तीनों युग एक-दूसरे से भिन्न हैं, साथ ही एक-दूसरे के पूरक भी हैं। द्विवेदी युग की भूमिका आधुनिक साहित्य का मार्ग प्रशस्त करनेवाले अग्रदल की भूमिका हैं।[1] इसी तरह प्रेमचन्द की प्रशंसा वे इन शब्दों में करते हैं, "प्रेमचन्द की आवाज सुनकर हमें अपने देश और जनता पर गर्व होता है, उस जातीय संस्कृति पर गर्व होता है, जिसे प्रेमचन्द सँवार रहे थे। प्रेमचन्द की आवाज उस समय उठी थी, जब पहले महायुद्ध में मानवध्वंशी तोपों की गड़गड़ाहट हवा में गूँज रही थी। आज भी जब विश्व पर तीसरे महायुद्ध के बादल छाये हुए हैं, उस स्वाधीनता-संग्राम के सैनिक की वाणी विश्वशान्ति की रक्षा के लिये जनता का आह्वान करती है। प्रेमचन्द की आवाज भारत की अजेय जनता की आवाज है, इसलिये प्रेमचन्द आज भी हमारे साथ हैं।[2]

मार्क्सवादी समालोचक डॉ. रामविलास शर्मा का सृजन कैनवास बहुआयामी और विस्तृत है। डॉ. शर्मा ने हिन्दी साहित्य-विकास परम्परा का मूल्यांकन तर्क को आधार बनाकर किया है। उस विकास-परम्परा में निहित प्रगतिशील और प्रतिक्रियावादी तत्त्वों को उन्होंने अच्छी तरह पहचाना और पूर्ण विश्वास के साथ उन्हें प्रस्तुत किया। **कला और साहित्य** के सम्बन्ध में उनका कहना है कि, "मनुष्य का इन्द्रिय बोध, उसके भाव, उसके विचार, उसका सौन्दर्य बोध कला की विषय वस्तु हैं।" कला और साहित्य में अभेद है। ऐतिहासिक, सामाजिक परिस्थितियाँ साहित्य के सत्य की जन्मदात्री हैं। हर सत्य समाज सापेक्ष है। साहित्यकार युग को अभिव्यक्त करता है। उसका साहित्य युग का यथार्थ दस्तावेज होता है। हर युग की एक ऐतिहासिक सीमा होती है। उस सीमा का अतिक्रमण कोई साहित्यकार नहीं करता। युग-परिवर्तन के साथ, हर नैतिक मान्यता और मूल्य बदल जाता है। आगे उनका विचार है कि **साहित्य-शिल्प-विकास,** सामाजिक विकास पर निर्भर है। वह लिखते हैं कि साहित्य का शिल्प, उसके विभिन्न रूप सामाजिक विकास से ही सम्भव हुए हैं, जनता तक साहित्य पहुँचाने के साधनों में जो परिवर्तन हुए, उनका प्रभाव उनके रूपों पर भी पड़ा है। भाषा और विषयवस्तु का घनिष्ठ सम्बन्ध होता है। वह कहते हैं— भाषा विचार शून्य नहीं हो सकती। इसलिये भाषा का विश्लेषण विचारों के विश्लेषण के अभाव में अधूरा माना जायेगा। डॉ. शर्मा इसी कड़ी में विचार करते कहते हैं कि **भावों और विचारों का सौन्दर्य** इन्द्रिय बोध पर आश्रित है। सौन्दर्य की सत्ता वस्तुगत

1. महावीरप्रसाद द्विवेदी और हिन्दी नवजागरण—डॉ. रामविलास शर्मा, पृष्ठ-110
2. प्रेमचन्द और उनका युग— डॉ. रामविलास शर्मा, दूसरे संस्करण की भूमिका ।

होती है। इन्द्रियाँ परख के आधार पर उक्त सौन्दर्य की अनुभूति कराती हैं। हमारे मन में स्थित सौन्दर्य के संस्कार क्रमशः बाह्य सौन्दर्य से प्रेरित हो जागरित होते हैं। सामाजिक विकास सौन्दर्य चेतना के विकास में महत्त्वपूर्ण भूमिका अदा करता है। डॉ. शर्मा कहते हैं—सौन्दर्य की इस वस्तुगत सत्ता, सामाजिक विकास से उसके सापेक्ष सम्बन्ध, कला और साहित्य के रूपों के अनुसार उनकी विषय वस्तु की विविधता को ध्यान में रखकर ही हम सौन्दर्य शास्त्र का सही विवेचन कर सकते हैं।

डॉ. शर्मा की आलोचना पद्धति की आधार भूमि वस्तुवादी चिन्तन है। उनकी रचना पद्धति में वस्तुवादी चिन्तन की प्रधानता है। उनके विषय-वस्तु का विवेचन द्वन्द्वात्मक पद्धति पर आश्रित है। अपनी समीक्षा प्रक्रिया में वे प्रगतिशील तथा प्रतिक्रियावादी तत्त्वों की पहचान करते चलते हैं। भावों और विचारों की सापेक्षता कला और भाषिक संरचना की विवेचना करते है। यही नहीं, शुक्ल जी द्वारा निर्धारित मानदण्ड जैसे लोक हृदय की पहचान आदर्श जैसे जीवनादर्श जो, सामाजिक समालोचना के मुख्य तत्त्व हैं— से भी डॉ. शर्मा कहीं-न-कहीं प्रभावित हैं किन्तु शर्मा जी ऐसे कृतिकारों की समीक्षा करते हैं, जिनकी कृति में जनवादी स्वर ध्वनित होता है। चूँकि भारतेन्दु युग की कृतियाँ जातीय स्वर युक्त हैं, इसलिये वह उनकी प्रशंसा करते हैं— "भारतेन्दु युग का साहित्य हिन्दी भाषी जनता का जातीय साहित्य है, वह हमारे जातीय नवजागरण का साहित्य है।" आचार्य द्विवेदी, जो कि व्यवस्था परिवर्तक थे— के सम्बन्ध में डॉ. शर्मा कहते हैं कि— "वे नयी सामाजिक चेतना का प्रसार करना चाहते थे, वे काव्य में रीतिवादी प्रवृत्ति के विरोधी थे।" जन साहित्यकार प्रेमचन्द उनके प्रिय रचनाकार हैं— "जिनकी रचनाओं से बाहर के साहित्य प्रेमी हिन्दुस्तान को पहचानते हैं" या "प्रेमचन्द की आवाज भारत की अजेय जनता की आवाज है" इसलिये प्रेमचन्द आज भी हमारे साथ हैं। निराला को वह, "दुःख और उल्लास तथा दुःख और मृत्यु के कवि" मानते हैं। मुक्तिबोध के काव्य को वे आत्मसंघर्ष का काव्य मानकर कहते हैं— उनके आत्म-संघर्ष के अनेक स्तर हैं। एक स्तर है— निम्नवर्ग की भूमि को छोड़कर सर्वहारा वर्ग से तादात्म्य स्थापित करने का।"

डॉ. शर्मा के पास सामाजिक यथार्थ को महत्त्व प्रदान करनेवाली मार्क्सवादी दृष्टि है। समाज की संरचना में बदलाव एक इतिहास सिद्ध प्रक्रिया है और इस तरह सामाजिक परिवर्तन के साथ साहित्य भी बदल जाता है। अस्तु, चाहे साहित्य का विकास हो या भाषा का--दोनों में ऐतिहासिक दृष्टि ही कारगर भूमिका निभाती है। जन सामान्य का साहित्य, उनके ही अन्तर्विरोधों को केन्द्र में रखकर लिखा जाता है। ऐसे साहित्य में यथार्थ जगत् की समस्याएँ विशेष रूप से अभिव्यक्त होती हैं। डॉ. शर्मा अपनी सर्जना के आगाज के समय, भले ही समाज और साहित्य की समस्याओं से टकराते रहे, पर कालान्तर में वह 'परम्परा और इतिहास' के अन्वेषण में निमग्न हो गये। कहीं-कहीं तो ऐसा आभास भी होता है कि वह मार्क्सवादी चिन्तन परम्परा से विचलित हो गये हैं, किन्तु इसके बाद भी वह दुराग्रही नहीं हैं। डॉ. मैनेजर पाण्डेय की दृष्टि में—"बद्धमूल जीवन दृष्टि के बावजूद डॉ. शर्मा का विवेक आग्रहग्रस्त नहीं है। उनसे सहमत न होनेवाले समीक्षक और विचारक भी उनकी उपेक्षा करके आगे नहीं बढ़ सकते।"

डॉ. रामविलास शर्मा के देहावसान के साथ हिन्दी में नवजागरण की उस महान् परम्परा पर पूर्ण विराम लग गया जिसकी शुरुआत 19 वीं सदी के उत्तरार्द्ध में भारतेन्दु हरिश्चन्द्र से हुई थी। ज्ञानमीमांसा के क्षेत्र में इतना बहुमुखी, इतना मौलिक और युग प्रवर्तक दूसरा कोई व्यक्तित्व नहीं है। साहित्य-समालोचना, काव्य-रचना, सांस्कृतिक-इतिहास लेखन, भाषाविज्ञान, दर्शन और इतिहास, विश्व राजनीति, अनुवाद और सक्रिय-संगठन जैसे अनगिनत क्षेत्रों में समान अधिकार से काम करने की योग्यता नवजागरण कालीन उन भव्य व्यक्तियों की ऊर्जा का द्योतक है, जो किसी विशेष सत्ता की सीमा में नहीं बाँधे जा सकते। उनके लेखन में एक अन्तस्सूत्रता है, जो सादगी के बावजूद ज्ञान की जटिलता, अन्तः सम्बद्धता और विकास समानता का परिचय देती है। वे प्रगतिशील आन्दोलन की देन हैं, हालाँकि प्रगतिवाद में अपेक्षाकृत देर से आये लेकिन अपने अनवरत संघर्ष और लेखन से वे हिन्दी में मार्क्सवादी चिन्तन और प्रगतिशील जीवन दर्शन के सबसे बड़े प्रतिनिधि बन गये। यद्यपि रामविलास जी की आलोचनाओं ने एक समय हिन्दी में कई विवाद खड़े किये, लेकिन उन्हें आखिरकार सर्वाधिक निर्विवाद लेखक और विचारक के रूप में मान्यता मिली। उन्होंने विवाद उत्पन्न किये तो विवादों को शान्त भी किया। प्रचलित मान्यताओं को चुनौती देने का साहस, नयी मान्यताओं के लिये संघर्ष करने का धैर्य और संकल्प, अपनी उपेक्षा का अमृत निरन्तर पीते रहने का आत्मबल और सत्य के लिये अडिग निष्ठा, अपने इन गुणों के कारण वे हिन्दी के शिखर पुरुष बने।[1]

बहरहाल, आज भी उनकी स्थापनाओं - मान्यताओं पर सहमतियाँ-असहमतियाँ, वाद-विवाद होते रहते हैं। सन् 2013 में डॉ. प्रदीप सक्सेना के सम्पादकत्व में एक पुस्तक प्रकाशित हुई– 'रामविलास शर्मा का ऐतिहासिक योगदान।'[2] पाँच खण्डों में विभक्त इस पुस्तक में शर्मा जी की बौद्धिक दृष्टि की सीमाओं का मूल्यांकन किया गया है। इस कृति में विभिन्न विद्वानों ने उन्हें विभिन्न रूपों में देखा है। रामविलास शर्मा के अंग्रेजी लेखन और अनुवाद कार्य पर विचार करते डॉ. रमण सिन्हा का कहना है कि– "विवेकानन्द के अनुवाद को छोड़ दें तो उनके सारे अनुवाद मार्क्सवादी विचारधारा को पुष्ट करने के लिये किये गये हैं। उनका काव्यानुवाद जहाँ निराला के पीछे-पीछे चलता दिखायी देता है, वहीं गद्यानुवाद प्रेमचन्द के 'एसेज आन शेक्सपीरियन ट्रैजिडी' और 'नाइनटीन्थ सेञ्चुरी पोएट्स' – रामविलास शर्मा की अंग्रेजी में आलोचना की दो प्रसिद्ध पुस्तके हैं।" एक अन्य लेखिका अनामिका 'नाइनटीन्थ सेञ्चुरी पोएट्स' पर टिप्पणी करती हैं– "रामविलास जी की दृष्टि मार्क्सवादी है, पर मार्क्सवाद का आरोपण कहीं नहीं है। सर्वोच्छेदनवाद का शिकार रामविलास जी कहीं नहीं होते। जो कहते हैं, पाठ साक्ष्य कहते हैं।" सुप्रसिद्ध आलोचक स्व. डॉ. शिवकुमार मिश्र कहते हैं– "यदि डॉ. शर्मा की मनोभूमि में उनके आलोचक के समान्तर विद्यमान, उनके कविरूप को आगे कुछ 'स्पेस' मिली होती तो प्रगतिशील कविता की बहु प्रचारित त्रयी– नागार्जुन, केदारनाथ अग्रवाल और त्रिलोचन के साथ-साथ चौथा नाम उनका होता।'' डॉ. रामविलास शर्मा की स्त्री दृष्टि पर अर्चना वर्मा लिखती हैं–

1. जनसत्ता में– एक परम्परा पर पूर्ण विराम' लेख – डॉ. अजय तिवारी, 31 मई, सन् 2000 ई. दिल्ली संस्करण।
2. रामविलास शर्मा का ऐतिहासिक योगदान– सं. प्रदीप सक्सेना, अनुराग प्रकाशन, 4760-61, द्वितीय तल, 23 अन्सारी रोड, दरियागंज, नयी दिल्ली; 1200 रुपये सन् 2013 ई.।

"द्विवेदीयुगीन नैतिकतावाद ही रामविलास शर्मा का आदर्श है। स्त्री-मुक्ति के सन्दर्भ में वह वर्ग-संघर्ष से आगे बढ़ ही नहीं पाते हैं, यह उनकी दृष्टि की सीमा है।" कात्यायनी की दृष्टि में, "रामविलास शर्मा का मार्क्सवाद पञ्चानबे प्रतिशत भारतीय है।'' शर्मा जी के सौन्दर्य चिन्तन पर डॉ. अजय तिवारी लिखते हैं— "कला और सौन्दर्य की धर्म-निरपेक्ष सत्ता की प्रतिष्ठा उनके तर्क का सारतत्त्व है। यह निष्कर्ष केवल भारत या मध्यकाल के बारे में नहीं है। किसी भी देश की कला, मन्दिरों, गिरजाघरों का स्थापत्य भी मूलतः धर्म निरपेक्ष है। यह असाधारण महत्त्व की स्थापना है।'' अन्त में श्री भगवान सिंह के उस कथन के साथ मैं लेख का खात्मा कर रहा हूँ। वे लिखते हैं[1] इन प्रगतिशीलों में रामविलास शर्मा ही एक ऐसे आलोचक के रूप में सामने आये, जिन्होंने अपने आरम्भिक लेखन में मार्क्सवादी कट्टरता का परिचय देने के बाद परवर्त्ती लेखन में भारतीय साहित्य और संस्कृति के मूल्यांकन में स्वदेशी दृष्टि का परिचय दिया। हालाँकि उनकी पहचान एक कट्टर मार्क्सवादी लेखक के रूप में की जाती रही, पर मेरी समझ में मार्क्सवादी या लेनिनवादी-स्टालिनवादी के फेरे में पड़कर डॉ. शर्मा ने अपनी काफी ऊर्जा और समय नष्ट किया। यह तथ्य विशेष रूप से ध्यान में रखने लायक हैं कि डॉ. शर्मा ने जिन भवभूति से लेकर सन्त साहित्य, तुलसीदास, भारतेन्दु कालीन लेखकों— महावीरप्रसाद द्विवेदी, प्रेमचन्द, रामचन्द्र शुक्ल, छायावादी रचनाकार, विशेषकर निराला आदि पर आलोचनाएँ लिखकर हिन्दी में उच्च कोटि के आलोचक का स्थान प्राप्त किया, उनमें किसी का भी मार्क्सवाद से कोई सम्बन्ध नहीं था, न ही डॉ. शर्मा ने वर्ग-चेतना या आर्थिक नियतिवाद जैसे मार्क्सवादी औजारों से इनका मूल्यांकन किया। शायद यही कारण था कि इस महान् आलोचक के प्रति उनके निधन के बाद मार्क्सवादी-प्रगतिवादी बिरादरी के लेखकों ने ही 'हिन्दूवादी' कहकर और उनके लेखन को **इतिहास की शव-साधना** की संज्ञा देकर अपनी श्रद्धांजलि प्रकट की। इन सबके बावजूद शर्मा जी का हिन्दी आलोचना में महत्त्व असन्दिग्ध है। साहित्य सम्बन्धी हमारी पूरी सोच में आमूल परिवर्त्तन लानेवाले शर्मा जी हिन्दी की प्रथम कतार के ऐसे आलोचक हैं, जिनके साहित्य सम्बन्धी किये गये मूल्यांकन और सिद्धान्त आज भी हमारे लिये ताजे-टटके और प्रासंगिक हैं। अतः ऐसी स्थिति में डॉ. शर्मा को बार-बार देखने-परखने की जरूरत है, महज श्रद्धा से ही नहीं, बल्कि समझ और सहानुभूति के साथ स्वस्थ, निष्कलुष और अनाविल आलोचक दृष्टि से भी।

डॉ. रामविलास शर्मा की कुछ प्रमुख कृतियाँ

(1) प्रेमचन्द (1941), (2) भारतेन्दु युग और हिन्दी भाषा की विकास परम्परा (1942), (3) भारतेन्दु युग (1943), (4) निराला (1946), (5) प्रगति और परम्परा (1949), (6) साहित्य और संस्कृति (1949), (7) प्रेमचन्द और उनका युग (1952), (8) भारतेन्दु हरिशचन्द्र (1953), (9) भाषा, साहित्य और संस्कृति (1954), (10) प्रगतिशील साहित्य की समस्याएँ, (11) आचार्य रामचन्द्र शुक्ल और हिन्दी आलोचना (1955), (12) लोकजीवन और साहित्य (1955), (13) स्वाधीनता और राष्ट्रीय साहित्य (1956), (14) आस्था और सौन्दर्य (1961), (15) भाषा और समाज (1961), (16) साहित्य, स्थायी मूल्य और मूल्यांकन (1968), (17) निराला की

1. जनसत्ता में 'आलोचना का कृष्ण पक्ष' लेख— श्री भगवान सिंह, 22 सितम्बर, 1913 ई., लखनऊ संस्करण।

साहित्य साधना : 3 खण्ड (1969, 72, 76), (18) भारतेन्दु युग और हिन्दी साहित्य की विकास परम्परा (1975), (19) महावीरप्रसाद द्विवेदी और हिन्दी नवजागरण (1977), (20) नयी कविता और अस्तित्ववाद (1978), (21) भारत के प्राचीन भाषा परिवार और हिन्दी : 3 खण्ड (1979, 1980, 1981), (22) भारत में अंग्रेजी राज मार्क्सवाद : 2 खण्ड (1982), (23) कथा-विवेचन और गद्य-शिल्प (1982), (24) मार्क्सवाद और प्रगतिशील साहित्य (1984), (25) लोकजागरण और हिन्दी साहित्य (1985), (26) हिन्दी जाति का साहित्य (1986), (27) भारतीय युग साहित्य के इतिहास की समस्याएँ (1986), (28) मार्क्स और पिछड़े हुए समाज (1986), (29) आज की दुनिया और लेनिन (1993), (30) स्वाधीनता संग्राम : बदलते परिप्रेक्ष्य (1995), (31) चार दिन (उपन्यास - 1995), (32) रूपतरंग और प्रगतिशील काव्य की भूमिका - (पुनर्मुद्रित - 1990), (33) भारतीय साहित्य की भूमिका (1997), (34) भारतीय संस्कृति और हिन्दी प्रदेश (2000 ई.), तथा (35) नयी कविता - नवलेखन युग : (1954-1972), 'नयी कविता' पत्रिका का प्रकाशन : (1954) आदि। अंग्रेजी आलोचना की दो पुस्तकें (36) नाइनटीन्थ सेञ्चुरी पोएट्स तथा (37) एसेज आन शेक्सपीरियन ट्रैजिडी।

(7) नामवरियत के आईने में आलोचक डॉ. नामवर सिंह (सन् 1927-2019 ई.)

– डॉ. कैलाश नाथ पाण्डेय

नामवर जी हिन्दी आलोचना के बहुत बड़े स्थपति-स्थविष्ठ और सारथि-रथनागर आलोचक हैं। अन्तर्वेशी आलोचक नामवर सिंह, नामदार, यशवान और जीते-जी हिन्दी आलोचना के मिथक तथा निजन्धरी हैं। स्फूर्जित संकल्प, वाग्मिता और वक्तृत्व शक्ति सम्पृक्त नामवर सिंह हिन्दी में अपने ढंग के नितान्त अकेले और विलक्षण आलोचक हैं। आलोचना, खासकर हिन्दी आलोचना में ऐसी व्यापक स्वीकृति शायद ही किसी अन्य आलोचक को मिली हो। वैचारिकता का सहज और सर्जनात्मक विनियोग उनकी वक्तृताओं को प्रभविष्णु प्रभावी और दमदार बनाता है। संस्कृत, प्राकृत, अपभ्रंश की सारी परम्परा में हिन्दी के आदिकाल से लेकर फिलवक्त वर्तमान काल तक की सर्जनाओं और साहित्य-दृष्टियों को समेटनेवाला पहले यशोवृद्ध, ज्ञानवृद्ध और वयोवृद्ध नामवर के अलावा सम्प्रति हिन्दी में कोई दूसरा आलोचक नहीं दिखायी पड़ता। प्रबुद्ध-पुरुष नामवर सिंह हिन्दी आलोचना के एवरेस्ट-शिखर तो हैं ही, हिन्दी आलोचना के प्रथम नागरिक भी हैं। सच तो यह है कि नामवर सिंह हिन्दी की आचार्य परम्परा के अन्तिम आलोचक हैं। उनके पास पाठ सजग मेधा और अनन्य स्मरण शक्ति की भास्वरता है, दिलचस्प कहन शैली है, बाकी विलक्षण तेजस्विता है, बिना किसी जार्गन या बीज शब्द के पाठक को पाठ के नाभिकीय तल तक उतार देने लायक सहभोक्ता दृष्टि है, इस प्रकार वे हिन्दी आलोचना के प्रखर वैभव और श्री हैं। सम्भवतः बढ़ती वय (लगभग 93) के दबाव के कारण उनके वाचिक का अधिकांश अब लगभग बन्द हो चुका है, फिर भी वे एक ही साथ पाठक, शोधार्थी, विद्वान् और वाक्पटु आलोचक बेशुबह बने हुए हैं। उनके आलोचक व्यक्तित्व की पुख्ता और मुकम्मल तस्वीर में जितनी आभा कल थी, उसमें आज भी कमी नहीं हुई है। अपने ज्ञान-समृद्ध, प्रत्युत्पन्नमतित्व और वाक् कुशल प्रतिभा के आधार पर हिन्दी आलोचना के हल्के में उन्होंने अपनी विशिष्ट पहचान बनायी है। सर्जनात्मक पठनीय आलोचना का रास्ता उन्होंने हिन्दी में खोला और आलोचना का नया ढंग और ढब निर्मित किया।

मेरे निकट के एक बड़े आलोचक और नामवर सिंह के करीब के मित्र बताते हैं कि उनके पास ज्ञान का अकूत और ग्लोबल भण्डार है। सम्भवतः इसीलिये हिन्दी के सुप्रसिद्ध कवि मरहूम नागार्जुन उन्हें **जंगम विश्वविद्यालय** अर्थात् ज्ञान का चलता-फिरता विश्वविद्यालय कहते हैं। सन् 1949 में किसी पत्रिका में नामवर सिंह का 'तुलसीदास' पर एक लेख छपा था। बताते हैं,

यह उनका प्रथम आलोचनात्मक लेख था। उसे पढ़कर हिन्दी के बड़े सॉनेटियर त्रिलोचन शास्त्री ने कहा था कि, **"हिन्दी में एक आलोचक आ रहा है, आलोचक आया और हिन्दी आलोचना समृद्ध हुई।"** यदि मेरे कहने में अति न हो तो मानिये, सम्पूर्ण भारत में अपनी वाग्मिता के लिये विख्यात नामवर जी हिन्दी आलोचना के मानदण्ड और मयार बनाते हैं। जिस कविता, कहानी, उपन्यास पर हाथ रखा, उछल कर वह रातोंरात प्रसिद्धि के गुम्बद और बड़ेर-धरन पर चढ़ गयी। यह मशहूर है कि सुदामा पाण्डेय 'धूमिल' की 'अज्ञात प्राप्त लघु पत्रिका' में छपी एक कविता का हवाला दिया, फलतः धूमिल पलक झपकते मशहूर हो गये। इसी तरह उषा प्रियम्वदा की कहानी (वापसी), शेखर जोशी की कहानी 'बदबू', अमरकान्त की कहानी (हत्यारे) और निर्मल वर्मा की कहानी (परिन्दे) की श्रेष्ठता की पहचान पहले पहल उन्होंने ही की। मुक्तिबोध की कविता (अँधेरे में) को सबसे पहले नामवर जी ने ही केन्द्रस्थ किया, यानी नामवर जी की पैनी, अचूक और प्रतिभाशाली दृष्टि प्रतिभावों को पहचानती है, यह उनका विलक्षण गुण है और यही है, उनकी आलोचना का महत्त्व। उनके पास किसी भी विधा की समझ का 'क्लीयर कट कन्सेप्शन' होता है। शतदल की तरह खिले उनके व्यक्तित्व ने अपने आलोचकीय विवेक को इतना समृद्ध कर लिया है कि लिखने में डॉ. रामविलास शर्मा और बोलने में स्व. डॉ. विजयदेव नारायण साही के अलावा कोई और उन्हें मात नहीं दे सका। हिन्दी आलोचना को उनकी संकीर्ण हदबन्दियों से निकाल उसे एक नयी पैरहन और आयाम देनेवाले तटस्थ, विचारधारा निरपेक्ष, विनम्र, सरल-सौम्य आलोचक डॉ. नामवर सिंह के विषय में यह कहना मुश्किल-जटिल है कि वे श्रेष्ठ अध्यापक हैं या श्रेष्ठ आलोचक? अच्छे तार्किक, बहुश्रुत-पठित, संवेदनशील बुद्धिजीवी नामवर सिंह का अध्यापक रूप विख्यात और विदित है। उन्हे अध्यापकीय यश खूब मिला है, इसीलिये कुछ लोग उन्हे **सचल आलोचक** भी कहते हैं। माना जाता है कि आलोचक की लोकप्रियता दुर्लभ होती है। नामवर सिंह कहते भी हैं, **"बड़ा साहित्य** विचारधारा के बावजूद बड़ा होता है। इसका मतलब है, साहित्य को बड़ा बनाने के लिये विचारधारा जरूरी नहीं है। साहित्यकार की गहराई इस बात में है कि वह भ्रमों को हटाकर वास्तुविकता का सही रूप उद्घाटित करे। वास्तविकता के भीतर गहरे प्रवेश करे। नामवर जी मानते हैं कि वर्तमान की परीक्षा और भविष्य की कल्पना के साथ साहित्यकार में अतीत की महान् साहित्यिक परम्परा का जीवित बोध और स्वायत्तीकरण भी होना चाहिए।" डॉ. सिंह की प्रसिद्धि ऐसे आलोचक के रूप में है, जिसने अपनी पैनी दृष्टि से हिन्दी रचना-संसार की समझ को बदला है। ऐसा करते हुए उन्होंने **आलोचना कर्म का एक नया व्याकरण** लिखा है, जिसके औजार और सरोकार बदले हैं। वे कवि हैं, निबन्धकार भी हैं, भाषा-वैज्ञानिक भी हैं। उनके भीतर ज्ञान की विभिन्न परम्पराएँ—धाराएँ रची-बसी हैं। वे सुधी पाठक हैं, सुविज्ञ विचारक-चिन्तक हैं।

नामवर सिंह के 'स्केल' और 'रेंज' बेमिसाल हैं और साथ ही साथ खतरे मोल लेकर संकट से खेलने की क्षमतावाला जानकारी से लैस दिमाग। पिछले कई दशकों से हिन्दी आलोचना में नामवर सिंह की उपस्थिति एक ऐसे आलोचक की रही है, जिसका पाठ और मूल्यांकन हिन्दी दुनिया के लिये एक चुनौती है, "Not only in Namvar Singh, the most important literary critic in Hindi today but he is also perhaps, with Nirmal Varma, the most articulate and influential of all living Hindi writers whether critical or creative. Over the last decade or so, he has acquired a pan-Indian reputation as one of the tallest literary and cultural critics writing in any Indian language. He was one of the first critics in the country as distinct from poets, novelists and dramatics to win a Sahitya Academi Award (1971) and the invitation to him to deliver the keynote address at the Sahitya Academi Festival of Letters in 1991. It was again the kind of honour usually accorded only to the most eminent of our creative writers."[1]

एक बार फिराक ने कहा था कि 'आनेवाली नस्लें' पता नहीं नामवर की क्या छवि बनायेंगी, पर इसका उत्तर यह है कि आनेवाली नस्लों ने नामवर को बेहद उचित सम्मान दिया है, फिर उनका आना-बाना और आचरण इतना गरिमामय है कि अपनी गरिमा, व्यक्तित्व की उदारता, उदात्तता और अभिजात्यता में वे अज्ञेय से ही तुलनीय हैं। अज्ञेय की तरह मितभाषी नामवर सिंह ने सिद्ध किया है कि कुर्ते-धोती और गंजी, बण्डी-बनियान की एक सहज गरिमा हो सकती है– "For someone with such a formidable and even daunting reputation, Namvar Singh is mild to look at and milder to talk to. There is a soft spoken courtesy about him and also a homespun grace. Significantly, he may prove to be the last major Hindi writer always to wear Kurta-dhoti and habitually to chew pan." यही है, आलोचक नामवर की नामवरियत।

अभी थोड़ी देर पहले मैंने आग्रह किया है कि नामवर सिंह के विषय में यह विवाद आम सहमति और निष्कर्ष का ठोस पड़ाव नहीं प्राप्त कर सका कि वे श्रेष्ठ अध्यापक रहे हैं या श्रेष्ठ आलोचक, ठीक उसी तरह उनके विषय में यह भी कहना मुश्किल हो जाता है कि वे श्रेष्ठ कवि हैं या श्रेष्ठ आलोचक? सुप्रसिद्ध कवि शमशेर बहादुर सिंह ने कभी कहा था कि, **नामवर के युवा कवि को उसके वयस्कतर होते मार्क्सिस्ट आलोचक ने दबा दिया,** उसी समय भारतीय ज्ञानपीठ से सम्मानित सुपरिचित कवि स्व. केदारनाथ सिंह ने कहा था कि– **वे मूलतः कवि ही हैं और हो सकता है कि वे अपनी व्यक्तिगत डायरी में अब भी कविताएँ लिखते हों।** मुझे याद है, यह बहस सन् 1988-90 के आसपास हुई थी। बहरहाल, इतना तो कहा जा सकता है कि उनके भीतर विराजमान कवि की वजह से उनकी समीक्षा और सैद्धान्तिक व्याख्या में एक खास तरह के रचनात्मक साहित्य जैसा लालित्य दिखायी पड़ता है, फिर भी इसका अर्थ यह नहीं है कि वे मूलतः कवि हैं, बल्कि यह कहना ज्यादा न्यायसंगत होगा कि **वे मूलतः आलोचक ही** हैं। उनकी आलोचना की अपनी रचनात्मकता भी अवश्य है, जो हर बड़े आलोचक की होती है। हिन्दी के अधिकांश पाठक उन्हें अपना निकटतम आलोचक मानते हैं। उनकी आलोचना मार्क्सवाद में अपनी मुखर निष्ठा के बावजूद परिणति के धरातल पर रूपवादी आलोचना, विशेषकर 'न्यू क्रिटिसिज़्म' के अधिक निकट है। नामवर सिंह ने इस सम्बन्ध में एक

1. In search of the other Tradition or the Importance of being Namvar — Harish Trivedi in Bahuvachan. Page. no. 332.

बार अपना विचार भी व्यक्त किया था कि मार्क्सवादी आलोचना 'न्यू क्रिटिसिज्म' के कुछ औजारों का इस्तेमाल कर अधिक कारगर और वयस्क हो सकती है। प्रसंग को आगे खिसकाते हम कह सकते हैं कि लूकाच, नामवर जी का विचारधारात्मक सम्बल है, उसी तरह जैसे लीविस आलोचनात्मक केन्द्र। लीविस और नामवर सिंह में जो समानता दिखायी देती है वह यह कि नामवर जी के लिये यही परम है, सर्वोच्च है कि रचना केन्द्र में रहे– ग्राह्यता रचना की शर्तों पर ही सम्भव है।

उपलब्धि की दृष्टि से निर्विवाद होने के बावजूद हिन्दी आलोचना में डॉ. नामवर सिंह की सक्रियता लगातार विवादास्पद और बहसतलब रही है। कभी रामचन्द्र शुक्ल को लेकर, कभी रामविलास शर्मा को लेकर और कभी सुमित्रानन्दन पन्त को लेकर आदि। इनसे सम्बन्धित सवालों को लेकर उन्हें समय-समय पर रचनाकारों की अदालत में खड़ा किया जाता रहा है। उनके ऊपर आरोपों का गोला दगता है कि वे उपलब्ध और मौजूदा शक्तियों का ठीक-ठाक रचनात्मक दोहन नहीं कर सके हैं। उनमें स्वेच्छाचारिता है। अगली बात यह कि नामवर सिंह जैसे अपनी किताबों में विवादस्पद हैं, वैसे ही अपने व्यक्तित्व में भी। एक विद्वान् ने कभी कहा था कि– **डॉ. नामवर सिंह तैराक तो हैं, किन्तु गोताखोर नहीं हैं।** इसी तरह एक तरफ 'रूपवादी' कहे जानेवाले लेखकों-आलोचकों से तो दूसरी तरफ अपने से पहले के वामपन्थी विचारकों से उनके मतभेद सभी साहित्य प्रेमी जानते हैं। कहा जाता है कि आचार्य शुक्ल का आलोचकीय कद छोटा करने के लिये ही उन्होंने सन् 1986 में प्रकाशित अपनी पुस्तक 'दूसरी परम्परा की खोज' में आचार्य हजारीप्रसाद द्विवेदी को काफी उछाला, किन्तु काफी दिनों बाद सन् 1996 में नामवर सिंह के सम्पादन में प्रकाशित कृति 'रामचन्द्र शुक्ल रचनावली' और उसमें लिखी उनकी महत्त्वपूर्ण भूमिका ने लोगों का भ्रम दूर किया। हजारीप्रसाद द्विवेदी के समर्थक और रामचन्द्र शुक्ल के विरोधी के रूप में नामवर सिंह को देखने की आदत, जो हिन्दी आलोचना में जनम गयी है, 'शुक्ल रचनावली' उसका उत्तर और प्रत्याख्यान है। इसी तरह डॉ. नामवर सिंह ने डॉ. रामविलास शर्मा को कभी 'हिन्दी आलोचना की जलती मशाल' कहा था, कालान्तर में मार्क्सवादी आलोचना के दो केन्द्रीय व्यक्तियों– डॉ. नामवर सिंह और डॉ. रामविलास शर्मा में हिन्दी साहित्य की जातीय परम्परा, दूसरी परम्परा तथा हिन्दी नवजागरण आदि कुछ मुद्दों को लेकर वैचारिक टकराहट हुई। दोनों नामजद और शोहरत प्राप्त आलोचकों – डॉ. रामविलास शर्मा तथा डॉ. नामवर सिंह में काफी तीखे-तीव्र मतभेद हुए। अनेक भाई लोगों ने उक्त आलोचकों के बीच उत्पन्न वैचारिक असहमतियों को काफी उछाला। कई लोगों ने रामविलास शर्मा को संकीर्णतावादी मार्क्सवादी आलोचक माना तो कई ने कहा कि रामविलास शर्मा का मार्क्सवाद पंचानबे प्रतिशत भारतीय और बमुश्किल पाँच प्रतिशत बाहरी हैं। इसी बीच रामविलास शर्मा के जन्नती होने के ठीक साल भर बाद उनकी 'बरसी पर आलोचना' के सहस्राब्दी अंक-5, सन् 2001 ई. में 'इतिहास की शव-साधना' का चर्चा-कुचर्चावाला लेख छपा। लोग हैरान हुए कि रामविलास शर्मा को 'हिन्दी आलोचना की जलती मशाल' माननेवाले और उनकी किसी अधूरी कृति को 'दूज का चाँद' कहनेवाले उनके कृतज्ञ शिष्य ने अपने विपुल तथा विद्वतापूर्ण

लेखन से भारतीय भाषाओं को सम्मान दिलानेवाले डॉ. रामविलास शर्मा पर एकाएक हमलावर रुख और तेवर-रौ क्यों अपना लिया? इस लेख पर बहुत दिनों बाद प्रसिद्ध आलोचक श्री भगवान सिंह ने एक जगह अपना विचार व्यक्त करते हुए लिखा कि इन प्रगतिशीलों में रामविलास शर्मा ही एक ऐसे आलोचक के रूप में सामने आये, जिन्होंने अपने आरम्भिक लेखन में मार्क्सवादी कट्टरता का परिचय देने के बाद परवर्ती लेखन में भारतीय साहित्य और संस्कृति के मूल्यांकन में स्वदेशी दृष्टि का परिचय दिया। हालाँकि उनकी पहचान मार्क्सवादी लेखक के रूप में की जाती रही, पर मेरी समझ में मार्क्सवाद या लेनिनवाद-स्टालिनवाद के फेरे में पड़कर डॉ. शर्मा ने अपनी काफी ऊर्जा और समय नष्ट किया। यह तथ्य विशेष रूप से ध्यान में रखने लायक है कि डॉ. शर्मा ने जिस भवभूति से लेकर सन्त साहित्य, तुलसीदास, भारतेन्दुकालीन लेखकों- महावीरप्रसाद द्विवेदी, प्रेमचन्द, रामचन्द्र शुक्ल, छायावादी रचनाकार, विशेषकर निराला आदि पर आलोचनाएँ लिखकर हिन्दी में उच्च कोटि के आलोचक का स्थान प्राप्त किया, उनमें किसी का भी मार्क्सवाद से कोई सम्बन्ध नहीं था, न ही डॉ. शर्मा ने वर्ग-चेतना या आर्थिक नियतिवाद जैसे मार्क्सवादी औजारों से इनका मूल्यांकन किया। शायद यही कारण था कि इस महान् आलोचक के प्रति उनके निधन के बाद मार्क्सवादी-प्रगतिवादी बिरादरी के लेखकों ने ही 'हिन्दूवादी' कहकर और उनके लेखन को 'इतिहास की शव-साधना' की संज्ञा देकर अपनी श्रद्धांजलि प्रकट की।

वस्तुतः डॉ. नामवर सिंह की आलोचना गतिशील-परिवर्तनशील रही है। डॉ. शर्मा के आलोचकीय विवेक पर उन्होंने समय-समय पर टिप्पणियाँ की हैं, वह नामवर सिंह की बदलती दृष्टि और समझ का परिचायक है। दो-एक उदाहरणों से यह धुन्ध साफ हो जायेगी। जिस नामवर ने रामविलास शर्मा को लेकर 'साहित्य की शव-साधना' वाला लेख लिखा-लिखवाया उसी नामवर ने कभी साहित्य अकादमी से प्रकाशित डॉ. शर्मा की कृति "भारतीय सौन्दर्य बोध और तुलसीदास" के लोकापर्ण के अवसर पर कहा था कि– "सौन्दर्य बोध वस्तुतः इन्द्रिय बोध, भावबोध और विचारधारा– तीनों का समन्वय है और इसे केवल विचारधारा से जोड़कर नहीं देखा जा सकता। इस कृति का महत्त्व इस बात में है कि यह समस्त कलाओं के अन्तसम्बन्ध को ध्यान में रखकर लिखी गयी है। हालाँकि यह कृति अधूरी रह गयी लेकिन कभी-कभी अधूरा सम्पूर्ण से ज्यादा सुन्दर होता है, जैसे कि दूज का चाँद।" अब अगला उदाहरण लीजिये। डॉ. नामवर सिंह ने अपनी पुस्तक 'वाद-विवाद संवाद' (1989) डॉ. रामविलास शर्मा को सादर समर्पित करते हुए लिखा है कि– जिन्हें 'वाद-विवाद-संवाद' में अपना गुरु मानता हूँ।" डॉ. शर्मा की मुद्रणाधीन पुस्तक, जिसका उल्लेख मैंने अभी चन्द पंक्तियों पहले किया है, "भारतीय सौन्दर्यबोध और तुलसीदास" का एक अध्याय 'वैदिक कवियों का सौन्दर्य बोध' को डॉ. नामवर सिंह ने 'आलोचना' में न केवल साभार प्रकाशित किया बल्कि अपने सम्पादकीय में डॉ. शर्मा के विषय में लिखा कि– "जरूरत यह देखने की है कि ज़ो किसी समय तात्कालिक मुठभेड़ के लिये जाने जा रहे थे, किस तरह आगे लगातार परम्परा, इतिहास और स्मृति में धँसने और नये ज्ञानात्मक विमर्श विकसित करने के अथक प्रयत्न में लग गये..." उक्त वाक्य को नामवर जी

के परवर्त्ती लेख 'इतिहास की शव-साधना' की पृष्ठभूमि के तौर पर देखा जा सकता है। सच तो यह है कि नामवर जी अपनी स्थापनाओं का खण्डन अपने भाषणों में कर दिया करते हैं। वे इसे अनुचित भी नहीं मानते। कोई विचारक किसी एक ही बिन्दु पर क्यों अड़ा रहे? क्या उसे अपने विचारों में परिवर्तन का अधिकार नहीं है? अपनी 'छायावाद' वाली पुस्तक में नामवर जी ने 'छायावाद' की प्रशंसा की, लेकिन 'कविता के नये प्रतिमान' की स्थापनाओं का भी खण्डन कर दिया। 'दूसरी परम्परा की खोज' में उन्होंने आचार्य शुक्ल को पहली और हजारीप्रसाद द्विवेदी को 'दूसरी परम्परा का आलोचक' कहा था तथा सीधे तो नहीं, पर व्यंजना में आचार्य शुक्ल के कद को घटाया था, पर सन् 2006 ई. में जोकहरा (आजमगढ़) के आयोजन में उन्होंने कहा कि वे हजारीप्रसाद द्विवेदी को 'आलोचक' नहीं, 'विचारक' मानते हैं। इसी वर्ष बस्ती (उ.प्र.) के एक आयोजन में उन्होंने कहा कि– "मेरी दृष्टि में हिन्दी में आज तक केवल एक ही आचार्य पैदा हुआ है और वह हैं– आचार्य श्री रामचन्द्र शुक्ल।" यहाँ तक कि मैं अपने गुरु पं. हजारीप्रसाद द्विवेदी को भी आचार्य न कहता हूँ और न लिखता हूँ। अगर हिमालय पृथ्वी का मानदण्ड है तो हिन्दी साहित्य के मानदण्ड आचार्य शुक्ल ही हैं। श्रोताओं का कहना था कि उस गोष्ठी में उन्होंने 'दूसरी परम्परा' का भी खण्डन किया था"[1] इस आधार पर हम कह सकते हैं कि नामवर जी मार्क्सवादी होते हुए भी जनतन्त्र या लोकतन्त्रवादी रहे हैं, तथा अपनी आलोचना में लोकधर्मी।

आलोचक-चिन्तक डॉ. पी. एन. सिंह भी इस बात की ताईद करते हैं कि डॉ. नामवर सिंह अपनी पूर्व की स्थापनाओं में समय-समय पर परिष्कार करते रहते हैं।[2] वे अपनी एक पुस्तक में लिखते हैं कि नामवर जी ने 'पालेमिक्स' भी की है और खूब की है। एक दौर में 'परिमल गुट' के विरुद्ध और इधर रामस्वरूप चतुर्वेदी और रामविलास शर्मा के विरुद्ध। इधर, छठें और सातवें दशक की पालेमिकल मुद्रा कुछ अतिरिक्त उग्रता के साथ लौटी दिखती है, शायद इसीलिये कि यह दौर भी असाधारण था। ये दोनों ही उन्हें उग्र हिन्दुत्व को सांस्कृतिक आधार देते लगते हैं। फिर भी, अगर बच्चन सिंह को उद्धृत करूँ तो नामवर जी की ये टिप्पणियाँ 'बैड टेस्ट' में लिखी गयी हैं अर्थात् बिन्दु सही है, लेकिन अभिव्यक्ति में अनपेक्षित कटुता है, आक्रामकता है। ऐसी टिप्पणियाँ राजेन्द्र यादव और मुद्रा राक्षस की कलम से फबती हैं, लेकिन नामवर जी की कलम से खटकती हैं, फिर भी नामवर जी अपनी आलोचना में अधिक सावधान और सृजनात्मक रहे हैं। 'दूसरी परम्परा की खोज' में आचार्य शुक्ल को लेकर चूक हो गयी थी, क्योंकि केवल कबीर को ही निकष मानकर आचार्य शुक्ल को 'पहली परम्परा' से आत्यन्तिक रूप से सटा देना उचित नहीं था। दरअसल, आचार्य शुक्ल हिन्दी आलोचना के प्रस्थान बिन्दु हैं, जिनमें तरह-तरह की परस्पर-विरोधी स्थापनाएँ सम्भव हैं, लेकिन भूल का एहसास हुआ और नामवर जी ने उनके निबन्धों को एक सशक्त भूमिका के साथ सम्पादन किया और फिर अपने व्याख्यानों के माध्यम से अपेक्षित सुधार-परिष्कार कर लिया। उन्होंने 5 अप्रैल, 2005 को

1. राष्ट्रीय सहारा, 22 अप्रैल, सन् 2006, गोरखपुर संस्करण।
2. नामवर : सन्दर्भ और विमर्श– डॉ. पी. एन. सिंह, पृष्ठ नं. 79, प्रतिश्रुति प्रकाशन, कोलकाता, मू. 300 रु. 2015 ई.

जोकहरा में बताया था कि, "नये तथ्यों की रोशनी में मुझे पीछे हटने या अपने पूर्व की स्थापना को सुधारने में कोई हिचक नहीं होती।" यह भी बड़े साहस का काम है, जो कम ही लोगों में दिखता है। यही आलोचनात्मक साहस नामवर को अर्थवत्ता प्रदान करता है और उन्हें प्रासंगिक बनाये रखता है। सच तो यह है कि नामवर सिंह प्रतिकूल परिस्थितियों की धधकती आग में बढ़े-पके हैं और इस रूप में उनके अकादमिक जीवन की एक-एक इंच जमीन अर्जित है। नामवर सिंह का यह भी कहना ध्यानाकर्षक है कि नये तथ्यों और तर्कों की रोशनी में अपना सतत पुनरीक्षण करता रहता हूँ, जिसके लिये आलोचना का पात्र भी बनता रहा हूँ। मुझे 'कन्सिस्टेन्सी' अर्थात् संगति की चिन्ता नहीं रहती। वस्तुतः मैं तो जड़ प्रतिबद्धता को बंजर मानता हूँ, जिससे न व्यक्ति ही समृद्ध होता है और न विचारधारा अथवा व्यवस्था ही।

नामवर सिंह कहानी के पुराने फॉर्म को नकारते हैं, बल्कि उसमें हुए भाषिक संरचना और शिल्प-विधि में आये बदलाव का स्वागत करते हैं। उनका मानना है कि किसी भी विधा में बदलाव हमें पहले फॉर्म में ही दिखता है। वे कहते हैं– "नया कहानीकार कभी-कभी इतना अन्तर्गूढ़ हो जाता है कि आदि से अन्त तक केवल एक बात से बातें निकलती चली जाती हैं और बातों में से बात का यह निकलते जाना ही इतना मनोरंजक होता है कि एक कहानी बन जाती है।" भारतीय उपन्यास के उदय और विकास सम्बन्धी डॉ. नामवर सिंह के विचार अन्तर्विरोधी होने के बाद भी कम महत्त्वपूर्ण नहीं हैं। वे यथार्थवाद को उपन्यास की एकमात्र कसौटी नहीं मानते। उनके अनुसार उपन्यास 'कल्पसृष्टि' है। हजारीप्रसाद द्विवेदी गल्प को महत्त्व देते थे। उपन्यासकारों में नामवर सिंह ने प्रेमचन्द के उपन्यासों पर सर्वाधिक लिखा है और द्विवेदी जी के उपन्यासों के सही प्रशंसक होने के बावजूद अभी तक उन्होंने उनके उपन्यासों पर कोई लेख नहीं लिखा है, जब कि साठ के दशक में ही वे यह स्वीकार कर चुके थे– 'चारुचन्द्रलेख' में द्विवेदी जी ने उपन्यास के बँधे-बधाये फॉर्म को तोड़ दिया है। उसी समय उन्होंने 'चारुचन्द्र लेख को' 'एण्टी नॉवेल' कहा था। वे द्विवेदी जी के चारों उपन्यासों में चार फॉर्म देखते हैं।[1] इसी तरह कविता के सम्बन्ध में भी उनके कुछ अपने विचार हैं। खासकर, कविता को नये दौर के यथार्थ के प्रसंग में देखते हुए नामवर जी का कहना है कि, "आज भी कविता के लिये 'संवेदना' काफी नहीं है, बौद्धिकता का समावेश उसमें जरूरी है। कहते भी हैं, बौद्धिकता से मुक्त कविता कभी नहीं हुई। तुलसीदास में बौद्धिकता है, सूरदास में भी उद्धव शतक के प्रसंग में बौद्धिकता है।"

भारत यायावर बताते हैं[2] कि सन् 1950 में नामवर का कविता लेखन कम होना शुरू हुआ और पूरी तैयारी के साथ आलोचना के क्षेत्र में उतर आये 1 जनवरी, 1950 की 'जनवाणी' पत्रिका में प्रकाशित आलोचनात्मक निबन्ध 'आचार्य शुक्ल और हिन्दी समीक्षा' इसका उदाहरण है। इसी वर्ष उन्होंने विविध रंग-ढंग के इक्यावन निबन्ध लिखे। इनमें सत्रह निबन्धों का संग्रह 'बकलमखुद' नाम से जनवरी 1951 में छपा। इसी महीने उन्होंने अपनी कविताओं का संग्रह 'नीम के फूल' छपने के लिये दिया, जो प्रकाशक के यहाँ ही रह गया। अक्टूबर 1951 में

---

1. बहुवचन में रविभूषण का लेख 'नामवर सिंह की उपन्यासालोचना' पृष्ठ नं. 207, महात्मा गाँधी अन्तरराष्ट्रीय हिन्दी विश्वविद्यालय, वर्धा का प्रकाशन, जुलाई-सितम्बर- 2016 ई., मूल्य 100 रुपये।
2. बहुवचन में भारत यायावर का लेख 'नामवर सिंह : अब तक क्या किया, जीवन क्या जिया, पृष्ठ 345.

प्रकाशित युवा आलोचक नामवर सिंह द्वारा लिखित 'उत्तरी भारत की सन्त परम्परा' (लेखक- परशुराम चतुर्वेदी) शीर्षक समीक्षा प्रकाशित हुई। आलोचना के दूसरे अंक में उनकी शचीरानी गुर्टू द्वारा सम्पादित महादेवी वर्मा पर विभिन्न लेखकों के आलोचनात्मक लेखों के संकलन पर समीक्षा प्रकाशित हुई— 'महादेवी वर्मा : काव्य कला और जीवन दर्शन' शीर्षक से। 'हंस' के जनवरी 1952 अंक में उनकी 'दूसरा सप्तक' (सम्पादक अज्ञेय) की समीक्षा प्रकाशित हुई। बाद में आलोचना के चौथे अंक अर्थात जुलाई-सितम्बर 1952 में उनका लम्बा आलोचनात्मक लेख 'हिन्दी कविता के पिछले दस वर्ष' प्रकाशित हुआ। यह उनका अब तक का लिखा सबसे लम्बा लेख था जो 'आलोचना' के दस पृष्ठों में छपा था। सन् 1954 में आधुनिकता का प्रतिमान बनानेवाली उनकी आलोचनात्मक कृतियाँ 'छायावाद' और 'आधुनिक साहित्य की प्रवृत्तियाँ' प्रकाशित हुईं। ये दोनों ही पुस्तकें उस समय की अनिवार्य माँग थीं। 'आधुनिक साहित्य की प्रवृत्तियाँ' में नामवर जी ने छायावाद, रहस्यवाद, प्रगतिवाद और प्रयोगवाद का पृथक्-पृथक् विश्लेषण करके उसे अपने समय से जोड़कर देखने की कोशिश की। छायावाद को स्थापित करनेवाली उक्त पुस्तक में बारह अध्याय हैं। इन अध्यायों के शीर्षक छायावादी कवियों के पंक्तियों के टुकड़े हैं। इसमें उन्होंने छायावाद के काव्य-सौन्दर्य को स्पष्ट करने का महनीय प्रयास किया है। उदाहरण के लिये, "छायावाद का स्थायित्व उसके व्यक्तिवाद में नहीं, उसकी आत्मीयता में है, काल्पनिक उड़ान में नहीं, आत्म-प्रसार में है, समाज भीरुता में नहीं, प्रकृति प्रेम में है, प्रकृति-पलायन में नहीं, नैसर्गिक जीवन की आकांक्षा में है, आवेगपूर्ण भावोच्छ्वास में नहीं, संवेदनशीलता में है, सौन्दर्य की कल्पना में नहीं, सौन्दर्य की भावना में है, स्वप्न में नहीं, स्वप्न की वास्तविक आकांक्षा में है, अज्ञान की जिज्ञासा में नहीं, ज्ञान के प्रसार में है, आदर्श में नहीं, यथार्थ में है, कल्पना में नहीं, वास्तविकता में है, दृष्टिकोण में नहीं, दृष्टि में है, उक्ति-वैचित्र्य में नहीं, अभिव्यंजना के प्रसार में हैं।[1]

सन् 1956 ई. में नामवर सिंह ने अपना शोध-प्रबन्ध पूरा किया। यह शोध प्रबन्ध उसी साल 'पृथ्वीराज रासो की भाषा' नाम से सरस्वती प्रेस से प्रकाशित हुआ। सन् 1957 ई. में उन्होंने बहुत सारे लेख लिखे थे, जिनमें से कुछ चुनिन्दा लेखों का संग्रह 'इतिहास और आलोचना' नाम से उसी साल छपा। प्रकाशन था — नया साहित्य प्रकाशन, इलाहाबाद। इसी दौर में आपकी अनुदित पुस्तक 'पुरानी राजस्थानी' नागरी प्रचारिणी सभा, काशी ने छापी। सन् 1957 में कवि विष्णुचन्द्र शर्मा ने 'कवि' नामक एक लघु पत्रिका निकाली थी। इसके जनवरी एवं जुलाई 1957 अंकों में नामवर के दो सॉनेट छपे। इस पत्रिका के विशिष्ट कवि स्तम्भ में अप्रैल 1957 में मुक्तिबोध और मई 1957 में केदारनाथ सिंह की कविताएँ छपीं, जिन पर नामवर सिंह ने सारगर्भित टिप्पणी लिखीं। मार्च अंक में आठ कविताएँ विशिष्ट कवि स्तम्भ में नामवर सिंह की भी छपीं। इन कविताओं पर टिप्पणी त्रिलोचन ने लिखी। इस टिप्पणी में त्रिलोचन ने **नामवर की पुस्तक : पकी आँखें** कहा है। 1957 में ही आकाशवाणी इलाहाबाद के 'स्वर बेला' कार्यक्रम में नामवर सिंह की आवाज में उनकी कविताएँ अन्तिम बार सुनी गयीं। दूसरा सप्तक

---

1. छायावाद — डॉ. नामवर सिंह, पृष्ठ - 156.

के प्रकाशन के बाद नयी कविता का समय आया। नामवर जी ने इस दौर में प्रगतिवादी मूल्यों पर होनेवाले हमले के विरुद्ध संघर्ष चलाया। सन् 1953-57 के बीच उनके इस संघर्ष का दस्तावेज इतिहास और आलोचना (1957) में संकलित है। इस कृति में इतिहास को उन्होंने ऐतिहासिक भौतिकवादी दृष्टिकोण से देखा है। इसका पहला अध्याय 'व्यापकता और गहराई' है, जहाँ नामवर जी लिखते हैं[1], "किसी को गहराई तक प्रभावित करने--का अर्थ है उसके सम्पूर्ण अस्तित्व, व्यक्तित्व और भाव सत्ता को प्रभावित करना और बहुत देर तक प्रभावित किये रहना।" इस पुस्तक में नामवर जी का व्यापक अध्ययन, तर्क क्षमता, गहन वैचारिकता, चिन्तन-मनन, विचारों की ताजगी और नये दृष्टिकोण से इतिहास का पुनर्मूल्यांकन दृष्टिगोचर होता है। उन्होंने विभिन्न आयामों से साहित्य को देखा, जाँचा, परखा है। डॉ. सुरेश शर्मा का कहना है कि नयी कविता के ही समानान्तर नयी कहानी विकसित हुई, किन्तु हिन्दी में नये कथा साहित्य की आलोचना की कोई परिपाटी नहीं बनी थी। छठें दशक के उत्तरार्द्ध से नामवर जी कथा आलोचना की एक प्रवृत्ति बनाने के काम में लगे। 'कहानी', 'माया' और 'नयी कहानियाँ' में सिलसिलेवार लेख लिखे, जिसका संकलन 'कहानी : नयी कहानी' शीर्षक से 1964 में छपा। वस्तुतः सन् 1960 में भैरव प्रसाद गुप्त के सम्पादन में राजकमल प्रकाशन-दिल्ली से 'नयी कहानियाँ' पत्रिका निकलनी शुरू हुईं, जिसमें हाशिये पर स्तम्भ में नामवर सिंह का विवेचनात्मक लेख नियमित छपने लगा। सन् 1962 में उनकी पुस्तक 'आधुनिक साहित्य की प्रवृत्तियाँ' छपीं। इसमें उन्होंने छायावाद, रहस्यवाद, प्रगतिवाद और प्रयोगवाद का सम्यक् विवेचन किया है। वे लिखते हैं,[2] "प्रगतिशील साहित्य कोई स्थिर मतवाद नहीं है, बल्कि यह एक निरन्तर विकासशील साहित्यधारा है, जिसके लेखकों का विश्वास है कि प्रगतिशील साहित्य लेखक की स्वयंभू अन्तःप्रेरणा से उद्भूत नहीं होता, बल्कि सामाजिक और सांस्कृतिक विकास के क्रम में वह भी परिवर्तित और विकसित होता रहता है और उसके सिद्धान्त उत्तरोत्तर स्पष्ट तथा अधिक पूर्ण होते चलते हैं।" कहानियों पर लिखे उनके मूल्यांकनपरक निबन्ध 'कहानी : नयी कहानी में संकलित हैं, जिसका प्रकाशन 1966 में पहली बार लोकभारती प्रकाशन, इलाहाबाद से हुआ। नामवर जी ने इस पुस्तक में 1958 से 1965 ई. के बीच लिखी गयी कहानियों के भाव बोध ा और संवेदना का विश्लेषण किया है। सन् 1964 ई. में उन्होंने मुक्तिबोध की महत्वपूर्ण कृति 'एक साहित्यिक की डायरी' की समीक्षा की। सन् 1968 में उनकी प्रसिद्ध कृति 'कविता के नये प्रतिमान' का प्रकाशन हुआ। इसकी भूमिका में उन्होंने लिखा है कि– "यह तथ्य अनदेखा नहीं किया जा सकता है कि कविता के नये प्रतिमान के केन्द्र में मुक्तिबोध हैं।" पुस्तक के प्रथम खण्ड में तारसप्तक, कामायनी, उर्वशी आदि कृतियों की समीक्षा है और पुस्तक के दूसरे खण्ड में कविता के नये प्रतिमानों, जटिलता, द्वन्द्व, तनाव, विसंगति, विडम्बना, बिम्बात्मकता, फैण्टसि आदि का परीक्षण किया गया है।"

सन् 1963 में 'ज्ञानोदय पत्रिका' में उनकी एक लेखमाला छपी– नयी कविता पर क्षण भर।' इसमें उनके पाँच लेख छपे। इस लेखमाला में उन्होंने अशोक़ वाजपेयी, धूमिल, कुमारेन्द्र,

1. इतिहास और आलोचना – डॉ. नामवर सिंह, पृष्ठ - 12
2. आधुनिक साहित्य की प्रवृत्तियाँ – डॉ. नामवर सिंह, पृष्ठ - 76

पारसनाथ सिंह को पहली बार एक रचनाकार के रूप में महत्त्व दिया। सन् 1965 में उन्होंने सदैव के लिये बनारस छोड़ दिया और सन् 1965 से 1967 तक 'जनयुग' के सम्पादक और राजकमल प्रकाशन के सलाहकर के रूप में काम करते रहे। सन् 1967 में वे ये दोनों काम छोड़कर 'आलोचना' पत्रिका के सम्पादक बनाये गये और सन् 1991 ई. तक वे उसके सम्पादक बने रहे। सन् साठ के बाद पाँच-छह सालों तक हिन्दी साहित्य में घोर अराजकता आ गयी थी। अकविता, अकहानी का दौर शुरू हुआ और काव्य मूल्य की बात कौन करे, जीवन-मूल्यों में भी पलीता लगा दिया गया। अप्रासंगिक हो गयी कविता के प्रतिमान से लक्ष्मीकान्त वर्मा जैसे उसके संस्थापक आचार्यों ने भी किनारा कर लिया। ऐसे में नामवर जी 'कविता के नये प्रतिमान' लेकर 1968 में आये तथा परिवेश और मूल्य के वास्तविक रिश्ते को नये सिरे से परिभाषित किया। कविता के नये प्रतिमान में कविता के नये उपकरणों की गहरी शिनाख्त की गयी है। यहाँ जड़ों से कविता को पहचानने का उद्यम है। इसमें नामवर जी नये प्रतिमानों की ओर ध्यान खींचते हुए पाठक को मूल्य, सत्य और उसके स्व-अर्जन की ओर ले जाते हैं। वे समकालीन कविता की नाभि को स्पर्श करते हुए मांस-मज्जा की जीवन्त धड़कन तक कविता को पकड़ने की हिमायत करते हैं, ताकि आप आज के सन्दर्भ में आज की कविता को देखना शुरू करें और भविष्य में उसके सम्भावित संकेतों को खुलता देख सके। यह खुलना वे शब्दों, बिम्बो, कथ्य और उसकी सच्चाई में खोजते हैं।

'कविता के नये प्रतिमान' में नामवर सिंह ने यह भ्रम लगभग मिटा दिया है कि मार्क्सवादी समीक्षा का अपना कोई कलात्मक विवेक नहीं होता। कविता के संघटनात्मक विश्लेषण की पद्धति अपनाते हुए उन्होंने स्पष्ट किया है कि, "रूपवाद का उत्तर स्थूल शास्त्रीयता नहीं, बल्कि विषयवस्तु और रूप विधान के द्वन्द्वात्मक सम्बन्धों की सही जानकारी पर आधारित सच्ची मार्क्सवादी आलोचना ही हो सकती है।"[1] सच तो यह है कि 1968 में प्रकाशित 'कविता के नये प्रतिमान' उनकी सबसे सुगठित पुस्तक है। उनकी साहित्य साधना और साहित्य दृष्टि का उन्मेष इस पुस्तक में है। मुक्तिबोध की केन्द्रीयता देते हुए उन्होंने इस पुस्तक में प्रगतिशीलता और रूपवाद के समन्वय की प्रस्तावना की है। सन् 1970 में इस पुस्तक पर उन्हें साहित्य अकादमी पुरस्कार मिला।

उनकी सम्पूर्ण आलोचना यात्रा के बीच 1989 में प्रकाशित ताजा पुस्तक 'वाद-विवाद-संवाद भी सम्भवतः अपने समय के दबावों की ही उपज है। आज फिर से साहित्य में कलावाद के खूँटे गाड़ने का यज्ञ चल रहा है। आधुनिकतावाद की 'सन्ध्या भाषा' में पूर्वग्रही आलोचना लिखी जा रही है। दूसरी ओर मार्क्सवादी खेमें में अनुवाद की भाषा में सरलीकृत आलोचना फल-फूल रही है। इस माहौल में नामवर जी की चिन्ता आलोचना की यथार्थवादी कसौटी को फिर से स्थापित करने की है। कहने की आवश्यकता नहीं कि वर्तमान आलोचना कर्म में आये गतिरोध के एहसास से ही ये निबन्ध पैदा हुए हैं। पुस्तक के 'एकालाप और संलाप', 'आलोचना की

---

1. आठवें दशक की हिन्दी आलोचना—सं. डॉ. विश्वनाथ प्रसाद तिवारी पुस्तक में डॉ. परमानन्द श्रीवास्तव का लेख नामवर सिंह की आलोचना : दूसरी परम्परा की खोज; पृष्ठ - 123, नेशनल पब्लिशिंग हाउस, दिल्ली मू. 70, सन् 1991 ई.

भाषा', 'जनतन्त्र और समालोचना', 'आलोचना की स्वायत्तता' तथा 'आलोचना और संस्थान' आदि लेखों में उन्होंने आलोचना की नयी भूमिका रेखांकित की है। पुस्तक की भूमिका का शीर्षक है : **अनभै साँचा**। कबीर के इस टुक्ड़े के दो मतलब हैं। एक तो सच की भय रहित अभिव्यक्ति। दूसरे, अनुभव का सच। नामवर जी अपनी आलोचना प्रक्रिया के दौरान इन दोनों ही प्रवृत्तियों से निर्धारित होते हैं। सच की निर्भय अभिव्यक्ति तभी सम्भव है, जब उसे अपने अनुभव में पा लिया गया हो। नामवर जी आलोचना में अनुभव की प्रतिष्ठा करते हैं, लेकिन यह अनुभव स्वायत्त नहीं है। उसे ऐतिहासिक प्रक्रिया के ढाँचे में महसूस करते हुए अर्जित किया गया है। पिछले कई दशकों से रचना में अनुभव की प्रतिष्ठा की माँग बार-बार की गयी है, जब कि रूपवादी पलायन और मार्क्सवादी सरलीकरण से बचने के लिये आलोचना में भी अनुभव की प्रामाणिकता की बात उठनी चाहिए थी।[1] 'वाद विवाद और संवाद' में एक स्थल पर वे लिखते हैं– "वस्तुतः आज की युवा पीढ़ी को न तो आजादी की लड़ाई में हिस्सा लेने का मौका मिला न स्वाधीन भारत के निर्माण की सुविधा मिली। इस प्रकार वह इतिहास से 'बाहर' रही, इसलिये युवा लेखन में निहित मानव में गहरे स्तर पर अपनी नगण्यता का बोध बद्धमूल है। आत्मदया, असहायता, आक्रोश, जिज्ञासा, उदासीनता आदि सभी मनः स्थितियाँ इस नगण्यता से ही उत्पन्न और परिचालित होती है।"[2] सन् 1981 में 'पूर्वग्रह' का नामवर सिंह पर केन्द्रित अंक निकला। 'आलोचना' के बाद वे सर्वाधिक 'पूर्वग्रह' में ही छपे। उस समय अशोक वाजपेयी से हुए वाद-विवाद की झलक उनकी 'वाद-विवाद-संवाद (1989) नामक पुस्तक में है। धीरे-धीरे वे वाचिक परम्परा के आलोचक के रूप में विख्यात हुए। सन् 1988 में 'पहल' ने उन पर एक विशेषांक निकाला।

सन् 1982 में प्रकाशित उनकी पुस्तक 'दूसरी परम्परा की खोज' पर विद्वानों के बीच बहुत वाद-विवाद हुए। परिणामस्वरूप यह उनकी पुस्तक सबसे अधिक चर्चा के केन्द्र में रही। इस कृति में नामवर सिंह ने आचार्य हजारीप्रसाद द्विवेदी को केन्द्र में रखकर उनकी मौलिक इतिहास दृष्टि की बहुत प्रशंसा की है और आचार्य द्विवेदी को भारतीय संस्कृति और साहित्य की लोकोन्मुखी क्रान्तिकारी परम्परा को जीवित रखनेवाली प्रगतिशील परम्परा का संवाहक माना। डॉ. परमानन्द श्रीवास्तव[3] के अनुसार 'दूसरी परम्परा की खोज' को आचार्य हजारीप्रसाद द्विवेदी पर विचार के बहाने भारतीय संस्कृति और साहित्य की लोकोन्मुखी क्रान्तिकारी परम्परा को खोजने का सर्जनात्मक प्रयास कहा गया है। जो कबीर के विद्रोह और सूर के माधुर्य के बीच अर्थपूर्ण अविरोध देखने में सक्षम है। यह स्पष्टीकरण जरूरी है कि सामान्य अर्थ में यह पुस्तक आचार्य हजारीप्रसाद द्विवेदी का मूल्यांकन ग्रन्थ है भी नहीं– यह नामवर सिंह द्वारा अपने को बहुत कुछ उन्हीं जटिल प्रश्नों-चिन्ताओं के सामने उपस्थित करने की कोशिश का परिणाम है, जो द्विवेदी जी को उनकी जीवन यात्रा और रचनायात्रा में उद्वेलित करती रही है। एक प्रसन्न

---

1. जनसत्ता में डॉ. सुरेश शर्मा द्वारा डॉ. नामवर सिंह की पुस्तक 'वाद विवाद और संवाद' की समीक्षा। यह कृति राजकमल प्रकाशन 1-बी, नेता जी सुभाष मार्ग, नयी दिल्ली से छपी है, मूल्य - 60 रुपये।
2. वाद विवाद संवाद – डॉ. नामवर सिंह, पृष्ठ 121
3. आठवें दशक की हिन्दी आलोचना में डॉ. परमानन्द श्रीवास्तव का पूर्व लेख, पृष्ठ-124

विराट् दिखनेवाले व्यक्तित्व के भीतर कितना संघर्ष, कितना तनाव सक्रिय रहा है और उसने द्विवेदी जी की ऐतिहासिक समझ और संवेदना को कितनी धार दी है, इसकी झलक इन पुस्तक में पाठक को शायद पहली बार ही मिलेगी। इस पुस्तक में डॉ. नामवर सिंह ने लिखा है,[1] **"परम्परा के समान ही खोज भी एक गतिशील प्रक्रिया है** फिर भी इस यात्रा में पड़ाव आते हैं। यह पड़ाव दुर्भाग्य से, तभी आया, जब पण्डित जी न रहे। यह छोटी-सी पुस्तक उस पड़ाव का अनुचिन्तन है। इसमें न तो पण्डित जी की कृतियों की आलोचना है, न मूल्यांकन का प्रयास। अगर कुछ है तो बदल देनेवाली उस दृष्टि के उन्मेष की खोज, जिसमें एक तेजस्वी परम्परा बिजली की तरह कौंध गयी थी। उस कौंध को अपने अन्दर से गुजरते हुए जिस तरह मैंने महसूस किया, उसी को पकड़ने की कोशिश है।" इस पुस्तक में डॉ. नामवर सिंह ने स्वीकार किया है कि रवीन्द्रनाथ के सम्पर्क और प्रभाव में द्विवेदी जी की यह दृष्टि मिली कि **भारतीय कला और संस्कृति के विकास में सब-कुछ आर्यों की ही देन नहीं है।** कबीर के प्रति आकर्षण की प्रेरणा भी रवीन्द्रनाथ थे पर जरूर ही द्विवेदी जी अपने संघर्ष के अनुभवों के आधार पर एक तरह के **क्रान्तिकारी विद्रोही** कबीर की परिकल्पना कर सके। नामवर सिंह की टिप्पणी है– "कबीर के माध्यम से जाति-निरपेक्ष मानव की प्रतिष्ठा का श्रेय तो द्विवेदी जी को ही है। एक प्रकार से यह **दूसरी परम्परा** है।"[2]

नामवर सिंह के साथ यह विवाद भी सदैव साथ-साथ चलता रहा है कि वे लिखें तब भी विवाद, न लिखें तब भी विवाद। बोलें तब भी विवाद, न बोलें तब भी विवाद। 'कविता के नये प्रतिमान' (1968) के बाद एक लम्बे समय तक उन्होंने कुछ भी नहीं लिखा, तब इसे कुछ लोगों ने **'महाबली का पतन'** करार दिया, किन्तु कुछ साल बाद आचार्य हजारीप्रसाद द्विवेदी पर केन्द्रस्थ उनकी पुस्तक 'दूसरी परम्परा की खोज' ने लोगों को यह बताया कि वे निष्क्रिय नहीं हैं। समकालीन साहित्य की चिन्ताओं के बीच नामवर जी ने परम्परा सम्बन्धी अपनी मान्यताओं की पहचान 1982 में दूसरी परम्परा की खोज पुस्तक लिखकर रखा। डॉ. सुरेश शर्मा का कहना है कि हजारीप्रसाद द्विवेदी पर लिखी इस पुस्तक में जन संस्कृति की वास्तविक परम्परा का रेखांकन किया गया है। जन्मशतियों के जिस दौर में हर लेखक को क्रान्तिकारी परम्परा का उन्नायक कहने की खतरनाक प्रथा चल पड़ी थी। ऐसे में क्रान्तिकारी परम्परा का रेखांकन जरूरी था। सूत्र रूप में, पिछले चार दशकों के साहित्यिक समय में नामवर जी का यह यथार्थवादी आलोचना कर्म है, जो ऐतिहासिक दबावों के बीच घटित हुआ है।

मुक्तिबोध की कविता पर लिखनेवाले वे पहले आलोचक हैं। लीलाधर मण्डलोई का मानना है कि मुक्तिबोध की 'अँधेरे में' कविता का जितना पाठ और अध्ययन विमर्श तथा व्याख्या हुई है या अब भी हो रही है, उस तक ले जाने और पाठकों, समीक्षकों और आलोचनाओं को उसका ऐतिहासिक महत्त्व बताने का श्रेय नामवर जी को अधिक जाता है × × × × × नामवर जी ने आलोचना में बहस का वातावरण निर्माण किया। परिदृश्य को जीवन्त बनाये रखने को नियोजित कला से परहेज नहीं किया। विवादप्रियता तो उनके गुण से अधिक हथियार बनी।

1. दूसरी परम्परा की खोज – डॉ. नामवर सिंह, भूमिका भाग 1।
2. दूसरी परम्परा की खोज – डॉ. नामवर सिंह, पृष्ठ - 15.

वस्तुतः गजानन माधव मुक्तिबोध आजादी के बाद हिन्दी साहित्य के सर्वाधिक संश्लिष्ट और गहरी चेतनावाले संघर्षकारी व्यक्तित्व के रचनाकार थे। बकौल डॉ. माहेश्वर, जन्म से मराठीभाषी, शिक्षा से हिन्दी भाषी और अवचेतन में भारतीय मिथकों से जुड़े मुक्तिबोध प्रवृत्ति से पूर्णतावादी या परफेक्टनिस्ट थे। हिन्दी के कई पाठकों को मुक्तिबोध से यह पुरानी शिकायत रही है कि मुक्तिबोध की कविताएँ आसानी से समझ में नहीं आतीं। मुक्तिबोध का सौन्दर्यबोध बहुत धुँधला है, जिससे उनकी कविताएँ दुरूह हो जाती हैं। अगला आरोप उन पर तय किया जाता है कि मुक्तिबोध जन-विरोधी और कलावादी कवि हैं। कवियों के कवि शमशेर बहादुर सिंह पर भी यही कुछ आरोप लगते रहे हैं। बहरहाल, डॉ. नामवर सिंह ने मुक्तिबोध पर काफी कुछ लिखकर उक्त तमाम धुन्धों को आईने की तरह साफ कर दिया है।

किस्सा कोताह यह कि अपनी व्यावहारिक और मार्क्सवादी समालोचना से आलोचना जगत् को समृद्ध करनेवाले, सुविख्यात समीक्षक का नाम है– डॉ. नामवर सिंह। अपनी समीक्षा प्रक्रिया के दौरान वह साहित्य रूप का विश्लेषण करते हैं और पुनः वस्तु और रूप के द्वन्द्वपूर्ण तनाव की पहचान करते हैं। अपनी मान्यताओं के प्रति अडिग रहने के कारण वह एक विवादित व्यक्तित्व सम्पन्न-समीक्षक रहे हैं। यह नहीं है कि उन्होंने रूपगत अवधारणा का प्रयोग नहीं किया, पर कलावाद के खतरे से भी वह सदा सचेत रहे हैं। वह कहते हैं– ''साहित्य के भी अपने नियम हैं। रूप तत्त्व सम्बन्धी विशेषताएँ न जाने तो भौतिकवाद का सामान्य सिद्धान्त कोई मदद नहीं करेगा। साहित्य तथा उसके नियमों की जड़ें स्वयं साहित्य में ही नहीं है, बल्कि उसके बाहर हैं और बाहर का अर्थ है– वातावरण, परिस्थिति और समाज।'' नामवर सिंह के लिये समीक्षा एक संश्लिष्ट व्यापार है। वह शुद्ध साहित्यिक समालोचक हैं। अपनी समीक्षा-प्रक्रिया के अन्तर्गत वह साहित्य का आस्वादन करते हैं, विश्लेषण करते हैं, मूल्यांकन करते हैं। वह सिद्धान्तशास्त्री न होकर प्रबुद्ध और रसिक समीक्षक हैं। वह कहते हैं– ''आलोचना का काम प्रतिमानों को सूत्रबद्ध करना नहीं है। वह दार्शनिकों का काम है। डॉ. सिंह अपनी विश्लेषण पद्धति के द्वारा वस्तुपरक निष्कर्ष तक पहुँचते हैं। वहीं दूसरी ओर उनमें साहित्य के प्रति गहन गम्भीरता भी है। वह ठोस कृतियों पर गहन नैतिक बोध संयुक्त निरन्तर एकाग्र दृष्टि भी रखते हैं। उनका निजी व्यक्त्वि संघर्षशील है। उसमें गहन अन्तर्दृष्टि है। कहीं-कहीं उनमें अन्तर्विरोध परिलक्षित होता है, पर यह आभ्यन्तर न होकर बाह्य है। इसी गहन अन्तर्दृष्टि के कारण वह विपरीत ध्रुवों की प्रशंसा करते हैं।

डॉ. नामवर सिंह मार्क्सवादी होते हुए रचना को मूल्यांकित करने का काम सौन्दर्यशास्त्रीय दृष्टिकोण से भी करते हैं। उनकी दृष्टि सदा व्यावहारिक रही है। वह कहते भी हैं– "सौन्दर्यशास्त्र मार्क्सवाद के मूल में है, उसका बाईप्रोडक्ट नहीं है, फोकट का माल नहीं है।" वह यह भी कहते हैं– किसी साहित्यिक कृति के मूल्यांकन में राजनीतिक विचार हमेशा निर्णायक नहीं होता। लेखक की राजनीति, उसकी सम्पूर्ण जीवन दृष्टि या विश्व दृष्टि नहीं है, वह उस विश्व दृष्टि का एक अंश है, जिसमें लेखक का सौन्दर्यबोध निर्धारित होता है और जिसकी अभिव्यक्ति स्वयं साहित्यिक कृति है। किसी कृति के अन्दर लेखक की राजनीति तथा चित्रित जीवन यथार्थ में

कभी-कभी अन्तर्विरोध भी होता है।” उनके अनुसार मार्क्सवादी आलोचना की निश्चित मान्यताएँ होती हैं, उन्हीं मान्यताओं के आधार पर समालोचना की जाती है। वह कहते हैं– “रूप-विश्लेषण से अन्तर्वस्तु के विश्लेषण की ओर और अन्त में समग्रतः मूल्य निर्णय।” संक्षेप में कहा जा सकता है कि– “वे एक ओर शुद्ध कविता के समर्थक रूपवादी आलोचकों से लोहा लेते हैं और दूसरी ओर कविता को समाज का पर्याय माननेवाली स्थूल समाजशास्त्रियों से।” डॉ. नामवर सिंह ने कहानी समीक्षा की नयी पद्धति विकसित की है। इसके लिये उन्होंने पाठ-विश्लेषण को माध्यम बनाया। यह कथन देखिये, कितना महत्त्वपूर्ण है, “हिन्दी कविता की अपेक्षा कहानी में स्वस्थ सामाजिक शक्ति कहीं अधिक है और आज उपन्यास की तरह कहानी सामाजिक परिवर्तन के लिये जोरदार साहित्यिक शस्त्र की तरह काम करती है।” उनके लिये कहानी और कहानी की सार्थकता एक मूल्य है। सुप्रसिद्ध आलोचक डॉ. परमानन्द श्रीवास्तव कहते हैं, ''नामवर सिंह कहानी से 'प्रभावान्विति' की ही अकेली माँग नहीं करते, जिन्दगी की मांसलता और छोटी-छोटी बातों के ब्योरे में बिखरी ठोस वास्तविकता के चित्रण की भी माँग करते हैं। बेशक, नामवर सिंह उन अनेक कहानियों के अन्तर्संगठन या सौन्दर्यमूल्य पर भी स्वीकृति की मुहर लगाते हैं, जिन्हें मार्क्सवादी विचार या दृष्टि से कुछ लेना-देना नहीं है। वहाँ उनका साहित्यिक विवेक ही निर्णायक होता है।''

डॉ. सिंह ने छायावाद की नयी व्याख्या प्रस्तुत की है। आपकी दृष्टि में छायावादी कल्पनाशीलता मुक्ति संग्राम से सम्बन्धित है तो आत्माभिव्यक्ति को वे आत्मप्रसार की आकांक्षा मानते हैं। छायावादी सौन्दर्य बोध, ''स्त्री-पुरुष सम्बन्धी नयी नैतिकता के परिचायक हैं। वहाँ की प्राकृतिक विराटता का बोध नयी वैज्ञानिक चेतना से जुटी मानते हैं। उनकी नयी समीक्षा भाषिक संवेदना-सी है। वह कहते हैं– पन्त के शब्द अरूप और वायवीय अधिक हैं, क्योंकि वे कल्पना प्रधान थे। प्रसाद के शब्द मधु की तरह प्रगाढ़ अधिक हैं, क्योंकि वह गहन अनुभूतियों के कवि थे, निराला के शब्द अनेक प्रकार के हैं, क्योंकि उनमें प्रवृत्ति बहुलता है– कहीं उनकी पदावली विराटता का बोध कराती है, कहीं विद्रोह का और कहीं गाढ़ता का।'' डॉ. नामवर सिंह ने अपनी आलोचना में रूप पक्ष पर विशेष बल दिया है। रूप पक्ष पर विशेष बल देने के कारण अनेक विद्वान् उन्हें 'रूपवादी समीक्षक' मानने लगे थे, लेकिन सच तो यह है कि रूप तत्त्व की समीक्षा उनके लिये सीमित संकीर्ण और व्याकरणिक नहीं है, न ही मूल्य रहित है। कवि की विचारधारा उनके लिये काव्यफल है। अपनी समीक्षा में उन्होंने नयी समीक्षा के शब्दों का प्रयोग किया है, जैसे– 'संरचना की सघनता', 'भावों की विडम्बना', 'निर्मित जटिलता' आदि। उन्होंने काल और परिवेश के सन्दर्भ में उन्हें नयी अर्थवत्ता प्रदान की है। यही नहीं, उन्होंने रस, ध्वनि जैसे प्रतिमानों को भी स्वीकृति प्रदान की है। वह कहते हैं– ''रस सिद्धान्त के तत्त्ववाद का एक व्यावहारिक पहलू भी है, जिसकी उपेक्षा नहीं की जा सकती। इसके साथ ही सृजनशीलता काव्य बिम्ब, काव्य संरचना, काव्यानुभूति की जटिलता और तनाव, विसंगति, विडम्बना आदि काव्य तत्त्वों की भी व्याख्या की विवेचना भी उन्होंने विवृत्तापूर्ण ढंग से की है।'' डॉ. नामवर सिंह ने भारतीय संस्कृति और साहित्य की लोकोन्मुखी परम्परा की खोज की है। उन्होंने कबीर

के विद्रोह तथा सूर की मधुरता में अर्थभरी समानता देखी है। इस समानता का दर्शन उन्होंने आचार्य हजारीप्रसाद द्विवेदी के सन्दर्भ में किया है। गद्य की विविध विधाओं के मध्य यह विधा अपूर्व है। इस 'दूसरी परम्परा' की खोज' में ऐतिहासिक विवेक आवश्यक है। उनका मानना है कि आलोचना कर्म पूर्णतः वैयक्तिक है। 'वाद विवाद संवाद' नामक पुस्तक में वह कहते हैं– "अपने सर्जनात्मक स्वरूप में आलोचना कर्म मूलतः व्यक्तिगत प्रयास है, क्योंकि किसी कृति सम्बन्धी प्रत्येक सच्ची प्रतिक्रिया वैयक्तिक ही होती है।" आगे वह यह भी कहते हैं–"आलोचना ही आलोचना का मूल धर्म है", "आलोचना अपनी कोख से ही आलोचनात्मक रही है।" एक स्थल पर वह लिखते हैं– "आलोचना औजारों का बक्सा नहीं है, जिसे पाकर कोई आलोचक ही बन जाये। अक्ल हो तो एक पेचकस ही काफी है।" कुल मिलाकर यह कि उनका आलोचनात्मक गद्य विचारों के संघर्ष की प्रभा से भरपूर है। जहाँ एक ओर वे मार्क्सवादी विचारधारा से संलग्न रहे तो दूसरी ओर साहित्य के जटिल स्वभाव के प्रति जागरूक रहे। यह दुहरा अनुशासन उनकी समीक्षा दृष्टि को पैना बनाता है।

सन् 2000 ई. से 'आलोचना' का प्रकाशन नये ढंग से शुरू हुआ। इसके 2001 ई. के अंक में रामविलास शर्मा पर उन्होंने सुनियोजित रूप से (उनकी बरसी पर) विशेषांक निकाल कर असहमति जतानेवाले लेख छापे। स्वयं, 'इतिहास की शव साधना' नामक एक तीखा लेख लिखा, अतः शर्मा समर्थक एक बड़ा समूह उनसे नाराज हुआ, किन्तु निराला शब्दों में **हटा था जो सटा रहकर**– वे विचलित नहीं हुए। महात्मा गाँधी अन्तरराष्ट्रीय हिन्दी विश्वविद्यालय के वे दो बार कुलाधिपति रहे यानी दस वर्षों तक। नामवर सिंह की बहुत सारी छपी हुई सामग्री बिखरी पड़ी थी। खगेन्द्र ठाकुर के सम्पादन में उनके कुछ व्याख्यानों की पुस्तक 'आलोचना के मुख से' 2007 में प्रकाशित हुई। भारत यायावर ने उन पर 'आलोचना के रचना पुरुष' नामक पुस्तक 2003 में सम्पादित कर वाणी प्रकाशन से छपवायी। उन पर दो किताबें किताबघर प्रकाशन से छपीं– 'नामवर होने का अर्थ' तथा 'नामवर का आलोचना कर्म'। उनकी 'प्रारम्भिक रचनाएँ' नामक पुस्तक 2013 में राजकमल प्रकाशन से छपी, जिसमें उनकी कविताएँ, कहानी, समीक्षा, ललित निबन्ध, आलोचनात्मक निबन्धों के अलावा, 'बकलमखुद' भी संकलित है। डॉ. आशीष त्रिपाठी के संपादन में राजकमल प्रकाशन से नामवर सिंह के लेखों की पुस्तकें प्रकाशित हुईं– 'हिन्दी का गद्य पर्व', 'जमाने से दो-दो हाथ', कविता की जमीन और जमीन की कविता', 'प्रेमचन्द और भारतीय समाज' (2010 ई.), 'साहित्य की पहचान', 'साथ-साथ', 'सम्मुख', 'आलोचना और विचारधारा (2012 ई.)। ज्ञानेन्द्र कुमार सन्तोष के सम्पादन में प्रकाशित पुस्तक है– 'हिन्दी समीक्षा और आचार्य शुक्ल (2015 ई.)। सुप्रसिद्ध आलोचक-चिन्तक डॉ. पी. एन. ने भी डॉ. नामवर सिंह पर एक पुस्तक लिखी है– 'नामवर : सन्दर्भ और विमर्श (2015 ई.) कहानीकार ज्ञानरंजन और आलोचक कमला प्रसाद के सम्पादन में 'नामवर सिंह : व्यक्ति और आलोचक (1988) तथा उसके बाद डॉ. श्री प्रकाश शुक्ल की पुस्तक– 'नामवर की धरती' (2007) में छपी।

काशीनाथ सिंह को नामवर सिंह ने सबसे अधिक पत्र लिखे हैं, जो 'काशी के नाम' नामक पुस्तक में संकलित हैं। श्री नारायण पाण्डेय ने नामवर सिहं के पत्रों को अलग पुस्तक

में संकलित किया है। नामवर सिंह के जीवन पर काशीनाथ सिंह की पुस्तक 'घर का जोगी जोगड़ा' संस्मरण की दिलचस्प पुस्तक है। सुमन केशरी के सम्पादन में प्रकाशित पुस्तक 'जे.एन.यू. में नामवर सिंह' उनके इस विश्वविद्यालय में दिये योगदान को रेखांकित करती है। सुधीश पचौरी द्वारा सम्पादित 'नामवर-विमर्श (1994), प्रेमभारद्वाज द्वारा 'पाखी' के नामवर सिंह पर केन्द्रित अंक एवं बाद में 'नामवर सिंह : एक मूल्यांकन' नामक पुस्तक में उस सामग्री का संकलन भी महत्त्वपूर्ण है। 'कहना न होगा' और 'बात-बात में बात' समीक्षा ठाकुर द्वारा सम्पादित पुस्तक नामवर सिंह की बातचीत का संकलन है। यहाँ यह भी उल्लेख करना आवश्यक है कि, 'आलोचक नामवर सिंह' नामक पुस्तक उन पर प्रकाशित आलोचना की पहली पुस्तक है, जो रणधीर सिन्हा के सम्पादन में प्रकाशित हुई थी। महेन्द्र राजा जैन ने 'नामवर-विचार-कोश' का निर्माण किया है।[1] इधर, अभी हाल ही में महात्मा गाँधी अन्तरराष्ट्रीय हिन्दी विश्वविद्यालय, वर्धा ने अपनी सुप्रसिद्ध पत्रिका 'बहुवचन' में सन् 2016 ई. में नामवर सिंह विशेषांक 'हिन्दी के नामवर' शीर्षक से प्रकाशित किया है।

उक्त तमाम विशेषताओं के बावजूद एक विशेषता यह भी कि 'आलोचना में असहमति का अधिकार' को जितना सम्मान नामवर जी ने दिया है, उतना और किसी ने नहीं। उनके जीवन काल में ही और उनका मार्ग निर्देश प्राप्त करनेवाले कई शोध छात्र, जो आलोचना के क्षेत्र में मुखर और प्रखर हुए, उन्होंने नामवर जी की कई आलोचकीय उपपत्तियों या निष्कर्षों पर आपत्तियाँ जतायी हैं। आलोचना की प्रत्यालोचना भी हुई है, लेकिन व्यक्तिगत स्तर पर कभी किसी से कोई विरोध नहीं। वस्तुतः रचनात्मक विचारों की निरन्तरता से ही किसी भाषा का साहित्यिक उत्कर्ष बढ़ता है। नामवर जी ने कभी भी अपनी आलोचना का उत्तर किसी को आहत करने के लिये नहीं किया, क्योंकि उनके अकाट्य तर्कों की अनदेखी नहीं की जा सकती। डॉ. रामाज्ञा शशिधर[2] की बात मानें तो नामवर जी इतने विस्तृत और बहुआयामी हैं कि किसी के लिये उनसे सरलीकृत संवाद समस्याग्रस्त हो जाता है। लोककथा के हाथी सत्य की तरह हरेक का अपना नामवर-सत्य हासिल होता है। नामवर जी पर अब तक अनेक किताबें और पत्रिकाओं के विशेषांक आ चुके हैं। किसी के लिये नामवर जी अक्खड़ आलोचक हैं, किसी के लिये फक्कड़ समालोचक हैं, किसी के लिये वैचारिक उत्तेजना के बुद्धिजीवी हैं; किसी के लिये पढ़ाकू विद्वान् हैं। कोई उनकी जुबान पर सरस्वती को बैठाता है; कोई उनकी आँखों को पुस्तकों से पगाता है; कोई उनकी नाक की घ्राणशक्ति से उन्हें अद्वितीय ऐन्द्रिकताबोध का ग्रहणकर्त्ता साबित करता है, कोई उनके कान की जाग्रतता में कालिदास, भवभूति की ध्वनियों का अनुमान लगाता है। जो सहृदयी हैं उसके लिये वे मर्मी आलोचक हैं, जो बौद्धिक हैं उसके लिये युक्तियुक्त तार्किक आलोचक हैं; जो परम्परावादी हैं, उसके लिये वे दूसरी परम्परा के खोजकर्त्ता हैं, जो आधुनिकतावादी है, उसके लिये वे आधुनिक व्याख्याकार हैं। उनकी धोती से उन्हें किसान चेतना का मनीषी समझा जाता है और कुरते से देशज आधुनिकता का ऋषि। इन सबसे अलग किसी

1. बहुवचन में भारत यायावर का लेख 'अब तक क्या किया, जीवन क्या जिया', पृष्ठ - 345, सन् 2016।
2. बहुवचन में रामाज्ञा शशिधर का लेख 'नामवरी आलोचना वाया कत्था गुने चूना' पृष्ठ - 247, सन् 2016।

के लिये उनके भाषणों का संकलन करियर और प्रमोशन का साधन है, किसी के लिये उनकी संस्था महन्थई पुरस्कार प्राप्ति की सीढ़ी। किसी के लिये उनका प्रोफेसर होना नियुक्ति की गारण्टी है, किसी के लिये उनका संगठन पति होना बिना लिखे लेखक होने का भ्रम। विरोधियों का एक बड़ा तबका है, जिसके लिये नामवर जी अवसरवादी, मार्क्सवादी, नवजागरण विरोधी, संस्थान कब्जेदार, मंचीय कलाबाज, स्त्री-दलित विरोधी तथा विचारपलटू हैं, लेकिन यह सब नामवर का अर्द्धसत्य है। अपने-अपने हाथी, अपने-अपने नामवर। हिन्दी के मंचों पर वाद-विवाद संवाद का यह महाभारत नामवरमेनिया और नामवरफोबिया के कारण पैदा हुआ। अब समय आ गया है कि नये सिरे से नामवर से धीमा संवाद शुरू किया जाये।

कुल मिलाकर हम कह सकते हैं कि आधुनिक हिन्दी कविता और कहानी की पहचान, व्याख्या और मूल्यांकन का काम जिन आलोचकों ने किया है, उनमें डॉ. नामवर सिंह का नाम सबसे पहले आता है। वे आधुनिक हिन्दी साहित्य के सबसे अधिक चर्चित, पठित और सम्मानित आलोचक हैं। नामवर सिंह की विद्वता और भाषण कला का ऐसा दबदबा है कि उनका निजी जीवन हिन्दी पाठकों के लिये प्रायः ओझल ही रहा। उनके विषय में यह भी कहा जाता है कि नामवर जी आसानी से नहीं खुलते। तमाम तरह के वाद-विवादों, संकेतों और अपनी गतिशीलता के बीच बैठे नामवर जी ने हिन्दी आलोचना का नया विमर्श रचा है और काफी हद तक घर कर गयी जड़ता को तोड़ा है। नामवर जी ने हिन्दी आलोचना को बहुत कुछ दिया है, जो कई दशकों तक आगे आनेवाले आलोचकों के लिये सफ्फाक सन्नाटे और घटाटोप अन्धकार में मशाल की तरह जलता हुआ रास्ता दिखायेगा। उनके एक अध्यापक ने कभी उनके लिये कहा था कि इस बालक में तो शंकराचार्य की प्रतिभा है; बहरहाल इतना तो तय है कि अपनी तीक्ष्ण बुद्धि, विशद विद्वता तथा बेलाग टिप्पणी से तो उन्होंने सिद्ध कर दिया है कि वे गायत्री स्वीपाक, होमी भाभा या टेरी ईगलटन से किसी मायने में कम नहीं हैं, बल्कि हिन्दी आलोचना के शंकराचार्य है।

हिन्दी आलोचना के मिथक डॉ. नामवर सिंह से सम्बन्धित कुछ दिलचस्प तथ्य

(1) जब नामवर सिंह का जन्म हुआ, तब इनके पिता बाबू नागर सिंह ने इनका नाम 'राम जी' रखा। बतातें हैं, राम जी नाम लेते ही वे रोने लगते थे, तब इनके घर के बगलवाले घर की उनकी चाची ने इनका नाम 'नामवर' रखा। नामवर नाम लेते ही वे चुप हो जाते थे। जब वे पाँच वर्ष के थे, तब उनकी जाँघ में उलटे मुँहवाला घाव निकल गया। घाव का चीरा लगाने के बाद भी जब वह ठीक नहीं हुआ तब उस घाव को जोंक से चुसवाया गया, तब घाव ठीक हुआ।

(2) नामवर सिंह ने अपने हिस्से की सारी जमीन उत्तर प्रदेश सरकार को दान कर दी, जिस पर उनके गाँव जीयनपुर (धानापुर और सकलडीहा, जिला-चन्दौली के बीच स्थित गाँव) में आज सरकारी स्कूल और चिकित्सालय का निर्माण किया गया है।

(3) एक बार आचार्य हजारीप्रसाद द्विवेदी किसी विश्वविद्यालय में नियुक्ति के लिये 'इण्टरव्यू' लेने गये। वहाँ किसी सदस्य ने द्विवेदी जी से पूछा, आपके श्रेष्ठ ग्रन्थ कई हैं, उनमें आपको स्वयं कौन-सी कृति सबसे प्रिय है? द्विवेदी जी ने तपाक् से उत्तर दिया– 'डॉ. नामवर सिंह।'

(4) ख्याति प्राप्त आलोचक डॉ. विश्वनाथ त्रिपाठी बताते हैं, डॉ. नामवर सिंह का आलोचक रूप बहुत विवादास्पद है, कवि रूप नहीं। मुझे उनका कवि रूप उनके आलोचक या अध्यापक से कम श्रेष्ठ नहीं लगता। कविता सुनाने का उनका ढंग भी प्रभावशाली है। कण्ठ बँधा-सधा है, जिसे गोल्डेन वायस कहें। नामवर जी सुकण्ठ है। बहुत अच्छे गायक हैं। एक जमाने में कविताओं का पाठ गाकर करते थे। जिन लोगों ने काव्य-पाठ सुना है, वे कहते हैं– मंच लूट लेते थे। मैंने एकाध बार सुना है। मंच पर से नहीं, बैठक में। कण्ठ काशीनाथ का भी बुरा नहीं है × × × × × काशीनाथ सम्बन्ध निर्वाह करने और सहनशीलता में लासानी है। मेरे विचार से नामवर जी का अनुज होने से उनको लाभ कम नुकसान ज्यादा हुआ है।

(5) एक बार काशी हिन्दू विश्वविद्यालय के तत्कालीन कुलपति तथा कुलसचिव विश्वविद्यालय के 'राउण्ड' पर निकले थे। इन लोगों ने देखा कि हिन्दी-विभाग के एक बड़े कक्ष में छात्र ठसाठस तो भरे ही हुए हैं, वे खिड़कियों से भी लटके हैं। कुलपति ने कुलसचिव से पूछा क्या बात है? उस कक्ष में छात्रों का हुजूम क्यों है? कुलसचिव ने उत्तर दिया, सर! कुछ नहीं, नामवर सिंह की कक्षा चल रही है, सम्भवतः इन्हीं कुलपति ने उनकी नियुक्ति की थी। कुलपति नामवर की लोकप्रियता से चकित हुए और कहा कि मेरे द्वारा नामवर की नियुक्ति आज सार्थक हुई।

(6) कहते हैं नामवर सिंह को किसी भी संस्थान या विश्वविद्यालय में नौकरी के लिये 'ऑफर' मिलता था, भले ही वह ऑफर बहुत मशक्कत से मिलता रहा हो, चाहे काशी हिन्दू विश्वविद्यालय हो, सागर विश्वविद्यालय हो, जोधपुर विश्वविद्यालय रहा हो या केन्द्रीय हिन्दी संस्थान आगरा अथवा जवाहरलाल नेहरू विश्वविद्यालय दिल्ली रहा हो। उनका कहना था कि जहाँ-जहाँ नौकरी के लिये 'आवेदन' किया, वहाँ नौकरी नहीं मिली, बिना आवेदन के 'ऑफर मिलता था।'

(7) एक बार आचार्य हजारीप्रसाद द्विवेदी ने शिवमंगल सिंह 'सुमन' को नामवर सिंह की नौकरी के लिये एक पत्र लिखा। उसकी हू-ब-हू 'कॉपी' यहाँ देखिये।

रविन्द्रपुरी, वाराणसी-5

18.6.1970

प्रिय 'सुमन' जी,

आशा करता हूँ, सपरिवार सानन्द होंगे। एक बात कई दिन से मन में आ रही है। आप तक पहुँचा देना उचित समझता हूँ। हिन्दी में प्रोफेसर और डाइरेक्टर जैसे पदों के लिये अच्छे आदमी इसलिये भी नहीं मिलते कि हम लोगों ने योग्यता की कसौटी विशेष-विशेष पदों पर शिक्षक होने को मान लिया है। मुझे प्रसन्नता है कि आप लोगों ने उपाध्याय जी को नियुक्त करके इस गलत कसौटी का प्रत्याख्यान किया है। भगवतशरण उपाध्याय वास्तव में पण्डित हैं और सही व्यक्तियों का सही ढंग से सम्मान होना ही चाहिए। नहीं तो देश का भविष्य भगवान् भरोसे ही रहेगा। इसी प्रकार डॉ. नामवर सिंह का भटकना अखरता है। यह आदमी अपनी योग्यता और परिश्रम से कहीं भी चमक सकता है, पर उपेक्षित रह गया है। कभी अवसर देने

का कष्ट करें। नामवर वामपन्थी विचारधारा के हैं, पर विद्या की दुनिया में विचारों की विविधता और नवीनता स्वागत योग्य समझी जानी चाहिए। इतनी सी बात पहुँचाकर मुझे बहुत प्रसन्नता हुई। आपका समय नष्ट हुआ। उसकी चिन्ता क्यों की जाये? परोपकाराय सतां विभूतयः। आशा है, सानन्द हैं।

आपका

हजारीप्रसाद द्विवेदी

कुछ वर्षों बाद जोधपुर विश्वविद्यालय में नामवर सिंह प्रोफेसर के पद पर नियुक्त हुए और शिवमंगल सिंह, 'सुमन' उनके चयनकर्त्ताओं में थे।

(8) सन् 1974 में डॉ. नामवर सिंह जे.एन.यू. आये थे। थोड़े दिनों बाद आपातूकाल लगा दिया गया। एक आयोजन में इन्दिरा गाँधी मुख्य अतिथि थीं और डॉ. नामवर सिंह मुख्य वक्ता। सोचिये जब बड़े-बड़े लोग सत्ता के सामने भूपात कर जाते थे तब उस आयोजन में डॉ. नामवर सिंह ने क्या किया होगा? उन्होंने इस प्रकार अपना सम्बोधन शुरू किया– 'आदरणीय बच्चन जी और मित्रों।' वे हरिवंश राय बच्चन थे, अमिताभ नहीं। डॉ. नामवर सिंह ने इन्दिरा गाँधी का नाम ही नहीं लिया। इस तरह उन्होंने प्रधानमन्त्री की तानाशाही का सीधा विरोध किया।

(9) डॉ. नामवर सिंह के सम्बन्ध पूर्व प्रधानमन्त्रियों स्व. श्री अटल बिहारी वाजपेयी, विश्वनाथ प्रताप सिंह, चन्द्रशेखर तथा अनेक राज्यपालों, केन्द्र और राज्यों के कैबिनेट मन्त्रियों तथा अन्य अनेक राजनीतिज्ञों, प्रशासकों से गहरे रहे हैं, लेकिन नामवर सिंह ने न उनसे कभी राज्यसभा में भेजने का आग्रह किया और न तो इन लोगों ने ही इस बिन्दु पर कभी ध्यान दिया।

(10) इस धरती पर जहाँ 'परस्परं प्रशंसन्ति' का सिक्का चल रहा है, वहाँ, सुना है, डॉ. नामवर सिंह जल्दी किसी की तारीफ न तो करते हैं और न अपनी प्रशंसा ही सुनते हैं।

(11) इसी तरह डॉ. नामवर सिंह राहुलसांकृत्यायन के विषय में बताते हैं कि वे किसी की शिकायत न तो सुनते थे और न किसी की शिकायत करते थे। यदि शिकायत करनेवाला मना करने पर भी नहीं मानता था तो सांकृत्यायन जी स्वतः उस कक्ष को छोड़कर चले जाते थे।

(12) बनारस में किसी कॉलेज में पढ़ते समय उनके किसी शिक्षक ने भविष्यवाणी की थी कि इस बालक (नामवर) में शंकराचार्य जी की प्रतिभा की आहट मिलती है।

(13) डॉ. अशोक वाजपेयी के अनुसार विचारधारा के अतिरेक के अलावा डॉ. नामवर सिंह के यहाँ तीन और अतियार सक्रिय रहे हैं– वाचिकता, अवसरवादिता और सत्ता का आकर्षण।

(14) नामवर जी से अधिक पढ़ा-लिखा और अप-टु-डेट कोई लेखक या आलोचक शायद ही हिन्दी में रहा हो। हिन्दी और संस्कृत का उनका ज्ञान अगाध है तो अंग्रेजी, उर्दू और बँगला साहित्य की उनकी समझ भी किसी से उन्नीस नहीं है।

(15) नामवर सिंह के अनुसार– "मूल्यों का कमाया हुआ सत्य कहा जाता है"।

(16) छात्रों के बड़े, उग्र आन्दोलनों के बीच यदि कोई निहत्थे, अकेले जाने की हिम्मत करता था, तो वह है, सरस्वती पुत्र प्राध्यापक डॉ. नामवर सिंह। तब भीड़ असहाय, मौन, तितर-बितर और आन्दोलन खत्म।

(17) एक बार काशीनाथ सिंह के घर उनकी पुत्री की शादी के अवसर पर दूर-दूर से विद्वान् इकट्ठा थे। नामवर सिंह तो थे ही। इसी बीच नामवर सिंह से मिलकर कालिदास पर लिखे अपने मोटे ग्रन्थ के प्रकाशन की इच्छा लिये संस्कृत के एक विद्वान् पधारे। नामवर सिंह ने उस संस्कृत विद्वान् से पूछा– आप मुझे बतलायें कि कालिदास की शकुन्तला का हिन्दी में प्रथम अनुवाद किसने और कब किया? उस सज्जन ने कहा मैं आपको पूरी पाण्डुलिपि ही भेज दूँगा। इस पर वे बोले—मुझे सिर्फ संजीवनी बूटी ही चाहिए, पूरा धौलागिरि नहीं। फिर डॉ. नामवर सिंह किसी काम से घर के अन्दर चले गये।

नामवर सिंह : व्यक्तित्व - कृतित्व बानबे साल पार : एक रेखांकन

सुविख्यात आलोचक और शिक्षक नामवर सिंह की जन्मतिथि स्कूल प्रमाण पत्र के अनुसार 1 मई, 1927 है, हालाँकि उनका जन्म 28 जुलाई, 1927 को चन्दौली (पहले बनारस जिला) के जीअनपुर गाँव में हुआ। किसान और शिक्षक **पिता नागर सिंह** और **माता श्रीमती वागेश्वरी देवी** की पहली सन्तान नामवर सिंह की प्राइमरी शिक्षा बगल के गाँव आवाजापुर (सकलडीहा-धानापुर रोड) में हुई। बाद में कमालपुर (आवाजापुर गाँव से सटी दक्षिण छोटी बाजार) से मिडिल, हीवेट क्षत्रिय स्कूल से मैट्रिक और उदय प्रताप कॉलेज, वाराणसी से इन्टरमीडिएट। सन् 1941 में कविता से लेखक जीवन की शुरुआत। पहली लिखी कविता इसी साल 'क्षत्रिय मित्र' पत्रिका में छपी। सन् 1945 में **श्रीमती शान्ति सिंह** से विवाह। सन् 1947 ई. में काशी हिन्दू विश्वविद्यालय से बी.ए. टॉप किया। सन् 1948 में बेटे विजय का जन्म। सन् 1951 में हिन्दू विश्वविद्यालय से ही एम.ए. (हिन्दी) प्रथम श्रेणी के साथ 'टॉप' किया। इसी साल हिन्दी-विभाग में यहाँ अस्थायी पद पर प्राध्यापक के रूप में नियुक्ति हुई। व्यक्तिव्यंजक निबन्धों का पहला संग्रह **बकलम खुद** इसी साल छपा। सन् 1952 में **हिन्दी के विकास में अपभ्रंश का योग** पुस्तक छपी। यह एम.ए. का लघु शोध-प्रबन्ध था। सन् 1954 में दो पुस्तकें छपीं– **आधुनिक साहित्य की प्रवृत्तियाँ** और **छायावाद**। सन् 1956 में पी-एच.डी. का शोध प्रबन्ध **पृथ्वीराज रासो की भाषा** छपा। इस दौरान साहित्य के रूपवादी पक्षधरों से गहरा वैचारिक संघर्ष भी चलता रहा। यह पुस्तक के रूप में **इतिहास और आलोचना** (1957) नाम से छपा। फरवरी, 1959 में चकिया-चन्दौली के लोकसभा उपचुनाव में कम्युनिस्ट पार्टी के उम्मीदवार। समाजवादी पार्टी के उम्मीदवार राममनोहर लोहिया थे, किन्तु दोनों ही हारे।

उपचुनाव लड़ने के कारण मार्च, 1959 में हिन्दू विश्वविद्यालय की नौकरी से अलग कर दिये गये। जुलाई 1959 से 1960 तक सागर विश्वविद्यालय में अध्यापक रहे, फिर 1960 से 1965 तक बनारस में स्वतन्त्र लेखन, नयी कहानी पर लेख माला। सन् 1964 में **कहानी : नयी कहानी** पुस्तक छपी। अप्रैल सन् 1965 में **जनयुग** साप्ताहिक के सम्पादक होकर दिल्ली आ गये। इस दौरान दो साल तक राजकमल प्रकाशन के साहित्यिक सलाहकार भी रहे।

अप्रैल 1967 से **आलोचना** का नये रूप में सम्पादन शुरू किया। सन् 1968 में चर्चित पुस्तक **कविता के नये प्रतिमान** छपी। इसी साल बेटी समीक्षा का जन्म। सन् 1969 में कविता

के नये प्रतिमान पुस्तक पर साहित्य अकादमी का पुरस्कार। अक्टूबर 1969 से जोधपुर विश्वविद्यालय के हिन्दी विभाग के अध्यक्ष और प्रोफेसर बनकर गये।

30 सितम्बर, 1974 से 1 अक्टूबर, 74 तक क. मु. हिन्दी विद्यापीठ आगरा के निदेशक। 1 नवम्बर 1974 से 1 मई, 1987 तक जवाहरलाल नेहरू विश्वविद्यालय, दिल्ली के भारतीय भाषा केन्द्र में अध्यापन। 1 मई को अवकाश ग्रहण के बाद इसी विश्वविद्यालय में पुनर्नियुक्ति तीन साल के लिये। इस बीच 1982 में **दूसरी परम्परा की खोज** कृति छपी। सन् 1986 में **नागार्जुन** प्रतिनिधि कविताओं का सम्पादन।

सन् 1992 में जे.एन.यू से अवकाश ग्रहण करने के बाद 1993 से 1996 तक **राजाराम मोहन राय फांउण्डेशन** (कोलकाता) के अध्यक्ष बने। सन् 2000 ई. में, **आलोचना** का प्रकाशन नये सिरे से शुरू किया। सन् 1992 में **हंस में रामकथा की उधेड़बुन** का प्रकाशन। डॉ. आशीष त्रिपाठी के सम्पादन में **राजकमल प्रकाशन** से नामवर सिंह के लेखों की पुस्तकें प्रकाशित हुईं, यथा– **हिन्दी का गद्य पर्व, जमाने से दो-दो हाथ, कविता की जमीन और जमीन की कविता, प्रेमचन्द और भारतीय समाज** (2010 ई.), **साहित्य की पहचान, साथ-साथ, सम्मुख, आलोचना और विचारधारा** (2012 ई.), उनकी **प्रारम्भिक रचनाएँ** नामक शीर्षक से एक पुस्तक राजकमल से 2013 ई. में छपी, जिसमें उनकी कविताएँ, कहानी, समीक्षा, ललित निबन्ध, आलोचनात्मक निबन्धों के अलावा 'बकलुम खुद' भी संकलित है।

यात्राएँ–1969 : रूसी लेखक संघ के न्योते पर डेढ़ महीने रूस प्रवास, 1973: पेरिस के ओरियेण्टल कांग्रेस के अधिवेशन में शिरकत। इंग्लैण्ड, हंगरी, पूर्वी जर्मनी और इटली की यात्रा 1976 : दूसरे विश्व हिन्दी सम्मेलन में मॉरिशस यात्रा 1978 : टाल्सताय जयन्ती के अवसर पर मास्को की यात्रा 1980 : विश्व शान्ति सम्मेलन में बुल्गारिया यात्रा। सन् 1982 : वियतनाम कम्पूचिया। सन् 1985 : प्रगतिशील लेखक संघ की स्वर्ण जयन्ती पर लन्दन, 1986 : रवीन्द्र नाथ टैगोर की 125वीं जयन्ती पर मास्को।

लगभग 93 वर्ष की उम्र में उनके दुखद देहावसान के साथ हिन्दी आलोचना का एक महत्वपूर्ण युग समाप्त हो गया। मेरी विनम्र और सादर श्रद्धांजलि।

(8) कृष्णदत्त पालीवाल : आलोचना की तीसरी आँख[1]

— श्री भगवान सिंह

हिन्दी आलोचना को भारतेन्दुकालीन लेखकों से लेकर मिश्र बन्धुओं, आचार्य रामचन्द्र शुक्ल, पं. नन्ददुलारे वाजपेयी, पं. हजारीप्रसाद द्विवेदी आदि ने जिस देशज भाव-बोध तथा बहुलता सम्पन्न जीवन-रागों से अंकुरित, पल्लवित एवं पुष्पित किया था, वह प्रगतिशील लेखक संघ के आन्दोलन के प्रभाव से शनैः-शनैः क्षीण होती गयी। नव वामपन्थी विचारक हर्बट मारक्यूज के शब्द उधार लें, तो वह 'वन डाइमेन्शनल मैन' की तरह एक खास विचारधारा–आयामी होती गयी। मार्क्सवाद तथा सोवियत संघ द्वारा प्रतिपादित समाजवादी यथार्थवाद से प्रेरित-परिचालित होनेवाले लेखकों-आलोचकों ने जीवन-जगत् की अनेकरूपता, विविध भावों, संवेदनाओं, जीवनानुभवों आदि की अवहेलना करते हुए साहित्य एवं आलोचना को वर्ग-संघर्ष, वर्ग चेतना की जंजीरों में जकड़ने का सिलसिला चला दिया। साहित्य और आलोचना को वे जीवन, समाज की समग्र अभिव्यक्ति के बजाय पार्टी-संगठन रूपी मशीन का एक पुर्जा बनाते गये। उसके बाद उभरे दलित एवं स्त्री विमर्श ने भी साहित्य और आलोचना के साथ यही सलूक किया। दलित चेतना ने उसे जाति विशेष तक, तो स्त्री-चेतना ने सिर्फ स्त्रीलिंग तक उसकी हदबन्दी कर दी। कुल मिलाकर उस मध्यकालीन रीतिवाद का पुनरुत्थान हुआ जिसे लक्ष्य करते हुए आचार्य शुक्ल ने लिखा था–"रीतिग्रन्थों की इस परम्परा द्वारा साहित्य के विस्तृत विकास में कुछ बाधा भी पड़ी। प्रकृति की अनेकरूपता, जीवन की भिन्न-भिन्न चिन्त्य बातों तथा जगत् के नाना रहस्यों की ओर कवियों की दृष्टि नहीं जाने पायी। वह एक प्रकार से बद्ध और परिमित-सी हो गयी। उसका क्षेत्र संकुचित हो गया। वाग्धारा बँधी हुई नालियों में ही प्रवाहित होने लगी जिससे अनुभव के बहुत से गोचर और अगोचर विषय रससिक्त होकर सामने आने से रह गये।"[2]

अगर प्रकृति की अनेकरूपता तथा जीवन के विविध गोचर एवं अगोचर विषयों से नजर फेर कर सिर्फ एक विषय-रीतिग्रन्थों की रचना तक सीमित हो जाना रीतिवाद था, तो फिर सिर्फ वर्ग-चेतना या दलित-चेतना या स्त्री-चेतना तक साहित्य-आलोचना को सीमित कर देना भी प्रकारान्तर से रीतिवाद का ही आधुनिक संस्करण कहा जायेगा। इस रीतिवादी एकायामी प्रवृत्ति से आलोचना के क्षेत्र में जिस कृष्ण-पक्ष का प्राधान्य हो चला, उसके प्रतिवाद में जो कुछ

1. हिन्दी के यशस्वी, कीर्त्तिवान् और बेहद नामदार समीक्षक–आलोचक श्री भगवान सिंह ने इस लेख को मेरे विशेष आग्रह पर लिखा है। अद्‌भुत और विलक्षण मेधा सम्पन्न श्री भगवान सिंह फिलवक्त भागलपुर में रहते हैं।
2. हिन्दी साहित्य का इतिहास, आचार्य रामचन्द्र शुक्ल, पृ. 164, प्र. काशी नागरी प्रचारिणी सभा, संस्करण सत्रहवाँ।

आलोचक सक्रिय रहे, उनमें डॉ. कृष्णदत्त पालीवाल की उपस्थिति एक सशक्त उल्लेखनीय हस्ताक्षर के रूप में है। चार दशकों से भी अधिक समय तक आलोचनात्मक लेखन में इस एक आयामी धारा के विरुद्ध सक्रिय रहकर डॉ. कृष्णदत्त पालीवाल आलोचना को आयातित सन्दर्भों से मुक्त कर देशज जमीन पर लाने के लिये संघर्षरत रहे, तो दूसरी तरफ एक मतवाद विशेष या खास विमर्श तक आबद्ध न रहकर उसके बहुलतावादी चरित्र को निखारने में प्रयासरत रहे। उनके द्वारा आलोचना को लेकर लिखी गयी अनेक पुस्तकें हैं जिनमें उल्लेखनीय हैं–'भवानी प्रसाद मिश्र का काव्य-संसार', आचार्य रामचन्द्र शुक्ल का चिन्तन-जगत्', 'मैथिलीशरण गुप्त के अन्तः सूत्र', 'अज्ञेय होने का अर्थ', 'हिन्दी आलोचना के नये वैचारिक सरोकार', 'डॉ. अम्बेडकर समाज-व्यवस्था और दलित साहित्य' 'दलित साहित्य : बुनियादी सरोकार', 'सृजन का अन्तर्पाठ, उत्तर आधुनिक विमर्श', 'हिन्दी का आलोचना पर्व', 'हिन्दी आलोचना : समकालीन परिदृश्य' इत्यादि। इन सभी पुस्तकों के आधार पर डॉ. पालीवाल के आलोचना कर्म का विशद विवेचन किया जाये, तो एक पुस्तक ही तैयार हो जायेगी लेकिन एक लेख की सीमाओं को ध्यान में रखते हुए यहाँ हमें उनकी कुछ महत्त्वपूर्ण मान्यताओं, बहुलता सम्पन्न दृष्टियों का ही अवलोकन कर सन्तोष करना पड़ेगा।

सबसे पहले यह देखना आवश्यक है कि आलोचना को लेकर डॉ. पालीवाल की अवधारणा क्या रही? वैसे उनकी स्वच्छन्द प्रवृत्ति ने आलोचना को किसी विचारधारा-विशेष की अनुचरी बनाना पसन्द नहीं किया। इस सम्बन्ध में उनका यह कथन द्रष्टव्य है–"यह कहा जाता है कि विचारधारा वह कसाईबाड़ा है जिसमें कृतियों की हत्या की जाती है। उसके पास (आलोचक) विचारधारा के प्रतिमान हैं, नापने के गज हैं, लेकिन वह डण्डी मारता है, बेईमान है। आलोचक वही है जिसके पास तीसरी आँख है। यह आँख साहित्य की परम्परा या इतिहास बोध से प्राप्त होती है जो उसे अन्धेपन से बचाती है।"[1]

यह एक प्रकार से कृष्णदत्त पालीवाल का आत्म-वक्तव्य भी है क्योंकि सचमुच वे स्वयं आलोचना की 'तीसरी आँख' बनकर अपने आलोचनात्मक लेखन में छाये रहे–ऐसी 'तीसरी आँख' जिसने 'दक्षिण' को भी देखा-समझा, वाम को भी परखा, दलित विमर्श और स्त्री विमर्श को भी उलट-पलट कर देखा, परम्परा, प्रगति, आधुनिकता, उत्तर-आधुनिकतावाद, अस्तित्ववाद, विखण्डनवाद आदि को भी गहराई से जाँचा-परखा। वे किसी से आतंकित, अभिभूत होकर धूमाकुलित दृष्टि के शिकार नहीं हुए। उनकी दृष्टि न किसी कृतिकार विशेष पर टिकी रही, न किसी आलोचक विशेष पर। जिसमें भी उन्हें उत्कर्षशील जीवन-मूल्य, मनुष्यता का उज्ज्वल पक्ष, जनवादिता एवं लोकधर्मिता दिखायी दी, उसे सर आँखों पर चढ़ाया और जहाँ भी कठमुल्लापन, विदेशी विचारों का नकलचीपन एवं देशज जमीन से विस्थापन दिखायी दिया, उसकी जमकर खिंचाई की और इस काम में उन्होंने आलोचना की स्वच्छन्द दृष्टि को पुख्ता किया। यही कारण है कि उन्होंने प्रगतिशील आलोचना से लेकर दलित-विमर्श तक तुलसीदास को ब्राह्मणवादी, दलित विरोधी सिद्ध करनेवाली चली आ रही कवायद का जबरदस्त प्रत्याख्यान

---

1. हिन्दी आलोचना : समकालीन परिदृश्य–डॉ. कृष्णदत्त पालीवाल, पृ. 7 प्र. सामायिक बुक्स प्रकाशन, नयी दिल्ली।

किया और हृदय से उनका समर्थन किया। तुलसी को कबीर की लाठी से पिटनेवालों का मुँहतोड़ जबाव देते हुए पालीवाल जी ने कहा—"यह सच है कि भारतीय लोक-संस्कृति में कबीर से ज्यादा तुलसीदास भिदे हुए थे और हिन्दुस्तान की परम्पराओं का सबसे ज्यादा जानकार कोई ज्ञानी-ध्यानी कवि था तो तुलसीदास। आगम-निगम परम्पराओं का अमृत निचोड़ कर जनता को देने की कोई शक्ति रखता था तो तुलसीदास।"[1]

यही नहीं, 'रामचरितमानस' को हिन्दू-धर्मग्रन्थ के रूप में निःशेषकर उस पर गोलाबारी करनेवालों का प्रत्याख्यान करते हुए डॉ. पालीवाल इस तथ्य की तरफ ध्यान आकृष्ट करते हैं—"'रामचरितमानस' हिन्दू धर्म नहीं है—क्लासिकल है, लोक स्मृति है, उदात्त साहित्य है, दर्शन सिद्ध सन्त-संस्कृति है। भारतीय आगम-निगम, पुराण-चरित, लोक-वार्त्ता, लोककथा का भण्डार है, इनसाइक्लोपीडिया है।"[2] जाहिर है, पालीवाल जी 'दूसरी परम्परा की खोज' के नाम पर प्रायोजित ढंग से हजारीप्रसाद द्विवेदी के कबीर को महिमामण्डित करनेवाली मुहिम से तनिक विचलित नहीं हैं, हालाँकि वे कबीर की लोकधर्मिता को भी स्वीकार करते हैं, इसलिये वे आचार्य शुक्ल द्वारा कबीर को लोक विरोधी कहे जाने के प्रति अपनी असहमति दर्ज करते हैं।

पालीवाल जी रचनाकार और आलोचक दोनों को लेकर मूल्यांकनपरक समीक्षाएँ सामान रूप से लिखते रहे। संस्कृत साहित्य की पूरी परम्परा को भी उन्होंने खँगाला है और हिन्दी की अद्यतन रचनाशीलता को भी मूल्यांकन का विषय बनाया है। ध्यातव्य है कि राष्ट्रीय आन्दोलन के दौर के जिन रचनाकारों से प्रगतिवादी और परिमलवादी दोनों धड़ों ने मुँह फेर लिया था, पालीवाल जी उन रचनाकारों का भी मूल्यांकन कर उनके महत्त्व का अभिज्ञान कराते हैं। मसलन, मैथिलीशरण गुप्त के काव्य-संसार को जिस तरह द्विवेदीयुगीन नैतिकता तक सीमित कर उनका महत्त्व न्यून किया गया उसके बरक्स डॉ. पालीवाल गुप्त जी के काव्य का महत्त्व इन शब्दों में उजागर करते हैं—"मैथिलीशरण गुप्त एक महान् व्यक्ति थे, उसी अर्थ में और उसी अनुपात में जिस अर्थ में वे एक महान् कवि थे—जनता के कवि। तुलसीदास की तरह लोक-चित्त में बस जानेवाले कवि। अपनी साधारणता में असाधारण और असाधारणता में साधारण। गँवई संवेदना के लोक-हृदय में रचे-बसे जनकवि। उन्होंने अपनी खाँटी देसी प्रतिभा से रीतिवाद का विरोध किया और आचार्य महावीरप्रसाद द्विवेदी द्वारा चलाये गये रीति-विरोधी अभियान के अग्रणी अविस्मरणीय कवि बने। रूढ़िवादियों के तमाम विरोध के बावजूद खड़ी बोली को काव्य-क्षेत्र में परिमार्जित स्थापित करनेवाले कवि। भारतेन्दु, श्रीधर पाठक की परम्परा को स्वाधीनता आन्दोलन की चेतना से जोड़नेवाले कवि। जीवन-भर वे गाते रहे—*'अर्पित हो मेरा मनुज काय, बहुजन हिताय, बहुजन सुखाय।'* उन्होंने इसी संकल्प के साथ लोकमंगल की साधनावस्था का काव्य लिखा है। खड़ी बोली हिन्दी कविता ने आज जो सांस्कृतिक चेतना के क्षेत्र में प्रगति की है, उसके मूल में मैथिलीशरण का रचनाकर्म धड़क रहा है। गुप्त जी ने ऐसे मानक प्रस्तुत किये जो नये रचनाकारों के लिये प्रेरणा-स्रोत बने हैं।"[3] इस उत्तर आधुनिक समय में भी गुप्त जी के

1. सृजन का अन्तर्पाठ : उत्तर आधुनिक विमर्श, डॉ. कृष्णदत्त पालीवाल, पृ. 138, प्र. सामयिक प्रकाशन, नयी दिल्ली।
2. वहीं, पृ. 19.
3. हिन्दी का आलोचना पर्व, डॉ. कृष्णदत्त पालीवाल, पृ. 51-52, सामयिक प्रकाशन, नयी दिल्ली।

महत्त्व को रेखांकित करते हुए पालीवाल जी यह साहसिक वक्तव्य देते हैं।" गुप्त जी के रचना-कर्म में हमारी परम्परा के पुरखे बोलते मिलते हैं। वे हमारी जातीय स्मृति के एक बहुत बड़े अंश को रचनात्मकता में ढाल लेने में माहिर हैं। उनकी 'भारतीयता' सभी प्रकार की प्रादेशिकता को पछाड़कर अपनी पावनता में 'अनन्तता' को धारण करती है। उनके चिन्तन में पश्चिमवाद का 'अन्य' या 'अदर' नहीं है। सभी को आत्मीय बनाकर साथ जीने का भाव है—मनुष्यता है। उनके 'राम' में रहीम-ईसा नानक को जगह है।"[1]

राष्ट्रीय आन्दोलन के दौर के कवि केवल कविता ही नहीं लिखते थे, बल्कि जीवन के कई मोर्चों पर सक्रिय रहते थे। उनका व्यक्तित्व एवं कृतित्व बहुआयामी हुआ करता था। ऐसे ही एक कवि थे रामनरेश त्रिपाठी जिन्हें शुक्लोत्तर समीक्षा ने जातीय-स्मृति से काटकर विस्मृति के गर्त में धकेल दिया। कृष्णदत्त पालीवाल की दृष्टि इस कर्मयोगी कवि के व्यक्तित्व-कृतित्व की ओर जाती है और उनके बहुआयामी दाय को इन शब्दों में रखते हैं—"पं. रामनरेश त्रिपाठी केवल कवि नहीं हैं। एक समर्थ आलोचक कोशकार, नाटककार, कथाकार, टीकाकार, अनुवादक और सम्पादक हैं। साथ-ही-साथ बाल-साहित्य, स्त्री-साहित्य तथा संस्मरण लेखक के रूप में भी अपनी प्रतिभा का प्रयोग करते हैं। समय पाते ही वे 'रामचरितमानस' की टीका भी लिख सकते थे और लगन से 'कविता-कौमुदी' के पाँच भाग, ग्राम-गीत का संकलन, 'हिन्दुस्तानी कोश' भी बना सकते थे। इसलिये वे एक ऐसे सम्पूर्ण साहित्यिक हैं जिनके व्यक्तित्व की अखण्डता पर विस्मय होता है। द्विवेदी-मण्डल की लीकों से रामनरेश त्रिपाठी ने समझौता नहीं किया। वे नूतन पद्धति की स्वच्छन्द कल्पना राह पर आगे बढ़े।"[2]

रामनरेश त्रिपाठी की तरह ही बहुआयामी व्यक्तित्व के साहित्यकार थे माखनलाल चतुर्वेदी जिन्होंने स्वाधीन चेतना फैलाने के लिये न सिर्फ काव्य-सृजन किया, बल्कि स्वाधीनता-सेनानी के रूप में कई बार जेल-यात्राएँ भी कीं। लेकिन आजादी के बाद ऐसे साहित्यकार का महत्त्व सिर्फ उनकी कविता 'पुष्प की अभिलाषा' तक सिकुड़ कर रह गया। इस कविता में पुष्प के माध्यम से 'मुझे तोड़ लेना बनमाली, देना उस पथ पर फेंक, मातृभूमि पर शीश चढ़ाने जिस पथ जावें वीर अनेक' कहनेवाले कवि के व्यक्तित्व के कई पहलू उपेक्षित होकर रह गये। डॉ. पालीवाल उन उपेक्षित पहलुओं को सहजते हुए उनके बहुविध योगदान को इन शब्दों में याद करते हैं—"माखनलाल चतुर्वेदी कविता को आभिजात्यवादी तिलिस्म से तोड़कर लोक-भूमि पर लाते हैं और उसे लोक-चिन्ताओं से जोड़ने के साथ बोलचाल की भाषा में उतारते हैं। हिन्दी में खड़ी बोली को प्रथम बार बोलचाल की लय में माखनलाल ही ढालते हैं। बोलचाल की भाषा के लहजे को, अदा को, भाव की तलब को काव्य-भाषा में सृजन-शक्ति से लाने की ताकत का इतिहास जब खोजा जायेगा, तब माखनलाल का नाम अग्र पंक्ति में पाया जायेगा। बोलचाल की जो लय पीछे से भवानी प्रसाद, केदारनाथ अग्रवाल, मुक्तिबोध और धूमिल में जीवन्तता का अहसास कराती है उस परम्परा में माखनलाल ही धड़कते मिलते हैं। कविता ही नहीं, निबन्ध के क्षेत्र में भी माखनलाल पर पुनर्विचार करने की जरूरत है।"[3]

1. वही, पृ. 73
2. वही, पृ. 92
3. वही, पृ. 81

'हिन्दी का आलोचना पर्व' पुस्तक में और भी कई निबन्ध हैं जो दिनकर, बच्चन, महादेवी वर्मा, अज्ञेय, सर्वेश्वर दयाल सक्सेना, कुँवर नारायण, गिरिजा कुमार माथुर, भवानी प्रसाद मिश्र, रघुवीर सहाय, विजयदेवनारायण साही, धूमिल, राजकमल चौधरी के काव्य-मूल्यांकन से सम्बद्ध हैं। इनमें हरेक के सम्बन्ध में पालीवाल जी अनदेखे भाव-बोध को उद्घाटित करते चलते हैं। मसलन, महादेवी वर्मा की एक विरह एवं वैयक्तिक भाव-लोक की कवयित्री बना दिये जाने की छवि के बरक्स उनके काव्य का यह पक्ष उन्मीलित करते हैं—"महादेवी के रचना-कर्म में आत्माभिव्यक्ति की आकांक्षा आत्म-प्रसार की आकांक्षा का पर्याय है। आत्मालोचन ने प्राचीन रूढ़ियों के प्रति असन्तोष व्यक्त किया। प्रेम की पुरानी चहारदीवारी को तोड़ती महादेवी की कविता सभी प्रकार की क्षुद्रताओं-संकीर्णताओं के विरोध की कविता है। उसमें उन्मुक्त भावना का आलम यह है कि वह अनन्त असीम में उड़ना चाहती है। 'तोड़ दो यह क्षितिज मैं भी देख लूँ उस पार क्या है?' की अर्थ-ध्वनि में रहस्यात्मकता से ज्यादा आत्म-विस्तार का अर्थ-बिम्ब है। उनकी कविता की अन्तर्वस्तु सामाजिक है जिसमें मुक्ति के बिम्ब-प्रतीक भरे पड़े हैं। चातक, बादल, दीपक महादेवी के प्रिय प्रतीक हैं जिनमें मुक्ति की पुकार है। प्रगीतों के कल्पना लोक में घुटन भरी सामाजिकता से राहत पाने का प्रयास है।"[1]

उल्लेखनीय है कि डॉ. पालीवाल बगैर समाजशास्त्रीय अध्ययन का शोर मचाये कविता की अन्तर्वस्तु का सामाजिक पाठ करने में माहिर हैं और इस तरह वे आलोचना को समाज और सभ्यता की समीक्षा बनाते चलते हैं। 'हिन्दी का आलोचना पर्व' में उन्होंने जितने कवियों का मूल्यांकन किया है, सबके साथ सामाजिक और सांस्कृतिक परिप्रेक्ष्य जुड़े हुए हैं और यह काम उन्होंने बगैर किसी की पक्षधरता और मतवाद का अनुगमन किये किया है। उन्होंने किसी कृतिकार को ऊँचा उठाने के लिये उसके बरक्स किसी का कद छोटा करने का प्रयास नहीं किया है। वे खालिश साहित्य-समीक्षक नहीं हैं अपितु समाज और संस्कृति के भी मर्मी समीक्षक हैं और आलोचना को साहित्य के साथ-साथ समाज और संस्कृति की समीक्षा का भी दर्जा प्रदान किया उन्होंने।

डॉ. कृष्णदत्त पालीवाल ने जितने विस्तार से कृतिकारों पर लिखा उतने ही विस्तार से उन्होंने आलोचकों पर भी लिखा। शायद ही हिन्दी के किसी आलोचक ने विभिन्न आलोचकों पर इतना लिखा हो जितना डॉ. पालीवाल ने लिखा है। वैसे उन्होंने किसी आलोचक विशेष को लेकर कोई स्वतन्त्र पुस्तक नहीं लिखी न ही आलोचना का इतिहास जैसी पुस्तक लिखी, लेकिन विपुल मात्रा में निबन्ध अवश्य लिखे। आचार्य रामचन्द्र शुक्ल, पं. नन्ददुलारे वाजपेयी, पं. हज़ारीप्रसाद द्विवेदी से लेकर प्रगतिवादी डॉ. रामविलास शर्मा, डॉ. नामवर सिंह, डॉ. रमेश कुन्तल 'मेघ', डॉ. शिवकुमार मिश्र, डॉ. परमानन्द श्रीवास्तव तो परिमलवादी विजयदेव नारायण साही तो उनके गम्भीर विवेचन के विषय हैं ही, डॉ. रमेशचन्द्र शाह, मलयज, विजय बहादुर सिंह, नन्द किशोर आचार्य जैसों को भी अपने आलोचनात्मक विवेचन का विषय बनाया है। आलोचकों के सम्बन्ध में भी लिखते हुए डॉ. पालीवाल 'तीसरी आँख' का ही इस्तेमाल करते हैं। बनी-बनायी धारणाओं से अलग हटकर वे इन आलोचकों के गुण-दोष, सीमा-शक्ति पर अपनी 'तीसरी आँख' से फोकस करते हैं।

1. वही, पृ. 156

हमें मालूम है कि आचार्य रामचन्द्र शुक्ल हिन्दी आलोचना के सबसे महत्त्वपूर्ण आलोचक होते हुए भी नाना लांछनाओं, आरोपों के शिकार रहे हैं। बावजूद इसके डॉ. पालीवाल का मानना है कि, "मैं आचार्य शुक्ल को हिन्दी का पहला आधुनिक आलोचक मानता हूँ जिसमें तिलक की विचार-चेतना ने नवजागरण, स्वाधीनता संग्राम के नव रचनात्मक चिन्तन से हिन्दी आलोचना को सतर्क-सबल और सम्पन्न बनाने में अविस्मरणीय भूमिका अदा की।"[1] आचार्य शुक्ल के प्रति ऐसा सकारात्मक उन्मेषशील दृष्टिकोण रखने के कारण ही पालीवाल जी ज्यादातर मार्क्सवादी आलोचकों द्वारा शुक्ल जी पर लगाये गये ब्राह्मणवादी वर्णाश्रमवादी जैसे आरोपों तथा दूसरी परम्परा की खोज के बहाने उनकी स्थापनाओं पर हुए आक्रमण के प्रत्याख्यान के लिये डॉ. रामविलास शर्मा की ओर जाते हैं—"मैं बड़ी विनम्रता से कहना चाहता हूँ कि पहले आलोचक हैं हिन्दी में रामविलास शर्मा।" जिसने इन पुराने मार्क्सवादियों की काली करतूतों से हटकर कहा—"इस व्यथा का सबेरा होना चाहिए और उन्होंने चिन्तन की काली रात की व्यथा का सबेरा करने के लिये पुस्तक लिखी है 'परम्परा का मूल्यांकन।'" इस पुस्तक में कहा, "जो लोग साहित्य में युग परिवर्तन करना चाहते हैं, जो लकीर के फकीर नहीं है, जो रूढ़ियाँ तोड़कर क्रान्तिकारी साहित्य रचना चाहते हैं, उनके लिये साहित्य की परम्परा का ज्ञान सबसे ज्यादा आवश्यक है।"[2]

सर्वविदित है कि रामविलास शर्मा जीवनपर्यन्त मार्क्सवाद का सलीब ढोते रहे, फिर भी बहुतेरे मार्क्सवादियों ने उन्हें मार्क्सवादी बिरादरी से बाहर कर 'हिन्दूवादी, तक घोषित कर दिया। डॉ. पालीवाल हमेशा मार्क्सवादियों के कठमुल्लापन का प्रतिपक्ष रखते रहे, फिर भी उन्होंने हिन्दी आलोचना में आचार्य शुक्ल के बाद किसी का अवदान महत्त्वपूर्ण माना है तो वे रामविलास शर्मा ही हैं। इसका कारण है कि रामविलास शर्मा जिस तरह मार्क्सवादी बाड़ों को ध्वस्त करते हुए भारतीय परम्परा साहित्य एवं संस्कृति का अवगाहन करते हैं वह डॉ. पालीवाल को अत्यन्त पसन्द है क्योंकि डॉ. पालीवाल खुद भारतीय संस्कृति की समृद्धि में साहित्यिक परम्पराओं की नियामक भूमिका मानते हैं। वे कहते हैं—"यदि हम इस देश की संस्कृति से रामायण को, महाभारत को अलग कर दें तो भारतीय साहित्य की आन्तरिक एकता टूट जायेगी। किसी भी बहुजातीय राष्ट्र के सामाजिक विकास में कवियों की ऐसी निर्णायक भूमिका नहीं रही, जैसी इस देश में व्यास और वाल्मीकि की है। कालिदास और भवभूति की है। कबीर-जायसी-सूर और तुलसी की है। रहीम-मीरा-रसखान और भारतेन्दु की है। एक महाभारत की परम्परा है तो दूसरी नैमिषारण्य की परम्परा है जो काव्य, पुराण, इतिहास और कथावाचन के द्वारा एक देश की आन्तरिक लय को एक प्रवाह देती है! यह ठीक है कि इन परम्पराओं में अन्धविश्वास कम नहीं है, लेकिन इनके भीतर वह देश मौजूद है जो निरन्तर प्रवाहधर्मी है।"[3]

इस प्रवाहधर्मी परम्परा का ही विकास डॉ. पालीवाल को रामविलास शर्मा के लेखन में दिखायी देता है और विजयदेव नारायण साही, निर्मल वर्मा आदि की डॉ. शर्मा से असहमतियों के बावजूद वे डॉ. शर्मा के अवदान को इन शब्दों में रेखांकित करते हैं—"इतिहास और साहित्य

1. सृजन का अन्तर्पाठ, पृ. 133
2. वही, पृ. 134
3. वही, पृ. 135

की परम्परा का ज्ञान कराने के लिये डॉ. शर्मा ने 'पश्चिमी एशिया की सभ्यता और ऋग्वेद', 'हिन्दी जाति का साहित्य', 'आस्था और सौन्दर्य', 'भारतीय इतिहास और ऐतिहासिक भौतिकवाद' 'भारतीय साहित्य की भूमिका', 'निराला की साहित्य साधना', 'महावीरप्रसाद द्विवेदी और हिन्दी नवजागरण', 'तुलसीदास और भारतीय सौन्दर्यशास्त्र जैसी अनेक कृतियों से साहित्य-चिन्तन-परम्परा को आगे बढ़ाया है।...रामविलास शर्मा ने वेद-उपनिषद, जैन-बौद्ध, रामायण-महाभारत, कालिदास, भवभूति, भारतेन्दु, निराला, प्रेमचन्द आदि का जो समाज सन्दर्भों में विश्लेषण मूल्यांकन किया है, उसका अपना महत्त्व कम नहीं हुआ है। कालिदास और भवभूति, तुलसीदास और निराला को तो उन्होंने हिन्दी आलोचना में नये ढंग से प्रथम बार 'डिकान्स्ट्रक्ट' किया है।"[1]

भारतीय परम्परा का ऐसा ही गहरा मन्थन डॉ. पालीवाल को आचार्य हजारीप्रसाद द्विवेदी में दिखायी देता है जिस पर मुग्ध होकर वे कहते हैं—"कितनी बड़ी बात है कि पराधीन भारत में आजाद आचार्य द्विवेदी ने भारत की चिन्तन-भूमि, लोक-चित्त-चेतना की भूमि पर खड़े होकर भारतीय सभ्यता संस्कृति साहित्य के सोच को वाणी दी। भारतीय साहित्य की प्राणधारा को खोजने में अपने को खपा दिया। इस खपाने में आचार्य क्षितिमोहन सेन, रवीन्द्रनाथ टैगोर, कुमारस्वामी और गाँधी का भी हाथ रहा है, लेकिन संकल्प की पौ उनके भीतर से ही फटी थी। लीकों को अस्वीकार करने का साहस कबीर-सूर-तुलसी से आया था। उनके चिन्तन की जड़ में भक्तिकाल की लोक जागरण की धारा है। पहली, दूसरी, तीसरी, चौथी परम्परा नाम देकर इसे खण्ड-खण्ड करके नहीं समझना चाहिए। समग्रता में समझना चाहिए और सामंजस्य में जो सौन्दर्य है, उसे पूर्णता में रहना चाहिए।"[2] स्पष्टतः डॉ. पालीवाल द्विवेदी जी के जीवन बोध की निर्मिति को कबीर केन्द्रित न करके भारतीय चिन्तन परम्परा के विस्तृत फलक पर देखते हैं।

उल्लेखनीय है कि 1980 के दशक में डॉ. नामवर सिंह की पुस्तक 'दूसरी परम्परा की खोज' ने शुक्ल बनाम द्विवेदी का भद्दा विवाद खड़ा किया और आचार्य शुक्ल की परम्परा से हजारीप्रसाद द्विवेदी को अलगाते हुए उन्हें शुक्ल जी से अधिक प्रगतिशील सिद्ध किया जाने लगा। डॉ. पालीवाल 'दूसरी तीसरी परम्परा' के नाम पर परम्परा के अखण्ड प्रवाह का खण्डन करनेवाली प्रवृत्ति का निषेध करते हैं और परवर्ती को पूर्ववर्ती का अगला विकास मानते हुए द्विवेदी जी को शुक्ल जी की परम्परा का अगला विकास मानते हैं—"भारतीय साहित्य में भक्ति-आन्दोलन के हृदय और विकास, समाज, संस्कृति, चेतना को लेकर जो भिन्नता दिखायी देती है वह ऊपरी है, भीतरी नहीं। इसलिये आचार्य द्विवेदी को आचार्य शुक्ल की परम्परा का ही संशोधित आलोचक मानना चाहिए। विजयदेव नारायण साही के विचार लेकर कहें, तो परम्परा का विकास सदैव सीधी दिशा में ही नहीं होता, वैपरीत्य में भी होता है, इस दृष्टि से आचार्य द्विवेदी अपने मूल में आचार्य शुक्ल के विरोधी आचार्य नहीं हैं, जैसा कि 'दूसरी परम्परा की खोज' में सिद्ध किया गया है। दोनों को एक-दूसरे का विरोधी दूसरी परम्परा की खोज की आड़ में सिद्ध किया है जिसकी अपनी राजनीति है।"[3]

1. वही, पृ. 40।
2. वही, पृ. 64।
3. वही, पृ. 68।

आचार्य शुक्ल और आचार्य द्विवेदी के बीच एक और आलोचक हैं पं. नन्ददुलारे वाजपेयी। वाजपेयी जी आचार्य शुक्ल के शिष्य थे और उनके प्रति गहरी श्रद्धा भी रखते थे, फिर भी उन्होंने गुरु की लीक से हटकर स्वच्छन्द प्रवृत्ति का परिचय देते हुए छायावाद के सम्बन्ध में गुरु आचार्य शुक्ल की मान्यताओं का ऐसा सशक्त प्रतिपक्ष रचा कि उनकी स्वच्छन्दतावादी आलोचक के रूप में पहचान बन गयी। छायावाद को पलायन एवं नितान्त वैयक्तिकता, रहस्यात्मकता का काव्य सिद्ध करनेवालों के विपरीत उन्होंने समसामयिक राष्ट्रीय एवं सांस्कृतिक सन्दर्भों में उसका भाष्य करते हुए उसकी सामाजिक, राजनीतिक एवं सांस्कृतिक अर्थ छवियों का पाठ प्रस्तुत किया। किन्तु ऐसे महत्त्वपूर्ण आलोचक को प्रगतिवादी, परिमलवादी, प्रयोगवादी सभी ने हाशिये पर डालने का दुश्चक्र रचा। वाजपेयी जी के शिष्य डॉ. विजय बहादुर सिंह ने आठ खण्डों में नन्ददुलारे वाजपेयी रचनावली का सम्पादन कर तथा 'आलोचक का स्वदेश' नाम से उनकी जीवनी लिखकर हिन्दी जगत् को उनके महत्त्व से अवगत कराने का स्तुत्य प्रयास किया है। डॉ. पालीवाल भी एक ईमानदार आलोचक का दायित्व निभाते हुए वाजपेयी जी के आलोचनात्मक अवदान को ओझल नहीं होने देते। यद्यपि वे आचार्य शुक्ल के सम्बन्ध में वाजपेयी जी की कई बातों से अपनी असहमति दर्ज करते हैं, फिर भी वे वस्तु-सत्य के रूप में यह स्वीकार करने में संकोच नहीं करते कि, "छायावाद के मूल्यांकन के प्रश्न को लेकर आचार्य वाजपेयी ने शुक्ल जी को सैद्धान्तिक स्तर पर चुनौती दी थी और अनेक प्रचलित अवधारणाओं का आचार्य शुक्ल की स्थापनाओं से हटकर नया भाष्य किया। इस भाष्य की विशेषता यह है कि सर्वाधिक रोचक, वाक्, विदग्ध एवं निर्भीक सैद्धान्तिकी से अन्तः दीप्त है। इसमें छायावादी साहित्य की भाषा-संस्कृति-परम्परा, वस्तु और रूप को लेकर परम्परागत अवधारणाओं का मूर्तिभंजन था और भाष्य का ऐसा सुख जो सृजन के उच्चतम बिन्दुओं का स्पर्श करता था। वाजपेयी जी के लिये छायावादी सृजन नवीन सांस्कृतिक नवजागरण और स्वाधीनता आन्दोलन की भारतीय संवेदना और चेतना का वह मुक्ति-सन्देश है जो हर प्रकार के अर्थ-एकत्व के विरुद्ध है। हिन्दी आलोचकों में वाजपेयी जी का महत्त्व इस विचार-व्यञ्जना में निहित है कि आधुनिक हिन्दी साहित्य में आचार्य शुक्ल के बाद किसी आलोचक ने इतनी बहसें नहीं उठायी जितनी वाजपेयी जी ने। वे यों तो आचार्य शुक्ल के शिष्य हैं—लेकिन उनकी मानसिक दासता के विरोधी-विद्रोही शिष्य।"[1]

यह भी उल्लेख्य है कि नन्ददुलारे वाजपेयी के प्रिय कवि जयशंकर प्रसाद रहे और उन्होंने 'कामायनी' का भाष्य आचार्य शुक्ल के भाष्य से अलग हटकर किया। डॉ. पालीवाल को वाजपेयी जी द्वारा किया गया 'कामायनी' का भाष्य ज्यादा पसन्द है, और मुक्तिबोध द्वारा मार्क्सवादी प्रतिमानों पर किया गया 'कामायनी' का भाष्य उन्हें एकांगी प्रतीत हुआ क्योंकि यह सब पश्चिमी विचारधाराओं की मानसिक गुलामी का नतीजा था। उनका समकालीन आलोचना के सम्बन्ध में यह मानना है कि, "हम आलोचना में सेक्यूलर-नान सेक्यूलर प्रतिमानों के चक्रव्यूह में जूझते रहे हैं। कभी फ्रायडवाद, कभी मार्क्सवाद के कटघरों में फँसकर हम कलाकृति का

1. वही, पृ. 93

आरोपित प्रतिमानों से कचूमर निकालते रहे हैं। उदाहरणार्थ ग. मा. मुक्तिबोध ने 'कामायनी' का मार्क्सवादी प्रतिमानों से जब मूल्यांकन किया तो वह आलोचना-दृष्टि कितनी एकांगी नजर आयी। 'कामायनी' जैसी कलाकृति का मूल सत्य अपनी समग्रता को खण्डित करते हुए बिखर गया क्योंकि मार्क्सवाद के प्रतिमान कृति पर आरोपित किये गये थे।"[1]

वैसे पालीवाल जी मार्क्सवाद के महत्त्व को स्वीकार करते हैं, लेकिन यूरोपीय सन्दर्भ में। भारतीय साहित्य-संस्कृति को समझने के लिये वे मार्क्सवाद को तनिक भी उपयुक्त जीवन-दर्शन नहीं समझते—"यह सत्य है कि हम 19वीं-20वीं शताब्दी को मार्क्सवाद के बगैर नहीं समझ सकते। मार्क्सवाद ने हमें जगाया है, सुलाया नहीं,—यह उसकी बहुत बड़ी देन है। लेकिन मार्क्सवाद जितना यूरोप के लिये सच है उतना सच हमारे लिये नहीं रहा। इसलिये कि हमारी हजारों सालों की परम्पराएँ हैं—सभ्यता-संस्कृति है—जीवन पद्धति है, जीवन प्रवाह है। हमारे सोच को हमारा इतिहास, भूगोल, समाज, साहित्य, धर्म, दर्शन तय करता है। उसे पूरी तरह मार्क्सवादी अवधारणाओं के हवाले नहीं किया जा सकता है क्योंकि मार्क्सवाद का सोच यूरोप के अपने इतिहास से फूटा है। वह हमारे इतिहास से नहीं जन्मा है। वह हमारे सोच में मदद तो कर सकता है, उसे हमारा पूरा सोच हवाले नहीं किया जा सकता।"[2]

भारतीय साहित्य-संस्कृति के सन्दर्भ में अपने सोच को पूरी तरह से हवाले न कर पाने के कारण ही डॉ. पालीवाल, डॉ. रामविलास शर्मा जैसे मार्क्सवादी को इतना महत्त्व देते हैं और दूसरी परम्परा की खोज की मान्यताओं से असहमत होने के बावजूद वे डॉ. नामवर सिंह जैसे मार्क्सवादी आलोचक का भी महत्त्व स्वीकार कर पाते हैं—"नामवर सिंह शुक्लोत्तर आलोचना में कई दृष्टियों से विशिष्ट हैं। मुक्तिबोध प्रगतिवादी आलोचकों से यह माँग कर रहे थे कि प्रगतिवादी आलोचकों को नये साहित्य के साथ सहानुभूति का रवैया अख्तियार करना चाहिए। इस माँग की काफी हद तक पूर्ति नामवर सिंह ने नये साहित्य का भावबोध और समाजवादी जीवन दृष्टि अपना कर हिन्दी आलोचना में की है। उनकी पहली सर्जनात्मक आलोचना की पुस्तक 'छायावाद' (1954) को हिन्दी समाज भूल नहीं पाया है। उनकी इस पुस्तक ने छायावाद के सामाजिक-सांस्कृतिक पक्षों को प्रखर दृष्टि से प्रस्तुत किया था।"[3]

प्रगतिवादी आलोचकों में रामविलास शर्मा, नामवर सिंह के अतिरिक्त शिवकुमार मिश्र रमेशकुन्तल मेघ, परमानन्द श्रीवास्तव आदि पर भी पालीवाल जी ने ध्यान दिया है। इस खेमे से बाहर परिमल गुट से सम्बद्ध आलोचक विजयदेव नारायण साही के लेखन पर भी यथेष्ट ध्यान दिया है। आलोचना का मर्म समझने के लिये पालीवाल जी साही का इस वक्तव्य का सूत्र रूप में इस्तेमाल करते नजर आते हैं—कवि आलोचक विजयदेव नारायण साही ने अपने बहुचर्चित निबन्ध 'लघु मानव के बहाने हिन्दी कविता पर एक बहस' में लिखा है, "मेरी समझ में आलोचना का काम साहित्यिक कृति की संवेदना को जबरदस्ती खींच कर पाठक तक पहुँचाना नहीं है। आलोचना सिर्फ इतना कर सकती है कि पाठक के जो भी वैचारिक या धारणात्मक पूर्वग्रह

1. हिन्दी आलोचना : समकालीन परिदृश्य, पृ. 17।
2. सृजन का अन्तर्पाठ, पृ. 143।
3. हिन्दी आलोचना : समकालीन परिदृश्य, पृ. 87।

जाने-अनजाने अपनी उपस्थिति या अनुपस्थिति के कारण पाठक को उस ओर उन्मुख होने से रोक रहे हैं, जहाँ से काव्य का प्रभाव प्रवाहित हो रहा है उन्हें विनष्ट करके पाठक को एक उचित तत्परता की अवस्था में छोड़ दें। यन्त्र जगत् की एक स्थूल उपभा के द्वारा हम यों कह सकते हैं कि रेडियो की सुई को उचित लहर मान पर लाकर लगा भर देना आलोचना का काम है, बाकी ट्रान्समीटर से आता हुआ गायन तो रेडियो सेट स्वयं पकड़ेगा।"[1]

वैसे वादों के नाम पर आलोचना में फैलायी गयी जड़ीभूत सत्याभिरुचि से पालीवाल जी काफी व्यथित हैं, लेकिन वादों से परे जाकर आलोचना कार्य करनेवाले प्रो. रमेशचन्द्र साह, मलयज, डॉ. विजय बहादुर सिंह, नन्द किशोर आचार्य जैसे आलोचकों को लेकर वे सुखद परिदृश्य भी देखते हैं। इसके अतिरिक्त पालीवाल जी अपने समय के बहुचर्चित दलित लेखन-दलित विमर्श में भी सक्रिय हस्तक्षेप करते हैं। वे उपेक्षित दलित समुदाय की वाणी प्रकट करनेवाले दलित लेखन को सराहने में कोताही नहीं करते। इसके प्रमाणस्वरूप उनकी लिखी 'डॉ. अम्बेडकर और समाज व्यवस्था', 'उत्तर आधुनिकतावाद और दलित साहित्य', 'दलित साहित्य : बुनियादी सरोकार' जैसी पुस्तकें देखी जा सकती हैं। लेकिन भारत की सांस्कृतिक जड़ों से अपने को अलग करने का दलित लेखकों का प्रयास डॉ. पालीवाल सही नहीं समझते और यह कहने का साहस करते हैं कि, "बाबा साहेब की इस संस्कृति-विषयक धारणा को दलित साहित्य धारण करता है—फलतः उसके चिन्तन का क्षेत्र बहुत सीमित हो जाता है संकुचित हो जाता है और एक नये तरह के ब्राह्मणेत्तर चिन्तन के 'फण्डामेण्टलिज़्म' को पुष्ट करता है।...भारतीय संस्कृति अपनी मूल प्रवृत्ति में प्रवाहधर्मी, नदी धर्मी संस्कृति है जिसमें ठहराव नहीं है, गति है। हिन्दू धर्म को असमानता अन्याय का धर्म कहकर अम्बेडकर बौद्ध धर्म में गये। दलित रचनाकारों के सामने भी यही समस्या है कि परम्परा को, संस्कृति, इतिहास को मिथक-चिन्तन और धर्म-दर्शन को नकार कर किस भूमि पर टिकें? हवा में तो पैर टिक नहीं सकते, पैरों के टिकाने के लिये परम्परा की ठोस जमीन चाहिए और वह जमीन दलित रचनाकारों के पास है नहीं। इस देश में वाल्मीकि-व्यास और पुराण परम्परा को पीठ दिखाकर अच्छा सृजन नहीं किया जा सकता। यह बात आज नहीं तो कल दलित रचनाकारों को समझनी पड़ेगी।"[2]

इसके साथ ही पालीवाल जी ने विदेशी विचारों, मतों के साथ भी खूब आवाजाही की है। उन्होंने संरचनावाद, अस्तित्ववाद, उत्तर आधुनिकतावाद, विखण्डनवाद तथा जार्ज लुकाच, लूँसिए गोल्डमान, देरिदा जैसे विचारकों का भी खूब मन्थन किया है, लेकिन इनके साथ वे व्यवहार वैसा ही करते हैं जैसा कि गाँधी जी ने कहा था—"मैं नहीं चाहता कि मेरा घर चारों ओर दीवारों से घिरा हो और उसकी सभी खिड़कियाँ बन्द हों। मैं चाहता हूँ कि सभी देशों की संस्कृतियों की सुवासित वायु मेरे घर के चारों ओर बहे लेकिन मैं ऐसी किसी वायु से अपने पाँव नहीं उखड़ने दूँगा।" यही आचरण है डॉ. पालीवाल का विदेशी विमर्शों के साथ। वे मार्क्सवाद समेत तमाम पश्चिमी वादों का अपनी देशज परम्पराओं, सांस्कृतिक बोध के औजार से परीक्षण करते हुए

1. वही, पृ. 14
2. दलित साहित्य : बुनियादी सरोकार, डॉ. कृष्णदत्त पालीवाल, पृ. 56, वाणी प्रकाशन, नयी दिल्ली।

उनकी सीमाओं तथा भारतीय सन्दर्भ में उनके लँगड़ेपन को अनावृत करते रहे। भारतीय संस्कृति से गहरा लगाव ही डॉ. पालीवाल को बार-बार खींचकर महात्मा गाँधी, महर्षि अरविन्द, डॉ. लोहिया, जयप्रकाश नारायण के चिन्तन की ओर ले जाता है, तुलसी, कबीर से लेकर भारतेन्दु, आचार्य शुक्ल, प्रेमचन्द, प्रसाद, निराला की साहित्य-परम्परा की ओर ले जाता है। यही कारण है कि प्रेमचन्द को मार्क्सवादी सिद्ध करने की प्रगतिवादी मुहिम की हवा निकालते हुए डॉ. पालीवाल कहते हैं—"प्रेमचन्द जीवन भर गाँधी से गहरे प्रभावित रहे और स्वाधीनता आन्दोलन की चेतना का स्थायी भाव उनमें सक्रिय रहा।"[1]

कुल मिलाकर देखा जाये तो कृष्णदत्त पालीवाल का आलोचना कर्म प्रवाहधर्मी' है, 'नदी धर्मी' है। वे सही अर्थ में आलोचना के क्षेत्र में स्वच्छन्दता को सार्थक करनेवाले हैं, एक आयामी आलोचना के बरक्स आलोचना को बहुलता सम्पन्न बनानेवाले हैं। वैसे नन्ददुलारे वाजपेयी की पहचान स्वच्छन्दतावादी आलोचक के रूप में की जाती है लेकिन उनकी स्वच्छन्दतावादी आलोचना छायावाद का नूतन भाष्य का पर्याय बनकर रह गयी। डॉ. पालीवाल ने अपनी स्वच्छन्दता को किसी काव्य-प्रवृत्ति या कृतिकार विशेष का पर्याय नहीं बनने दिया। प्रसंगवश उल्लेखनीय है कि मिश्र बन्धुओं ने 'नवरत्नों' की जमात तैयार तो की, किन्तु कवि देव को उन्होंने अत्यधिक महत्त्व दे डाला। शुक्ल जी की आलोचना में तुलसी निष्ठा प्रधानता पा गयी तो पं. हजारीप्रसाद द्विवेदी की आलोचना में कबीर छा गये। रामविलास शर्मा में अन्ततः निराला केन्द्रीयता प्राप्त कर गये तो नामवर सिंह के 'कविता के नये प्रतिमान' में मुक्तिबोध कुण्डली मारकर बैठ गये। पालीवाल जी ने भी लिखा लगभग सभी कृतिकारों एवं आलोचकों पर, लेकिन उनकी आलोचना किसी एक रचनाकार या एक आलोचक को लेकर केन्द्रित नहीं रही, उन्होंने किसी एक को लेकर दूसरे को ध्वस्त करने के लिये कोई 'आइकँन' नहीं गढ़ा। पूरे साहित्य एवं आलोचना जगत् के प्रति उनका निष्पक्ष समदर्शी दृष्टिकोण रहा और मत या कृति विशेष के प्रति निष्ठाबद्ध न होने के कारण वे स्वच्छन्द रूप से आलोचनात्मक लेखन में विचरण करते रहे। सचमुच वे आलोचना की 'तीसरी आँख' हैं और यही तीसरी आँख सच्ची, मर्मी, वस्तुनिष्ठ, पाठाधारित आलोचना के लिये वांछनीय है।

1. वही, पृष्ठ-189।

(9) आलोचना का विशिष्ट स्वर : डॉ. पी. एन. सिंह[1]

— डॉ. ऋषिकेश राय

आलोचना साहित्य की एक ऐसी विधा है जो रचना के निहितार्थों एवं आस्वाद को पाठकों तक पहुँचाने में उत्प्रेरक की भूमिका अदा करती है। वह रचना के पाठ और पाठकीय अवबोध के बीच सेतुकर्म का कार्य करती है। वह साहित्य और उसके उद्देश्यों के प्रति समाज में आस्था का निर्माण करती है। सत्साहित्य एवं मामूली लेखन के बीच अन्तर को समीक्षकीय मापदण्डों से स्पष्ट कर आलोचक वरेण्य एवं श्रेष्ठ मूल्यों की ग्राहकता की पटभूमि निर्मित करता है। वर्तमान परिप्रेक्ष्य में आलोचना पाठ समालोचना से आगे बढ़कर सभ्यता समीक्षा के रूप में अपनी पहचान बना चुकी है। इस भूमिका में आलोचक साहित्य के मर्म का उद्घाटक मात्र न रहकर मानवीय सभ्यता का विश्लेषक और विमर्शकार बन जाता है। यह भूमिका उससे एक तटस्थ बौद्धिकता एवं सूक्ष्म तलस्पर्शी दृष्टि की माँग करती है। दुर्भाग्य से हिन्दी आलोचना में इस कसौटी पर कसे जाने लायक मात्र कुछ समीक्षक ही हैं। इनमें डॉ. पी. एन. सिंह का अलग स्थान है एवं उनका आलोचकीय स्वर तेजस्विता की एक प्रखर आभा से दीप्त है। डॉ. सिंह की आलोचकीय दृष्टि तथ्यान्वेषी एवं वस्तुपरकता से परिपूर्ण है। वे बहुश्रुत एवं बहुपठित हैं एवं पेशे से अंग्रेजी के अध्यापक रह चुके हैं। ज्ञानात्मक विमर्श के पाश्चात्य परिप्रेक्ष्यों से प्रगाढ़ परिचिति उनकी आलोचकीय दृष्टि को विरल व्यापकता प्रदान करती है। इसका प्रतिफल है, रचनागत सत्य की सम्पुष्टि हेतु रचनेतर तथ्यों के अभिनिवेश की उनकी दृष्टि। उनके समग्र आलोचकीय कर्म का सरोकार है मनुष्य का संघर्ष, जिजीविषा और उससे उद्भूत सत्य। मानवीय सत्य एवं उसके लिये किया जानेवाला संघर्ष ही उनकी आलोचकीय दृष्टि का केन्द्र बिन्दु है। रचना का मानवीय एवं सामाजिक परिप्रेक्ष्य ही उनके लिये श्रेयस्कर है और वरेण्य भी। इस परिप्रेक्ष्य में सर्वस्वीकृत मानकों की तलाश एक आदर्श सन्दर्भ है। वैचारिक रूप से डॉ. सिंह की आस्था वामपन्थी राजनीतिक दर्शन में है, परन्तु रचनात्मक सत्य के आविष्कार में वे उस दर्शन का भी अतिक्रमण करते दिखायी पड़ते हैं। पार्टीबद्ध जड़ राजनीतिक मताग्रह के प्रति तीव्र अनासक्ति उन्हें एक स्वतन्त्रचेता बुद्धिजीवी के रूप में स्थापित करती है। उनकी स्वतन्त्र चेतना पार्टी लाइन का अतिक्रमण कर सर्वस्वीकृत मानकों की तलाश करती है।

गाँधी को वे राजनीति को नया संस्कार देनेवाला प्रतिरोध का वैश्विक शान्ति पुरुष स्वीकार करते हैं। अत्यन्त दृढ़ता से अपना मत व्यक्त करते हुए वे मानते हैं कि स्मृति हत्या

1. इस लेख के लेखक सुपरिचित आलोचक–डॉ. ऋषिकेश राय, उपनिदेशक टी. बोर्ड ऑफ इण्डिया, कोलकाता हैं।

द्वारा परिदृश्य से हटाने की अनेक कोशिशों के बावजूद गाँधीवाद मानव सभ्यता के एक शिष्ट, सक्रिय राजनैतिक संघर्ष शैली के रूप में अपनी सार्थक और सक्रिय प्रतिरोधी उपस्थिति बनाये हुए हैं।

डॉ. सिंह गाँधी के चिन्तन से निरन्तर संवाद करते रहे हैं, जिन्हें उनके रचनाकर्म के विविध पड़ावों के रूप में चिह्नित किया जा सकता है। यहाँ रामविलास शर्मा की याद आनी स्वाभाविक है जो अपने जीवन के आखिरी पड़ाव में गाँधी सम्बन्धी अपनी धारणाओं को अपने सुदीर्घ ग्रन्थ *गाँधी, अम्बेडकर, लोहिया और भारतीय इतिहास की समस्याएँ* में पुनर्विवेचित और पुनर्मूल्यांकित करते हैं। इस सन्दर्भ में डॉ. सिंह ने लिखा है, "लगा, हिंसक क्रान्ति के बिना देश को बदला नहीं जा सकता। लगता, सत्य भी एक पक्ष है और अक्सर विजेता पक्ष। अर्थात् युग का सत्य विजेता का पक्ष हुआ करता है। नायक और खलनायक के बीच केवल जीत और हार का फर्क है। गाँधी, नेहरू क्या होते अगर स्वाधीनता संग्राम की कोई दूसरी धारा विजयी हुई होती?"

अपने शुरुआती रचनात्मक दौर में डॉ. पी. एन. सिंह इतिहास को नितान्त राजनीतिक दृष्टि से देखने के आग्रही थे। अध्ययन, मनन और विचार प्रौढ़ि के उपरान्त उन्हें अनुभूत हुआ कि पराजय के बावजूद कुछ लोग विजेताओं से भी बड़े होते हैं। राजपुरुष और महापुरुष के बीच का पार्थक्य उन्हें उपलब्ध होता है। मार्क्सवादी विचारणा में दृढ़ आस्थावान् एवं उसके कारण गाँधी को बूर्जुआ माननेवाले डॉ. सिंह का एक सजल उर कारुणिक में रूपान्तरण गाँधी जी की आत्मकथा में विन्यस्त सत्य की महिमा का उदात्त आख्यान है। एक कृषकाय भीरु पुरुष के हिमालयी व्यक्तित्ववाले महामानव में रूपान्तरण का महावृत्तान्त उनके अन्तरमन का संस्पर्श कर उसे रागदीप्त कर देती है।

यह स्पर्श उस बोध को जन्म देता है जिसमें डॉ. सिंह मार्टिन लूथर किंग को उद्धृत करते हैं कि, "गाँधी इतिहास के प्रथम व्यक्ति हैं जिन्होंने जीसस की प्रेम नैतिकता को व्यक्तियों के बीच की अन्तःक्रिया से ऊपर उठाकर, बड़े स्तर पर प्रभावी सामाजिक शक्ति में रूपान्तरित किया। अपनी मुक्ति के सभी संघर्षरत पदाक्रान्त लोगों के लिये मुझे महसूस हुआ वही तरीका नैतिक और व्यावहारिक दृष्टि से उचित था। यही सिद्धान्त हमारे आन्दोलन का मार्गदर्शक बना। क्राइस्ट ने एक चेतना, एक प्रेरणा दी, गाँधी ने तरीका सुझाया।" उनकी पुस्तक *गाँधी और उनका वर्धा* के प्रथम खण्ड के गाँधी विषयक सभी निबन्ध, गाँधी दर्शन की तात्त्विक समझ तथा समकालीन संकुलता में उनके अर्थपूर्ण नियोजन की क्षमता से सम्पन्न हैं। गाँधी के सन्दर्भ में डॉ. सिंह *भारतनामा* के लेखक सुनील खिलनानी से सहमति व्यक्त करते हैं कि गाँधी में आत्मनिर्णय की अकूत क्षमता थी। उनकी राजनीतिक-सामाजिक मोर्चे पर अति सक्रियता उनकी आत्मनिर्णय की इसी अपराभूत शक्ति का प्रतिफलन थी। उनके द्वारा निर्देशित व नीत सभी आन्दोलनों के संचालन में उनकी सूक्ष्मदर्शी दृष्टि और विस्तारित चिन्तन क्षमता रेखांकित होती है। इधर, गाँधी को अम्बेडकर और भगत सिंह के प्रतिस्पर्द्धी और तुलनीय दृष्टि से मूल्यांकित करने की परिपाटी पैदा हुई है। डॉ. सिंह अपने अनुभवों के आधार पर बताते हैं कि कतिपय विचार सरणियों में गाँधी को खलनायक की तरह प्रस्तुत करने का प्रयास भी किया गया है।

इन सरणियों में भगत सिंह को माननेवाले आदर्शवादी भावुक युवक तथा सामाजिक समता और आरक्षण के आग्रही दलित शामिल हैं। *हिन्द स्वराज* में गाँधी जी ने राजनीतिक आतंकवाद से असहमति व्यक्त की है। 23 मार्च, 1931 को उन्होंने लार्ड इरविन को पत्र लिखकर भगत सिंह को छोड़ देने की अपील की थी। इन दोनों तथ्यों का उल्लेख डॉ. सिंह ने किया है। अम्बेडकर गाँधी प्रसंग में वे लिखते हैं, "इसी प्रकार अम्बेडकरवादियों की गाँधी सम्बन्धी आत्मगतता भी खटकती है। अपने व्यक्तिगत और राजनीतिक कारणवश बाबा साहेब ने गाँधी को गलत समझा और उससे अभिभूत दलित मनीषा अब गाँधी को समझने की स्थिति में नहीं है।"[1]

अपनी विषयवस्तु में राजनीतिक कथ्य को समेटनेवाले सत्याग्रह को डॉ. सिंह ने राजनीति का अतिक्रमण माना है। यह एक किस्म की सभ्यतागत छलांग है। इसका एक पैर इतिहास में है, तो दूसरा पैर इतिहास के बाहर है। गाँधी का सत्याग्रह स्वाधीन लोकतान्त्रिक समाजों में विकल्पहीन है। आज के अमेरिकी सेक्यूलर जिहाद और प्रतिक्रियात्मक इस्लामी जिहाद के इस खूनी दौर में गाँधीवादी सत्याग्रह एक सार्थक विकल्प सिद्ध हो सकता है। यह सत्ता का विकल्प प्रदान करने के अलावा उसका अतिक्रमण भी करता है। डॉ. सिंह के गाँधी विषयक सभी निबन्ध एक गम्भीर चिन्तन और व्यापक परिप्रेक्ष्यशाली दृष्टि के प्रमाण हैं। इसमें प्रचलित रूढ़ियों और शुष्क व्यवहारवाद का अतिक्रमण है। ये निबन्ध समकालीन राजनीतिक-सांस्कृतिक परिदृश्य में गाँधी दर्शन की प्रासंगिकता और अर्थवत्ता का नये सिरे से साक्षात्कार करते हैं। गम्भीर चिन्तन दृष्टि का परिणाम ये आलेख लेखक की सूक्ष्मदृष्टि और तलस्पर्शी परिप्रेक्ष्य के परिचायक हैं।

गाँधी और उनका वर्धा में संकलित आलेख 'डॉ. रामविलास शर्मा की दृष्टि में गाँधी' इस दृष्टि से उल्लेखनीय है। रामविलास जी की प्रत्येक पुस्तक अनुकूलित पाठक के लिये चुनौती स्वरूप होती है। अपने लेखन के शुरुआती दौर में मार्क्सवादी मूल्यांकन की सैद्धान्तिक प्रतिपत्तियों से प्रभावित रामविलास शर्मा गाँधी को बूर्जुआ और समझौतावादी जैसे विशेषणों से नवाजते हैं। अपने प्रदीर्घ ग्रन्थ *गाँधी, अम्बेडकर, लोहिया* और *भारतीय इतिहास की समस्याएँ* तक आते-आते डॉ. शर्मा अपनी धारणाओं को संशोधित करते हैं। गाँधी विरोधियों की निषेधात्मक उग्रता से वे व्यथित होते हैं। यह लेख गाँधी महत्त्व को प्रतिपादित करने के अतिरिक्त रामविलास जी जैसे महत्त्वपूर्ण समीक्षक की विचारयात्रा के विभिन्न पड़ावों और उसमें निहित अन्तर्द्वंद्वों को सूक्ष्मता से रेखांकित करता है। पुनर्मूल्यांकन के क्रम में रामविलास जी गाँधी जी के सौन्दर्यबोध का आविष्कार करते हैं और उसे स्वच्छता और सादगी के आयाम से सम्बद्ध करते हैं। इस उपलब्धि के निहितार्थों का विस्तार करते हुए डॉ. पी. एन. सिंह ने लिखा है कि गाँधी के सौन्दर्यबोध को रामविलास शर्मा ने भूमण्डलीकरण और बाजारीकरण के आन्तरिक प्रतिरोध की तरह देखा है।

डॉ. पी.एन.सिंह की रचनाशीलता कई विधा रूपों में अभिव्यक्त हुई है। उनके वर्धा सम्बन्धी संस्मरण पारखी दीठ के पीछे सक्रिय सहृदय एवं भावुक मन की अभिव्यक्ति हैं। इन संस्मरणों में अद्भुत भावोच्छलता के साथ-साथ वैदुष्य की गहराई भी है। सहृदयता में पगी ज्ञानात्मक संवेदना पाठक के भावों को उदीप्त करने के साथ-साथ उसकी ज्ञानराशि को स्फीति

1. गाँधी और उनका वर्धा— डॉ. पी. एन. सिंह पृ. 21

प्रदान करती है। वर्धा पर लिखे उनके संस्मरणों में गाँधी दर्शन की एक अदृश्य छाप मिलती है। डॉ. सिंह एक संवेदनशील कवि एवं रससिद्ध रचनाकार हैं। अपनी कविताओं में यह विशिष्ट एवं विवेक सम्पन्न विमर्शकार एक भिन्न नागरिकता का निर्वाद्ध करते हुए मिलते हैं। उनकी कविताओं में गहरे सामाजिक बोध के साथ परदुखकातर करुणा का समावेश है।

उनके काव्य-संग्रह *निष्प्रभ आईना की* कविताएँ जीवनानुभवों को संवेदना की चाशनी में लपेटकर उन्हें सार्थक एवं विचारशील परिप्रेक्ष्य प्रदान करते हैं। डॉ. सिंह ज्ञानात्मक संवेदना के कवि हैं। ज्ञान एवं बोध से सम्पन्न गूढ़ सम्प्रत्यय भी उनकी कविता के स्थापत्य में आकर तरल एवं भावाकुल अनुभवों में रूपान्तरित हो जाते हैं। हिन्दी के विरल एवं अप्रतिम ललित निबन्धकार कुबेरनाथ राय पर डॉ. सिंह की किताब *कुबेरनाथ राय साहित्यिक सांस्कृतिक दृष्टि* में इस विलक्षण एवं कल्पनाशील निबन्धकार के रागबोध एवं कलात्मक अभिव्यक्ति के पीछे सक्रिय आशयों एवं निहितार्थों का परिचय पाठकों से करवाती है। यह कृति श्री राय के निबन्धों में निहित उच्च स्तरीय वैचारिक चिन्तन को सही परिप्रेक्ष्य में अनावृत करने में सफल है। डॉ. सिंह का तात्त्विक एवं पारदर्शी विवेचन श्री राय के निबन्धों की अन्तर्वस्तु को समझने की एक सुलझी हुई एवं निभ्रान्त अन्तर्दृष्टि प्रदान करता है। उनकी विवेचना शैली इतनी खुली और व्यापक है कि इसे हिन्दी आलोचना की एक स्वस्थ परम्परा का प्रतिमान बनाया जा सकता है। श्रीराय के लेखन की विशिष्टता को रेखांकित करते हुए डॉ. सिंह लिखते हैं,' मेरी समझ में गूलर तो निर्विवाद रूप से स्वतः कुबेरनाथ राय हैं, जिन्होंने तेजोमय सिंह पुरुष, उदारधर्मी विष्णु की विषाक्त नख ज्वाला को आत्मसात् किया है, और इसलिये इसका सृजन आम पाठक को आकर्षित करे अथवा न करे उन्हें जरूर आकर्षित किया है, जो अन्तर्मन के सौन्दर्य को समझने की क्षमता रखते हैं।"

श्रीराय के निबन्धों में गूढ़ वैचारिकता और अद्वितीय कलात्मक अभिव्यक्ति के कायल डॉ. सिंह ने आभिजात्य दर्प, औदात्य और सौन्दर्यबोध को उनकी विशिष्टता माना है। किन्तु वस्तुनिष्ठ एवं निष्पक्ष आलोचकीय भूमिका का अनुपालन करते हुए श्रीराय के लेखन की ट्रैजिडी की ओर भी उन्होंने संकेत किया है। वे लिखते हैं, "अपने विराट् सरोकारों, चिन्ताओं एवं दायित्व बोध के बावजूद यह आम पाठक के लायक नहीं है। इसे अभिजात पाठक की तलाश है जो रस आहरण और बोध आहरण की लम्बी प्रक्रिया से गुजरा हो। उनकी भाषा बोझिल है, उनका पाण्डित्य आत्मसात् कम आरोपित अधिक लगता है, जिससे सहजता, सरलता और लालित्य तीनों बाधित हुए हैं। उनका आलोचनात्मक बोध उनके अतीत मोह से आच्छादित है, जिसके चलते वह जड़ पुरोहितवाद की भर्त्सना से आगे नहीं बढ़ पाता।"

श्रीराय के लेखन को आधुनिकता के प्रति निषेधात्मक बतलाते हुए भी डॉ. सिंह उन्हें 'परा चैतन्य का महासाधक' घोषित करते हैं। किन्तु डॉ. साहब की दो पुस्तकें जो उन्हें कीर्त्ति के शिखर पर विराजमान करने के लिये यथेष्ट हैं एवं जिनके लिये उन्हें याद किया जायेगा, वे हैं क्रमशः *नॉयपाल का भारत* और *संस्कृति का विवेक।* सम्भव है कि सांस्कृतिक, एपीस्टीमोलॉजिकल और समाजशास्त्रीय विवेचनों में मेरी रुचि प्रवणता ने इन पुस्तकों की ओर मुझे आकर्षित किया हो। *नॉयपाल का भारत* हाल में लिखी गयी सांस्कृतिक दर्शन की सभी पुस्तकों से अलग एक

विलक्षण कृति है। हिन्दी के विद्वत् समाज की उपेक्षा गम्भीर एवं अनुशीलनात्मक कृतियों के प्रति उदासीनता इस समाज की आत्महीनता पर एक त्रासद टिप्पणी है। इसमें एक विशाल रेंज में भारत और भारतीयता पर चिन्तन के बहाने इसमें राजनीतिक-सांस्कृतिक दर्शन और समकालीन विमर्शों के आधारिक तत्त्वों की गूढ़ चर्चा है, जो आजकल की बौद्धिक हलचलों के केन्द्र में हैं। नॉयपाल को बौद्धिक तबकों में भारत विरोधी और इस्लाम द्रोही मानने का आग्रह है। डॉ. सिंह ने नॉयपाल की स्थापनाओं के विशद विवेचन के उपरान्त यह तथ्य उपस्थित किया है कि उनके अंकन में भले ही तल्खी हो सकती है, पर उनका मोटिवेशन साजिशाना नहीं हैं। उनका लेखन, भारतीय दृष्टि की सामाजिक अन्धता को रेखांकित करने की दृष्टि से महत्त्वपूर्ण है। वे निर्माणाधीन भारत की सम्भावना से अपने लेखों को जोड़ते हैं। वे भारत के नवनिर्माण के सन्दर्भ में उदारवादी और लोकतान्त्रिक परिप्रेक्ष्यों की अर्थवत्ता पर जोर देते हैं। डॉ. सिंह ने नॉयपाल की विचारणाओं पर पुनर्चिन्तन करते हुए उनसे सम्बद्ध निषेधताओं को अस्वीकार करने का साहस दिखलाया है, जो उनकी स्वतन्त्र एवं वस्तुपरक विचार पद्धति का परिचायक है। सुनील खिलनानी एवं पवन वर्मा की भारतीयता सम्बन्धी पुस्तकें काफी चर्चित रही हैं, पर यह निर्विवाद रूप से कहा जा सकता है कि *नॉयपाल का भारत* में संकलित आलेख इस विषय पर एक अभिनव एवं विचारोत्तेजक परिप्रेक्ष्य रचते हैं। परन्तु हिन्दी और भारतीय भाषाओं में लिखी गयी किताबों और उनमें निहित विचारों को अंग्रेजी का तलछट और आत्ममुग्ध बौद्धिक वर्ग अभिस्वीकृत करने से कतराता है। नॉयपाल के सम्बन्ध में डॉ. सिंह के मत उनकी पुस्तक *इण्डिया ए वुण्डेड सिविलाइजेशन* के आधार पर व्यक्त किये गये हैं। बाद की पुस्तक *ए मिलियन म्यूटिनीज नाऊ* में नॉयपाल की अवधारणाएँ उसी दिशा में अग्रसर होती हैं, जिसका निर्देशन डॉ. सिंह पहले ही कर चुके थे। वैचारिकता के विकास की दिशा की पहचान का यह एक अनुपम निदर्शन है। पुस्तक में 'एडवर्ड सईद बुद्धिधर्मी की अवधारणा' एक विरल लेख है जिसमें इस तेजस्वी विचारक की बुद्धिधर्मी सम्बन्धी धारणाओं और उसकी सामाजिक सांस्कृतिक भूमिका के सम्बन्ध में सूक्ष्म एवं मर्मग्राही विवेचन है। बौद्धिक कर्म से संलग्न प्रत्येक व्यक्ति के लिये यह पठनीय है। अपने विश्लेषणों के साथ हिन्दी में इस गम्भीर प्रस्तुति के लिये बौद्धिक समाज का डॉ. सिंह के प्रति आभारी होना ही चाहिए। अंग्रेजी शब्द 'इण्टेलेक्चुअल' का अनुवाद 'बुद्धिधर्मी' करना इस शब्द की सूक्ष्म अर्थच्छाया को पकड़ने का उद्यम है, जो शब्द में एक नया बोध भर देता है। आज के इस सुविधाभोगी समय में जब संस्थानों का चरित्र बुद्धिधर्मियों की वैचारिक प्रखरता और प्रतिरोधी भूमिका को कुन्द कर रहा हो, सईद का कथन ध्यान देने योग्य है, "बुद्धिधर्मी का सर्वाधिक कठिन पक्ष यह है कि वह अपने कार्य एवं हस्तक्षेपों द्वारा अपनी मान्यताओं को किसी संस्थान में जड़ीभूत हुए बगैर या किसी व्यवस्था अथवा पद्धति से अन्यों द्वारा नियन्त्रित स्वचालित यन्त्र बने बगैर अपनी प्रस्तुति करता रहे।"

डॉ. पी. एन. सिंह एडवर्ड सईद द्वारा प्रवर्तित 'तात्त्विक हेलबाद' की चर्चा करते हुए एक सच्चे बुद्धिधर्मी के गुणों को संकेतित करते हैं। उनके मतानुसार समकालीन उत्तर औपनिवेशिक बुद्धिधर्मी लौकिकता से सम्पृक्त, अपने आलोचकीय विवेक को बचाये हुए राजनीतिक पक्षकार

के रूप में भी अपवर्जनकारी राजनीति का अतिक्रमण करता है। वह राष्ट्रवादी होते हुए भी संवादी है, सेक्यूलर होते हुए भी धर्मविरोधी नहीं हैं, सांस्कृतिक होते हुए भी सार्वभौम है और ज्ञान एवं विमर्श की बोझिल दुनिया से जुड़ा रहकर भी राजनीति सापेक्ष व्याख्याता है। उसका मूल दायित्व किसी पूर्व निश्चित पक्ष का समर्थन अथवा विरोध नहीं बल्कि ज्ञान और मुक्ति के क्षेत्र का संवर्द्धन और विस्तार है, जो लौकिकता और आलोचनात्मक विवेक द्वारा ही सम्भव है। यह संयोग नहीं है कि डॉ. सिंह के सम्पूर्ण आलोचना कर्म में यही कसौटियाँ आजमायी गयी हैं। उनका समग्र रचनाकर्म इस मापदण्ड पर बिल्कुल खरा और एक प्रामाणिक बुद्धिधर्मी का लेखन है। उनका आलोचकीय मानस कई विरुद्धों का सामंजस्य करता है। उसमें किसान जीवन की मस्ती और खुलापन है। **रामविलास शर्मा और हिन्दी जाति** उनकी एक अन्य महत्त्वपूर्ण पुस्तक है जिसमें हिन्दी जाति की अवधारणा और उसके रेखांकन में रामविलास शर्मा का महत्त्व, हिन्दी-उर्दू विवाद तथा सम्बन्धित विषयों पर सुचिन्तित और शोधपरक लेख हैं। इसमें *गाँधी, अम्बेडकर, लोहिया और भारतीय इतिहास की समस्याएँ* शीर्षक डॉ. शर्मा की पुस्तक पर डॉ. सिंह का एक लम्बा आलेख है जो रामविलास जी इस महत्त्वपूर्ण पुस्तक पर लिखा गया आरम्भिक और गम्भीर प्रयास है। इस आलेख में डॉ. पी. एन. सिंह की सामयिक प्रश्नों से सार्थक संवाद करने की क्षमता तथा उनके समाधान की दिशा में रामविलास जी की अवधारणाओं के अभिनिवेश की शक्ति और सीमा पर बेबाक विश्लेषण उनकी आलोचकीय तटस्थता का प्रमाण है। इन विवेचनों की रेंज से डॉ. सिंह के विशाल अध्ययन एवं विवेकपूर्ण चिन्तन का आभास मिलता है, जो उनके आलोचकीय प्रदेय की आधारशिला है। इसी पुस्तक में संकलित आलेख 'रामविलास शर्मा का न होना' एक विचारोत्तेजक और चिन्तन प्रवण लेख है जिसमें रामविलास जी के अवदान और उसके सांस्कृतिक निहितार्थों को विश्लेषित किया गया है। डॉ. सिंह के मतानुसार रामविलास जी के विशद चिन्तन ने हिन्दी भाषी समाज को अपनी अस्मिता के सन्धान की प्रेरणा देने के साथ-साथ प्रगतिशील दृष्टिकोण को उसके कॉमनसेन्स का हिस्सा बना दिया। वे रामविलास जी की तुलना टेनीसन के 'यूलिसीज' और हेमिंग्वे के बूढ़े मछुआरे से करते हैं, जो अपने अदम्य साहस और गहन अनुसन्धित्सु दृष्टि के लिये जाने जाते हैं। उनकी दृष्टि में रामविलास जी का विपुल इतिहास विवेचन भारतीय चिन्तनधारा में स्मार्तग्राही और शरीअतवादी सनातनता को प्रश्नांकित कर दार्शनिक भौतिकवादी दृष्टि की केन्द्रीयता को रेखांकित करता है।

डॉ. सिंह दलित चिन्तन एवं उसमें अम्बेडकर के योगदान में विशेष रुचि रखते हैं। वे अम्बेडकर के योगदान की तुलना वाल्तेयर एवं मार्क्स से करते हैं। इधर, हाल के दलित उभार ने अम्बेडकर को भारतीय चिन्तन एवं राजनीति में केन्द्रस्थ किया है। सामाजिक रूपान्तरण के वर्तमान दौर में उनका नायकत्व क्रमशः सुदृढ़ होता गया है। डॉ. सिंह गाँधी या अम्बेडकर के विखण्डनवादी चिन्तन के बरक्स गाँधी और अम्बेडकर की विचार युति में निहित प्रेरक एवं विधायी सम्भावनाओं का रेखांकन एवं उनकी परिणतियों की मीमांसा करते हैं। डॉ. सिंह दृढ़ता से यह मानते हैं कि अम्बेडकर के लेखन और चिन्तन की विधायी भूमिका केवल दलितोंद्धार तक ही सीमित नहीं है, उसमें ऐसे अनेक सूत्र समाहित हैं जिनके आधार पर भारतीय इतिहास

को हम पूँजीवादी दुष्प्रभावों से मुक्त कर सकते हैं। उनके लेखन का सम्बन्ध देश की सम्पूर्ण जनता से है।

डॉ. रामविलास शर्मा ने कई जगह डॉ. अम्बेडकर के विचारों एवं चिन्तनात्मक निष्पत्तियों से असहमति व्यक्ति की है। भारतीय जीवन मूल्यों को अम्बेडकर ने अप्रतिरोध और अपरिग्रह से संचालित माना है। त्याग और सन्तोष जैसे मूल्यों को डॉ. अम्बेडकर पीड़ादायी अर्थव्यवस्था का रैशनलाइजेशन मानते हैं। वे भारतीय जीवन को निष्क्रिय मानते हैं। दूसरी ओर रामविलास जी के अनुसार भारतीय जीवन मूल्यों के केन्द्र में *रामायण* और *महाभारत* जैसे महाकाव्य तथा गीता जैसी पुस्तक रही है, जिसमें कहीं भी समर्पण का भाव नहीं है। यहाँ प्रतिरोध की कमी कभी नहीं रही। हूणों और अंग्रेजों को दीर्घ संघर्ष के बाद खदेड़ा भी गया है। सामरिक मोर्चे पर विजयी होने के बावजूद सामाजिक-सांस्कृतिक मोर्चे पर उन्हें पराभूत होकर अपनी जातीयता से वंचित भी होना पड़ा। जात-पाँत के प्रश्न पर भी रामविलास शर्मा के डॉ. अम्बेडकर से मतभेद हैं। अम्बेडकर जात-पाँत और जातीयता को उसके अनिवार्य आर्थिक-सामाजिक आधारों से काटकर देखते है। डॉ. अम्बेडकर का यह मानना था कि हिन्दू सामाजिक जीवन का नियम है कि जो एक बार अछूत हो गया वह सदा अछूत रहेगा। डॉ. अम्बेडकर यह नहीं समझ सके कि यह दृष्टिकोण अछूतपन को बनाये रखेगा। इससे अछूतपन को बनाये रखने में विकसित एवं सशक्त अछूतों का निहित स्वार्थ विकसित होगा।

डॉ. अम्बेडकर जाति प्रथा का आधार धार्मिक मानते हैं। रामविलास जी ने ईरान, मिश्र और यूनान जैसे देशों में भी जाति प्रथा के प्रमाण दिये हैं। वस्तुतः प्रत्येक व्यवस्था अपना शूद्र पैदा करती है। उत्पादक वर्ग शूद्र हो जाते हैं। जात-पाँत सामन्ती देन है जिससे अंग्रेजी राज्य ने समझौता कर लिया था। रामविलास शर्मा के अनुसार ऊँच-नीच की प्रथा को सामन्ती, सामाजिक उत्पाद के रूप में न देखकर इसे धर्माधरित बताना और इसी के आधार पर राजनीतिक अधिकारों की माँग करना, इस प्रथा को और ठोस और जड़ीभूत बनाना है। वर्तमान सामाजिक-राजनीतिक परिदृश्य ने अछूतपन की संवैधानिक अवस्थिति के राजनीतिक दोहन की आशंका को सच साबित किया है। रामविलास शर्मा की अम्बेडकर से कई वैचारिक असहमतियाँ रही हैं। अम्बेडकर भारतीय स्वतन्त्रता संग्राम की अपेक्षा मार्क्स और रूसी क्रान्ति के प्रति अधिक संवेदनशील हैं। वे मार्क्स के विकल्प में बुद्ध को प्रस्तुत कर अन्त में उन्हें भी खारिज करते हैं। दलित बुद्धिजीवियों एवं राजनेताओं द्वारा गाँधी की उग्र अवमानना के सम्बन्ध में डॉ. पी. एन. सिंह एक महत्त्वपूर्ण विवेचनात्मक प्रस्थापना पेश करते हैं। उन्होंने लिखा है, "मसीहा की अच्छाइयाँ भले दरकिनार हो जायें लेकिन उसकी कमजोरियों को अनुयायी आसानी से पकड़ लेते हैं।" इतिहास बोध के अभाव के चलते समय का अन्तराल ध्यान में नहीं रहता और मनोनुकूलता प्रासंगिकता का स्थान ले लेती है। मार्क्स गाँधी और अम्बेडकर तीनों की विरासत इस विडम्बना की शिकार है।

डॉ. सिंह ने अम्बेडकर के विचारों में क्रान्तिकारी सम्भावनाओं का रेखांकन करते हुए वर्गीय संगठन की आधारभूमि के रूप में उन्हें चिह्नित किया है। दलितों-पीड़ितों का वर्गीय संगठन बनाना ही अम्बेडकर के विरासत की प्रकृत रक्षा है। इसमें यह भी निहित है कि बिना वर्गीय संगठन बनाये दलित पुरानी मुक्ति को सामाजिक/राष्ट्रीय मुक्ति से नहीं जोड़ सकता। कार्ल

मार्क्स ने यहूदी मुक्ति के सन्दर्भ में कहा था कि यहूदियों की विडम्बना यह है कि वे यहूदी बने रहकर अर्थात् मनुष्य बने बगैर अपनी मुक्ति के आकांक्षी है। दलितों के साथ भी यही है कि वे दलित रहकर ही सामाजिक मुक्ति के आकांक्षी हैं। जात-पाँत में बँधी भारतीय राजनीति आज इसी विडम्बना की शिकार है। इस स्थिति को अतिक्रमित करने में डॉ. अम्बेडकर के विचार सहायक हो सकते हैं।

डॉ. सिंह लोहिया के विचारों के रामविलास जी द्वारा किये गये विवेचन में सहानुभूति का अभाव परिलक्षित करते हैं। डॉ. शर्मा के अनुसार लोहिया अपने सामान्यीकरणों के प्रति सावधान नहीं हैं। उनमें गम्भीर राजनीतिक-आर्थिक विश्लेषण का अभाव है। उन्होंने आधार की नहीं अधिरचना की राजनीति की। उनका समाजवाद जर्मनी-मार्का था और सांस्कृतिक चेतना संघ मार्का। वे वर्ग नहीं, वर्ण की राजनीति करते हैं। किन्तु इन कमियों के बावजूद डॉ. शर्मा समकालीन सामाजिक-राजनैतिक चुनौतियों के सन्दर्भ में उन्हें गाँधी और अम्बेडकर के साथ सर्वाधिक प्रासंगिक व्यक्तित्वों में शामिल करते हैं।

डॉ. पी. एन. सिंह ने रामविलासजी द्वारा केवल वर्ग के आधार पर सब-कुछ व्याख्यायित करते की दृष्टि को त्रुटिपूर्ण मानते हुए उसे प्रश्नांकित करते हैं। वे पूछते हैं कि क्या वर्ग व्यक्ति के सामाजिक अस्तित्व की सम्पूर्ण पहचान है? और अगर नहीं है तो क्या उसका कोई भी सांस्कृतिक-सामाजिक कारक स्थिति विशेष में अतिनिर्धारित नहीं हो सकता। प्रश्न यह भी है कि आज लोकतन्त्र का क्या विकल्प है? अगर नहीं, तो इसके दायरे में वर्ग की भूमिका को नये सिरे से पहचानने उसे रेखांकित करने और प्रभावी बनाने की आवश्यकता है। इतिहास ने इतना तय कर दिया है कि राजनीतिक शासन प्रणाली के रूप में क्लासिकल मार्क्सवाद असफल हो चुका है। आज उसकी उपादेयता व्यवस्था विश्लेषण तक सीमित है। वर्तमान साफ्टवेयर क्रान्ति सूचना एवं मीडिया क्रान्ति, मध्यवर्ग के अकूत विस्तार पारम्परिक श्रमिक वर्ग में आ रहे संकोच, बढ़ते उपभोक्तावाद और गहराती अराजनीतिक प्रवृत्ति के वर्तमान कार्पोरेट दौर में वर्गीय संगठनों की प्रभावी भूमिका सन्दिग्ध होती जा रही है। डॉ. सिंह का मत है कि रामविलास जी अपने विवेचन को क्लासिकल मार्क्सवादी स्थापनाओं तक ही सीमित रखते हैं। ग्राम्शी और पश्चिमी सांस्कृतिक मार्क्सवाद की वैचारिक निष्पत्तियों के अभिनिवेश की कमी रामविलास जी की विवेचना में स्पष्टतः परिलक्षित है। बावजूद इसके डॉ. पी. एन. सिंह लिखते हैं कि हिन्दी में 'गाँधी अम्बेडकर लोहिया' जैसी पुस्तक रामविलास जी ही लिख सकते थे।

2016 में प्रकाशित डॉ. सिंह की पुस्तक 'संस्कृति का विवेक' एक विलक्षण दृष्टि सम्पन्न कृति है जो नॉयपाल का भारत की तरह उनकी अक्षय कीर्त्ति का प्रतिदर्श है। इसमें गहरी वैचारिक दृष्टि से सम्पन्न कुल 13 आलेख संकलित हैं, जो समकालीन विमर्शों एवं सांस्कृतिक चुनौतियों को सम्बोधित हैं। इस पुस्तक के सन्दर्भ में आलोचक प्रवर नामवर सिंह का कहना है कि इसे पी. एन. सिंह ही लिख सकते हैं।

डॉ. सिंह संस्कृति को कोई समाजेतर अमूर्त, किताबी रहस्यमय पवित्र अथवा आस्थागत सरोकार से नहीं जोड़ते बल्कि मानव समूहों के मूर्त व्यवहार को ही इसका सर्वाधिक महत्त्वपूर्ण

आयाम स्वीकार करते हैं। किसी संस्कृति द्वारा सनातनता अथवा आत्यन्तिक सत्य का निरपेक्ष दावा उतना ही खोखला है, जितना अराजकतावादियों द्वारा मानव सम्पूर्णता का दावा। वे मनुष्य को निर्माणाधीन और मनुष्यता बोध का इतिहास निर्मित मानते हैं। 'अस्मिता' और 'पहचान' के आत्मघाती एवं अनुत्पादक संघर्षों से निकलने के लिये नीर-क्षीर विवेकी बुद्धि का पोषण और खुले विमर्श की आवश्यकता है। 'हिन्दी संवेदना को क्या हो गया है?' शीर्षक निबन्ध में वे राष्ट्र निर्माण की प्रक्रिया में हिन्दी क्षेत्र की विशेष भूमिका स्वीकार करते हैं। धार्मिक संवेदना के राजनीतिक शोषण ने इस क्षेत्र को उन्माद अहंकार और नकारात्मक लेखकीय सहानुभूति के दुश्चक्र में आबद्ध कर दिया है। ये सब औसत मानसिकता के गुण हैं। वे लिखते हैं, "पहले कोई भी जागा हो लेकिन जब तक इस क्षेत्र की तन्द्रा नहीं टूटी है तब तक देश भी नहीं जगा और उठा है। मुझे भय है कि हिन्दी संवेदना संकीर्ण, विकृत और दिशाहीन हो रही है।" 'हिन्दू विह्वल संस्कृति विमर्शकार निर्मल वर्मा' डॉ. सिंह का एक ऐसा आलेख है जिसमें वे निर्मल वर्मा के संस्कृति चिन्तन के बहाने लोकतन्त्र, सेक्युलरिज्म, आधुनिकता और इतिहास की भूमिका जैसी बहुचर्चित अवधारणाओं पर गम्भीर विमर्श करते हैं। निर्मल वर्मा भारत की बहुलतावादी और बहुधर्मीय विरासत को संरक्षित करना चाहते हैं, किन्तु वे सेक्युलरिज़्म को यूरोपीय अवधारणा एवं परलोक विकल्प की तरह लेते हैं। डॉ. सिंह का मत है कि बिना सेक्यूलर राजनीति के इस विरासत को संरक्षित करना सम्भव नहीं है। उनकी दृष्टि में श्री वर्मा का संस्कृति विमर्श हिन्दू समायोजन की वापसी की ललक से निसृत है, वह प्रतिक्रियात्मक और संरक्षात्मक अधिक है, सर्जनात्मक और आगे देखू बहुत कम।

पुस्तक में रेमण्ड विलियम्स, क्रिस्टोफर कॉडवेल और संस्कृति विमर्शकार उदार और मानवतावादी आलोचक एफ.आर. लीविस पर भी आलेख हैं। रेमण्ड विलियम्स को डॉ. सिंह सांस्कृतिक भौतिकवादी मानते हैं। संग्रह में आधुनिकतावादी कवि-आलोचक एवं विमर्शकार टी.एस. इलियट पर भी एक आलेख है। विलियम्स और इलियट की विश्व दृष्टियाँ एक-दूसरे से टकराती हैं। इलियट मुख्यतः सम्भ्रान्तवादी है जबकि रेमण्ड विलियम्स हमेशा सामान्यजन के हितों, उनकी सर्जनात्मक सम्भावनाओं और संस्कृति से जुड़े रहते हैं। डॉ. सिंह की वैचारिक आस्था मार्क्सवाद के पक्ष में है। वे इतिहास के इस संकटपूर्ण समय में एक महाख्यान, सांस्कृतिक केन्द्र और स्वस्थ दृष्टि के प्रति आग्रही हैं। उनका यह आख्यान अद्यतन, बुद्धिशील और आत्मालोची समाजवादी आख्यान है। डॉ. सिंह की तलाश एक ऐसे संकलनात्मक ढाँचे की है जो ऐतिहासिक दृष्टि से सूचित, बौद्धिक रूप से सन्तोषप्रद और नैतिक दृष्टि से पुनरुत्पादक हो। वे कारपोरेट बूर्जुआ सांस्कृतिक आक्रमण का प्रत्याख्यान करने के लिये समालोची मेधा, वैश्विक दृष्टि और राजनीतिक प्रतिबद्धता की चेतना से सम्पन्न बौद्धिक त्रयी की प्रस्तावना करते हैं। इसमें वे प्रेमचन्द और सज्जाद जहीर के साथ क्रिस्टोफर कॉडवेल को शामिल करते हैं।

अपनी एक पुस्तक *साहित्य विचारधारा और संस्कृति* में वे आज के समय के सवालों से रू-ब-रू हैं। तमाम चिन्तन सरणियों से गुजरते हुए डॉ. सिंह उनकी स्थापनाओं से संवाद करते और अपनी अन्तर्दृष्टि सम्पन्न पक्षधरता का प्रदर्शन करते हैं। उनके निबन्धों में परस्पर संवाद का यथेष्ट स्पेस है और विचारों के सन्दर्भ में जड़ता और हठधर्मिता की कोई जगह नहीं है।

विचारों की आवाजाही के लिये पर्याप्त गुंजाइश ने इन निबन्धों को सजीवता से सम्पन्न किया है। अवधेश प्रधान ने इस सन्दर्भ में लिखा है, "वे जिस प्रकार 'अमूर्त कालजयिता' के बजाय 'कालजयी प्रासंगिकता के पक्षधर हैं उसी प्रकार अपने सजीव विश्लेषण में स्वयं मार्क्सवाद की कालजयी प्रासंगिकता को उजागर करते हैं।"

डॉ. सिंह के चिन्तन की विशिष्टता है, खुला उदार दृष्टिकोण, सुचिन्तित सामाजिक प्रतिबद्धता और निष्कम्प निष्ठासम्पन्न वैचारिक हस्तक्षेप। समय और समाज के नवीनतम प्रश्नों और विमर्शों का सामना वे दृढ़ आलोचकीय विवेक और साहसिक चिन्तन से करते हैं। पाठकों पर गहरी आस्था रखनेवाले डॉ. सिंह युगीन प्रश्नों के समाधान में उन्हें भी अपनी रचनायात्रा में शामिल करते हैं। वे एकैडेमी इण्टेलेक्चुअल नहीं बल्कि एक पब्लिक इण्टेलेक्चुअल हैं। 2015 में प्रकाशित कृति *नामवर-सन्दर्भ एवं विमर्श* में डॉ. पी. एन. सिंह ने नामवर सिंह के कृतित्व को नयी दृष्टि से विवेचित कर औपचारिक नामवर के बरक्स अनौपचारिक नामवर को उकेरने की कोशिश की है। वे नामवर ग्रन्थि से पूर्णतः मुक्त हैं। वे विरोध, निन्दा, प्रशंसा और भय से पूर्णतः मुक्त होकर बेलाग ढंग से वस्तुपरकता का आश्रय लेते हैं।

नामवर सिंह की प्रतिभा और आब्जेक्टिव दृष्टि के कायल डॉ. पी. एन. सिंह उनके कृतित्व को गहराई से समझने पर जोर देते हैं। यथास्थान वे नामवर जी की आलोचकीय सीमाओं को निर्देशित करने में तनिक भी कोताही नहीं बरतते। उनका रामविलास शर्मा के बारे में यह लिखना कि, 'उन्होंने मार्क्स को बिना समझे ही इतना लिख डाला' डॉ. पी. एन. सिंह को पसन्द नहीं आया। वे रेखांकित करते हैं कि नामवर की आलोचना दृष्टि ने एफ. आर. लिविस और अमेरिका की 'नव्य समीक्षा' को समाहित कर भारतीय परिप्रेक्ष्य में इसका विकास किया है।

डॉ. पी. एन. सिंह अपने दौर के एक विशिष्ट एवं महत्त्वपूर्ण आलोचक हैं जिनकी आलोचकीय दृष्टि बिना किसी मताग्रह के सन्तुलित निष्पक्षता और विवेकपूर्ण साहसिकता से सम्पन्न सजीव आलोचना का पाठ रचती है। बिना बड़े जार्गन्स का सहारा लिये अपनी स्थापनाओं को यथातथ्यता के आधार पर एक आनुभविक निरन्तरता में प्रस्तुत करना उनकी समीक्षकीय दृष्टि की विशिष्टता है। बड़े-से-बड़े, जटिल एवं संकुल विषयों की उनकी मीमांसा अत्यन्त सहज और बोधगम्य हो उठती है। यह उनके अधीत और बहुपठित होने के अलावा प्रगल्भ चिन्तन का भी सुफल है। उनकी भाषा विषयानुसार गम्भीर एवं संवादधर्मी है। अंग्रेजी पदों को हिन्दी में उनकी सटीक अर्थच्छायाओं में भाषान्तरित करना यह साबित करता है कि वे विषयों को उनकी बहुआयामीय व्याप्ति में एक तीव्र संवेदक की तरह पकड़ते हैं। अंग्रेजी के आचार्य होने के कारण वैश्विक साहित्यिक-आलोचकीय परिदृश्य से उनकी परिस्थिति है। उन्होंने पश्चिम में प्रचलित विमर्शों एवं ज्ञानमीमांसीय हस्तक्षेपों को हिन्दी में लाकर हिन्दी समीक्षा के परिसर को विस्तीर्ण एवं वैश्विक सन्दर्भों से युक्त किया है। हिन्दी आलोचना को यह उनका विशिष्ट एवं अविस्मरणीय प्रदेय है।

आज की समकालीन हिन्दी आलोचना जब वैचारिक शिविरों के भाईचारे में तब्दील हो चुकी हो, मताग्रह तथ्यपरकता को आक्रान्त कर रहे हों। अपना स्वार्थ रचना और समाज के

सत्य से अधिक महत्त्वपूर्ण प्रतीत होने लगा हो, तब डॉ. सिंह का आलोचकीय कृतित्व हमें यह आश्वस्ति देता है कि हिन्दी आलोचना की गौरवशाली परम्परा का एक सबल प्रतिनिधि राजधानी की तलछटी बौद्धिकता से दूर गाजीपुर जैसे पिछड़े और संसाधन विहीन मुकाम में रहकर भी अपनी प्रखर तेजस्विता एवं बौद्धिकता मनस्विता का प्रकाश विकीर्ण कर रहा है। इस प्रगतिधर्मी एवं समीक्षकीय उदात्तता के प्रतीक पुरुष को भावपूर्ण नमन।

पी. एन. सिंह की प्रकाशित कुछ प्रमुख कृतियाँ

1. मण्डल आयोग : एक विश्लेषण (1990)
2. नायपॉल का भारत (2006)
3. गाजीपुर जनपद के गौरव-बिन्दु : राजनीति (2006)
4. सोसाइटी, कल्चर लिटरेरी थ्योरी ऐण्ड क्रिटिसिज़्म (2008)
5. गाँधी, अम्बेडकर, लोहिया... (2008)
6. अम्बेडकर चिन्तन और हिन्दी दलित साहित्य (2009)
7. समय की प्रतिध्वनियाँ (2011)
8. गाँधी और उनका वर्धा (2012) (उत्तर प्रदेश शासन द्वारा पुरस्कृत)
9. कुबेरनाथ राय : साहित्यिक-सांस्कृतिक दृष्टि (2012) (उत्तर प्रदेश शासन द्वारा पुरस्कृत)
10. निष्प्रभ आईना (कविता-संग्रह) (2012)
11. रामविलास शर्मा और हिन्दी जाति (2012)
12. अम्बेडकर प्रेमचन्द और दलित समाज (2013)
13. गाजीपुर के गौरव बिन्दु-राजनीति (परिवर्द्धित संस्करण, 2014)
14. गाजीपुर जनपद के गौरव-बिन्दु : साहित्य (2015)
15. नामवर : सन्दर्भ एवं विमर्श (2015)
16. संस्कृति का विवेक (2016)
17. स्मृतियों की दुनिया (2017)
18. साहित्य विचारधारा और संस्कृति (2017)
19. रचनाओं पर चिन्तन (लोकभारती, इलाहाबाद) (1918)
20. भारतीय वाल्तेयर एवं मार्क्स : बी. आर. अम्बेडकर (लोकभारती, इलाहाबाद)
21. हिन्दी दलित साहित्य : संवेदना और विमर्श (लोकभारती, इलाहाबाद)
22. विमर्श-केन्द्रित साहित्य और हिन्दी आलोचना (शिवालिक प्रकाशन, नयी दिल्ली)
23. अपने-अपने प्रेमचन्द (प्रतिभा प्रकाशन, नयी दिल्ली)
24. दृष्टिपथ (ब्लू चक्र, नयी दिल्ली)
25. बुद्धिजीवी बनाम बुद्धिधर्मी (लोकायत प्रकाशन, वाराणसी)
26. एक बुद्धिजीवी के कुछ नोट्स (वाणी प्रकाशन, नयी दिल्ली)

तृतीय पर्व

हिन्दी आलोचना के विविध सन्दर्भ
आलोचना के सरोकार[1]

—डॉ. विनोद तिवारी

(18वें देवीशंकर अवस्थी सम्मान– 2013 के अवसर पर प्रस्तुत वक्तव्य)

आज के इस समारोह के अध्यक्ष आदरणीय मैनेजर पाण्डेय जी, असद जी, प्रणय जी और संजीव कुमार जी। सबसे पहले मैं देवीशंकर अवस्थी की स्मृति को नमन करता हूँ। आदरणीया कमलेश अवस्थी जी और उनके परिवार के सभी सदस्यों के साथ अवस्थी जी को चाहनेवाले उन्हें मान देनेवाले इस सभागार में उपस्थित सभी लोगों को नमस्कार करता हूँ।

"व्यापक अर्थों में आलोचना मनुष्य की आत्मचेतना है। साहित्य और कला के रूप में निर्माण की हुई अपनी अर्थवान रचना के सुन्दर-असुन्दर, शुभ-अशुभ, सत्य-असत्य पक्षों के प्रति जागृत चेतना है।...एक बार जब आलोचना का जन्म हो जाता है, तो वह साहित्य-कला की केवल तटस्थ व्याख्याता या निरपेक्ष द्रष्टा ही नहीं बनी रहती। सांस्कृतिक परम्परा और मनुष्य के अर्जित ज्ञान का समाहार करके वर्तमान की ऐतिहासिक चेतना लेकर संवेदनशील, युगद्रष्टा आलोचक प्राचीन और सामयिक साहित्य की कृतियों का मूल्य आँकते हुए नये व्याख्या सूत्रों की उद्‌भावना भी करता है...इस प्रकार आलोचना स्वयं एक रचनात्मक क्रिया है।"[2]

शिवदान सिंह चौहान के इस उद्धरण के सहारे बात शुरू करने के पीछे का लक्ष्य, आलोचना के व्यापक और वृहतर सरोकारों की बात को उठाना है। मैं आलोचना को एक ऐसा दायित्वपूर्ण सजग आलोचनात्मक कार्यवाही मानता हूँ जो साहित्य के परिप्रेक्ष्य से उन सामाजिक-सांस्कृतिक स्थितियों-परिस्थितियों और उनको निर्मित करनेवाली 'संरचनाओं' को विवेचित करे जिनमें हमारे समय-समाज के उन प्रश्नों और दबावों से उपजनेवाली संघर्ष और तनावपूर्ण निर्मितिओं के 'ट्रेण्ड्स' मिलते हों। इसी अर्थ में आलोचना मेरे लिये एक चुना हुआ

1. इस लेख के लेखक हिन्दी की सुप्रसिद्ध पत्रिका "पक्षधर' के बहुचर्चित सम्पादक डॉ. विनोद तिवारी के लिखने का ढंग सीधा-सादा है, न किसी तरह की दार्शनिक मुद्रा उनके पास है और न ही किसी तरह का वैचारिक बड़बोलापन, बल्कि आपके भीतर अनुभवों के बीच कुशाग्र बौद्धिकता, सक्रिय सामाजिक चेतना और गहन कला संगम दिखायी देता है। फिलवक्त आप दिल्ली में रहते हैं।
2. शिवदान सिंह चौहान, 1965, हिन्दी गद्य साहित्य, राजकमल प्रकाशन, नयी दिल्ली : 57-58

बौद्धिक-अकादमिक दायित्व है जिसे देवीशंकर अवस्थी 'बौद्धिक-व्यवसाय'[1] के रूप में रेखांकित करते हैं।

सामाजिक-सांस्कृतिक परिस्थितियों को निर्मित करनेवाले समकालीन प्रभावों को जाने-परखे बिना साहित्य की प्रवृत्तियों और धाराओं का विश्लेषण आलोचक नहीं कर सकता। इसलिये आलोचक को विविध ज्ञान और अनुशासन की जानकारी रखना भी उसका सरोकार है अन्यथा तो उससे साहित्य की जातीय-संस्कृति छूटती चली जायेगी। इसी को मुक्तिबोध 'जिन्दगी के प्रतिबिम्बों के विभिन्न पैटर्न्स' कहते हैं। "कहा जाता है कि, साहित्य जीवन का प्रतिबिम्ब है। इस खण्ड-तथ्य को हम यों भी कह सकते हैं कि, साहित्य में इन प्रतिबिम्बों की रचना अनेक पैटर्न्स में होती है।...आलोचक या समीक्षक का कार्य, वस्तुतः कलाकार या लेखक से भी तन्मयतापूर्ण और सृजनशील होता है। उसे एक साथ जीवन के वास्तविक अनुभवों के समुद्र में डूबना पड़ता है और उससे उबरना भी पड़ता है, कि जिससे लहरों का पानी उसकी आँख में न घुस पड़े। अपने वर्ग, समाज या श्रेणी की जिन्दगी में अपनी जिन्दगी की सही हिस्सेदारी के बगैर, जो समीक्षक उस जिन्दगी के पैटर्न्स का मूल्यांकन करने बैठता है वह कभी भी सच्ची आलोचना नहीं कर सकता।"[2] इसलिये आलोचना का यह दायित्व है कि वह गतिशील सामाजिक मूल्यों और बदलते हुए सांस्कृतिक व्यवहारों के साथ रचना को जोड़कर देखने, व्याख्यायित करने और मूल्यांकित करने की कोशिश करे। इसी सन्दर्भ में यह कहना होगा कि, "आलोचना के मानदण्ड स्थिर नहीं हो सकते। आलोचना के क्षेत्र में कुछ भी निर्णीत नहीं होता। उसे निर्णीत बनाने की जिद होनी भी नहीं चाहिए।" वह जो लेनिन ने कहा है न कि, "Nothing is final." कुछ वैसी ही बात है। नियत मानदण्ड और प्रतिमानवाली आलोचना का रूप स्थिर और जड़ होगा। ऐसी आलोचना में अमूर्त मूल्यों का बिना सन्दर्भ के निर्गुण भाषा में प्रत्याख्यान और उपदेश प्रमुख हो जाता है। आलोचना इस तरह के किसी भी यथास्थितिवादी प्रवृत्ति से संघर्ष करती हैः

खूब काट-छाँट और गहरी छील-छाल
रन्दों और बसूलों से मेरी देखभाल
मेरा अभिनव संशोधन अविगत क्रमागत[3]

जब इस माँग के साथ हम आज की आलोचना और उसके एजेण्डे पर नजर गड़ाते हैं तो जिस एजेण्डे पर आज की आलोचना सक्रिय है वह नाउम्मीद नहीं करती। उग्र हिन्दूवाद, धार्मिक कट्टरता, साम्प्रदायिकता, फासीवाद, बाजारवाद, उपभोक्तावाद, नव-साम्राज्यवादी पूँजी के खेल जैसे मानव-हितों की विरोधी प्रवृत्तियों के साथ दलित, स्त्री, आदिवासी समाजों की वर्गीय संरचनाओं और उनकी अस्मिताओं पर सामाजिक आर्थिक नजरिये से आज की आलोचना सोच रही है और अपनी भूमिका का निर्वाह कर रही है। साहित्य को भिन्न-भिन्न अनुशासनों, उसके

1. आलोचना मुख्यतः बौद्धिक व्यवसाय है और हमारे देश का बौद्धिक स्तर कैसा है, शायद यह कहने की आवश्यकता नहीं।...इस बौद्धिक तैयारी का असर आलोचना पर भी पड़ता है और रचना पर भी – पर आलोचना में वह बहुत प्रत्यक्ष होता है और रचना में तनिक भीतरी–जिसका कि उद्घाटन करना पड़ता है।" देवीशंकर अवस्थी, 1979, रचना और आलोचना, दि मैकमिलन कम्पनी आफ इण्डिया लिमिटेड, नयी दिल्ली, :24
2. नेमिचन्द्र जैन (सं.), 1985-पेपर बैक, मुक्तिबोध रचनावली–खण्ड : 5, राजकमल प्रकाशन, नयी दिल्ली : 83
3. गजानन माधव मुक्तिबोध, 2000–पेपर बैक, चाँद का मुँह टेढ़ा है, भारतीय ज्ञानपीठ, नयी दिल्ली, : 281.

सामाजिक-साहित्यिक परिप्रेक्ष्य, उन परिप्रेक्ष्य को निर्मित करनेवाली शक्तियों, सत्ताओं, सत्ता-संस्थानों और संरचनाओं के अस्तित्व पर भी उसकी नजर है। युवा-पीढ़ी की आलोचनात्मक-चेतना साहित्यिक और सांस्कृतिक विवेचन की दृष्टि से इधर निरन्तर व्यापक और विस्तृत हुई है। युवा आलोचना ने समय के साथ साहित्य से अपने रिश्ते को लगातार गहरा और ईमानदार बनाया है। समकालीन रचनाशीलता के प्रति वह अधिक विचारवान हुई है। हमारी पीढ़ी की आलोचना में परम्परा-बोध को, इतिहास को समझने और बरतने का ढंग बदला है। बहुत से लोगों का मानना है कि, युवा-पीढ़ी की आलोचना में परम्परा-बोध और इतिहास-बोध नहीं है। पर, यह कैसे सम्भव है? 'आलोचना' बिना इसके अपना कार्य कैसे कर सकती है। हाँ, यह जरूर है कि वह 'परम्परा', 'इतिहास' आदि के नाम पर संस्कृति के 'ग्लोरिफिकेशन' से वाकिफ है। अगर, इस तर्क से देखा जाय तो परम्परा और इतिहास-बोध में दरार जरूर पैदा हुई है। 'पुराने कुफ्र और आज के ईमान में अब कोई रिश्ता बाकी नहीं रह गया है।"[1]

आलोचना का एक महत्त्वपूर्ण सरोकार 'समकालीन-रचनाशीलता' से उसके संवादी रिश्ते को लेकर है। रचना और आलोचना के पारस्परिक रिश्ते को लेकर खूब लिखा-पढ़ा गया है। इनके बीच का रिश्ता अधिकतर विसंवादी ही रहा है। रचनाकार का यह आरोप है कि, आलोचक ने उसकी रचना को समझा ही नहीं है, उसने अपने मन और विचार से असंगत निष्कर्षों को मेरी रचना पर थोप दिया है। दरअसल, मैं इसे आलोचना की कोई समस्या ही नहीं मानता। यह समस्या तब पैदा होती है जब हम आलोचना को केवल व्याख्यात्मक आलोचना के सीमित लक्ष्य में घटा कर देखते हैं। आलोचना केवल व्याख्या भर नहीं है, न ही वह केवल टीका है। पहले भी यह माना जाता रहा है और आज भी जो लेखक मानते हैं कि, आलोचना का कार्य केवल रचना की प्रक्रिया, अर्थवत्ता, सार्थकता और वर्ण्य-विषय की व्याख्या तक सीमित है वह आलोचना के दायित्व और सरोकार को कमतर करते हैं। दरअसल, यह माँग 'रचना की स्वायत्तता' की तरह 'आलोचना की स्वायत्तता' की माँग है। इसके पीछे 'व्याख्यावादी' भाष्यकार आलोचकों का यह तर्क है कि, "आलोचना का कृति केन्द्रित व्याख्यात्मक रूप ही वस्तुनिष्ठ हो सकता है या कम-से-कम वहाँ आलोचना की स्वायत्तता की सम्भावना अधिक है।"[2] सवाल यह है कि, क्या 'व्याख्या' केवल अर्थापन भर है, अर्थ की निष्पत्ति मात्र है या उस व्याख्या का कोई देश-काल भी होगा, कोई 'कुल-शील' भी होगा? अगर, ऐसा है तो आलोचना किसी-न-किसी दृष्टि-सापेक्षता में ही सम्पन्न होगी और उसे होनी भी चाहिए। इसीलिये, किसी भी तरह की 'स्वायत्तता' निरपेक्ष नहीं होती। अब प्रश्न यह है कि, मनचाही 'स्वायत्तताओं' की सापेक्षिकता ही आलोचना का दायित्व है तब तो स्थिति चिन्तनीय हो जायेगी। आलोचक को राजशेखर ने बहुत पहले ही 'आरोचकी' और 'तत्त्वाभिनिवेशी भावक'[3] की भूमिका में रखा है। किसी रचना की व्याख्या करना आलोचना का प्राथमिक किन्तु सीमित लक्ष्य है। उस रचना में अन्तर्निहित

---

1. विजय देव नारायण साही, तीसरा सप्तक, 2000 — पेपर बैक, भारतीय ज्ञानपीठ, नयी दिल्ली, : 120
2. राममूर्ति त्रिपाठी, पूर्वग्रह, 78-79 (जनवरी-अप्रैल, 1987) सं. अशोक वाजपेयी, भारत भवन शामला हिल्स, भोपाल, : 120
3. स्वामी मित्रं च मन्त्री च शिष्यश्चाचार्य एव च।
कवेर्भवति हि चित्रं किं हि तद्यन्न भावकः।। — रामशंकर त्रिपाठी (हिन्दी अनुवाद एवं टीका), काव्य-मीमांसा, मोतीलाल बनारसीदास, प्रा. लिमिटेड, दिल्ली, : 52

लक्ष्य को लक्षित कर उसे सांस्कृतिक-विवेक के साथ मूल्यांकित करना आलोचना का अन्तिम और व्यापक उद्देश्य है और एक अनिवार्य सरोकार भी। आलोचना तो एक "इण्टिग्रल टास्क'[1] है। इसीलिये उसका सरोकार इकहरा या आसान नहीं है वरन् अधिक चुनौतीपूर्ण और दायित्ववाला है। आलोचक 'रचना की सांसारिकता'[2] का एक ऐसा चौकन्ना नागरिक है जिसकी नजर उसके हर पहलू पर टिकी रहती है। किसी कृति की व्याख्या में हम केवल यही नहीं करते हैं कि उसमें क्या कहा गया है। समर्थ आलोचक वह होता है जो उस 'कृति' के उन 'आशयों' को "इण्टेन्शन्स' को पकड़ने की कोशिश करता है जो उस रचना में भी पूरी तरह रूपायित नहीं हो पाते हैं। इसीलिये आलोचना अपनी शर्तों पर भी "रचना' को देखती है और रचनाकार की शर्तों की भी रक्षा करती है। इन दोनों तर्कों के बीच ही समर्थ आलोचना जन्म लेती है। एक आलोचक समकालीन रचना में अपने समय के चिह्न **(Imprints)** ढूँढ़ने का कार्य करता है। वह उन इम्प्रिण्ट्स के सहारे रचना के बीच से गुजरते हुए अगर एक 'समझदारी भरा तनाव' अपनी आलोचना में रचता है तो यह उस आलोचना का सृजनात्मक पक्ष है। यह समझदारी भरा तनाव ही 'समकालीनता' की आलोचक की समझ व परख और 'समकालीनता' से विचलन के संघर्ष को उजागर करता है।

आज जब मध्यवर्ग का अधिकांश हिस्सा ऐसे 'कास्मोपोलिटन' समय में रह रहा है जिसमें उसकी कोई एक 'आईडेण्टिटी' नहीं है वह 'मल्टिपल आईडेण्टिटीज़' में रहने को ही 'स्मार्टनेस' मानता है ऐसे में पहचान की मुश्किलें और बढ़ जाती हैं। ऐसे वर्ग को 'रूटलेस फ्लोटिंग मॉस, कहा गया है जो अपने स्वार्थ और लाभ का ही एजेण्डा समाज पर थोपना चाहता है। साहित्य में भी यह 'रूटलेस फ्लोटिंग मॉस, अपनी 'स्मार्टनेस' के साथ सक्रिय है। आलोचना का काम है कि, वह उस 'स्मार्टनेस' को, 'मल्टिपल आईडेण्टिटीज़' को पहचानने और जोखिम लेते हुए उन चालाक हितों को बेनकाब करे जो साहित्य, समाज, राजनीति, धर्म, संस्थाओं, सत्ता प्रतिष्ठानों हर कहीं अपने लोभ-लाभ का छन्द एजेण्डा लिये नमूदार रहता है। शायद यही वह सरोकार होगा आज आलोचना का जो नये सन्दर्भों में पूछ सके कि, "पार्टनर तुम्हारी पॉलिटिक्स क्या है।"

इसी बिन्दु पर यहाँ यह सोचने-विचारने के लिये यह एक जरूरी प्रस्ताव हो सकता है कि, प्रगतिशील विचार और इरादों से लिखी हर रचना अनिवार्यतः उत्कृष्ट और महान् नहीं होती। जबकि हर रचना प्रगतिशील धारणा, व्यवहार और क्रियान्वयन में सहयोगी जरूर होती है। पूरे विश्व-साहित्य में इसके अनेकों उदाहरण हैं। मैं यहाँ उन तफसीलों में नहीं जाना चाहता उसके लिये अवकाश यहाँ नहीं है। पर इस पर बलाघात जरूर है कि, आलोचना इतिहास निर्माण के लिये सहयोगी भूमिका का निर्वाह करती है इसलिये उसका सरोकार है कि वह 'इतिहासाभास' के भ्रम को विच्छिन्न करे। आलोचना को अपने सहगामी और प्रतिगामी दोनों ही तरह की प्रच्छन्नताओं से संघर्ष करना जरूरी होता है। वह जितना दूसरों की आलोचना है उससे अधिक वह खुद के प्रति एक सजग आलोचनात्मक कार्यवाही है। यह संघर्ष ही दरअसल एक आलोचक का संघर्ष होता है।

---

1. Terry Eagleton and Mathew Beaumont, 2009, The task of the Critique, Verso, London : 132
2. रचना की सांसारिकता' यह पद एडवर्ड सईद का है। देखें– Edward W. Said, 1983, The World, The Text and the Critique, Harvard University Press, Cambridge : 81

आलोचनात्मक-चेतना को हताश करनेवाले, उसे हँसी में उड़ा देनेवाले, अनियन्त्रित प्रचार-माध्यमों से उस चेतना को खण्डित-विखण्डित करनेवाले भ्रमों को काटते हुए आलोचना का उत्तरदायी होना मेरी समझ में आज सबसे बड़ा सरोकार बन जाता है। अच्छी रचना को आगे ले आना, उसको मान्यता दिलाना और खराब रचनाओं को खराब कहने का साहस और संकल्प आलोचनात्मक-चेतना की ईमानदारी का प्रमाण बनता है। अपने रचनात्मक-समय का एक अनुशासनात्मक-परिप्रेक्ष्य तैयार करने में सहयोग करना आलोचना का सरोकार है। 'ब्लिंकर्स' हर समय-समय और हर युग में रहते हैं। उनकी पहचान भी उन युगों में की गयी है। पर हम जिस समय में रह रहे हैं उसमें कहीं ऐसा तो नहीं है कि ये 'ब्लिंकर्स' एक साथ मिलकर 'सम्मिलित चकाचौंध' पैदा कर रौशनी का भ्रम पैदा कर रहे हों। ऐसे 'ब्लिंकर्स' की पहचान करना और उनके द्वारा फैलाये जा रहे 'रौशन अँधेरे' को साफ करना आलोचक का ही काम है। मूल्य-मूढ़ता और वैचारिक-धुन्ध के प्रति आलोचनात्मक होना आलोचना का सजग दायित्व है। दरअसल, मूल्य-मूढ़ता जहाँ परम्परा-संस्कृति आदि को 'ग्लोरिफाई' करने में ही अपना दायित्व समझती है वहीं वैचारिक-धुन्ध 'समकालीनता' के तकाजे से कई महत्त्वपूर्ण प्रश्नों और जवाबदेहियों के मनमाने इस्तेमाल की सुविधा का माध्यम बन जाता है।

रचनाकार और आलोचक के सम्बन्धों को आज उसी ढंग से नहीं समझा जा सकता जिस तरह पूँजीवादी समय में। आज के बदले आर्थिक-राजनीतिक प्रभावों के बीच इन दोनों के रिश्तों की समझ विकसित की जानी चाहिए। उपभोक्तावादी अपसंस्कृति के विरुद्ध फूहड़ रुचियों और लालसाओं को बनाने में सक्रिय बाजारवाद के खिलाफ जनधर्मी और जीवनधर्मी सामाजिक-सांस्कृतिक प्रतिरोधों को रचना, उत्तरदायी सृजन को आगे करना, उसकी तरफदारी करना केवल आलोचक का ही दायित्व नहीं है वरन दोनों का साझा सरोकार है। आलोचक से अधिक की अपेक्षा की जाती है इसलिये उसकी जिम्मेदारी अधिक बढ़ जाती है। आज की समकालीन रचनाशीलता को केवल 'साहित्यिकता' के 'पाठों' और 'प्रतिमानों' से नहीं समझा जा सकता।

आलोचना का एक व्यापक और वृहत्तर सरोकार और दायित्व आज के बढ़ते सामाजिक-सांस्कृतिक खतरों को पहचान कर उन पर सही सार्थक बहस का माहौल पैदा करना और उसे रचना है। "आलोचना साहित्यिक पाठ-मात्र को परिष्कृत और सूक्ष्म विधियों से अधिक उपभोग्य बनाने का उद्यम भर नहीं है, न ही पाठ का तुरत-फुरत में अर्थ-दोहन कर उसकी राजनीतिक भूमिका तय करने, उस पर मूल्य-निर्णय सुनाने की गतिविधि है। आलोचना साहित्यिक पाठ को पढ़ने की किसी एक पद्धति का नाम नहीं वह सांस्कृतिक-राजनीति की वृहत्तर कठिनतर कार्यवाही है। इस कार्यवाही में वह विभिन्न पद्धतियों का विवेकपूर्ण उपयोग कर सकती है, स्वयं को समृद्ध करने के लिये उसे करना भी चाहिए। "आज साहित्य, समाज, संस्कृति इस तरह एक दूसरे से गुँथे और संश्लिष्ट रूप से बहते चले जा रहे हैं कि एक साहित्यिक कृति की आलोचना लगभग समूची संस्कृति और समूची सामाजिक व्यवस्था की चुनौती बन जाती है।...क्योंकि सत्ता केवल कुछ राजनैतिक विचारधाराओं के रूप में ही अपने को व्यक्त नहीं कर रही है बल्कि अनेक सांस्कृतिक मूल्यों, जीवन मूल्यों द्वारा साहित्य को और आलोचना कर्म को प्रभावित कर रही है।"[1]

1. नामवर सिंह, पूर्वग्रह, 78-79 (जनवरी-अप्रैल, 1987) सं.—अशोक वाजपेयी, भारत भवन शामला हिल्स, भोपाल, : 42

'स्टेट आपरेटस' आज जिस तरह धर्म, राजनीति आदि को अविश्वसनीय, विवादी, सन्देहास्पद और व्यक्तिकेन्द्री बनाते चले जा रहे हैं वहाँ आलोचना के सरोकार और चुनौती-पूर्ण हो जाते हैं। 'राज्यशक्ति' का आज साहित्य और संस्कृति से क्या सम्बन्ध रह गया है? क्या 'राज्यशक्ति' आलोचनात्मक 'स्पेस' को लगातार खत्म करती जा रही है? "यह सही है कि, आलोचना के प्रतिरोध का स्वर अन्ततः 'साहित्यिक' होगा पर उसका लक्ष्य सभ्यता को हर तरह की बर्बरता और दमन से बचाए रखने का है।"[1]

मुझे लगता है कि, समय अधिक हो गया है। वैसे भी एक कवि के शब्दों में कहें तो आलोचना के पक्ष में अधिक बोलना अपने को सन्दिग्ध बना देना है। 'देवीशंकर अवस्थी सम्मान' के निर्णायकों का मैं शुक्रगुजार हूँ जिन्होंने मुझे इस काबिल पाया और आज आपके बीच बोलने का अवसर दिया। मैं अपनी आलोचनात्मक जिम्मेदारी को बिना किसी कोताही के और सजगता से निबाह सकूँ यही इस सम्मान का महत्त्व होगा। अल्लामा इकबाल के इस शेर से अपनी बात खत्म करता हूँ :

ऐ तारिये लाहूती! उस रिज्क से मौत अच्छी
जिस रिज्क से आती हो परवाज में कोताही।

1. वही : 42

(2) आलोचना : युग सन्दर्भ और साहित्येतर मूल्य[1]

— डॉ. हरिश्चन्द्र मिश्र

भारतीय साहित्य चिन्ता अपने प्रारम्भिक रूप में साहित्य विद्या के रूप में रही जिसमें शास्त्रीयता के स्वरूप का दर्शन होता है। भारतीय साहित्य में आलोचक को 'सचेतस्' भी कहा गया लेकिन उसकी सचेतना शास्त्र तक सीमित थी। जैसे साहित्य को वाङ्मय के रूप में जाना जाता था और 'शब्दार्थौं सहितौ काव्यम्' की बात उठायी गयी तो साहित्य की चिन्ता भी शास्त्र बनकर रह गयी। अलंकार शास्त्र, रसशास्त्र, ध्वनि सम्प्रदाय, रीति सम्प्रदाय, औचित्य सम्प्रदाय के रूप में तथा वक्रोक्ति के रूप में शास्त्रीय अध्ययन का आधार शब्द और अर्थ प्रयोग का वैविध्य तथा वैशिष्ट्य ही था। भारतीय साहित्य 'काव्य' के रूप में जाना जाता था। भर्तृहरि ने (7वीं शताब्दी में) साहित्य शब्द का प्रयोग किया। 9वीं शदी में साहित्य का प्रयोग 'विद्या' के लिये होने लगा। साहित्य को पुराण न्याय-दर्शन; मीमांसा एवं धर्म शास्त्र का सारभूत माना गया। इसीलिये इसे पाँचवीं विद्या कहा गया। राजशेखर ने उपरोक्त चारों विद्याओं का उल्लेख 'पौरुषेय शास्त्र' के अन्तर्गत किया है। इसका अर्थ हुआ कि साहित्य विद्या भी था और शास्त्र भी। साहित्य विद्या धीर-धीरे साहित्य समीक्षा से जुड़ गया। साहित्य में शब्द और अर्थ का सहभाव होता है जबकि शास्त्र में शब्द का प्रयोग केवल अर्थ-प्रतीति के लिये होता है। अब साहित्य की श्रेष्ठता शास्त्र से निर्विवाद रूप से प्रतिपादित होने लगी।

साहित्य का स्वरूप और उसकी उपयोगिता में समय के साथ परिवर्तन होने लगा। उसको आनन्द स्वरूप से आगे बढ़कर जीवन की आलोचना के रूप में प्रतिपादित किया गया। साहित्य की परिभाषाएँ बदलीं तो साहित्य और साहित्य का बोध भी बदलता गया। साहित्य की उदात्तता से लेकर उसकी जीवन की उपादेयता तक विकास होता है। अब यह महसूस होने लगा कि साहित्य का बोध केवल शास्त्रीयता तक नहीं रहा। वह जीवन की पुनर्रचना, मूल्यों का संघर्ष, मूल्यों की रचना, संघर्ष की चुनौती आदि बनता गया। उसकी रचना और उसकी सोच में आमूल परिवर्तन होने लगा। अब साहित्यालोचन शास्त्र का अध्ययन नहीं, सही में आलोचना बन गया। जीवन के परिप्रेक्ष्य में समग्रता से साहित्य का परिदर्शन हुआ। अब वह केवल शब्दार्थ नहीं रहा अपितु वह भाषिक चिन्तन हुआ या चिन्तन की भाषा। इस चिन्तन की प्रक्रिया में जीवन 'आसमन्तात' प्रविष्ट हुआ। उसकी दिशा काफी बदली। उस बदलाव के विविध आयाम विवेचन

1. इस लेख के लेखक चर्चित विद्वान् डॉ. हरिशचन्द्र मिश्र, प्रोफेसर हिन्दी भवन, विश्वभारती, शान्ति-निकेतन (प. ब.) हैं।

नहीं किया जा सकता। पश्चिम में जो आलोचना स्वरूप ग्रहण की उसके आधार पर भारतीय साहित्य की रचना और सचेतनता में परिवर्तन आया। यह परिवर्तन भी युग सन्दर्भ में बदलता गया।

अब पश्चिम में यह चिन्ता शुरू हुई कि आलोचना पहले हुई या रचना। यह विवाद काफी दूर तक चला। रचनाकार यह कहता कि रचना हम करते हैं और आलोचना आलोचक करता है। दूसरी तरफ यह बात भी उठी कि रचनाकार रचना से पूर्व आलोचना धर्मी ही होता है। बिना जीवन की आलोचना के वह रचना कर ही नहीं सकता। रचना का अस्तित्व आलोचना की शक्ति पर निर्भर करता है। अब उस रचना की पुनः आलोचना होती है। रचना की आलोचना को पश्चिम में विद्वानों ने परिभाषित करने की चेष्टा की। उस पर दृष्टिपात करना समीचीन होगा। इस चर्चा को आगे बढ़ाया गया। निम्नलिखित समीक्षकों के विचारों को प्रस्तुत किया जाय।

अरस्तू : आलोचना का लक्ष्य साहित्यिक कृतियों की श्रेष्ठता का प्रतिपादन करना होता है।... आलोचक सामान्य पाठकों के लिये रचना के गुणों को विवृत्त करता है।

बेन्जान्सन : कवियों की आलोचना केवल कवि कर सकता है।... जब तक आलोचक में कवि जैसी संवेदनशीलता नहीं है, वह कवि की मार्मिक अनुभूतियों के मर्म को समझने में असमर्थ रहेगा।

जान ड्रायडन : श्रेष्ठ आलोचक रचना में निहित अनुभव के सभी पक्षों का उद्घाटन करता है।

पोप (एसे आन क्रिटिसिज्म) : श्रेष्ठ आलोचक कलाकार उन त्रुटियों और भावनाओं का अध्ययन करता है जिसकी प्रेरणा से उसने रचना की है।

एडीसन : आलोचक रचना में निहित सत्य के प्रति पाठकों को प्रेरित और आकर्षित करता है।

जान्सन : वस्तुपरक दृष्टिकोण। किसी रचना की व्याख्या करने के लिये उसके अन्तर्निहित नियमों का आश्रय लेना होगा।

कालरेज : आलोचक का उद्देश्य रचना के नियमों का निर्धारण है। आलोचक रचना के उस विशिष्ट स्थलों और सन्दर्भों को निर्दिष्ट कर दे जिससे रचना सफल हुई है।

हैजलिट (टेबुल टाक) : आलोचक को निष्पक्ष होना चाहिए। आलोचक को रचना के हर पक्ष को, हर रंग को परखना चाहिए।

कार्लाइल : समीक्षक का वास्तविक उद्देश्य साहित्य के निर्माण के नियमों का निर्धारण माना है। आधारभूत नियमों की खोज। मूल नियम ही रचना प्रक्रिया का होता है। कोई भी रचना भाव सम्पदा है।

मैथ्यू आर्नाल्ड : आलोचक को अन्तरात्मा की खोज करनी पड़ती है और रचना का निरूपण योग्यता तथा ईमानदारी के साथ करनी पड़ती है।... वस्तुतः आलोचना साहित्य में निहित नये भाव के सम्प्रसारण को माना जाता है।

फ्रान्सीसी लेखक अनातुली : श्रेष्ठ रचनाकारों की कृतियों के क्षेत्र में आलोचक स्वच्छन्द भाव से विचरण करते हुए जो विशिष्ट अनुभव प्राप्त करता है, उसी अनुभव को अन्यों तक पहुँचाता है।

अग्रकेन कटेल : मानते हैं कि वह अपने प्रमाणों के प्रति अधिक संवेदनशील होता है और इस अनुभव को अपने ढंग से व्यक्त करने में समर्थ होता है।

इलियट : काव्य में प्रयुक्त होनेवाला आलोचनात्मक मानस काव्य पर विचार करनेवाले आलोचनात्मक मानस से सदा आगे रहता है, चाहे वह अपना हो या दूसरे का।... विवेकपूर्ण मानस ही आलोचनात्मक मानस कहा गया है, जो रचना के काल में प्रयुक्त होता है।... हर एक युग की रचना की आलोचना दृष्टि और आलोचक की आलोचनात्मक दृष्टि में काफी साम्य होता है।

आलोचना का स्तर साहित्य की एक विधा के रूप में सामने आया। आलोचक भी रचनाकार के समानान्तर काफी सम्मान्य हुआ। धीरे-धीरे आलोचना के क्षेत्र का विकास होता गया। युग सन्दर्भ के साथ युग बोध और युगीन मूल्य में परिबर्तन होने लगा। फलतः साहित्य रचना और उसकी आलोचना में काफी परिबर्तन आया। गजानन माधव मुक्तिबोध ने 'आखिर रचना क्यों' पुस्तक में 'साहित्य के दृष्टिकोण' प्रकरण में कहा है, "पर क्या कारण है, युग के साथ-साथ कला परिवर्तित होती है? इसके मुख्य हेतु दो हैं। प्रथम आन्तरिक, और दूसरा बाह्य। बाह्य परिस्थिति जिस तरह बदलती चलती है उसी तरह साहित्यिक धारा भी अपनी दिशा बदलती चलती है। उसी तरह साहित्यिक धारा भी अपनी दिशा बदलती है। इसके उदाहरण आपको किसी भी अच्छे साहित्य में दृष्टिगोचर होंगे। हम इसको अधिक-से-अधिक बाह्य से प्रतिक्रिया कहेंगे। पर एक ऐसी भी प्रतिक्रिया है जो आन्तरिक जगत में होती है, जिसके कारण साहित्य की आन्तरिक धारा में हलचल उत्पन्न होती है।"[1] इसका अर्थ है कि साहित्य की धारा के साथ आलोचना की धारा भी बदलती है। यह बदलाव उसे साहित्येतर सन्दर्भ से जोड़ता है। 'समीक्षा की समीक्षा' के सन्दर्भ मुक्तिबोध का उल्लेख है, "साहित्यिक समीक्षा की समस्याएँ जितनी विविध हैं, उतने ही उनसे सम्बन्धित दृष्टिकोण भी। दृष्टिकोण के इस वैविध्य के भीतर बहुधा मात्र वैयक्तिक रुचि और संस्कार की शक्ति ही दिखायी देती है, तो कभी यथार्थदर्शी मौलिक चिन्तन भी प्रकट होता है।"[2] पाश्चात्य संस्कृति के सम्पर्क से आधुनिक युग में वैज्ञानिकता आयी। जीवन को विभिन्न अनुशासनों से देखने की प्रक्रिया आरम्भ हुई। हमारी मनोवृत्ति वैज्ञानिक हुई। इस प्रकार जीवन और जगत् को देखने की प्रक्रिया में पूर्णतः बदलाव आया। अब जीवन अपने विविध सन्दर्भ में मूल्यों को लेकर क्रान्तिकारी परिवर्तन किया। अब परलोक चिन्ता से मनुष्य का मन हटने लगा। जीवन को परलोक के सन्दर्भ में एवं उसके ईदगिर्द बने नियमों से परहेज होने लगा। अब साहित्यकार का विवेक नये यथार्थवादी आधार को ढूँढने लगा। अब जीवन की नयी किन्तु विविध समस्याओं की तलाश होने लगी। फलतः आलोचना का पैमाना और मानक भी बदलने लगा। हमारा जीवन नये सन्दर्भों में प्रगामी होता गया। अब कृति को समझने समझाने

---

1. आखिर रचना क्यों– ग.मा. मुक्तिबोध, पृष्ठ-12.
2. आखिर रचना क्यों– ग.मा. मुक्तिबोध, पृष्ठ-66.

का मानदण्ड बदल गया। अपनी सापेक्षता में कृति और समीक्षा का आयामिक परिवर्तन होता गया। जीवन की जटिलता तथा संश्लिष्टता के साथ उसका निदर्शन भी बहुआयामिक होने लगा। अच्छा आलोचक वही हो सकता है जो जीवनगत संश्लेष का निरूपण कर सके। रचना की संश्लिष्टता का सम्पूर्ण मूल्यांकन कर सके। रचना के सन्दर्भ में आलोचना का भी स्वरूप बदलता चलता है। 'संस्कृति साहित्य और समीक्षा' ग्रन्थ में डॉ. देवराज का कथन है कि, "रचनात्मक साहित्य की भाँति आलोचनात्मक अवगति और मूल्यांकन के भी अनेक आयाम हैं। आदर्श पाठक व आलोचक वह होता है जो जीवन और राजनीति के अधिकांश मसलों पर कोई कट्टर राय नहीं रखता, जो उन्मुक्त रूप से अपनी कृति या कृतिकार की अन्तश्चेतना से प्रभावित होने देता है।"[1]

जैसे ही हम वैज्ञानिक युग में प्रविष्ट हुए वैसे ही हमारी सोच वैज्ञानिक हुई। वैज्ञानिकता के साथ मनुष्य इतिहास वेत्ता होता है। अपने इतिहास के प्रति सजग हो जाती है। अब इतिहास लेखन एवं इतिहास बोध के प्रति सजग दृष्टि तैयार हो जाती है। अब मनुष्य इतिहास के प्रति भी वैज्ञानिक सोच रखने लगता है। केवल इतिहास का लेखन ही आरम्भ नहीं होता अपितु इतिहास क्या है? जैसी चिन्ता भी आती है। उसके प्रति विश्लेषणात्मक दृष्टिकोण पैदा होने लगता है। इतिहास को वर्तमान के उत्कर्ष और भविष्य की सम्भावनाओं के सन्दर्भ में देखा जाने लगा। अब यह मान लिया गया कि इतिहास अतीत का नहीं अपितु वर्तमान का होता है। सांस्कृतिक मूल्यों की विकास-प्रक्रिया में इतिहास का निदर्शन होने लगा। अन्ततः इतिहास को मानव जीवन की अनुभूति और कल्पना के गुणात्मक विकास के रूप में निर्दिष्ट किया जाने लगा। इस गुणात्मक विकास के सन्दर्भ में मानव की तमाम उपलब्धियों का भी मूल्यांकन होने लगा। इसी के साथ कला और साहित्य का ऐतिहासिक निदर्शन आरम्भ हुआ। बड़े वैज्ञानिक ढंग से साहित्य के विकास का आलोचनात्मक परिदृश्य सामने आया। शुरुआती दौर में यह भले विवरणात्मक रहा हो लेकिन क्रमशः विकास क्रम में विश्लेषणात्मक आलोचनात्मक एवं वैज्ञानिक स्वरूप को प्राप्त होने लगा। कला और साहित्य के इतिहास-लेखन में प्रत्येक काल की रचनाओं की समीक्षा और आलोचना भी होने लगी। इस इतिहास-लेखन ने भी साहित्य की आलोचना ने अपना एक स्वरूप लिया। तुलनात्मक आलोचना से आरम्भ होकर यह आलोचना विविध दैशिक होने लगी।

हिन्दी साहित्य के लेखन की परम्परा जार्ज ग्रियर्सन से आरम्भ हुई। उसमें काल विभाजन और नामकरण के आधार की खोज में दर्शन और आलोचना का आरम्भ होने लगा। धीरे-धीरे वह शिवसिंह सेंगर, मिश्र बन्धुओं से होता हुआ राहुलसांकृत्यायन, रामचन्द्र शुक्ल, श्यामसुन्दर दास, रामकुमार वर्मा, हजारीप्रसाद द्विवेदी, विश्वनाथ प्रसाद मिश्र, गणपति चन्द्र गुप्त, बच्चन सिंह आदि से होते हुए आगे बढ़ी। ये सभी इतिहास-लेखक संयोग से आलोचक हैं। अतः इतिहास ग्रन्थों के माध्यम से भी आलोचना को अनेक दिशा मिली। स्वतन्त्र एवं समग्र इतिहास-लेखन के साथ आलोचना का नया-नया पथ भी निर्मित होता चला। प्राचीन समीक्षा की परम्परा से आरम्भ होकर अत्याधुनिक आलोचना के मानदण्ड को स्वीकार किया गया। अनेक नयी विचार धाराओं के सन्निवेश के साथ साहित्य की विविध विधाओं का इतिहास भी प्रस्तुत हुआ। इन इतिहास ग्रन्थों ने साहित्य और कला से इतर प्रतिमानों का भी प्रयोग किया। समाजशास्त्र,

1. संस्कृति, साहित्य और समीक्षा – डॉ. देवराज, पृष्ठ-21.

मनोविज्ञान, दर्शन, भौतिकवादी दृष्टि, प्रकृतिवाद, प्रकृतवाद, मार्क्सवाद, वैज्ञानिक प्रयोगवाद, मूल्यवाद और सृजनात्मकता, आदि को केन्द्र करके साहित्य और कला का विश्लेषण विवेचन होने लगा। इसके अलावा खाँटी आलोचना की दिशा भी तमाम साहित्य और साहित्येतर प्रतिमानों के साथ आगे बढ़ी।

युग सन्दर्भ, युगीन संस्कृति और युगीन मूल्यों के परिवर्तन के साथ आलोचना में भी परिवर्तन आया। पश्चिम में भी आलोचना का स्तर बदलता ही गया। लॉन्जाइनस के उदात्तवाद से लेकर अरस्तू का अनुकरण सिद्धान्त, क्रोचे का अभिव्यंजनावाद, टी. एस. इलियट से लेकर रिचर्ड तक तो आलोचना बदली ही। पुनः मार्क्सवाद, नव मार्क्सवाद, फ्रायड का मनोविश्लेषणवाद, विज्ञानवाद, सन्त्रासवाद, व्यक्तिवाद, अस्तित्ववाद, कुण्ठा, अजनबीपन, विश्व बाजारवाद आदि को आधार बनाकर जो आलोचना चली उसने हिन्दी आलोचना को भी प्रभावित किया। इसके बाद शैली विज्ञान, भाषा विज्ञान, बिम्ब प्रतिबिम्बवाद आदि को लेकर साहित्य की समीक्षा आरम्भ हुई। हिन्दी साहित्य की आलोचना ने भी इसे बड़े शौक से अपनाया।

आधुनिकता इस देश में केवल काल सूचक नहीं रही। वह चेतना की एक फसल बनकर आयी। उसने हमारे मूल्यबोध, वैचारिक धरातल और सोच के स्वरूप को एक नयी दिशा दी। प्राचीन को मूल्यात्मक परिप्रेक्ष्य में यानी युगीन अपेक्षाओं के सन्दर्भ में स्थान दिया गया और उसे नये सन्दर्भ में पुनर्मूल्यांकित किया गया। युगीन अपेक्षा से बाहर उसे अस्वीकार किया गया। एक नये मानव समाज का निर्माण होने लगा। ऐहिकता और लौकिकता के प्रति आग्रह बढ़ा। किसी-न-किसी रूप में हम यथार्थवादी हुए। गंगा प्रसाद विमल ने 'आधुनिकता साहित्य के सन्दर्भ' में बीसवीं शताब्दी का वैशिष्ट्य निरूपित किया है। "बीसवीं शताब्दी में 'आधुनिकता' तकनीकी विकास की संस्कृति की संज्ञा के रूप में व्यवहृत हुई है। तकनीकी विकास ने पूँजीवाद का विकास किया है और 'उपभोक्ता समाज' को भी जन्म दिया है। 'पूँजीवाद और उपभोक्ता' के प्रति मनुष्य को सचेत कर उन नयी सामाजिक व्यवस्थाओं के प्रति सहानुभूति और विश्वास पैदा किया है जो तकनीक का उपयोग मानवीय ढंग से करती है और न केवल आर्थिक स्वतन्त्रता समता का प्रतिष्ठापन करती है अपितु "आधुनिकता को संस्कृति की प्रासंगिकता भी देती है।"[1]

अब आधुनिकता का एकदम नया प्रारूप तैयार हुआ। अब वैज्ञानिक मानव तार्किक हुआ। अब मानव काफी जागरूक हुआ अपने प्रति, समाज के प्रति, जीवन मूल्य के प्रति, युगबोध के प्रति। इस प्रकार यह शताब्दी वैषम्य और संघर्ष की शताब्दी भी हुई। धीरे-धीरे आधुनिकता विकास की परिणति में समकालीनता में देखी जाने लगी। यही नहीं युग से आगे बढ़कर परिवेश और क्षणबोध की प्रक्रिया से भी आज का मनुष्य जुड़ने लगा। अतः दिशान्तरण आवश्यक हुआ। इस प्रकार समकालीनता, समसामयिकता, तात्कालिकता, परिवेश एवं क्षणबोध अलग-अलग व्याख्येय हुए क्योंकि एक ही युग की धारा में परिवर्तन ज्यादा तीव्र होने लगा। जीवन की प्रगतिशीलता और समाज के नूतन निर्माण के साथ-साथ उसकी विचारधारा में परिवर्तन हुआ और होता ही रहा। उस युगीन समाज की विचारधारा और चेतना में बड़ी तेजी से परिवर्तन होने

---

1. आधुनिकता : साहित्य के सन्दर्भ में — गंगा प्रसाद विमल, भूमिका।

लगा। फलतः साहित्य-रचना और साहित्य-सचेतनता में भी परिवर्तन होने लगा। अब साहित्य आत्मवाद से भौतिकवाद तक परिवर्तित होने लगा। कल्पना और अनुभूति में गुणात्मक विकास के साथ साहित्य रचना के तीनों मूल तत्त्व, कल्पना, बुद्धि और भाव अथवा मनोवग काफी बदले तो उसके मूल्यांकन की दिशा भी बदली।

साहित्य के सम्बन्ध आधुनिक कालीन दृष्टिकोण काफी परिवर्तित हुआ। भारतीय काव्यशास्त्रीय समीक्षा अप्रासंगिक होने लगी। ऐसा भी नहीं था कि पुनर्जागरण युग में शास्त्रीय चर्चा बन्द हो गयी हो। कुछ लोगों ने सांस्कारिक जड़ता के कारण काव्यशास्त्र पर आधारित रचनाएँ कीं। गद्य साहित्य का लेखन इस आधुनिक काल में प्रारम्भ हुआ जो युगीन वैज्ञानिक सोच का परिणाम और लक्षण था। चूँकि भारतेन्दु युग अपनी रचना में संस्कारों से पुराना था और विचारों में नया। यह नवीनता उस युग में गद्य रचना में दिखायी देती है। उसी प्रकार समीक्षा का संस्कार भी चलता रहा। अभी भी काव्य शास्त्र जीवित रहा। नाटक, उपन्यास और निबन्ध तथा कहानी आदि का लेखन चल रहा था। आचार्य नगेन्द्र ने अब तक आलोचना के पाँच प्रकारों का उल्लेख किया है–

1. शास्त्रीय आलोचना अर्थात् लक्षण-ग्रन्थों की परम्परा में काव्यांग विवेचन
2. तुलनात्मक मूल्यांकन एवं निर्णय
3. अन्वेषण एवं अनुसन्धानपरक आलोचना
4. परिचयात्मक आलोचना
5. व्याख्यात्मक आलोचना

इन प्रवृत्तियों के विकसित होने पर भी कोई गम्भीरता नहीं रही। राष्ट्रीयता और नये बोध की अपेक्षा के रूप में साहित्येतर आलोचना का बीज रूप भी उभरने लगा था। नव जागरण के बाद समालोचना साहित्य में नये युग का आरम्भ होता है। पाश्चात्य समालोचना साहित्य सम्बन्धी ग्रन्थों की रचना होने लगी। उस आधार पर समीक्षा भी होने लगी। इस सन्दर्भ में कन्हैयालाल गुप्त ने 'चरित्र-चित्रण' (1923) की रचना की। पदुम लाल पुन्ना लाल बख्शी ने 'विश्व-साहित्य' ग्रन्थ प्रस्तुत किया। इसके साथ उन्होंने 'विश्वसाहित्य-विमर्श' ग्रन्थ की रचना की। सेठ गोविन्द दास की रचना 'नाट्य मीमांसा' पुरुषोत्तम लाल की 'आदर्श और यथार्थ' नामक समीक्षा ग्रन्थ सामने आया। 'कहानी कला' पुस्तक की रचना विनोद शंकर ने 1938 में की।

साहित्य सम्बन्धी और साहित्येतर आलोचना का व्यवस्थित रूप निम्नलिखित रचनाकारों एवं उनकी रचना में देखा गया। गुलाब राय (नवरस), श्यामसुन्दर (साहित्यालोचन), रामचन्द्र शुक्ल (काव्य में रहस्यवाद), लक्ष्मी नारायण शुक्ल (काव्य में रहस्यवाद), लक्ष्मी नारायण 'सुधांशु' (काव्य में अभिव्यञ्जनावाद), रमाशंकर शुक्ल 'रसाल' (आलोचनादर्शी), राम कुमार वर्मा (साहित्य समालोचना)। इन लोगों ने समालोचना में समन्वय लाने की चेष्टा की। भारतीय काव्य शास्त्र के तत्त्वों में पाश्चात्य आलोचना के सिद्धान्त का समन्वय स्थापित करने की चेष्टा की गयी। भारतीय काव्य शास्त्र शब्द और अर्थ की विशेषता, शब्द शक्ति और रसात्मक सौन्दर्य से सम्पृक्त था। पाश्चात्य आलोचना हमेशा साहित्य की भाषिक संरचना में उसके सृजनात्मक स्वरूप की

पहचान जीवन और समाज के विविध सन्दर्भ में व्याख्यायित होती चलती है। अतः शब्द और अर्थ शक्ति से बाहर साहित्य की मानवीय आवश्यकता, अपेक्षा और मूल्यों के लिये संघर्ष की प्रक्रिया में साहित्य के उद्देश्य की तलाश होने लगी। अब साहित्येतर मूल्यों में साहित्य का वैशिष्ट्य ढूँढ़ा जाने लगा। अब साहित्य को सांस्कृतिक मूल्यों के सन्दर्भ में ही प्रासंगिक समझने की चेष्टा की गयी। अतः सामाजिक मूल्य, आर्थिक मूल्य, राजनीतिक मूल्य, धार्मिक मूल्य, दार्शनिक मूल्य और आध्यात्मिक मूल्यों में विभिन्न वैशिष्ट्य की तलाश साहित्य में आरम्भ हुई। युग जीवन में जो विभिन्न परिवर्तनकामी आन्दोलन हुए, उनका भी प्रभाव साहित्य पर पड़ा। अब उन सामाजिक-राजनीतिक आन्दोलनों के सन्दर्भ में भी साहित्य के उद्देश्य की तलाश होने लगी।

अब साहित्य को संस्कृति तथा सांस्कृतिक मूल्यों में अस्तित्वमान देखा जाने लगा। रामस्वरूप चतुर्वेदी मुख्यतः काव्यभाषा को ही साहित्यालोचन का विषय बनाते हैं। किन्तु साहित्य के इतिहास लेखन के समय वे मानते हैं, "बड़े कवि की एक पहचान यह हो सकती है कि कविता उसने अपने युग की संवेदना से बनायी या नहीं।"[1] आगे वे कहते हैं कि, "काव्य के केन्द्र में मनुष्य का जीवन है किन्तु उनकी मान्यता है कि मनुष्य भाषा में जीता है।"[2] वे आगे कहते हैं कि, "सृष्टि का जटिलतम रूप मनुष्य है और मनुष्य का जटिलतम तथा समृद्धतम अनुभावन साहित्य है। अनुभव तो मनुष्य-मात्र में समान होंगे। इन समान छोटे या बड़े अनुभवों में से किसी का भी प्रत्यक्ष आलम्बन के अभाव में सार्थक अनुभूति के रूप में संक्रमित करते जाना ही जीवन मात्र की विस्तार-प्रक्रिया का दूसरा नाम है।[3] सृष्टि की व्यापकता को व्यक्त करते हुए चतुर्वेदी जी का साहित्य के प्रति विचार सृजनात्मक तो है लेकिन परम्परित काव्य शास्त्रीय चिन्तन से भिन्न भी है। अब लगता है कि साहित्य से इतर कुछ नहीं है। सम्पूर्ण जीवन ही साहित्य है। कारण कि सर्जना विशिष्ट और अद्वितीय होती है। उनका मत है कि, "उत्पादन में एकरूपता का भाव है, सृष्टि में विशिष्टता का और सर्जन में अद्वितीयता का। यन्त्र से पदार्थों का उत्पादन होता है, सृष्टि जीवधारियों की होती है और सर्जन कलाओं का होता है। इस अन्तर को और स्पष्ट करने के लिये कह सकते हैं कि उत्पादन जड़ वस्तुओं का होगा। सृष्टि जैविक है और सर्जन-धर्म निरपेक्ष रूप से आध्यात्मिक है। एक से बहुत होने की मूल प्रवृत्ति के ये विविध रूप हैं।[4]

जब साहित्य को सांस्कृतिक मूल्यों की अभिव्यंजना के रूप में देखा जाने लगा तब संस्कृति को व्याख्यायित करने का प्रयास किया गया। डॉ. देवराज ने संस्कृति को केन्द्र में रखते हुए साहित्य की समीक्षा का प्रश्न उठाया। आधुनिक बोध के सन्दर्भ में उन्होंने सांस्कृतिक मूल्यों को देखने की चेष्टा की। उनका मानना है कि, "संस्कृति तत्त्व वह है जो हमारे चेतना मूलक जीवन एवं व्यक्तित्व को समृद्ध सुन्दर और ऊँचा बनाता है।"[5] वे आगे कहते हैं, "व्यक्तित्व के आकर्षण

---

1. हिन्दी साहित्य और संवेदना का इतिहास – रामस्वरूप चतुर्वेदी, पृष्ठ-46.
2. वही, पृष्ठ-16.
3. वही, पृष्ठ-24.
4. वही, पृष्ठ-15.
5. संस्कृति, साहित्य और समीक्षा–डॉ. देवराज, पृष्ठ-3.

का आधार हमारी वाणी और व्यवहार का सौन्दर्य, हमारी संवेदनशीलता, विचारशीलता, उदारता, साहस, कर्मठता, निर्भीकता, आदि गुण होते हैं।... संस्कृति वह तत्त्व है जो हमारे जीवन को परिष्कृत, विवेक सम्पन्न उदार और सर्जनशील बनाता है।"[1] संस्कृति की विशिष्टता को व्यक्त करते हुए वे कहते हैं, "ज्यादा मनस्वी लोग वैसी क्रान्तियों का स्वागत करते और परम्परा के उन रूपों के प्रति विद्रोह करते हैं जो साम्प्रदायिक जीवन की सामंजस्य एवं सक्षम प्रगति में बाधा देते हैं।... सांस्कृतिक बोध से सम्बन्धित प्रत्येक प्रत्यय और प्रश्न हमारे चेतना मूलक जीवन को विस्तार देनेवाला होता है।... संस्कृति के मुख्य तत्त्व सौन्दर्य बोध, नीतिबोध और आध्यात्मिक, एक अन्य महत्त्वपूर्ण तत्त्व, जो उक्त सब बोधों में अनुस्यूत रहता है, ऐतिहासिक बोध या दृष्टि है।... हमारा सब तरह का महत्त्वपूर्ण बोध दो प्रकार की दृष्टियों, ऐतिहासिक दृष्टि और दार्शनिक दृष्टि से नियमित और नियन्त्रित रहता है, और रहना चाहिए।"[2]

इसका अर्थ है कि साहित्य की समीक्षा भी शब्दार्थ से आगे जाकर सम्पूर्ण जीवन के सीखे हुए ज्ञान से है जहाँ पहुँचकर मनुष्य कुछ भिन्न हुआ है या नया हुआ है। अब तक शब्दार्थ चमत्कार, रसात्मक सौन्दर्य और आनन्द तक ही साहित्य समझा जाता था। आधुनिक बोध तक पहुँचकर साहित्य समीक्षा का दायरा बढ़ा और उसे साहित्येतर मूल्य भी कहा जाने लगा। आधुनिक बोध भी बदला तो साहित्य और समीक्षा के आयाम भी बदले। आधुनिकता के सन्दर्भ में देवराज का मत है, "आधुनिक बोध का सबसे महत्त्वपूर्ण अंग यह अवगति है कि हमारे धर्म ग्रन्थों पर आधारित विश्वास और मूल्य विघटित हो रहे हैं। पुराने युगों के सम्पूर्ण समझे जानेवाले प्रत्यय, पुनर्जन्म, परलोक कर्म सिद्धान्त आदि हमारे जीवन का नियमन या पथ-प्रदर्शन करने में असमर्थ है। इस अवगति को हम आधुनिक मूल्यबोध का प्रारम्भिक रूप कह सकते हैं।"[3] वे आगे कहते हैं कि गलत मूल्यों के प्रति विद्रोह लेखक का कर्त्तव्य है।... साहित्य का प्रमुख उद्देश्य हमारी जीवन क्रिया को उत्तेजित और समृद्ध करना है, न कि उसे रुद्ध करना। मूल्यों में आस्था सक्षम जीवन की आवश्यक शर्त है। जीवन की नैतिक और सौन्दर्यपरक ऊँचाई एवं नीचाई का विवेक अर्थपूर्ण जीवन का आवश्यक अंग है।"[4]

कुछ आचार्यत्व आग्रही लोगों ने आधुनिक रचना-सन्दर्भ में परम्परागत भारतीय काव्य चिन्तन की प्रासंगिकता को सिद्ध करने की चेष्टा की। डॉ. राममूर्ति त्रिपाठी ने अपनी रचनाओं द्वारा प्रयास किया। जैसे– 'व्यञ्जना और नयी कविता', 'लक्षण और उसका हिन्दी काव्य में प्रसार', 'भारतीय काव्यशास्त्र के नये सन्दर्भ', 'भारतीय काव्यशास्त्र नयी' व्याख्या' आदि। लेकिन यह प्रयास सफल न हो सका। आधुनिक-साहित्य लेखन में समीक्षा के ये पुराने प्रतिमान मान्य नहीं हुए। जहाँ आचार्य धर्मी नये प्रतिमानों को गैर साहित्यिक मानते थे, वहीं आधुनिक विचारों के संचालक समीक्षक उसकी प्रासंगिकता पर प्रश्नचिह्न लगाने लगे। कारण कि जिन छन्दों और अलंकारों को मूल रूप से काव्यतत्त्व माना जाता है, उसे ही आधुनिक रचनाकारों ने निरर्थक

1. वही, संस्कृति, साहित्य और समीक्षा- डॉ. देवराज पृष्ठ-3.
2. वही, पृष्ठ-4.
3. वही, पृष्ठ-6.
4. वही, पृष्ठ-7.

घोषित किया। छन्दमुक्त कविता और अलंकार से बोझिल कविता की निरर्थकता घोषित की गयी। अब नयी कविता के प्रतिमान या कविता के नये प्रतिमानों की तलाश होने लगी। आधुनिक गद्य विधाओं की रचना ने जीवन बोध और जीवन की पुनर्रचना को काफी वैज्ञानिकता थी। साहित्य को जीवन की आलोचना और समग्र जीवन मूल्यों से पूर्ण जीवन की पुनर्रचना माना। साहित्य और जीवन के प्रति नयी सोच ने साहित्य के आयाम को बदला, विकसित किया और बहुआयामी कलेवर दिया तो समीक्षा के मानदण्ड भी नये और बहु आयामी हुए। उपन्यास, कहानी, नाटक, लघुकथा, निबन्ध लेखन, रेखाचित्र, संस्मरण, आत्मकथा, जीवनी साहित्य, रेडियो रूपक, इतिहास लेखन में साहित्य-समीक्षा को पुरानी मान्यताओं से अलग करने के लिये एक प्लेटफार्म तैयार किया। आधुनिक काल में जो आवश्यक, अपेक्षित और अनिवार्य बन गया उसे ही साहित्येतर मूल्य कहा गया। नयी-नयी खोजों का आरम्भ हुआ। शोध के नये रास्ते खुले। इससे पुराने साहित्य का सत्यापन भी शुरू हुआ। इससे पाठ सम्पादन का वैज्ञानिक अध्ययन शुरू हुआ। अध्ययन-अध्यापन के नये रास्ते खुलने लगे। भाषा विज्ञान और शैली विज्ञान के अध्ययन ने साहित्य और भाषा के बोध की नयी दिशा तैयार की।

आरम्भ से हिन्दी आलोचना पर विचार करें तो पता चलेगा कि हिन्दी आलोचना में आश्चर्यजनक बदलाव आया। उतना ही यह आलोचना साहित्येतर मूल्यों की ओर अग्रसर हुई जो नये मनुष्य के निर्माण के लिये आवश्यक भी थी।

जीवन हमेशा प्रगतिशील होता है। मानव जीवन के हर क्षेत्र में यदि प्रगतिशीलता न हो तो जीवन निरर्थक हो जाय और वह निष्प्राण हो जाता है। व्यष्टि और समष्टि मानवता के विकास के दो प्रधान पक्ष हैं। जीवन की प्रगतिशीलता और समाज के नूतन निर्माण के साथ-साथ उसकी विचारधारा में परिवर्तन होता है और होना चाहिए। प्रत्येक युग का साहित्य तत्कालीन समाज की विचारधारा और चेतना का प्रतीक है। किसी भी युगीन साहित्य में समाज की चेतना, सन्निहित रहती है। आधुनिक युग में स्वायत्तता चरम मूल्य बना। राष्ट्रीयता की भावना ने राजनीतिक जागृति दी। अब पूरे देश की सोच राष्ट्रीयता, जनतन्त्र और धर्म निरपेक्षता की ओर अग्रसर हुआ। इसी के साथ साहित्य रचना का स्वरूप निर्मित हुआ। अब एक नयी आलोचना प्रणाली विकसित होने लगी जिसका आधार समग्र राष्ट्र, समग्र मानव जीवन और उसकी समस्याएँ हुईं। साहित्य विधा, विज्ञान, धर्म, दर्शन, राजनीति, कला और साहित्य सभी दिशाओं में पूर्णतः प्रभाव के संक्रमण से गुजरी।

भारतेन्दु युग की आलोचना में उपरोक्त सब बातें सोची तो गयीं किन्तु उसका रूप अभी तुलनात्मक या परम्परित स्वरूप से आगे न बढ़ सका। उन आलोचनाओं का विवेचन यहाँ आपेक्षित नहीं है। गुण-दोष विवेचन मात्र से आलोचना आगे बढ़ना चाहती थी। प्राचीनता को भी किसी-न-किसी रूप में स्वीकृति मिली। 'सरस्वती' पत्रिका के प्रकाशन के साथ आलोचना का कलेवर विस्तृत होने लगा। पत्रिकाओं के प्रकाशन ने आलोचना को और प्रगामी बनाया। कृतिकारों के व्यक्तित्व और कृतित्व पर भी विचार होने लगा। धीरे-धीरे आलोचना को एक नयी और सुदृढ़ परिपाटी मिलने लगी। द्विवेदी युग में आलोचना ने काव्य रचना, भाषा स्वीकृति तथा

समीक्षा के क्षेत्र में काफी प्रगति की। सन् 1920 के बाद हिन्दी आलोचना रामचन्द्र शुक्ल, पं. भगीरथ प्रसाद दीक्षित, चन्द्रबली पाण्डेय, लाला भगवान दीन, आचार्य विश्वनाथ प्रसाद मिश्र, आचार्य हजारीप्रसाद द्विवेदी, शान्ति प्रिय द्विवेदी, मुकुटधर पाण्डेय, जयशंकर प्रसाद, निराला, सुमित्रानन्दन पन्त, महादेवी वर्मा, रामकुमार वर्मा, डॉ. शम्भूनाथ सिंह, आचार्य नन्द दुलारे वाजपेयी, डॉ. लक्ष्मी नारायण 'सुधांशु', रामधारी सिंह दिनकर, डॉ. नगेन्द्र भूदेव शर्मा, हेमचन्द्र जोशी, आचार्य नलिन विलोचन शर्मा, पं. परशुराम चतुर्वेदी के साथ बड़ी तेजी से आगे बढ़ी। पाश्चात्य समीक्षा का भारतीय समीक्षा पद्धति में समाहार करते हुए प्राचीन शास्त्रीयता को बदला तो गया लेकिन अभी आलोचना में साहित्येतर मूल्यों का काफी प्रवेश नहीं आ पाया था। रामचन्द्र शुक्ल ने कविता की नयी परिभाषा दी, उसे लोकमंगल से जोड़ा और रस का सौन्दर्यशास्त्रीय विवेचन नये एवं पाश्चात्य सन्दर्भ में भी किया। नन्ददुलारे वाजपेयी ने भी प्राचीन समीक्षा पद्धति को नया रूप प्रदान किया। आचार्य हजारीप्रसाद द्विवेदी ने अवश्य मानवतावादी चेतना का पश्चिमीकरण किया और भारतीयता को पाश्चात्य नवीनता की ओर मोड़ा। ऐतिहासिक विकास के दर्शन को नयी दिशा दी। सार्वजनीनता को संस्कृति का आधार बनाया। प्राचीन को समसामयिक दृष्टि प्रदान की। डार्विन आदि के वैज्ञानिकता को भी स्वीकार किया। रचना में भी और मानवीय विकास की चिन्ता में पश्चिमी नवीनता को भारतीय पोशाक में प्रस्तुत किया और दूसरी परम्परा की खोज का यश लाभ किया। गद्य साहित्य के लेखन में भारतीय आख्यान को नया पथ प्रदान किया। प्राचीन पात्रों को युगानुकूल नीवनता प्रदान की। हिन्दी गद्य-साहित्य का व्यवस्थित स्वरूप प्रतिपादित हो चुका था। निबन्ध और ललित निबन्धों की रचना का प्रौढ़ युग आरम्भ हो चुका था। अब पश्चिमी बौद्धिकता साहित्य और समीक्षा में प्रविष्ट हो चुकी थी। अतः साहित्य-समीक्षा साहित्येतर मूल्यों की ओर प्रवृत्त हो चुकी थी। अभी भी कुछ लोग काव्य शास्त्र के चंगुल से निकल नहीं पा रहे थे। आलोचकों मे दो वर्ग हो चुके थे। एक गैर अध्यापकीय आलोचक और आलोचना दूसरी अध्यापकीय आलोचना। पाठ्य पुस्तकों की दृष्टि से हिन्दी साहित्य और आलोचना का पथ निर्मित होने लगा।

मार्क्सवादी चिन्तन के विश्वव्यापी प्रचार ने हिन्दी आलोचना और रचना साहित्येतर मूल्यों की ओर खींचने की कोशिश की। प्रेमचन्द की अध्यक्षता में इस आन्दोलन को साहित्यिक स्वीकृति मिली। प्रगतिवाद, भौतिकतावाद, समाजिक द्वन्द्ववाद, वर्ग संघर्ष, पूँजीवादी युग की पहचान शोषक और शोषित, किसान-मजदूर की पक्षधरता आदि में ऐसे मूल्य हुए जिसे साहित्येतर एवं जीवन के अनिवार्य मूल्य कहा जा सकता है। सामन्ती वर्ग और पूँजीवादी वर्ग के विरुद्ध संघर्ष की आवाज उठी। साहित्य की समीक्षा परम्परित समीक्षा से भिन्न होने लगी। अब तक यह स्थिति आ चुकी थी कि अधिकांश लेखक आलोचक थे और हर आलोचक किसी-न-किसी विधा का लेखक भी था। अब साहित्य लेखन की मान्यता इस बात में हुई कि वह शोषित वर्ग में अपने अधिकार की लड़ाई के लिये चेतना प्रदान कर सके। शोषक वर्ग के सामने उसमें संघर्ष की शक्ति और क्षमता को भरने की शक्ति स्फुटित कर सके। इस सन्दर्भ में शिवदान सिंह चौहान, राहुल सांकृत्यायन, रामविलास शर्मा, नामवर सिंह, मुक्तिबोध, नागार्जुन, शिवकुमार मिश्र, मैनेजर पाण्डेय

आदि की भूमिका वरेण्य थी। यह दौर चलता रहा। आज भी प्रगति पर है। अनेक विद्वान् मार्क्सवादी, प्रगतिवादी, जनवादी आदि आलोचना दृष्टि से जुड़े हैं।

सार्त्र ने जिस अस्तित्ववाद की शुरुआत की उसका भी प्रवाह हिन्दी आलोचना पर पड़ा। व्यक्तिवाद का काफी प्रचार हुआ। अज्ञेय आदि ने जहाँ फ्रायड के मनोविश्लेषण की प्रक्रिया को स्वीकार किया तो व्यक्तिवाद तथा अजनबीपन की बात भी अपने लेखन और चिन्तन में उठायी। आजादी के बाद राममनोहर लोहिया ने देशव्यापी समाजवादी आन्दोलन चलाया। इस साहित्येतर मूल्य का हिन्दी समीक्षा में विशेष प्रयोग शुरू हुआ। यह सामाजिक चिन्ता मार्क्सवादी समाजवादी चिन्ता से भिन्न थी। प्रोफेसर रघुवंश, लक्ष्मीकान्त वर्मा आदि लोग इस विचारधारा से प्रभावित हुए और अपने साहित्यिक चिन्तन को भी इसका आधार बनाया। प्रोफेसर रघुवंश ने सृजनशीलता और मूल्यवादिता को दर्शन से स्वीकार किया। इसीलिये उनका चिन्तन काफी दार्शनिक हो जाता है। भारतीय काव्य शास्त्र की दृष्टि से ये चिन्तन साहित्येतर ही कहे जायेंगे।

नयी कविता के दौर में काव्य बिम्ब, भाषिक रचना धर्मिता, चित्रात्मकता, समाज में वैयक्तिक और सामाजिक मूल्यों के संघात को, वैषम्य में मूल्य प्रतिपादन को लेकर एक वर्ग खड़ा हुआ। उसमें विजय देव नारायण साही, लक्ष्मीकान्त वर्मा, रामस्वरूप चतुर्वेदी, जगदीश गुप्त आदि का नाम लिया जाता है। इस श्रेणी में अनेकों लोग सामने आये। यदि हम समकालीन हिन्दी आलोचना को देखें तो पता चलेगा कि अधिकांश साहित्येतर मूल्यों से जुड़ी है। मनोविज्ञान के विकास के साथ मनोवैज्ञानिक आलोचना का भी प्रचार-प्रसार होता हैं। इधर हिन्दी साहित्य के शोध क्षेत्र में अनेक साहित्यिक विधाओं का अध्ययन मनोवैज्ञानिक आधार पर हो रहे हैं। समाज चिन्ता, दार्शनिक चिन्ता, राजनीतिक चिन्ता, आर्थिक चिन्ता को लेकर भी शोध कार्य हो रहे हैं। ये साहित्येतर मूल्य आज प्रधान मूल्य बन गये हैं।

अभी तक बौद्धिक विमर्श की बात तो चलती थी किन्तु अब नया चिन्तन का बिन्दु उभरा और बड़ा ज्वलन्त प्रश्न है। दलित विमर्श, स्त्री विमर्श, आदिवासी विमर्श, प्राकृतिक विमर्श आदि अनेक विमर्श शोध और समीक्षा के प्रमुख आधार बन चुके हैं। यह देश के बहुत बड़े समुदाय का प्रश्न है। यह नयी विधा है।

इसके अलावा साहित्येतर मूल्यों में समाजशास्त्र, मनोविज्ञान, अर्थशास्त्र, विज्ञान के साथ अजनबीपन, सन्त्रास, कुण्ठा आदि को भी आधुनिक आलोचना का आधार बनाया जा रहा है। यथार्थवाद, अतियथार्थवाद, प्रकृतिवाद, आधुनिकतावाद, अस्तित्ववाद, आलोनात्मक यथार्थवाद, प्रगतिवाद, प्रतीकवाद, प्रभाववाद, रूपवाद, विपथन, समाजवादी यथार्थवादी आदि वादों को साहित्येतर मूल्य के रूप में ही माना जा सकता है। आजकल इन विषयों पर ज्यादा जोर दिया जा रहा है। सबका विस्तृत वर्णन करना सम्भव नहीं है। साहित्येतर मूल्यों का यही युग-सन्दर्भ भी है।

(3) नयी सदी में हिन्दी आलोचना[1]

— डॉ. क्षमाशंकर पाण्डेय

सौ वर्ष से ज्यादा की यात्रा कर चुकी हिन्दी आलोचना ने निश्चित रूप से हिन्दी साहित्य के आधुनिक काल में ही अपनी आँखें खोली थीं। राष्ट्रीय स्वाधीनता के उस संघर्ष काल में साहित्य और साहित्यकार के सामने दोहरी चुनौती थी। खुद की पहचान और युगानुरूप निर्माण एवं सृजन— वे दोहरे दायित्व थे। हिन्दी आलोचना के समर्थ आलोचक आचार्य रामचन्द्र शुक्ल ने आलोचक को आगाह करते हुए कहा था कि, "हम अपनी नजर से दुनिया को देखें, दुनिया की नजर से अपने को नहीं' और आम चलन पर टिप्पणी करते हुए लिखा कि; आजकल पश्चिमी रंग के चश्में बड़े सस्ते मिलने लगे हैं।" नयी सदी में हिन्दी आलोचना के परिदृश्य पर विचार करते हुए यह स्वीकार करना पड़ता है कि पश्चिमी रंग के सस्ते चश्में हिन्दी आलोचना की आँखों पर इस तरह चढ़े हुए हैं कि उनकी अपनी दृष्टि भी कुछ है, यह पता ही नहीं चलता। स्वाधीनता पूर्व की हिन्दी आलोचना पश्चिम से संवाद करते हुए विकसित हो रही थी, पर हीनताबोध से ग्रस्त स्वतन्त्रता के बाद की आलोचना के लिये ऐसा ही नहीं कहा जा सकता। आचार्य रामचन्द्र शुक्ल ने हिन्दी साहित्य का इतिहास में समालोचना प्रकरण में आगाह करते हुए लिखा था कि, "किसी साहित्य में बाहर की भद्दी नकल उसकी उन्नति या प्रगति नहीं कही जा सकती। बाहर से सामग्री आये, खूब आये पर वह कूड़ा करकट के रूप में इकट्ठी न की जाये। उसकी कड़ी परीक्षा हो, उसका व्यापक दृष्टि से विवेचन किया जाये जिससे हमारे साहित्य के स्वतन्त्र और व्यापक विकास में सहायता पहुँचे।" (हिन्दी साहित्य का इतिहास पृ. 406) पर साहित्य के झण्डाबरदारों ने कभी इस तो कभी उस पश्चिमी सिद्धान्त को प्रस्तुत करते हुए यह जताने की कोशिश की कि हमारी परम्परा में ऐसा कुछ था ही नहीं, और बिना इन्हें जाने और अपनाये हम विश्व साहित्य के नागरिक नहीं बन सकते।

आज का आलोचनात्मक परिदृश्य यह है कि सैद्धान्तिकी के नाम पर उत्तर संरचनावाद उत्तर पाठकवादी आलोचना की छवियों अवधारणाओं और व्याख्याओं का बोलबाला है। औपनिवेशिक मानसिकता से ग्रस्त हिन्दी आलोचना आधुनिकतावाद, मार्क्सवाद, कलावाद, अभिव्यञ्जनावाद, फासीवाद, अस्तित्ववाद और रूसी रूपवाद की ओर ललकते हुए उत्तर आधुनिकतावाद का गुणगान कर रही हैं। फ्रैंकफर्ट और उत्तर संरचनावाद ने उसे दुर्गति की ओर

1. भोजपुरी भाषा और साहित्य के गहरे जानकार, हिन्दी की कई विधाओं के समादृत लेखक और इलाहाबाद में रहनेवाले डॉ. क्षमाशंकर पाण्डेय इस लेख के लेखक हैं।

धकेल दिया है। विकृत पोस्ट माडर्न कल्चर ने आधुनिकता को अधूरी परियोजना का नाम देकर भारत जैसे सम्पन्न साहित्य-संस्कृति-दर्शन और साहित्य शास्त्र के देश को अँधेरे में भटका दिया है। तकनीक, मीडिया और बाजारवाद के प्रभाव में पश्चिम की जेनेटिक सांस्कृतिक आलोचना का ऐसा असर हुआ है कि भारतीय साहित्य समीक्षा दृष्टि के देशी स्रोत प्रायः सूख से गये हैं। रस, ध्वनि, वक्रोक्ति, औचित्य, गुण, सौन्दर्य दर्शन का पूरा प्रवाह लगभग लुप्त-सा हो गया है। परम्परा को बन्धन और व्यर्थ माननेवाले भूल गये हैं कि हिन्दी के आलोचना विमर्श में अनेक स्वर हैं। अनेक परम्पराओं के स्रोत हैं, नये महाभाष्य के भाषा-विमर्श हैं और भाषा विमर्श में भी अनेक व्यंजकताओं के सहृदय केन्द्रित अनेक अर्थ हैं। इनमें से एक हैं पाठ के भीतर पैठ कर हर तरह की अर्थ सम्भावनाओं की खोज और नये अर्थ का सृजन। पर आज की आलोचना अर्थ की खोज नहीं, अर्थ के सृजन पर बल दे रही हैं। स्थापित अर्थ के विस्थापन के पाठ के बाद सत्ता आकांक्षा से बलपूर्वक दबाये गये वास्तविक अर्थ की मुक्ति। इस रूप में आलोचना के अपने सांस्कृतिक राजनीतिक तर्क हैं जिसमें रचना के बरक्स आलोचना सृजन कर्म है, जिसमें विचारधाराओं की दीवारें शिथिल हैं। उत्तर उदारवाद और उत्तर पूँजीवादी माहौल में आलोचना का यह परिदृश्य बहुत आश्वस्ति कर नहीं हैं। आलोचना का स्वराज्य और जनतन्त्र लगभग कोमा की स्थिति में है। बहुलतावाद के नाम पर 'हाइब्रिडिटी' प्रभावी है।

कविता केन्द्रित काव्यशास्त्र पर बल दिये जाने के कारण गद्य केन्द्रित आलोचनाशास्त्र की सैद्धान्तिकी कायदे से हिन्दी में विकसित ही नहीं हो पायी। न नाट्य केन्द्रित आलोचना सैद्धान्तिकी बनी न निबन्ध केन्द्रित। कहानी और उपन्यास की आलोचना का भी लगभग वही हाल है। प्रतिमानीकरण न होने के कारण विमर्श मूलक प्रतिमान भी ठीक से लागू न हो पाये। मुक्तिबोध प्रभृति रचनाकारों और आलोचकों ने बराबर ध्यान दिलाया कि नया सृजन तो देशज है, पर नये सृजन पाठ पर लागू समीक्षा के प्रतिमान विदेशी हैं। उत्तर आधुनिकता और उत्तर संरचनावाद के आकर्षण में हम अपनी विरासत से लगभग आँखे मूँदे हुए हैं। हमारा परम्परा, स्मृति, भाषा, अर्थ और शब्द से नाता ही बदल गया है। हमारी स्मृति के परिदृश्य को रिचर्ड्स, टी.एस. इलियट, पाउण्ड, एफ. आर. लीविस यहाँ तक कि टेरी ईगलटन और आल्थूसे तक दगा दे गये हैं। अपने समय को पहचाननेवाली सही सैद्धान्तिकी विकसित नहीं हो पायी है। उत्तर आधुनिकता के प्रभाव में परम्परागत दर्शन, प्रत्यय, मुक्ति, प्रतिमान, अवधारणाएँ और राजनीतिक-सांस्कृतिक सिद्धान्त प्रायः खारिज हो गये हैं। विश्व नागरिक बनने और विश्व साहित्य के साथ कदमताल करने की जल्दबाजी में हम बिना सोचे समझे पश्चिमी साहित्यिक और आलोचनात्मक सिद्धान्तों को अपनाते गये। जैसे 1980 के बाद हैबरमास और उनके समुदाय के चिन्तकों ने आलोचना का पूरा पाठ ही बदल दिया। यह पाठ इतना बदला कि रोला बार्थ, देरिदा, मिशेल फूकों, पाल डी मान आदि सभी उत्तर आधुनिकता के सिद्धान्तों के जाल में आते गये। रीडिंग को मिसरीडिंग में बदलने की पॉलिटिक्स, फिलासफी और कल्चर ने मिशेल फूको में बाजी मारी। आज स्थिति यह हो गयी है कि आलोचना चिन्तन 'बौद्धिक' भूमिका से फिसलकर अतिरेकी यथार्थ के युग में आ गया है।

हिन्दी आलोचना भी तमाम चीजों की तरह अमेरिकी चिन्तन, अमेरिकी संस्कृति और अमेरिकी पूँजी के प्रभाव में है। हमारी जातीय स्मृति और जातीय अस्मिता पर चौतरफा हमला

हो रहा है। हिन्दी क्षेत्रों की बौद्धिक दरिद्रता, पश्चिमी आधुनिकता का पागलपन और नकलचीपन ने हिन्दी आलोचना को पश्चिमी जूठन पर जीने को विवश किया हुआ है। अपनी मूल जड़ों से रस लेना भूलकर वह औपनिवेशिक दिमागी गुलामी से ग्रस्त है। आज आलोचना कर्म में मौलिक चिन्तन से उपजी सर्जनात्मक आलोचना का प्रायः अवसान हो चुका है। संस्कृत काव्यशास्त्र की धरोहर के प्रति आत्मधिक्कार, हिकारत और आलस्य ने नकारवाद को जन्म दिया है। आचार्यों के पुनः पाठ ने जिस रीतिवादी काव्यशास्त्र को प्रस्तुत किया उसमें कोई मौलिकता नहीं है। प्राचीन सिद्धान्तों का न पुनर्भाष्य किया गया न पुनर्व्याख्यात्मक पाठ-विमर्श। कुछ प्रयासों को छोड़कर सृजन परम्परा की अर्थमीमांसा और पुनः पाठ का प्रश्न ही गम्भीरता से हिन्दी आलोचनाशास्त्र में नहीं उठा। परम्परा का 'परीक्षण' और 'पुनर्व्याख्या' का जरूरी प्रयास नहीं किया गया। हिन्दी आलोचना प्रायः संरचनावाद, उत्तर संरचनावाद के जटिल वाद-विवाद में प्रायः उलझी रही है। इसमें सास्यूर, देरिदा, मिशेल फूको, पाल डी मान आदि की मान्यताएँ एवं प्रविधियाँ सक्रिय रही हैं। सास्यूर ने भाषा की अध्ययन विधि में 'सिंक्रोनी' व्यंजक-व्यंग्य प्रक्रिया को आधार बनाया और अर्थ अध्ययन की प्रक्रिया में नयी निष्पत्तियों की उद्‌भावना की। नव्य आलोचना जो अमेरिकी स्कूल की देन है हमारे लिये आकर्षण का केन्द्र बनी हुई हैं। यहाँ माना गया कि 'साहित्यिक पाठ' के भीतर मौजूद अर्थ बहुल व्यंजकता, अर्थ के तनाव, अर्थ की जटिलता की पर्त्तों को खोलना ही आलोचना कर्म है। 'राइटिंग डिग्री जीरो' तथा 'प्लेजर ऑफ द टेक्स्ट' लिखनेवाले रोला बार्थ ने भाषा की संस्कृति और संस्कृति को भाषा मानकर पुराना इतिहास-भूगोल ही परिवर्तित कर दिया। उसके चिन्तन के कारण पाठ की बहुलार्थकता का सन्दर्भ ही नया हो गया। पाठ से सृजनात्मक अर्थ का दोहन करते हुए उसने सृजनात्मक आलोचना का प्रवर्तन किया और हिन्दी में उसकी 'अनुगूँज' आलोचना भी रचना है के रूप में सुनायी पड़ी।'

आयातित विचारों, पद्धतियों और विश्लेषण से आक्रान्त हिन्दी आलोचना आज लगभग स्तब्धता की स्थिति में है। सबका अन्त करनेवाली उत्तर आधुनिक घोषणा ने एक तरह से नयी जमीन खोजने और तोड़ने की चुनौती दी थी, पर अपने-अपने मठों और दुर्गों में कैद हिन्दी आलोचना के सिपहसालार आज भी आत्म-मुग्ध हैं। आज जब तकनीक और मीडिया संस्कृति ने नये तरह की संस्कृति के निर्माण का बीड़ा उठाया हुआ है, विचार और दर्शन के तमाम उत्स और आयोजन प्रश्नांकित हो उठे हैं। दर्शन की जमीन से अज्ञेय ने 'भवन्ती' में एक सवाल उठाया था कि, "जब राजनीति केवल सत्ता की साधना है और अर्थशास्त्र केवल वैध लूट, तब क्या जरूरी है कि दर्शनशास्त्र भी इस स्थिति की समर्थन संहिता बनकर रह जाये? क्या सीमाओं का अतिक्रमण ही मानव का चरम कर्त्तव्य नहीं है? मानव मात्र की दीनावस्था क्या यान्त्रिकी विजय का परिणाम है या दर्शन की पराजय का? (पृ. 84)" इस प्रश्न के आलोक में तकनीक और प्रबन्धन के वर्चस्ववाले युग में विचार अपेक्षित है। पाठ का अन्तर्पाठ और व्याख्या की पुनर्व्याख्या की माँग करनेवाला आलोचनात्मक समय सृजन की 'रीडिंग' नहीं 'मिसरीडिंग' कर रहा है। वहाँ 'यूटोपिया' नहीं 'डिसटोपिया' का महत्त्व बढ़ गया है। अब 'ट्रेस थियरी' का बोलबाला है। नये अर्थ सन्दर्भों-प्रकरणों आख्यानों, रूपकों, मिथकों की क्लोज रीडिंग और अर्थों के नये अनुमान।

बहुलतावादी सांस्कृतिक परिधियों ने सामूहिक अवचेतन सिद्धान्त को आहत किया है और नये वैश्विक रिश्तों में समस्याओं के नये सन्दर्भों की निर्मित हो रही है। आज के मनोजगत् का सांस्कृतिक नियन्त्रण व्यापक आर्थिक गतिविधियों या बाजार का हिस्सा है। लोकप्रिय सांस्कृतिक गतिविधियाँ अब पूँजी के नये शक्ति तन्त्रों, केन्द्रों के लिये एकाधिकारवादी वर्चस्व का पथ प्रशस्त कर रही है। मीडिया का एकाधिकारवादी वर्चस्व इस बात का व्यंजक संकेत है कि मानव, प्रकृति और समाज– तीनों पर उसका कब्जा है। हिन्दी आलोचना में डॉ. रामस्वरूप चतुर्वेदी ने 'संस्कृति और सभ्यताओं का संघर्ष' शीर्षक लेख लिखकर यह चिन्ता व्यक्त की थी कि समकालीन संस्कृति के नए सन्दर्भों में सभ्यताओं के संघर्ष का एक नया ध्वनिशास्त्र निर्मित होता है। दरअसल यह आलेख 'हटिंगटन' के सभ्यताओं का संघर्षवाले विचार की प्रतिक्रिया में लिखा गया था। 'लोकप्रिय संस्कृति' और 'संस्कृति उद्योग' के मीडियावाले मुहावरे से आलोचना भी बुरी तरह प्रभावित हो रही है।

तमाम चीजों और क्षेत्रों की तरह आलोचना के क्षेत्र में भी तात्कालिकता हावी है। नये आलोचक समसामयिक लेखन से इतने आक्रान्त हैं कि अतीत के साहित्य की स्मृति का संकट उत्पन्न हो गया है। कष्टदायक यह है कि साहित्य के सैद्धान्तिक प्रश्नों पर विचार करने का समय ही जैसे चला गया है। अब हिन्दी की सैद्धान्तिक आलोचना 'एकैडेमिक आलोचकों' के हाथ से निकलती जा रही है। मनमाने ढंग से भाववाद, कलावाद, सौन्दर्यशास्त्र, मिथक, आलोचना, पाठकवादी आलोचना की चर्चा हो रही है। एक अजीब तरह की अराजकता की शिकार हिन्दी आलोचना के लिये सभ्यता-संस्कृति, परम्परा प्रभृति साहित्य आधारभूमि अर्थहीन हो गया है। पश्चिमी मीडिया तन्त्र हमारी स्मृति से हमें लगातार दूर करने के प्रयास में है और हम हैं कि स्मृति लोप को ही उपलब्धि मानने लगे हैं। भूमण्डलीकरण के कारण पसरती जा रही उपभोक्तावादी संस्कृति के दबाव में 'आलोचक की स्वाधीनता' और आलोचक का स्वदेश दोनों हाँफ रहे हैं। साहित्य का समाजशास्त्र मार्क्सवादी सौन्दर्यशास्त्र का क्षेत्र हो गया है। पाठ से सही अर्थों में मुठभेड़ की जगह मुँह-चुराकर, सिद्धान्तों की आड़ में बचने का प्रयास करनेवाली आलोचना विश्वसनीय नहीं रह गयी हैं।

हिन्दी आलोचना के अद्यतन परिदृश्य में उत्तर आधुनिकतावादी, उत्तर संरचनावादी, नव मार्क्सवादी, नव्य फ्रायडवादी, पाठकवादी आलोचना की नयी प्रवृत्तियाँ पैर पसार रही हैं। इन प्रवृत्तियों का एक सकारात्मक पहलू यह है कि इन्होंने भारतीय संस्कृति की विरासत को पुनर्परिभाषित करने की दिशा में पहल की है। अपनी जड़ों की ओर लौटते हुए जातीय अस्मिता, और जातीय स्मृति का पुनराविष्कार करने का प्रयास किया जा रहा है। मास-मीडिया, इण्टरनेट, और संचार-साधनों की अभूर्तपूर्व प्रगतिवाले समय में सर्जनात्मकता की पहचान के अवसर पड़ रहे हैं। ऐसे में यह जरूरी हो गया है कि औपनिवेशिक मानसिकता से मुक्ति पाकर, निजता की पहचान का प्रयास किया जाय। कान टटोलने की जगह कौए के पीछे भागना बहुत हो चुका। दो सौ वर्षों की औपनिवेशिक दासता ने जिन गहन स्तरों पर हमारी मानसिकता, जातीय अस्मिता, स्वतन्त्र चेतना, कालबोध, परम्परा, देशी आधुनिकता और जीवन की आन्तरिक लय शैली को

प्रभावित किया है, उसे कारण आज अपनी पहचान के बारे में चौकन्नापन और प्रश्नाकुलता भी बढ़ी है। इस प्रवृत्ति को एक सकारात्मक दिशा कहा जा सकता है।

परम्परा से टकराते हुए नये क्षितिज की तलाश ही भावी आलोचना की सही दिशा हो सकती है। मसलन कृति की श्रेष्ठता को निर्धारित करनेवाली पाठ-प्रविधि-भारतीय आलोचना में मौजूद रही है, पर अज्ञानता के कारण उसे समझा नहीं गया। भारतीय काव्य दर्शन, नाट्य शास्त्र, काव्य शास्त्र-कामशास्त्र में सत्य को पहचानने के लिये मनुष्य को बदलते हुए देश काल में परखना और पारिभाषित करना रचना कर्म का दायित्व रहा है। लोक के शिव की लोकमंगल की सिद्धि के लिये तलाश रचना और आलोचना दोनों का काम्य रहा है। इसी अर्थ सन्दर्भ पर उँगली रखते हुए विजय देव नारायण साही ने कहा कि, "साहित्य चूँकि उस अनुभूति का साक्षात् अनुभव करता है, इसलिये उसके लिये यह जरूरी नहीं है कि वह दर्शन की तरह हर एक को टुकड़े-टुकड़े में बाँट कर परखे, मिलाये और उत्तर दे। किन्तु इसका मतलब यह नहीं है कि साहित्य के उत्तर में बौद्धिक गम्भीरता या औचित्य की कमी हो। आलोचना साहित्य का दर्शन शास्त्र है और उसका एक काम यह भी है कि वह संश्लिष्ट उत्तर का विश्लेषण करके उसकी सीमा रेखा को सुस्पष्ट और तीक्ष्ण बनाये। नहीं तो जीवन के प्रति साहित्य का स्पर्श गूँगे के गुड़ की तरह होकर रह जायेगा। (छठवाँ दशक पृ. 263) परन्तु आलोचना साहित्य की जमीनी सच्चाइयों से अलग आरोपित सिद्धान्तों का चश्मा लगाये अपनी राह तय करती रही। हिन्दी आलोचना की सीमा यह हो गयी है कि उसने जड़ों से रस लेना बन्द कर दिया है। रचनाकार की रचना के पाठ विश्लेषण से सिद्धान्त निरूपण की जगह, सिद्धान्तों के आलोक में रचना को परखने, स्वीकारने या नकारनें का चलन आम होता जा रहा है। यह प्रकृति राजनीतिक तो है, पर साहित्यिक दृष्टि से इसे ठीक नहीं कहा जा सकता। बदलते सामाजिक यथार्थ, रचना के रूप और वस्तु में बदलाव, भाषा के बदलते तेवर आदि को रेखांकित करने की जगह रचना में क्या नहीं है और क्या होना चाहिए पर ज्यादा बल दिया जा रहा है। नतीजतन रचनाकार विवशहोकर कहने के लिये बाध्य है कि –

अगर कीर्ति का फल चखना है,
कलाकार ने फिर-फिर सोचा,
आलोचक को खुश रखना है।

इस मनः स्थिति में आलोचना 'सहयोगी प्रयास' या "जीवन की आलोचना' न रह कर वह लाठी हो गयी है, जिससे रचनाकार को हाँकने या आतंकित करने की प्रक्रिया परवान चढ़ रही है। अपने दायित्व से मुँह चुराती हिन्दी आलोचना के सामने नये क्षेत्र, नयी चुनौतियाँ आ रही हैं, और वह उनका सामना करने की तैयारी भी नहीं कर पा रही।

बाजार और प्रौद्योगिकी के पंखों पर सवार यह समय विस्तार को विकास मानते हुए अभिव्यक्ति के नये माध्यम प्रस्तुत कर रहा है। सामाजिक माध्यम ने अभिव्यक्ति के लिये अधिकाधिक अवकाश देते हुए नयी तरह की आजादी रचनाकारों को दी है। सेल्फी संस्कृति ने सांस्कृतिक शून्यता को बढ़ावा देना शुरू कर दिया है। इस परिवेश में साहित्यिक पाठ की साधना

एवं विश्लेषण के लिये न श्रद्धा है न शक्ति। 'रिडक्सनिज़्म' को बढ़ावा मिलने के कारण नयी साहित्यिक संस्कृति में पूरी रचना के स्थान पर उसके एक अंश या पंक्ति से काम चलाया जा रहा है। पाठ प्रक्रिया पट पाठ (स्क्रीन रीडिंग) तक पहुँच चुकी है, जिसमें हाइपर अटेन्शन जरूरी होता है। इस हाइपर अटेन्शन ने पाठ संस्कृति को विस्थापित कर दिया है। संस्कृति के विकास के लिये समय और संयम दोनों की आवश्यकता होती है। जिसका इस पट-पाठ में अभाव है। यह पट-पाठ अपने लिये मल्टी टास्किंग चाहता है। ध्यानकेन्द्रण कर पाठ-विश्लेषण का अवकाश भी यह परिदृश्य नहीं दे रहा है। ऐसे में वही कलाकार या साहित्य श्रेष्ठ माना जाता है जो देश, काल और वर्ग की सीमाओं को दरकिनार कर अपना चलन स्थापित करता है। इसका परिणाम यह हुआ है कि प्रतियों की बिक्री संख्या, प्रकाशक से मिली अग्रिम राशि या रायल्टी की रकम, 'वेस्ट सेलर' का तमगा, सोशल मीडिया पर अनुसरण करनेवालों की संख्या और लोकप्रियता समकालीन साहित्य को मापने के मानदण्ड के रूप में उभरे हैं। स्पष्ट ही यहाँ देखा जा सकता है कि आलोचना के मूल्य मानों के निर्धारण में भी बाजार का हस्तक्षेप क्रमशः बढ़ता जा रहा है। साहित्य अब लोक रुचि के संस्कार और परिष्कार का माध्यम न रहकर यथार्थ के नाम पर लोक रुचि और प्रचलन का प्रस्तोता बनता जा रहा है। ऐसे में साहित्य और साहित्यकारों का दायित्व जहाँ अप और विकृत संस्कृति के खिलाफ जहाँ एक सार्थक प्रतिरोध रचने का हो गया है, वहीं आलोचक और आलोचना के लिये भी कठिन समय है। उसे भी अब 'ठकुरसुहाती' की राह छोड़ कर नयी राह चुननी होगी।

नयी सदी में हिन्दी आलोचना का स्वरूप निश्चित रूप से बदलेगा, और उसे बदलना भी चाहिए। नये पाठ और नयी रचनाशीलता के लिये पुराने उपकरण निश्चित रूप से पर्याप्त नहीं हैं। नयी रचनाशीलता जिस जमीन और परिवेश से खाद-पानी ग्रहण कर रही है, जीवन जिन कोनों-अँतरों से सुगबुगा रहा है, या संघर्ष कर रहा है, उसकी सम्यक् पड़ताल करते हुए ही आलोचना का स्वरूप भी तय होगा। हाँ यह जरूर है कि इसकी खोज में आलोचना की देशज परम्परा का सम्यक् मूल्यांकन किया जाय। न केवल संस्कृत आलोचना बल्कि अपभ्रंश के भी आलोचना विवेक की विधिवत् पड़ताल अपेक्षित है। भूली और छूटी हुई वे राहें यदि हमारा मार्ग दर्शन करने में सहायक हैं, तो उनका पुनराविष्कार हमें समृद्ध ही करेगा। मसलन पश्चिम की पाठ केन्द्रित आलोचना के आकर्षण में हम दसवीं सदी के आचार्य राजशेखर को बिल्कुल भूल गये जिन्होंने शास्त्र के रूप में काव्य को पढ़ाये जाने की वकालत की थी। कारयित्री और भावयित्री के रूप में प्रतिभा का विभाजन करते हुए सहृदय की जगह भावक को स्थापित किया था। लोक केन्द्रित काव्य और काव्यशास्त्र का प्रवर्तन करनेवाले राजशेखर कविता के पाठ की बात करते हैं। उनकी घोषणा है कि कविता वेद की तरह है। वेद या श्रुति में जिस तरह पाठ का महत्त्व है— उसी तरह कविता में भी माना जाना चाहिए। डॉ. कृष्णदत्त पालीवाल ने ठीक ही प्रस्तावित किया था कि, "भारतीय सैद्धान्तिकी का उत्तर औपनिवेशिक आलोचना का 'पाठ' राजशेखर से उठाया जा सकता है।"[1]

1. हिन्दी आलोचना का उत्तर आधुनिक विमर्श- डॉ. कृष्ण दत्त पालीवाल, पृष्ठ-22.

इस तरह नयी सदी में यह अपेक्षा अवश्य की जानी चाहिए कि रचनाओं के बदलते अक्षांश देशान्तर के अनुरूप आलोचना भी अपने निर्देशांक बदलेगी। औपनिवेशिक मानसिकता से मुक्त होकर, रचना से संवाद करते हुए वह न ही आतंकित होगी, न ही आत्म मुग्ध। निर्ममता से परम्परा का परीक्षण कर वह अपनी निजता निर्मित करने का प्रयास करेगी, जिसमें अपनी माटी की गन्ध होगी और होगा अपनी प्रकृति, परिवेश और रचना से अर्जित वैचारिक सम्बल। इसके केन्द्र में बाजार का दिखावा नहीं, मनुष्य की पीड़ा और जीवन के चर्चित, अचर्चित और उपेक्षित सन्दर्भों को पहचानने का प्रयास होगा। चश्में चढ़ाकर रचनाओं का रंग निर्धारित करनेवाली आलोचना की जगह नंगी आँखों से रचना के साक्षात्कार का प्रयास ही नयी सदी में आलोचना को सही चेहरा दे सकेगा।

(4) रचना और आलोचना की अन्तर्सम्बद्धता[1]

— डॉ. अजीत राय

रचना और आलोचना के द्वन्द्व को उसकी सामासिकता में पहचानना एक कठिन कार्य है। दोनों की भूमिकाओं की अदला-बदली भी सर्वज्ञात है। रचना भी तो मूलतः जीवन की आलोचना ही है। कविता यदि जीवन की पुनर्रचना है तो आलोचना कविता की पुनर्रचना। इसका यह अर्थ है कि आलोचना रचना पर आश्रित होती है और आलोचक रचना का प्रथम पाठक और व्याख्याता है। किन्तु इसका यह आशय कतई नहीं है कि आलोचना दोयम दर्जे की विद्या है। वस्तुतः आलोचना रचना का पुनर्पाठ है। वह कवि के देखने को समग्रता में देखना है। इस प्रकार विमर्श को वह प्रतिसम्पूर्ण बनाती है। रचना यदि जीवन की जटिलताओं को संश्लिष्ट रूप में प्रस्तुत करती है तो आलोचना रचना के व्याख्या-विश्लेषण में प्रवृत्त होती है। उसका दायित्व रचना के मूल्यांकन और स्तरीकरण का भी है। ईमानदार आलोचना कवि को प्रमाण-पत्र देती है और पर्यावरण को स्वयंभू महाकवियों, कथाकारों एवं निबन्धकारों से बचाती भी है। राजनैतिक आलोचना पत्रकार बनाती है और आलोचना की राजनीति शिविरबन्दी की ओर ले जाती है। अतिवादी आलोचना स्वस्थ रचनाशीलता में भी कूड़ा देखने लगती है, जबकि अज्ञेय की अन्तर्दृष्टि कूड़े में भी सौन्दर्य देख लेती है। विचारधाराएँ रचना को समझने की दृष्टि प्रदान करती हैं, किन्तु 'प्रतिबद्धता' रचना के सम्यक् आकलन में बाधक भी बनती है। कालिदास कहते हैं– "निरंकुशा हि कवयः।" श्रेष्ठ कवि हमेशा किसी भी चौखटे से बाहर पड़ता है। वह जिंदगी का निर्वसन साक्षात्कार करता है, किसी फ्रेम में नहीं। वह नंगे तलवों खुरदुरी जमीन पर चलता है , उसे किसी पदत्राण की जरूरत नहीं।

रचना सत्य को सम्पादित करती है, विकृत नहीं। वह चाटमार्का यथार्थ के बजाय, रचनात्मक यथार्थ का संग्राहक है। वह एक कला है जो जीवन को सम्बोधित है। वह संवेदनात्मक सत्याग्रह तो है ही, कलात्मक अभिनिवेश भी है। उसमें कथ्य और शिल्प का संश्लेष वाक्षित है। मुक्तिबोध एक खाँटी प्रगतिशील कवि हैं किन्तु उन्होंने कलावादियों की फैण्टसि अपनायी और उनका स्वप्न सच से भी अधिक क्रूर हो गया। डॉ. प्रभाकर श्रोत्रिय कहते हैं – "मुक्तिबोध इस भयानक संसार की गुंजलक में फँसी बेचैन आत्मा का एक घनघोर आख्यानक रचते हैं।" यह वही मुक्तिबोध हैं जो छायावाद के प्रवर्तक महाकवि जयशंकर प्रसाद को विचारधारा के

1.सुप्रसिद्ध कवि चिन्तक-आलोचक डॉ. अजित राय कन्नौज (उ.प्र.) में रहते हैं। इस लेख को उन्होंने विशेष रूप से इस पुस्तक के लिये ही लिखा है।

आधार पर खारिज नहीं करते, बल्कि 'कामायनी' का पुनर्मूल्यांकन करते हैं। विरोधी विचार सरणियों से अन्त-क्रिया और संवाद का यह विरल उदाहरण है। विपरीत विचार-दृष्टियों में रचनात्मक सामंजस्य ही तो कुबेरनाथ राय की भारतीय दृष्टि है। यह नित्यानन्द तिवारी का 'सर्वसंश्लेषणवाद' नहीं। तुलसी की व्यापक समन्वय दृष्टि विभिन्न दर्शनों, सम्प्रदायों एवं जीवन शैलियों में एक सामंजस्य की तलाश है। तुलसी एक महान् सर्जक ही नहीं, श्रेष्ठ आलोचक भी हैं। आठवें 'लव-कुश' काण्ड का 'रामचरितमानस' में निषेध करके प्रकारान्तर से अपने आराध्य के सीता-त्याग और शम्बूक-वध प्रसंग से अपनी प्रच्छन्न असहमति भी उन्होंने जाहिर कर दी है। साथ ही अपने महानायक के हाथों एक ब्राह्मण खलनायक का वध कराकर "ब्राह्मणवाद' का अतिक्रमण भी करते हैं।

हर सर्जक के भीतर एक आलोचक छिपा रहता है और प्रायः आलोचक का प्रस्थान-बिन्दु कविता ही होती है। चाहे वे आचार्य रामचन्द्र शुक्ल हों या नामवर सिंह, डॉ. विवेकीराय हों या कुबेर नाथ राय। ज्ञानात्मक संवेदन या संवेदनात्मक समझ के बिना तो आलोचना लिखी ही नहीं जा सकती। मैं स्वयं नयी कविता को समझने के लिये आलोचना के द्वार गया और कवि से आलोचक बन बैठा। विजयदेव नारायण साही और नलिन विलोचन शर्मा ही क्यों, कुँवर नारायण, अशोक वाजपेयी से लेकर ज्ञानेन्द्रपति, राजेश जोशी और अष्टभुजा शुक्ल तक एक ही साथ कवि भी हैं और आलोचक भी। अनामिका और पंकज चतुर्वेदी का गद्य भी पढ़ने के लिये आमन्त्रित करता है। नरेश मेहता और निर्मल वर्मा के अलावा, नयी कहानी के पुरोधा राजेन्द्र यादव भी एक ऊर्जावान् विमर्शकार हैं। 'हंस' के सम्पादकीय लेखों से मुखर असहमति हो सकती है, किन्तु उसकी आलोचना-भाषा के सौन्दर्य से कौन इन्कार कर सकता है? डॉ. नामवर सिंह राजेन्द्र यादव की भाषा में 'उग्रता' और सांस्कृतिक दृष्टि की दरिद्रता देखते हैं पर वही उसकी शक्ति भी है।

आलोचना को रचना की अर्थच्छाया से बिम्ब और विमर्श तक ले जानेवाले अन्वेषी आलोचकों में आज अजय तिवारी, विजय कुमार, जयप्रकाश, ओम निश्चल, रमेश चन्द्र शाह, अर्चना वर्मा, अभय दुबे, अपूर्वानन्द, पंकज पराशर और रजनी गुप्त का नाम लिया जा सकता है। विनोद शाही की भाषा की दुरूहता और अमूर्तन के बरक्स डॉ. शम्भुनाथ और विजय बहादुर सिंह की भाषा में प्रासादिकता के दर्शन होते हैं। 'सहारा-समय' के आरम्भिक दौर में जब डॉ. नामवर सिंह और मंगलेश डबराल उसके सलाहकार सम्पादक हुआ करते थे, उस साप्ताहिक पत्र के सम्पादकीय लेखों का मैं कायल था। भाषा को डायल्यूट कर कैसे उसकी पोटेन्शी बढ़ायी जाये कि भाषा सम्प्रेष्य भी हो और उसकी स्तरीयता भी सुरक्षित रह सके, इस दृष्टि से वह एक मानक भाषा थी। 'इण्डिया टुडे' की कुछ पुस्तक समीक्षाओं में भी उसी भाषा का आविष्कार लक्षित होता था, जब अशोक जी उसके साहित्य सम्पादक थे। कुछ पुस्तकों या काव्य-संग्रहों की भूमिकाओं में भी आस्वाद्य मन्त्र-भाषा के निदर्शन यदा-कदा प्राप्त हो जाते हैं। आज यदि उसी मानक गुणवत्ता को कविता में शिफ्ट किया जा सके तो हम एक आदर्श समकालीन काव्य-भाषा का निर्माण कर सकते हैं। जैसे गोस्वामी तुलसीदास का रामचरितमानस क्लास और मास की कविता के बीच एक सेतुबन्ध है। वह एक ही साथ जनकाव्य भी है और सृजन साहित्य भी।

लोकसंग्रह के द्वारा ही हम मंचीय कविता और साहित्यिक कविता के बीच की खाईं को पाट सकते हैं। आज की गद्यब्राण्ड सिन्थेटिक कविताओं और फूहड़ मञ्चीय भँड़ैती के बीचोबीच सुनहरी रेखा खींच देनेवाले नवगीत को हमने लम्बे समय तक उपेक्षित रखा। इसके लिये वर्तमान आलोचना जिम्मेदार है। नामवर सिंह को नवगीत का सौन्दर्य बहुत देर में दिखायी पड़ा। दरअसल वहाँ सौन्दर्य ही कुरूपता है अथवा कुरूपता का सौन्दर्यशास्त्र रचा जाना ही अभिप्रेत है। जीवन में सत् भी है और असत् भी। उसका समग्रता में स्वीकार ही साहित्य का पाथेय है, किन्तु विचारधारा के वर्चस्व ने जहाँ धूमिल जैसा सशक्त कवि दिया वहीं नवगीत की कलाचेतना को कुण्ठित भी किया। नयी कविता और नवगीत एक-दूसरे के पूरक हैं, विरोधी नहीं। कुछ लोग तो इतिहास और कविता की मृत्यु की घोषणाएँ सन् 1990 के आसपास ही कर चुके थे, ताकि वे खुद अमर हो जायें। सुधीश पचौरी जी! ऐसी आत्मघाती आलोचना रचना का कितना कल्याण कर सकती है! जिस दिन हम गुनगुनाना बन्द कर देंगे उस दिन कविता अवश्य मर जायेगी। किन्तु हम तो रोते भी हैं तो गीतों में रोते हैं। गीत में समय का प्रभाव प्रच्छन्न या अन्तर्व्याप्त रहता है। वह जीवन की जटिलताओं या सम्पूर्ण समय को समेटने का दावा नहीं करता। गीत गेहूँ नहीं, जिसे हार्वेस्टर से काटा जाये। वह तो गुलाब है जिसमें खेत-खलिहान की महक मिली हुई है। यहीं याद आते हैं विद्यानिवास मिश्र और उनकी संक्रामक उत्सव-चेतना। जहाँ एक खेत की फसल पकती है तो देखादेखी दूसरे खेत की फसल भी पकने लगती है। परम्परा की यह परिपक्व चेतना ही उनके ललित निबन्धों में सुनहरा आकार ग्रहण करती है। दलित आँखों की लालिमा का संक्रमण बच्ची को बीमार न बना दे इसलिये वे ललित की सृष्टि करते रहे। किन्तु जिन्हें लालित्य से ही चिढ़ है उनका इलाज कैसे किया जाये? जब दुष्यन्त कुमार कहते हैं--

तू किसी रेल-सी गुजरती है, मैं किसी पुल-सा थरथराता हूँ।

तो उसमें समय का कम्पन भी है और कविता का रोमांच भी। प्रेम के अनुलोम-विलोम को यूँ शब्दों में उतारना एक प्राणायामी साधना है। किन्तु जब धूमिल कहते हैं--

लोहे का स्वाद लुहार से मत पूछो
उस घोड़े से पूछो, जिसके मुँह में लगाम है।

तो शोषक-शोषित सम्बन्धों की व्याख्या अपने आप हो जाती है। आज के राजनैतिक विद्रूप को आणविक-भाषा में व्यक्त करते हुए वे कहते हैं–

ये जिसकी पीठ ठोंकते हैं
उसकी रीढ़ की हड्डी गायब हो जाती है।

सूत्र शैली में सभ्यता-समीक्षा का यह प्रतिमान है। धूमिल पर अक्सर सपाट बयानी का आरोप लगाया जाता है। परन्तु धूमिल और ज्ञानेन्द्रपति की कविताएँ 'आभिधा उत्तम काव्य है' को सत्यापित करती हैं। ज्ञानेन्द्र की तो सारी ज्ञानेन्द्रियाँ ही मानों आँख बन गयी हैं। एक आदिवासी गाँव से गुजरती बस में बैठे लोगों की समवेत् दृष्टि-रेख का गत्यात्मक बिम्ब चाक्षुष प्रतीति कराता हुआ कवि की संवेदनशील दृष्टि का प्रमाण प्रस्तुत करता है–

"अलसाती-सी उठ रही
स्त्री की आँखों से
मिलती जाती आँखों की एक कतार।"

सत्य से आँखें मिलाना आसान नहीं। भाव-समाधि या आ-लोचन का यह समेकित उदाहरण है। 'शब्द-स्वैराचार' शीर्षक अपनी कविता में मैंने आलोचकों की आलोचना से रचना को जन्म दिया था–

आचरण की भूमि पर, उतरना मुझे आता नहीं
अक्षरों के पंख पर, अतः उड़ जाने दो।
आचरण की बात पूछनी ही है तो पूछ लेना,
प्रवचन का रेट पहले तय तो हो जाने दो।

कवियों, नेताओं और प्रवचन कर्त्ताओं से सर्जनात्मक आचरण की दीक्षा की अपेक्षा ही इस रचना की अन्तर्वस्तु है। आज के बाजारवादी समय में लोभ और लाभ के निषेध का प्रवचन भी लाभ या लिफाफ के लिये ही होता है। कविता भी बिकाऊ माल है और द्राक्षासव में डूबकर ही लिखी जाती है मदिर कविता। समय और समाज की आलोचना करनेवाला खुद अपनी आलोचना बर्दाश्त नहीं कर पाता। राजेन्द्र यादव, शिवप्रसाद सिंह और विजय बहादुर सिंह से मेरा विसंवाद एक तल्ख अनुभव है। आलोचक डॉ. शम्भुनाथ एक रचनात्मक प्रस्ताव रखते हैं– "सवाल है कि हम वैश्वीकरण, बाजारवाद और संचार क्रान्ति को भारतीय लोकतन्त्र के ढाँचे में स्वीकार करना चाहते हैं या भारतीय जनतन्त्र को वैश्वीकरण, उदारीकरण और सूचना क्रान्ति के ढांचे में विसर्जित कर देना चाहते हैं।" इस प्रकार आलोचना आज रचना का दायित्व निभा रही है और आर्थिक साम्राज्यवाद के कूट मन्तव्यों, निहितार्थों और दुरभिसन्धियों का कुशलता से भेदन कर रही है। वैसे आज समय और समाज की छवियों का सर्वश्रेष्ठ निदर्शन कहानी और उपन्यास में प्राप्त होता है। सभ्यता समीक्षा का महत्त्वपूर्ण साधन निबन्ध भी है जहाँ आलोचना की ही तरह विचारों का विन्यास प्रत्यक्ष तौर पर लक्षित होता है किन्तु कविता की पद्धति किंचित् तिर्यक् है।

जय प्रकाश ठीक ही कहते हैं– यह नृ-केन्द्रिक संसार के उत्कर्ष का समय है और विडम्बना है कि इस समय को रचनेवाली शक्तियाँ नृ-घातक रूप धर चुकी हैं। अवसाद इस समय का स्थायी भाव मालूम होता है।... यथार्थ की खरोंच से बचे किसी अक्षत-अनाहत स्वैर-लोक में जा छिपना अब न तो सम्भव है न काम्य। वस्तुतः पूँजी, तकनीकी और बाजार ने इधर जिस नए यथार्थ का उत्पादन शुरू किया है, उसकी पहुँच न केवल समाज की भीतरी गहराइयों तक है, बल्कि उसने व्यक्ति के मनोलोक में भी सेंध लगा ली है।"

आज के समय के अधिनायकवादी चरित्र की चर्चा करते हुए विजय कुमार कहते हैं– "आज अत्याचार का संस्थानीकरण हो चुका है और निर्धारित फ्रेम में चीजों के अर्थों को निरपेक्ष, निर्बन्ध और समतल दिखाने की पुरजोर कोशिशें हैं। इसके विपरीत कलाएँ हमेशा सापेक्ष, गतिशील, आत्मिक और परस्पर सम्बद्ध सचों की तरफ बढ़ना चाहती हैं।... मौजूदा समय में यह

दुनिया जो कि अब पहले के समयों की तरह सरल रैखिक और ऐकान्तिक रूप से तर्कपूर्ण नहीं रही, जहाँ मनुष्य के किसी बड़े स्वप्न या आदर्श को लगातार झुठलाया जा रहा है और परस्पर विरोधी हित लड़ने के बजाय पिघलकर एक 'कोलाज' तैयार कर दे रहे हैं, वहाँ संस्थानों और शक्ति-संरचनाओं के सम्मुख मनुष्य के अन्तर्जगत् के दबे-ढँके कोनों, अन्तरालों, अनिश्चयों और संशयों की भूमिका क्या पूरी तरह समाप्त हो चुकी है?"

कला की दुनिया में इस प्रश्न का उत्तर ढूँढते हुए वे अन्यत्र कहते हैं– "सत्ता और शक्ति-संरचनाओं को किन्हीं संस्थानिक औपचारिकताओं में न देखकर रोजमर्रा के जीवन, कर्म और आचरण पर पड़ती परछाइयों में ही समझा जा सकता है। बेचेहरा समझ लिये गये लोगों के चेहरे, इस कविता में दिखने लगते हैं।"

आज की कविता वस्तुगत सच्चाई को विरूपित नहीं करती, लेकिन बनी हुई अवधारणाओं के बाहर निकल जाती है। ये कविताएँ मनुष्य को एक आर्गेनिक प्राणी के रूप में खोजना चाहती हैं। एडोर्नो ठीक ही कहते हैं–"हमारे इस दौर में कविता किसी नयी अवधारणा को बनाने का काम नहीं करती, बल्कि वह 'वास्तव' और 'विचार' के ठीक बीच बैठे हुए एक बेहद बुनियादी विरोधाभास को उठाती है, जिसे बाहरी ताकतें ढँक देने पर आमादा हैं।" वह 'भाषा का स्वप्न' नहीं देखतीं, भाषा में स्वप्न को अपदस्थ होते देखती हैं।

आज तकनीक आधारित माध्यम भी यथार्थ की प्रसंस्करणात्मक या सत्ता-सम्मत छवियों के उत्पादन में निरत हैं, कविता उसकी प्रामाणिकता की परख का एकमात्र स्रोत है। इसलिये आज अमूर्त काव्य-सौन्दर्य के बजाय मूर्त जीवन-संघर्ष का पाठ रचा जाना चाहिए। साथ ही अपनी ऐन्द्रिक संरचना में सभ्यता के वृहत्तर सन्दर्भों की पड़ताल करते हुए उसमें मनुष्य की नियति के प्रश्नों को उठाने का यत्न भी होना चाहिए। जैव-सांस्कृतिक विविधता के संहार को टोकना, बल्कि रोकना बहुत जरूरी है। बाजार की सर्वसत्तात्मकता और राजनीति की हिंस्र महत्त्वाकांक्षा के साथ ही बर्बरता और वर्चस्व का प्रतिरोध एवं अनावरण भी जरूरी है। जयप्रकाश कहते हैं– "बाजार ने समाज को एक तरह से विस्थापित कर दिया है और वह समाज का पर्याय बन बैठा है।" आज विप्लव और त्रासदी भी प्रदर्शन की वस्तु बन गयी है। मीडिया पीड़ा को अनुरंजक बना कर परोसता है रिपोर्ताज। हमारे समय में क्रूरताओं के यह नये आयाम हैं इसलिये आज अतीत नहीं, वर्तमान के खँडहरों से उठायी जानी चाहिए कविता, भाषा में किसी मूलगामी तनाव की उपस्थिति के साथ। यह दुःस्वप्न की फ़ैण्टसि की सीमाएँ पार कर गया समाज है जहाँ नयी इमारतों की चमक-दमक में उजड़ने की दास्तान छिपी है। श्रीकृष्ण तिवारी इसे प्रगीतात्मक अभिव्यक्ति देते हुए कहते हैं–

घर आँगन जलता जंगल है, दरवाजे साँपों का पहरा।
बहती रोशनियों में लगता अब भी कहीं अँधेरा ठहरा।

इसलिये रचनाकर्म की बुनावट पर गम्भीर विमर्श करते हुए विजय कुमार कहते हैं– "आज दाँव पर लगे हुए मुद्दे ज्यादा जटिल हैं और नयी आकस्मिकताओं की माँग करते हैं। हम अपने वरिष्ठ कवियों को अनदेखा नहीं कर सकते पर लगातार उनसे लड़ते हुए ही अपनी कोई राह खोज सकते हैं।"

(5) आलोचना प्रक्रिया के सोपान[1]

— डॉ. रामेश्वर पाण्डेय

रचना के तीन क्षणों की तरह आलोचना के भी तीन महत्त्वपूर्ण सोपान होते हैं—

1. पाठानुशीलन और सन्तुलित दृष्टिकोण
2. विश्लेषण एवं गुण-दोष विवेचन
3. मूल्यांकन

1. पाठानुशीलन और सन्तुलित दृष्टिकोण

पाठ केन्द्रित आलोचना और पाठानुशीलन में अन्तर है। पाठ केन्द्रित आलोचना में जहाँ पाठ की केन्द्रीय भूमिका होती है वहीं पाठानुशीलन में पाठ के बार-बार पढ़ने और हर बार नये अर्थ बोध से सम्पृक्त होने तथा अन्त में पाठ के निहितार्थ को खोलने से होता है। पाठ से आशय सिर्फ रचना की इबारत नहीं बल्कि उन सम्पूर्ण सन्दर्भों का समेकित प्रस्तुतीकरण होता है जिसे एक खास देशकाल व वातावरण में सृजित किया जाता है। यहाँ रचना और पाठ के अन्तर को स्पष्ट करना भी आवश्यक है। रचना में सृजन की सारी सम्भावनाएँ निहित होती हैं लेकिन उसे पाठ के रूप में रूपान्तरित करते समय सबसे अधिक ध्यान पाठक-समुदाय का रखा जाता है। उदाहरण के तौर पर मुंशी प्रेमचन्द की कफन कहानी एक रचना है परन्तु इसके आधार पर पाठकों या दर्शकों के लिये जो व्याख्या, वृत्त चित्र, फिल्म, धारावाहिक इत्यादि की एक समानान्तर रचना या पट कथा तैयार होती है, उसे ही पाठ के अन्तर्गत शामिल किया जा सकता है। इस प्रकार रचना की पुनर्रचना को पाठ कहा जा सकता है।

पाठ का एकाधिक बार अनुशीलन करने के दौरान सामान्य पाठक विशिष्ट पाठक के रूप में आलोचक का रूप अख्तियार करता है। सामान्य पाठक रचना को पढ़कर सिर्फ आनन्दित होता है। रचना के भाव-प्रवाह के साथ-साथ बहते जाना ही उसकी नियति होती है। विशिष्ट पाठक भी कुछ समय के लिये इस प्रवाह में बहता अवश्य है लेकिन बीच-बीच में आधार-भूमियों पर टिककर चिन्तन की प्रक्रिया को भी चालू रखता है। आलोचक के लिये अनुशीलन की प्रक्रिया दो बातों पर निर्भर होती है, पाठ में अन्तर्निहित भावबोध और पाठ के बाहर घटित हो सकने

1. आशु कवि की तरह प्रतिभावाले जन्मना कवि-आलोचक डॉ. रामेश्वर पाण्डेय के पास अपनी पठनीयता, अपनी दृष्टि, अपनी शैली, अपनी भाषा, अध्ययन की गहराई, तीक्ष्णता, रेंज और विभिन्न तरह के अनुभवों का ऐसा गहन पुंज है, जिससे अपनी सर्जनाओं को वे सुखद अनुभूति सम्पन्न बना देते हैं। आप म. प्र. के रीवा में अध्यापनरत हैं।

की सम्भावित स्थितियाँ। जाहिर है इन दोनों पक्षों को साथ-साथ लेकर चलने में कठिनाइयाँ काफी हैं। इसीलिये आलोचक से सन्तुलित दृष्टिकोण की माँग की जाती है। सामान्य व्यक्ति और आलोचक की भाव-भूमियों, विचार-सरणियों और अभिव्यक्ति-चातुर्य में कोई विशेष भेद नहीं होता। फिर भी हर सामान्य व्यक्ति आलोचक नहीं होता। वह सिर्फ इसीलिये कि आलोचन-धर्म में इन सबका समुचित सामंजस्य होता है। कहाँ तक बहना है, कहाँ-कहाँ टिकना है और कहाँ क्या और क्यों कहना है। यही सफल आलोचक होने के लक्षण हैं।

सन्तुलित दृष्टिकोण से अभिप्राय आलोचक में वह समझ पैदा होना है जिससे रचना के बुनियादी पक्षों को बाहर लाने में वह समर्थ हो सके। यह कार्य निःसन्देह सन्तुलित दृष्टिकोण से ही सम्भव हो सकता है। किसी आरोपित विचार धारा या सिद्धान्त से उद्वेलित होकर की गयी आलोचना रचना के साथ अन्याय तो करती ही है, खुद अपने साथ और पाठक समुदाय के साथ भी करती है। एक आलोचक से निष्पक्षता के साथ पाठानुशीलन करने की माँग की जाती है और इस प्रकार के .पाठानुशीलन में सन्तुलित दृष्टिकोण की आवश्यकता होगी ही।

2. विश्लेषण एवं गुण दोष विवेचन

पाठानुशीलन के पश्चात् विश्लेषण की प्रक्रिया द्वारा आलोचना अपने दूसरे सोपान की तरफ प्रयाण करती है। यहाँ आकर आलोचना शोध के निकट आ जाती है। मैथ्यू आर्नाल्ड के अनुसार– "वास्तविक आलोचना इस सृष्टि के सोच और ज्ञातव्य के सर्वोत्तम स्वरूप का अन्वेषण करने का साधन है। 'सृष्टि के सोच' के अन्तर्गत वह वृहत्तर आयाम शामिल है जिसमें आलोचना रूपाकार होती है। कुछ लोग तथाकथित सैद्धान्तिक पगडण्डियों का अनुसरण करते हुए आलोचना को उसी से सम्बद्ध कर देते हैं और रचना की बहुविध सम्भावनाओं के द्वार पर ताला मढ़ देते हैं। गनीमत है उत्तर संरचनावादी या विखण्डनवादी आलोचना ने बड़ी चतुराई से उन तालों को तोड़ा है। रचना को उसकी व्याख्या एवं उसके प्रति न्याय हेतु खुले आसमान के नीचे लाकर रख दिया है।

विश्लेषण में केवल गुण-दोषों का विवेचन ही नहीं होता बल्कि इन दोनों के मूल हेतुओं को भी खोजने का प्रयास किया जाता है। किसी रचना में फलाँ-फलाँ दोष है यह कह देना ही पर्याप्त नहीं है। उन दोषों की वजहों की तलाश़ भी जरूरी है। कई बार ऐसा होता है कि दोषों से भी रचना में ऊर्जा का संचार होता है और वह व्यापक स्तर पर विमर्श का आधार बनती है। तुलसी दास की 'ढोल गँवार सूद्र पशु नारी, ये सब ताड़न के अधिकारी' पंक्ति विगत पाँच छह सौ वर्षों से स्त्री-विमर्श की अप्रत्यक्ष पृष्ठभूमि का हेतु बनती रही है। आज भी यदा कदा (कथावाचकों की व्याख्या से पृथक्) समालोचकों के लिये एक चुनौती के रूप में सामने आती है। आलोचना की सार्थकता आलोचक की रुचियों पर निर्भर न होकर साहित्य की श्रेष्ठता एवं प्रगतिशील मानकों पर आधारित है। श्रेष्ठ आलोचक श्रेष्ठ कृतियों को श्रेष्ठ घोषित करने में कभी संकोच नहीं करते और न सीमित परिवेश में ही उसकी समीक्षा करते हैं, चाहे वह उन्हें रुचिकर प्रतीत हों या न हो। यह कार्य विश्लेषण सापेक्ष होने के साथ-साथ एक समीक्षकीय-दृष्टिकोण पर भी निर्भर होता है। आचार्य रामचन्द्र शुक्ल, आचार्य हजारीप्रसाद द्विवेदी एवं आचार्य

नन्ददुलारे वाजपेयी जैसे समीक्षकों को आधार बनाकर ही इस चरण के विषय में निश्चित तौर पर कुछ कहा जा सकता है। आचार्य शुक्ल की रसवादी प्रवृत्ति को किसी विचारधारा से सम्पृक्त नहीं, माना जा सकता। भारतीय साहित्य के परिवेश में रस-की संसार में उपयोगिता सदैव रहेगी। आचार्य द्विवेदी की मानवतावादी दृष्टि एवं आचार्य वाजपेयी की समन्वयवादी आलोचना दृष्टि में जो एक सार्वभौमिक सोच परिलक्षित होती है उसके पीछे सबसे बड़ा कारण यही है कि ये समालोचक आलोचना धर्म एवं विश्लेषक विवेक से परिपूर्ण थे।

उत्तरवर्ती आलोचकों ने या तो इन पूर्ववर्ती समीक्षकों का अनुकरण किया है अथवा पाश्चात्य प्रतिमानों को ज्यों-का-त्यों हिन्दी समीक्षा पर आरोपित करने का प्रयास किया है। विश्लेषणात्मक बुद्धि के अभाव के फलस्वरूप ही इन आलोचकों की देन को आचार्य शुक्ल, आचार्य द्विवेदी और आचार्य वाजपेयी की श्रेणी में नहीं रखा जा सकता। मौलिक उद्‌भावना के नाम पर विचारों और विचारधाराओं का जखीरा जुटा लेने में ही अपने आलोचन-धर्म की सार्थकता मान लेना आलोचना के लिये बहुत स्वास्थ्यप्रद नहीं है, यह संकेत काफी पहले मुक्तिबोध के द्वारा दिया जा चुका है।

मूल्यांकन

आलोचना का तीसरा सोपान मूल्यांकन से सम्बद्ध होता है। मूल्यांकन कर्त्ता अथवा समालोचक के निम्नलिखित गुणों की चर्चा करने के बाद हमारा यह बताने का प्रयास होगा कि वास्तव में मूल्यांकन की कसौटियाँ क्या-क्या हैं। एक सफल आलोचक में निम्नलिखित गुणों की अपेक्षा की जाती है—

1. अन्तर्दृष्टि पैठ
2. सहानुभूति
3. बहुज्ञता
4. धैर्य और निष्पक्षता
5. वैज्ञानिक दृष्टिकोण
6. औचित्य का बोध
7. प्रभावोत्पादक अभिव्यक्ति कौशल

अन्तर्दृष्टि या पैठ से आशय किसी दैवीय प्रदाय से न होकर उस अभिरुचि से है जो शुरू से ही किसी आलोचक में परिलक्षित होती है। मनोवैज्ञानिक तौर पर मनुष्य की मानसिक संरचना में उसकी अलग-अलग प्रवृत्तियाँ होती हैं। किसी में भौतिक पदार्थ के कार्य कारण सम्बन्धों को जानने की अभिरुचि होती है, किसी में भाव की प्रधानता, किसी में विचारों की प्रधानता, किसी में भावों और विचारों में सामंजस्य की प्रधानता, किसी में साहित्य लेखन, किसी में शिल्पकर्म, किसी में सामाजिक सेवा की, किसी में आध्यात्मिक, किसी में वैज्ञानिक, किसी में आर्थिक, किसी में ब्रह्माण्डकीय, किसी में नक्षत्र विज्ञान सम्बन्धी, किसी में जीवों वनस्पतियों में तो किसी में नेतृत्व की अन्तर्वर्ती अभिरुचि विद्यमान होती है। इन अन्तर्वर्ती अभिरुचियों का स्पष्ट परिज्ञान न होने के कारण व्यक्ति बाह्य ऊहापोहों में उलझकर जीवनपर्यन्त यह जान नहीं पाता कि उसके व्यक्तित्व का मूल स्वभाव क्या है। इसे जानने के लिये समुचित शिक्षा,

देशान्तर-भ्रमण और प्रकृति का सूक्ष्म निरीक्षण आवश्यक होता है। किसी भी क्षेत्र में समाज को नेतृत्व प्रदान करने की क्षमता इन्हीं प्रविधियों के जरिये हासिल होती है।

आलोचक के लिये अन्तर्दृष्टि पैठ का मतलब यही है कि उसने यह सफलतापूर्वक साध लिया है कि भावों और विचारों में किसी एक को वरीयता न देकर दोनों में सामंजस्य स्थापित हो चुका है। अर्थात् केवल विचारों की प्रधानता से वह एक संवेदनशील रचनाकार हो सकता है और केवल विचारों की प्रधानता से उसमें किसी भी समस्या के हल की योग्यता प्राप्त हो सकती है। लेकिन आलोचक होने के लिये दोनों में सामंजस्य का होना जरूरी है। इस सामंजस्य के अभाव में मूल्यांकन अपनी प्रारम्भिक, अवस्था में ही च्युत हो सकता है।

मूल्यांकन की दूसरी अवस्था में आलोचक से सहानुभूति की उम्मीद इस कारण की जाती है क्योंकि स्वानुभूति परकता रचनाकार का स्वभाव हो सकता है। आलोचक का नहीं। आलोचक में सहानुभूति द्विआयामी होती है, एक रचनाकार के प्रति और दूसरी पाठक के प्रति। अगर सहानुभूति के ये दोनों छोर आपस में एक-दूसरे से जुड़े हो, वे भले ही काफी दूरी पर स्थित हों तो आलोचक रचना और पाठक के बीच तादात्म्य स्थापित कर सकता है। तादात्म्य-स्थापन मूल्यांकन की रीढ़ की हड्डी है। इसका आरेख इस प्रकार प्रस्तुत किया जा सकता है—

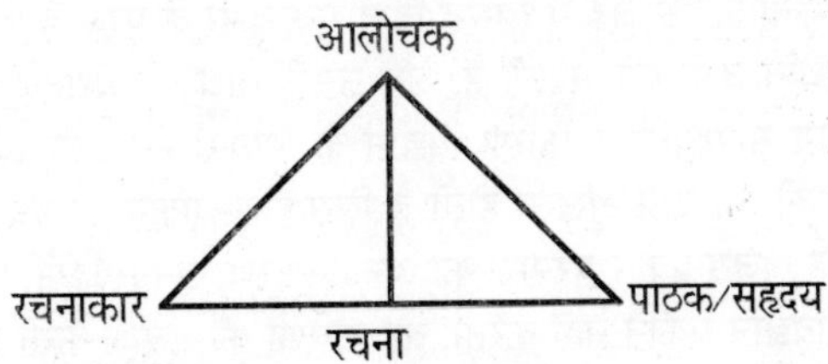

यहाँ रचनाकार, रचना और पाठक को एक सीधी रेखा में दर्शाया गया है। रचनाकार अपनी रचना के माध्यम से सीधे पाठक तक पहुँचना चाहता है। इस रेखा में आलोचक के लिये कोई जगह नहीं है। आलोचक की एक रेखा सीधे रचनाकार तक पहुँचती है लेकिन रचनाकार को पूर्णतः स्पर्श नहीं करती और दूसरी पाठक तक, यहाँ भी स्पर्शण नहीं दिखाया गया है। रचना तक पहुँचनेवाली आलोचकीय रेखा ही पूर्णतः उसे स्पर्श करती है। मतलब यह है कि आलोचक की पूर्णतः पहुँच सिर्फ रचना तक होती है। रचना के माध्यम से ही वह रचनाकार और पाठक के बीच तादात्म्य स्थापित करता है।

आलोचक को बहुपठित, बहुश्रुत और बहुविज्ञ होना चाहिए। नियमित अध्यवसाय, कठोर शिक्षा और सघन अभ्यास के बल पर उसमें मूल्यांकन क्षमता का विकास हो सकता है। पाठानुशीलन के उपरान्त यहीं एक ऐसा माध्यम है, जिससे आलोचक में रचना के प्रति न्याय एवं सार्वजनीनता की अवस्था पैदा होती है। न्यायिक सोच और सामूहिक दृष्टिकोण के अभाव में रचना का समुचित फलादेश सम्भव नहीं है। जिस प्रकार किसी न्यायाधीश के द्वारा सुनाया गया फैसला सिर्फ अभियुक्त पर ही लागू नहीं होता, उससे जन मानस में यह सन्देश प्रसारित होता है कि ऐसी करनी का ऐसा फल ऐसा मिलता है इसलिये लोगों को आगाह किया जाता

है कि, वे ऐसी करनी न करें। मूल्यांकन के सन्दर्भ में आलोचक का दायित्व भी न्यायाधीश की तरह ही होता है। जैसा कि धूमिल ने कहा है—

"कविता, शब्दों की अदालत में
मुजरिम के कटघरे में खड़े-
बेकसूर आदमी का हलफनामा है।"

धैर्य और निष्पक्षता के बिना मूल्यांकन की प्रक्रिया या तो न्यूनतावादी हो सकती है अथवा अतिवादी। महत्त्व प्रतिपादन या मूल्यांकन के लिये सुदीर्घ काल तक प्रतीक्षा करनी होती है। जल्दबाजी में किया गया फैसला भ्रामक और भयोत्पादक हो सकता है। यहाँ दीर्घकाल से मतलब डेट-पर-डेट बढ़ाने अथवा जल्दी-जल्दी अगली डेट तलब करने से नहीं है बल्कि धैर्य और निष्पक्षता के साथ न्यायसंगत मूल्यांकन से है। वकीलों की तमाम दलीलें सुनने के बाद न्यायाधीश के विचार मन्थन में उसके खुद के विचार उतने उपयोगी नहीं होते जितने बाहर से आये विचारों के विश्लेषण। तरह-तरह की दलीलों में कार्यकारण सम्बन्धों की तलाश करते हुए ही निष्पक्षता के बिन्दु तक पहुँच पाना सम्भव होता है। धैर्य और निष्पक्षता से किया गया मूल्यांकन आलोचक को न सिर्फ यशस्वी बनाता है बल्कि वह समाज द्रष्टा की पदवी भी प्राप्त कर लेता है।

आलोचना के मूल्यांकन से जुड़े ये समस्त बिन्दु एक-दूसरे के पूरक हैं। आलोचक में धैर्य और निष्पक्षता की स्थिति तभी बन सकती है, जब उसके बोध का धरातल पूर्णतः वैज्ञानिक हो। प्रत्यक्षण एवं प्रयोग सापेक्ष्यता के कारण विज्ञान के निष्कर्ष सर्व स्वीकार्य होते हैं क्योंकि उसमें कार्य कारण घटकों की ऐसी श्रृंखला होती है जिसके मूल्यांकन पर यकीन करना सबके लिये आवश्यक होता है। जिस प्रकार परम्परा का अन्धानुकरण, अन्धरूढ़ियों, किंवदन्तियों और उड़ी-उड़ायी बातों पर विज्ञान यकीन नहीं करता, वह कारणों की तलाश करते हुए उनमें निहित सत्यांश को ही जाँचने और परखने का आधार बनाता है, उसी प्रकार आलोचक को भी सत्य के प्रति संकल्पित होना होता है। इस प्रकार की संकल्पनात्मक दृष्टि वैज्ञानिक बोध का ही परिणाम है।

'औचित्य' जीवन के हर क्षेत्र में जरूरी है। औचित्य के अभाव में हमारी दैनन्दिन चर्या अपूर्ण हो सकती है। भोजन में स्वाद के लिये जिस प्रकार नमक, तेल, मिर्च, मसाला का एक सुनिश्चित अनुपात आवश्यक होता है। उसी प्रकार आलोचना में औचित्य का ध्यान न रखने पर वह या तो बहुत ज्यादा कड़वी हो सकती है कि मुँह में ही न पड़े अथवा इतनी मीठी हो सकती है कि मधुमेह जैसी बीमारियों को आमन्त्रित करने लगे। बहुत ज्यादा सुपाच्य और बहुत ज्यादा अपाच्य सामग्री से आलोचक बचा रहे तो बेहतर है। सुपाच्य से आशय यह है कि आलोचक किसी रचना को इतनी सहजता से न ले कि रचना का संकेत पूरब जाने का हो और आलोचक द्वारा निर्देशित अर्थ जान लेने पर पाठक पश्चिम की तरफ दौड़ लगाये। अपाच्य के बारे में कहने की आवश्यकता ही नहीं है। कुल मिलाकर मूल्यांकन प्रक्रिया के महत्त्वपूर्ण घटकों में औचित्य की अपनी विशिष्ट भूमिका होती है।

इन समस्त घटकों को आत्मसात् कर लेने के उपरान्त आलोचक और पाठक के बीच जिस सुदृढ़ तन्तु की आवश्यकता होती है, उसे अभिव्यक्ति-कौशल के नाम से जाना जाता है।

जिस प्रकार एक रचनाकार अपनी भाषा और शैली का निर्माता स्वयं होता है, उसी प्रकार आलोचना की भाषा भी होती है। किसी रचना के मूल्यांकन में भाषा की देश काल व परिवेशजन्य, प्रासंगिकता, सहजता, स्वाभाविकता, अनलंकारित तार्किकता एवं सर्वग्राह्यता का होना अति आवश्यक है। इन तत्त्वों के अभाव में आलोचना की महत्त्वपूर्ण सामग्री भी समुचित ढंग से सम्प्रेषित नहीं हो सकती है।

(6) पश्चिमी समीक्षात्मक दृष्टियाँ और हिन्दी आलोचना[1]

— डॉ. उषा मिश्रा

साहित्य हो, समाज हो, कला हो या विज्ञान, इन सबकी सार्थकता तभी सिद्ध की जा सकती है जब उन पर विचार-विमर्श किया जाय। विचार-विमर्श की इसी प्रक्रिया से अनुस्यूत मुख्य तथ्यों को आलोचना कहा जा सकता है। आलोचना के लिये हिन्दी में कई शब्द प्रचलित हैं। किन्तु इनमें से तीन शब्दों का अधिक प्रयोग किया जाता है — आलोचना, समालोचना और समीक्षा। इन शब्दों के प्रयोग में समय-समय पर तब्दीली होती रही। कभी आलोचना का प्रचलन अधिक रहा, वर्तमान समय में समालोचना और समीक्षा शब्द का अधिक प्रयोग हो रहा है। मोटे तौर पर तो तीनों समानार्थक शब्द हैं परन्तु तीनों में सूक्ष्म अन्तर है। आलोचना का सामान्य अर्थ है— "किसी वस्तु, पदार्थ या व्यक्ति को विशेष मर्यादित दृष्टि से देखना।" कुछ व्यक्ति इसका अर्थ मात्र गुण या दोष मान लेते हैं। सम्भवतः इस सोच से व्यापक अर्थ हेतु इसमें सम उपसर्ग जोड़ा जाने लगा और यह समालोचना हो गया। समालोचना अर्थात् समान रूप से या सन्तुलित दृष्टि से किसी रचना के गुण-दोषों का विवेचन करना। रही बात समीक्षा की तो संस्कृत शब्द की व्युत्पत्ति के आधार पर 'अन्तर्भाष्य अवान्तरार्थ विच्छेदश्च समीक्षा' अर्थात् जिसमें अन्तर्व्याख्या और अवान्तरार्थों का विच्छेद किया गया हो, उसे समीक्षा कहा गया। कहने का तात्पर्य यह है कि ये सभी विषय के विवेचन पर अधिक बल देते हैं। ये विषय सामग्री की उपादेयता की जाँच-पड़ताल के सूचक शब्द हैं और किसी विषय की जाँच-पड़ताल से ही यह सत्य उजागर होता है कि वह साहित्य, समाज, कला या विज्ञान के लिये कितना उपयोगी है।

उपरोक्त व्याख्या यद्यपि इस शीर्षक का महत्त्वपूर्ण अंश नहीं है। इसकी चर्चा मैंने मात्र इसलिये की ताकि हम आलोचना के लिये प्रयुक्त विभिन्न शब्दों के अर्थ को समझ सकें। प्रत्येक विषय या वस्तु की समीक्षा के अलग-अलग मापदण्ड होते हैं। जहाँ तक साहित्य की बात है तो सर्जक अपने व्यापक अनुभवों को रचना प्रक्रिया के सोपानों से गुजारते हुए शब्दों के माध्यम से प्रस्तुत करता है, पाठक उसे अपनी भावयित्री प्रतिभा के आधार पर ग्रहण करता है। इसी आस्वादन की प्रक्रिया में वह रचना की वस्तु या प्रस्तुति के जिन निष्कर्षों पर पहुँचता है उसे ही समीक्षा या आलोचना नाम दिया गया है। आचार्य राजशेखर ने सर्जक और पाठक के अन्तर्सम्बन्धों को स्पष्ट किया है जिसका अर्थ हिन्दी में योगेन्द्र प्रताप सिंह ने इस प्रकार दिया

1. आधुनिक हिन्दी साहित्य की चर्चित, पठित और सम्मानित लेखिका डॉ. उषा मिश्र ने इस लेख को लिखा है। वे सम्प्रति मुम्बई के माटुंगा के एक सुप्रसिद्ध कॉलेज में हिन्दी-विभाग में एसोसियेट प्रोफेसर हैं।

है – "कोई तो वाणी (कविता) रचना में निपुण है कोई उसके सुनने में प्रवीण है। दोनों प्रकार की बुद्धि आश्चर्यजनक है– एक में ही अनेक गुणों का समन्वय कठिन है अर्थात् न भावक सर्जक हो सकता है और न सर्जक भावक। एक पत्थर शिला सुवर्ण उत्पन्न कर सकती है तो दूसरी शिला कसौटी बनकर उसकी परीक्षा करती है, दोनों पत्थर ही हैं। इस प्रकार आलोचक और भावक में भी प्रतिभा है और कवि में भी, किन्तु दोनों के रूप भिन्न हैं। सृजनात्मक प्रतिभा स्वर्ण बनानेवाली शिला है और स्वर्ण के लिये कसौटी बननेवाली शिला उससे भिन्न रूप में है। वह परीक्षण करता है, सहृदय आलोचक है। सोने की कसौटीवाली शिला उसके पास है।"[1]

रचना की पूर्णता के पश्चात् सर्जक का दायित्व समाप्त हो जाता है। इसके पश्चात् आलोचक का दायित्व बढ़ जाता हे। उसे एक नहीं तीन-तीन उत्तरदायित्व का निर्वाह करना पड़ता है। पहले उसका सम्बन्ध कवि या लेखक से जुड़ता है वह सहानुभूति पूर्ण उसकी रचना का मूल्यांकन करता है, फिर उसका सम्बन्ध रचना से जुड़ता है, वह उसका अध्ययन और मनन करता है तत्पश्चात् उसका सम्बन्ध समाज से जुड़ता है। आलोचक जब सम दृष्टि से अपने उत्तरदायित्व का निर्वाह करता है, तभी वह रचनाकार, साहित्य और समाज के साथ न्याय कर पाता है। इसके निर्वहण के लिये व्यावहारिक बुद्धि तो मायने रखती ही है, साथ ही भारतीय और पाश्चात्य काव्यशास्त्र में विभिन्न आचार्यों द्वारा आलोचना की पद्धतियाँ भी महत्त्वपूर्ण भूमिका निभाती हैं। जहाँ तक इन दोनों साहित्य-शास्त्रों के आरम्भ की बात है तो भारतीय साहित्य-शास्त्र का प्रारम्भ सामान्यतः भरतमुनि के 'नाट्य-शास्त्र' से माना जाता है, जो लगभग पहली शती ईस्वी में लिखा गया था। तब से लेकर वर्तमान समय तक इसकी एक लम्बी परम्परा रही है। अनेक पड़ावों से गुजरते हुए अनेक प्रभावों को ग्रहण करते हुए कई नवीन सिद्धान्तों की स्थापनाएँ हुईं। इसी तरह पाश्चात्य काव्यशास्त्र का आरम्भ पाँचवीं शती ईसा पूर्व प्लेटो से माना जाता है और यह भी तमाम परिवर्तनों और परिवर्द्धनों के साथ निरन्तर समृद्ध हुई है। दोनों के समय में तो भिन्नता है ही साथ ही भौगोलिक दूरी के कारण दोनों आचार्यों के मतों में भी भिन्नता है। जैसा कि हम सभी जानते हैं कि भारतीय शास्त्र में सातवीं-आठवीं शताब्दी से पूर्व साहित्य को काव्य के नाम से अभिहित किया जाता था और काव्य मात्र पद्य तक सीमित था जबकि साहित्य गद्य की अनेक विधाओं को अपने में समेटे हुए है। अलग-अलग विधाओं की आलोचना के लिये विद्वानों ने अलग-अलग सिद्धान्तों का निर्धारण किया है। आधुनिक युग के साहित्य-चिन्तकों ने परम्परागत तत्त्वों को अपनाते हुए नवीन दृष्टिकोण का परिचय दिया है। उन्नीसवीं शताब्दी भारतीय और पाश्चात्य दोनों में ही साहित्य, समाज और राजनीति में बदलाव का काल रहा।

यह सत्य है कि संचार माध्यमों की प्रचुरता के पूर्व ज्ञान-विज्ञान की विभिन्न शाखाएँ अपनी-अपनी भौगोलिकता और संस्कृतियों में सीमित थीं परन्तु आज वे एक-दूसरे में अनधिकार प्रवेश करके कहीं अपने अस्तित्व को खो रही हैं तो कहीं इतर भाषा, साहित्य और संस्कृति को समृद्ध कर रही हैं। यह कहना अन्यथा नहीं होगा कि आलोचना के मूल तत्त्व भी ग्लोबलाइज हो गये हैं। यथार्थवाद, अतियथार्थवाद, अस्तित्ववाद, आधुनिकतावाद, उत्तर आधुनिकतावाद,

1. हिन्दी आलोचना इतिहास और सिद्धान्त – योगेन्द्र प्रताप सिंह (पृ. 14)

संरचनावाद, नयी समीक्षा, मार्क्सवादी समीक्षा, रूपवाद, शैलीविज्ञान इत्यादि पाश्चात्य समीक्षात्मक दृष्टि के रूप में जानी जाती हैं। आधुनिक युग में जिस प्रकार सृजन विषय-वैविध्य को लेकर हो रहा है, आलोचनात्मक दृष्टियाँ भी उसी प्रकार विस्तार पा रही हैं। वर्तमान युग में हिन्दी आलोचना का अपना एक स्वतन्त्र अस्तित्व है, आज यह समृद्ध गद्य-विधा के रूप में जानी जाती है। यद्यपि उसके अस्तित्व पर बड़े सवाल खड़े किये जाते रहे। कभी उसे मात्र संस्कृत काव्यशास्त्र की परम्परा माना गया तो कभी पाश्चात्य आलोचना का अनुकरण कहा गया। इस बात से नकारा नहीं जा सकता कि उस पर संस्कृत काव्यशास्त्र और पश्चिमी आलोचना का प्रभाव नहीं है, इन दोनों से जुड़ने, प्रभाव ग्रहण करने के बावजूद उसका अपना अलग और स्वतन्त्र अस्तित्व है। हिन्दी आलोचना का स्वतन्त्र स्वरूप साहित्य की अन्य विधाओं की तरह भारतेन्दु युग से ही माना जाता है। भारतेन्दु युग में आलोचना का आरम्भ पत्र-पत्रिकाओं के माध्यम से हुआ जिसमें पुस्तक-समीक्षाएँ प्रकाशित होती थीं। भारतेन्दु युगीन आलोचना के सम्बन्ध में आचार्य हजारीप्रसाद द्विवेदी जी का यह कथन बहुत महत्त्व रखता है – "भारतेन्दु का पूर्ववर्ती काव्य साहित्य सन्तों की कुटिया से निकल कर राजाओं और रईसों के दरबार में पहुँच गया था, उन्होंने एक तरफ तो काव्य को फिर से भक्ति की पवित्र मन्दाकिनी में स्नान कराया और दूसरी तरफ उसे दरबारीपन से निकालकर लोक-जीवन के आमने-सामने खड़ा कर दिया।"[1] इस प्रकार भारतेन्दु युगीन आलोचना में पूर्वी-पश्चिमी और स्वदेशी-विदेशी का सफलतापूर्वक समन्वय हुआ है। उन दिनों अंग्रेजी विद्वानों की पुस्तक-समीक्षा पत्र-पत्रिकाओं में प्रकाशित होने का प्रभाव भारतेन्दु युगीन आलोचना पर उसका स्पष्ट दिखायी देता है। इसी पुस्तक-समीक्षा के रूप में इस युग में हिन्दी आलोचना पल्लवित हुई। "आरम्भ काल में आलोचना का दर्शन तत्कालीन पत्र-पत्रिकाओं की सम्पादकीय टिप्पणियों, प्राप्ति स्वीकारों और कहीं-कहीं सम्पादक के नाम पत्रों के रूप में हुआ। इस काल में कोई स्वतन्त्र-पुस्तक नहीं लिखी गयी, किन्तु पत्र-पत्रिकाओं की ये आलोचनाएँ उसी विकास दिशा की ओर अग्रसर दिखायी पड़ती है।"[2] रीतिकाल तक आलोचना प्राचीन काव्यशास्त्र के आधार पर होती थी। यद्यपि भारतेन्दु युगीन आलोचना इस युग में अपने शैशवावस्था में थी, परन्तु भारतेन्दु एवं उनके समकालीन रचनाकारों ने पाश्चात्य आलोचना की व्यावहारिक पद्धति को अपनाकर हिन्दी आलोचना में एक नया प्रतिमान स्थापित किया। "आलोचना के इस युग में एक ओर पुस्तक-परिचय (Book Review) की गुण-दोष विवेचना का विज्ञापनात्मक स्वरूप भी उपलब्ध है और दूसरी ओर बदरीनारायण चौधरी 'प्रेमघन', भारतेन्दु और बालकृष्ण भट्ट की प्रौढ़ साहित्यिक समीक्षाएँ भी। लेकिन इस तथ्य पर ध्यान देने की आवश्यकता है कि प्रत्येक के मूल में सामाजिकता का प्रश्न जुड़ा हुआ था। सुरुचि, नैतिकता एवं राष्ट्र-प्रेम की भित्ति पर आधारित कृति के समाजोपयुक्त ग्रहण-त्याग की विवेचना ही उस समय की साहित्यिक समीक्षा का प्रधान लक्षण था।"[3] भारतेन्दु युग में आलोचना को नयी दिशा देने में पं. बदरीनारायण चौधरी 'प्रेमघन' और बालकृष्ण भट्ट की महती भूमिका रही। 'प्रेमघन'

1. हिन्दी साहित्य–आचार्य हजारीप्रसाद द्विवेदी (पृ. 396-397)
2. हिन्दी समीक्षा-स्वरूप और सन्दर्भ–डॉ. रामदरश मिश्र, (पृ. 6)
3. प्रगतिशील आलोचना–रवीन्द्र श्रीवास्तव, (पृ. 26-27)

ने बाणभट्ट की 'कादम्बरी', बाबू गजाधर सिंह द्वारा अनूदित 'बंगविजेता' उपन्यास और श्रीनिवास द्वारा लिखित 'संयोगिता स्वयंवर' नाटक की आलोचना "आनन्द कादम्बिनी' पत्रिका में की थी। पं. बालकृष्ण भट्ट ने भी 'हिन्दी प्रदीप' पत्रिका में इसी नाटक की आलोचना की थी। 'संयोगिता स्वयंवर' नाटक की समीक्षा को ही हिन्दी की पहली आलोचना माना जाता है। भट्ट जी ने अपनी पत्रिका 'हिन्दी प्रदीप' में कई समकालीन मूल उपन्यासों और अनूदित उपन्यासों की पुस्तक-समीक्षा लिखी। इस युग में 'प्रेमघन' ऐसे साहित्यकार हैं, जिन्होंने रचना को शास्त्रीय दृष्टि से देखने के साथ-ही-साथ उपन्यासों की आलोचना में पाश्चात्य प्रतिमानों को स्वीकारा। भट्ट जी भी गम्भीर आलोचक थे। उनके आलोचना के विषय में व्यापकता दिखायी देती है। सैद्धान्तिक विवेचन के साथ-साथ उन्होंने आलोचना में प्रयोग भी किया। उनकी आलोचना में स्पष्टवादिता के साथ व्यंग्य का पुट दिखायी देता है। उन्होंने 32 वर्षों तक 'हिन्दी प्रदीप' पत्रिका का सम्पादन किया। इस पत्रिका के अलावा उनकी आलोचनाएँ 'मर्यादा' नामक पत्र में भी प्रकाशित होती थीं। एक आलोचक के रूप में बालमुकुन्द गुप्त का भी महत्त्वपूर्ण स्थान है। यद्यपि उन्होंने रचनाकारों का परिचयात्मक लेख अधिक लिखा है, परन्तु 'भारत-मित्र' और 'सरस्वती' में उनकी आलोचनात्मक दृष्टि को नकारा नहीं जा सकता। भारतेन्दु युगीन आलोचना को समृद्ध करने में प्रताप नारायण मिश्र का महत्त्वपूर्ण योगदान है। वे बड़ी स्पष्टता एवं निर्भीकता से आलोचना करते थे। 'ब्राह्मण पत्र' का सम्भवतः कोई ऐसा अंक नहीं रहता जिसमें मिश्र जी किसी पुस्तक या पत्र की आलोचना न निकालते हों। भारतेन्दु युगीन आलोचना को एक नया स्वरूप देने में पं. गंगा प्रसाद अग्निहोत्री का महत्त्वपूर्ण योगदान है। आलोचना में उन्होंने स्वयं तो स्पष्ट और तटस्थ दृष्टिकोण अपनाया ही अपने युगीन आलोचकों को भी इसके प्रति जागरूक किया। इस प्रकार "भारतेन्दु युगीन समीक्षा में स्वच्छन्दतावादी प्रवृत्तियों के प्रति आग्रह, पूँजीवादी व्यवस्था के प्रति विद्रोह, राष्ट्रीय चेतना के प्रति झुकाव एवं सामन्ती वर्ण व्यवस्था के प्रति आक्रोश का स्वर ध्वनित होता है। प्राचीन और नवीन तथा पौरस्तय और पाश्चात्य दृष्टिकोणों में समन्वयवादी उदात्त स्वर ध्वनित होता है।"[1]

हिन्दी आलोचना साहित्य में आचार्य महावीरप्रसाद द्विवेदी का योगदान अतुलनीय है। सन् 1903 में 'सरस्वती' पत्रिका के सम्पादन का कार्य सम्हालने के बाद उन्होंने 'पुस्तक-समीक्षा' नाम से एक स्तम्भ रखा और स्वयं भी पुस्तकों की समीक्षाएँ लिखीं। भारतेन्दु युग में आलोचना क्षेत्र में जिस तरह मूलभूत आधारों में परिवर्तन करते हुए (शास्त्रीय सिद्धान्तों को यथापयोगी परिवर्तित करते हुए समाजोपयोगी बनाना) आलोचना विधा का सूत्रपात किया, द्विवेदी जी ने उसे भाषा, संयम और मर्यादा से सम्पृक्त किया। उन्होंने प्राचीन मान्यताओं में समयानुकूल परिवर्तन की बात ही नहीं की अपितु कुछ मान्यताओं को त्याग कर आलोचना में समाज-संस्कार पर बल दिया। "प्राचीनता से उचित का ग्रहण और अनुचित का त्याग, नवीनता की विवेकपूर्ण स्वीकृति, शास्त्र के स्थितिशील तत्त्वों की उपेक्षा, समाज-संस्कार को महत्त्व, उपयोगिता, सोद्देश्यता, सदाशयता, स्वाभाविकता, सरलता और प्रभावोत्पादन क्षमता को काव्य के आवश्यक तत्त्वों के

1. हिन्दी आलोचना विकास और प्रवृत्तियाँ डॉ. पशुपति नाथ उपाध्याय, (पृ. 33)

रूप में प्रतिष्ठित करने का आग्रह आदि वे मूलभूत मान्यताएँ हैं। जिन पर द्विवेदी जी की आलोचना आधृत है।"[1] आचार्य महावीरप्रसाद द्विवेदी और उनके समकालीन आलोचकों भारतीय समीक्षा पद्धति के शास्त्रीय विधान को तो अपनाया ही पाश्चात्य परम्परा को भी स्वीकार किया। उन्होंने आलोचकों से अंग्रेजी के काव्यशास्त्रीय ग्रन्थों का अनुवाद करवाया। द्विवेदी युगीन आलोचना में समन्वयवादी प्रवृत्ति की प्रधानता को स्पष्टतः लक्षित कया जा सकता है। आलोचना के दोनों पक्षों-सैद्धान्तिक और व्यावहारिक के सामंजस्य के साथ-साथ प्राचीन, नवीन और पाश्चात्य के सामंजस्य का भी सफलतापूर्वक निर्वाह देखा जा सकता है। कहने का तात्पर्य यह है कि उनकी आलोचना का मापदण्ड भारतीय भी है और पाश्चात्य भी। प्रगतिशीलता का यह स्वर ही उनकी आलोचना को एक नया आयाम प्रदान करता है। डॉ. रामविलास शर्मा ने द्विवेदी युगीन सामाजिक चेतना की तुलना पाश्चात्य प्रगतिशील प्रचारकों से करते हुए लिखा है—"महावीरप्रसाद द्विवेदी की सामाजिक चेतना की तुलना 19वीं सदी के पाश्चात्य प्रगतिशील प्रचारकों की सामाजिक चेतना से की जाय तो देखा जायेगा कि बीसवीं सदी का आरम्भ होते-होते हिन्दी बुद्धिजीवियों की सामाजिक चेतना धीरे-धीरे बदल रही है और पूर्ववर्ती पाश्चात्य विचारकों की चेतना समानान्तर आगे बढ़ रही है। यही कारण है कि इतिहास और समाजशास्त्र के विवेचन में द्विवेदी जी की विचारधारा इतनी आधुनिक और वैज्ञानिक दिखायी देती है और दार्शनिक विषयों का विवेचन वह नवीन बुद्धिवादी तार्किक दृष्टि से प्रस्तुत करते हैं। यह स्थिति दर्शन और इतिहास के क्षेत्रों में ही नहीं है। इनके साथ साहित्य के क्षेत्र में भी वहीं चेतना सक्रिय है।"[2]

द्विवेदी जी अंग्रेजी कवियों में वर्ड्सवर्थ से बहुत प्रभावित थे। उन्होंने कई अंग्रेजी के लेखकों और कवियों को गम्भीरता पूर्वक पढ़ा था। डॉ. रामचन्द्र तिवारी के अनुसार उन्होंने — "नागरी प्रचारिणी सभा को जो पुस्तकें दान में दी हैं उनमें 1198 पुस्तकें अंग्रेजी की हैं। उन्होंने 'वेकन विचार रत्नावली', 'शिक्षा' और 'स्वाधीनता' नाम से क्रमशः वेकन के निबन्धों (59 में मात्र 36), हर्बर्ट स्पेन्सर की पुस्तक 'एजूकेशन' और जान स्टुअर्ट मिल की पुस्तक 'आन लिबर्टी' का हिन्दी अनुवाद भी प्रस्तुत किया था। ऐसी स्थिति में उन पर पाश्चात्य प्रभाव पड़ना स्वाभाविक था, किन्तु इस प्रभाव को उन्होंने पूरी तरह पचाकर अपने व्यक्तित्व का अंग बना लिया है।[3] यहाँ एक बात और ध्यान देने की है कि वे संस्कृत, अंग्रेजी के साथ-साथ मराठी, गुजराती और बँगला साहित्य के भी जानकार थे और मराठी और बँगला साहित्य पर पाश्चात्य विचारों का प्रभाव बहुत पहले से ही था। इस प्रकार कई भाषाओं और साहित्य के गहन अध्ययन के फलस्वरूप द्विवेदी जी में एक स्वस्थ एवं वैज्ञानिक दृष्टि विकसित हो गयी थी। द्विवेदी युग के प्रमुख आलोचकों में बाबू श्यामसुन्दर दास, गुलाब राय, सरदार पूर्णसिंह, जगन्नाथ प्रसाद, माधव प्रसाद मिश्र, गौरीशंकर हीराचन्द्र ओझा, पदुमलाल पुन्नालाल बख्शी, पं. पद्मसिंह शर्मा, मिश्रबन्धु, कृष्णबिहारी मिश्र, लाला भगवानदीन और गोपालराम गहमरी थे। इन सबमें द्विवेदी जी अपने युग के वटवृक्ष थे। यद्यपि इस युग में आलोचना की दो धाराएँ चल रही थीं। एक का प्रतिनिधित्व

1. हिन्दी आलोचना शिखरों का साक्षात्कार – रामचन्द्र तिवारी (पृ. 37)
2. महावीरप्रसाद द्विवेदी और हिन्दी नव जागरण – डॉ. रामविलास शर्मा, (पृ. 277)
3. हिन्दी आलोचना शिखरों का साक्षात्कार—रामचन्द्र तिवारी, (पृ. 39)

स्वयं द्विवेदी जी कर रहे थे तो दूसरी धारा मिश्रबन्धु, शर्मा जी, मिश्र जी और लाला भगवान जी कर रहे थे। समकालीन सभी आलोचकों पर कमोबेश द्विवेदी जी का प्रभाव देखा जा सकता है। द्विवेदी जी प्राचीन सिद्धान्तों को युगीन नवीनता की कसौटी पर कसकर उसे समाज और राष्ट्र के हित से जोड़ देते थे। इसी तरह उन्होंने पाश्चात्य और भारतीय साहित्य का समन्वय कर आलोचना का नया आयाम स्थापित किया।

हिन्दी आलोचना साहित्य के तीसरे महत्त्वपूर्ण युग के पुरोधा आचार्य रामचन्द्र शुक्ल हैं। उन्होंने आलोचना के मानदण्ड, शास्त्र और आलोचना पद्धति तीनों दृष्टियों से हिन्दी आलोचना में क्रान्तिकारी परिवर्तन किया। यही एक ऐसा युग-था जिसमें श्रेष्ठ व्यावहारिक और सैद्धान्तिक समीक्षाओं के साथ-साथ शास्त्रीय आलोचना पद्धति, स्वच्छन्दतावादी आलोचना पद्धति, समाजवादी आलोचना पद्धति, मनोविश्लेषणात्मक समीक्षा पद्धति, मार्क्सवादी समीक्षा पद्धति, नवीन आलोचना पद्धति आदि का श्री गणेश हुआ। शुक्ल जी मूलतः रसवादी थे। परन्तु उन्होंने रसवाद को आध्यात्मिक धरातल से उतार कर उसका मनोवैज्ञानिक विवेचन किया। उन्होंने भारतीय और पाश्चात्य काव्य-सिद्धान्तों का विवेचन-विश्लेषण करके रस को काव्य की आत्मा स्वीकार करते हुए शेष समस्त मान्यताओं को इसके अन्तर्गत समाहित किया। शब्द-शक्ति, रस और अलंकार को काव्य-समीक्षा के लिये बहुत महत्त्वपूर्ण मानते थे। इस सम्बन्ध में उनका कहना था– "हमें अपनी दृष्टि से दूसरे देशों के साहित्य को देखना होगा, दूसरे देशों की दृष्टि से अपने साहित्य को नहीं।"[1] शुक्ल जी साहित्य में शुद्ध कलावादी दृष्टिकोण के विरोधी थे। उनके अनुसार काव्य को लोकधर्मी होना चाहिए। इसलिये उन्होंने न तो भारत की रूढ़िवादिता को स्वीकार और न ही पश्चिम के व्यक्तिवाद को अपनाया अपितु नये साहित्य-सिद्धान्तों की स्थापना करके सामन्ती साहित्य का विरोध करते हुए साहित्य में लोकतत्त्वों को महत्त्व दिया। जिन भी भावनाओं या पद्धति में लोकधर्मिता नहीं थी उसका शुक्ल जी ने विरोध किया। उदाहरण के तौर पर छायावाद, कलावाद, अभिव्यञ्जनावाद, अन्तश्चेतना वाद, व्यक्ति-वैचित्र्यवाद मूर्तिमत्तावाद, प्रतीकवाद, संवेदनावाद और टॉल्सटाय के आदर्शवाद का विरोध किया। सम्भवतः यही कारण है कि अधिकांशतः हिन्दी के आलोचक शुक्ल जी की समीक्षा-पद्धति को हिन्दी आलोचना के लिये वरदान मानते हैं। डॉ. रामविलास शर्मा के अनुसार – "दृढ़ता, आत्मविश्वास, निर्भीकता शुक्ल जी के विशेष गुण हैं। लाख विरोधी प्रचार हो, वह अपने सिद्धान्त पर अडिग रहे। रहस्यवाद की भारत-व्यापी धूम होने पर भी उन्होंने उसका विरोध करना नहीं छोड़ा। भारतीय अध्यात्मवाद की डुग्गी पीटने पर भी उन्होंने वास्तविक जगत् का सूत्र नहीं छोड़ा, इस जगत् के चित्रण को भारतीय साहित्य की मूल विशेषता बतलाया और आध्यात्मिक शब्द को साहित्य के मैदान से बाहर निकाल देने को कहा। अंग्रेजी और संस्कृत की धाक की परवाह न करके उन्होंने इन भाषाओं के साहित्य में जो कमजोरियाँ दिखीं उनका भी खुलकर विवेचन किया।"[2]

आचार्य रामचन्द्र शुक्ल हिन्दी आलोचना के एक ऐसे शिखर-पुरुष हैं जिनकी आलोचनात्मक दृष्टि 'जायसी ग्रन्थावली', 'तुलसी ग्रन्थावली', 'भ्रमरगीत सार' की भूमिकाओं में तथा 'हिन्दी

1. चिन्तामणि भाग-2 – आचार्य रामचन्द्र शुक्ल (पृ. 309)
2. आचार्य रामचन्द्र शुक्ल और हिन्दी आलोचना–डॉ. रामविलास शर्मा, (पृ. 225)

साहित्य के इतिहास' में परिलक्षित होती है। उनके इतिहास में भारतीय चिन्तनधारा प्रमुखता से तो पाश्चात्य चिन्तनधारा गौण रूप में प्रवाहित हुई है। "उनकी आलोचना का मानदण्ड भारतीय और यूरोपीय प्रतिभाओं का सम्मिलित रूप है। पाश्चात्य शैली कवियों के स्वभाव और चरित्र में तथा भारतीय शैली रसानुभूति तथा भावानुभूति के तथ्यों की विवेचना में अप्रतिम है।"[1] कविता के स्वरूप तथा उद्देश्य में शुक्ल जी और पश्चिमी आलोचक आई.ए.रिचर्ड्स में समानता देखी जा सकती है।

शुक्ल युगीन आलोचकों में बाबू श्याम सुन्दरदास, बाबू गुलाबराय, पदुमलाल पुन्नालाल बख्शी, पण्डित विश्वनाथ प्रसाद मिश्र और लक्ष्मी नारायण 'सुधांशु' का महत्त्वपूर्ण स्थान है। यद्यपि पूर्ववर्ती और परवर्ती युगों में कोई विशेष विभाजन रेखा नहीं है। बाबू श्याम सुन्दरदास का हिन्दी आलोचना में विशेष महत्त्व है। व्यावहारिक आलोचना की दृष्टि से उनकी 'कबीर ग्रन्थावली की भूमिका', 'हिन्दी साहित्य का इतिहास' और 'भारतेन्दु हरिश्चन्द्र' तो सैद्धान्तिक आलोचना की दृष्टि से 'साहित्यालोचन' महत्त्वपूर्ण ग्रन्थ हैं। वे मूलतः तो रसवादी थे परन्तु 'साहित्यालोचन' में भारतीय एवं पाश्चात्य आलोचना पद्धति का सुन्दर समन्वय दिखायी देता है। बाबू गुलाबराय ने अपने समय में चलनेवाली प्रवृत्तियों और प्रक्रियाओं का विषद अध्ययन करके उदारवादी दृष्टिकोण अपनाते हुए अपनी आलोचना पद्धति में भारतीय और पाश्चात्य काव्यशास्त्रीय पद्धतियों का समायोजन किया। "बाबू श्याम सुन्दर दास आलोचना में संस्कृत काव्यशास्त्र के आचार्यों में मम्मट, भरत, विश्वनाथ, पाश्चात्य काव्यशास्त्र में मैथ्यू आर्नाल्ड, हडसन, क्रोचे तथा हिन्दी आलोचकों में महावीरप्रसाद द्विवेदी, आचार्य शुक्ल एवं श्यामसुन्दर दास से पूर्णरूपेण प्रभावित दिखायी देते हैं।"[2] भारतीय एवं पाश्चात्य आलोचना सिद्धान्तों को बड़े ही सन्तुलित समन्वय के साथ प्रस्तुत करने का श्रेय लक्ष्मी नारायण 'सुधांशु' है। उन्होंने अपने ग्रन्थ 'काव्य में अभिव्यञ्जनावाद' में क्रोचे के सौन्दर्य निरूपण सिद्धान्त और भारतीय आलोचना सिद्धान्त का सुन्दर व्यावहारिक समन्वय प्रस्तुत किया है।

आचार्य नन्ददुलारे वाजपेयी के हिन्दी-आलोचना में आगमन से एक नयी दिशा विकसित होती है। द्विवेदी युगीन संस्कारों के कारण शुक्ल जी ने जिस छायावादी काव्य का विरोध किया, वाजपेयी जी के आलोचक रूप का वही प्रेरणास्रोत रहा। उनकी आलोचना पद्धति को समझने में 'हिन्दी साहित्य : बीसवीं शताब्दी' नामक पुस्तक की भूमिका को देखना आवश्यक हो जाता है, जहाँ उन्होंने आलोचना सम्बन्धी अपनी चेष्टाओं की ओर संकेत करते हुए लिखा है– "कवि की अन्तर्वृत्तियों का अध्ययन, कलात्मक सौष्ठव का अध्ययन, टेकनीक (शैली) का अध्ययन, समय और समाज तथा उनकी प्रेरणाओं का अध्ययन कवि की जीवनी और उसके रचना पर उसके प्रभाव का अध्ययन, कवि के दार्शनिक, सामाजिक और राजनीतिक विचारों का अध्ययन और काव्य के जीवन-सम्बन्धी सामंजस्य और सन्देश का अध्ययन।" इससे स्पष्ट हो जाता है कि वे कवि की अन्तर्वृत्तियों और शिल्प पर बल देते हैं। अपनी अगली पुस्तक 'आधुनिक साहित्य' की भूमिका में वे पश्चिम की चार समीक्षा-पद्धतियों से बचने की भी बात करते हैं।

1. हिन्दी आलोचना विकास और प्रवृत्तियाँ – डॉ. पशुपति नाथ उपाध्याय, (पृ. 59)
2. हिन्दी आलोचना विकास और प्रवृत्तियाँ – डॉ. पशुपति नाथ उपाध्याय (पृ. 66)

(वैयक्तिक मनोविज्ञान, समाजवादी समीक्षा, कलाविज्ञानवादी पुरानी समीक्षा और उपयोगितावादी या नीतिवादी समीक्षा)। कहने का तात्पर्य यह है कि उन्होंने पाश्चात्य समीक्षा पद्धति को स्वीकार तो किया है पर बहुत ही विवेकपूर्ण ढंग से। उनकी समीक्षा-पद्धति में प्राचीनता और नवीनता का जितना सन्तुलित समन्वय मिलता है उतना ही भारतीय और पाश्चात्य सिद्धान्तों का भी समन्वय है। यही कारण है कि उनकी आलोचना में एक ओर भारतीय रस परम्परा राष्ट्रीय साहित्यिक चेतना लक्षित होती है तो दूसरी ओर पाश्चात्य रोमाण्टिक आलोचना, जिसे हिन्दी में स्वच्छन्दतावादी आलोचना कहा जाता है, का भी प्रभाव दिखायी देता है। कहने का तात्पर्य यही है कि उन्होंने उन सभी नवीन तत्त्वों को अपनाया जो भारतीय परम्पराओं के भीतर समाहित होकर उसे समृद्ध करे।

शुक्लोत्तर आलोचना में सांस्कृतिक और ऐतिहासिक आलोचना पद्धति में जिस मानवतावादी स्वर को लेकर आचार्य हजारीप्रसाद द्विवेदी आये, उससे हिन्दी आलोचना शीर्ष पर पहुँची। द्विवेदी जी ने परम्परा और शास्त्र का विश्लेषण विशुद्ध मानवतावादी दृष्टि से की। आचार्य हजारीप्रसाद द्विवेदी की दृष्टि मानवतावाद के परिप्रेक्ष्य में ऐतिहासिक एवं सांस्कृतिक रही है। 'कबीर' और 'सूर साहित्य' में ऐतिहासिक दृष्टि के साथ-साथ सांस्कृतिक एवं सामाजिक दृष्टि को भी महत्त्व देते हैं। वे किसी भी रचनाकार का विवेचन-विश्लेषण उसके अपने समय, परिवेश और व्यक्तित्व के आधार पर करने के पक्षधर थे। इसीलिये तो उन्होंने लिखा है कि, "कालिदास उसी परिस्थिति में, उसी समय में और उसी जाति में हो सकते थे, जिसमें वे हुए थे।" वे मात्र मध्यकाल के ही गहन अध्येता नहीं थे अपितु उन्होंने सम्पूर्ण भारतीय साहित्य का अनुशीलन किया था। पाश्चात्य साहित्य में उन्होंने अंग्रेजी और ग्रीक साहित्य का भी गहन अध्ययन किया था। उन्हें केर, टेन, ग्रियर्सन, हेराल्ड नोकेल्सन, ब्रेसिल विर्ली और मोल्टन जस्सरण्ड जैसा देखा जा सकता है। रूसो और शेले की तरह वे मनुष्य की शक्ति में विश्वास करते हैं। बट्रेण्ड रसेल की तरह वे चाहते हैं कि साहित्य की रचना मानव कल्याण के लिये हो। रवीन्द्र नाथ ठाकुर की तरह वे मानते थे कि साहित्य की रचना मानव-कल्याण और लोक-कल्याण के लिये हो।

आचार्य जी ने मार्क्सवाद और विकासवाद पर भी अपने विचार रखे हैं। विकासवाद के सिद्धान्त के सम्बन्ध में अपना मत रखते हुए उन्होंने लिखा है कि यह सिद्धान्त सर्व स्वीकृत तो है परन्तु सार्थक तब तक नहीं होगा जब तक वह मनुष्य और मानवता के हित की बात नहीं करेगा। इस विकासवाद का सिद्धान्त उनकी त्रिपुर-सुन्दरी में देखा जा सकता है। वे विकासवाद के वैज्ञानिक चिन्तन को शक्तागमों के दार्शनिक चिन्तन से जोड़ देते हैं। मार्क्सवाद भी चूँकि मनुष्य चिन्तन से जुड़ा है इसलिये वे उसे महत्त्व देते हैं। इस सम्बन्ध में उन्होंने लिखा है – "मार्क्सवादी साहित्य कितने भी दुधर्ष जड़-विज्ञान के तत्त्ववाद पर आधारित क्यों न हो, वह मनुष्य को केवल नियति का गुलाम नहीं मानता। सिद्धान्त रूप में वह चाहे जो भी स्वीकार क्यों न करता हो, साहित्य ने वह मनुष्य मो दृढ़चित्त बनाने का कार्य करता है। मुझे इस श्रेणी के साहित्य में यह बात सबसे अच्छी लगती है।"[1]

1. ग्रन्थावली, भाग- 7, (पृ. 150)

द्विवेदी जी आधुनिक मनोविश्लेषण शास्त्र की उपलब्धियों और साहित्य पर उसके पड़नेवाले प्रभाव को महत्त्व नहीं देते। वे मनोविश्लेषणात्मक साहित्य को समाज के लिये हितकर नहीं मानते। इस तरह के साहित्य से न तो चरित्र में दृढ़ता आती है और न ही भविष्य निर्माण करनेवाले चरित्र का विकास होता है। कहने का तात्पर्य यह है कि समीक्षात्मक दृष्टि चाहे भारतीय हो या पाश्चात्य, द्विवेदी जी ने उसी को महत्त्व दिया है जो मानव और मानवता के हित में हो। विशद् अध्ययन के कारण वे किसी प्रभाव के तहत साहित्य का विश्लेषण नहीं किया है अपितु उन्होंने बहुत सन्तुलित समन्वयात्मक दृष्टिकोण अपनाया है।

डॉ. नगेन्द्र ने अंग्रेजी साहित्य के गहन अध्ययन और प्रभाव के साथ हिन्दी साहित्य में पर्दापण किया था। हिन्दी में भी वे उन महानुभावों (प्रो. प्रकाश चन्द्र गुप्त और बाबू गुलाब राय) के प्रभाव में आये थे जो स्वयं पाश्चात्य तथा सिद्धान्त से प्रभावित थे। हिन्दी में उन पर सबसे अधिक प्रभाव आचार्य रामचन्द्र शुक्ल का दिखायी देता है। डॉ. नगेन्द्र रस सिद्धान्त के प्रवर्तक हैं और अपने 'रस सिद्धान्त' को वे साहित्य-साधना का महत्त्वपूर्ण पड़ाव मानते थे। "उन्होंने मनोविश्लेषणात्मक वाद, उपयोगितावाद, प्रभाववाद और वर्गवाद के विचार दर्शनों के आधार पर रसवाद का एक उदात्त, विषद और अभिनव रूप खड़ा किया है और आनन्द को काव्य का शाश्वत प्रतिमान घोषित किया है। स्पष्ट है कि रस सिद्धान्त के आख्यान में सबसे पहले इन्होंने ही आधुनिक मनोविज्ञान को सर्वाधिक महत्त्व प्रदान किया है और इस प्रकार रसवाद की मनोवैज्ञानिक स्थापना की है।"[1] डॉ. नगेन्द्र पर पाश्चात्य आलोचक आई. ए. रिचर्ड्स और क्रोचे का अधिक प्रभाव है। परन्तु वे इसे रस-सिद्धान्त से जोड़ देते हैं। वे मार्क्सवादी चिन्तन तथा अस्तित्ववादी जीवन दर्शन से प्रेरित 'नयी समीक्षा' और 'रूपात्मक समीक्षा' से सामंजस्य नहीं कर पाते। उनकी खासियत यह है कि वे पाश्चात्य या अन्य भारतीय सिद्धान्तों से प्रभावित होने के बावजूद उसे समग्रता से न स्वीकार कर अपने विवेक के आधार पर आत्मसात् कर मौलिक रूप प्रदान करते हैं जो उनकी अपनी समीक्षा दृष्टि बन जाती है। डॉ. नगेन्द्र ने हिन्दी की व्यावहारिक एवं सैद्धान्तिक समीक्षा के प्रचार-प्रसार के लिये अंग्रेजी भाषा में कई महत्त्वपूर्ण ग्रन्थों की रचना की। इतना ही नहीं उनकी पुस्तकों का कई भाषाओं में अनुवाद हुआ है।

शुक्लोत्तर युग में हिन्दी आलोचना के फलक में अधिक व्यापकता आयी और वह प्रगतिवादी, मनोवैज्ञानिक, दार्शनिक और शैली वैज्ञानिक जैसे अनेक दृष्टियों के साथ समृद्ध हुई। इस युग के प्रमुख आलोचकों में डॉ. शिवदान सिंह चौहान, डॉ. रामविलास शर्मा, डॉ. प्रकाश चन्द्र गुप्त, डॉ. नामवर सिंह, डॉ. शिव कुमार मिश्र, डॉ. जगदीश गुप्त, विश्वम्भर नाथ उपाध्याय, रमेश कुन्तल मेघ और मैनेजर पाण्डेय इत्यादि हैं। इस प्रगतिवादी आलोचना के केन्द्र में सामाजिक यथार्थवाद है जिसका सम्बन्ध मूलतः मार्क्स के द्वन्द्वात्मक भौतिकवाद से है। भारत में इसका प्रारम्भ 1936 के लखनऊ के अधिवेशन से ही हुआ था। प्रगतिवादी आलोचक मार्क्स के सिद्धान्तों से प्रभावित होने के बावजूद भारतीय पृष्ठभूमि में उसे ज्यो-का-त्यों स्वीकार नहीं किया है। ये सामाजिक विकास को महत्त्व देते हुए उसके यथार्थ का विश्लेषण प्रस्तुत करते हैं। इनकी

1. आधुनिक आलोचना का विकास विश्वम्भर 'मानव', (पृ. 59)

दृष्टि मूलतः सामाजिक और ऐतिहासिक है। जातीय स्वभाव और उसके विकास की अनेक परिस्थितियों की चर्चा बहुजन हिताय के हित में करते हैं। "आलोचना की मार्क्सवादी पद्धति का, जिसे प्रगतिवादी पद्धति की संज्ञा से भी अभिहित किया जाता है। साहित्य की प्रगतिवादी प्रवृत्ति से अभिन्न सम्बन्ध है। इन दोनों के मूल में एक ही जीवन दृष्टि है जिससे अनुप्राणित होकर साहित्य की रचना तथा उसक मूल्यांकन किया जाता है। आलोचना के क्षेत्र में मार्क्सवादी दृष्टिकोण के आधार पर न केवल अर्वाचीन साहित्यिक धाराओं तथा कृतियों का मूल्यांकन हुआ है वरन् प्राचीन काव्य को भी इसकी कसौटी पर परखा गया है।"[1]

प्रेमचन्द के पश्चात् डॉ. शिवदान सिंह चौहान ने 'हंस' के सम्पादन का कार्यभार सँभालते हुए 'प्रगति अंक' से आलोचना का प्रारम्भ किया। डॉ. रामविलास शर्मा ने प्रगतिवादी आलोचना को वृहद दृष्टि प्रदान करते हुए उसे पुष्ट बनाया। उनकी समीक्षा-पद्धति पर शुक्ल जी का स्पष्ट प्रभाव है। उन्होंने अपने विचारों को तर्क पूर्ण शैली में रखा है और खण्डन करते हुए अपने मत की प्रामाणिकता को सिद्ध किया। उनकी सबसे बड़ी विशेषता यह है कि वे अन्य समीक्षा-पद्धति और समीक्षकों से प्रभाव लेते हुए भी वे आग्रह-ग्रस्त नहीं हैं। प्रकाश चन्द्र गुप्त की आलोचना यान्त्रिक न होकर गत्यात्मक है। उनकी आलोचना-पद्धति मुख्यतः द्वन्द्वात्मक भौतिकवाद से प्रभावित है और उस पर मार्क्स का प्रभाव देखा जा सकता है। डॉ. नामवर सिंह ने रामविलास शर्मा द्वारा स्थापित आलोचना-पद्धति को सक्रिय आन्दोलन के रूप में चलाया। उन्होंने समीक्षा के क्षेत्र में चलनेवाले प्रतिक्रियावादी सिद्धान्तों के विरुद्ध संघर्ष किया। नामवर सिंह यद्यपि प्रगतिशील और मार्क्सवादी समीक्षक के रूप में जाने जाते हैं पर वे उस परम्परा को समृद्ध करते हैं जो आचार्य शुक्ल और नन्ददुलारे वाजपेयी की है। प्रगतिवादी आलोचकों की एक बड़ी सूची है जिन्होंने समाजशास्त्रीय दृष्टि से साहित्य की आलोचना करके इसकी विकास रेखा को अबाध गति से क्रियाशील रखा है। अधिकांशतः प्रगतिवादी आलोचकों ने मार्क्सवाद के सिद्धान्तों से प्रभावित होकर आलोचना-संसार में प्रवेश तो किया परन्तु आगे चलकर भारतीय पृष्ठभूमि के आधार पर अपनी नयी दृष्टि विकसित की। मनोवैज्ञानिक आलोचना के केन्द्र में फ्रायड, एडलर और युंग क़ा मनोविश्लेषणात्मक सिद्धान्त है जिसका आधार वैयक्तिक चिन्तन है।

जैसा कि मैंने पूर्व में लिखा है कि शुक्लोत्तर हिन्दी-आलोचना में अनेक नयी पद्धतियों का आविर्भाव हुआ जिसमें शैली वैज्ञानिक आलोचना का अपना स्वतन्त्र अस्तित्व है। इसका उदय साहित्यिक आलोचना को अधिक वैज्ञानिक बनाने के लिये हुआ। इस पद्धति में आलोचक का चिन्तन वस्तुपरक होता है और उसकी समीक्षात्मक दृष्टि के केन्द्र में भाषा होती है। पाश्चात्य साहित्य में इस प्रक्रिया का प्रारम्भ पहले ही हो चुका था। शैली विज्ञान में भाषिक विश्लेषण की उस पद्धति के आधार पर समीक्षा की जाती है जिसमें भाषा के सभी अभिव्यक्तिपरक उपादानों - ध्वनि-विज्ञान, पद-विज्ञान, वाक्य-विज्ञान, छन्द एवं शब्द-शास्त्र को समाहित किया जाता है। हिन्दी में इस तरह की आलोचना को अधिक महत्त्व नहीं दिया गया है। रवीन्द्र श्रीवास्तव ने केदारनाथ सिंह की कविता 'इस अनागत का क्या करें' की शैली-वैज्ञानिक समीक्षा की है।

1. नयी समीक्षा—अमृतराय, (पृ.05)

हिन्दी में नयी समीक्षा का उदय भी पाश्चात्य साहित्य की देन है। अमेरिका में इसका जनक सम्भवतः रिचर्ड्स को स्वीकार किया जाता है। बिम्बवाद और प्रतीकवाद इसी आन्दोलन के परिणाम थे। हिन्दी में इसका प्रवेश नयी कविता के द्वार से हुआ। इसमें भाषिक संरचना को अधिक महत्त्व दिया जाता है, भाषा के सर्जनात्मक तत्त्वों का विश्लेषण करना ही इस समीक्षा पद्धति का मुख्य धर्म है। यद्यपि आगे चलकर अमेरिकी समीक्षकों ने ही इस पद्धति का विरोध करते हुए उसे व्यापक दृष्टि से देखने का सुझाव दिया। "नयी समीक्षा और शैली-विज्ञान में अन्तन यह है कि, 'शैली-विज्ञान' भाषाविज्ञान का पूरा-पूरा आधार ग्रहण करके विश्लेषण में प्रवृत्त होता है, जबकि 'नयी समीक्षा' ऐसा नहीं करती। उसमें 'विसंगति', 'विडम्बना', 'व्यंग्य', 'अनेकार्थता', 'संकेतार्थ', 'सन्तुलन' आदि जिन औजारों का प्रयोग किया जाता है। वे भाषाविज्ञान के औजार नहीं हैं। उनका सम्बन्ध काव्य-न्याय (लॉजिक ऑफ पोएट्री) से है।"[1] शैली-विज्ञान के साथ संरचनावाद जुड़ जाता है और इसके अनुसार साहित्य शाब्दिक संरचना है। इसकी अवधारणा का मूल स्रोत जेनेवा और पेरिस में भाषाविज्ञान के प्रोफेसर फर्डिनाण्ड डि. सास्यूर द्वारा प्रतिपादित भाषा-सिद्धान्त है। रूपवाद पर इस संरचनावाद का प्रभाव अधिक है। रामस्वरूप चतुर्वेदी ने आधुनिक और प्राचीन कवियों की भाषा सम्बन्धी विश्लेषण करके रूपवादी समीक्षा का मार्ग प्रशस्त किया है। हिन्दी में यह समीक्षा-पद्धति अधिक समृद्ध नहीं हुई है।

वर्तमान समय में स्वतन्त्र रूप से तथा पत्र-पत्रिकाओं में आलोचनाएँ लिखी जा रही हैं। अनेक नये आलोचक उभर कर आ रहे हैं। अब आलोचना को किसी एक दृष्टि से बाँधकर देखना उचित भी नहीं है जिस तरह सृजन विषय-वैविध्य के लिये हो रहा है उसी तरह आलोचनात्मक दृष्टि में भी विस्तार हो रहा है। आज की आलोचना के सम्बन्ध में हिन्दी साहित्य के समर्थ समीक्षक डॉ. बच्चन सिंह का यह कथन सर्वथा उपयुक्त है– "बीसवीं सदी के दूसरे छोर पर पहुँच कर पूरब, पश्चिम, उत्तर, दक्षिण के विचार एक-दूसरे को छूते, काटते, ठेलते, अन्तर्क्रियात्मक सूत्रों में बँध गये हैं। उनकी टकराहट से विचारों के नये स्फुलिंग पैदा होने लगे हैं। साहित्यिक आलोचना भी इसी प्रक्रिया से गुजर रही है।"

उपरोक्त आधुनिक समीक्षा-पद्धतियों में अधिकांशः पद्धति पाश्चात्य साहित्य की देन है, परन्तु यह नहीं कहा जा सकता कि हिन्दी में उन्हें ज्यों-का-त्यों स्वीकार किया गया है। हिन्दी के आलोचकों ने रचनाकार के परिवेश, उसकी सोच, विचारधारा, उसकी अभिव्यक्ति के ढंग के आधार पर रचना की समीक्षा की है। उन्होंने रचना की ऐतिहासिकता और सामाजिकता पर पूरा ध्यान दिया है। समीक्षकों ने जहाँ भारतीय और पाश्चात्य नियामकों को लक्षित करके रचना को परखा है वहीं उनकी समीक्षा का साहित्य जगत् में स्वागत हुआ है।

---

1. हिन्दी आलोचना शिखरों का साक्षात्कार–रामचन्द्र तिवारी (पृ. 32)

(7) भारतीय काव्यशास्त्र और आज की हिन्दी आलोचना[1]

—डॉ. जगदम्बा प्रसाद दुबे

संसार की समस्त लिपिबद्ध सामग्री (भावात्मक हो या ज्ञानात्मक) वाङ्मय के रूप में जानी जाती है। आचार्य राजशेखर ने वाङ्मय के दो भेदों की चर्चा की है— काव्य और शास्त्र। (इह हि वाङ्मयमुभयथा शास्त्रं काव्यं च—काव्यमीमांसा) अंग्रेजी साहित्य में इसे भावात्मक साहित्य (Literature of power) तथा ज्ञानात्मक साहित्य (Literature of knowledge) कहा जाता है। समस्त भावात्मक रचनाएँ 'काव्य' (साहित्य) के अन्तर्गत आती हैं और शास्त्र के अन्तर्गत दर्शन, आयुर्वेद, ज्योतिष, खगोलशास्त्र, अर्थशास्त्र, भूगोलादि ज्ञान-विज्ञान से सम्बन्धित समस्त विषयानुशासन आते हैं। 'काव्यशास्त्र' उसे कहते हैं जिसमें काव्य की सांगोपांग शास्त्रीय विवेचना होती है। अर्थात् काव्य के रूप-स्वरूप, हेतु, प्रयोजन तथा गुण-दोषादि की सम्यक् विवेचना। काव्य (साहित्य) और शास्त्र का अन्तर स्पष्ट करते हुए डॉ. रामानन्द शर्मा ने लिखा है कि, "साहित्य में अनुभूति और कल्पना के मिश्रण से निस्सृत जीवन-सत्य की सौन्दर्य-सम्पन्न अभिव्यक्ति की जाती है, जबकि शास्त्र का उद्देश्य मानव को ज्ञान देना होता है। वहाँ अभिव्यक्तिगत सौन्दर्य दूषण है, जबकि साहित्य में भूषण।" (भारतीय काव्यशास्त्र, पृ. 3) काव्य (कवि-कर्म) जो एक सहृदय की भावात्मक अन्तःसलिला का सहज उद्रेक है, और जिसे पढ़-सुन-देखकर पाठक अपूर्व एवं लोकोत्तर आनन्दानुभव करता है। कभी-कभी उसके शब्द-कौतुक से विस्मित होता है तो कभी-कभी आलंकारिकता से चमत्कृत। फलतः, वह इस अद्भुत-अपूर्व के प्रति जिज्ञासु हो उठता है अर्थात् उसके रूप-स्वरूप, गुण-दोषादि के बारे में जानना-समझना चाहता है। कदाचित् यही जिज्ञासा ही काव्यशास्त्रीय चिन्तन का उत्स है जिसके द्वारा रचनाकार और श्रोता दोनों को लाभ पहुँचता है। एक तरफ जहाँ कवि को अपने कर्म (काव्य-सर्जना) हेतु वांछित शक्तिमत्ता-उदात्तता मिलती है, वहीं दूसरी ओर प्रमाता को काव्य समझने तथा उसका रसास्वादन करते हुए विवेचित-विश्लेषित-समीक्षित करने का विवेक प्राप्त होता है।

काव्य की सर्जना और उसका रसास्वादन दोनों का सम्बन्ध हृदय से है। हृदय-प्रसूत और साक्षात्कृत अनिर्वचनीय लोकोत्तर आनन्द जिसके आस्वादन से भौतिक जगत् कुछ क्षण के लिये ही सही विस्मृतप्राय हो जाता है उसका रूपगत सम्यक् हेतु ही बोध बुद्धि के द्वारा सम्भव नहीं हो पाता। परिणामतः, तत्सम्बन्धी जिज्ञासाएँ शान्त नहीं हो पातीं। इसकी सम्पूर्ति हेतु ही

1. इस लेख को डॉ. जगदम्बा प्रसाद दुबे, हिन्दी-विभागध्यक्ष डी.ए.पी.जी. कालेज आजमगढ़ (उ.प्र.) ने लिखा है। डॉ. जगदम्बा दुबे एकनिष्ठ गम्भीर, गहरे नैतिक बोध, एकाग्र दृष्टि सम्पृक्त और अविचल निष्ठावाले विद्वान् लेखक हैं।

काव्यशास्त्र की आवश्यकता पड़ी जो काव्य की रहस्यात्मक गुत्थियों को सुलझाने में हमारी मदद करता है। अस्तु, काव्यशास्त्र काव्य की शास्त्रीय विवेचना करता है।

भारतवर्ष में काव्यशास्त्र की एक सुनिश्चित एवं सुदीर्घ परम्परा प्राप्त होती है। कई अभिधानों, को धारण करती हुई यह परम्परा निरन्तर गतिशील रही। सम्प्रति काव्यशास्त्र के लिये साहित्यशास्त्र, आलोचनाशास्त्र, काव्यालोचन, साहित्यालोचन आदि अभिधान प्रचलित हैं, जिनमें काव्यशास्त्र तथा साहित्यशास्त्र ही सर्वाधिक ग्राह्य एवं स्वीकार्य हैं। इसका प्राचीनतम् नाम अलंकारशास्त्र है। काव्यशास्त्रीय चिन्तन के उषःकाल में आचार्यों ने काव्य के समस्त शोभादायक तत्त्वों और सम्पूर्ण काव्यमयी अभिव्यञ्जना के लिये अलंकार तथा उसका विवेचन-विश्लेषण करनेवाले शास्त्र को अलंकारशास्त्र नाम दिया। भामह (काव्यालंकार), उद्भट (काव्यांलकार सार-संग्रह), वामन (काव्यांलकार सूत्रवृत्ति) आदि आरम्भिक आचार्यों ने इसीलिये अपने ग्रन्थों का नाम काव्यालंकार रखा। आचार्य दण्डी के ग्रन्थ का नाम 'काव्यादर्श' है, किन्तु उन्होंने भी काव्य में अलंकार को एक आवश्यक उपकरण के रूप में महत्त्व दिया। आचार्य राजशेखर ने काव्यशास्त्र के लिये 'साहित्यविद्या' अभिधान का प्रयोग किया, तो वात्स्यायन ने 'क्रियाकल्प' संज्ञा का प्रयोग किया, किन्तु इन्हें महत्त्व नहीं मिल सका। इन प्राचीन नामों में अलंकारशास्त्र ही सबसे अधिक प्रचलन में रहा। इस नाम की महत्ता इसलिये भी अधिक बढ़ जाती है क्योंकि इसी अलंकार की क्रोड़ से "वक्रोक्ति' और प्रतीयमान अर्थों से सम्पृक्त 'ध्वनि' सिद्धान्त का जन्म हुआ। वक्रोक्ति सिद्धान्त के प्रतिष्ठापक आचार्य कुन्तक द्वारा अपने प्रसिद्ध ग्रन्थ 'वक्रोक्तिजीवितम्' को 'काव्यालंकार' नाम से अभिहित करना इसका जीवन्त प्रमाण है– (काव्यास्यायमलंकारः कोऽप्यपूर्वो विधेयते। वक्रोक्तिजीवितम्। 1/3)।

अलंकार सम्प्रदाय के प्रतिष्ठापक आचार्य भामह ने अलंकार को सौन्दर्य का प्रतीक माना- (सौन्दर्यमलंकारः-काव्यालंकार, 1/1/2) और यह स्पष्ट किया कि अलंकार केवल बाहरी (शब्द-अर्थ) शोभा को बढ़ानेवाला उत्पादन ही नहीं है, अपितु वह काव्य का मूलभूत तत्त्व है। यही बहिरन्तर शोभावर्द्धन करता है। इनकी इस व्याख्या के उपरान्त अलंकार शब्द सौन्दर्यशास्त्र का प्रतिनिधित्व करने लगा। ध्यातव्य है कि आचार्यों द्वारा काव्य-तत्त्वों के अनुसन्धान-क्रम में सौन्दर्य को ही मौलिक तत्त्व के रूप में मान्यता प्राप्त हुई। क्योंकि सौन्दर्याभाव में अलंकार का अलंकारत्व और ध्वनि का ध्वनित्व सारहीन है। यदि अलंकार के अन्दर शोभा बढ़ाने का गुण-धर्म न रहे तो वह भूषण नहीं दूषण हो जायेगा। आचार्य अभिनव गुप्त ने अलंकार के लिये चारुत्व (सौन्दयी) को अत्यन्त आवश्यक उपादान बताया– (तथाजातीयानामिति। चारुत्वातिशयवतामित्यर्थः। –ध्वन्यालोकलोचन, पृ. 210) अप्यय दीक्षित ने भी इस बात को रेखांकित किया है कि सौन्दर्यरहित सादृश्य होने पर भी उपमा अलंकार की उपस्थिति नहीं मानी जाती। यथा– 'गाय सदृश गवय होता है', इस वाक्य में सादृश्य तो है, किन्तु सौन्दर्याभाव के कारण उपमा का सर्वथा अभाव है– (सर्वोऽपि अलंकारः कविसमयप्रसद्धियनुरोधेन हृदयता काव्यशोभाकर एवं अलंकारतां भजते। अतः 'गो सदृशो गवयः' इति नोपमा-चित्रमीमांसा, पृ. 6) यह सौन्दर्य तत्त्व न केवल 'अलंकार' के लिये अनिवार्यतः अपेक्षित है, अपितु 'ध्वनि' के लिये भी इसकी अनिवार्यता होती

है। क्योंकि किसी भी रचना में ध्वनि के लिये प्रतीयमान अर्थ के सद्भाव के साथ ही सुन्दरता भी अभीष्ट होती है। सुन्दरता के अभाव में ध्वनि का कोई महत्त्व नहीं होता। इस सम्बन्ध में आचार्य अभिनव गुप्त की स्थापना है कि, "ध्वनन व्यापार होने के बावजूद गुण, अलंकार के औचित्य से सम्पन्न सुन्दर शब्दार्थ शरीरवाले वाक्य को ही काव्य की अभिधा प्रदान की जाती है"– (गुणालंकारौचित्य सुन्दरशब्दार्थ शरीरस्य सति ध्वननात्मनि आत्मनि काव्य रूपता व्यवहारः। – ध्वन्यालोकलोचन, पृ. 17)

स्पष्ट है कि भारतीय काव्यशास्त्रियों को चिन्तन बहिरन्तर सौन्दर्य से विरहित अलंकार मात्र को काव्य का शोभाधायक अथवा भूषण स्वीकार नहीं करता। यही सौन्दर्य कभी चमत्कार, कभी विच्छित्ति, कभी वैचित्र्य तो कभी वक्रता के रूप में परिभाषित होता रहता है। काव्य में सौन्दर्य तत्व अत्यन्त महनीय होने के बाद भी 'सौन्दर्यशास्त्र' के रूप में स्थापित नहीं हो सका, जबकि इसकी परिधिगत व्यापकता एवं विराट्ता 'साहित्यशास्त्र' के बरक्स अधिक है। साहित्यशास्त्र शाब्दिक माध्यमों द्वारा निर्मित कला का ही बोधक होता है, परन्तु सौन्दर्यशास्त्र सम्पूर्ण ललित कलाओं में व्याप्त चारुता का द्योतक होता है। अतः दोनों की पृथकता स्वाभाविक भी है ।

अलंकारशास्त्र के बाद मध्ययुग में काव्यशास्त्र के लिये 'साहित्यशास्त्र' नामाभिधान प्रचलित हुआ। इसका सर्वप्रथम प्रयोग राजशेखर ने किया (पंचमी साहित्य विद्या इति यायावरीयः। -काव्यमीमांसा, पृ. 4)। आनन्दवर्द्धन, भोज एवं राजानक कुन्तक ने इस अभिधान के महत्त्व को रेखांकित किया और रूप्यक ने 'साहित्य मीमांसा' और कविराज विश्वनाथ ने 'साहित्य-दर्पण' लिखकर इसे पुष्ट एवं लोकप्रिय बनाया। अनन्तर, 'क्रियाकल्प' अभिधान प्रचलन में आया। उपरिचर्चित काव्यशास्त्र के समस्त नामाभिधानों में 'काव्यशास्त्र', 'साहित्यशास्त्र' नाम ही सर्वाधिक प्रयुक्त होनेवाला और मान्यता प्राप्त करनेवाला हुआ। इसकी विकास-यात्रा आज की हिन्दी आलोचन तक विस्तृत है। अध्ययन-अध्यापन एवं महत्त्व की दृष्टि से सम्प्रति 'काव्यशास्त्र' उपेक्षितप्राय है। इस विषय पर लिखने-पढ़ने से लोग कतराते हैं। महाविद्यालयीय-विश्वविद्यालयीय पाठ्यक्रमों में इसे स्थान अवश्य प्राप्त है, परन्तु इसके अध्ययन-अध्यापन की ओर उन्मुखता, रुचिसम्पन्नता उत्तरोत्तर घटती दिखायी पड़ रही है। कभी वह समय था जब विद्वान्-आचार्य विद्याप्रेमी समाज को सन्देश देते थे कि कम पढ़ सकने की स्थिति में भी व्याकरण की जानकारी अवश्य रहनी चाहिए अन्यथा शब्द-प्रयोग के मर्म से अपरिचित होने के कारण अनर्थ की सम्भावनाएँ प्रबल हो जायेंगी। इसी प्रकार, रचनाकार और भावक (प्रमाता) के लिये काव्यशास्त्र की जानकारी का होना लाभकर सिद्ध होता है, फिर भी शास्त्रीय दुरूहताओं के बहाने लोग इससे दूरी बनाने लगे हैं। कभी काव्यशास्त्र गोष्ठियों का विषय बनता था, किन्तु आज स्थिति बदल गयी है। आज साहित्य की केन्द्रीय धारा में 'कथा साहित्य' है और काव्यशास्त्र सर्वथा उपेक्षित।

काव्यशास्त्र का उत्स वैदिक साहित्य में दिखायी पड़ता है। यद्यपि वेदों में सिद्धान्ततः कोई काव्यशास्त्रीय विवेचन नहीं उपलब्ध होता, तथापि इसका व्यावहारिक स्वरूप यत्र-तत्र बिखरे हुए

रूप में दिखायी पड़ता है। डॉ. रामानन्द शर्मा ने इस सम्बन्ध में लिखा है कि, "काव्यशास्त्र में जिन सौन्दर्याधायक तत्त्वों–अलंकार, गुण, रीति, ध्वनि आदि का विवेचन होता है, वे सभी तत्त्व अपने रम्य रूप में वैदिक साहित्य में मिल जाते हैं।"– (भारतीय काव्यशास्त्र, पृ. 36)। किसी-किसी वैदिक ऋचा में तो एकाधिक अलंकार संगुम्फित हुए दिखायी पड़ते हैं। तथा–

उत त्वः पश्यन् न ददर्श वाचं उत त्वः श्रृण्वन्न श्रृणोत्येनाम्।
उतो त्व स्मै तन्वं विससे जायेत पत्ये उषती सुवासाः।। (ऋग्वेद 10/7/4)

अर्थात् कुछ व्यक्ति ऐसे भी होते हैं जो देख करके भी वाणी के स्वरूप को देखने में असमर्थ होते हैं और सुनते हुए भी सुनने से वंचित रह जाते हैं। कुछ व्यक्ति ऐसे भी होते हैं जिनके सम्मुख वाणी अपने सम्पूर्ण सौन्दर्य का उन्मीलन कर देती है। जिस प्रकार, सुन्दर वेष-भूषा से सज्जित पत्नी अपने पति के सामने अपने सौन्दर्य का सम्यक् प्रदर्शन करती है। इस मन्त्र की प्रथम पंक्ति में विरोधाभास और द्वितीय पंक्ति में उपमा अलंकार का अत्यन्त सुन्दर प्रयोग दिखायी पड़ता है। छहों वेदांगों में 'छन्द' तो विशुद्ध रूप से काव्यशास्त्र का ही अंग है। इसके अतिरिक्त 'निरुक्त' और 'व्याकरण' में भी उपमादि अलंकारों का विवेचन उपलब्ध होता है।

भारतीय काव्यशास्त्र का तात्पर्य प्रायः संस्कृत काव्यशास्त्र से ही है, क्योंकि संस्कृत काव्यशास्त्र सर्वाधिक प्राचीन एवं समस्त भारतीय भाषा-भाषियों का आधार है। संस्कृत काव्यशास्त्र का सबसे पुराना ग्रन्थ आचार्य भरतमुनि द्वारा प्रणीत 'नाट्यशास्त्र' है। यद्यपि भरतमुनि ने अपने इस ग्रन्थ में अनेक पूर्ववर्ती आचार्यों का उल्लेख किया है, किन्तु उनमें से किसी के भी ग्रन्थ उपलब्ध न होने की दशा में भरत ही काव्यशास्त्र के आद्याचार्य ठहरते हैं। आचार्य भरत से प्रारम्भ हुई काव्यशास्त्रीय चिन्तन की यह समृद्ध परम्परा भामह, दण्डी, वामन, उद्भट, रुद्रट, आनन्दवर्द्धन, अभिनवगुप्त, राजशेखर, धनञ्जय, कुन्तक, महिम भट्ट, भोज, क्षेमेन्द्र, मम्मट, रुय्यक, वाग्भट्ट, जयदेव, केशव मिश्र, अप्पय दीक्षित आदि आचार्यों से होती हुई पण्डितराज जगन्नाथ तक आती है।

काव्य के आधारभूत तत्त्व (आत्मा) को लेकर आचार्यों में मतैक्य न होने से कई तरह के विचार सामने आये, कालान्तर में जिन्हें सम्प्रदायों के रूप में जाना गया। यद्यपि ये सभी सम्प्रदाय काव्य के लगभग सभी अवयवों यथा-शब्द-सौन्दर्य, अलंकार, रस औचित्य, वक्रोक्ति आदि का विवेचन-विश्लेषण करते हैं, तथापि प्रमुखता एवं प्रधानता के कारण इन्हें अलग-अलग अभिधानों से जाना गया। इन सम्प्रदायों की कुल संख्या छह है। जिनके नाम कालक्रमानुसार हैं– अलंकार, सम्प्रदाय, रीति सम्प्रदाय, ध्वनि सम्प्रदाय, वक्रोक्ति सम्प्रदाय, औचित्य सम्प्रदाय तथा रस सम्प्रदाय। इनमे अलंकार, रीति एवं वक्रोक्ति का सम्बन्ध मुख्यतः काव्य के कलापक्ष (अभिव्यक्तिपक्ष) से है। भावपक्ष से ये गौणतः सम्बन्धित हैं। क्योंकि अलंकार कथन-भंगिमा में है, रीति शब्द-सौन्दर्य से जुड़ा है तथा वक्रोक्ति की उपस्थिति वैदग्ध्यजन्यचारुता में होती है। औचित्य सर्वथा सापेक्ष तत्व है। ध्वनि सिद्धान्त यद्यपि रस (असंलक्ष्यक्रम व्यंग्य) को सर्वाधिक महत्त्व देता है जो पूर्णतः आन्तरिक तत्त्व है, तथापि सभी ध्वनि-भेदों को आन्तरिक नहीं कहा जा सकता। हाँ, इतना अवश्य है कि अन्य सम्प्रदायों की तुलना में ध्वनि अधिक आन्तरिक है। रस पूर्णतः आन्तरिक होने के कारण काव्य की आत्मा के रूप में प्रतिष्ठित है।

पञ्चमवेद के नाम से विख्यात भरतमुनि का नाट्यशास्त्र 37 अध्यायों में विभक्त एक बृहद् ग्रन्थ है जिसमें नाटक की सांगोपांग विवेचना हुई है। साथ ही छन्दशास्त्र , अलंकारशास्त्र, संगीतशास्त्र आदि का भी निरूपण प्रथमतः प्राप्त होता है। अस्तु, यह नाटक के साथ-साथ समस्त ललित कलाओं की भी इनसाइक्लोपीडिया है। इसकी महत्ता और उपादेयता का अनुमान इस बात से लगाया जा सकता है कि इसकी कुल 9 टीकाएँ (काल्पनिक व वास्तविक मिलाकर) हुईं, जिनमें इनके रस सूत्र "विभावानुभाव व्यभिचारि संयोगाद्रस निष्पत्तिः' की चार टीकाएँ (व्याख्याएँ) — भट्ट लोल्लट का उत्पत्तिवाद, शंकुक का अनुमितिवाद, भट्टनायक का भुक्तिवाद तथा अभिनवगुप्त का अभिव्यक्तिवाद समूचे रस-सिद्धान्त की आधारपीठिका हैं। जिसका उल्लेख किये बिना रस-विवेचन अधूरा है। भामह, दण्डी, रुद्रट, उद्भट अलंकारवादी आचार्य हैं।

भामह अलंकारशास्त्र के आद्याचार्य हैं। इन आचार्यों ने काव्य रूप-निरूपण, रस-निरूपण आदि विषयों पर भी लेखनी चलायी, परन्तु प्रमुखतापूर्व अलंकार-निरूपण और काव्यात्मा के रूप में उसकी प्रतिष्ठा के पोषक थे। वामन 'रीति सिद्धान्त' के प्रतिष्ठापक आचार्य हैं। इन्होंने 'रीति' को काव्य की आत्मा मानते हुए रीति-सिद्धान्त की स्थापना की और गुण-दोषों की भी सम्यक् विवेचना की। 'ध्वनि-सिद्धान्त' के प्रवर्तक आनन्दवर्द्धनाचार्य (ध्वन्यालोक) ध्वनि को काव्य की आत्मा के रूप में प्रतिष्ठित किया जिसकी लोकप्रियता और स्वीकार्यता अधिक हुई। भट्टनायक (हृदय-दर्पण) ने ध्वनि का खण्डन करते हुए काव्यात्मा के रूप में 'रस' को प्रतिष्ठित किया। अनन्तर, आचार्य अभिनव गुप्त की 'ध्वन्यालोकलोचन' और 'अभिनवभारती' दो टीकाएँ प्रकाश में आयीं। ये काव्यात्मा के रूप में 'रस-ध्वनि' को स्थापित करने के हिमायती हैं। काव्य के समस्त सौन्दर्याधायक तत्त्वों की शैलीपरक व्याख्या करनेवाले आचार्य कुन्तक ने 'वक्रोक्ति-सिद्धान्त' का प्रतिपादन किया। 'व्यक्ति-विवेक' नामक ग्रन्थ के प्रणेता नैयायिक महिम भट्ट ने ध्वनि का खण्डन करके 'अनुमान' की प्रतिष्ठा की और ध्वन्यालोक के चालीस उदाहरणों की तत्तत् व्याख्या की। भोज (शृंगार प्रकाश) ने काव्य-रस, शब्दार्थ-निरूपण, गुण-दोष, रस, रीति आदि की सम्यक् विवेचना प्रस्तुत की। आचार्य क्षेमेन्द्र (औचित्य विचार चर्चा) ने 'औचित्य' को काव्य की आत्मा के रूप में प्रतिष्ठित करते हुए उसके भेदोपभेदों की विवेचना की। आचार्य राजशेखर का ग्रन्थ 'काव्य-मीमांसा' जो परम्परा विनिर्मुक्त है। इसकी प्रसिद्धि कवियों की सूचना देनेवाले विश्वकोश के रूप में हुई । अनन्तर, आचार्य मम्मट (काव्य-प्रकाश), विश्वनाथ (साहित्य-दर्पण) हेमचन्द्र (काव्यानुशासन), जयदेव (चन्द्रालोक), पण्डितराज जगन्नाथ (रस गंगाधर) अप्पय दीक्षित (कुवलयनन्द) तथा रुय्यक (अलंकार सर्वस्व) आदि आचार्यों ने काव्य-लक्षण, हेतु, प्रयोजन, शब्द-शक्ति, गुण-दोष, अलंकार, रस आदि समस्त काव्यशास्त्रीय विषयों का सम्यक् विवेचन-विश्लेषण किया। मम्मट ने 'ध्वनि', विश्वनाथ एवं जगन्नाथ ने 'रस', जयदेव, अप्पय दीक्षित एवं रुय्यक ने 'अलंकार' को विशेष महत्त्व प्रदान किया।

हिन्दी में भी पर्याप्त काव्यशास्त्रीय विवेचन हुआ है। इस दृष्टि से हिन्दी साहित्येतिहास का तृतीय उत्थान (रीतिकाल) अत्यन्त महत्त्वपूर्ण है। इस काल मे प्रवर्तक आचार्य केशव से ही काव्यशास्त्रीय चिन्तन की परम्परा की विधिवत् शुरुआत होती है। इनके पूर्व कुछेक काव्यशास्त्रीय

ग्रन्थ, यथा—कृपाराम की 'हिततरंगिणी' और मोहनलाल मिश्र का 'शृंगार-सागर' उपलब्ध अवश्य होते हैं, किन्तु ये केवल ऐतिहासिक दृष्टि से ही उल्लेखनीय हैं। केशव की 'कविप्रिया' एवं 'रसिकप्रिया' अत्यन्त महत्त्वपूर्ण काव्यशास्त्रीय ग्रन्थ (लक्षण ग्रन्थ) हैं। इनमें शृंगार रस, नायक-नायिका-भेद, काव्य-दोष, अलंकार, नख-शिख-वर्णन आदि की विस्तृत विवेचना हुई है। केशव, मूलतः, अलंकारवादी आचार्य हैं। रसवादी आचार्य कवि चिन्तामणि की 'कविकुलकल्पतरू' और 'शृंगार मंजरी' संज्ञक दो रचनाएँ काव्यशास्त्रीय दृष्टि से महत्त्वपूर्ण हैं। इनमें काव्य-गुण-दोष, अलंकार शब्द-शक्ति तथा नायक-नायिका भेद निरूपित हैं। रसवादी आचार्य कवि तोष का ग्रन्थ 'सुधानिधि' इस दृष्टि से महत्त्वपूर्ण है। 'रसराज' और 'ललित ललाम' मतिराम के दो प्रसिद्ध ग्रन्थ हैं। इनमें शृंगार रस, नायिका-भेद तथा अलंकार का वर्णन हुआ है। जसवन्त सिंह का 'भाषा-भूषण' अलंकार-निरूपण की दृष्टि से महत्त्वपूर्ण है, जो संस्कृत के 'चन्द्रालोक' से प्रभावित है। रसवादी आचार्य देव का नाम भी इस दृष्टि से अत्यन्त महनीय है इन्होंने 'रस-विलास', 'भाव-विलास', 'काव्य-रसायन', 'कशल-विलास' आदि कई ग्रन्थों (लक्षण ग्रन्थों) की सर्जना की। भिखारीदास का 'काव्य-निर्णय' अत्यन्त प्रभावशाली एवं महत्त्वपूर्ण काव्यशास्त्रीय ग्रन्थ है। मिश्रबन्धुओं ने तो चिन्तामणि और भिखारीदास को ही प्रमुख आचार्य के रूप में प्रतिष्ठित किया है। "काव्य-निर्णय' में यद्यपि मौलिकता अत्यल्प ही है, तथापि विषय की क्रमबद्ध विवेचना, रोचकता, व्यापकता एवं पूर्णता की दृष्टि से यह महत्त्व का है। इसमें काव्य-प्रयोजन, रसांग, ध्वनि, अलंकार, गुण-दोषादि का निरूपण सुन्दर एवं प्रभावशाली ढंग से हुआ है। 'जगद्विनोद' और 'परमाभरण' के प्रणेता आचार्य पद्माकर रीतिकाल के अन्तिम प्रसिद्ध आचार्य हैं। 'पद्माभरण' आलंकारिक ग्रन्थ है तथा 'जगद्विनोद' नायिका-भेद, शृंगार रस-निरूपण एवं सरस तथा रुचिकर उदाहरणों के कारण प्रसिद्ध हुआ। इसके अतिरिक्त कुलपति मिश्र, श्रीपति, रसलीन, दूलह, प्रतापसाहि आदि कवियों की रचनाएँ भी रोचक उदाहरणों के लिये चर्चित हुईं।

समूचे रीतिकाल की काव्यशास्त्रीय परम्परा संस्कृत काव्यशास्त्र की छायानुकरण प्रतीत होती है। केशव, चिन्तामणि और जसवन्त सिंह के अलावा सभी आचार्य कवियों ने संस्कृत का अनुवाद मात्र ही किया है। इनकी रचनाओं में रस, ध्वनि, अलंकारादि का निरूपण तो उपलब्ध होता है, किन्तु रीति, वक्रोक्ति, औचित्य आदि का सर्वथा अभाव है। इतना ही नहीं इनका वर्णन भी सतही है। रीतिकाल में जिन ग्रन्थों का काव्यशास्त्रीय विवेचन की दृष्टि सें अधिक महत्त्व है, उनमें अलंकार-निरूपण की दृष्टि से जसवन्त सिंह का 'भाषा-भूषण'; पद्माकर का 'पद्माभरण'; नायिका-भेद और शृंगार-रस-निरूपण की दृष्टि से केशव की 'रसिकप्रिया'; मतिराम का 'रसराज'; सामान्य काव्यशास्त्रीय विषय-विवेचन की दृष्टि से भिखारीदास का 'काव्य-निर्णय' तथा चिन्तामणि का 'कविकुलकल्पतरु' विशेषतः उल्लेखनीय हैं।

हिन्दी साहित्य के चतुर्थ उत्थान (आधुनिक काल) के उल्लेखनीय काव्यशास्त्रीय ग्रन्थों में मुरारिदीन का "जसवन्त भूषण' (अलंकार विषयक), प्रतापनारायण सिंह का 'रस कुसुमाकर' (रस विषयक), कन्हैयालाल पोद्दार का 'रसमंजरी' और 'अलंकार मञ्जरी', जगन्नाथप्रसाद भानु का "काव्य-प्रभाकर', लाला भगवानदीन का 'अलंकार मंजूषा', रामशंकर शुक्ल 'रसाल' का

'अलंकार-पीयूष', हरिऔध का 'रसकलश', गुलाब राय का 'नवरस' आदि प्रमुख रूप से उल्लेखनीय हैं। इसके अतिरिक्त विभिन्न काव्यशास्त्रीय विषयों पर नवीन दृष्टि से चिन्तन की स्वतन्त्र परम्परा भी मिलती है। ऐसे ग्रन्थों को विशुद्ध काव्यशास्त्रीय ग्रन्थ तो नहीं कहा जा सकता, परन्तु इनके महत्त्व को नकारा भी नहीं जा सकता। श्यामसुन्दर दास का 'साहित्यालोचन', आचार्य रामचन्द्र शुक्ल का 'चिन्तामणि', लक्ष्मीनारायण सिंह सुधांशु का 'काव्य में अभिव्यञ्जनावाद', प्रसाद जी का 'काव्य और कला तथा अन्य निबन्ध', पन्त का 'पल्लव' (भूमिका), निराला का 'प्रबन्ध-प्रतिमा' और 'प्रबन्ध-पद्म', राष्ट्रकवि दिनकर की 'रसवन्ती' (भूमिका) विशेषतः उल्लेखनीय हैं। इनके अलावा कुछ और ग्रन्थों का महत्त्व भी काव्यशास्त्रीय दृष्टि से है। यथा—रामदहिन मिश्र का 'काव्य-दर्पण', आचार्य बलदेव उपाध्याय का 'भारतीय साहित्यशास्त्र', गुलाब राय का 'सिद्धान्त और अध्ययन', आचार्य शुक्ल का 'रसमीमांसा', आचार्य विश्वनाथ प्रसाद मिश्र का 'वाङ्मय-विमर्श', डॉ. नगेन्द्र का 'रस-सिद्धान्त'; डॉ. आनन्दप्रकाश दीक्षित का 'रस-सिद्धान्तः स्वरूप-विश्लेषण', डॉ. राममूर्ति त्रिपाठी का 'रस-विमर्श', भगीरथ मिश्र का 'काव्यशास्त्र' आदि।

संस्कृत की सुदीर्घ एवं सुचिन्तित काव्यशास्त्रीय परम्परा और आज की हिन्दी आलोचना दोनों एक ही हैं या हिन्दी आलोचना का अपना मौलिक रूप-स्वरूप है या कि वह संस्कृत (भारतीय) काव्यशास्त्र तथा पाश्चात्य काव्यशास्त्रीय चिन्तन से प्रेरित-प्रभावित है? यह प्रश्न अत्यन्त महत्त्वपूर्ण एवं विचारणीय है। हिन्दी आलोचना के बारे में एक सामान्य सोच विकसित है कि यह पूर्णतया संस्कृत काव्यशास्त्र और पाश्चात्य काव्यशास्त्र की ऋणी है, इसके पास अपना निज का कुछ भी नहीं है, जबकि इसमें सत्यता नहीं है। यदि इस बात को सही मान लिया जाय तो फिर हिन्दी आलोचना ही नहीं, इतनी समृद्ध हिन्दी भाषा की अस्मिता प्रश्नचिह्नित होती है। हिन्दी न केवल एक स्वतन्त्र भाषा है, अपितु वह पूर्ण विकसित एवं समृद्ध भी है। एक विस्तृत एवं व्यापक भू-भाग पर हजार वर्ष से भी अधिक समय से बोली-समझी जाती है और आज तो बोलनेवालों की संख्या की दृष्टि से यह चीनी के बाद विश्व की दूसरी सबसे बड़ी भाषा है। इसमें सृजित विपुल साहित्य की श्रेष्ठता निर्विवाद है और सबसे बड़ी बात यह है कि इसके विकास की जड़ लोक में अधिष्ठित है। इस सम्बन्ध में डॉ. रामचन्द्र तिवारी की स्थापना है कि, "अपने उद्‌भव-काल में ही हिन्दी साहित्य की अन्तर्धारा संस्कृत की शास्त्रनिष्ठ काव्य-दृष्टि से अलग लोक-हृदय से जुड़कर प्रवाहित हुई है।"[1] ऐसी स्थिति में यह कहना कि हिन्दी का अपना आलोचना-शास्त्र नहीं है या विकसित नहीं है, बेमानी लगता है। आज गद्य और पद्य दोनों विधाओं में श्रेष्ठ कृतियों की भरमार है। इसका एक बृहद् एवं समृद्ध रचना-संसार है।

आलोचना के सम्बन्ध में यह सर्वस्वीकृत धारणा है कि आलोचना का उत्स रचना के अन्दर ही विद्यमान रहता है, तब निश्चित तौर पर कहा जा सकता है कि हिन्दी का अपना निजी आलोचनाशास्त्र है जिसका रूप-स्वरूप रचनाओं में निहित सौन्दर्य-चेतना के आधार पर पल्लवित-विकसित हुआ है और इसकी विधिवत् सम्प्रतिष्ठा का श्रेय जाता है हिन्दी आलोचना

1. आलोचक का दायित्व, डॉ. रामचन्द्र तिवारी, पृ. 31.

के शलाका पुरुष आचार्य रामचन्द्र शुक्ल को। क्योंकि रीतिकालीन आचार्य कवियों ने लक्षण-ग्रन्थों की सर्जना करके जो काव्यशास्त्रीय निरूपण किया है, उसके आधार पर आज की हिन्दी आलोचना का विकास हुआ प्रतीत नहीं होता। इन कवि-आचार्यों ने संस्कृत काव्यशास्त्र का छायानुवाद किया, अन्य रसों की तुलना में शृंगार को अधिक महत्त्व दिया, नायिका-भेद को अनिवार्यतः निरूपित किया, अलंकार-निरूपण में सादृश्यमूलक अलंकारों को विशेष महत्त्व दिया, व्यञ्जना शब्द-शक्ति के प्रति अवहेलना का भाव प्रदर्शित किया, माधुर्य गुण को विशेषतः स्वीकारा तथा रचनाओं में निहित सौन्दर्य की सर्वथा अनदेखी की। आधुनिक काल में आचार्य शुक्ल ने हिन्दी आलोचना के क्षेत्र में मील का पत्थर स्थापित किया। उन्होंने परम्पराप्रथित संस्कृत काव्यशास्त्र के सिद्धान्तों-विशेष रूप से रस-निरूपण को ज्यों-का-त्यों स्वीकार न करते हुए उसे पुनर्व्याख्यायित किया। यों तो इसकी शुरुआत आधुनिक काल के प्रथम चरण-भारतेन्दु-युग-में ही हो चुकी थी। अर्थात् खड़ी बोली हिन्दी पद्य एवं गद्य की नव्यातिनव्य विधाओं का श्री गणेश जिस प्रकार भारतेन्दु-युग में हुआ, उसी प्रकार आलोचना की शुरुआत भी हुई। स्वयं भारतेन्दु जी ने अपने 'नाटक' शीर्षक निबन्ध में शास्त्रीय समीक्षा सिद्धान्तों में देश-काल के अनुरूप एवं अनुकूल परिवर्तन की बात प्रमुखतापूर्वक कही।

जुलाई, 1881 ई. में 'हिन्दी-प्रदीप' में प्रकाशित साहित्य की विवेचना से सम्बन्धित पं. बालकृष्ण भट्ट के निबन्ध 'साहित्य जन समूह के हृदय का विकास है' में ही आज की हिन्दी आलोचना का बीच रूप छिपा हुआ है जिसे आगे चलकर आचार्य महावीरप्रसाद द्विवेदी ने पुष्ट किया। द्विवेदी जी न केवल हिन्दी नवजागरण के पुरोधा हैं, अपितु हिन्दी आलोचना के स्थापत्य को निर्मित करनेवाले कुशल शिल्पी भी हैं। उन्होंने हिन्दी आलोचना को भारतीय काव्यशास्त्र की पारम्परिक पगडण्डियों से अलग करते हुए नव्य सांस्कृतिक भूमि पर स्थापित करने का सराहनीय प्रयत्न किया। वे सन् 1920 ई. में 'कविता और भविष्य' शीर्षक अपने निबन्ध में 'विशिष्ट' के स्थान पर 'सामान्य' को काव्य में स्थापित करने की वकालत करते हुए उसी में अनन्त सौन्दर्य ढूँढ़ रहे थे; 'धूल भरे किसान' और 'मैले मजदूर' को महत्त्व तथा प्रतिष्ठा दिलाने की पक्षधरता दिखा रहे थे, साथ ही कला के सम्यक् विकास हेतु हृदय और मस्तिष्क के सम्यक् सन्तुलन की बात कर रहे थे। द्विवेदी जी सिद्धान्त रसवादी आलोचक हैं, किन्तु आलोचक के रूप में इनका मूल्यांकन डॉ. रामविलास शर्मा के पहले अन्य रूपों (विधाओं) के बरक्स कम हुआ।

बालकृष्ण भट्ट के सूत्रवाक्य (साहित्य जन समूह के हृदय का विकास है) का पल्लवन करते हुए आचार्य रामचन्द्र शुक्ल ने प्रत्येक देश के साहित्य को वहाँ की जनता की चित्तवृत्ति का प्रतिबिम्ब बताया। डॉ. नन्दकिशोर नवल इस चिन्तन का उत्स पूर्वमध्य काल को देखते हुए कहते हैं कि, "साहित्य सम्बन्धी इस चिन्तन का सम्बन्ध रीतिकाल की सामन्ती चेतना से नहीं, बल्कि भक्तिकाल की उस सामन्तवाद विरोधी जनवादी चेतना से है जिसके फलस्वरूप भक्ति काव्य जनसाधारण के जीवन का प्रतिबिम्ब बन गया।"[1] आचार्य शुक्ल ने काव्यानुभूति को जीवनानुभूति के साथ अनुस्यूत किया। वे शास्त्र को "साध्य' नहीं अपितु रचना को सहजतापूर्वक

1. हिन्दी आलोचना का विकास– डॉ. नन्द किशोर नवल, पृ. 15

समझने का साधन मानने के पक्षपाती थे। उनकी स्पष्ट मान्यता है कि, "साहित्य के शास्त्र पक्ष की प्रतिष्ठा काव्य-चर्चा की सुगमता के लिये माननी चाहिए। रचना के प्रतिबन्ध के लिये नहीं।"[1] यही वह प्रमुख बिन्दु है जहाँ काव्यशास्त्र के मर्मज्ञ संस्कृत के परवर्ती आचार्यों से शुक्ल जी का वैमत्य दिखायी पड़ता है। क्योंकि वे शास्त्र को केन्द्रस्थ मानकर सिद्धान्त-सूत्रों की रचना को उचित न मानकर रचना को केन्द्रस्थ मानकर उसमें निहित मूल्यों की विवेचना के हिमायती थे। इस सम्बन्ध में डॉ. रामचन्द्र तिवारी का अभिमत है कि, "उन्होंने आधुनिक वैज्ञानिक, दार्शनिक एवं मनोवैज्ञानिक चिन्तन का आधार लेते हुए संस्कृत-हिन्दी की कालजयी कृतियों में निहित सौन्दर्य-तत्त्व के विश्लेषण को दृष्टि में रखकर संस्कृत रसशास्त्र को विकसित और परिष्कृत किया है। प्रबन्ध काव्यों में स्थायी भाव से अलग बीज-भाव की सत्ता मानना; भावों की क्षणिक, स्थायी और शील दशाएँ स्थिर करना; काव्य में विभाव पक्ष को अधिक महत्त्व देना; रस की उत्तम, मध्यम और निकृष्ट तीन कोटियाँ निर्धारित करना, काव्य में आलम्बनत्व धर्म का ही साधारणीकरण मानना तथा समूची देशी-विदेशी काव्य-परम्परा को लोकमंगल की साधनावस्था और सिद्धावस्था में विभाजित करना आदि ऐसी अनेक मान्यताएँ हैं जिनका संस्कृत रस-सिद्धान्तों के आधार पर पूरा-पूरा समर्थन नहीं किया जा सकता। जहाँ तक पाश्चात्य आलोचना-सिद्धान्तों के प्रकाश में आचार्य शुक्ल की मान्यताओं के विवेचन का प्रश्न है, यह निर्विवाद है कि उन्होंने चर्चा तो बहुतों की की है; किन्तु स्वीकार बहुत कम को किया है।"[2] पाश्चात्य समीक्षकों में आचार्य शुक्ल ने जिन्हें अधिक महत्त्व दिया है, उसमें आई. ए. रिचर्ड्स का नाम प्रमुख है।

शुक्ल जी ने हिन्दी आलोचना को एक नया तेवर और कलेवर प्रदान किया जिसे समूची परवर्ती आलोचना की पीठिका के रूप में देखा जा सकता है। वे संस्कृत काव्यशास्त्र की संकीर्ण राह और पाश्चात्य समीक्षाशास्त्र के ऊबड़-खाबड़ मार्ग के बीच से हिन्दी आलोचना के राजपथ का निर्माण किये। डॉ. विश्वनाथ त्रिपाठी के अनुसार, "शुक्ल जी ने समीक्षा-सिद्धान्त साहित्यिक रचनाओं के आधार पर स्थापित किये हैं। अतः उनकी सैद्धान्तिक एवं व्यावहारिक समीक्षा में संगति है। वे जहाँ सिद्धान्त-प्रतिपादन में प्रवृत्त होते हैं, वहीं प्रचुर उदाहरण एवं उद्धरण देकर अपने कथन को प्रमाणित कर देते हैं। उनके सिद्धान्त ऊपर से थोपे हुए नहीं हैं, बल्कि साहित्य के रसास्वादन के माध्यम से प्राप्त किये हुए निष्कर्ष हैं। वे व्यवहार से सिद्धान्त पर पहुँचते हैं। साहित्य का पारायण करके निगमनात्मक पद्धति से जो सूत्र उन्होंने खोज निकाले हैं वे ही उनके समीक्षा-सिद्धान्त हैं। रचना में डूबकर विवेकपूर्ण निष्कर्ष निकालना ही आधुनिक और वैज्ञानिक पद्धति है। इस दृष्टि से शुक्ल जी आधुनिक और वैज्ञानिक समीक्षक हैं।"[3]

आचार्य शुक्ल द्वारा निर्मित हिन्दी आलोचना के राजपथ पर चलते हुए जिन आलोचकों ने अपनी आलोचना-धारा को आगे बढ़ाया, उमें बाबू गुलाब राय, पं. नन्ददुलारे वाजपेयी और डॉ. नगेन्द्र के नाम प्रमुखता के साथ लिये जा सकते हैं। इन लोगों का रस-विषयक चिन्तन शुक्ल जी की विवेचन-परम्परा से जुड़ता है। बाबू गुलाब राय पाश्चात्य दर्शन एवं मनोविज्ञान की विशेष

1. काव्य में रहस्यवाद – रामचन्द्र शुक्ल, पृ. 94
2. आलोचक का दायित्व – डॉ. रामचन्द्र तिवारी, पृ. 33-34
3. हिन्दी आलोचना – डॉ. विश्वनाथ त्रिपाठी, पृ. 67

समझ रखनेवाले आलोचक हैं। संस्कृत काव्यशास्त्र में निरूपित रस-सिद्धान्त का उन्होंने मनोवैज्ञानिक परीक्षण किया और पाया कि उसमें मानसिक विकास के साथ मनोवेगों के स्वरूप-परिवर्तन की अनदेखी हुई है जिसके कारण वह मनोवैज्ञानिक मानदण्डों पर सही नहीं ठहरता। उनका मानना है कि भारतीय रस-सिद्धान्त की अपनी सीमाएँ हैं जिसकी परिधि में हिन्दी आलोचना को परिमित नहीं किया जाना चाहिए, इसका प्रसार-प्रभाव अपेक्षाकृत व्यापक है।

भारतीय एवं पाश्चात्य समीक्षाशास्त्रों के समन्वित स्वरूप को केन्द्र में रखकर हिन्दी आलोचना के विकास के पक्षधर समन्वयशील एवं सौष्ठववादी आलोचक आचार्य नन्ददुलारे वाजपेयी दोनों (भारतीय एवं पाश्चात्य समीक्षा) में से उन तत्त्वों को स्वीकारते हैं जो उनके सौन्दर्य-बोध के अनुकूल दिखायी पड़ता है। वे जहाँ एक ओर भारतीय काव्यशास्त्र के ध्वनि-सिद्धान्त को पाश्चात्य समीक्षा हेतु मूल्यवान् मानते हैं तो दूसरी ओर भावना और बुद्धि के समन्वय तथा काव्य की नैतिकता से सम्बन्धित पश्चिम की काव्यशास्त्रीय मान्यताओं को हिन्दी आलोचना को पुष्ट करने में उपयोगी भूमिका निभानेवाली बताते हैं। वाजपेयी जी आलोचना के व्यावहारिक पक्ष को ही प्रधान और प्रमुख मानते हैं। उनके अनुसार व्यावहारिक पक्ष के अनुरूप ही सिद्धान्त की आवश्यकता एवं उपयोगिता होनी चाहिए। उनकी स्थापना है कि, "मेरी दृष्टि में समीक्षा का व्यावहारिक पक्ष ही प्रधान है तथा इस पक्ष की पुष्टि के लिये ही सिद्धान्तों की स्थापना और उनका उपयोग किया जा सकता है।" – (नया साहित्यः नये प्रश्न, पृ. 134) वाजपेयी जी की आलोचना की शुरुआत प्रमुख छायावादी कवियों (प्रसाद, पन्त, निराला, महादेवी वर्मा) की व्यावहारिक आलोचना से हुई। अनन्तर, उन्होंने सैद्धान्तिक अथवा शास्त्रीय समीक्षा पर ध्यान दिया। उन्होंने 'रस' को नये ढंग से व्याख्यायित करते हुए 'मानववाद' से उसका गहरा सम्बन्ध स्थापित करने का प्रयास किया और कवि-कल्पित समस्त व्यापारों के साधारणीकरण की बात कही।

डॉ. नगेन्द्र ने भी रस-सिद्धान्त को पुनर्व्याख्यायित करते हुए आचार्य शुक्ल की आलोचना-परम्परा को आगे बढ़ाने का महनीय कार्य किया। इन्होंने रस-सिद्धान्त का दायरा बढ़ाकर उसमें कतिपय आयातित वादों, (आदर्शवाद, यथार्थवाद, स्वच्छन्दतावाद, आभिजात्यवाद, अभिव्यञ्जनावाद, प्रतीकवाद, प्रभाववाद आदि) को भी सम्मिलित कर लिया। वे इनके आने से रस-सिद्धान्त की कोई क्षति नहीं मानते। यद्यपि डॉ. नगेन्द्र को रूढ़ शास्त्रीय मान्यताओं के प्रबल पक्षधर कतिपय आलोचकों का विरोध भी झेलना पड़ा। नगेन्द्र जी ने भी सैद्धान्तिक समीक्षा के बरक्स व्यावहारिक समीक्षा को अधिक महत्त्व दिया और रचना तथा आलोचना के मध्य सामंजस्य एवं सन्तुलन बैठाने की वकालत करते हुए रस को मनोवैज्ञानिक भूमि पर प्रतिष्ठित करने का प्रयास किया।

डॉ. नगेन्द्र से किञ्चित् पूर्व ही हिन्दी आलोचना-जगत् में एक ऐसा तलातल-प्रवेशी, अनुज्झित अध्यवसायी तथा ऐतिहासिक-सांस्कृतिक चेतना और विशद मानवतावादी दृष्टि-सम्पन्न महारथी आलोचक एवं अन्वर्थी आचार्य हजारीप्रसाद द्विवेदी का उदय होता है जो किसी बँधी-बँधायी परम्परा अथवा सुविचारित ढाँचे-साँचे के अनुरूप न होकर स्वतन्त्र, उदारचेता तथा

साहित्य को मानव की दृष्टि से देखने के पक्षपाती आलोचक के रूप में प्रतिष्ठित हैं। द्विवेदी जी के आलोचक व्यक्तित्व को लक्षित करते हुए डॉ. रामचन्द्र तिवारी कहते हैं कि, "हिन्दी आलोचना के क्षेत्र में द्विवेदी जी ने जिस ऐतिहासिक-सांस्कृतिक चेतना एवं उदार मानवतावादी दृष्टि के सा थ प्रवेश किया, उसे पाश्चात्य एवं भारतीय सिद्धान्तों की परिधि में नहीं घेरा जा सकता है। वे रोमानियत से सम्पृक्त होते हुए भी उससे मुक्त हैं। शास्त्रीय होते हुए भी अशास्त्रीय हैं। यथार्थबोध रखते हुए भी यथार्थवादी नहीं हैं। कबीर और प्रेमचन्द जैसे साहित्यकारों के प्रति अपार सहानुभूति रखते हुए भी कालिदास के लालित्यबोध और बाणभट्ट के वाणी-वैभव के प्रशंसक हैं। मानव की दुर्दम जिजीविषा की आधार भूमि पर खड़ा हिन्दी का यह विराट्-पुरुष सारे शास्त्रीय सिद्धान्त-सूत्रों को अपनी मुट्ठी में बन्द करके अट्टहास करता हुआ प्रतीत होता है। कहना न होगा कि द्विवेदी जी का काव्य-बोध बाणभट्ट और कालिदास की कालजयी कृतियों, सिद्धों और सन्तों की सहजताबोध से सम्पन्न वाणियों, सूर, तुलसी जैसे रससिद्ध भक्त कवियों की रचनाओं और कवीन्द्र रवीन्द्र की भावना-भावित कृतियों के समन्वित प्रभाव से निर्मित हुआ है। द्विवेदी जी सांस्कृतिक चेतना के समीक्षक हैं, शास्त्रीय चेतना के नहीं।"[1]

बाबू गुलाब राय, आचार्य नन्ददुलारे वाजपेयी, आचार्य हजारीप्रसाद द्विवेदी तथा डॉ नगेन्द्र के उपरान्त हिन्दी आलोचना में कतिपय विशिष्ट विचारधाराओं पर केन्द्रित अनेक आलोचना पद्धतियाँ विकसित हुईं। किन्तु, इनमें एक विशेष बात यह थी कि प्रतिबद्धताओं के बावजूद इन आलोचकों की व्यावहारिक आलोचनाएँ हिन्दी आलोचना की समृद्धि में महनीय भूमिका निभायी। कार्ल मार्क्स के द्वन्द्वात्मक भौतिकवाद की भूमि पर आधारित मार्क्सवादी किंवा प्रगतिवादी समीक्षा का उदय हुआ। मार्क्सवादी समीक्षकों में डॉ. रामविलास शर्मा का नाम प्रमुख है। डॉ. शर्मा बहु-श्रुत, बहु-ख्यात एवं बहु-अधीत विद्वान् हैं, इनकी दृष्टि व्यापक और इनका विवेक जाग्रत है। इन्होंने अन्य मार्क्सवादी समीक्षकों (शिवदान सिंह चौहान, रांगेय राघव, शिवमंगल सिंह, 'सुमन', नरेन्द्र शर्मा, 'अंचल' आदि) से अलग अत्यन्त सन्तुलित एवं समग्र दृष्टि से हिन्दी आलोचना की समृद्धि में अपना योगदान दिया । आचार्य शुक्ल डॉ. शर्मा के आदर्श आलोचक हैं। स्मरण रहे शुक्ल जी के बारे में अन्य मार्क्सवादी समीक्षकों की दृष्टि दूसरी है। कुल मिलाकर कहा जा सकता है कि मार्क्सवादी मान्यताओं से आबद्ध होने के बाद भी डॉ. शर्मा का चिन्तन अपेक्षाकृत-मुक्त है। यही कारण है कि उनसे असहमति रखनेवाले लोग भी उन्हें अस्वीकार नहीं कर सकते।

मनोवैज्ञानिक अथवा अन्तश्चेतनावादी समीक्षकों में डॉ. देवराज उपाध्याय का नाम प्रमुख है। इनके अतिरिक्त इलाचन्द्र जोशी तथा अज्ञेय के नाम महत्त्वपूर्ण हैं। इन समीक्षकों की समीक्षा का आधार सिगमण्ड फ्रायड का अन्तश्चेतनावादी कला सिद्धान्त है। दार्शनिक-सांस्कृतिक चेतना को आधार बनाकर अपनी समीक्षा का विकास करनेवाले आलोचकों में देवराज का नाम मुख्य है। इन्होंने हिन्दी आलोचना को दार्शनिक-सांकृतिक आधार देकर एक नवीन आभिजात्य प्रदान करने का प्रयास किया। इसी प्रकार 'आधुनिकबोध' को साहित्य में प्रमुखता के साथ रेखांकित करनेवाले समीक्षकों में डॉ. इन्द्रनाथ मदान का नाम प्रमुख रूप से उल्लेखनीय है। इन्होंने साहित्य

1. आलोचक का दायित्व - पृ- 36.

जागृति का कारण अपने समय और समाज की बदली हुई परिस्थितियाँ हैं। नवजागरणकालीन समाज में साहित्य-संस्कृति और आलोचना का सामाजिक-राजनीतिक दायित्व उसे कोरे साहित्य से निकालकर जनसमूह की आशा-आकांक्षा से जोड़ देता है और साहित्यिक सामाजिकता का लोकवृत्त बनाता है। हिन्दी आलोचना के आरम्भ का कारण 'पाश्चात्य अनुकरण' नहीं, बल्कि अपने साहित्य को अपने समय और समाज के परिप्रेक्ष्य में देखने-समझने की वह प्रवृत्ति है, जो उस युग की महत्त्वपूर्ण युगीन आवश्यकता थी। सामाजिकता का दबाव उसे 'जनसमूह' की ओर ले गया। इस तरह भारतेन्दु युगीन आलोचना की सामाजिकता आयातित नहीं है। चूँकि पाश्चात्य साहित्य में आलोचना की नयी समझदारी विकसित हुई, इसलिये उसके अनुकरण में हिन्दी में भी आलोचना का जन्म हुआ और साहित्य को नये सिरे और नवीन दृष्टि के तहत परखने की नयी दृष्टि आयी, ऐसा कहना सही नहीं है। यदि अनुकरण का प्रश्न होता तो हिन्दी आलोचक संस्कृत काव्यशास्त्र और रीतिवादी ग्रन्थों से जुड़ सकता था, उसने पाश्चात्य आलोचना का दौरा क्यों किया? अगर अपने साहित्य और समाज के प्रति दायित्वबोध पैदा नहीं होता, तो क्या तथाकथित पाश्चात्य अनुकरण हिन्दी आलोचना का भाग्यविधाता बनाता? पाश्चात्य आलोचना से हिन्दी आलोचना ने बहुत कुछ सीखा है, पर उसी को मूल कारण मान लेना सही नहीं है बल्कि ऐसा करना हिन्दी आलोचना के आरम्भ के ऐतिहासिक परिप्रेक्ष्य को नकारना है। विश्वनाथ त्रिपाठी ने सही लिखा है, "आलोचना उन विधाओं में से है जो पश्चिमी साहित्य की नकल पर नहीं बल्कि अपने साहित्य की समझने-बूझने और उसकी उपादेयता पर विचार करने की आवश्यकता के कारण जन्मी और विकसित हुई है।"[1]

आधुनिक काल में साहित्य और साहित्य शास्त्र को राजदरबार की चमक दमक से निकाल कर 'जनसमूह' के बीच स्थापित करने तथा उसकी सामाजिक जवाबदेही तय करने का काम भारतेन्दु युग के लेखकों ने किया। आचार्य रामचन्द्र शुक्ल ने सही ही आधुनिक काल को गद्यकाल कहा है। इस काल का अधिकांश साहित्य प्रधानतः विचारपरक है क्योंकि पत्र-पत्रिकाओं में प्रकाशित लेखों, टिप्पणियों और निबन्धों से वैचारिकता का विकास हुआ और हिन्दी समाज में बुद्धि विवेकशील का माहौल बनना प्रारम्भ हुआ। वैचारिकता के साथ ही साहित्य में आलोचना का विकास हुआ 'साहित्य जनसमूह के हृदय का विकास है'— शीर्षक निबन्ध से बालकृष्ण का आधुनिक दृष्टिकोण स्पष्ट होता है। डॉ. रामविलास शर्मा ने सही ही लिखा, "लेख के नाम से ही भट्ट जी का आधुनिक दृष्टिकोण प्रकट होता है। साहित्य रसात्मक वाक्य या कवि के अन्तःपुर का लीला-विनोद न होकर जनसमूह के हृदय का विकास है।"[2]

हिन्दी साहित्य की अन्य विधाओं की तरह आलोचना भी स्वतन्त्र विधा है और इनकी शुरुआत भी भारतेन्दु युग से ही मानी जाती है। भारतेन्दु ने अपने नाटक विषयक लेख में नाट्यशास्त्र की उपयोगिता पर विचार करते हुए यह माना है कि नाट्य रचना को तत्कालीन जनरुचि के अनुसार परिवर्तित होना चाहिए। इस लेख में सर्वप्रथम आलोचना के गुण दिखायी देते हैं। अतः इसे आधुनिक हिन्दी साहित्य की प्रथम आलोचना कहना अनुचित न होगा। लेकिन

1. हिन्दी आलोचना, राजकमल प्रकाशन, दिल्ली, 2001, पृ. 20
2. भारतेन्दु युग और हिन्दी भाषा की विकास परम्परा; राजकमल प्रकाशन, दिल्ली, 1988, पृ. 44

आलोचना का विकास भारतेन्दु-युग से निकलनेवाली पत्र-पत्रिकाओं के माध्यम से शुरू हुआ। 'हरिश्चन्द्र मैगजीन', 'हिन्दी प्रदीप', 'भारत-मित्र', 'सारसुधानिधि', 'आनन्द कादम्बिनी', 'ब्राह्मण' आदि पत्रिकाओं में छपनेवाली टिप्पणियों से आलोचना विकसित होती दिखायी पड़ी है। भारतेन्दु युग के लेखक स्वदेशी आन्दोलन के अग्रदूत के साथ-साथ समाज-सुधार के क्षेत्र में भी प्रमुख थे। स्त्री-शिक्षा, विधवा विवाह, बाल विवाह के वे समर्थक थे : "भारतेन्दु और उनके साथी वे साहित्यकार थे जिन्होंने साहित्य को सामाजिक उत्तरदायित्व की चेतना से युक्त किया। ऐसा करने में वे समर्थ हो पाये क्योंकि वे सामाजिक समस्याओं के प्रति सचेत थे और उनके प्रति अपनी जिम्मेदारी महसूस करते थे। इस युग का साहित्य केवल मनोविनोद या विलास की सामग्री नहीं प्रस्तुत करता अपितु समाज का चित्रण करता है और उसके विकास की प्रेरणा देता है। जीवन को समझने-बूझने और देखने की भारतेन्दु की निश्चित दृष्टि है, साहित्य को वे वृहत्तर जीवन-संगीत में देखते हैं। उससे अलग या बाहर नहीं।"[1] भारतेन्दु युग में आलोचना कर्म को आगे बढ़ाने का दायित्व प्रमुख रूप से चौधरी बद्रीनारायण 'प्रेमघन' और बालकृष्ण भट्ट ने किया। प्रेमघन ने अपनी आलोचना का प्रारम्भ 'आनन्दकादम्बिनी' से किया था। विविध पत्र-पत्रिकाओं, साहित्यिक कृतियों की प्राप्ति की स्वीकृति एवं स्वतन्त्र आलोचनाएँ छपा करती थीं। प्रेमघन ने आनन्द कादम्बिनी के एक अंक में बाणभट्ट की 'कादम्बिनी' की प्रशंसात्मक आलोचना एक लेख में की थी। सन् 1885 में 'आनन्दकादम्बिनी' में ही प्रेमघन ने बाबू गदाधर सिंह द्वारा किये गये 'बंग विजेता' उपन्यास के हिन्दी अनुवाद की आलोचना की : "प्रेमघन ने इस उपन्यास के अन्तरंग-बहिरंग दोनों पक्षों पर विचार किया है। उपन्यास के तत्त्वों और कलात्मक ढाँचे को ध्यान में रख कर इसकी आलोचना प्रस्तुत किया।"[2] प्रेमघन ने लाला श्रीनिवासदास के नाटक 'संयोगिता स्वयंवर' की आलोचना 'संयोगिता स्वयंवर और उसकी आलोचना' नाम से की। ये उनकी बहुचर्चित आलोचना थी। संयोगिता स्वयंवर की आलोचना की जरूरत क्यों पड़ी इस पर प्रेमघन ने लिखा है कि, "यद्यपि इस पुस्तक की समालोचना करने से पूर्व इसके समालोचकों की समालोचनाओं की समालोचना करने की आवश्यकता जान पड़ी क्योंकि जब हम इस नाटक की समालोचना अपने बहुतेरे सहयोगी और मित्रों को करते देखते हैं, तो अपनी ओर से जहाँ तक खुशामद और चापलूसी का कोई दरजा पाते हैं, शेष छोड़ते नहीं दिखाते; जिसे यदि खुशामद न मानी जाय तो यह अनुमान हो कि न वे केवल नाटक विधा और पुराने कवियों के काव्य से ही अनभिज्ञ है; किन्तु कदाचित् भाषा व हिन्दी को भी भली-भाँति नहीं जानते, क्योंकि वे इस क्षुद्र ग्रन्थ की रचना पर मोहित हो रचयिता की भाषा के वाल्मीकि, भाषा के कालिदास और भाषाचार्य कह डालते, और श्री हरिश्चन्द्र के तुल्य भारतेन्दु पद के योग्य ठहराते हैं।"[3] जाहिर है कि इस तरह के असावधान समीक्षकों के प्रति प्रेमघन अपना क्षोभ व्यक्त करते हैं क्योंकि किसी को बेहद चलाऊ ढंग भाषा के वाल्मीकि, भाषा के कालिदास नहीं कहा

1. हिन्दी आलोचना; पृ. 22
2. आनन्द कादम्बिनी; जुलाई 1885, पृ. 11
3. प्रेमघन ग्रन्थावली, भाग-8 पृ. 32

एक सुनहला अध्याय जोड़ा था और उस समय खड़ीबोली की जीत नयी विचारधाराओं, विशेषतः राष्ट्रीय और सामाजिक सुधार की विचारधाराओं की जीत थी। आचार्य रामचन्द्र शुक्ल के बाद की आलोचना ने भी अपनी जमीन का निरन्तर विकास किया। इस परम्परा में नन्ददुलारे वाजपेयी, हजारीप्रसाद द्विवेदी और रामविलास शर्मा की आलोचना ने सामाजिक सांस्कृतिक दायित्वबोध को उत्तरोत्तर विकसित किया और आलोचना को सभ्यताविमर्श का ताना-बाना बनाने में महत्त्वपूर्ण भूमिका निभायी।

आलोचना की कुछ समस्याओं और हिन्दी आलोचना की प्रमुख धाराओं के जिक्र से यह स्पष्ट हो जाता है कि आलोचना और अन्य रचनात्मक साहित्य, दोनों के लिये ही समान रूप से जीवन और समाज को समझने की पैनी दृष्टि होनी चाहिए। आलोचक को उनका उतना ही गहन ज्ञान और उनका उतना ही विस्तृत अध्ययन होना चाहिए, जितना किसी अन्य प्रकार के साहित्यिक के लिये आवश्यक है, क्योंकि आलोचक किसी रचना को मात्र उसके रूप के आधार पर न जाँचकर उसके सामाजिक-सांस्कृतिक मूल्य के आधार पर भी जाँचता है और आलोचना का मान वर्ग स्वार्थों से ऊपर नहीं है। आलोचना को एक परमुखापेक्षी कला के रूप में नहीं ग्रहण कर सकते। बल्कि उसका वही सामाजिक, सांस्कृतिक महत्त्व है जो शेष साहित्य का है।